中国广播电视社会组织联合会学术研究系列丛书

新中国广播电视发展回眸

中国广播电视社会组织联合会
湖 南 广 播 电 视 台 编

新华出版社

图书在版编目（CIP）数据

新中国广播电视发展回眸／中国广播电视社会组织
联合会，湖南广播电视台编. --北京：新华出版社，
2021.1

ISBN 978-7-5166-5579-5

Ⅰ.①新… Ⅱ.①中… ②湖… Ⅲ.①广播事业—发
展—中国—文集②电视事业—发展—中国—文集 Ⅳ.
①G229.2－53
中国版本图书馆 CIP 数据核字（2020）第 255749 号

新中国广播电视发展回眸

编　　者：中国广播电视社会组织联合会　湖南广播电视台

责任编辑：徐文贤　　　　　　　　　　　封面设计：贝壳学术

出版发行：新华出版社
地　　址：北京石景山区京原路 8 号　　　邮　　编：100040
网　　址：http://www.xinhuapub.com
经　　销：新华书店、新华出版社天猫旗舰店、京东旗舰店及各大网店
购书热线：010-63077122　　　　　　　中国新闻书店购书热线：010-63072012

照　　排：北京贝壳互联科技文化有限公司
印　　刷：天津雅泽印刷有限公司
成品尺寸：170mm×240mm　1/16
印　　张：28.5　　　　　　　　　　　字　　数：575 千字
版　　次：2021 年 3 月第一版　　　　　印　　次：2021 年 3 月第一次印刷
书　　号：ISBN 978-7-5166-5579-5
定　　价：138.00 元

编选说明

由中国广播电视社会组织联合会与湖南广播电视台共同举办的湖南广电杯"新中国成立 70 周年与广播电视"主题征文活动于 2019 年年底圆满结束，总计来稿 117 篇。经评审，共评选出一等奖 15 篇、二等奖 20 篇、三等奖 25 篇。现将获奖作品结集出版。

《中国广播电视学刊》编辑部
2020 年 10 月

目　录

一等奖

二等奖

三等奖

一等奖

新中国 70 年广播电视管理体制形成、特点及改革

方德运

新中国成立 70 年来，我国广播电视管理体制在探索中不断发展完善，实现了计划经济条件下的管理体制向市场经济条件下管理体制的重大转变，有力地调整了广播电视生产关系，解放和发展了生产力，为新时期建设和壮大广播电视主流媒体、巩固和拓展广播电视宣传阵地提供强有力的保障。

一、广播电视管理体制的形成[①]

1. 初步创立和基本形成期（1949～1982）

新中国成立初期，全面完成了旧中国遗留下来的 34 座广播电台的接管改造，初步建立了以国家电台为中心的全国广播宣传网，逐步成立了中央电视台和部分省市电视台，调频广播和彩色电视开始兴起。党的十一届三中全会以后，我国广播电视恢复和坚持"自己走路"的方针，广播电视建设重新步入正轨。经过 30 多年的不懈努力，新中国广播电视事业揭开了新篇章并蓬勃兴起，形成了"中央、省、地市三级办无线广播，地市、县级办有线广播，中央、省两级办电视，分级覆盖"的事业建设局面，与之相对应的我国广电管理体制初步建立。

中央成立专门的广播电视管理机构。1949 年 6 月 5 日，中共中央决定将原新华社口语广播部扩充为中央广播事业管理处，领导管理全国广播事业。[②] 新中国成立后，中央广播事业管理处改组为广播事业局，为国务院直属机构，负责领导中央人民广播电台内宣和外宣工作，指导和管理各地私营电台等。1982 年 5 月，撤销中央广播事业局，成立广播电视部，为国务院组成部门，负责领导中央人民广播电台、中国国际广播电台和中央电视台（以下简称"中央三台"）的内宣和外宣工作，管理全国广播电视事业，指导全国广播电视宣传等。

---

① 此部分内容参考《广播影视管理体制改革研究报告》，国家广电总局发展改革研究中心，2004 年 9 月。

② 徐光春主编《中华人民共和国广播电视简史（1949—2000）》，第 8 页，中国广播电视出版社 2003 年版。

各地成立广播电视管理机构。国务院在 1955 年、1956 年相继颁布规定，明确地方电台是各地人民委员会的直属机构，受各地人民委员会及广播事业局的领导。① 同时，明确除中央广播事业局负责建设全国农村广播网外，各省（区、市）人民委员会可设立广播管理局（处），负责全省农村广播网建设。随后，全国各省（区、市）相继成立了广播事业管理局（处），在广播电视业务上接受中央广播事业局领导②。从 1980 年起，一些地市、县（市）也开始建立了广播事业局，自此，中央和地方广播电视管理架构初步成型。

2. 完善和调整期（1983～2001）

这一时期是我国各项建设工作恢复阶段，也是计划经济体制向社会主义商品经济、市场经济体制的过渡阶段。经过 20 多年的发展，我国无线调频广播、无线电视逐渐普及，有线电视、卫星电视快速兴起，形成了"天上一颗星（广播通信卫星），地上一张网（有线电视网）"和无线、有线、卫星共同发展的新局面，与之相适应的新中国广播电视领导管理架构正式确立，管理机构不断健全，广电管理体制开始朝着更加法制化规范化方向发展。

中央确立广播电视四级管理体制。1983 年 10 月，中共中央批转了广播电视部党组《关于广播电视工作的汇报提纲》（以下简称中央 37 号文件）。该文件确立了中央、省（区、市）、市（地）、县"四级办台、四级管理"的新体制，中央和地方各级广电管理机构从此有了合法身份和管理依据。贯彻中央 37 号文件精神，全国普遍建立健全了市（地）、县两级广播电视管理机构，形成了中央、省（区、市）、市（地）、县四级管理体制。

出台我国首部行业行政法规。1997 年，国务院颁布施行《广播电视管理条例》，授予广电行政部门设立和管理广播电台、电视台的职责和权限，并以法规的形式确立了广播电视四级行政管理体制，自此，我国广电行业步入法制化规范化发展管理轨道。

推动地市、县两级播出机构职能转变等。从 1999 年开始，根据中央领导指示和国务院要求，国务院广电行政部门推动有线电视网与有线电视台分离，省级、市（地）级无线电视台和有线电视台合并，市（地）、县播出机构职能转变等三项改革。其中，在播出机构职能转变改革方面，要求除省会城市、计划单列市外，各市（地）、县播出机构的职能由过去的"自办节目"为主逐步转为以"转播上级节目"为主，明确西藏、新疆、内蒙古自治区以及青海、四川、甘肃、云南省的藏区市（地）、县可暂缓进行。职能调整完成后，全国实行中央、

---

① 黄金良：《新中国广播电视行政管理体制的演变（1）》，《声屏世界》2009 年第 11 期。
② 黄金良：《新中国广播电视行政管理体制的演变（1）》，《声屏世界》2009 年第 11 期。

省两级管理体制，市（地）、县以下实行省（区、市）垂直管理，市（地）、县级广电局予以保留，继续实施监督管理职能。同时，推动县级广播电视无线台、有线台、教育台合并成立县级广播电视台，并由省级台开办一套公共频道预留时段供县级台插播自办节目。

3. 改革探索期（2002~2012）

这个时期是社会主义市场经济体制日趋完善阶段，也是党和国家事业进入承前启后的阶段。2002 年党的十六大，作出深化文化体制改革、发展文化事业和产业的战略部署。从 2003 年开始，文化体制改革大幕在全国拉开，广电集团化改革、制播分离改革、国有经营性单位转企改制等系列改革激活了广播电视市场，催生了一大批有竞争力影响力的市场主体。在这个阶段，广电行政部门不断探索和完善市场经济条件下的政府管理职能，使之更好适应市场经济发展和文化体制改革的总体要求。

深化广电行政管理体制改革。一是推动政府职能回归本位。自 2003 年以来，广电行政部门逐步理顺了政府与直属单位之间的关系，通过职能分开、机构分设、财务分离、主要领导不兼职等措施，把政府"办"的职能移交给播出机构和其他企事业单位，同时进一步强化"管"的职能，把工作的重心放在宣传管理、导向管理、安全播出管理上，放到行业管理和公共服务体系建设上，确保导向正确，确保传播秩序，确保事业发展。二是强化公共服务。从 1998 年开始，由广电行政部门推动的广播电视"村村通""户户通"等惠民工程，较好地解决了偏远地区群众听广播看电视难问题。2005 年，中共中央首次将农村文化建设首要工程——广播电视"村村通"工程明确为公共服务，并要求将其建设发展纳入各级党委和政府的重要议事日程，纳入经济和社会发展规划，纳入财政支出预算等。2011 年 10 月，党的十七届六中全会提出要把广播电视等公共文化产品和服务项目等纳入公共财政经常性支出预算。在中央政策指引下，各级广电行政部门坚持以农村和基层为重点，按照公益性、基本性、均等性、便利性的要求，加快公共服务体系和长效机制建设，补齐短板、提高效能，打通公共服务"最后一公里"，确保偏远地区群众能看得到、看得起、看得好广播电视节目。

加强党对国有广电企业的管理。加强对国有广电企业的领导管理是以往政府管理的工作任务之一。2005 年 12 月，中央出台深化文化体制改革的意见，提出要加快转变政府职能，明确文化行政部门职责，理顺文化行政部门与所属文化单位的关系，推进政企、政资、政事、政府与市场中介组织分开，实现由办文化向管文化转变。2007 年，财政部、中宣部、广电总局等部门联合发文，明确了财政、文化行政部门、党委宣传部门在国有文化资产管理方面的职责与分工。2010 年，中央文化企业国有资产监督管理领导小组成立，挂靠财政部，履行国有文化资产管理职责。随后，北京、上海等多数省（区、市）都相继建立了国有文化资产管理机构，有的是机构单设，有的挂靠当地党委宣传部或财政部门，负责对省级有线网络公司等国有文化企业资产管理、主要负责人任免等，实现管人、管事、管资产的统一。

加大和改进监管工作。自 2004 年开始，国家在文化体制改革综合性试点地区建立文化市场综合执法机构，随后在全国市（地）、县铺开。按照文化综合执法机构"三定规定"要求，广播电视行政部门将查处社会上非法设台、非法安装和使用卫星地面接收设施等多项执法权，委托给当地文化市场综合执法机构来执行。各地成立文化市场综合执法机构，进一步壮大了广电执法力量。加大节目监听监看是各级广电政府开展行政执法的重要途径。从 21 世纪初开始，全国地市级以上广电行政部门相继建立收听收看中心，负责监听监看本级台节目，组织开展节目评议等，积极引导广电机构把好导向关、内容关、播出关。随着有线电视数字化、双向化改造完成以及互联网技术的广泛应用，中央和省级对原有技术监测、节目收听收看、网络视听节目监看等机构（部门）进行整合，陆续建立了集技术监测、内容监听监看为一体的监管中心，为全面依法监管创造了条件。2011 年，广电总局监管中心成立。该中心整合了总局原监测中心、收听收看中心、安全播出调度中心、网络视听节目监管中心等多个单位，目前能实时监测全国广播电视传输覆盖、技术效果以及广播电视、互联网视听节目等播出情况等，为政府部门转变管理方式、加大监管力度、提高管理水平发挥着积极作用。

4. 融合创新期（2012 年至今）

党的十八大以来，中国特色社会主义进入了新时代，我国踏上了决胜全面建成小康社会、全面建设社会主义现代化国家的新征程。在这个时期，中央高度重视党的宣传工作、新闻舆论工作，习近平总书记亲自部署、亲自推动媒体融合发展、县级融媒体中心建设等工作。在 2013 年、2018 年的国家机构改革中，中央和地方各级广电行政部门的机构设置、管理职责等进行了适当调整，更好适应新时期党的宣传工作需要。

深化"放管服"改革。党的十八大后，党中央高度重视简政放权、放管结合、优化服务改革（简称"放管服"改革），把它作为全面深化改革、转变政府职能的"先手棋""当头炮"。按照改革要求，广电行政主管部门加快转变政府职能，力求做到把该政府管的事情管好、管到位，该放给市场和社会的权放足、放到位。在简政放权上，取消、下放了一批行政审批事项，比如将非重大题材的电视剧、纪录片等行政审批事项的立项审批制改为备案制，取消地市级以下电视台台标变更审批等，为广电市场主体的发展松绑；在放管结合上，通过"双随机、一公开"机制，加大了行政审批事项的事中事后监管；在优化服务上，通过设立政务大厅、精简审批材料、优化审批环节、压缩审批时限等，进一步方便群众，形成"审批事项少、办事效率高、服务质量优"的环境，努力建设人民满意的服务型政府。

加强行业法制建设。改革开放特别是 21 世纪以来，国务院广电行政部门高度重视行业法制建设，逐步建立起了以专门法和相关法、国家专门法规为主干的行业制度体系。2016 年 12 月，出台《公共文化服务保障法》，标志着广播电视公共服务由行政推动阶段进入到法律保障阶段。按照国务院深化"放管服"改革要求，国务院广电行政部门分别于 2013 年、2017 年对《广播电视管理条例》的部分条款作了调整修改，使之更好适应广播电视"放管服"改革需要。此外，全国 20 多个省（区、市）结合实际，相继制定了地方行业性法规或政府规章，为贯彻落实国家有关法律法规、维护广播电视正常传播秩序提供法制保障。

二、广播电视管理体制的特点

众所周知，我国广播电视管理体制与国家现行政治体制、行政体制和政权架构紧密相连。分析长期以来形成并发展的我国广播电视管理体制，呈现的特点主要有：

1. 党委领导，政府设台和管理

在我国，广播电视机构承担着举旗帜、聚民心、育新人、兴文化、展形象的使命任务，政治性强，社会影响力大，喉舌功能鲜明突出，加强对广播电视的正确领导、管理十分必要。从 1949 年 12 月中央广播事业管理处改组为中央广播事业局起，中央广播电视机构由中共中央宣传部直管调整为中央人民政府直管，实行党委领导、政府管理的模式，奠定了新中国广播电视管理的基本架构。从分工来看，中央和地方各级党委宣传部门代表同级党委领导广播电视工作，是总管，主要体现在政治领导上，侧重拟定党的宣传方针政策、舆论导向把握和重要干部任免等；广电行政部门则侧重贯彻党的宣传方针政策，制定行业发展规划、法律法规、政策和标准，提供公共服务和加强行业管理等。

始终接受同级中共党委领导。长期以来，各级广播电台电视台在宣传上接受同级中共党委宣传部门的领导和指导，按照党委宣传部门的部署和要求做好广播电视宣传；在业务上接受同级广电行政部门的领导和管理，搞好事业建设、安全播出和公共服务等。中央和地方的国有广电企业单位是广电经营实体，在国有资产管理上，多数是接受同级文化国有资产管理部门或经政府授权的广电行政部门管理；在相关业务上，接受广电行政部门的行业管理。党的十八大以来，各级广电行政部门通过制定加强党的全面领导的具体制度措施，如加强重大事项请示报告制度等，切实把加强党对广播电视工作的领导贯穿改革发展各方面全过程，为推动广播电视繁荣发展提供坚强组织保障。

政府设立并管理广播电视播出机构。《广播电视管理条例》规定：广播电台、电视台由县、不设区的市及以上人民政府广电行政部门设立，其中教育电视台可以由设区的市、自治州及以上人民政府教育行政部门设立。其他任何单位和个人不得设立广播电台、电视台。在管理上，《条例》明确国务院广电行政部门负责全国广电管理工作，县级以上广电行政部门负责辖区内广电管理工作。上述规定为开展广电管理工作提供了法律依据。

近年来，一些地方特别是地市、县按照政事分开、管办分离等改革要求，陆续将地方广播电视播出机构设立主体变更为由当地人民政府或党委宣传部，归口当地党委宣传部领导，广电行政部门实施行业管理。随着2018年新一轮党和国家机构改革的实施，中央三台建制撤销，组建中央广播电视总台，作为国务院直属事业单位，归口中共中央宣传部领导。按照党中央的统一部署，各地在广电机构改革上基本比照中央总台的改革模式，播出机构与广电行政部门变成两个平级单位，但局与台之间管理与被管理的关系依然保留。各级播出机构设立主体的变更，意味着各级广电行政部门长期以来实施的行政管理正式调整为行业管理。

2. 四级办广播电视，四级混合覆盖

按照1983年中共中央37号文件和1997年《广播电视管理条例》规定，我国实行"四级办广播、四级办电视、四级混合覆盖"的基本建设方针和制度。具体是：

四级办广播电视。按照规定，中央、省（区、市）、市（地）、县四级广播电视播出机构分别由其所在地区的广电行政部门依法设立并实施行政管理，如中央三台由国务院广电行政部门设立，作为直属单位，在人财物上归国务院广电行政部门管理。为积极推进改革，按照中央要求，从2001年开始，全国推动市（地）、县（市）播出机构职能转变，实行中央、省"两级办台"，地（市）台、县台逐步转为以转播上级台节目为主。但这一政策并没有完全落地实施，县级台办节目的职能依然没有变，"四级办台"的基本格局始终存在。

四级混合覆盖。按照中央37号文件，国务院广电行政部门及所属相关机构负责中央人民广播电台、中央电视台节目的全国覆盖，同时各级广电机构有责任和义务转播中央两台的节目，以分别覆盖其所在的行政区域，让每个家庭用户通过无线、有线方式可接收到中央台以及所在地区的省台、市台、县台的各套节目，确保让党中央的声音传入千家万户。随着20世纪八九十年代卫星技术的成熟，"四级混合覆盖"进一步完善，除中央台电视节目通过卫星覆盖全国外，省级台上星节目通过卫星方式覆盖全省，解决所在省的偏远地区群众收听收看问题。但由于当时卫星加密和接收技术不是很成熟，没有从技术手段上解决省级上星节目跨行政区域传播的问题，给宣传管理工作带来不少困难。近年来，个别地级台经批准通过卫星方式覆盖指定区域，以及西部地区部分省级台、地级台经批准通过直播卫星方式定向覆盖特定区域，较好地解决了节目覆盖问题，同时又从技术上防止了节目信号外溢。当然也看到，随着互联网和4G移动通信技术的广泛应用，世界变成了"地球村"，传统"四级混合覆盖"方针被新技术所颠覆，广大手机用户通过互联网可收听收看到全国各地广播电视节目，但由此带来的各种宣传管理、舆论管理问题有待进一步深入研究。

条块结合、以块为主。在长期实践中，我国广播电视探索建立了"条块结合、以块为主"的领导管理架构。新中国成立后，中共中央在1949年11月确立了中央广播事业局的职责是：领导全国各地人民广播电台，普及人民广播事业等。1983年，中共中央37号文件正式确立了"条块结合、以块为主"领导管理体制，即各省（区、市）广电行政部门受该省（区、市）人民政府和国务院广电行政部门双重领导，以同级政府领导为主。其中，省（区、市）广电行政部门的宣传工作，受省（区、市）党委领导和国务院广电行政部门指导；事业建设受省（区、市）人民政府和国务院广电行政部门的双重领导，以同级政府领导为主。上述原则也适用于省级广电行政部门与省辖市（地、州）、县（市）广电行政部门之间的关系。

这种"条块结合、以块为主"的领导管理体制，体现的是广电行政部门作为垂直管理部门与地方政府之间的关系，本质上是中央与地方权力划分问题。从"条"来看，上级广电行政部门和下级广电行政部门之间只有在总体规划布局、相关业务上的指导和监管关系，由于没有人、财、物的隶属和管理关系，实际上很难实行统一领导；从"块"来看，"以块为主"体制曾极大地调动了地方办广播电视的主动性积极性，广播电视事业获得了飞速发展。但这种"以块为主"体制弊端在市场经济条件下十分凸显，如全国形成了近3000个行政区块、利益区块，导致广播电视系统横向相对独立、纵向流通不畅的状况，也是21世纪初以来有线电视网络整合推进比较困难的重要原因之一。

三、广播电视管理体制的改革

随着社会主义市场经济体制的不断完善，加快在广播电视管理理念、机构改革、职能设置、管理手段方式等方面的改革创新，尤其是革除现行体制中不合理、不适应的部分，是广播电视加强自身建设、推动高质量发展的内生需要，也是贯彻落实党和国家机构改革和文化体制改革的迫切要求。

1. 管理理念的转变

它是指政府部门围绕法定的管理目标、任务所确立的基本原则和观念，它集中体现政府部门对"为谁管理、管理什么、如何管理"的总体认识，是开展管理工作的行动指南。从实践来看，广播电视区别于一般文化单位，有其特殊性，又具有一般文化单位的共性，因而其管理理念的形成、确立，显然会受党的执政理念、党的宣传工作和意识形态工作要求以及党和国家机构改革、行政管理体制改革要求等多因素的综合影响。

一直以来，广播电视作为党的喉舌、重要的宣传阵地这一根本性质从未变化，决定着广播电视的根本任务没有改变，决定着其管理的核心理念始终未变，长期发挥作用。在长期实践中，广播电视管理的核心理念就是要始终"把政治方向摆在第一位，牢牢坚持党性原则，牢牢坚持马克思主义新闻观，牢牢坚持正确舆论导向，牢牢坚持正面宣传为主"这一根本要求，贯穿在日常广播电视发展和管理各方面各环节中，确保广播电视所有工作同党中央保持高度一致，始终体现党的意志、反映党的主张、维护党中央权威、维护党的团结。另一方面，随着党和国家各个时期的执政理念调整、行政管理体制改革以及广播电视内外部环境的变化，广播电视管理的非核心理念部分也会相应作出调整、创新。具体有：

由管办合一的管理向管办分离、以管为主的转变。新中国成立后，中央和地方各级广播电视机构既是新闻宣传机关，又是事业管理机构，中心工作是宣传。从1982年成立广播电视部到90年代末这一阶段，各级广电行政部门进入政府部门序列，广电行政管理的职能得到了加强，但中心工作依然是宣传。这种"管办合一"体制能集中优势资源开展宣传工作，不足是政府部门将主要精力放在本级、本系统，管理缺位、监管乏力等问题凸显。从20世纪末开始，广电行政部门按照政事、政企分开和管办分离的改革要求，逐步将"办"的职能移交给媒体单位和市场主体，着力强化"管"的职能，实现政府的"转身"和"瘦身"。这种适度放权既能让广电行政部门管好自己该管的事情，能腾出更多的时间精力抓大事、议长远、谋全局，增强宏观管理的针对性和有效性。

由以管直属单位、管系统为主向管系统、管行业的转变。自新中国成立到20世纪90年代中期近40年时间里，广电行政部门管理范围和对象多集中在本系统和所属企事业单位，管理内容除广播电视各项业务外，还包括直属单位的人财物等，因而在管理理念上偏重于服务本系统、直属单位。1992年党的十四大后，随着广播电视行业的不断对外开放，系统外的各种资源开始进入节目制作经营和技术服务领域，涌现了一大批社会化的节目制作经营、技术服务公司等，进一步加强行业管理的要求日益迫切。1995年2月，广播电影电视部强调要切实强化行业归口管理职能；随后，中共中央批准广电部党组有关进一步加强和改进广电工作的报告，明确要进一步加强广电行业管理。自此，政府在管理理念上不再局限于管脚下、管系统，同时还要管好整个行业，为整个行业的健康发展保驾护航。

由单一行政管理向行业管理和服务并重的管理转变。我国传统广播电视管理体制实行的是"局管台""局办台"或"局台合一"模式，直接管人、管钱、管物、管事，行政管理色彩较浓，且有部门利益保护倾向，社会对此诟病也较多。改革开放后，党和国家持续深入推进以简政放权、改革行政审批制度等为重点的行政体制改革，广电行政部门传统的"重审批、轻管理、轻服务"的管理理念有了根本改变，加强管理、服务行业的理念明显加强，其中最突出的是强化了公共服务职能。又如，为进一步扩大开放，广电行政部门逐步降低了社会资本进入门槛。从2001年起，国务院广电行政部门出台相关政策，允许非公资本进入广播电视相关领域和环节。党的十八大后，国务院广电行政部门按照要求深化"放管服"改革，如对申请节目制作经营许可证的机构，不再提供注册资金或验资证明，不再进行前置审批等，通过改革进一步降低准入门槛、优化营商环境，从而调动社会资本积极参与广电改革发展，为广电行业建设发展提供不竭动力。

2. 管理机构的改革

管理机构也称行政机关或部门，是政府管理职能实施的重要主体。为顺应媒体发展趋势和结合各个时期宣传工作要求，党中央不断深化广播电视机构改革，赋予广播电视管理机构在不同时期的职能职责和使命任务，为广播电视改革发展提供体制机制保障。

设立广播电视部。1982年5月4日，五届全国人大常委会第二十三次会议启动了我国改革开放后的首轮党和国家机构改革。按照会议决议，撤销中央广播事业局，设立广播电视部。自此，中央广播事业局升格为广播电视部，电视业首次被纳入政府管理范畴，同时，机构由国务院原直属单位转变成国务院组成部门，成为真正意义上的行政管理机关。

将广播电视部改为广播电影电视部。1986年1月20日，六届全国人大常委会第十四次会议决定将广播电视部改为广播电影电视部，将原设在文化部的电影局成建制划转到广播电影电视部。在随后较长的一段时间里，各地从实际出发，推动电影管理职能划转的改革陆续到位。此次机构划转与合并，实质是调整改革了电影、电视部门生产关系，解决了长期以来电影、电视事业分别由两个部门领导和管理问题，对于加强统一领导和管理，加强电视电影在题材规划、创作生产、发展管理等方面的统筹、协调，减少影视单位内部矛盾和磨擦，实现电视电影资源共享，促进影视事业共同繁荣发展产生了积极影响。

将广播电影电视部改组为国家广播电影电视总局。为适应逐步建立起来的社会主义市场经济体制发展的要求，1998年新一轮的党和国家机构改革将广播电影电视部改组为国家广播电影电视总局，保留正部级，列入国务院直属机构序列。按照国务院"三定规定"，国家广播电影电视总局是行政管理机关，主管全国广播电视宣传和广播电影电视事业，区别于新华社、中央三台等单位，不再是宣传机关和事业经办主体。新机构的成立，标志着广电行政部门延续了几十年的政事、政企不分问题在机构定性上得到了解决，避免了广电政府部门既当"裁判员"又做"运动员"。实践表明，此轮改革将我国广电事业带入高速发展的阶段，广播电视规模迅速扩大，节目信号基本覆盖全国，电视剧、动画等内容产量跃居世界前列。

组建国家新闻出版广电总局。为深入推进文化体制改革，统筹新闻出版广播影视资源，2013年国务院机构改革和职能转变方案提出，将新闻出版总署、广电总局的职责整合，组建国家新闻出版广电总局，加挂国家版权局牌子。按照改革要求，新组建的国家新闻出版广电总局整合了原新闻出版总署、国家广播电影电视总局两部门的多项业务和管理职能，在统筹推动报刊、出版社、电台电视台和互联网等新媒体发展，集中开展重大主题、重大事件、重大活动宣传报道活动，整合新闻出版和广播影视领域公共服务资源，提高文化产品"走出去"水平和能力等方面取得了积极的成效。

组建国家广播电视总局。党的十九大对深化党和国家行政管理机构和行政体制改革作出重要部署。2018年3月17日，十三届全国人大第一次会议通过了国务院机构改革方案。该方案指出，为加强新闻舆论工作，加强对重要宣传阵地的管理，充分发挥广播电视媒体的作用，在国家新闻出版广电总局广播电视管理职责的基础上组建国家广播电视总局，作为国务院直属机构。新组建的国家广播电视总局在原有管理职能上进行了"瘦身"，不再领导中央三台（中央广播电视总台），将电影和新闻出版的管理职能划转出去，同时首次明确了网络视听节目的管理职责。此次机构调整，对于进一步发挥广播电视主流媒体作用，强化广播电视主流媒体职责使命，加强广播电视宣传主阵地建设管理，提高广播电视传播力、引导力、影响力、公信力等方面将产生重大深远影响，标志着我国广播电视改革发展和行业管理进入了新的历史阶段。

3. 管理职能的调整

也称政府职能，是指政府在一定时期内根据社会发展需要所发挥的功能和作用，具有明显的阶段性、渐进性特征。转变政府职能，重点解决政府应该管什么、管到什么程度以及怎么管的问题。为适应各个时期的发展要求，广电行政部门不断地探索调整和完善管理职能，正确处理好政府与市场、政府与社会的关系，使之能符合国家机构改革要求，又有利于政府部门更好履职尽责。

强化宏观管理职能。从20世纪90年代初期开始，国务院广电行政部门多次提出要正确认识和处理好广播电视多功能与宣传主功能的关系，要把工作的重点放在加强宏观管理上，重点是要在扩大广播电视尤其是中央和省第一套节目的人口覆盖率，加大国产精品节目制播、控制国外节目播出数量等方面开展有效的宏观调控。从1994年3月到21世纪初这一时期，广电行政部门按照要求将部分审批权下放给地方政府或广电行政部门，将宣传报道的策划、组织实施等交给播出机构，将影视剧制作等生产经营权利交给了市场和企业，进一步淡化微观管理职能，着力强化宏观管理职能。从2003年文化体制改革启动开始，中央和地方各级广电行政部门的职能逐步由"既管又办"转为"管广电"，加强了在统筹规划、政策指导、组织协调等方面的宏观管理职能，重点对广播电视频率频道、上星节目、网络视听服务、商业广告播出、境外节目引进和播出等加强总量控制，确保广播电视主流媒体导向正确、方向正确。特别值得一提的是，近年来国务院广电行政部门出台了有关上星节目、电视商业广告等的管理文件，被广大网民称为"限娱令"①"加强版限娱令"②"限广令"③，这些都是政府部门开展宏观管理的典型案例，在净化荧屏声频、丰富节目种类、创新节目形式、提高视听体验等方面发挥了重要作用。

更加注重行业管理、公共服务等职能。1992年党的十四大后，随着广播电视市场化、产业化和社会化程度明显加快，各种矛盾和问题纷至沓来，各方面对加强行业管理、提供公共服务的呼声越来越高。在1993年、1998年两轮国家机构改革中，国家明确广电行政部门是国务院主管全国广播电视宣传和广播影视事业的部门（机构），但改革还不够彻底，广电政府管理仍停留在本系统管理上。按照党中央、国务院的部署，从2004年开始，广电行政部门进一步转变政府职能，逐步由过去的"既管又办"转变为着力抓行政管理和行业管理，更好履行政策调节、市场监管、社会管理、公共服务等职能，对广播电视业实施全面的监管和指导。在2009年国家广播电影电视总局新的"三定规定"中，增加了对从事节目制作的民办机构的监管职责，加强了对信息网络视听节目服务、公共视听载体播放节目业务的监管职责，首次明确了广电行政部门行业管理、社会管理的职能。在2013年国家机构改革中，设立国家新闻出版广电总局，管理职责中增加了负责对网络视听节目、公共视听载体播放节目的监管，指导对市场经营活动的监督管理，负责公共服务等内容，自此，广电行政部门有关行业管理和公共服务职能进一步得到了加强。

管理手段的创新。它是指政府部门为实现管理目标所采用的具体方法。新中国成立后很长一段时间，广电行政部门的管理主要采用行政手段，包括行政命令、指示、指标、规定等行政措施，直接调节和管理广播电视业的发展，这种行

---

① 指2011年10月国家广电总局《关于进一步加强电视上星综合频道节目管理的意见》。
② 指2013年10月国家广电总局《关于做好2014年电视上星综合频道节目编排和备案工作的通知》。
③ 指2011年10月国家广电总局《关于进一步加强广播电视广告播出管理的通知》和同年11月《〈广播电视广告播出管理办法〉的补充规定》，禁止在播出的电视剧中以任何形式插播广告。

政手段具有直接、快速和强制性的特点。从 21 世纪初开始，广电行政部门进一步改进管理方式，由过去单纯依靠单一的行政手段转向综合运用行政、法律、技术、经济、行业自律、社会监督等多种手段进行管理。

法律手段。它是一种运用法律规范以及具有法律规范性质的制度文件等进行管理的方法，具有强制性、规范性、稳定性等。近年来，中央和地方广电行政部门建立健全了法律法规制度，截至 2018 年年底，共出台部门规章 30 件、规范性文件 300 多件，从播出机构设立、网络传输、节目制作经营、电视剧内容管理、网络视听节目、安全播出与设施保护等方面进行了全面具体规范。中央和各地逐步健全了法制工作机构，职责涵盖行政立法、行政执法、合法性审查、普法等工作。2011 年国务院广电行政部门印发"十二五"立法工作规划，要求省级以上广电行政部门设立专门法制机构，配备专门人员，解决专门经费，发挥法制机构的参谋、助手和法律顾问作用。此外，各地还进一步健全执法机构，加大行业执法力度。从 20 世纪末开始，县级以上广电行政部门作为执法主体，开展对辖区内广播电视市场进行监督、检查和查处，维护广播电视正常传播秩序。从 2004 年 8 月开始，中央决定在文化体制改革综合性试点地区组建统一的文化市场综合执法机构，进一步加大对广播电视等文化市场的管理力度。自此，广电行政部门、文化市场综合执法机构按照各自职责分工，共同为维护广播电视正常秩序、净化广电市场环境发挥了积极作用。

技术手段。它是指广播电视行政部门运用先进的监测监管技术对广播电视机构集成、播出和传输覆盖过程实施全过程控制和监督管理的手段。目前，总局已建成集技术监测、传统节目和网络视听节目监管和安全播出、安全指挥于一体的统一、科学、有效的监管技术体系，涵盖无线、有线、卫星和互联网等多个领域，监测范围在地市级以上广播电视机构，完全能做到实时监听监看，全程录制与回放等，彻底改变了过去依靠人工监听监看的被动局面。截至目前，全国有近 30 个省级广播电视行政部门相继建立了省级广播电视监管机构和机制，市、县级广电行政部门也相应建立了监管平台和机制，将辖区内县级广播电视节目纳入监管范围，为政府部门规范管理、依法行政提供了强大的技术支撑。

经济手段。它是指政府通过财政、税收、价格、资金、利息补贴等多种方式来实现政府管理目标的一种手段。改革开放后，党中央、国务院就先后出台了多个文化经济政策，对深化文化管理体制、推动经营性国有单位转企改制等方面发挥了积极作用。近年来，中央和地方广电行政部门依托财政设立各类专项资金，对优秀电视剧、纪录片、动画创作以及优秀节目栏目等进行资助或奖励，积极引导各类机构开展内容创新创优、提高内容品质。此外，从 2005 年开始，广电行政部门还通过建立一系列制度降低市场准入门槛，吸引非公有资本投资允许进入的领域。按照"放管服"改革的要求，2015 年国务院广电行政部门将设立节目制作经营机构的前置审批事项调整为后置审批，实行"先照后证"制度，同时取消了对企业注册资金不少于 300 万元的要求等，进一步降低中小微文化企业进入门槛，调动和激发了各类主体创业、创新的积极性。

行业自律。它是指行业组织通过制定行业规范、行业标准等方式，规范行业内企事业单位和从业人员的各种行为。党的十八大以来，随着广电行政管理体制改革的不断深化，广电政府部门的管理定位和法定职能日渐清晰，政府部门按照权力清单等把该放给市场和社会的权放足、放到位。对于放给市场和社会的部分，不是撒手不管、放任自流，而是要发挥行业组织的自律性作用。中国广播电影电视社会组织联合会作为我国广播电视行业最大的行业组织，近年来在建立行业规范、加强行业自律、开展行业维权、开展业务培训等方面发挥了重要作用。地方各级广电协会进一步发挥了政府与市场、政府与社会之间的联系沟通、桥梁纽带作用，为广电行业健康发展作出了贡献。

社会监督。它主要指社会组织、公民对某行业内违法违规活动进行监督，包括舆论监督、社团监督、群众监督等。这种手段在监督主体、客体、内容等方面具有较强广泛性，在监督方式、途径上具有较强灵活性，成为我国政府管理体系的重要部分，有助于弥补政府部门管理的不足。在广播电视领域，一些党政部门和新闻单位的内部参考、舆情要报等是重要监督渠道。此外，群众来信、电话举报和网上投诉等是新时期广播电视社会监督的重要途径之一。上述这些社会监督的渠道和途径，为广电行政部门依法行政、依法管理提供了重要支持，为建设法治政府奠定了良好的基础。

此外，70 年来我国还在广电行政管理方式、管理制度和法制建设等方面不断进行调整、完善。站在新的历史起点上，回望 70 年来我国广电管理体制改革的历程，会发现它与党和国家整体改革趋向保持一致，与不同时期的宣传形势、使命任务、工作要求密切相关，各时期的改革都推动了广播电视生产关系调整，解放和发展了生产力，促进了广播电视的发展，更好地满足了广大群众对优质节目的收听收看需要。随着互联网、移动通信等信息技术的升级迭代和媒体融合的深入推进，随着广大群众消费广播电视视听节目的行为、习惯的改变，进一步深化广电行政管理体制改革、促进广播电视网络视听繁荣发展，依然是全体广电人面临的共同课题，改革没有完成时、只有进行时。

（作者单位：国家广播电视总局传媒机构管理司）

气势磅礴　高潮迭起　精彩纷呈

——庆祝新中国成立70周年广播电视宣传

罗　艳

2019年是新中国成立70周年，也是决胜全面建成小康社会第一个百年奋斗目标的关键之年。全国广播电视紧紧围绕庆祝新中国成立70周年这一主线，精心组织谋划，狠抓任务落实，扎实细致推进各项工作，推出了一批有高度、有力度、有声势、有新意、有温度的宣传报道与文艺精品，立体化展示新中国的光荣历史、社会巨大变迁，为庆祝新中国成立70周年营造了浓厚氛围，唱响了礼赞新中国、奋进新时代的昂扬旋律，有力彰显了主流媒体主阵地主力军的地位和作用。

一、浓墨重彩聚焦主题，生动呈现70年辉煌成就，主题主线宣传深入人心

全国广播电视行业按照中央要求，统一步调，加强策划，相继开设"壮丽70年·奋斗新时代""爱国情 奋斗者"等专题专栏，持续性推出导向正确、各具特色、形式多样、层次丰富的宣传报道。

一是各级广电机构通力合作，打造大型媒体活动，集结广播电视力量，发出主题宣传强音。中央广播电视总台携手全国省市电视机构，推出大型直播特别节目《壮丽70年·奋斗新时代——共和国发展成就巡礼》，通过鲜活的采访报道和直播镜头，带领观众走进城市和乡村，展现共和国沧桑巨变，反映人民群众幸福生活，彰显中国共产党的正确领导，激发人民群众的家国情怀。长江流域12省市广播电视台以"长江之恋"为题，紧扣庆祝新中国成立70周年这条主线，推出包括国庆晚会在内的两台晚会、一个综艺节目、一次大直播、一部纪录片，同一个主题以多种形式呈现，充分展现长江流域各地在党中央推动长江经济带发展的战略思想指导下"千帆竞逐浪"的新局面。北京、上海、浙江、江苏、湖南五大卫视联合制作的理论宣传节目《思想的田野》，分别在五家卫视晚间黄金时段播出，以"理论宣讲大篷车"为载体，对习近平新时代中国特色社会主义思

15

想进行通俗化、大众化、电视化的创新表达，生动展示了各地在习近平新时代中国特色社会主义思想指引下，因地制宜谋求发展、开拓创新深化改革的实践成果。江苏、上海、浙江、安徽四地广播电视台联合制作播出《聚力长三角 奋进新时代》，深入宣传阐释习近平总书记关于长江三角洲区域一体化发展的重要讲话精神，多视角、立体化反映长三角地区三省一市各展所长、共同推进一体化发展的历程。

二是地方广播电视机构突出本土特色、体现百姓视角，推出各具特色的主题宣传，展现各地发展成就，体现人民群众幸福感、获得感。北京台推出"新北京 新跨越"系列报道，观照重大国家战略，展现党员干部群众朝气蓬勃、撸起袖子加油干的精神面貌。广东卫视《飞越广东》通过叙事化手段和数据可视化呈现，让经济数据"活了"起来，让观众体会到经济发展的迅猛势头。海南台《自贸有新招》通过展示海南各地各部门探索建设中国特色自由贸易港的创新成果，体现各行各业勇当先锋、大胆创新的精神，讴歌国富民强、勇于创新的新时代，献礼祖国华诞。福建东南卫视播出的系列专题片《壮丽70年 福建新跨越》全景式展现福建70年砥砺奋进的壮阔历程，每期一个主题，谈变化、议发展，讲述普通百姓幸福生活的中国故事。

三是多平台联动共振，倾情奏响礼赞伟大祖国的交响乐章。传统广播电视与新媒体平台具有不同的传播特质，新中国70华诞，广播电视机构充分发挥各个平台优势，加强协调与配合，不断创新传播理念、整合传播力，共同奏响庆祝新中国成立70周年的宏大乐章。中央广播电视总台牵头制作的大型直播特别节目《共和国发展巡礼》涵盖32个省、市、区，央视和各省市地方电视台同步直播，并同时在央视网、新浪微博、抖音、快手等新媒体平台广泛传播，形成从中央媒体到地方媒体、从传统媒体到新媒体的立体传播矩阵，发出强大的宣传声势。央视《朝闻天下》播出"用歌声祝福祖国"快闪活动，数万人在天安门广场用歌唱《我爱你中国》的方式向祖国深情表白，随后该视频在各大卫视穿插播出，迅速形成联动效应，在互联网上掀起表白祖国的热潮。纪录片《彩色新中国》首次正式公开一批新中国成立初期的彩色影像资料，通过重访拍摄场景、寻找历史见证者，展现新中国气象万千的崭新风貌。由纪录片衍生的短视频作品《彩色新中国!》一经上线24小时点击量突破6000万，万千网民心中的共和国记忆被唤起，传统媒体与新媒体相互呼应、相互唱和，取得很好的传播效果，点燃了人民群众的爱国热情。

二、重大活动直转播呈现庆典盛况，营造全国人民共庆华诞、共享荣光的浓厚氛围

庆祝新中国成立70周年重大活动万众瞩目、广受期待，隆重热烈的庆祝活动通过全国各级电台电视台的直转播，全方位、高水平向海内外呈现国庆盛典，浓墨重彩展现国庆庆典活动气势磅礴、精彩纷呈的空前盛况，将国庆 70 周年宣传推向高潮，在全球产生巨大影响，电视观众广泛认为"直播精彩纷呈，是一次震撼人心的视觉盛宴"。

一是新技术赋能，镜头语言创新，向全国人民呈现一场国之大典的视听盛宴。国庆重大活动直播积极创新方式手段，10 月 1 日上午庆祝大会电视直播体系由 1 个总系统、6 个分系统共 191 个机位组成，34 个微型摄像机安装在受阅装备和群众游行队伍中，实现了第一次使用升降塔拍摄时政画面、阅兵沿线外侧使用移动拍摄车跟随拍摄、架设离中心区更近的索道摄像机、设置近距离贴地机位等技术突破，使直播镜头更多元、画面更丰富、效果更壮观，带给电视观众庄严热烈的视听体验。晚上在天安门广场举行的联欢活动，中央广播电视总台直播首次采用 4K 全系统，为电视观众提供超高清、超视野画面视觉体验；首次运用数字仿真技术，通过 91 个位置的数字建模和广场地区厘米级高精度的物理建模保障拍摄效果精准、真实；采用无人机拍摄带给观众全方位的视角，多机位多角度展现烟火表演的流光溢彩、美轮美奂。联欢活动展现了人民群众自由、生动、欢愉、活泼的中国表情，唱响了新时代的"欢乐颂"。

二是拓展传播途径，扩大传播范围，最大限度满足人民群众收听收看庆祝活动的需求。国庆当天，全国各级广播电视台主频率、主频道对两场重大活动进行转播，全国广电系统约 10.5 万名干部职工坚守节目制作、播出、传输、覆盖和监测监管一线，圆满完成直转播工作任务，全景呈现庆祝大会和联欢活动的盛大场景，广播电视主流媒体主阵地主力军的地位和作用再一次得以彰显。网络视听新媒体对庆祝新中国成立 70 周年 4 场重大活动进行网上转播，共有 324 家中央重点新闻网站、省级网络广播电视台、地方新闻门户网站和商业视听网站、165 款手机移动客户端以及 7 家互联网电视集成平台进行了网上转播。例如央视与快手平台合作，"央视新闻"快手号自 9 月 29 日早 6 点起，70 小时不间断直播国庆特别节目。除此之外，全国 12 个城市 70 家影院首次接入庆祝活动 4K 直播信号，让观众在电影效果中感受庆祝大会的现场氛围。国庆期间，《此时此刻——国庆 70 周年盛典》4K 直播粤语版电影登陆粤港澳大湾区影院，大湾区观众可在影院重温新中国成立 70 周年庆典的震撼场面。此次直转播范围大、覆盖广，营造了举国欢庆祖国 70 华诞的热烈氛围。

三、精心精细抓文艺精品创作，动心动情唱响荧屏声频主旋律

围绕新中国成立 70 周年主题，全国广播电视系统提前谋划、深情创作，倾力打造思想精深、艺术精湛、制作精良相统一的纪录片、动画片、广播电视节目精品力作，以优秀作品献礼祖国 70 华诞，唱响新中国新时代的赞歌。

一是深情回望新中国建国历史，深入挖掘重大历史革命题材的时代价值。纪录片《淮海战役启示录》紧扣淮海战役取胜的深层原因及对当今时代的启示，通过回顾淮海战役发起、演变过程中的重大事件，挖掘战役期间涌现的经典战例、英雄模范、感人故事，最终指明淮海战役的胜利是民心所向的结果，是人民的选择、人民的胜利，生动诠释了中国共产党"一切为了人民、一切依靠人民、不忘回报人民"的精神境界和价值追求，深刻回答了为什么历史和人民选择了中国共产党。《彩色新中国》以独特的视角、温情的故事、丰富的细节，详细解读这些历史影像，让观众感受到新中国的朝气，激发开辟新时代的力量。纪录片《国歌》追述国歌《义勇军进行曲》诞生的背景、创作的经过、传唱的历史以及它所唤起的人民自豪感、奋斗感与创造力。动画片《可爱的中国》采用时空穿越的创作手法，讲述方志敏烈士一生的理想信念追求和为之奋斗牺牲的故事，引领青少年观众感受历史、感受英雄、崇敬英雄，激发青少年的爱国主义情怀。电视节目《跨越时空的回信》通过革命先烈后人回信的形态，搭建起两代人隔空对话的平台，辅以访谈、沙画、微电影、电视剧片段等多元素，使革命先辈的理想信念以及朴实情感直击人心，展现英烈精神的当代传承，突出革命信念薪火相传。这些作品回顾了新中国孕育与建立过程中国共产党带领人民进行的艰苦卓绝的奋斗，通过重大历史事件、人物命运浮沉，回答了红色政权从哪里来、中国共产党为什么能的历史命题。

二是深情记录新中国建设的历史成就，礼赞平凡英雄，凝聚奋进新时代的磅礴力量。纪录片《代号221》讲述原国营221厂研制出中国第一颗原子弹和氢弹的故事，展现自1958年以来的几十年间，我国第一代核工业人在青海金银滩草原上"做隐姓埋名人，干惊天动地事"的重要历史，记录和讴歌大历史背景下中国核工业的平凡英雄。同样以新中国成立初期原子弹制造为题材的动画片《在那遥远的地方》，独辟蹊径以青海土地上特有的普氏原羚与儿童的视角为切入点表现这段恢宏历史，展现人与自然和谐共生的美好画面以及金银滩由原子城变成青山绿水的美丽巨变，弘扬了不畏艰险、无私奉献的"两弹一星"精神。大型纪实寻访类节目《闪亮的名字》以真实寻访和场景重现的方式，讲述英雄的故事，通过纪实与虚拟手段的结合、寻访者和演绎者的时空对话，使英雄的故事呈现更加具象化、更富感染力，呈现平凡英雄的高光时刻。《绿水青山》《创新中国》《港珠澳大桥》等纪录片聚焦国家重大战略、重大工程，用鲜活生动的事例充分展现中国近年来的发展成就。这些作品深刻反映了新中国成立后各行各业发生的历史巨变，展现了平凡岗位上平凡奋斗者的伟大，以昂扬之气、奋进旋律激励人民拥抱伟大梦想，为新时代中国特色社会主义建设的伟大事业注入精神动力。

三是深情讲述中华优秀传统文化，唤起中华民族共同的文化记忆，不断坚定文化自信。4K 超高清动画片《大禹治水》再现大禹波澜壮阔的治水历程，展现中华民族创造、奋斗、团结、梦想的伟大精神，生动反映中华民族永不屈服的抗争精神，构建起神话世界和现实世界之间的关联，将中国古代神话故事传达的精神与社会主义核心价值观融为一体，具有鲜明的时代意义。《大禹治水》荣获2019 年度"五个一工程"奖。纪录片《戚继光》沿着戚继光征战的路线，通过记录新时代的壮丽山河，展现戚继光"封侯非我意，但愿海波平"的豪迈，通过寻找流传在民间的戚继光带领戚家军和广大人民群众共同抗倭的动人事迹，发掘传承至今的民俗中与戚继光有关的蛛丝马迹，深入反映当代人对戚继光留给后世的精神财富的继承和发扬。纪录片《长江之恋》全方位记录长江之美，用长江流域平凡人的平凡故事串联起《长江之恋》的宏大叙事，激发中华儿女对哺育中华文明的母亲河长江的热爱，反映人类对于哺育文明的大江大河共生共存的新态度。《诗意中国》《神奇的汉字》等文化类节目、《稷下学宫》《中国》等纪录片挖掘中华传统文化中的深邃内涵，大力传承和弘扬中华优秀传统文化，激发广大人民的民族自信与自豪。

四是深情注目平凡百姓的人生梦想和奋斗故事，展现人民的获得感和幸福感，传递向上向善正能量。纪录片《希望的田野 兴安岭上》通过对伊春市上甘岭区林业局溪水森林经营所几个家庭日常生活的真实记录，讲述了林区人在转型期既艰难又充满希望的故事，折射国家经济转型过程中产生的阵痛以及带来的新突破、新发展。《青年强 中国强》以"为中华之崛起而读书、而奋斗"为主题，真实记录 10 位当代青年的责任、担当、勇气、激情与奋进，既体现社会主义核心价值观的思想传播，又散发当代生活的底蕴，充满情感温度。纪录片《我的时代和我》（第二季）捕捉和记录各个年龄段、各个领域的杰出人士在追求美好生活的过程中感人至深的奋斗故事，积聚和传播新时代中国人的精神力量和精神风貌。电视节目《我们在行动》以主持人、明星、企业家组成"助农团队"，深入贫困地区，通过下乡选品、产品研发、订货会、社区推广等形式，帮助贫困地区实现精准脱贫。这些作品紧扣时代脉搏，坚持"小成本、大情怀、正能量"的创作方向，将个人命运放在大时代背景下进行勾勒，充满深沉大气的家国情怀，描绘了新时代中国人的精神图谱，凝聚了中国人不断奋斗追求幸福生活的精神力量。

四、周密布局节目编排，矩阵式呈现优秀献礼作品，力争最大播出效益

全国广播电视系统把握宣传节奏、加强节目的编排调控，精品内容播出覆盖全年，逐渐升温，在国庆前后形成高潮，有力烘托了庆祝新中国成立 70 周年的热烈氛围。

一是加强排兵布阵，新闻专题专栏贯通全年，集合纪录片、动画片、节目、影视剧等献礼作品，相互呼应、相得益彰。各级广播电视台从多个维度策划组织内容编排与播出工作，统筹安排新闻节目、电视剧、纪录片、动画片、公益广告排播，组成庆祝新中国成立 70 周年的播出矩阵，既全面发力又分清阶段，把控节奏，不断升温，努力实现新中国成立 70 周年重大主题新闻宣传与文艺作品的播出效益最大化。北京广播电视台在聚焦庆祝新中国成立 70 周年的主题中，围绕"展现新时代生动实践""追忆共和国'进京赶考'""记录七十年接续奋进"三条主线谋篇布局。上海广播电视台围绕"上海解放 70 周年"主题，在纪录片方面持续发力，《大上海》《上海解放一年间》《东方欲晓》等作品突出上海红色基因，回顾上海发展历史。全国 31 个省级广电网络公司（除西藏）及深圳天威视讯，在有线电视互动平台首页首屏突出位置开设集纳"壮丽 70 年·奋斗新代""爱国情奋斗者""我和我的祖国"等专栏的主题宣传专区。

二是大力组织展播，进一步扩大优秀纪录片、动画片、电视节目传播效应，掀起庆祝新中国成立 70 周年的高潮。中央广播电视总台相关频道在黄金时段反复播放庆祝大会和联欢活动的实况录像和精彩镜头，国庆假期各频道共安排重播达 58 次。广电总局先后下发《国家广播电视总局办公厅关于做好庆祝新中国成立 70 周年纪录片、动画片展播宣传工作的通知》《国家广播电视总局办公厅关于做好庆祝新中国成立 70 周年纪录片、动画片、电视节目公益展播的通知》，要求各级广播电视播出机构提前谋划、合理安排，拿出重点频道和时段，积极展播、宣传党史国史军史题材和现实题材优秀纪录片、动画片。同时，统一购买《绿水青山》《彩色新中国》《长江之恋》《国歌》等纪录片、《可爱的中国》《翻开这一页》等动画片、《致敬英雄》《闪亮的名字》《跨越时空的回信》等文艺节目播映权和互联网信息传播权，免费提供全国电视上星综合频道、纪录片专业上星频道、动画和少儿专业上星频道以及"学习强国"平台进行公益展播。国庆期间，全国广播电视台积极播出总局推荐的纪录片、动画片及电视节目，在广播电视空间营造浓厚庆祝氛围，唱响礼赞新中国、奋进新时代的高亢旋律。

五、加强组织领导，充分调动资源，强化各项保障，确保国庆宣传有条不紊、出新出彩

做好新中国成立 70 周年宣传是 2019 年最重要的政治任务，按照中央和广电总局党组关于庆祝新中国成立 70 周年宣传工作的总体部署和安排，总局相关司局紧紧抓住庆祝新中国成立 70 周年这一主线，精心组织谋划、狠抓任务落实，扎实细致推进各项工作。

一是充分发挥广电总局宣传管理机制作用，提高宣传管理效能。总局充分利用宣传工作例会平台，及时传达中央、中宣部和总局党组关于庆祝新中国成立70周年宣传报道的各项工作要求和宣传提示，指导全国各级广播电视媒体认真贯彻落实《庆祝中华人民共和国成立70周年宣传报道方案》，确保庆祝新中国成立70周年宣传组织工作政令畅通、令行禁止。2019年的宣传工作例会多次对庆祝新中国成立70周年各个阶段的宣传工作作出部署，保证了广播电视庆祝新中国成立70周年宣传报道工作导向正确、主题鲜明、出新出彩，营造了昂扬向上、团结奋进的良好氛围。同时，充分发挥总局宣传协调例会机制的作用，统一调度资源、发挥合力，协调网上网下同频共振，统筹国内国际两个舆论场，形成正面宣传的强大声势。在总局组织的精品网络视听节目展播活动期间，多部优秀电视纪录片推出的短视频作品在"精彩短视频 礼赞新中国"活动中展播，引发极大反响，迅速形成网络热点，广泛激发了网民的爱国之情。在"视听中国 全球播映活动"中，多部优秀纪录片引发国际关注和强烈反响，积极营造了良好的国际舆论环境。

二是加强对地方广播电视宣传的统筹组织，发挥宣传合力。习近平总书记参加的重大活动直转播工作是庆祝新中国成立70周年宣传的重中之重。为了满足全国人民群众都能收听收看到国庆盛大庆典的愿望，10月1日两场重大活动的转播范围扩大为全国各级广播电视台主频率、主频道转播。转播范围大、落实任务时间紧，广电总局一方面及时召开相关司局和直属单位的协调会，明确任务分工，同时积极协调中央广播电视总台确定直播窗口时间，第一时间向全国广电系统发出转播通知，全力保障庆祝新中国成立70周年重大活动直转播工作圆满完成。另外，总局积极调动地方广播电视的积极性与节目资源，策划了《思想的田野》《长江之恋》《我同祖国共成长——庆祝新中国成立70周年少儿晚会》等重大项目。总局提出创意、参与策划、加强协调，反复召开多次节目会商调度会，最终打破地方壁垒，创新地方制播联合的新模式，推出献礼新中国成立70周年的扛鼎之作，充分发挥了全国广播电视主阵地的聚合力量。

三是加强播出调控和内容监管工作，确保主旋律主基调不受干扰。从2019年年初开始，广电总局紧扣庆祝新中国成立70周年宣传各阶段的要求，围绕春节、两会、国庆等重要时间节点，加强对卫视节目的宏观调控，提前编制《全国卫视重点节目编播表》，指导全国卫视排播与主题氛围相符的节目。进一步加强综艺娱乐、真人秀、歌唱选拔等节目的内容、嘉宾、片酬审查，严把导向关、内容关、人员关、片酬关，防止追星炒星、过度娱乐化、高价片酬等问题对主旋律产生干扰，确保各类节目内容与庆祝新中国成立70周年的氛围相一致。加强节目监听监看，及时点评表扬好的节目，及时发现指出苗头性、倾向性问题，将问题处置在萌芽阶段，严防出现不和谐的声音。

新中国成立70周年庆祝活动已经圆满落下帷幕。各级电台电视台直转播的系列庆祝活动充分展示了新中国成立70年来的辉煌成就，有力彰显了国威军威，极大振奋了民族精神；一大批丰富多彩、生动感人的广播电视作品集中播出，激发了全国人民的爱国热情，凝聚起各行各业奋发向上的磅礴力量。广播电视在推动中国改革发展中的重要作用和神圣使命再一次得到充分体现。

（作者单位：国家广播电视总局宣传司）

广播电视"庆祝新中国成立70周年"
主题宣传异彩纷呈

唐　蕊　黄薇莘

2019年,各级广播电视媒体围绕庆祝新中国成立70周年主题主线,精心策划,着力创新,以"壮丽70年·奋斗新时代"大型主题采访活动启动为标志,制作播出一大批优秀广播电视节目。新闻报道、理论宣传、文艺节目、纪录片等彼此呼应、相得益彰,主题宣传、成就宣传、典型宣传同频共振、形成合力,庆祝新中国成立70周年宣传报道逐步展开、全面升温。10月1日,新中国成立70周年阅兵式、群众游行和首都国庆联欢活动直播转播圆满成功。亿万观众通过荧屏声频、大屏小屏、网上网下共庆祖国华诞、共享伟大荣光,凝心聚力、提振信心。国庆之后,广播电视持续推出特别节目,主题宣传热度不退,力度不减,异彩纷呈、亮点频现。

一、精心组织调动力量,主题采访活动营造浓厚宣传氛围

由中央组织开展的"壮丽70年·奋斗新时代"大型主题采访活动是庆祝新中国成立70周年宣传报道的重要组成部分。根据广电总局监管中心统计,2019年3月28日以来,全国各上星电视频道开设"爱国情 奋斗者""共和国发展成就巡礼""记者再走长征路""新中国峥嵘岁月"等新闻专题共264档,播出频次共计3039次,总时长共计81112分钟。这些专题专栏用心讴歌光辉历程,用情讲述奋斗故事,激发了各族群众爱国爱党爱社会主义的真挚情感,凝聚起新时代团结一心、艰苦奋斗的磅礴力量,营造出庆祝新中国成立70周年浓厚热烈的宣传氛围。

"壮丽70年·奋斗新时代——记者再走长征路"主题采访活动中,中央和地方广播电视记者追随红军长征足迹,深入革命老区实地采访,大屏小屏共同发力,推出了一批生动鲜活的新闻报道,生动再现壮怀激烈、惊天动地的革命故事,深刻阐释用生命和鲜血铸就的伟大长征精神,引发社会各界强烈反响。"爱国情 奋斗者"新闻专栏,紧扣"爱国""奋斗"时代主题,将镜头对准在国家

建设发展过程中建功立业的先进典型和在平凡岗位上不懈奋斗的普通劳动者，生动讲述他们热爱祖国、默默奉献的人物故事。"新中国峥嵘岁月"专栏，回望在中国共产党领导下新中国走过的70年非凡历程，重温一个个载入史册的重大事件、重要时刻，描绘新中国奋斗足迹，展现跨时代伟大飞跃。

在这些主题采访活动中，广播电视创新报道方式，不搞"大水漫灌"和口号式宣传，而是深入生活、扎根人民，将好的思想、好的观点、好的内容，通过接地气、有生气的故事表现出来。例如，中央广播电视总台记者在红军长征出发地之一福建长汀，发现当地老房旧宅的门板大小不一、不相匹配。记者通过采访还原了当年的一段"军民鱼水情"。原来红军在长汀阻击敌军时，当地老百姓纷纷把自家门板贡献出来修筑工事。战斗结束后，大家无法将自家门板一一辨认取回，于是才有了现在七拼八凑的样子。福建东南卫视《福建卫视新闻》生动讲述了"一本珍贵的军用号谱"的故事，号谱的主人罗广茂15岁参加红军，后因伤与部队失去联系，但他革命初心始终不改，倾其一生寻找从军时的号谱。这些报道重在通过细节讲述传递真实质朴的情感，用娓娓道来的故事打动人感染人。

二、提前策划跨平台制作，理论宣传和特别节目出新出彩

2019年开年以来，围绕庆祝新中国成立70周年主题宣传，国家广播电视总局、各广播电视播出机构及其新媒体播出平台，创新性地以跨平台策划制作的方式，推出多档内容鲜活、传播广泛的理论节目，体现了广播电视主管部门提前谋划部署、积极参与精品创作的有效作为，也体现了广播电视用心用情用功创作精品理论节目的工匠精神。

由广电总局牵头，北京卫视、上海东方卫视、浙江卫视、江苏卫视、湖南卫视联合制作的理论宣传节目《思想的田野》在晚间黄金时段播出。节目跳出了理论说教和演播室讲课的窠臼，以习近平新时代中国特色社会主义思想为主题，以"理论宣讲大篷车"为载体，通过"寻访＋解读"的手法，讲述好故事，阐释新思想，让理论宣传变得通俗易懂、深入人心。节目播出后收视排名靠前，社会反响十分热烈。有网友评论称，"节目贴近群众、贴近生活、贴近时代"。由广电总局牵头，长江沿线12家卫视共同承制的《长江之恋——长江流域十二省市联合大直播》在长达7小时气势磅礴的直播中，让观众看到了"长江同日不同景"的景象。节目在位于长江入海口的上海市设立主演播区，由十二省市的电视台主持人共同主持，以直播连线的方式，与身在长江流域各省市的前方记者，一同展现各地生态文明建设和经济社会发展的最新成就，开创了我国新闻大直播的新纪录。该节目收视率位居同时段全国节目收视榜首，直播在各新媒体终端刷屏，取得了很好的社会反响。

由中央广播电视总台牵头制作的大型直播节目《共和国发展成就巡礼》在

央视和32个省（自治区、直辖市）地方电视台同步直播。节目通过记者行进式的采访报道，来到全国各地的城市和乡村，通过直播展示现实、用故事讲述变迁，全面展现新中国成立70年来的发展成就，反映各地在习近平新时代中国特色社会主义思想指引下，为实现"两个一百年"奋斗目标、实现中华民族伟大复兴而砥砺前行的生动实践。由湖南人民广播电台牵头制作的《我家住在解放路》，在湖南新闻综合广播、广东文体广播等全国100多家广播电台同步播出。节目选取70座城市中的70条"解放路"作为观察新中国成立70年辉煌成就的窗口，从"小视角"讲述"大时代"，展现祖国波澜壮阔的发展历史。

此外，不少品牌理论节目结合庆祝新中国成立70周年主题推出特别策划。如，浙江卫视品牌理论节目《中国共产党为什么能》在已播出两季的基础上，推出《中国共产党为什么能·浙江精神》，深入阐释了习近平总书记在浙江工作期间提出的"求真务实、诚信和谐、开放图强"的浙江精神，突出展现浙江在新中国70年发展中的努力和贡献。上海东方卫视推出理论节目《这就是中国》，以普及中国特色社会主义理论为核心，阐释中华民族从站起来、富起来到强起来的伟大飞跃，揭示中国特色社会主义制度的优越性。

三、生动讲述多样呈现，文艺节目精品力作浸润心灵

围绕庆祝新中国成立70周年主题，广播电视继续以公益、文化、原创为关键词，主题再聚焦，模式再创新，推出一大批优秀文艺节目。这其中，既有讲述时代英雄的崇高故事，也有讲述普通中国人的平凡故事，以小切口反映大背景、小故事折射大时代，发挥广播电视文艺节目作为大众喜闻乐见的形式浸润心灵、启迪心智的重要作用。

湖南交通广播系列报道《我是中国人》讲述10位普通中国人在世界舞台上施展作为的故事。节目用声传情，以情动人，生动展现我国为构建人类命运共同体作贡献的中国智慧和中国力量。上海东方卫视《闪亮的名字》以走访纪实结合影视重现的方式，让历史照进现实，引导观众走进英雄、了解英雄、学习英雄。江苏卫视《致敬中国英雄》采用寻访者实地感受英雄故事的形式，发掘英雄的感人细节，让英雄的故事在生动细节中得以还原，让英雄的形象在可感可触中变得愈加丰满。江西卫视《跨越时空的回信》由配音演员现场演绎红色家书内容，邀请先烈后人现场诵读给亲人的回信，在书信的一来一回中，实现了跨越时空的对话。

新疆广播电视台在新疆卫视和新疆汉语综艺频道等多个频道，集中播出系列微视频《祝福祖国亚克西》，深情表达新疆各族人民对伟大祖国的诚挚祝福。节目除了在传统媒体播出，还运用融媒体平台加大推广力度，营造宣传声势。广西卫视《我和我的祖国》从解放全中国、建设新中国到新时代改革开放，紧紧围

绕共和国发展轨迹，赞扬一代又一代中国共产党人赴汤蹈火、无私奉献的高尚情操。北京卫视推出《遇见天坛》《上新了·故宫》第二季等多档原创文化节目，用"国潮"文化致敬新中国成立70周年。

四、真实记录真情讴歌，现实题材纪录片广受好评

2018年8月广电总局实施"记录新时代"纪录片创作传播工程以来，涌现出大批优秀现实题材纪录片。这些纪录片真实记录奋进的新时代，展现新时代中国人民追求美好生活的昂扬志气，被网民亲切地称为"国家相册"。2019年，围绕庆祝新中国成立70周年主题，广播电视创作了大量反映中国革命历史、反映国家重大战略发展，反映政治、经济、文化、社会、生态文明建设成就，反映脱贫攻坚伟大历程和成就，反映普通中国人以奋斗创造美好生活的优秀纪录片。这些作品真情讴歌党、讴歌祖国、讴歌人民、讴歌英雄，对内鼓舞士气凝聚力量，对外打造真实、全面、立体的中国形象。

《彩色新中国》采用70年前中苏摄制组拍摄的彩色胶片，还原了开国大典的难忘时刻。节目首次披露了新中国成立初期珍贵的彩色历史影像资料，并对这批彩色影像进行了深入细致的挖掘，让观众从中感受到新中国的朝气蓬勃、生动可爱。纪录片《代号221》以中国第一个核武器研制基地（221厂）为视角，展现我国原子弹、氢弹的研发历史，回望中国核工业的发展成就，讲述中国核事业建设者坚守信念、无私奉献的感人故事。节目通过亲历者故地重游，为观众分享当年的青春往事，结合三维动画、历史再现和影像史，用动人的细节还原221基地那段激荡人心的奋斗岁月。《我们的男孩》围绕60年前的一场跨国医疗救助事件展开寻访，还原真实历史，讲述中俄两国人民友谊长存的故事，赞颂两国人民之间的真挚情感。湖南卫视《故园长歌·中国出了个毛泽东》运用历史资料、党史研究成果、事件亲历者讲述等多种方式，多角度探寻伟人毛泽东丰富的情感世界，讴歌为革命英勇牺牲的先烈，激励后人继续走好新时代的长征路。浙江卫视《中国村落》、河南公共频道《骄傲的村庄》两部聚焦中国农村发展的纪录片，通过溯源农村传统文化遗产，挖掘埋藏在田间地头的乡土乡情，呈现中国农村在新中国成立的70年里发生的巨大变化。

五、顺应融合传播趋势，提高正面宣传声量

在媒体深度融合的时代背景下，中央和地方广播电视媒体在融合传播上再创新再发力，秉持"移动为先、导向为魂、内容为王、创新为要"的理念和宗旨，以主力军之姿高歌猛进互联网主阵地主战场，多档节目成为"爆款""网红"，在网上持续刷屏。

围绕庆祝新中国成立70周年主题宣传，中央广播电视总台在融合传播方面

交出了一份亮眼的成绩单。总台将融合传播贯穿节目的策划、制作、播出和传播各环节，把同一主题、同一节目用不同方式剪辑编排，进行分众化、差异化传播，广播电视与网站、微博、微信、短视频平台、手机客户端形成全媒体传播矩阵，大大提高了传播力影响力。7月，中央广播电视总台对《新闻联播》进行全新改版，在年轻观众中实力圈粉，好评如潮。《新闻联播》栏目开通微信公众号、抖音号、快手号，并推出"主播说联播"系列短视频，语言风格更加口语化、生活化，加上康辉、海霞等主播口播时抑扬顿挫间夹杂的情感色彩，使原本严肃刻板的时政新闻变得有温度。"荒唐得令人喷饭""你们离凉凉不远了""阿中哥一定是这世界上最靓的仔"等经典语句被网友广泛讨论，火爆网络。据统计，《新闻联播》改版之后，15～24 岁的年轻群众并机总收视率提升明显，较改版前提升 26%。9月，总台央视和北京卫视联合制作《我爱你中国》快闪节目，用镜头记录了天安门广场 3 万余名群众观看升国旗仪式的场景。来自全国各地、各行各业的群众引吭高歌《我爱你中国》，向祖国母亲献上最热烈而深情的告白与祝福。中央广播电视总台官方微博、微信公号等网络平台与电视频道同步上线该节目，引发网友热议点赞。当日，"天安门广播数万人表白祖国"登顶微博热搜，话题阅读量达到 2 亿，连续两天热度不减。网友留言："一大清早就泪崩了。""我和妈妈一起看，边看边哭，无法控制。"

上海广播电视台在播出纪录片《彩色新中国》之前，首先将 1 分钟节目预告在快手、抖音、微视、好看、梨视频等 5 家平台播出。该预告片播出 1 小时内即突破了 1000 万播放量，在微博、微信等社交平台形成了刷屏之势，网民反响非常热烈。国庆期间，该片正式在上海纪实频道播出，在荧屏掀起新一轮的收视热潮。

六、借助新兴技术，创新观众沉浸式视听体验

人工智能、大数据、云计算等新兴技术的迅速发展，为广播电视现代化制作生产提供了更多可能。各级广播电视运用 5G＋4K、VR 直播、AI 剪辑等技术，丰富节目制播形态，增加了观众的在场感和视听互动体验。

中央广播电视总台在此次庆典直播中，首次使用"5G＋4K"高速网络和高清晰传输，首次使用 AI 视频剪辑技术，实现了重大活动直播技术的巨大跨越。据悉，此次直播共有 90 多个机位、30 多个特殊视角无人值守机位、70 多路记者、1600 多个镜头，是有史以来规模最为庞大的电视直播。直播采用电视端 1 路主信号，移动端 7 路不同视角信号，互联网观众可以随时切换 4K 视角、长安街中线全景视角、观礼台视角或者贴地镜头，全方位观看阅兵仪式。例如，10 月 1 日 8 时，快手上线"发现页 1、2、3、4 位置顶国庆主题"，点开 1、2、3、4 任意页面，即可导入"大阅兵多链路直播间"，观众可以从高空、地面、远处、

近处等多角度观看阅兵盛况。在阅兵直播中，央视同步推出超过300条相关短视频，其中很大一部分由 AI 剪辑师剪辑完成，在第一时间将短视频剪辑推送至新媒体，既大大节省了工作量，又提高了时效性。

各类主题宣传节目也积极运用高新技术，打造沉浸式观看体验。广东卫视大型直播节目《飞越广东》采用5G 直播、卫星直播、航拍、虚拟演播室等多元技术手段，展现广东70年来在经济发展、社会治理、生态文明建设等多方面取得的成就。《长江之恋——长江流域十二省市联合大直播》全部采用4K 超高清拍摄，呈现出气势磅礴的"最美长江"。湖南卫视纪录片《祖国知道我》使用航拍器、GoPro、5G 等装备和技术，让镜头上天入地、穿林下海，全景展示祖国的秀美河山。浙江广播电视台运用5G 直播、H5、小程序等新技术，制作《"70年浙江县情"网络博物馆》《寻找我的共和国记忆》《一镜到底，我们的70年》《70年，70城，70秒》《建国"快闪店"》等一系列网台联动节目，通过多种技术互动吸引观众。

深情讴歌，创新书写。广播电视紧紧围绕"举旗帜、聚民心、育新人、兴文化、展形象"的使命任务，牢牢把握正确政治方向、舆论导向、价值取向，创新宣传理念手法，打造传播热点亮点，正面宣传更鲜活、更生动、更接地气、更有活力，为全国观众呈现出一场独具魅力的视听盛宴，为庆祝新中国成立70周年作出了独特贡献。

（作者单位：国家广播电视总局监管中心）

新中国70年广播电视发展理念的演进历程与主要特征

覃　榕　覃信刚

2019年是新中国成立70周年。70年来，我国广播电视发生巨变，取得辉煌业绩：国家已建成比较完善的广播电视体系，2018年，全国公共广播节目播出时间1526.74万小时，农村广播节目播出时间441.46万小时；全国公共电视节目播出时间1925.03万小时，农村电视节目播出时间417.79万小时。全国广播综合人口覆盖率98.94%，电视综合人口覆盖率99.25%，全国广播电视实际创收收入5639.61亿元，成为名副其实的广播电视大国，正向广播电视强国迈进。广播电视在中国"站起来""富起来"时期，发挥了主流媒体的巨大作用，在"强起来"阶段，还会取得更大的成就。我国广播电视各项成就的取得，离不开马克思主义的指导和党的领导，离不开广播电视人的创业创新，也离不开广播电视发展理念的指引。梳理新中国70年来广播电视发展理念的演变历程，研究其特征，对新时代广播电视强国建设具有指导意义。

一、广播电视发展理念的逻辑理路

发展是一个多维的概念，具有经济、社会和政治等方面的许多特征，其概念经历了深刻的演化，有种观点被普遍运用："第一，发展是更好的技术和生产方法的发明和运用；第二，发展是一个国家整个经济、社会、文化的上升过程，是一系列现代化过程，包括生产力的提高、经济的增长、社会的平等、科学知识的普及、人们的生活方式和社会制度的进步，等等。"① 理念是一种思想、观念或信念。发展理念是发展行动的先导，是发展思想、发展方向、发展观念、发展信念、发展战略、发展着力点的集中体现。新中国成立以来，我国广播电视事业发生的历史性变革，很重要的一个方面是在各个历史阶段坚定不移地贯彻党和国家

---

① 唐子龙：《发展之道：理论与战略》，第55页，第71～73页，时事出版社2019年版。

以及事业的发展理念，引领了广播电视的大发展大繁荣。

与发展理念紧密相连的还有一个概念：发展理论。发展理论主要研究发展中国家经济、政治、社会、文化发展的理论和战略。发展理论是一种思想、观念或信念，是从实践中概括出来的系统的结论。广播电视发展理论属发展理论的一个分支，研究广播电视的发展与战略。新中国广播电视发展理论是马克思主义与新中国广播电视实践相结合而形成的理论，是从广播电视丰富的实践中概括出来的关于广播电视系统的结论，广播电视发展理念则是广播电视发展理论的来源和重要的组成部分。

马克思主义发展理论认为，人类社会的发展归根结底取决于生产力的发展，生产力的发展既是社会发展的根本动力，也是社会发展的表现。列宁提出了三大发展思想：发展重心、发展任务和应用借鉴：第一，夺取政权后应该及时地把工作重心转向到经济发展；第二，夺取政权后最重要和最根本的任务是发展生产力和提高劳动生产率，第三，利用资本主义促进社会主义发展。[①] 马克思列宁主义的发展理论为中国共产党的发展理论和理念提供了遵循。新中国成立以来，党的八大界定了我国的主要矛盾，认为解决矛盾的办法是发展社会生产力，实行大规模的经济建设。"发展生产力""经济建设"成为新中国重要的发展理论。广播电视发展理念与党和国家的发展理论紧密相联，但又有其特性和规律，有的是党和国家领导人提出的要求、任务；有的是党和国家的路线、方针、政策；有的是广播电视行业的重大战略、重要工作；有的是学界、业界概括总结的重要经验。它们之所以成为发展理念，就是变成了一种共识、一种信念、一种思想，能感召人、鼓舞人、激励人，使大家把理念变成自觉行动，为广播电视的发展贡献聪明才智和力量。

二、新中国广播电视发展理念的演进历程

新中国广播电视发展理念的兴起，大体经历了四个阶段，即初创阶段、迭起阶段、发展阶段和创新阶段。

（一）广播电视发展理念的初创阶段（1949～1978）

从新中国诞生到改革开放，这一阶段是广播电视发展理念的初创阶段。虽受"文化大革命"的严重干扰，但党和国家领导人在马克思主义新闻理论和毛泽东新闻思想的指导下，提出了许多广播电视发展的方针原则、指导思想，形成广播电视发展理念。这一阶段，1950年6月6～9日在北京召开的中国共产党第七届中央委员会第三次全体会议，确定了党在国民经济恢复时期的主要任务。1956

---

① 唐子龙：《发展之道：理论与战略》，第55页，第71～73页，时事出版社2019年版。

年 4 月 25 日，毛泽东发表《论十大关系》的著名讲话，提出"以苏为鉴"，走中国自己的社会主义建设道路。1956 年 9 月 15 日~27 日，党的八大正确地分析了社会主义改造基本完成后，中国阶级关系和国内主要矛盾的变化，确定把党的工作重点转向社会主义建设。以毛泽东《论十大关系》和党的八大为标志，探索新中国建设社会主义道路有了一个良好开端。从 1952 年 12 月至 1966 年 3 月，中央广播事业局共召开了九次全国广播工作会议，提出了系列广播电视发展战略，形成部分广播电视发展理念。1976 年 10 月 6 日，"四人帮"被粉碎，标志着"十年浩劫"的结束。这一阶段业界借鉴验证苏联广播发展理论，后期则开始关注世界其他国家的广播电视发展理论。但总的来看，借鉴的较少，原生性的较多，概括起来讲，有八个方面。

1. 发展人民广播事业，建立完善的广播体系

新中国成立前夕的 1949 年 9 月 29 日，中国人民政治协商会议第一届全体会议通过了《中国人民政治协商会议共同纲领》（新中国临时大宪章），其中第 49 条规定："发展人民广播事业"。这就为发展广播事业提供了法律依据，并表明广播事业是国家社会主义事业中一个十分重要的组成部分。中华人民共和国成立当天，中央广播事业管理处改组为广播事业局，直属中央人民政府政务院（1954 年 9 月后改为国务院）新闻总署领导。1949 年 11 月广播事业局组织条例规定，广播事业局的职权为：领导全国各地人民广播电台，直接领导中央人民广播电台对国内和对国外广播，普及人民广播事业，培养和训练广播事业干部。[1] 从此，逐步形成了建立完善的广播体系的理念。同时，中央广播事业局又生发了发展电视事业的构想。1956 年 5 月 28 日，中共中央副主席刘少奇听取中央广播局党组关于广播事业发展规划的汇报，代表党中央明确指示："要尽快创办电视，自己生产电视发射机和电视接收机，先黑白、后彩电。"[2] 电视诞生以后，中央广播事业局一直思考发展、建立完整的广播电视体系，由于"三年自然灾害"和"十年浩劫"的影响，到改革开放后，1980 年 10 月召开的第 10 次全国广播工作会议确定，在 20 年内建成完整的自成体系的广播电视宣传网。"完整的广播电视体系"，指的是中央广播事业局在当年 2 月全国广播事业规划会议提出的在今后 20 年内，要使广播电视事业在事业规模、技术设施、覆盖指标等方面进入世界先进行列的目标，实现广播电视信号的全国覆盖，对外广播的全世界覆盖。"发展人民广播事业，建立完善的广播体系"演变成"发展广播电视事

---

① 徐光春主编《中华人民共和国广播电视简史》第 11 页，第 131 页，第 126 页，第 211 页，中国广播电视出版社 2003 年版。

② 赵玉明主编《中国广播电视通史》，第 227 页，第 215 页，第 225 页，第 362~363 页，北京广播学院出版社 2004 年版。

业，建立完善的广播电视体系"。1950 年召开的全国新闻工作会议指出，"应在全国建立广播收音网，以便使人民广播事业建立在坚实的群众基础上发挥应有的宣传教育作用"。1950 年 5 月 14 日，新闻总署发布《关于建立广播收音网的决定》，1950 年 6 月 6 日，《人民日报》发表《各级领导机关应当有效地利用无线电广播》的社论，要求各级领导机关迅速执行新闻总署发布的《关于建立广播收音网的决定》。1951 年 4 月 23 日，《人民日报》发表社论《必须重视广播》，强调各级领导机关应当充分重视和利用广播，这对"发展人民广播事业"进行了有效传播，使这一理念深入人心，统一了全党、全国人民的思想。到 1952 年，全国各地共建收音站 23721 个，还有 35 个城市建有广播服务站。① 1955 年 10 月 4 日至 11 日，中共中央召开七届六中全会扩大会，毛泽东主持全会并作了《关于农业合作化问题》的报告，提出"发展农村广播网"的战略思想。之后，12 月 21 日在《征询对农业十七条的意见》中又提出："在七年内，建立有线广播网，使每个乡和每个合作社都收听有线广播。"② 这是"发展人民广播事业"的又一重大决策。到 1954 年底，全国共有县广播站 547 个，中小城镇广播站 705 个，有线广播喇叭 49854 只。③ 比较完善的广播电视体系，就是这样一步步实现的。

2. 广播电台方向：以发布新闻、社会教育及文化娱乐三者为重

1950 年 3 月，京津新闻工作会议"初步意见"发布，对广播电台的"发展方向"意见为："广播电台应以发布新闻、社会教育及文化娱乐三者并重。"④ 会议还提出，广播电台应当在自由采访的范围内，中央各机关应加以积极协助。新中国成立伊始，工作千头万绪，新闻总署从实际出发，提出这样的办台理念，既是方向、方针和发展战略，也是办台规定，深刻影响了一代又一代广播电视人。70 年过去了，在今天看来，这三个理念应属于广播节目的内容，表现为广播节目的形态，同时也是广播的核心竞争力。长期以来，这个节目内容或形态采取"三分法"，处于稳定的存在样式和运行状态。电视诞生后，又成为电视节目编排的指南。改革开放以来，实用信息服务与生活服务节目增加，"三分法"变成"四分法"，增加了广播服务类节目，原"三者"变成了"四者"，即广播电视新闻类节目、广播电视社教类节目、广播电视文娱类节目和广播电视服务类节目。

---

① 赵玉明主编《中国广播电视通史》，第 227 页，第 215 页，第 225 页，第 362 ~ 363 页，北京广播学院出版社 2004 年版。

② 《毛泽东文集》第 6 卷，第 510 页，人民出版社 1999 年版。

③ 赵玉明主编《中国广播电视通史》，第 227 页，第 215 页，第 225 页，第 362 ~ 363 页，北京广播学院出版社 2004 年版。

④ 中国社会科学院新闻研究所编《中国共产党新闻工作文件汇编》，第 159 页，新华出版社 1980 年版。

3. 广播要学会"自己走路"

新中国成立以后,中央和地方电台成为独立的新闻机关。中央领导人指出,广播要学会"自己走路",要根据广播特点,自力更生办广播,不能完全依靠报纸和通讯社,这在业务指导思想和业务实践上有着重大的意义。[①] 中央广播事业局局长、中央电台台长几乎对广播要学会"自己走路"这一概念都有明确的认知。在 1979 年 5 月召开的中央电台驻地方记者站负责人会议上,台长左漠野重提"自己走路",第十次全国广播工作会议,中宣部副部长、中央广播事业局局长张香山在大会上的工作报告,明确提倡"自己走路",并从七个方面阐述了广播电视"自己走路"的内涵。与以往认知"自己走路"不同的是,此次阐释、倡导,多了"电视"事业。

广播要学会"自己走路"这一理念在 70 年广播电视的发展中,影响巨大。广播电视事业不但建立了自己的采访队伍、编辑队伍、播音队伍、技术队伍,而且创造了丰富多彩的节目体系、日趋高端的技术体系以及覆盖全国及世界的广播电视网。"自己走路"理念并不排斥吸取世界广播电视的文明成果,但反对照搬照套国外的做法。1954 年 7 月~9 月,中央广播事业局组成了 18 人参加的大型代表团——中国广播代表团,访问苏联 3 个月,参观、访问、搜集文献资料,以最快速度于 10 月编印了《苏联广播工作经验》,内容包括:《怎样培养广播干部》《苏共中央宣传鼓动部怎样领导广播工作》《广播总局局长和第一副局长怎样进行工作》等,11 月在第二次全国广播工作会议上提出了学习苏联广播"集中统一"经验,实质性内容是要求地方台多转播中央电台的节目,少做自办节目。这次"媒介朝觐"照搬照套的经验,严重削弱了地方广播媒介的节目。两年后,第四次全国广播工作会议进行了彻底纠正。

70 年来,对广播要学会"自己走路"的认知有一个逐步深化的过程。开始的研究,基本上局限于从业务上思考,认为广播要学会"自己走路"就是不要完全依靠新华社和报纸的新闻。第十次全国广播工作会议强调党的领导,还提出按广播规律办广播。在笔者看来,广播"自己走路",就是要坚持马克思主义的领导地位和党的领导,按广播规律办广播,全心全意为中国人民和世界人民服务。

4. 广播电视是党的喉舌

周恩来与党的广播事业渊源深厚,他是新中国成立前党中央广播委员会的主任,"延安新华广播电台"的诞生凝结了他的心血。1962 年 12 月,周恩来在听取广播事业局党组汇报时说:"广播是党的喉舌。"

在无产阶级新闻史上,最早使用"喉舌"做比喻的,是马克思和恩格斯,

---

① 方汉奇主编《中国新闻事业通史(第 3 卷)》,第 136 页,中国人民大学出版社 1999 年版。

他们在创办《新莱茵报》时就明确表示,《新莱茵报》要真正成为"人民精神的千呼万应的喉舌"。① 在我国无产阶级新闻事业发展史上,也有关于"喉舌"的论述。1943 年 4 月 1 日,《解放日报》发表社论《致读者》,明确提出:"该报要成为一切愿意消灭民族敌人建立民族国家的人的共同的喉舌。"1945 年 10 月 25 日,《解放日报》介绍延安新华广播电台称:该台是人民的喉舌,民主的呼声。1985 年 2 月 8 日,胡耀邦在中央书记处会议上所作的《关于党的新闻工作》的发言中指出:"我们党的新闻事业,究竟是一种什么性质的事业呢?就它最重要的意义来说,用一句话来概括,我想可以说党的新闻事业是党的喉舌,自然也是党所领导的人民政府的喉舌,同时也是人民自己的喉舌。"江泽民在 1989 年 11 月全国新闻工作研讨班上的讲话中指出:"我们国家的报纸、广播、电视等是党、政府和人民的喉舌。这既说明了新闻工作的性质,又说明了它在党和国家中的极其重要的地位和作用,""必须坚持党性原则"。② 广播电视既是党和政府的喉舌,又是人民的喉舌,就担当起了本应担当的"喉舌"的全部使命和职责。

5. 努力办好广播,为全中国人民和全世界人民服务

1955 年 12 月,毛泽东提出:"把地球管起来,让全世界都能听到我们的声音。"毛泽东的愿望是,发展好对外广播。北京电台相继开办了西班牙语、老挝语、柬埔寨语的广播,至 1956 年底,已有 15 种语言节目。刘少奇也很重视对国外广播,他说:"我们一定要照毛主席说的,把地球管起来。"他这番话的意思也是,要让中国的声音传遍世界,发挥其影响力。

1965 年 9 月 5 日,按当时人民广播事业历史的计算方法,广播电视业界纪念中国人民广播事业创建 20 周年。毛泽东、刘少奇、周恩来等党和国家领导人分别题词祝贺。毛泽东的题词是:"努力办好广播,为全中国人民和全世界人民服务。"这一题词成为全国广播电视事业的指导思想和行动指南。实际上,当时其他老一辈革命家的题词也提出发展人民广播事业,把广播工作做好,为社会主义建设和世界革命服务。所以,毛泽东的题词,也应该是集体智慧的结晶。

1966 年 3 月 20 日至 4 月 9 日,第九次全国广播工作会议召开,周恩来到会讲话。他提出,要面向全国,面向世界,努力办好广播,为全中国人民和全世界人民服务。他还说,"全国 28 个省、市、自治区的广播电台,主要的工作应该面向农村,为六亿农民服务"。③ 应该说,周恩来阐述的也是努力办好广播,为全中国人民和全世界人民服务的问题。

---

① 《马克思恩格斯全集》第 6 卷,第 275 页,人民出版社 1961 年版。

② 《十三大以来重要文献选编》(中),第 766 页,人民出版社 1961 年版。

③ 徐光春主编《中华人民共和国广播电视简史》第 11 页,第 131 页,第 126 页,第 211 页,中国广播电视出版社 2003 年版。

在"努力办好广播，为全中国人民和全世界人民服务"理念的指引下，至1966年春，全国有县级广播站2001座，全国96%的县都通了广播。另外还有放大站和公社广播站8435座，广播喇叭848万只，有线广播喇叭普及到77%的人民公社，54%的生产大队和26%的生产队。从1963年到1965年，我国对外广播在全世界的影响达到了高峰，对外广播的规模不断扩大，继苏联、美国之后，居世界第三位。①

6. 百花齐放，百家争鸣

"百花齐放，百家争鸣"是对新中国新闻事业、广播电视事业发展产生了重要影响的一个重要理念。1951年4月，毛泽东为中国戏曲研究院成立题词："百花齐放，推陈出新。"1953年8月，中国历史问题研究委员会负责人向毛泽东请示工作，毛泽东回答："百家争鸣。"1956年上半年，中共中央提出了"双百"方针。这个方针的提出，党内出现了抵触、顾虑、不理解的情况。毛泽东多次阐释、引导、批评，1957年2月27日，又作《关于正确处理人民内部矛盾的问题》的报告，第八个问题就是"百花齐放，百家争鸣"。② 之后，毛泽东又在不同场合阐释"双百"理念。1975年7月9日，邓小平在同胡乔木等人谈话时指出："双百"方针没有贯彻执行，文学、艺术不是更活泼、更繁荣。1980年1月，邓小平在中共中央召开的干部会议上指出：我们要永远坚持"百花齐放，百家争鸣"的方针。但是，这不是说百花齐放、百家争鸣可以不利于安定团结的大局，"绝不允许宣传什么包括反革命分子在内的言论出版自由"。③

7. 要把对外广播新闻办成全世界最好的节目

梅益在任中央广播事业局局长期间，非常重视对外广播。他做了15年对外广播工作，养成了一个习惯，就是经常看我国国际新闻稿，并与美国之音、莫斯科广播电台、英国广播公司等做比较。这是因为，新中国成立以来，与我国建交的国家不断增多，许多国家的政府官员与群众都希望听到新中国的声音。在这样一种背景下，我国大力发展对外广播，到"文化大革命"开始前，语种已达32个，成为世界上三个最大的对外广播中心之一。在这个进程中，1961年3月，梅益看了北京广播电台新闻组编发的国际新闻稿，在与国外的国际新闻节目作了对比后，看到了我国对外新闻报道存在的差距。梅益提出："对外广播要重视新闻报道，要把它办成全世界最好的节目。"

"办全世界最好的节目"，从此成为对外广播的办台理念。之后通过努力，

---

① 徐光春主编《中华人民共和国广播电视简史》第11页，第131页，第126页，第211页，中国广播电视出版社2003年版。

② 《邓小平文选》第2卷，第256页，人民出版社1994年版。

③ 《邓小平文选》第3卷，第2~3页，人民出版社1993年版。

我国的对外广播节目内容日趋丰富，收听情况良好，听众来信日益增多。1997年至2018年，笔者曾在美国、英国、法国、老挝、越南、缅甸等实地做田野调查，听众反映良好。

（二）广播电视发展理念的迭起阶段（1978～1992）

从1978年到1992年，是新中国广播电视发展理念的迭起阶段。1978年12月召开的党的十一届三中全会，重新确立了马克思主义的思想路线、政治路线和组织路线，作出把党和国家工作重点转移到社会主义现代化建设上来，实行改革开放的历史性决策，实现了中华人民共和国成立以来党的历史上具有深远意义的伟大转折，开启了中国社会主义事业发展新时期。1979年4月5日至28日，中共中央召开工作会议，正式确立了对国民经济实行"调整、改革、整顿、提高"的方针，通称为新"八字方针"。从1980年起，全国开始实行"分灶吃饭"的新财政体制，主要特点是划分收支，分级包干，多收可以多支。1982年9月1日～11日，党的十二大召开，邓小平在开幕词中明确提出"建设有中国特色的社会主义"的重大命题。党的十二届三中全会通过《中共中央关于经济体制改革的决定》。中国的发展战略，就是以经济建设为中心。1987年9月召开的党的十三大，提出了社会主义初级阶段理论。这一阶段，广播电视管理机构召开了两次全国会议，并进行了两轮体制改革。广播电视的发展理念，就是在这样的大背景下迭起的。

1. 认真进行坚持四项基本原则的宣传

1979年1月18日至4月3日，中共中央在北京召开了理论工作务虚会，邓小平在3月30日发表重要讲话。他强调：要在中国实现现代化，必须在思想上、政治上坚持四项基本原则，这就是坚持社会主义道路，坚持党的领导，坚持无产阶级专政，坚持马列主义、毛泽东思想。1980年1月16日，邓小平在《目前的形势和任务》的讲话中强调："报刊、广播、电视都要把促进安定团结，提高青年的社会主义觉悟，作为自己的一项经常性的、基本的任务。"① 在1981年1月29日，中共中央在《关于当前报刊新闻广播宣传方针的决定》（即中共中央[1981]7号文件）中，规定"报刊、新闻、广播、电视要认真进行关于坚持四项基本原则的宣传"，对怀疑、诋毁四项基本原则的思想和言论，不能放任、容忍，更不允许利用党的宣传工具加以散布，而必须进行有力的批驳。1981年2月24日～28日，中央广播事业局召开座谈会，学习、贯彻落实中共中央7号文件。但此阶段，新闻战线仍然有人站在资产阶级自由化的立场上，与四项基本原则唱反调，提出"人民性高于党性"等观点，其实质就是否定共产党对新闻事

① 《邓小平文选》第3卷，第2～3页，人民出版社1993年版。

业的领导。在这样一种情况下，1981 年 3 月 19 日，中共中央书记处开会讨论广播电视工作，11 月 16 日，听取关于广播电视工作的汇报，明确指出："广播电视是教育、鼓舞全党、全军和全国各族人民建设社会主义物质文明、精神文明的最强大的现代化工具，这就是广播电视工作的根本性质和任务。"广播电视部门经过认真学习，从思想上明确了这样几个问题：（1）坚持四项基本原则，自觉地在思想上政治上与党中央保持高度一致，为各个时期的中心工作服务。（2）广播电视必须努力为全中国和全世界人民服务。（3）广播电视的根本任务，是教育、鼓舞全党、全军和全国各族人民建设社会主义物质文明和精神文明。因此，宣传工作是各级广播电视机构的中心工作。（4）充分发挥广播电视的优势，争取更好的宣传效果。以上理念形成共识，为广播电视行业全面改革创新打下了思想政治基础。①

2. 到本世纪末，广播电视进入世界先进行列

1982 年 9 月 1 日 ~ 11 日，党的十二大召开，邓小平在开幕词中明确提出"建设有中国特色的社会主义"的重大命题。他指出："我们的现代化建设，必须从中国的实际出发。无论是革命还是建设，都要注意学习和借鉴外国经验。但是，照抄照搬别国经验、别国模式，从来不能得到成功。这方面我们有过不少教训。把马克思主义的普遍真理同我国的具体实际结合起来，走自己的道路，建设有中国特色的社会主义，这就是我们总结长期历史经验得出的基本结论。"②1984 年 10 月，党的十一届三中全会通过了《中共中央关于经济体制改革的决定》，这个决定具体而明确地规定了改革的方向、性质、任务和基本目标，而成为指导中国经济体制改革的纲领性文件。

1983 年 3 月，第十一次全国广播电视工作会议在北京举行。这次会议确定了广播电视事业的奋斗目标："到本世纪末，要在我国建成一个具有社会主义中国特色的，中央和地方、无线和有线相结合的，广播和电视、城市和农村、对内和对外并重的广播电视现代化宣传网。这个宣传网，要与我国经济和社会发展相适应，与我国国际地位相称，使我国广播电视事业，无论在事业规模和技术水平方面都进入世界先进行列。"③这次会议还提出了"三步走"的战略。第一步，在三五年内，每个县、乡、队（村）都通广播，每户、每人都能听到广播，大部分县都能收看到电视（地方偏僻、人口稀少、特别困难的地方除外）；第二

---

① 徐光春主编《中华人民共和国广播电视简史》第 11 页，第 131 页，第 126 页，第 211 页，中国广播电视出版社 2003 年版。

② 《邓小平文选》第 3 卷，第 337 页，人民出版社 1993 年版。

③ 赵玉明主编《中国广播电视通史》，第 227 页，第 215 页，第 225 页，第 362 ~ 363 页，北京广播学院出版社 2004 年版。

步，80 年代后半期，发送广播卫星上天，使广播电视信号基本上覆盖全国；第三步，90 年代，逐步做到每个家庭每个人都能看到电视。广播电视无论质量和数量，规模和水平，都将进入世界先进行列。这一理念，逐步深入人心。

3. 四级办广播、四级办电视、四级混合覆盖

第十一次全国广播电视工作会议提出"四级办广播、四级办电视、四级混合覆盖"方针：凡有条件的省辖市、县，都可以开办广播电台和电视台，主要任务是转播中央和省台的节目，有条件的也可以播出自办节目。广电部主要负责对外广播建设和带有全局性的重大项目建设，如广播卫星发射、重大科技项目和中央财政确定的专项建设补助项目等。地方负担中央和地方广播电视在本地的覆盖网建设，运行维护管理，包括建设投资、维护经费和人员编制等。

此前，我国主要实行四级办广播、两级办电视、分级覆盖的政策。这个政策主要依靠中央和省级财政，投入过大，覆盖受限。"四级办广播、四级办电视、四级混合覆盖，"地方热情高涨，广播电视网大幅度扩展。1987 年的统计数据表明，在过去的五年中，全国广播电台从 118 个增加到 1386 个，电视台从 47 个增加到 366 个，广播发射台、转播台从 630 个增加到 1016 个，电视发射台从 5635 个增加到 17570 个，调频广播发射台、转播台从 124 个增加到 392 个。相应地，广播人口覆盖率从 57.5% 提高到 70.5%，电视人口覆盖率从 57.3% 提高到 73%,① 广播电视在整个社会生活中的作用和影响越来越大。实践证明，"四级办"是一个里程碑的决策，推动了广播电视的繁荣发展，而这个理念也被业界、学界广泛认可。

4. 以新闻改革为突破口

改革开放极大调动了新中国广播电视人的激情，广播电视事业不但对管理体制进行改革，也着手对节目形态、运行方式、整体结构进行改革。可是，从何改革，突破口在哪里？第十一次全国广播电视工作会议确定："以新闻改革为突破口，推动整个广播电视宣传的改革。"这一理念把新闻改革放在最突出的地位，抓住了要害。全国广播电视管理部门、广播电视机构锐意改革，重点突破，对广播电视消息类新闻节目新近发现、发生或正在发生以及将要发生的新闻事实作简短组合报道，强化时效与报道面及信息量，及时满足受众知情权；而评论类新闻节目则归纳新闻事实、评说社会现象、分析社会思潮，用正确的思想、观点引导社会舆论；专题类新闻节目如连续报道、系列报道、组合报道、深度报道则重在深度与延伸，给听众以"完整"的理念。新闻节目的改革令人耳目一新，由此带动了社教、文娱、服务类节目的改革，涌现了一批又一批影响力广泛，深受受

---

① 李春：《当代中国传媒史》（上），第 141 页，漓江出版社 2014 年版。

众喜爱的广播电视节目和栏目。

5. 广播电视惯例节目：春晚

如果用一年一度、一年一台、一年一次来界定春晚，应该说有一定的道理。而这样界定，春晚就成了"特定""惯例"，这种特定、惯例理念，同时也推动了春晚常办常新、经久不衰。

春晚，是大型春节联欢晚会的简称，它属于广播电视超大型综合性文艺节目，规模庞大，演职员众多，现场直播，演出时间较长。主要特征是：充分运用广播电视技术和艺术手段，不受时空限制，把音乐、舞蹈、戏剧、曲艺、小品、领导人与群众的祝贺组合在一起，展示除夕夜全国欢乐、祥和的气氛，欢度除夕。1983 年，中央电视台第一次举办大型春节联欢晚会，节目丰富多彩、形式多样、生动活泼，一炮打响。由此，春晚概念形成，并且作为"特定"和"惯例"，一年举办一次，均在除夕之夜。据调查统计，中央电视台历年春节联欢晚会的收视率都在 80% 以上。有学者认为，1983 年应视为"春晚元年"。在笔者看来，如果以电视而论，这样的认知没有什么失误，但加上广播和电影，春晚的时间就大大提前。中央电台早在 1955 年春节就尝试举办了《春节猜谜文艺晚会》，1981 年春节，有《春节串门联欢会》等。而电影春晚也比电视早得多。电视春晚使新中国广大群众形成了"包饺子、放鞭炮、看电视"的过年习俗，广播春晚则形成了"包饺子、放鞭炮、听广播"的除夕习俗。由此，春晚理念在延伸、发展，到如今，已朝媒体融合、人工智能、5G 全媒体方向发展。

6. 双重领导，同级为主

第十一次全国广播电视工作会议，认真讨论、研究了广播电视部与地方广播电视厅（局）的关系，重申各级广播电视机构之间的关系，应实行如下领导体制：省、自治区、直辖市广播电视厅（局），受该省、自治区、直辖市人民政府和广播电视部双重领导，以同级政府领导为主。同时，省、自治区、直辖市广播电视厅（局）的宣传工作，受省、自治区、直辖市党委领导和广播电视部的指导；事业建设受省、自治区、直辖市人民政府和广播电视部的双重领导，以同级政府领导为主。上述原则，也适用于省、自治区、直辖市广播电视厅（局）与省辖市、县广播电视局之间的关系。

以上"双重领导，同级为主"的理念，之所以用"重申"，就是从新中国成立以来，在各个时期都有表述，只是侧重点不同。此次比较完整。

7. 新闻宣传要以社会效益为最高准则

邓小平 1985 年 9 月 23 日《在中国共产党全国代表会议上的讲话》指出："思想文化教育卫生部门，都要以社会效益为一切活动的唯一准则，它们所属的企业也要以社会效益为最高准则。思想文化界要多出好的精神产品，要坚决制止坏产品的生产、进口和流传。"① 邓小平希望精神产品的生产必须把社会效益作为唯一准则、最高准则，这一理念是由我国无产阶级新闻事业的性质决定的，保持了鲜明的党性原则，也体现了宣传活动不同于一般商品生产活动的特性。1994年1月，江泽民在全国宣传思想工作会议上发表讲话指出："坚持把社会效益放在首位，在这个基本前提下实现经济效益和社会效益的统一……我们在宣传文化工作中要始终把社会效益作为最高准则，当经济效益同社会效益发生矛盾时，自觉服从社会效益。"② 宣传文化工作的宗旨是为人民服务，为社会主义服务，有着明显的社会公益性，必须把社会效益放在首位。但文化产品又具有经济属性、商品属性，也需要经济作支撑，坚持把社会效益放在首位，实现经济效益和社会效益的统一，又是可行的。习近平在党的十九大报告中则提出了加快构建把社会效益放在首位，社会效益和经济效益相统一的体制机制，使这一理念更加深化。

8. 建立具有中国特色的广播电视学

在新中国广播电视学术史上，有一个标志性事件：1986年10月15日，中国广播电视学会在北京宣告成立。中国广播电视学会的初始章程与领导人在成立大会上的讲话，明确提出学会的主要任务就是要建立具有中国特色的社会主义广播电视学。"建设有中国特色的社会主义"的重大命题，是邓小平在1982年9月党的十二大开幕词中提出的，四年后中国广播电视学会提出建立具有中国特色的社会主义广播电视学（简称中国特色广播电视学），顺应了时代的发展。1994年11月3日，广播电影电视部部长孙家正在中国广播电视学会二届四次常务理事会上说："作为事业要长远发展，有序地发展，科学地发展，亟须理论的支持。"对我们系统来说，"就是如何建立有中国特色的广播电视学。"中国特色广播电视学，简要概括，就是把马克思主义新闻理论与新中国改革开放广播电视的具体实践相结合，而总结提炼出的理念，回答了改革开放后新中国广播电视事业最为关心的问题，因而受到业界学界高度关注。《中国广播电视学刊》《中国广播》《电视研究》《现代传播》等都发表了不少关于中国特色广播电视学的学术成果。而开拓性成就当数《中国广播电视学》（中国广播电视出版社1990年版）、《当代中国广播电视学》（中国国际广播出版社2014年版）、《中国广播电视学》（中国国际广播出版社2018年版）等。建立具有中国特色的广播电视学，任重道远，仍需不断努力，下苦功夫研究。

9. 珠江模式

1986年12月15日，广东听众听到一个新的呼号——珠江经济广播电台。

---

① 《邓小平文选》第2卷，第272页，人民出版社1994年版。

② 《十四大以来重要文献选编》（上），第657页，人民出版社1996年版。

珠江经济广播电台采取全新的大版块、主持人直播和听众参与的播出形态，以平等、亲切的语态面对听众，与听众进行双向交流。珠江台的产生，吸引了大量听众，不仅广州居民爱听，邻近的广西、海南甚至香港、澳门也有不少听众。在开播两年中，该台收到两百多万封听众来信。1988年底，广州居民评选改革十年广东十件大事，珠江经济广播电台的创办荣列其中，当选理由是它树立了"崭新的社会主义广播新形象。"① 1987年12月，在珠江经济电台开播一周年之际，"广播理论研讨会"在广东电台召开，广东省广播电视厅、广东省广播电视学会、广东人民广播电台、中国广播电视学会、北京广播学院新闻传播学院、暨南大学新闻系、《中国广播电视学刊》《现代传播》及全国广播界有关专家、学者参加了研讨，会上提出了"珠江模式"理念，尽管有研究者认为"僵化"，但很快在全国流行，经济广播热潮掀起，到1990年，全国就有10多家经济广播电台开播，再后来，发展到100多家，以后又向专业化、类型化电台发展。"珠江模式"理念不断深入人心，给广播界带来了深刻影响。

10. 正面宣传为主

1989年11月底，中共中央举办全国省、自治区、直辖市党报总编辑新闻工作研讨班，李瑞环发表了《坚持正面宣传为主的方针》的讲话，提出："'正面宣传为主'这一理念。所谓正面宣传，就是要鼓舞和启迪人们发展社会生产力，坚持四项基本原则，坚持改革开放，推进精神文明建设。总之，'一切鼓舞和启迪人们为国家的富强、人民的幸福和社会的进步而奋斗的新闻舆论，都是我们所说的正面。'"② 李瑞环还指出，要增强新闻宣传的党性，讴歌人民的英雄业绩，注重舆论的导向作用，同时，要重视和改进批评报道，正确实行舆论监督。广播电视管理部门及媒介认真落实"正面宣传为主"这个理念，以"团结、稳定、鼓劲"为基调，坚持不懈报道先进典型，迅速反映各种重大突发事件，特别是高度负责地宣传党的路线方针政策，批评社会丑恶现象，为改革开放事业创造了良好舆论环境。新时期，习近平强调：舆论监督和正面宣传是统一的。广播电视媒介通盘策划，统一组织，在坚持正面宣传为主的同时，发挥了舆论监督的建设性作用。

11. 事业单位，企业化管理

"事业单位，企业化管理"是1989年12月广东省广播电视厅经省委正式批准而对广播电视实行的新机制。这一理念突破了长期以来广播电视单纯事业单位属性，使广播电视走上了转型的道路，在新中国广播电视业界产生了广泛而深刻的影响。

---

① 张未名：《28万张选票的背后》，《中国记者》1999年第4期。
② 李春：《当代中国传媒史》（上），第172页，漓江出版社2014年版。

"事业单位，企业化管理"源起于报业。1978年年底，《人民日报》联合8家媒体给财政部递交了一份报告，要求新闻单位试行"事业单位，企业化管理"。《人民日报》的初衷是搞活经营，并有一定的经济自主权以及工资福利不同于财政全额拨款的事业单位。财政部认为要支持《人民日报》等单位，并因此可以卸包袱，减轻财政负担，很快给予了批准。1985年，广播电视在统计分类上被国家列入了第三产业。1987年5月，上海市广播电视局成立上海广播电视生活服务中心，统一广告以外的产业经营，走上了产业化发展的路子。那个时候，上海、广州两地往往互相观望，暗地学习，互相超越。时隔8个月，1988年1月，广东省广播电视厅提出让广东电视台实行企业化管理的构想，这一构想得到了正式认可，这就是"事业单位，企业化管理"。这一理念是一种渐近式的改革，很快风行全国。之后，"自主经营、自负盈亏"，"开辟财源、弥补不足"等理念产生，改革声浪一浪高一浪，给广播电视业带来良好效益。

（三）广播电视发展理念的发展阶段（1992~2012）

从1992年到2012年，是新中国广播电视发展理念的发展阶段。这一阶段，以邓小平南方谈话和党的十四大为标志，中国改革开放和社会主义现代化建设进入新阶段。1992年1月18日至2月21日，邓小平先后到武昌、深圳、珠海、上海等地视察，发表了一系列谈话，"发展才是硬道理"观念广为传播。1992年10月12日~18日，党的十四大成功召开，确立了社会主义市场经济体制改革目标。1994年，我国接入互联网，开启中国互联网进程。1997年9月，党的十五大在党章中把"邓小平理论"确立为党的指导思想，2001年12月，中国加入世界组织。2002年11月，党的十六大把"三个代表"重要思想确立为党的指导思想。邓小平新闻思想、江泽民新闻思想，在这个阶段形成。2003年10月，科学发展观在十六届三中全会上正式形成。这20年间，是广播电视发展理念不断发展阶段，也是新中国广播电视发展史上的黄金岁月。

1. 发展才是硬道理

1992年1月18~2月21日，邓小平发表了著名的"南方谈话"。他说道："对于我们这样一个发展中的大国来说，经济要发展得快一点，不可能总是那么平平静静、稳稳当当。要注意经济稳定、协调地发展，但稳定和协调也是相对的，不是绝对的。发展才是硬道理。这个问题要搞清楚。"①

"发展才是硬道理"，简练、明白而又深刻，虽然讲的是经济，但对社会、政治和包括广播电视在内的文化等等都具有较强的引领作用，是广播电视发展最重要的理念。从1992年至2019年，新中国广播电视呈现大发展、大繁荣，这一

---

① 《邓小平文选》第3卷，第381~382页，人民出版社2001年版。

理念是很强的驱动力。

2. 缓解交通，方便市民

美国是一个车轮上的国家，但它的交通信息不是集中于一家交通台，而是在类型化电台中分布于各个时段。这种做法是各种类型电台都在播报交通信息，但无法再办一家类型化交通台。新中国广播的特色就在于，不照搬照套西方国家的做法，而是走自己的路。随着汽车时代的到来，1991 年 9 月 30 日，我国第一家交通广播电台——上海人民广播电台交通信息台在上海诞生，其理念是："缓解交通，方便市民。"交通台的出现，适应了时代的发展，全国省市电台纷纷效仿，开办专门的交通台，或交通音乐台，新闻交通台，私家车交通台等，有的省会城市就办有三家交通台。2003 年，是国家广播电影电视总局"广播发展年"，总局在北京交通台召开现场办公会，推介其经验。北京交通台因为独树一帜，成为新中国广播频率创收的领头羊：单频创收最高峰达到 6 亿元人民币。"缓解交通、方便市民"，既实现了全心全意为人民服务的宗旨，又产生了良好的经济效益。

3. 一手抓"天上"，一手抓"地下"

1992 年 5 月，中央电视台对外电视中心召开会议，研究对外宣传的发展思路。会议提出，外宣要有大的发展，必须一手抓"天上"，一手抓"地下"。所谓"天上"，就是用卫星把中国电视节目传到世界，覆盖全球；所谓"地下"，就是在世界各地建立销售中国电视节目的网络。从此，一手抓"天上"，一手抓"地下"的外宣发展理念变成自觉行动。到 2000 年，对外电视宣传从航空邮寄节目转变为卫星直播节目，从租台播出转变为租台播出和建台并重，从以专题节目为主转变为以新闻性节目为主，从单一语种的节目转变为多语种节目等，取得多方面的突破性成就。在此期间，"首届全国广播对外宣传协作会议"于 1994 年 10 月召开。国家广播电影电视部和国务院新闻办公室在会上提出："广播电视并重、内宣外宣并举、中央台地方台联合"的理念，并要求建立"以国际台为龙头，以各省（区、市）台为依托的广播大外宣网络。"广播大外宣网络的载体，就是中国国际广播电台与全国 31 个省级电台合办外宣节目《中国之窗》。《中国之窗》开办后，在世界上反映也很好。

2005 年 7 月召开的全国外宣工作会议，明确提出构建大外宣格局的战略目标。我国广播电视对外宣传，从一手抓"天上"，一手抓"地下"，到"广播大外宣"，再到"大外宣格局"的理念，步步升华，各具特色，其指导性较强。

4. 把中央电视台建设成为具有世界先进水平的电视台

邓小平在南方谈话中指出："电视一打开，尽是会议。会议多，文章太长，讲话也太长，而且内容重复，新的语言并不很多。重复的话要讲，但要精简。形式主义也是官僚主义。"① 遵照邓小平谈话的精神,时任中宣部部长丁关根从1992年底到1993年年初,先后三次对电视宣传工作提出要求:"要改进宣传方法,注意宣传效果,做到生动活泼,可信可亲","增加述评性的节目,请领导人到电视台讲解政治,回答问题","从群众的需要出发,增大信息量,增加新闻播出次数"等。据此,中央电视台于1993年年初再度开始了新闻改革。

中央电视台分析研判了世界总的发展趋势,制定新的发展战略:"立足全国,面向世界,把中央电视台建设成为同中国大国地位相称的具有世界先进水平的电视台。"时任台长杨伟光提出办世界大台目标的时候,台内有不同看法,认为杨伟光讲大话。丁关根在央视的一次座谈会谈到,台长提出的措施可以操作,不是说大话。中央电视台本已有了行动,从此,开始建设世界一流电视台,对电视新闻进行了一系列改革,渐入佳境。2018年9月26日,习近平明确要求中央广播电视总台打造国际一流新型主流媒体,这是新时代的新理念,中央广播电视总台的一流建设正在实施中。

5. 重视舆论监督

广播电视新闻改革的一个重要突破,是新闻评论性节目的开办。1992年10月12日,江泽民在党的十四大报告中强调:"重视传播媒介的舆论监督,逐步完善监督机制,使各级国家机关及其工作人员置于有效的监督之下。"中共中央宣传部特别要求电视从群众的需求出发,开辟新的栏目,更好地引导舆论。中央电视台、中央电台由此重视舆论监督栏目的开办。《焦点访谈》于1994年4月1日开播,每晚在《新闻联播》之后的央视一套黄金时段播出。13分钟时长的栏目定位是:时事追踪报道,新闻背景分析,社会热点透视,大众话题评说。栏目选题本着"领导重视,群众关心,普遍存在"的原则,使得"它有着比以往此类节目更强的时效性,更生动的纪实手法,更多样的评析方法,更自觉的喉舌意识,更大的舆论监督力度。"②《新闻纵横》诞生于1994年10月1日,由中央电台创办。这个栏目对社会热点问题进行深度追踪,对重要新闻事件深入调查剖析,形成广播品牌。全国地方电台、电视台也陆续跟进,创办了一大批舆论监督类节目、栏目,如北京电视台的《今日访谈》、云南人民广播电台的《新闻追踪》,深受观众、听众喜爱。舆论监督理念也不断深入人心。

6. 天上卫星转发,地上线网传输

20世纪90年代中后期广播电视形成的"天上卫星转发,地上线网传输"的

---

① 《邓小平文选》第3卷,第381~382页,人民出版社2001年版。

② 涂光晋:《从"自己走路'到'走自己的路"——电视评论类节目的发展历程与未来走向》,《中国记者》1999年第9期。

覆盖新格局，提高了全国广播电视的覆盖率。由此，这一理念也逐步被认知。

天上卫星转发，指从 C 波段发展到 KU 波段，从模拟传送向数字传送过渡的演进。进入 20 世纪末，卫星转发转向卫星直播，中央和省级电视台全部有节目上了卫星，约有 50 套节目落地。

1995 年，国家广播电影电视部制定出《全国有线广播电视网总体规划》和《全国有线广播电视覆盖网总体方案》。在《规划》和《方案》的框架内，有线电视的全国联网工作开始，1998 年 8 月，国家有线广播电视干线传输网一期工程完成了光缆、干线的铺设，至 2000 年底，全国有线网络基本形成，这就是地上线网传输。"天地一体，星网结合"，创造了广播电视传输覆盖的最有效的模式，被实践证明也是可行的。

7. 坚持正确的舆论导向，以正确的舆论引导人

1996 年 9 月，江泽民在视察人民日报社时提出："舆论导向正确，是党和人民之福；舆论导向错误，是党和人民之祸"的重要理念，① 同时，对新闻媒体如何以正确的舆论引导人提出了具体要求。

江泽民把党的新闻事业看作"党的生命的一部分"，把舆论工作看作"党和国家的前途和命运所系的工作。"1994 年，他在全国宣传思想工作会议上提出："我们的宣传思想工作，必须以科学的理念武装人，以正确的舆论引导人，以高尚的精神塑造人，以优秀的作品鼓舞人，不断培养和造就一代又一代有理想、有道德、有文化、有纪律的社会主义新人，在建设有中国特色社会主义的伟大事业中发挥有力的思想保证和舆论支持作用。"② 江泽民提出的"祸福论"和舆论导向观，是马克思主义新闻观的组成部分，也是广播电视发展的指南。

8. 弘扬主旋律，提倡多样化

"弘扬主旋律，提倡多样化"，是国家广播电影电视部在 1989 年召开的全国电视剧题材规划会上提出的一个理念。当时，主旋律的电视剧"有高原缺高峰"，多样化不足，缺乏震撼人心的力量，且题材单一，规划会提出的这一理念针对性很强。1994 年，江泽民在全国宣传思想工作会议上对"主旋律"作了深刻阐释，内涵丰富。此后，主旋律题材的电视剧逐步增多，如改革与发展、历史与现实、城市与农村等，形式多样，改变了以往的不足，不断涌现出如《英雄无悔》《纪委书记》《中国神火》《人间正道》等具有思想性与艺术性的电视剧，深受观众喜爱。

9. 贴近实际，贴近生活，贴近群众

毛泽东、邓小平、江泽民对"三贴近"有过多次重要论述。党的十六大以

---

① 《江泽民文选》第 1 卷，第 564 页，人民出版社 2016 年版。

② 《十四大以来重要文献选编》（上），第 647～648 页，人民出版社 1996 年版。

后，胡锦涛依据党的执政理念的变化，提出了"贴近实际、贴近生活、贴近群众"的理念，并倡导新闻界开展"走基层、转作风、改文风"活动，为新闻宣传工作和新闻队伍建设确定了正确方向和有效路径。

"三贴近"是新世纪新阶段加强和改进广播电视工作的重要突破口，是推动广播电视创新发展的重要举措。胡锦涛强调新闻工作必须坚持以人为本，把体现党的主张和反映人民心声统一起来，强调这是做好新闻宣传工作的根本要求，无疑，这也是做好广播电视工作的根本要求。做到了"三贴近"，就能使广播电视工作从实际出发，适应形势的变化和实践的要求，创新发展，不断进步。"三贴近"活动开展以来，广播电视发展较快，也充分说明这个理念的正确性。

10. 发展广播电视公共服务

广播电视公共服务，简要讲主要表现在两个方面：一是节目的服务；二是收听收看的服务。从新中国诞生之日起，广播的公共服务就已开始，除了想方设法办好节目包括服务节目，如记录新闻、报时、天气预报等，还建立广播收音网、收音站、发展农村广播网，前者是让听众听"好节目"，后者是让听众"听好"（听清）节目。但那时是计划经济，似乎一切都是公共服务，但没有公共服务的概念，也没有市场服务的内容。

进入 20 世纪 90 年代，新中国广播电视公共服务开启，以 1998 年广播电视村村通工程为标志，以及西新工程、户户通工程等，大大提升了广播电视的覆盖率，公共服务理念影响日益扩大，实践不断丰富，逐步满足了群众需求。

11. 广播电视集团化，两台合并

广播影视"集团化"理念，最早于 1998 年出现。之后，1999 年，江苏省无锡市和黑龙江省牡丹江市相继成立了广播电视集团。2000 年 12 月，湖南广播影视集团正式挂牌，属于事业性质，实行企业化管理。2001 年，山东、上海、北京、江苏、浙江组建了广电集团或广电总台，或既称集团又称总台。这年年底，中国广播电影电视集团成立。

集团化运营是广播电视产业发展的一个过程，在西方，主要指的是产业。我国的广播电视属于公益事业，一般划分为公益二类，具有经营性质。上述集团，有的称法人为董事长，这样，变"公益事业"为"经营企业"，淡化了广播电视台的事业属性，这与"以社会效益为最高准则"不符，必然在实践中难以推进，所以，集团又开始拆分为台和集团，事业和产业两分开。2006 年 7 月 24 日，总局印发《广播影视体制改革工作实施方案》提出："要逐步推进地方电视台、广播电台体制改革，实行资源整合，广播、电视合并。"这是广播电视管理机构非常明确提出的"两台合并"。其实，第一家广播电视集团成立，就意味"两台合并"。由此，"两台合并"的理念与实践操作在全国兴起。到 2010 年底，244 家副省级和地市级播出机构实现了两台合并。由于两台抵触情绪较大，许多电台、电视台实际仍是单独运行。2018 年 3 月，中央"三台"合并，2019 年上半年，全国地方电台、电视台基本合并。

12. 新闻立台

新闻立台是广播电视内容众多，如社教类节目、文娱类节目、服务类节目不断涌现的时候出现的理念。但新闻立台的意蕴则在新中国成立当天的节目中就已经充分体现。在广播电视初创时期，黄金时段均是新闻当家。改革开放以来，广播电视节目日益增多，新闻节目有减弱之势，这一理念从美国引入。广播电视作为主流媒体，按广播电视规律传播新闻信息，以新闻为根本和立足点来统领广播电视媒介的传播，以优质新闻节目和强势品牌引领节目栏目和频率频道，以丰富的新闻资源和畅通的传播渠道，使广播电视形成强大的传播力和影响力，这可理解为新闻立台的内涵。胡锦涛在 2002 年、2003 年、2006 年、2008 年、2009 年五次讲话中阐述"要尊重舆论宣传的规律""要善于把握新闻传播规律""按新闻传播规律办事"，就充分肯定了新闻传播有规律，而且应敬畏规律，按规律办事。我国广播电视基于广播电视新闻规律的认知，在专业化、类型化广播电视发展之际，先后创办了专业化、类型化频率频道，如东广新闻台、央视新闻频道等，在新闻的滚动播出、重大新闻的及时解读上作出了新探索、新创造。

13. 制播分离，转企改制，培育新型市场主体

1996 年，国家广播电影电视部发出《关于〈认真贯彻党的十四届六中全会精神进一步加强和改进广播影视工作〉的意见》。《意见》指出，适应电视台择优播出需要，除新闻类节目外，逐步实行电视节目制作和播出相对分开的体制。这是国家广播电影电视部正式明确提出电视节目除新闻节目实行制作和播出分离的指导意见。意见颁布后，广播电视业内有不同的认知和讨论，因此，制播分离改革偃旗息鼓。2005 年 12 月，中发 14 号文件明确"电视剧制作单位""行业组织所属事业编制的影视制作和销售单位，逐步转制为企业。"国家广播电影电视总局在 2006 年 7 月份印发并实施的《广播影视体制改革工作实施方案》中提出："电台、电视台中的传输网络部分，影视节目制作销售单位，广播电视报刊、出版单位和一般广播影视艺术院团，可从事业体制中剥离出来，转制为企业。"2009 年 8 月，在经历了 13 年后，特别是伴随文化体制改革的深入推进，国家广播电影电视总局正式出台《关于认真做好广播电视制播分离改革的意见》，要求积极稳妥地推进制播分离改革。这是一份制播分离改革的指导性文件，标志着制播分离进入了发展时期。新一轮制播分离改革的特点是通过台内分离将部分制作资源从事业体制中剥离出来，实行公司化经营，转企改制，重塑市场主体。意见下发后，全国广播电视媒介开始了新一轮的制播分离改革，上海文

广新闻传媒集团首家完成制播分离，整体转企改制。到 2019 年，全国大多数广播电视台已完成这项改革。

14. 善待媒体、善用媒体、善管媒体

2008 年，胡锦涛提出各级党委、政府及各级领导干部要"提高与媒体打交道的能力"。2010 年初，李长春在全国宣传部长会议上指出，各级党委要"切实做到善待媒体、善用媒体、善管媒体。充分发挥媒体凝聚力量，推动工作的积极作用。"2004 年 9 月，党的十六届四中全会通过的《中共中央关于加强党的执政能力建设的决定》，重申了"坚持党管媒体的原则。"但在新形势下，如何坚持党管媒体，则须与时俱进。"三善论"的提出，使我们清醒地认识到，过去在对待媒体、使用媒体、管理媒体方面存在诸多不足，倡导"善待""善用""善管"媒体，对党、国家和人民都是利好的事。"善待"，就是要正确认识媒体，看待媒体，对待媒体，特别是在政治上、经济上要关心支持；"善用"，就是要区分媒体的特性，用其所长，避其所短；"善管"就是既要管好，又要服务好。"三善论"的提出，对地方各级党委、政府、各部门负责人发挥了启迪、指引作用。同时，对新闻媒体包括广播电视也起到了正面教育作用。

15. "引进来"与"走出去"

经过多年的改革和发展实践探索，我国的对外开放逐步形成了全方位、多层次、宽领域的格局，从以"引进来"为主，逐步转变为"走出去"与"引进来"并举。2000 年 2 月 25 日，江泽民在广东考察时曾指出："我们必须加快实施'走出去'的战略"，"'走出去'和'引进来'，是对外开放政策相辅相成的两个方面，二者缺一不可。"改革开放以来，"引进来"取得了很大成绩，"走出去"战略的形成也经历了"九五"计划前的探索，到"十五"期间的正式提出，再到"十一五"之后的实践完善过程。广播电视事业的"引进来"，主要是吸收借鉴世界优秀的文明成果，如发展理念、发展思想与先进技术，引进优秀人才。"走出去"则是开拓国外市场，包括我国广播电视产品和服务，在境外兴办实体或设立分支机构，使广电企业在境外落地经营。同时，提供中国智慧和中国经验，这也是让世界广播电视共享新中国广播电视事业的文明成果。在"引进来"与"走出去"理论的引领下，新中国广播电视取得较好的成就。如海外落地电台就有 103 家，广播电视已覆盖全球。而一些经典模式的引入，也丰富了我国广播电视节目的形态。

16. 岗位设置，全员聘用

我国广播事业的人员来源，最初是复转军人及从收音站调入，电视事业最初则是从广播系统调入；以及高校分配。这是计划经济年代的做法，适应不了时代的发展。1986 年 12 月 15 日，随着珠江经济台的开播，新的用工制度开启，这就是"招聘"。1993 年末，央视为开办《焦点访谈》，成立了新闻评论部，在多家大报刊登招聘启事，聘用专业人才。央视下发《中央电视台关于从台外聘用人员暂行规定》，开辟了"第二用工制度"。2000 年，央视郑重宣布："按照中组部、人事部和广电总局的有关规定，中央电视台将实行'全员聘任制'，所有原有的电视台正式职工将与现在的招聘员工一样与台里签订聘任合同，每两年续签一次。"2004 年，国家广播电影电视总局下发《关于深化广播影视事业单位人事制度改革的实施意见》，2007 年，又与人事部联合下发《关于广播影视事业单位岗位设置管理的指导意见》。5 月，国家广播电影电视总局印发《事业单位岗位设置管理工作实施方案》。这些文件都涉及岗位设置，形成了岗位设置管理的基本制度。在岗位设置管理理念的规范和科学管理下，全国广电媒介"全员聘用"，涉及每个人的切身利益。因而，岗位设置，全员聘用，无人不知，无人不晓。

（四）广播电视发展理念的创新阶段（2012 年至今）

从 2012 年至今，是广播电视发展理念的创新阶段。这一时期，党的十八大、十九大召开。2012 年 11 月，党的十八大将科学发展观确立为党的指导思想，胡锦涛新闻思想形成。2016 年 10 月，十八届六中全会首次使用"以习近平同志为核心的党中央"的提法。党的十九大确立了习近平新时代中国特色社会主义思想的历史地位，明确坚持和发展中国特色社会主义的总任务，明确新时代我国社会主要矛盾是人民日益增长的美好生活需要和不平衡不充分的发展之间的矛盾，必须坚持以人民为中心的发展思想；明确中国特色社会主义事业总体布局是"五位一体"、战略布局是"四个全面"。这个阶段，习近平新闻工作重要论述体系形成。同时，广播电视体制经历了两轮改革，广播电台与电视台合并，媒体融合，广播电视坚持新发展理念，走进新时代。这一阶段，广播电视发展理念创新，有九个方面。

1. 职责使命

2016 年 2 月 19 日，习近平在党的新闻舆论工作座谈会上发表讲话，指出："在新的时代条件下，党的新闻舆论工作的职责和使命是：高举旗帜、引领导向、围绕中心、服务大局，团结人民、鼓舞士气，成风化人、凝心聚力，澄清谬误、明辨是非，联接中外、沟通世界。"[①] 六个方面，"48 字"的"职责使命"，与时代要求和党的使命任务紧紧相连，涵盖新闻舆论工作包括广播电视的方方面面，是新时代广播电视发展的重要思想、重要理念。

高举旗帜、引领导向，关系旗帜、方向、道路这些根本性问题，就是要坚持马克思主义指导地位，高举中国特色社会主义伟大旗帜，引领广播电视正确舆论

---

① 《习近平谈治国理政》第 2 卷，第 332 页，外文出版社 2017 年版。

导向；围绕中心、服务大局，就是要坚持经济建设这个中心不动摇，广播电视服从服务于党和国家的工作大局，服从服务于党和国家的决策部署，坚持在大局下思考，在大局下行动，做到不缺位、不错位；团结人民、鼓舞士气，就是广播电视要坚持以人民为中心的工作导向，坚持团结稳定鼓劲，弘扬主旋律，传播正能量，服务人民，团结人民，激励人民，调动一切可以调动的积极性；成风化人、凝心聚力，就是要传播良好社会风气，积极培育和践行社会主义核心价值观，宣传优秀道德文化，扬社会之善，鞭丑恶之行，教育人、影响人，汇聚改革发展的强大力量；澄清谬误、明辨是非，就是要析事明理、激浊扬清，解疑释惑，传播真理，引导群众形成共识；联结中外、沟通世界，就是要坚持国家站位，拓宽全球视野，广泛与世界联系、交流，讲好中国故事，传播好中国声音。广播电视忠实履行新闻舆论工作的职责使命，就是要牢牢坚持党性原则，坚持党台姓党，坚持党性和人民性相统一，牢牢坚持马克思主义新闻观，坚持正确的舆论导向，努力建设广播电视强国，使广播电视大发展大繁荣。

2. 坚持以人民为中心的导向

2013年8月19日，习近平在全国宣传思想工作会议上指出："要树立以人民为中心的工作导向，把服务群众同教育引导群众结合起来，把满足需求同提高素养结合起来，多宣传报道人民群众的伟大奋斗和火热生活，多宣传报道人民群众中涌现出来的先进典型和感人事迹，丰富人民精神世界，增强人民精神力量，满足人民精神需求。"① 他在党的新闻舆论工作座谈会上强调，要"坚持以人民为中心的工作导向。"② 党的十九大，习近平再次强调："坚持以人民为中心"。习近平反复强调坚持以人民为中心的工作导向，这是因为，它是践行党的根本宗旨的必然要求。广播电视事业坚持以人民为中心的工作导向，就是要真正尊重人民主体地位，任何时候都必须把人民利益放在第一位，以人民利益为重，解决好"为了谁，依靠谁，我是谁"的问题，把人民群众满意不满意、高兴不高兴作为衡量广播电视工作成效的根本标准，为人民群众提供丰富的精神食粮，真正做到让人民高兴，让人民满意。

3. 坚持政治家办台

习近平2013年8月19日在全国宣传思想工作会议上讲话时指出："要坚持党管媒体不动摇，坚持政治家办报、办刊、办台、办新闻网站。"③ 2016年2月

---

① 《习近平谈治国理政》，第154页，外文出版社2014年版。

② 《习近平总书记党的新闻舆论工作座谈会重要讲话精神学习辅导材料》，第2页，学习出版社2016年版。

③ 中共中央文献研究室编《习近平关于社会主义文化建设论述摘编》，第25页，中央文献出版社2017年版。

19 日，习近平在党的新闻舆论工作座谈上又指出："增强政治家办报意识。毛泽东同志说'搞新闻工作，要政治家办报。'办报办刊办台办网都需要坚持这个原则。"① 1959 年 6 月，毛泽东在中央政治局会议上谈到，报纸办得好坏，"要看你是政治家办报还是书生办报。"他明确说："我是提倡政治家办报的。"毛泽东提倡政治家办报，未提及政治家办台，但包含了这个意蕴。习近平提出办报办刊办台办网，都要增强政治家办报意识，这是毛泽东新闻思想的延伸和发展。坚持政治家办台理念，就是要坚持党性原则，坚持马克思主义的指导地位和党的领导，自觉在思想上政治上行动上同党中央保持一致，坚持党台姓党，坚持正确的舆论导向，坚持正面宣传，坚持把社会效益放在第一位，坚持以人民为中心的工作导向，创业创新，为文化强国建设立下汗马功劳。

4. 传统媒体与新兴媒体融合发展

媒体融合是当今世界媒体的共同话题，是全球广播电视发展的新趋势。媒体融合从初始的理念出现，到如今已 42 年，但真正的媒体融合，不过近 20 年时间。面对媒体融合发展的机遇与挑战，习近平在 2013 年 8 月 19 日全国宣传思想工作会议、2014 年 8 月 18 日中央全面深化改革领导小组第四次会议、2016 年 2 月 19 日新闻舆论工作座谈会、2016 年 4 月 19 日网络安全和信息化工作座谈会、2018 年 8 月 21 日全国宣传思想工作会议、2019 年 1 月 25 日中共中央政治局第十二次集体学习以及人民日报创刊 70 周年、中央电视台建台暨新中国电视事业诞生 60 周年发表讲话和发去贺信时，提出了一系列媒体融合的新思想、新理念、新观点，是新中国广播电视创新发展的遵循，在全国新闻界包括广播电视业界、学界有较强的影响力和指导力。应该说，习近平媒体融合思想、理念，有的涉及全媒体，广播电视也适用；有的则是专门针对广播电视提出的，它是广播电视发展理念的新提升。

习近平以时代全局的战略眼光审时度势，以世界局势思考中国问题。他提出在媒体融合中，着力打造一批形态多样、手段先进，具有竞争力的新型主流媒体，建成几家拥有强大实力和传播力、公信力、影响力的新型媒体集团，形成立体多样、融合发展的现代传播体系，并要求中央广播电视总台努力打造国际一流新型主流媒体，这对广播电视来讲，既是明确的任务，又是融合发展的最新理念。因为与世界广播电视相比较，我国广播电视的传播力、影响力还需进一步提升，而打造一批、建设"几家"新型主流媒体和新型媒体集团就成为当务之急。媒体融合，广播电视特别要强化互联网思维，而不是简单的"＋互联网"，将传

---

① 中共中央文献研究室编《习近平关于社会主义文化建设论述摘编》，第 47 页，中央文献出版社 2017 年版。

统广播电视和新兴媒体简单叠加。习近平指出，要强化互联网思维，畅通沟通渠道；要懂得大数据，用好大数据。这具有较强的指引作用。习近平强调，推动媒体融合发展，要研究把握现代新闻传播规律和新兴媒体发展规律，强化互联网思维一体化发展理念。把握"两个规律"，强化"一体化发展"，这就抓住了媒体融合的关键，这对推动传播广播电视和新兴媒体从简单的"＋互联网""你是你、我是我"变成"你中有我，我中有你"，进而变成"你就是我，我就是你"，具有现实意义。2018年3月，中央"三台"合并，这意味着全国电台、电视台全面合并（个别除外）。之前，一些电台、电视台"明合暗不合"，"文件上合实际并未合"，这是因为"两台"担心合并后影响各自的发展。习近平在给中央广播电视总台贺信中强调：统筹广播电视。理念很明白，既不能重电视、轻广播，也不能重广播、轻电视。全国县级广播电视和纸媒，很长一段时间处于"死不了、活不好"的局面，如何抓好"最基层"的媒体融合？习近平总书记强调：要扎实抓好县级融媒体中心建设，更好地引导群众，服务群众。2018年9月20日~21日，中宣部在浙江省湖州市长兴县召开县级融媒体中心建设现场推介会，确定了县级融媒体中心建设的具体目标和实现路径，到2020年，全国县级融媒体中心将全部建成，媒体融合的"最后一公里"将打通，可以更好地满足人民群众的信息需求。在传统广播电视与新兴媒体的融合中，已经形成了全媒体布局，新闻的发布谁优先？习近平指出：要坚持移动优先策略，建设好自己的移动传播平台，让主流媒体借助移动传播，牢牢占据舆论引导、思想引领、文化传承、服务人民的传播制高点。实践证明，随着5G、大数据、云计算、物联网、人工智能等技术不断发展，移动优先促使了传统媒体与新兴媒体的融合加速发展。

传统广播电视与新兴媒体融合发展，出现了许多中国特色的中国话语、中国理念。概括来讲就是：（1）打造一批广播电视新型主流媒体，建成几家广播电视新型媒体集团；（2）在传统广播电视与新兴媒体融合中，强化互联网思维，懂得大数据，用好大数据；（3）在媒体融合中强化"一体化发展"；（4）在电台、电视台合并中，要统筹广播电视；（5）要扎实抓好县级融媒体中心建设；（6）建好移动传播平台，坚持移动优先。这些理念，展现了广播电视发展理念的新提升，广播电视战略布局的新谋划，广播电视强国建设的新整合，创新性突出。

5. 创新为要

习近平在视察解放军报社时要求，新闻舆论工作必须坚持"创新为要"。[1]

---

[1] 《习近平在视察解放军报社时强调 坚持军报姓党 坚持强军为本 坚持创新为要 为实现中国梦强军梦提供思想舆论支持》，《人民日报》2015年12月27日。

2016 年 2 月 19 日，习近平在党的新闻舆论工作座谈会上指出："党的新闻舆论工作必须创新理念、内容、体裁、形式、方法、手段、业态、体制、机制，增强针对性和实效性。"① 创新是习近平新闻思想的重要理念，也是广播电视工作与时俱进的内在驱动力。创新理念，就是要保持思想的开放度，联接中外，使广播电视理念具有宽度和广度；保持思想的敏锐性，思接千里，使广播电视理念具有高度和深度；从而当好传播者、记录者、推动者和守望者。创新内容，就是要坚持内容为王，设计好栏目，创办好节目，努力推出群众喜闻乐见的有温度有品质的好作品。创新方法手段，就是要适应新时代，满足新要求，广泛使用新技术、新媒体，努力占领新传播的制高点。创新体制机制，就是要保持中国特色，能激励人、带动人，共同为广播电视的发展出力。做好这些创新，广播电视就会取得事半功倍的效果。

6. 坚持新发展理念

习近平在党的十九大报告中指出：要"坚持新发展理念"。新发展理念包括创新、协调、绿色、开放、共享五个方面，是对中国特色社会主义发展规律的新认识新概括，这也可视为广播电视更可持续发展的必由之路。

创新是引领广播电视发展的强有动力。我国已经是广播电视大国，但经济规模大而不强，节目制作量大也不优。因此，必须不断推进理论创新、体制创新、科技创新、节目创新等，以创新发展推动我国广播电视进入强国地位。协调是持续健康发展的内在要求，要解决广播电视发展不平衡、不充分、不协调、不合理的问题，提升我国广播电视生态，是中华传统文明的传承，也是人与自然和谐发展的文明之举。开放是广播电视繁荣发展的双赢战略，只有坚持开放，才能融入世界广播电视发展大潮，坚定不移实施最大的开放战略，才有更好的条件把我国广播电视提升到新的水平。共享是中国特色广播电视的本质要求，要大力推进公共广播电视文化的发展，让人民群众共享优秀广播电视文化。因此，我们党、国家的新发展埋念，也是广播电视事业的新发展埋念，应努力推进。

7. 加快培养造就党和人民放心的新闻舆论工作队伍

做好广播电视工作关键在人，媒体竞争关键是人才竞争。习近平强调，要适应新形势新任务的要求，"加快培养造就一支政治坚定、业务精湛、作风优良、党和人民放心的新闻舆论工作队伍。"要增强政治家办台的理念，牢固树立马克思主义新闻观，坚持马克思主义新闻观与新中国广播电视实践相结合，坚持党性原则，坚持正面宣传，坚持社会效益第一位，牢记职责与使命，做党的政策主张的传播者，时代风云的记录者，社会进步的推动者，公平正义的守望者，讲好中

---

① 《习近平谈治国理政》第 2 卷，第 333 页，外文出版社 2017 年版。

国故事,传播好中国声音。要认清西方资产阶级鼓吹的"社会公器""无冕之王""新闻自由"的欺骗性和虚伪性,自觉做党、政府和人民的喉舌,全心全意为中国人民和世界人民服务。

8. 管办分离,行业管理

2018年3月,新组建的国家广播电视总局成立,作为国务院直属机构。此轮改革有一个特点,就是在原新闻出版广电总局管理职能的基础上进行了"瘦身",不再领导中央广播电视总台(原中央人民广播电台、中国国际广播电台、中央电视台),将原新闻出版广电总局的电影和新闻出版的管理职能划转出去。此轮改革,管办分离、行业管理的理念实现,事实已说明,此理念广泛深入人心。

管办分离、行业管理的理念实施有一个过程。从20世纪末开始,国家广播电视管理部门按照政事、政企分开和管办分离的有关改革要求,强化管理,转移"办"的职能,前者做得较好,而后者则进展缓慢,既当"裁判员"又兼"运动员"的状况长期未得到根本改变。管办分离,行业管理的实施,有效改变了这一状况,也使广播电视管理部门专注于行业管理,不再去做具体的新闻业务,回归了本体。

9. 智慧广电

智慧广电是在数字化、网络化、智能化浪潮中出现的一个广播电视发展理念。它积极参与智慧城市、智慧乡村、智慧社区、智慧家庭、智慧旅游、智慧景区、智慧生活的智慧建设,与国家经济社会发展同步。近几年,广播电视在互联网、新媒体冲击下下行严重,"智慧广电"也是广播电视生存发展的最好举措。历史上,西方国家广播产生危机时,曾采取"类型化"办台,拯救了广播事业,专家称类型化是广播的"配方"。如果以此观点类推,"智慧广电"既是战略,也是当今我国广播电视的"配方"。

2018年11月16日,国家广播电视总局发布了《关于促进智慧广电发展的指导意见》,同月22日,又在贵州召开推进全国智慧广电建设现场会,全面部署智慧广电发展。中宣部副部长、国家广播电视总局局长聂辰席阐释并定义智慧广电:"以全面提升广播电视业务能力和服务能力为目标,以有线、无线、卫星、互联网等多种手段协同承载为依托,以云计算、大数据、物联网、IPV6、人工智能等综合数字信息技术为支撑,实现广播电视智慧化生产、智慧化传播、智慧化服务和智慧化监管,着力提供无所不在、无时不在的高质量广播电视服务。"从2015年3月聂辰席提出"智慧广电"发展战略以来,智慧广电在政策保障、平台构建、升级改造、业务发展等方面都有一定发展,理念逐步为广播电视业界认可,理论建设已经起步,随着实践的深入,也必将会有大的突破。

三、新中国广播电视发展理念的主要特征

从上述新中国广播电视发展理念的演进历程我们可以看出，新中国广播电视发展理念是马克思主义新闻观与新中国广播电视实践相结合的产物，是新中国广播电视火热实践的反映与总结，从群众中来，到群众中去，它大部分为党和国家主要领导人提出，是毛泽东新闻思想、邓小平新闻思想、江泽民新闻思想、胡锦涛新闻思想、习近平新闻工作重要论述的理论来源和组成部分，同时也是中国共产党领导集体智慧的结晶。从 70 年演进分析新中国广播电视发展理念，有 5 个主要特征：鲜明的时代特色，长远的战略眼光，崇高的职责使命，持久的创新发展，明确的问题导向。

1. 鲜明的时代特色

立足时代发展，顺应时代大势，号准时代脉搏，体现时代精神是新中国广播电视发展理念的显著特征。毛泽东、刘少奇、周恩来、邓小平、江泽民、胡锦涛、习近平等党和国家领导人以无产阶级政治家和革命家的睿智与胆略，审时度势，按照国家发展需要和人民意愿，在各个时期把马克思主义新闻理论与新中国广播电视实践结合起来，提出的广播电视发展理念，具有鲜明的时代特色。毛泽东在社会主义建设时期提出的"努力办好广播，为全中国人民和全世界人民服务，"是从当时信息不发达，了解国内外大事困难，因而交流不畅的实际情况做出的，加强与世界的交流与合作，就需要把"地球管起来"。而邓小平新闻宣传"要以社会效益为最高准则"，则是改革开放时期针对一些人一切向钱看而提出的。习近平"抓好县级融媒体中心建设"的理念，则是在新时代媒体融合为了打通"最后一公里"，公共广播电视服务到"最基层"而做出的，具有鲜明的时代特征。同时，广播电视事业在新中国成立之初提出的建立广播收音网，开办《记录新闻》，改革开放后的"事业单位，企业化管理"，新时代的"智慧广电"同样具有鲜明的时代特征，是时代的产物，在不同时代发挥了巨大作用。

2. 长远的战略眼光

广播电视发展具有阶段性、时代性，但广播电视事业是长期的，永恒的。因而，广播电视发展理念同样需要长远的战略眼光，着眼于未来，着眼于长远，着眼于根本。

新中国广播电视事业是党的事业，是党所领导的社会主义事业的重要组成部分之一，坚定不移地坚持党性原则，这是我们党始终强调的新闻工作的政治原则和宣传纪律。毛泽东强调"政治家办报"，包括了"政治家办台"的意蕴，毛泽东在谈一些大的方针、原则，阐述思想、理念、观点的时候，往往具有普遍性。习近平倡导政治家办报、办刊、办台、办网，就把所有媒体包括在了其中。习近

平总书记强调，党媒姓党。同样，党台姓党，这既是政治逻辑、新闻逻辑，也是广播电视逻辑。邓小平强调，每个党员和干部应当自觉坚持和不断增强党性，党报党刊要无条件地宣传党的主张，这毫无疑问包括广播电视。邓小平提出，报刊、广播、电视要把促进安定团结作为一项经常性的、基本的任务，要使报刊、广播、电视成为"全国安定团结的思想上的中心"，这都是长期的战略性的理念和任务。周恩来曾多次在公开场合强调，新华社、《人民日报》等是党和人民的耳目喉舌，1962年12月，他对广播事业局负责人说：广播是党的喉舌。这就强调了广播电视发展的长期性，强调了广播电视作为无产阶级新闻事业的先进性，强调了全心全意为人民服务的宗旨。1997年，江泽民在十五大报告中强调："新闻宣传必须坚持党性原则，坚持实事求是，把握正确的舆论导向。"党和国家领导人反复强调党性原则，强调喉舌功能，这表现出来的是一种长远的战略眼光，是我们党的事业，人民的事业所决定的，必须长期坚持。

3. 崇高的职责使命

马克思主义的哲学是发展的哲学、创新的哲学，共产党的使命就在于不断发展，不断创新，促进人类社会实现共产主义的远大理想。新中国党的领导人作为马克思主义的继承者，按照马克思主义关于社会主义的基本原理、新闻原理，结合我国经济、政治、文化、社会的实际情况，制定了一系列发展社会主义的宏伟目标、宏大战略、中心任务及一系列路线、方针、政策，涉及新闻事业的，具有相通性，也可视为广播电视发展理念，或作为广播电视发展的遵循。而其崇高的职责使命，是广播电视发展理念的又一鲜明特征。

1949年3月5日，毛泽东《在中国共产党第七届中央委员会第二次全体会议上的报告》指出："通讯社、报纸、广播电台的工作，都是围绕着生产建设这一个中心并为这个中心工作服务的。"1996年，江泽民在视察人民日报社时提出了"生命论"。他指出："党的新闻事业与党休戚与共，是党的生命的一部分。可以说，舆论工作就是思想政治工作，是党和国家的前途和命运所系的工作。"习近平2016年2月19日在党的新闻舆论工作座谈会上提出的党的新闻舆论工作的"职责和使命"，是广播电视发展的崇高职责使命。党的重托，人民的期待，比什么都重要，比什么都光荣，广播电视事业把履行这些崇高的职责使命作为重大要务，从而也较好实现了广播电视发展理念。

4. 持久的创新发展

中国共产党是创新的政党，新中国是创新的国家，新中国广播电视也是创新的广播电视，这种创新，不是一朝一夕，而是具有长久性、持续性、不间断性。

新中国成立当天，广播不但进行了体制的改革，还进行了节目的创新：盛大直播，成为政治传播、新闻传播、国家形象塑造的里程碑。而"报时"开启

"北京时间"，伴随着共和国的发展和成长。新中国成立之初，广播开办《记录新闻》是一种创新，忠实履行了我党"从群众中来，到群众中去"的原则；"广播大会"的召开则实现了广播"组织者"的作用。改革开放以来，广播实施专业化、类型化改革，也是一种创新。进入新时代，广播与电视合并，组建广播电视集团，更是新形势下广播创新的新举措。新中国成立以来，广播电视管理体制一直是管办合一、管理为主。2018年，改革为管办分离、行业管理，这是一项重大改革，也是重要创新。70年广播技术不断升级演化，更是充满了创新：传输从音频电缆到短波、中波、调频；从微波、光纤到卫星模拟和卫星数字传播，从互联网到移动互联网；采访录音从钢丝录音机、磁带录音机到便携式录音机到手机终端；节目录制从单声道录音、立体声录音到多轨、100轨录音；收听从矿石收音机到网络收音机到智能手机端终，无不是创新的成果。新时代要有新成就，在新发展理念的指引下，广播电视的创新发展也一定会取得更大成绩。

5. 明确的问题导向

发现问题，提出问题，是马克思主义哲学的一个基本问题。马克思曾深刻指出："主要的困难不是答案，而是问题。"[①] 爱因斯坦也曾从科学研究的角度阐释：提出一个问题往往比解决一个问题更重要。习近平2016年7月17日在哲学社会科学工作座谈会上讲话时指出："理论创新只能从问题开始，从某种意义上说，理论创新的过程就是发现问题、筛选问题、研究问题、解决问题的过程。"[②] 新中国广播电视发展理念往往是针对现实中的重大问题，经过反复思考而提出的发展主张和发展见解。毛泽东提出"发展农村广播网"，就是因为广大农村听不到广播，党的路线方针政策不能在农村贯彻落实，这针对的是"农村听不到广播"的问题。邓小平提出"要把最好的精神食粮贡献给人民"，针对的最大问题是，文艺作品、节目粗制滥造，格调低下。江泽民批示而展开的"西新工程"，针对的是西藏、新疆边远少数民族地区人民群众收听收看广播电视难的问题。习近平提出全程媒体、全息媒体、全员媒体、全效媒体概念，针对的是媒体生态、格局、方式发生了深刻变化，必须实现新闻传播全方位覆盖的问题。强烈的问题意识，明确的问题导向，使广播电视事业有了明确的方向感，坚定地走自己的路，道路越走越宽。

（作者分别为：暨南大学新闻与传播学院博士研究生；中国广播电视社会组织联合会学术委员会副主任、云南广播电视台高级记者）

---

① 《马克思恩格斯全集》第40卷，第289页，人民出版社1982年版。
② 《习近平谈治国理政》第2卷，第342页，外文出版社2017年版。

新中国70年广播电视理论研究的发展

朱婧雯　欧阳宏生

理论研究是引导行业发展、提供行业决策的重要组成部分。我国广播电视理论研究伴随人民广播电视事业起步、发展，至今已有70年。作为见证并参与新中国诞生、发展壮大的核心媒介系统，人民广播电视事业70年来为我国广播电视理论研究提供了丰富且宝贵的对象资料，使其逐步形成了具有中国特色的广播电视理论研究体系。重梳70年中国广播电视理论研究的发展历程，具有典型的历史价值和路径意义，能够为广播电视在未来的理论方向以及新兴媒介系统的理论研究提供镜鉴。

一、新中国广播电视理论研究起步时期（1949～1976）

新中国成立初期，广播成为联系广大人民群众、服务于人民教育与娱乐的重要工具。1950年胡乔木提出广播要"学会自己走路"，开始了广播性质与功能的广泛探讨，广播理论研究逐渐拉开序幕。然而，1966年开始受到来自"左倾"思想意识形态领域的制约，刚刚萌芽的广播电视理论研讨风气中断，研究陷于停滞。

理论研究起步时处于新中国成立初期，政权巩固与经济恢复成为上下一致的主要任务，广播理论探讨虽有所起步，且主要的研究均来自广播业界即实践一线的经验反馈、分享与交流。

1. 广播（电视）研究机构设立，理论研究意识觉醒

设立专门的广播研究机构，是早期我国为更好地发挥广播功能、实现广播联系群众，服务、教育和引导人民群众的有益手段。1949年11月3日，中央广播事业局建立地方编播研究部，是广播（电视）系统第一个业务研究机构。1957年6月5日，中央广播事业局成立研究室，开始比较系统收集、整理广播文件、史料和译介外国广播电视材料。1959年9月7日，北京广播学院正式成立，在新闻学框架内开始广播（电视）教学和研究工作；1960年，哈尔滨广播师范大学、哈尔滨电视大学创办，分别招纳来自工厂、企业、学校、机关和部队的干部及工人万余人。[①] 为适应技术革命和"文化革命"发展的需要，多快好省地培养农业建设人才、提高农业部门工作人员的科学技术水平，1960 年 5 月黑龙江人民广播电台和东北农学院联合举办"黑龙江广播农业大学"开始试讲。[②] 这一批广播理论研究和业务机构的创办，在为人民广播事业培养全方位素质人才的同时，也推动了广播事业的科学化发展。

2. 创办广播电视刊物，建设理论研讨的阵地

50 年代起，我国创办了首批广播研究的理论刊物：1955 年 10 月由中央广播事业局主办的全国性刊物《广播业务》正式创刊，至 1958 年底共出 13 期，[③] 1959 年 1 月至 1966 年 3 月止，共出 100 期。[④] 该志杂刊载大量北京广播学院新闻系教师的文章，对后来广播电视的理论研究有较大影响。1958 年中国开始创办电视，电视理论也随之起步，其主要成果集中在《广播业务》上，直至停刊共刊发电视研究类文章 400 多篇。[⑤]

就这一时期的研究文章来看，发表于 1951 年《人民音乐》（1950 年创刊）期刊上的《关于介绍西洋音乐的几个问题——对南京人民广播电台"唱片音乐会"的意见》《从广播音乐谈到介绍西洋音乐问题》《规模巨大的苏联音乐广播工作》三篇文章，标志着我国广播理论研讨意识的初成，且主要侧重于广播音乐方面的思考。此后，1954 年发表于《物理通报》之上的《无线电广播的物理学原理和超短波》文章首次从物理学的角度对广播播音和运作原理作出了阐释。1956 年《新闻业务》创刊，1957 年始刊发了大量围绕广播性质、介绍国际广播组织的理论文章，如《我们是党的宣传喉舌》《苏联广播是我们学习的榜样》（1957 年 6 月）。1956 年《新闻战线》创刊，发表了《对广播宣传工作的几点意见——在华东省市台 11 月杭州写作会议上的发言》（周新武，1958）；《通过多种多样的广播形式指导工作》（丁宗轮，1958）等文章，围绕广播性质和业务的研究逐渐走上正轨。1958—1960 年间《新闻战线》共刊发广播理论文章 17 篇（表 1），从广播文风、广播节目的教育性和知识性等方面提出积极的思考并借鉴和吸收国外如苏联和捷克斯洛伐克的广播生产经验，极大丰富和推动了广播理论研究以及对于广播实践的指导工作。

---

① 张承芳：《哈尔滨广播师范大学、哈尔滨电视大学开学》，《新闻战线》1960 年第 5 期。
② 黑龙江台对农村广播部：《黑龙江台举办广播农业大学》，《新闻战线》1960 年第 5 期。
③ 左漠野主编《当代中国的广播电视》（下），第 321 页，中国社会科学出版社 1987 年版。
④ 赵玉明：《"文革"前的〈广播业务〉究竟出了多少期?》，《中国广播电视学刊》2010 年第 4 期。
⑤ 欧阳宏生、李宜蓬：《中国电视理论研究的发展历程》，《现代传播》2009 年第 2 期。

表1 《新闻战线》关于广播理论研究的相关文章（1958～1960）

1958.08	"对广播宣传工作的几点意见——在华东省市台11月杭州写作会议上的发言"
1958.07	"通过多种多样的广播形式指导工作"
1958.06	"组织广播宣传大跃进的关键"
	"培养一支新型的广播记者队伍"
	"一个影响面广震动面大的广播形式——谈'报喜点播节目'"
	"文艺广播为政治服务的重要方式"
	"贯彻群众路线办好广播——把广播大会搬到现场去开"
	"我们的节目'卫星'——介绍河南人民广播电台的钢铁宣传"
1958.05	"政治挂帅 开门办台"
	"和群众一起办有线广播"
	"做一个红透专深的广播员"
	"运用地方文艺力量办好文艺广播"
1958.04	"文艺广播怎样为政治服务"
1958.03	"政治是广播大跃进的统帅"
	"农村广播站应该怎样编排节目"
1958.02	"发展地方交通支援农业生产——交通部副部长孔祥祯在中央人民广播电台的广播讲话"
1958.01	"录音报道的真实性"
1959.12	"为战争政策服务的美国对外广播"
	"西北、西南地区六个广播电台座谈改进文风问题"
1959.11	"题材、文字、录音报道和配乐《建国十周年》专题报道的几点体会"
1959.10	改进广播文风问题的研究
1959.08	关于广播的口语化问题
1959.06	苏联的无线电广播和电视事业
	我国少数民族广播工作的发展
1959.05	广播节目的管理和播出工作
	广播——对少年儿童进行教育的良好工具
1959.04	给听众提供知识的生动形式——介绍我们组织"生活与知识"节目的经验
1959.01	广播宣传工作大跃进的基本经验
	深入实际好处无穷
	捷克斯洛伐克广播是怎样联系实际的
1960.06	把公社广播站的作用发挥得更充分些
1960.05	我们光荣的任务——对外区报道的几点体会一个业余广播编辑部的农业报道经验

1960.04	公社广播站建设中两种思想的斗争广播怎样旗帜鲜明地宣传典型
1960.03	什么是"科学"节目的任务
1960.02	我们提高"对农村广播"节目质量的三种办法
1960.01	记者站工作的几个重要问题
	关于架设农村有线广播的几个问题

从这些文章的选题可以看出当时广播电视研究的基本特点。

3. 起步探索，广播电视研究曲折发展

"文革"十年间，广播电视被定性为"阶级专政工具"，其间广播电视理论研究陷入停滞，但广播电视在技术研究方面有所发展，尤其围绕"农村有线广播网"的建设推进，相关的政策和调研报告纷纷出台。1968年随着调频广播技术的发明，广播技术理论在1973年出现。[1]

20世纪五六十年代随着电视技术的推广，1966年北京电视台（中央电视台前身）开始启用黑白录像机，电视相关的理论调研活动有效指导和推动我国电视传播的发展。电视的理论概述文章《工业电视发展的现状及其应用》（段里仁，1974）发表于《武汉大学学报》。广播电视技术也有所推进，广播"村村通"工程覆盖面进一步扩大、电视技术研发逐步推开，为"文革"后尤其是十一届三中全会召开后我国广播电视理论发展奠定了技术基础。

4. 起步时期广播电视研究的特征

起步阶段的广播电视研究，对当时事业的发展起到了推动作用。由于历史背景的影响，体现了那个时代的研究特色。1966年4月，北京电视台播出纪录片《收租院》，尔后《人民日报》《光明日报》发表系列文章强调，纪录片表现了"不忘阶级苦，牢记血泪仇"的革命主题。现在看来，这些文章深深地打上了那个时代的印记。

起步阶段广播电视的理论研究在思路上基本沿袭新闻理论和艺术理论的路径。研究对象主要是来自业界的操作和实践经验，内容主要停留于描述层面，尚且缺乏学理性研究成果，理论研究基本处于一种自发状态。[2]但应该看到，这同当时广播电视事业发展和历史背景是分不开的。起步时期的广播电视研究为后来的探索发展奠定了重要基础，温济泽、康荫、左漠野、苑子熙、裴玉章、周峰、

---

[1] 根据知网"广播电视"为关键词的搜索结果，1966年后仅有《广播电视的未来》（1973年发表于《广播电视技术》之上）一文在技术方面进行了论述、1974年《工业电视发展的现状及其应用》（发表于1977年《武汉大学学报》）。

[2] 张振华主编《中国广播电视学》，第8页，中国国际广播出版社2018年版。

许欢子等学者开启了中国广播电视研究之先河。

二、新中国广播电视理论研究的探索时期（1977~1991）

1978 年党的十一届三中全会召开，彻底否定了过去对广播电视"阶级专政工具"的定性，从尊重媒介规律和传播效果的角度制定了诸多有利于推动广播电视发展的举措。从"农村网"的推广到"四级办"广播电视，再到调频广播、卫星频道等一系列与时俱进的技术、管理决策的实施，广播电视自身特征突出，节目体系建设基本成熟。我国广播电视在这一阶段实现迅猛发展，初步奠定了民众心目中以及理论研究"第一大核心媒介"①的地位。随着党中央对广播电视性质功能认识的进一步成熟，广播电视性质功能等定性理论逐渐清晰并初步搭建起广播电视理论研究的科学框架，推动广播电视学术研讨和活动的常态化发展。与此同时，随着广播电视理论的学理化加深，广播电视学开始自立于各个社会科学学科之林。

1. 广播电视理论研究体系的顶层设计逐步完善

我国广播电视理论研究与广播电视政策理论一脉相承、相互支撑，成为具有中国特色广播电视理论研究的传统。广播电视事业方针政策的话语影响力引领广播电视理论研究的方向。十一届三中全会以后，新的广播电视方针政策陆续出台，初步形成了以广播电视功能属性理论、广播电视媒介生产理论和广播电视艺术理论为代表的三大理论框架。

1980 年"自己走路"方针的再次明确，摆脱了广播电视理论研究附属于报纸、新闻学研究的片面思路，真正开始将广播电视作为独立的媒介系统进行符合其传播规律和社会价值的理论研究。1983 年 4 月全国第十一次广播电视工作会议提出了以新闻改革为突破口、推动广播电视宣传改革的理念，为广播电视理论研究提供了鲜明的研讨方向，以新闻改革为主体的广播电视改革成为研究热点。1988 年吴冷西在中国广播电视学会学术年会上讲话，专门探讨建立新的广播电视理论体系。在本次年会上，陈尔泰发表的《广播电视理论研究的类型》演讲，首次全面系统地以较为宏观的视角总结梳理了当前广播电视理论研究的几种类型，为即将启程的广播电视理论研究提供了科学的思路。同年首届"关于广播电视性质、功能和任务"理论研讨会在京举行，广播电视理论研究进入理论体系建构阶段。

在广播电视理论研究方面，1982 年 10 月 22 日广播电视部部长吴冷西在华东七省市广播电台新闻报道经验交流会上对广播电视宣传问题发表意见，明确提

---

① 根据知网"广播电视"为关键词的搜索结果显示，1978~1992 年间，广播电视理论研究呈现出较高的增长态势，为其他阶段年度增长率之最，广播电视理论研究成为一块"热门"阵地。

出"新闻是广播电视的主体、骨干"。① 同年，吴冷西在《提高电视剧质量 开展电视剧评论》一文中首次将电视和电视剧纳入艺术领域加以思考，为电视剧批评和电视艺术发展提供了新的理论思路。1984年，《文艺广播学十讲》出版②，左漠野在读后给作者回信中，着重阐述了关于创建具有中国特色社会主义广播学、电视学的设想，明确提到"广播学的建设……还需要参考新闻学、教育学、心理学、美学、电子学等有关方面的著作"③，在"信息时代"的学术研究中使社会科学与自然科学相互渗透，为以后的广播电视理论研究指明了多学科融合的创新方向。

2. 学科理论基础巩固与理论研究学理性提升

80年代至90年代期间，广播电视理论研究的专著以及对广播电视学科建设的理论著作逐步出版。伴随诸多广播电视理论专著的出版，广播的电视理论基础得以完善并巩固。1986年《广播与电视》出版，详细阐述了广播电视的性质、功能、特点以及广播电视宣传的规律④，丰富了"广播电视学"的理论成果。同年作为我国第一部系统介绍广播电视事业发展过程和成就的大型工具书《中国广播电视年鉴》出版。左漠野、甘惜分等参与编撰。1987年《当代中国广播电视》（上下册）（左漠野、胡若末、邹晓青，1987）出版，对以往的广播电视发展经验做出完整、细致的梳理与总结。广播电影电视部重大攻关项目的成果《中国广播电视学》（闫玉、何大中、赵永福、白谦诚、方亢、韩泽、陆原、孙以森、壮春雨、陶皆良、施旗等）于1990年出版，首次将广播电视作为一门学科进行系统的建构与理论阐释，是我国第一部全面系统论述广播电视基础理论的著作，标志着我国广播电视学科体系的走向成熟，为其后广播电视的学科建设作出重要的理论贡献。这期间还出版了《广播电视概论》（施天权，1987）、《电视文化学》（田本相，1990）、《新闻广播学研究》（康荫，1982）等著作。这些研究为广播电视学的深化起到了奠基作用。

3. 学术期刊成为理论研究的重要载体，问题研究更加深入

这期间，广播电视学术期刊已成为理论研究的重要阵地，大量的理论文章丰富并完善了我国广播电视的理论建设。《北京广播学院学报》于1979年创刊，1994年更名为《现代传播》，创刊初期，《北京广播学院学报》刊载大量对美国、南斯拉夫等国家广播电视行业的研究文章，如《电视的生命源泉在人民群众之中——南斯拉夫电视事业现状》（裴玉章，1979）、《美国广播电视一瞥》

---

① 杨青：《新闻是广播电视的主体——吴冷西同志谈广播电视新闻》，《新闻战线》1982年第6期。
② 牛印文：《文艺广播学十讲》，四川省广播电视厅于1984年出版，为内部印发。
③ 《我们需要广播学、电视学——左漠野同志的一封信》，《现代传播》1985年第6期。
④ 参见《新书〈广播与电视〉与读者见面》，《新闻知识》1986年第9期。

（胡耀亭，1980）、《英国广播电视事业的历史和现状》（马元和，1980）、《日本广播协会和它的新闻报道》（贾桑，1981）、《罗马尼亚的广播电视事业》（武子芳，1981）、《挪威的广播事业》（何光，1982）等，开创了国际化视野观照的理论研讨风格。同样具有国际视野和理论前瞻性定位特色的刊物《国际新闻界》创办于1961年，早期作为中国人民大学新闻系内部刊物，自1979年起将广播电视纳入研究视野，刊载了如《苏联广播、电视发展趋向》（赵永福，1979）等一系列研究介绍国外广播电视趋势的文章。《广播、电视的"神经"和"耳目"（上）》（裴玉章，1980）一文将作者在日本联合摄制电视纪录片《丝绸之路》期间对NHK广播舆论调查所的访问考察经验进行深入思考，首次将关注视野聚焦于电视"舆论调查"的引导价值和功能意义之上①，为我国受众调查工作的开展提供了充分的理论基础和学术视野。②

1984年广播电视部创办业务性刊物《广播电视战线》，北京广播学院新闻所于1984年创办《新闻广播电视研究》，此外还有《电视文艺》《电视业务》（《电视研究》前身）等刊物创办。1981年《电视大学》创刊，该刊围绕发挥电视的社会教育功能进行充分的理论研究，吸收借鉴国内外优秀的电视教育经验，发表了大量电视教育领域的研究文章。1987年7月，中国广播电视学会创办了具有较高理论水平和全局视野的《中国广播电视学刊》。到1990年全国共有相关的广播电视理论研究刊物60余种。③

相较于起步时期的广播电视理论研究，这一阶段的理论研究深受国外影视艺术、传播学、语言学等理论的影响，有了较为系统的跨学科研究体系、出现了较多具有一定深度理论价值的研究型文章，为广播电视业务发展提供更为科学、有价值的理论指导。诸如广播电视的受众研究《我国广播电视中的受众参与形式与功能》（周江南，1987）等，以及广播电视史学研究《广播史学研究刍议》（哈艳秋，1987），广播电视社会科学与自然科学的交叉研究如《广播电视的软科学研究刍议》（吴贤纶，1987）、《探讨广播电视事业的经济属性》（周鸿铎，1990）则首次提出并观照了广播电视的经济产业功能，成为当时具有前沿意识的广播电视理念。

4. 学术阵地的专业化建设、学术研讨活动常态化

在这一时期，电视理论研究的队伍不断壮大，1982年广播电视部成立政策

---

① 参见裴玉章《广播、电视的"神经"和"耳目"（上）——NHK的舆论调查》，《国际新闻界》1980年第4期。

② 1986年，中央电视台运用分层随机后仰的方法对全国28个城市进行大规模调研，创办《全国28城市受众抽样调查分析报告》。

③ 欧阳宏生、李宜蓬：《中国电视理论研究的发展历程》，《现代传播》2009年第2期。

研究室，1983 年中央电视台成立研究室，1985 年中国电视艺术家协会成立，1986 年中国广播电视学会成立。在中国广播电视学会之下，还出现了各类专业化二级研究委员会，如"中国广播电视学会史学研究委员会"以及各省市的广播电视社会团体，如江苏省广播电视学会（1987 年成立）。除广播电视业务领域研究阵地的壮大之外，广播电视学术理论阵地也在北京广播学院、中国人民大学、中国社会科学院、复旦大学等高校和研究机构中建立。至 1986 年 5 月，广播电视系统的研究机构已经发展到 15 家，专业研究人员近百人。①

各省级广播电视学会纷纷成立并围绕本省广播电视业务展开理论探讨与经验分享。电视理论研究实现了从业务探讨与学术理论的相互配合，围绕"四级办广播电视""以新闻改革为突破口""电视艺术""电视文艺""电视节目栏目化"等一系列举措展开探索与理论争鸣，形成了一批既具有现实指导意义又富含理论学术价值的研究成果。同时通过评优评奖等活动进一步调动业界和学界在广播电视理论研究方面的积极性，为广播电视领域"理论引导实践"创造更具影响力的平台。1982 年，相关期刊开展了全国首届优秀电视剧评选活动。1990年，北京广播电视学会举行新一届广播电视学术论文评奖活动。各省级广播电视学会也纷纷效仿，在全省或全国范围内开展各种形式的评奖活动。

作为促进业界与学界的沟通交流、创造更为便捷高效的理论研讨环境的广播电视学术研讨会在此期间纷纷举行，成为支撑广播电视业务改革、理论拓展和学术升华的重要组成部分。1983 年 5 月第十三届国际电视讨论会召开。1986 年，首届广播电视学研讨会举办，会议围绕广播电视"有学"与"无学"展开争鸣，进一步明确广播电视研究对象为基础理论、应用理论和史学三大类，努力为建设并发展具有中国特色的社会主义广播电视学作出贡献。② 1986 年和 1987 年，中央电视台分别在北京召开"电视新闻改革研讨会"、在太原召开"全国电视剧美学研讨会"。同年，四川省广播电视学会召开了首届理论研讨会，探讨广播电视性质、功能、任务等论题。1986 年 6 月，中国广播电视学会首次召开中国广播电视史志研讨会。1988 年 4 月，中国电视艺术委员会举办"革命历史题材电视剧研讨会"。1990 年《当代电视》举办"胡连翠戏曲剧个人研讨会"。1991 年，中央电视台召开了"黄一鹤电视艺术研讨会"。这些研讨活动进一步推动广播电视理论研究走向高质量和高水平。

1981 年始，由中央电视台组织（后转为中国广播电视学会组织）的电视评奖活动成为电视节目评价和业务研究的重要理论支撑，在追求业务提升的同时也

---

① 罗弘道：《改革开放十三年的广播电视理论研究工作》，《中国广播电视学刊》1992 年第 10 期。

② 陆原：《为创建中国广播电视学作贡献》，《新闻界》1986 年第 12 期。

带动理论探讨的针对性价值。1991年中国国际广播电台发起组织全国广播外宣评奖活动并常态化为每年一届。评奖是有效衔接行业实践与理论研究的重要渠道，从广播电视理论研究的角度而言，进一步提升优化了理论研究的对象、有效引导了理论研究的方向和目标。

三、新中国广播电视理论研究的繁荣时期（1992～2001）

自1992年邓小平南行提出以改革开放的变革举措开始，中国各领域均发生了实质性的飞跃式发展，作为舆论信息阵地和文化艺术桥梁的广播电视首当其冲，无论在内容生产、话语方式还是理论研究方面，均呈现出多元化的发展态势。一方面积极回应广播电视行业热点、总结经验、提升质量；另一方面积极拓展广播电视本体与电影、文学等艺术文化理论的融通，进一步延伸广播电视理论探索的范畴与深度。这一时期我国广播电视理论研究初步形成基础理论、应用理论、应用决策和史学理论四大板块的学术格局，理论发展的思路更为清晰、理论研究队伍进一步壮大，广播的电视理论研究逐渐摆脱初期的经验总结式话语方式，在学理性和专业性方面得以强化，广播电视理论价值得到学术界广泛认同。

1. 理论研究接轨国家战略、与行业实践共融并进

1992年3月，广播电影电视部政策法规司和中国广播电视学会联合召开首次全国广播电视理论研究工作会议，共部署规划广播电视理论研究课题115个，其中重点课题22个，标志着广播电视理论研究进入国家战略，实现全局意义上的规划与发展。此间，出版了一批优秀著作：《广播电视概论》（刘爱清、王锋，1997）、《中国电视艺术发展史》（钟艺兵、黄望南，1994）、《新闻广播学研究》（1982）、《电视文化学》（陈默，2001）、《中国电视剧发展史纲》（吴素玲，1997）、《广播电视评论学》（涂光晋，1998）、《广播新闻与音响报道》（周小普，2001）、《实用电视传播学》（吴信训，1996）、《十评飞天奖》（仲呈祥，1996）、《中国电视文艺学》（张凤铸，1999）、《广播电视学概论》（黄匡宇，2000）、《电视文化学》（苗棣、范钟离，1997）、《广播电视广告学》（朱月昌，2000）等等。1993年，北京广播学院重点课题成果《中国应用电视学》（朱羽君、王纪言、钟大年，1993）出版，引起业内人员关注。1998年国家"九五"重点社科课题——"中国特色社会主义电视理论研究"，在吸收以往电视理论成果的基础上，进一步明确中国特色社会主义电视的特色、性质、任务和功能，从宣传、技术与管理、产业经营、受众和人才队伍建设等方面建构起具有中国特色的电视理论体系。① 课题成果《中国电视论纲》（杨伟光、王甫、欧阳宏生、王

---

① 欧阳宏生、李宜蓬：《中国电视理论研究的发展历程》，《现代传播》2009年第2期。

锋、张君昌、胡智锋、尹鸿、郭镇之、时统宇、童宁等，1998）的出版标志着电视作为一门核心学科的基本确立。

1992 年，北京广播电视学会与北京台联合召开《星期三热线办公》节目的研讨会。《中国广播电视学刊》在 1992 年期间发表大量业界、学界关于"振兴广播电视理论研究"、弘扬广播电视理论研究的重要价值的文章，使得广播电视理论研究的阵地作用开始发挥并显现，《学刊应成为广播电视改革的智囊》（蒋为民，1992）、《进一步发挥理论对改革实践的指导作用》（邵汉开，1992）等一系列文章再次强化并肯定了学术刊物作为广播电视事业实践和改革发展的前沿力量和指导作用。1999 年中国广播电视学会内部刊物《广播电视理论动态》创刊，理论研究的期刊阵地继续发展壮大。

2. 广播电视四大板块理论为格局的研究体系初步形成

在多方共同努力下，我国电视研究逐渐形成了以电视基础理论、电视应用理论、电视决策理论和电视史学理论四大板块为基础的研究体系，多角度、全方位、纵深化的全国性理论学术格局渐成规模。

基础理论研究主要是从广播电视作为媒介的本质属性出发进行的理论分析与思考，除了广播电视学科总的基本理论以外，更多的是各个二三级学科的基础理论。如广播电视传播研究、广播电视新闻研究、广播电视艺术研究、广播电视经济研究、广播电视受众研究等等，1998 年高鑫出版《电视艺术学》，结合电视艺术创作实践，深入、全面阐释电视艺术的语言表达、审美特征与规律，建构了电视艺术作为学科的体系。2000 年，欧阳宏生出版了《电视批评论》，建立了一套中国电视批评理论体系。受众研究方面，《论电视的受众》（胡正荣，1996）出版。《新闻广播电视受众》（陈崇山，1992）系统、全面、科学地阐述了改革开放试下背景下的受众观念，探讨广播电视传播中受众工作的方法与意义。[①] 此外，广播电视文艺学、美学、心理学的研究在这一时期广播电视理论研究中继续推陈出新，逐渐形成与国际广播电视基础理论研究相当的话语水平和学术格局。《电视剧美学》（路海波，1987）、《电视剧艺术论》（刘晔原，1995）等著作将电视剧（片）艺术审美理念植入电视剧（片）创作与欣赏中，为推动电视（剧）艺术发展奠定了理论基础。

广播电视应用理论主要是针对当前广播电视领域存在问题进行有针对性的理论研讨、寻求解决问题的有效方法。自 90 年代初期开始，围绕广播电视新闻改革的理论研讨增多，理论成果也逐渐丰富，加之广播新闻改革中"珠江模式"的成功效应，广播电视的理论研究也掀起了关于经济台、系列台等广播电视节目

---

① 陈崇山：《新闻广播电视受众调查研究十年》，《中国广播电视学刊》1992 年第 12 期。

改革研究的浪潮，为全国广播电视的节目改革提供了理论引导。广播电视节目创新和思考方面的应用型文章也从实践的角度为各类广播电视节目的可持续发展提供了有益的思考。此外，广播电视的语言艺术研究、广播电视播音主持采访理论等直接源于一线并有针对性的指导实践的研究也走向了深度与专业。

决策理论研究方面，对广播电视在新时期的性质与功能进行再确认，明确广播电视的宣传导向作用的理论文章为广播电视政策的顶层设计提供了多角度的理论探讨。随着"建设有中国特色社会主义理论"的思想方向的明确，广播电视作为党和人民喉舌，承担起党和政府与广大人民群众联系的桥梁与纽带①、把握舆论导向等议题成为广播电视性质与功能研究的主要组成部分。大量学术研讨文章从宏观策略方法等角度进行全面的阐释②。此外，从产业经营和管理的角度思考广播电视决策方向的理论文章也在此期间成为主流，如周鸿铎教授在 20 世纪90 年代中期围绕广播电视产业发展和经济功能进行的系列理论研讨:《广播电视信息产业的功能》《关于电视节目市场研究》，陆地出版《中国电视产业发展战略研究》（1999）等。

史论研究方面，在上一阶段以赵玉明等学者倡导下，广播电视史学研究学术阵地逐渐壮大。1992 年，郭镇之发表《历史与情感 历史与经验——广播电视史研究札记两题》一文，以提高专业史研究水平的方法和措施为目标，突破以往纪念文集、资料汇编式的广播电视史研究成果，赋予广播电视史学新的内涵价值。③ 1990 年由赵玉明教授主持的"中国广播电视通史"成为我国首个国家社科基金研究广播电视领域的项目、列入国家规划项目建设。由此，中国广播电视史论研究不仅实现了行业历史的文献和资料梳理，而且实现了行业的理论历史资料的总结与汇编，体现了广播电视理论研究的深入、专业化发展达到新的历史阶段。

3. 广播电视研究现代化与理论期刊特色形成

这一时期广播电视研究成果体现除学术论文、评论、专著等以外，中央电视台研究室工甫等创办的《精品赏析》栏目，以电视手段研究电视，一时间全国出现了一批类似节目，使电视研究日趋现代化。

随着广播电视理论研究四大板块格局体系的完善与有序发展，原有作为广播

---

① 杨伟光:《解放思想 实事求是 深化广播电视改革——学习邓小平建设有中国特色社会主义理论的体会》,《中国广播电视学刊》1996 年第 12 期。

② 相关应用理论研究文章如《建设有中国特色和中国气派的电视文艺》（刘习良，1996）、《广播电视理论研究迈向新台阶》（胡妙德，1996）等。

③ 参见郭镇之《历史与情感 历史与经验——广播电视史研究札记两题》,《中国广播电视学刊》1992 年第 2 期。

理论研讨阵地的广播电视刊物也相互配合，各自在四个领域内突出特色、形成鲜明的风格，如《现代传播》（原《北京广播学院学报》）成为广播电视基础理论和决策理论的主要阵地，在进一步介绍国内外优秀的基础理论和发展趋势的同时，进一步拓展了中国特色广播电视学的学科理论基础和深度价值；《中国广播电视学刊》与《电视研究》《中国广播》成为广播电视决策理论应用研究的主要话语阵地，在此期间从各个角度、各个领域对广播电视的内容生产提供了大量具有前瞻性和务实价值的理论研讨成果。

此期间，全国广播电视理论研究蔚然成风。为了推动理论研究的开展，更好地表彰广播电视理论工作者，经国家广电总局党组批准，中国广播电视学会在全国展开了广播电视论文、论著评选活动，在全国开展"十佳百优"广播电视理论工作者评选活动，一批广播电视理论工作者得到表彰奖励，大大地鼓舞了广大理论工作者理论创新的积极性。

四、新中国广播电视理论研究的转型发展时期（2002～）

随着上一阶段广播电视理论研究体系的逐步成型，理论源于实践并作用于实践的研究趋势愈发成为广播电视业界和学界的自觉。围绕广播电视经营管理体制改革、新闻改革等一系列行业发展转型的理论研究进一步充实广播电视理论的研讨范畴。90年代随着互联网在我国的推广与新千年的逐步普及，网络化传播重构以往广播电视的媒介传播格局，加之互联网和移动通信技术的飞速发展，新兴移动传播终端作为整合多元传播渠道的立体化媒介迫使广播电视面临深度的融合与转型，在困境与机遇并存的当下，广播电视理论研究一方面肩负起改革探索与路径决策的使命，另一方面也推动广播电视理论研究向着更为丰富的跨学科和跨文化视野拓展。

1. 基础理论研究取得稳定发展，其他理论与时俱进

进入21世纪以来，我国广播电视事业进入转型期。其基础理论建设也进入一个重要阶段。2004年，部级重大攻关项目"当代中国广播电视学理论建构"立项。历时10年，2014年作为新世纪广播电视基础理论研究的又一次全方位、大跨度、整体性理论梳理的著作《当代中国广播电视学》（张振华、欧阳宏生、张君昌等）出版，该专著承继了1990年《中国广播电视学》和1998年《中国电视论纲》以来广播电视理论研究领域的基础理论研究传统，在新的行业格局中梳理并探讨了"基本属性""时代环境""传媒生态"等十个关键理论问题，成为新时期中国广播电视理论发展的纲领性著作。2019年，《中国广播电视学》（张振华、张君昌、欧阳宏生等）出版，是中国广播电影电视社会组织联合会对2014年出版的《当代中国广播电视学》的修订增补和完善。这些著作在媒体深度融合发展的背景下探究了融媒体时代广播电视的新定义，以"智慧广电"为

核心打造智慧城市、服务智慧社会建设。在多元媒介融合发展的新时代，两部著作敏锐捕捉行业变革发展的动态，立足"当代"视野，为广播电视理论研究提供新兴的布局导向。这些著作体现了我国主流意识形态思想，对现实具有权威性、指导性作用。

进一步拓展并建构广播电视的学科理论体系，史学研究取得了较好成果。如《中国电视史》（刘习良，2007）、《中国广播电视通史》（赵玉明，2004）、《中国广播史考》（陈尔泰，2008）、《中外广播电视史》（郭镇之，2004）、《中国电视批评史》（欧阳宏生，2006）、《中国电视纪录片史论》（何苏六，2005）、《中国纪录片发展史》（方方，2003）、《中国广播电视新闻研究简史》（王文利，2008）、《中国广播研究90年》（申启武，2010）、《中国电视史（1959—2018）》（常江，2018）等等。进入21世纪以来，跨学科研究成为广播电视研究繁荣发展的重要标志。政治学、哲学、美学、艺术学、文化学、经济学、管理学、社会学、心理学等人文社会科学的研究成果被大量用于广播电视研究，广播电视基础理论、应用理论、决策理论研究都取得了丰硕成果、出现了一批优秀著作。如《电视传播艺术学》（胡智锋，2004）、《生态电视论》（刘炘，2004），《马克思主义新闻观与广播电视业》（陈富清，2002）、《类型化广播的中国发展道路》（李欣，2018）、《当代广播电视概论》（孟建，2011）、《纪录片创作》（朱景和，2002）、《电视剧原理》（曾庆瑞，2006）、《纪录中国》（吕新雨，2003）、《中国民营电视公司现状报告》（李幸，2002）、《电视媒介经济学》（吴克宇，2004）、《电视批评理论研究》（时统宇，2004）、《电视收视率解析》（刘燕南，2006）、《电视艺术概论》（蓝凡，2005）、《电视批评艺术》（刘晔原，2008）、《中国电视产业评估体系与方法》（李岚，2004）、《广播影视产业支柱性与转型发展研究》（魏文楷，2018）、《批评与建构——聚焦中国电视》（谭天，2009）、《电视时代—中国电视新闻传播》（陆晔，2007）、《电视修辞学》（张小琴，2013）、《21世纪中国广播前沿系列丛书〈10部〉》（覃信刚等，2015）等。

2. 探索广播电视在新时代的变革，回应行业热点

与此同时，伴随着广播电视在新时代的转型变革，诸多积极回应行业热点、探究转型方向的理论文章塑造了当代广播电视理论研究的新格局。

一是围绕广播电视集团化、产业化改革而产生的成果。时任国家广电总局局长徐光春指出，要"形成一批在国际、国内有竞争力、有影响力的大型广播影视传媒集团"和"全国性的广播影视网"。[①] 2000年12月27日，我国首个省级广电集团——湖南广播影视集团正式成立运营。根据知网以"广播电视""集团

---

① 赵玉明主编《中国广播电视通史》，第408页，中国广播影视出版社2014年版。

化"为关键词的搜索结果显示,相关话题的理论研讨在 2000 年起步,2001 年达到高潮,2002～2003 年保持平稳态势,从经验借鉴、辩证反思、战略决策、运行机制、评估体系等多方面为这一行业改革实践提供了充分理论支撑与路径保障。

二是广播电视频率频道专业化建设。早在 80 年代起中央电视台就开办了少儿节目,80 年代后期开办经济频道,至 2003 年新闻频道的开播,经济频道、少儿频道的改革,频道专业化的浪潮迅速在全国电视行业中兴起。广播方面,自 2002 年起,以中央人民广播电台为首进行以"频率专业化、管理频率化"为核心的改革也迅速启动,并形成了中国之声、经济之声、音乐之声等 8 个专业化频率。2002 年,关于"频率频道专业化"的相关理论研究达到顶峰。

三是以"真人秀"电视节目掀起的泛娱乐化批判研究。这类研究源于 2003 年起以湖南卫视《超级男声》《超级女声》等草根类歌唱选秀类节目所带动的全民选秀浪潮下的一种过度娱乐化反思。

此外,对广播电视行业年度热点的总结式研究以及理论研究的再研究,成为此阶段一种常态化的形式,为年度理论梳理总结、回顾提供了一种宏观和全面的思路和视野。《电视研究》在每年的第 1、2 期刊发电视理论研究的年度述评。《中国广播电视学刊》将第一期的"聚焦"专栏设定为上一年度广播电视理论行业的综述研究汇总,系统地总结上一年的广播电视热点。《中国广播》也在每年第 1、2 期辟出专栏,刊载理论研究评析性文章。

3. 互联网语境下广播电视理论研究的转型

"互联网＋""三网融合""媒介融合""融媒体中心建设"等论题成为这一时期研究的热点难点问题。

随着互联网、移动媒体、VR、AR 等新兴媒介技术手段的推广与运用,广播电视面临着视听率下滑的危机与新技术介入、融媒体建设等新的挑战。广播电视理论研究要及时回应,为广播电视在新媒体、多元媒介传播时代的内容生产、主流价值观传达和信任度研究等领域提供理论支撑,拓展和延伸广播电视理论研究的广度与深度。据不完全统计,2014 年以来,全国公开出版有关媒介融合的著作 40 多部、在核心期刊以上发表这方面的专业论文 500 多篇。2010 年起,为更好地适应互联网时代的传授需求,广播电视的理论研究也紧密围绕"三网融合""数字化转型""媒介融合"背景下的各方面展开。

我国广播电视等刊物在继承理论引导实践、探路实践的传统功能的同时,也引领理论研究的前沿探索。提出并探讨了"TV＋"与"广播＋"等互联网时代广播电视转型发展的路径理念。其中"中央厨房"的理论研究在 2012 年起步,[①]

---

① 秦敏:《"中央厨房":全媒体环境下的新闻采编方式创新》,《中国广播电视学刊》2012 年第 12 期。

2017 年达到理论研究的高潮，各个学者分别从不同的角度为广播电视借助"中央厨房"策略实现新媒体融合发展的转型路径建言献策。

2019 年随着"县级融媒体"中心建设的推进，"县级融媒体"理论研讨成为广播电视理论研究的新兴热点，《扎实抓好县级融媒体中心建设》（谢新洲，2019）、《当前县级融媒体建设的问题思考与策略探究》（曾祥敏，2019）、《5G与人工智能时代县级融媒体中心建设的关键点——以江苏邳州为例》（胡正荣，2019）等理论研究文章充实与完善了这一决策的理论基础。

4. 广播电视学术队伍壮大，各自特色鲜明

进入 21 世纪以来，我国广播电视进入转型发展期，各种需要探讨的问题多、急需广播电视研究作出回应。此时，我国各级各类管理部门、媒体、高校，广播电视研究机构大量增加。2004 年 6 月，国家广电总局发展研究中心成立，时任总局副总编辑的黄勇兼任发展研究中心主任。各省市自治区广播电视管理部门、媒体、各科研院校或前或后都建立了研究机构。据不完全统计，到 2019 年，全国与广播电视直接相关的研究院所中心等数量达 550 个。其间中国广播电视协会正式更名为中国广播电影电视社会组织联合会。全国广播电视研究队伍壮大，并形成各自鲜明特色。中广联合会下属 56 个二级分会和专业委员会、24 个国家一级学（协）会、11 个各类学术研究基地，涉及我国广播电视业界和学界的各个专业领域。广播电视事业的繁荣也促进高等教育的发展。据统计，全国有 800 多所院校办有广播电视专业，有 3 万人从事广播电视教学科研工作。各级各类管理机构以及各类媒体，有 1 万人从事研究工作，全国累计有 4 万广播电视理论工作者。以管理机构、媒体、高校为代表的研究队伍，逐步形成自身研究定位和风格，共同筑就中国广播电视理论大厦。

应该看到，21 世纪以来，我国广播电视研究的形式呈多样化，除传统表现形式外，网站、微博、微信等新媒体已成为广播电视研究的重要载体。早在2002 年，央视国际网站在刘连喜的主持下，开辟了"电视批判"栏目，为电视研究搭建了网络平台。广播电视研究表现形式的现代化、网络化进一步促进了理论研究的繁荣发展。

在当前多元媒介环境下，我国广播电视理论研究虽有转型的理论自觉，但还缺乏真正的媒介"融合"理论研究。随着"融媒体""两微一端""中央厨房"等新型媒介发展观念的确立与实施，传统广播电视的理论体系将被打破，真正与移动互联网、VR 等新兴媒介技术融合的"大视听"研究体系，包括从内容生产、媒介整合、效果评估等多方面全新的研究体系将会继续推动广播电视理论研究进一步转型。一方面借鉴并依托于传统广播电视系统 70 年来探索形成的视听语言表达系统，将新型媒介技术如移动互联、VR 感官体验、场景化模式等植入

传统优秀的广播电视视听节目中，在理论研究方面主动并积极探索视听节目与技术衔接的方式、策略与机制，如多屏互动、互动叙事电视节目等；另一方面，广播电视理论研究要致力于拓展并延伸传统视听传播渠道、挖掘传统视听内容的多媒介、跨媒介生产与再生产结构方式，如 CNTV、@ 央视网、H5 等新兴的跨媒介视听传播方式。中国正在由广播电视大国向广播电视强国迈进的征途上，广播电视理论工作者任重道远！

（作者分别为：成都大学传媒研究院副研究员、新闻传播研究中心副主任；成都大学特聘教授、传媒研究院院长）

中国电视 60 年发展的回顾与思考

涂昌波

栉风沐雨一甲子，砥砺奋进创佳绩。

在中国电视事业诞生 60 年之际，习近平总书记致贺信，对中央电视台及中国电视事业发展取得的辉煌成绩给予充分肯定和高度评价，对新时代中国电视发展提出了更高要求和殷切期望。站在新的历史起点上，有必要对中国电视发展的基本历程、主要成绩、经验启示进行回顾梳理，为新时代中国电视再出发提供有益的参考。

一、中国电视 60 年发展的基本历程

回顾中国电视 60 年风雨历程，可大致分为初创探索、成长壮大、调整转型三个阶段。

（一）初创探索阶段（1958～1978）

从 1958 年北京电视台开播至 1978 年北京电视台改名为中央电视台，这一阶段我国历经"反右""文革"等历史时期，社会主义建设在曲折中探索。电视事业也遭遇整顿停播等挫折，但在节目形态、传播手段、呈现方式等方面还是进行了有益的探索。一是节目形态从新闻到电视剧、文艺、体育、纪录等，播出时间不断延长。二是开播彩色电视，实现电视由黑白转为彩色。三是利用微波传输、无线发射等手段，初步形成全国电视广播网。到 1976 年，全国有电视台 39 座、电视转播台 144 座，还建有很多小功率电视差转台，全国有近 3 亿人口可以收看到电视。[①]

（二）成长壮大阶段（1978～1998）

从 1978 年改名中央电视台至 1998 年中央电视台建台 40 周年纪念大会。这一阶段我国拨乱反正，以经济建设为中心，进入改革开放的新时期，对内搞活、

---

① 徐光春主编《中华人民共和国广播电视简史（1949—2000）》，第 172 页，中国广播电视出版社 2003 年版。

对外开放成为时代特征。电视媒体顺应时代潮流，快速成长为我国宣传文化事业的主力军。

一是出台相关政策规定，调动各方面办电视的积极性。1983年中共中央《关于批转广播电视部党组〈关于广播电视工作的汇报提纲〉的通知》（中发〔1983〕37号），将中央和省两级办电视改为中央、省、地市、县四级办电视。1986年国家教委等九部委联合发出《关于利用卫星电视开展教育工作的通知》，允许教育行政部门开办教育电视。1990年国务院批准广电部发布《有线电视管理暂行办法》，允许符合条件的机关、部队、团体、企业事业单位，可以申请开办有线电视台。1993年国务院《批转国家计委〈关于全国第三产业发展规划基本思路〉的通知》（国发〔1993〕20号）规定：动员社会各方面集资建设广播电视转播台（站）。

二是以新闻为突破，繁荣电视荧屏。第十一次全国广播电视工作会议提出：扬独家之优势，汇天下之精华，以新闻改革为突破口，推动整个广播电视宣传的改革。中央电视台陆续开办了《新闻联播》《观察与思考》《午间新闻》《晚间新闻》《经济半小时》《世界经济报道》《东方时空》《焦点访谈》《实话实说》《新闻调查》等多档节目，不断创新电视语态，引领电视新闻改革；同时开办综艺、体育、电影等专业频道和国际频道，推出《春节晚会》《正大综艺》《话说长江》《丝绸之路》等精品节目，丰富荧屏内容。各地方电视台也推出了一大批各具特色、风格各异的电视节目。在电视剧领域，《西游记》《红楼梦》《三国演义》《水浒传》《渴望》《编辑部的故事》等剧目叫好叫座，甚至造成万人空巷。

三是电视迅速普及，成为我国最有影响力的大众媒体。到1998年，我国已形成中央与地方，卫星、无线、有线相结合的现代化的电视传播网，境内电视人口覆盖率为89.01%，央视国际频道信号已覆盖全球。全国共有943座无线电视台、1285座有线电视台。全国有3亿台电视机，观众超过10亿。[①] 电视成为人们获取新闻信息、享受文化娱乐、接受社会教育的主要渠道。我国进入电视时代。

（三）调整转型阶段（1998～2018）

自1998年中央电视台建台40周年至2018年中央电视台建台60周年纪念大会，这一阶段我国不断深化改革、扩大开放，加入世界贸易组织（WTO），完善社会主义市场经济体制，统筹推进"五位一体"总体布局，协调推进"四个全面"战略布局。这一阶段，数字、网络、手机等新兴媒体不断崛起，电视媒体处在调整转型升级过程中。

---

① 《中国广播电视年鉴》编辑委员会：《中国广播电视年鉴（1999）》，第43页，中国广播电视年鉴社1999年版。

一是重组整合，调整机构。1998 年广电部改组为广电总局。在地方，先是推动县级广播电台、电视台、有线电视台合并，企事业单位的有线电视台改为有线电视站；而后推动地（市）、省级无线电视台与有线电视台合并，以省、自治区、直辖市为单位组建广播电视网络公司，组建包括广播电台、电视台在内的广播电视集团。2001 年中办、国办《关于转发〈中央宣传部国家广电总局新闻出版总署关于深化新闻出版广播影视业改革的若干意见〉的通知》明确："广电集团属于事业性质，可分别由中央、省级和有相当实力的省会城市、计划单列市广电部门负责组建。"鉴于事业性质的"集团"名称与"产业集团"混淆，难以遵循产业集团运营的规律，2004 年广电总局宣布不再批准组建事业性质的广电集团。2005 年中国广播影视集团（成立于 2001 年）终止。2006 年广电总局印发《广播影视体制改革工作实施方案》，提出推进资源整合，实行广播、电视合并。2016 年中宣部、财政部、国家新闻出版广电总局印发《关于加快推进全国有线电视网络整合发展的意见》提出：分步推进全国有线电视网络整合，建立全国统一运营管理体系。2018 年组建中央广播电视总台，实现国家广播电台与国家电视台的合并。

二是推进频道专业化、精品化建设。为顺应受众差异化需求，中央电视台提出"频道专业化、栏目个性化、节目精品化"战略，形成以综合频道为龙头，以财经、综艺、中文国际、体育、电影、军事农业、电视剧、科教、戏曲、音乐、社会与法、新闻、少儿、纪录等专业频道为支撑的频道布局，还开办了电视指南、怀旧剧场、风云音乐、风云足球、世界地理、女性时尚、高尔夫网球、国防军事等付费频道，以及英语新闻、法语、西班牙语、阿拉伯语、俄语、英语纪录等国际频道，推出了《感动中国》《大国崛起》《寻找最美乡村教师》《中国舆论场》《记住乡愁》《舌尖上的中国》《中国诗词大会》《朗读者》《国家宝藏》《航拍中国》《将改革进行到底》《经典咏流传》等一大批精品节目。各地方电视台也纷纷改版推出新闻、影视剧、财经、文艺、体育、动漫、生活服务等专业频道以及围棋、靓装等付费频道。《星光大道》《超级女声》《快乐男声》《中国好声音》《非诚勿扰》《最强大脑》等选秀节目风靡一时，《长征》《金婚》《亮剑》《潜伏》《历史转折中的邓小平》《人民的名义》《琅琊榜》等电视剧有口皆碑，形成一次次收视热潮。电视成为人们获取新闻信息、享受文化娱乐、接受社会教育的主渠道之一。

三是推进数字化、高清化、融合化转型。数字、网络、软件等信息技术快速发展，推动着电视媒体由模拟向数字转型，由数字标清向数字高清、4K 超高清转型，由单向传播向双向互动融合传播转型。电视台负责采编、制作、播出环节的数字化转型，有线、无线、卫星等网络机构负责传输、接收环节的数字化转型。中央电视台在采编制作数字化基础上，于 2001 年率先实现数字化播出，2005 年开播第一套数字高清频道，2009 年开办中国网络电视台，2017 年开办央视新闻移动网，2018 年开播第一套 4K 超高清频道。各地方电视台加快数字化转型和融媒体中心建设，有线电视网络加快数字化、融合化改造。截至 2017 年年底，中央台全面实现数字化，省级台数字化率达 94.8%，地市台数字化率超 78%，县级台数字化率超 50%，全国批准开办的高清电视频道 151 个，全国有线数字电视用户数 1.94 亿户，有线数字高清电视用户超过 8900 万户。① 我国进入数字高清电视时代，向 4K 超高清迈进。

四是补短板，强化公共服务。1998 年开始实施"村村通"广播电视工程，主要解决贫困地区群众听不到广播、看不到电视的"盲村"通广播电视问题，从通电的行政村，到 50 户以上自然村、20 户以上自然村，再到户户通广播电视。2000 年开始实施"西新工程"，主要解决西藏、新疆、内蒙古、宁夏等边远少数民族地区广播电视覆盖和节目译制薄弱问题，使边远少数民族地区群众不仅能听到广播看到电视，还能听懂广播看懂电视。2005 年开始实施中央无线覆盖工程，主要解决中央第一套广播和中央第一套、第七套电视在广大农村地区的覆盖滑坡问题，极大地提高了中央节目的覆盖率。2011 年开始实施直播卫星公共服务工程，为广大农村地区提供几十套广播电视节目，解决多年来有线电视未通达的农村地区群众收看电视节目套数不多的问题。2015 年开始实施中央广播电视节目无线数字化覆盖工程，解决中央的 3 套广播节目、12 套电视节目的无线数字化覆盖问题。2017 年国务院《关于印发"十三五"推进基本公共服务均等化规划的通知》（国发〔2017〕9 号）对城乡广播电视公共服务提出了均等化的具体数量标准。我国广播电视公共服务水平不断提升。

二、中国电视 60 年发展的主要成绩和经验启示

60 年来，中国电视从黑白到彩色、从模拟到数字、从标清到高清、超高清不断升级，见证了党代会、全国两会、奥运会等一个个重大历史事件，记录了香港回归、澳门回归、加入 WTO、阅兵式、航天员行走太空等一个个重要历史时刻，在宣传党的主张、阐释国家政策、反映社情民意、传播中国声音等方面发挥着不可替代的作用，是我国宣传文化事业的主阵地、主渠道和主力军，是我们党和政府联系人民群众的重要桥梁和纽带，是人民群众日常生活不可缺少的重要组成部分。

（一）主要成绩

一是建立了以新闻为主、多种节目形态并重的内容生产体系。新闻是媒体影

---

① 国家广播电视总局发展研究中心：《中国广播电影电视发展报告（2018）》，第 189～194 页，第 113 页，第 398 页，第 125、134、139 页，中国广播影视出版社 2018 年版。

响力的基石。我国各级广播电视台把新闻立台作为根本原则，把新闻采编制作为中心工作，形成了以新闻为主，多种节目形态并重的生产格局。截至 2017 年年底，经总局批准的电视台 144 座、教育电视台 40 座、广播电视台 2338 座，共开办了电视频道 1597 套，[①] 2017 年全年共制作生产电视节目 365.18 万小时。其中，新闻资讯类节目 108.51 万小时，占比 29.71%；专题服务类节目 90.90 万小时，占比 24.89%；综艺益智类节目 47.43 万小时，占比 12.99%；影视剧类节目 53.49 万小时，占比 4.19%；广告类节目 53.49 万小时，占比 14.65%；其他电视节目 49.54 万小时，占比 13.57%。[②] 此外，全国取得电视剧制作许可证（甲种）的机构有 113 家，取得广播电视节目制作经营许可证的机构有 18728 家。这些机构已成为生产电视剧、动画、综艺、纪录片等节目的重要力量。2017 年我国电视剧产量 314 部 13470 集、动画产量 244 部 8.4 万分钟。各级广播电视台、节目制作经营机构、影视剧制作机构构成了我国电视内容生产的主体。

二是建立了以广电网为主、多种网络渠道并用的视听传播体系。当前广电网仍是电视节目进入千家万户的主要通道。经过几十年艰苦奋斗，我国已建成规模庞大、覆盖广泛的、由无线发射台、有线电视网、直播卫星等传输手段构成的广电网。2017 年底，全国电视综合人口覆盖率达 99.07%，全国有线电视用户有 2.14 亿户（有线数字电视用户 1.94 亿户、有线宽带用户 3498.5 万户），直播卫星电视用户有 1.29 亿户。[③] 随着数字网络等信息技术飞速发展，广电网、电信网、互联网融合进程加快，向着下一代智能化网络发展。电信网、互联网已成为电视节目分发的不可缺少的重要渠道。2017 年底，我国通过电信网接入 IP 电视的用户有 1.22 亿户，通过互联网接入 OTT 网络电视的用户超过 1 亿户。另外网络视频用户超过 5.7 亿户。据中国广播电视网络有限公司与北京美兰德咨询有限公司联合调查报告显示，2017 年全国电视人口基数为 13.18 亿人，电视家庭用户 3.64 亿户。其中，有线数字电视用户占比 58.8%，直播卫星电视用户占比 15.2%，IP 电视用户占比 14.4%，OTT 网络电视用户占比 5.5%。随着虚拟现实、5G、物联网、人工智能等新技术的不断应用，电视传播分发渠道将越来越多。

三是建立了以国有制为主、多种所有制并存的电视产业体系。电视是文化产业的重要组成部分。根据国务院《关于非公有资本进入文化产业的若干决定》

---

① 国家广播电视总局发展研究中心：《中国广播电影电视发展报告（2018）》，第 189～194 页，第 113 页，第 398 页，第 125、134、139 页，中国广播影视出版社 2018 年版。

② 国家广播电视总局发展研究中心：《中国广播电影电视发展报告（2018）》，第 189～194 页，第 113 页，第 398 页，第 125、134、139 页，中国广播影视出版社 2018 年版。

③ 国家广播电视总局发展研究中心：《中国广播电影电视发展报告（2018）》，第 189～194 页，第 113 页，第 398 页，第 125、134、139 页，中国广播影视出版社 2018 年版。

（国发〔2005〕10号），对电视台（站）、广播电视发射台（站）、转播台（站）、广播电视卫星、卫星上行站和收转站、有线电视传输骨干网等，非公有资本不得投资；对音乐、科技、体育、娱乐节目制作，有线电视接入网、有线电视接收端数字化改造等，非公有资本可以投资参股；对电影电视剧制作发行、广告、动漫、广播影视技术开发应用等，鼓励支持非公有资本投资。按照国家统计局《文化及相关产业分类》规定，电视产业可分为电视制作播放、集成播控、节目制作、节目发行、节目传输、设备制作销售等类别。电视台是电视制作播放、集成播控的主体，广播电视发射台（站）、转播台（站）、广播电视卫星、卫星上行站和收转站、有线电视传输骨干网等是节目传输的主体，均为国有制。在节目制作、节目发行、网络视频、设备制作销售等领域，多种所有制并存，华策影视、光线传媒、灿星文化传媒、爱奇艺等民营企业快速成长，已成为影视传媒业界的重要力量。2017年，全国电视广告收入968.34亿元，有线电视网络收入834.43亿元，网络视听节目服务收入142.98亿元。

四是建立了以电视为主、多种媒体形式并发的融合发展体系。各级电视机构积极利用互联网、大数据、云计算、人工智能等新技术，一方面加快存量升级改造，建设"一次采集、多元生成、全媒发布"的融媒体中心，优化生产流程，提高生产效率；另一方面加快增量开拓扩展，建设"台+网站+客户端+微博微信'头条抖音'账号"等媒体矩阵，形成电视、电脑、平板电脑、手机等多终端互动传播格局。央视媒体云、浙江"中国蓝融媒体中心"、江苏"荔枝云"、湖北"长江云"、吉林"天池云"、江西"赣江云"、河南"新闻岛"等融媒体平台不断应用完善。经过60年的艰苦创业，央视拥有42个电视频道、央视网/中国网络电视台以及央视影音、央视新闻、央视新闻移动网等多个客户端、多个微信公众号、多个微博账号、多个脸谱账号以及"V观"微视频、"央视快评"等多种微产品，形成了庞大的多媒体集群，推动时政报道、春晚等大型活动融媒体传播常态化。湖南广电探索湖南卫视与芒果TV"一体两翼"、双核驱动的全媒体发展模式。芒果TV依托主流媒体实行"独播"战略，在我国视听网站中名列第四，成为网络视听行业先锋中唯一实现盈利的平台。

五是建立了以中央媒体为主、多方面媒体力量并行的国际传播体系。多年来，我国实行文化"走出去"战略，加快国际传播能力建设。中央电视台开办了中文国际、英语新闻、英语纪录、西班牙语、法语、阿拉伯语、俄语等7个国际频道和国际视频发稿平台，建成了包括北美和非洲2个海外分台、5个中心站、63个记者站的全球新闻采编网络，2016年开播中国国际电视台（中国环球电视网），积极推动整频道落地，海外用户总数2.53亿户，CCTV系列账号脸书平台阅读量79亿次。北京、上海、浙江、江苏、福建、山东、广东、广西、天津、山西、重庆、云南及厦门、延边等地方电视台开办了国际频道，为海外观众提供本地特色的节目内容。中国国际电视总公司建设了对外覆盖的卫星电视长城平台，发起成立了"丝路电视国际合作共同体"，多种渠道推动电视业界合作发展。四达时代公司积极推广数字电视技术，已成为非洲大陆发展较快、影响较大的数字电视运营商。《温州一家人》《妈妈的花样年华》《甄嬛传》《何以笙箫默》等电视剧以及《朗读者》《超级战队》等原创节目模式销售到多个国家和地区。2017 年我国电视剧、动画片、纪录片和综艺节目出口时长 3.4 万小时，总金额约 1.22 亿美元。

（二）经验启示

一是坚持喉舌性质不动摇，自觉把宣传党的主张与反映人民的心声有机结合起来。习近平总书记指出："党和政府主办的媒体是党和政府的宣传阵地，必须姓党，必须抓在党的手里，必须成为党和人民的喉舌。"喉舌性质是我国电视媒体的根本属性，明确了电视媒体"我是谁、为了谁、依靠谁"的根本问题。坚持喉舌性质不动摇，就是旗帜鲜明讲政治，牢固树立"四个意识"，坚定"四个自信"，坚持正确的政治方向、舆论导向和价值取向，坚持为人民服务、为社会主义服务的工作方向，全面深入阐释习近平新时代中国特色社会主义思想，全面深入阐释我们党的理论路线方针政策和各项决策部署，鲜活生动反映人民群众进行现代化建设的伟大实践和劳动创造，鲜活生动反映人民群众工作生活中的实际问题，更好地担负起举旗帜、聚民心、育新人、兴文化、展形象的使命任务，更好地把党的理论路线方针政策转化变成人民群众的自觉行动。

二是坚持解放思想无止境，自觉把马克思主义新闻观文艺观与电视媒体具体实践有机结合起来。习近平总书记指出："实践发展永无止境，解放思想永无止境。"电视媒体作为重要的思想载体，解放思想是其本身发展的前提，也是做好各项工作的总开关。坚持解放思想无止境，就是保持"实践是检验真理的唯一标准"的清醒，"不唯书，不唯上，只唯实"，自觉用马克思主义中国化的最新成果——习近平新时代中国特色社会主义思想武装头脑，从实践中来，到实践中去，调动各方面的积极性主动性创造性，"可上九天揽月，可下五洋捉鳖"，处理好电视媒体发展中正面宣传与舆论监督、宣传使命与产业运营、内容原创与融合传播、弘扬主旋律与提倡多样性等重大关系，进一步解放和发展电视媒体生产力，形成广告创收、用户订费、版权许可、品牌经营等多种盈利模式，为电视媒体持续高质量发展奠定坚实的经济基础。

三是坚持文化担当不偏离，自觉把社会效益与经济效益有机结合起来。习近平总书记指出："文化自信是更基础、更广泛、更深厚的自信，是更基本、更深沉、更持久的力量。"电视媒体作为社会影响广泛的大众文化产品，文化担当是其重要使命。坚持文化担当不偏离，就是准确把握电视媒体的意识形态和文化产业双重属性，始终将社会效益放在首位，把社会效益与经济效益有机结合起来，讲品位、讲格调、讲责任，弘扬真善美，鞭挞假丑恶，传承传统优秀文化，包容外来优秀文化，发展社会主义先进文化，精心打造丰富多彩、健康向上、现象级的品牌节目，精心打造方便快捷、使用简便、入口级的品牌平台，不断提高电视媒体的传播力引导力影响力公信力，更好地满足人民群众对美好精神文化生活的新期待，为建设社会主义文化强国贡献力量。

四是坚持改革创新不止步，自觉把生产供给与用户需求有机结合起来。习近平总书记指出，"改革只有进行时，没有完成时"，"创新是引领发展的第一动力"。电视媒体作为工业革命和技术进步的产物，改革创新是其发展的不竭动力源泉。坚持改革创新不止步，就是保持革故鼎新、守正出新的自觉，与时代同步、与人民同进，努力破解制约电视生产力发展的思想观念、体制机制等问题，积极探索建立让劳动、知识、技术、管理、资本等要素活力迸发的激励惩戒机制，积极利用云计算、大数据、人工智能、虚拟现实、4K超高清、5G移动网络等新技术，优化生产流程，提高生产效率，不断创新内容题材、呈现方式、表达语态、传播手段、服务业态，不断提升传播精准度和用户体验，更好地满足广大群众多层次、多样化、个性化精神文化和资讯信息需求。

五是坚持依法合规治理不松懈，自觉把高质量发展与安全有序有机结合起来。习近平总书记指出："法律是治国之重器，法治是国家治理体系和治理能力的重要依托。""治理一个国家、一个社会，关键是要立规矩、讲规矩、守规矩。"依法合规治理是电视媒体健康持续发展的重要保障。坚持依法合规治理不松懈，就是按照全面依法治国、全面从严治党的要求，牢固树立党纪国法的红线不能触碰、党纪国法的底线不能逾越的理念，明底线、知敬畏、存戒惧，严守党的政治、组织、宣传、廉洁等各项纪律，严守国家各项法律规定，加强风险防控，加强应急处置，确保导向安全、播出安全、生产安全、财产安全、人身安全，确保电视媒体健康有序高质量发展。

习近平总书记多次强调发展是第一要务、创新是第一动力、人才是第一资源。中国电视60年发展取得的辉煌成绩，是几代电视人艰苦创业、共同奋斗的结果。"长风破浪会有时，直挂云帆济沧海。"面对新时代新征程，中国电视需要继续实行"四轮驱动"战略，内容再创新、技术再更新、机制再革新、人才再荟萃，打造具有核心竞争力的内容聚合融合传播平台，努力成为提升我国文化软实力的利器，为全面建成小康社会、推进社会主义现代化建设作出新的贡献。

（作者单位：中央广播电视总台）

守正创新　勇立潮头

——中央广播电视总台央视创新发展历史回顾与思考

王　甫　蔡旻俊

2019 年是新中国成立 70 周年。70 年风雨兼程，70 年披荆斩棘，70 年破除旧理念，70 年筑梦新时代。抚今追昔，小小荧屏记录了祖国激情燃烧的岁月。人们不会忘记，在荧屏背后有一支用镜头记录时代画卷、用声音传递思想真理的电视传媒队伍。

央视作为我国电视事业的重要组成部分，已走过 60 余年光辉历程。六十载风雨砥砺，一甲子奋进创新。央视自 1958 年 5 月 1 日成立之日起始终坚持正确的政治方向、价值取向和舆论导向，围绕中心、服务大局，积极宣传党的主张，忠实记录共和国波澜壮阔的历史进程和取得的巨大成就，生动展现人民群众的伟大实践与火热生活，及时向世界广泛传播中国声音、讲述中国故事，成为党和国家重要的舆论阵地，成为人民丰富精神文化生活的重要平台，成为向世界传播中国声音的重要窗口。

改革创新是动力之源。习近平总书记指出，"随着形势发展，党的新闻舆论工作必须创新理念、内容、体裁、形式、方法、手段、业态、体制、机制"[①]。我国电视事业的发展史，即是一部革故鼎新、开拓创新的历史。回顾央视的每一次重大发展与进步，都源于锐意创新的精神和敢为人先的勇气。60 余年来，央视在党中央高度重视与亲切关怀下，不断创新体制机制、革新工作方法与手段、转变话语体系、拓展传播阵地，实现从无到有、从小到大，在艰辛中创业、在创新中发展、在竞争中壮大，由单一业态到融合模式，从本土走向世界，传播力、引导力、影响力和公信力不断提升，为中国成为东方及全世界的电视大国发挥了关键作用。

[①]　中共中央宣传部新闻局：《习近平总书记党的新闻舆论工作座谈会重要讲话精神学习辅助材料》，第 7 页，学习出版社 2016 年版。

一、艰苦创业——坚持制度自信 发挥社会主义制度优越性

在 20 世纪 50 年代中后期，我国经济实力还比较薄弱，我国电视事业在探索中艰难起步，在改革创新中不断拓展，白手起家实现多项零的突破，一举建成了亚洲大陆第一个电视台，彰显了我国社会主义制度的优越性。1958 年 5 月 1 日 19 时整，中央电视台的前身——北京电视台正式开播。① 北京仅有的 50 多台电视接收机的屏幕上，出现了一幅以广播大楼模型作为背景图案，上面书写着"北京电视台"字样的电视画面。同年，9 月 2 日"北京电视台"正式播出，这是所有电视创业者们的匠心杰作，也是第一代电视人敢想敢干精神风貌的真实写照，更是电视人特别能战斗、特别能创新的基因图谱。

第一，在工作机制上，建构组织结构基础框架。中国电视事业的先行者们克服资金不足、资源短缺、人才匮乏等多重困难，初步搭建起我国电视台早期组织架构，建立基本管理制度，形成了最初的运行体系与工作模式。我国电视行业内部架构已历经多次变革：由科组制到制片人制，从中心制到频道制，从公司化运营到集团化发展。在现代管理制度不断完善的进程中，总能看到央视早期组织管理架构的基础原点、设计支点和目标增长点。这也为后来全国电视事业大发展、大繁荣奠定了坚实的基础。

第二，在内容生产上，孕育催生节目雏形。早期的央视秉持开拓创新理念，凭借简陋设备和有限条件，实现第一次国庆庆典电视实况转播，创办了首批电视新闻栏目《图片报道》《简明新闻》《电视新闻》，播出第一部电视剧《一口菜饼子》，制作了中国第一部电视纪录片《英雄的信阳人民》，开办了最早的科普知识栏目《科学知识》和《医学顾问》等。② 由此，央视孕育催生了我国电视新闻、文艺节目、教育节目、体育节目、纪录片和电视剧等多种节目样态雏形，记录了新中国一个个珍贵的历史画面，制作播出了一大批以现代影视艺术手法展现中国传统历史文化的电视节目，多次实现突破，也催发了我国电视事业破土而出，并呈现欣欣向荣的发展势头。

第三，在国际竞争中，彰显国家实力。我国成为亚洲大陆第一个开办电视台的国家，在国际上引起了很大反响。1958 年 5 月，央视前身——北京电视台第一次成功试播，不仅意味着国家传播能力的提升，更凸显了社会主义制度优势，彰显了新中国的国家实力。从无线发射、光纤、微波卫星覆盖、三网融合等到移动终端，中央电视台在传统媒体和新媒体中始终保持竞争优势，在中国和世界拥有最广泛的受众，持续推动我国由电视大国向电视强国迈进。

---

① 哈艳秋：《当代中国广播电视史》，第 80 页，中国传媒大学出版社 2018 年版。
② 《中国广播电视年鉴》（2002 年版），第 24 页，中国广播电视年鉴社 2002 年版。

风雨无阻、砥砺前行。在党中央高度重视和亲切关怀下，央视白手起家、艰苦创业，实现从无到有，从小到大，谱写了辉煌的创业历程。这既是服务国家重大战略布局和政治需求，也满足了人民对于新闻资讯与精神文化的需要。在创业初期，拓荒者们锐意创新、敢想敢干的进取意识已植入电视人的基因。此后，创新意识蔚然成风，电视媒体人将永远是最具有创新活力的团队。创新是事业发展的"第一动力"。习近平总书记指出，党的新闻舆论工作要坚持"创新为要"①。中央电视台始终秉持创新发展的理念，从初试啼声的婴儿成长为传媒巨人，成为我国新闻宣传的排头兵、主力军和顶梁柱。

二、高歌奋进——坚持理论自信 践行中国特色社会主义理论硕果累累

风正时济，自当扬帆破浪。经历了"文化大革命"的洗礼和考验，党的十一届三中全会后，我国广播电视在原有传播模式的基础上有了重大突破，创新向纵深化、整体化发展。1978 年 5 月 1 日，经中共中央批准，"北京电视台"正式改称为"中央电视台"，英文缩写为"CCTV"，至此，揭开了央视崭新的篇章。②

第一，新闻节目设置与内容锐意创新。央视的新闻节目逐步实现类型化、风格化、纵深化。1976 年 7 月 1 日，首次播出全国电视《新闻联播》节目。自此，中央电视台以创办《新闻联播》为开篇，相继推出《晚间新闻》《东方时空》《焦点访谈》《实话实说》《新闻调查》《经济信息联播》《新闻 30 分》《中国新闻》等一大批优秀节目，③ 以正能量、接地气、强导向为特色，不断提升央视主流媒体公信力与权威性，形成央视节目品牌。

第二，重大新闻事件报道实现全新突破。这一时期，中央电视台在国内外多次重大新闻事件报道中不断创新报道形式、拓展报道内容，圆满完成一系列重大事件、特殊环境直播报道，整体报道水平实现质的飞跃。1990 年，中央电视台全面转播我国举办的第一次综合性国际体育大赛北京亚运会；1997 年，香港回归祖国报道中第一次向世界提供直播信号；1998 年第一次现场直播报道国际热点新闻事件 ——伊拉克武器核查危机；2003 年，为纪念人类首次成功攀登珠穆朗玛峰 50 周年，第一次进行珠峰电视直播；2010 年，上海世博会报道创造央视新闻报道史上同一事件报道的多项纪录，即报道周期最长、参与人数最多、报道量最大、原创栏目和板块最多、首次异地搭建完成节目流程系统；2011 年，全程直播我国首个空间站实验室"天宫一号"成功发射升空……在香港回归祖国、

① 中共中央文献研究室：《习近平关于全面深化改革论述摘编》，第 84 页，中央文献出版社 2014 年版。
② 赵玉明主编《中国广播电视通史》，第 321 页，北京广播学院出版社 2004 年版。
③ 郭镇之：《中外广播电视史》，第 175～176 页，复旦大学出版社 2018 年版。

澳门回归祖国、抗洪救灾、抗震救灾、北京奥运会、神舟飞船载人航天飞行、嫦娥一号探月工程、抗击"非典"、国庆盛典等一系列重大宣传活动中，中央电视台及时、充分、客观、全面的报道，赢得了国内外的广泛赞誉。

第三，国际传播布局趋于完善。中央电视台顺应国家建设发展需求，国际传播能力迅速提升。2008 年，中央电视台美洲、欧洲中心记者站成立；2008 年 CCTV 海外华语电视媒体联盟成立；2009 年 10 月 1 日，央视首次以 6 种联合国工作语言和高清电视信号全程转播国庆 60 周年盛典。此外，中央电视台北美、非洲分台以及中心记者站、记者站在内的全球新闻采编网络逐步建立，国际视频通讯社启动运行，英、法、俄等外语频道成立多个本土化频道和中国节目时段相继开播，国际传播能力和影响力不断提升。

第四，组织架构全面提升优化。中央电视台频道设置向特色化、品牌化、类型化发展。在原有频道设置基础上，中央电视台设立财经频道、综艺频道、新闻频道、中文国际频道、体育频道、电视剧频道、英语国际频道、纪录频道、少儿频道等各种综合和专业频道，内容丰富、风格各异，满足了不同观众的需求，实现了由单一频道、小范围覆盖向多频道、多语种播出和全球覆盖的转变。

此外，在理论研究方面，中央电视台成立了课题组，承担国家哲学社会科学"九五"规划重点项目，研究中国特色社会主义电视理论，并于 1998 年出版《中国电视论纲》一书。

央视深入研究中国特色社会主义电视理论，认真践行中国特色社会主义电视理论。改革开放以来，中央电视台坚持理论自信，忠实履行职责使命，锐意改革创新，壮大主流舆论，传播手段日益多元，内容形态不断丰富，覆盖范围愈加广泛，已经成为引导思想舆论的重要阵地、人们获取信息的重要渠道、向世界展示中国的重要窗口。

三、砥砺前行——坚持文化自信 打造时代精品引领社会风尚

党的十八大以来，在习近平新时代中国特色社会主义思想指引下，央视和中国电视事业正昂首阔步迈进新时代。在新的发展时期，媒体格局、舆论生态、传播技术发生深刻变化，当代中国社会思想观念和价值取向日趋多元，各种思想文化相互激荡。面对复杂多变的舆论生态和媒介环境，央视作为国家级主流媒体始终筑牢"四个意识"、坚定"四个自信"、坚持以人民为中心的创作导向，及时发挥"压舱石""定音锤"的关键作用，激浊扬清，创作大量思想精深、艺术精湛、制作精良的精品力作，逐步形成全方位、立体化、多样态的传播模式，不断巩固壮大主流舆论阵地，充分彰显国家主流媒体的责任与担当。

回顾往昔，从文艺萌芽到创新突破开局良好。1983 年中央电视台首次播出《春节联欢晚会》，融合高雅与通俗、兼具传统与流行元素，带动了中国特色的

综艺文化节目健康发展；1990 年，第一个中外联合制作的大型综艺栏目《正大综艺》正式开播，《正大综艺》和《综艺大观》等栏目开创了国内电视综艺节目新样态；1993 年第一部纪念伟人的电视文献纪录片《毛泽东》气势恢弘、大气磅礴，为纪录片事业注入了新活力。此后，中国传统经典四大名著《西游记》《红楼梦》《水浒传》《三国演义》陆续搬上电视荧屏，走进千家万户，形成万人空巷之景，至今仍被观众奉为经典；《丝绸之路》《话说长江》《望长城》等作品的播出推动了中国首次纪录片创作高潮；《同一首歌》《感动中国》以及"心连心""寻找最美"等大型晚会、活动，弘扬中国精神、增强民族凝聚力；《开心辞典》《百家讲坛》《国宝档案》等节目开创了我国电视文化节目的多种形态，满足了人们多种需求，极大丰富了百姓的精神文化生活。

奋发今朝，坚持鲜明、正确的舆论导向引领社会风尚。面对消费主义、泛娱乐化、非主流文化等多元化价值观念及多样化媒介形态，中央电视台作为权威主流媒体，高举文化自信的旗帜，依托祖国优秀传统文化，创新表现手法、丰富话语形态，打造大量"现象级"的文化节目，引领时代潮流。中央电视台始终坚持导向为魂，推出《将改革进行到底》《不忘初心 继续前进》等重大政论专题片，深入宣传十八大以来党和国家取得的历史性成就、划时代历史性变革，获得强烈社会反响；中央电视台坚持"三贴近"原则，着力打造精品，实施"名人名品名栏目工程"，推出大量集思想性、艺术性、观赏性于一体的优质节目。《开讲啦》《中国诗词大会》《朗读者》《国家宝藏》《假如国宝会说话》《经典咏流传》等创新型文化节目以精良制作、融合形态、优质内容点亮荧屏，形成全民文化认同、价值认同和情感认同，成为引领价值导向、传承民族文化的典范之作，是以经典传承经典而深受群众喜爱的热播节目。

放眼未来，坚持改革创新推进融合发展。央视作为国家文化传播事业的重要一环，始终坚持文化自信，创新文化传播，推进融合发展，积极探索文化传播理念、内容、形式、方法、手段创新，打造央视文化品牌，走出一条具有央视特色的文化传播发展之路。

四、融合转型——坚持道路自信 全面建设新时代新型主流媒体

当前，传媒业正处于前所未有的变革之中，媒体格局、舆论生态、传播技术发生深刻变化。巨变之时，惟创新者进，惟创新者强，惟创新者胜。2018 年 3月，根据中共中央印发的《深化党和国家机构改革方案》，中央电视台（中国国际电视台）、中央人民广播电台、中国国际广播电台整合组建为中央广播电视总台。央视迈入融合发展新纪元。

习近平总书记在纪念中央电视台建台暨新中国电视事业诞生 60 周年贺信中表示："中央广播电视总台组建以来，同志们按照党中央统一部署，积极推进深

度融合、优势集聚、资源共享，深入宣传党的理论和路线方针政策，着力打造精品力作，创新对外宣传，为人民提供丰富的精神食粮，向世界展现了真实、立体、全面的中国。"①

博采众长，融合创新。"中央广播电视总台在习近平新时代中国特色社会主义思想统领下，坚持创新为要，以变应变，着力增强融合发展能力、精品创作能力、技术支撑能力，着力提升传播力、引导力、影响力、公信力，全力打造国际一流的国家级现代传媒航母。"② 其中，中国网络电视台、央视网、央视新闻、央视音影等新媒体平台均已上线，央视"一云多屏"的新媒体传播格局初步搭建，多终端、全媒体融合传播体系正在形成，融合式、多样化新媒体产品大量推出，适配融合传播的前沿技术正迭代升级，"5G＋4K/8K＋AI"成为央视技术创新的发力点，国际传播能力建设取得突破性进展……央视正走出一条具有自身特点的媒体融合发展之路。

第一，突出重大时政报道和主题主线报道，彰显主流媒体责任与担当。央视始终坚持导向为魂、新闻立台。其一，以丰富的报道形式和传播样态，展现人民领袖风采，彰显大国领袖风范。2018 年，央视推出《习近平与母亲》《窑洞里的读书人》《鼓岭！鼓岭》《美丽中国说》等原创时政微视频精品和时政特稿，深刻展现习近平总书记的深厚家国情怀，全网阅读量破 10 亿。其二，强化重大时政报道和主题主线报道，集中报道十八大、十九大、全国两会等党和国家重大会议，全程直播建军 90 周年、胜利日大阅兵，及时播出重大外交活动，彰显大国风范。其三，创新大时政报道和主题主线报道模式，实施《新闻联播》头条工程，开展《走基层》等系列报道——《幸福是什么》《厉害了我的国》《新春走基层家风是什么》，在社会上引起强烈反响，在《新闻联播》中播出"央视快评""国际锐评"等观点鲜明、语言犀利、短小精悍的节目版块，赢得观众、特别是青年观众点赞。

第二，创新多元融合报道形式，全面提升央视传播效力。"融合发展关键在融为一体、合而为一。"③ 习近平总书记强调要利用新技术、新应用创新媒体传播方式。央视积极探索媒体融合新形式，引入微视频、微直播、H5 等多种报道形态。2012 年，"央视新闻"微博首次以"微直播"方式同步播发"习近平总书记在太行山区看望贫困村民"系列报道；自 2016 年始，央视新闻频道、央视

---

① 《习近平致中央电视台建台暨新中国电视事业诞生 60 周年的贺信》，http：//www. xinhuanet. com/politics/leaders/2018 – 09/26/c_ 1123485152. htm

② 《中央电视台暨中国电视事业 60 周年发展成就展》，第 96 页，《电视研究》纪念中央电视台建台暨新中国电视事业诞生 60 周年特刊，2018 年版。

③ 《习近平谈媒体融合发展：关键在融为一体、合而为一》，http：//cpc. people. com. cn/n1/2018/0822/c164113 – 30242991. html

新闻客户端连续推出《两会有啥事 我们帮你问》《改革在哪里》等全新报道形式，在移动平台广泛传播；2017 年 3 月，央视新闻客户端推出时政微视频《初心》，及系列时政微视频【独家 V 观】报道，开创时政新闻新媒体报道新样态。

第三，积极探索多屏互动模式，构建全媒体传播格局。习近平总书记指出，要"推动媒体融合向纵深发展，加快构建融为一体、合而为一的全媒体传播格局"。[①] 中央电视台积极探索各平台优势，推动多平台互动，使各平台传播合力最大化。一方面，研发创新型融媒体节目，借助移动端、大数据、互联网等创新节目形态，实现跨屏互动、全媒体传播。2016 年 3 月，央视中文国际频道推出的国内首档"融媒体"新闻评论节目《中国舆论场》，借助大数据发布舆情指数，引入在线观众席，实现多屏互动；央视综合频道大型公益寻人节目《等着我》依托节目内容、节目创意，已建成目前中国最大的公益寻人和安全服务融媒体平台及信息数据库，是央视媒体融合"电视＋"和"互联网＋"的标志性创新融平台产品。另一方面，传统经典节目运用新媒体技术，拓展全媒体传播渠道。2018 年春晚首创视频直播节目"@春晚"，形成春晚伴随"强互动"模式。"@春晚"相关视频点播累计收视次数 13.6 亿，微博话题阅读量超过 20 亿，在春节期间持续引爆春晚。电视节目的融合传播样态，构成了多屏互动传播的新局面，推动了全媒体格局的形成。

第四，拓展多样化新媒体产品，打造新型央视品牌。目前，央视已形成新闻核心产品矩阵"两微一端一网一平台"，即包括央视新闻客户端、央视新闻移动网、央视网以及微博、微信在内的央视新闻传播平台。"央视新闻"总用户数从 2012 年底的 150 万增长到 2018 年的 3.33 亿；CCTV 微视是具有电视社交和大小屏互动特色的融媒体互动平台和线上社群媒体融合平台，客户端下载量超过 7000 万；央视影音客户端是央视网为全球移动用户倾力打造的全面、强大的电视直播应用，支持覆盖全国的直播信号，提供海量优质视频，累计下载量超过 7.4 亿；此外，央视财经新媒体于 2012 年开办并与《经济半小时》等栏目形成互动，目前其微博影响力位居于国内财经电视类媒体首位，微信常年位列财经类微信号影响力和价值榜首位，独立客户端生态圈总用户量超 2.1 亿，位列财经类媒体首位。

第五，全面建设多终端、全媒体融合传播体系。目前，央视拥有网站、客户端、手机电视、IPTV、互联网电视、户外电视、两微矩阵、海外社交媒体账号等新媒体平台和渠道，平台覆盖与用户规模不断扩大。2017 年 2 月 19 日，央视新闻移动网正式上线，完成了从发布级应用向平台级应用的进化。

第六，打造国际传播旗舰媒体，提升国际传播力。央视不断加强外宣平台建

---

① 《加快推动媒体融合发展 构建全媒体传播格局》，http：//www.xinhuanet.com/politics/2019 - 03/15/c_ 1124240041.htm

设，打造外宣品牌。2016 年 12 月 31 日外宣旗舰媒体中国国际电视台 CGTN 开播，2017 年 10 月 10 日 CGTN 融媒体中心建成启用。CGTN 坚持"台网并重、先网后台、融合传播"，实现了内容采集多元化、资源共享最大化、渠道分发多终端。2018 年 10 月 1 日，中央广播电视总台 CCTV4K 超高清频道开播，给观众带来全新的视听体验，在愈演愈烈的国际竞争中登上了新的制高点。中央电视台已成为全球唯一使用 6 种联合国工作语言不间断对外传播的电视媒体。

第七，建设媒体融合技术体系，为创新融合发展提供技术保障。媒体融合技术体系涵盖直播、服务、分发、终端全流程。目前，央视搭建起央视媒体云 IT 基础资源支撑平台、新闻节目一体化制作平台、综合节目一体化制作平台、新媒体继承发布平台、有线互动电视平台（央视专区）和央视用户大数据平台，为技术引领融合发展提供有力保障。

中国电视事业走过了 60 余年非凡历程。毛泽东同志、邓小平同志等老一辈无产阶级革命家为中国电视事业发展倾注了大量心血。毛泽东同志曾为中央电视台前身——北京电视台亲笔题写台名，邓小平同志为中央电视台建台 30 周年题词并为《经济信息联播》栏目创新作出指示，江泽民同志为中央电视台建台 35 周年题词，胡锦涛同志于 2003 年亲临中央电视台录制新年讲话。习近平总书记曾多次就电视工作作出重要指示、批示，亲自到中央电视台考察、指导。习近平总书记主持召开党的新闻舆论工作座谈会并发表重要讲话，引领电视事业实现了历史性突破和变革。历任党和国家领导人对中国电视事业的殷殷期盼和正确引领，也成为激励一代代电视人守正创新、砥砺前行的不竭动力。

五、结语

"咫尺之内而瞻万里之遥，方寸之中乃辨千寻之峻。"小小电视和各种终端之上，不仅是瞬息万变的大千世界，也有传媒人勇于探索、不断开拓的青春与活力。2018 年全国宣传思想工作会议上，习近平总书记将新形势下宣传思想工作的使命任务概括为"举旗帜、聚民心、育新人、兴文化、展形象"①。这一重要论述是对新闻舆论工作的职责使命最集中、最鲜明的概括，体现了时代和形势发展对新闻舆论工作提出的新要求。站在新的起点上，我们礼敬过往、奋发今朝、憧憬未来、实现梦想。中央电视台将始终保持开拓者的姿态，不断提升守正创新的原动力，做好时代弄潮儿，不忘初心、牢记使命，行稳致远、续写辉煌。

（作者单位：中国传媒大学）

---

① 《习近平：举旗帜聚民心育新人兴文化展形象 更好完成新形势下宣传思想工作使命任务》，http://www.xinhuanet.com/2018−08/22/c_1123310844.ht

声传祖国万里边疆　谱写民族进步华章

——中央广播电视总台央广少数民族语言广播砥砺奋进70年

尹菊娥

我国幅员辽阔，民族众多，为帮助和动员听不懂汉语普通话的少数民族群众平等地参与国家建设，新中国成立伊始，即在国家电台创办少数民族语言广播，将党和国家的声音传播到边疆千家万户。

中央广播电视总台央广少数民族语言广播的前身是中央人民广播电台少数民族语言广播。70年来，经过几代广播人共同努力，代表着党和国家声音的中央广播电视总台央广少数民族语言广播不忘初心，守正创新，书写了引领民族地区舆论、保障民族团结稳定进步、促进中华民族共同体建设的动人华章。如今，它已经形成了集蒙古、藏、维吾尔、哈萨克、朝鲜五种语言的四套广播频率、五种语言网站、五种语言微信公众号和汉语网站为一体、员工超180人的传媒矩阵，国内外传播覆盖受众超过1个亿。2019年全国两会报道期间，通过流程再造等，新媒体时效和数量上首次全面超越传统广播。当前，五种民族语言微信公号均为本语种媒体微信公号排行榜的前三，藏语、维吾尔语、哈萨克语长期排名第一。70年的中央少数民族语言广播焕发出全新的青春活力，正大踏步地迈入"一带一路"沿线主流媒体的阵列中，为国家和民族地区的发展作出新的贡献。

回首70年历程，道路并不平坦，中央少数民族语言广播在党和国家的关心下诞生、成长、发展，也在一代代广播人牢记使命、守正创新中不断攀登新高峰。70年来，它被少数民族同胞看成是"党的声音"，是最可信赖的朋友。

一、在党和国家的关心、呵护下诞生、成长和发展

大家都知道，我们党从红军长征时期起，就非常重视少数民族政策，对少数民族语言非常尊重。新中国成立前，1946年7月1日，吉林省延吉新华广播电台朝鲜语广播正式播音，这是中国解放区内第一个用少数民族语言播音的节目。

中央少数民族语言广播从诞生起到各个发展阶段，都可看到党中央关心的身影，它也是一部党和国家对少数民族关心关怀史的缩影。

1. 诞生期（1950～1960）

新中国成立伊始，就着手组建少数民族语言广播。1950 年 3 月 29 日，中央人民政府政务院新闻总署召开全国新闻工作会议，决定中央人民广播电台增设藏语、蒙古语、朝鲜语广播节目。1950 年 5 月 13 日，毛泽东主席批示："请李维汉同志负责审查藏文广播并规定该项广播内容及方针。"

1950 年 5 月 22 日，中央人民广播电台藏语广播正式播音，每周一、三、五广播，每次播出 30 分钟，主要对象是西藏上层人士，为争取西藏和平解放作贡献。藏语广播开播后，周恩来总理曾多次直接安排藏语广播重要稿件的播出。

之后，1950 年 8 月 15 日，中央人民广播电台蒙古语广播正式播音；1956 年 7 月 6 日，朝鲜语广播正式播音；1956 年 12 月 10 日，维吾尔语广播正式播音；1957 年 11 月 11 日，为迎接广西壮族自治区成立，壮语广播正式播音。

2. 恢复和初步发展期（1960～2000）

1960 年 12 月，由于三年自然灾害、缩减经费、认识问题等原因，中央人民广播电台五种少数民族语言节目全部停办。1962 年 7 月，在青岛举行的全国民族工作会议上，乌兰夫、赛福鼎·艾则孜等领导同志都提到有必要恢复中央人民广播电台的少数民族语言广播，使中央发表的重要文件能够比较准确地译成少数民族语文，及时地传送到少数民族地区。周恩来总理听取汇报之后，批评中央广播事业局不应该停办少数民族语言广播。据有关同志回忆，周总理批评的主要内容是：民族广播为什么停了？为什么不告诉我？这应由中央作出决定。我们国家这么大，地区这么辽阔，又是一个多民族国家，中央台没有民族广播怎么行？不能只考虑精简几十个人，而要考虑党和国家的需要。

周恩来总理立即指示国家民委和中央广播事业局共同研究恢复中央人民广播电台的少数民族语言广播。1965 年，中央批准中央人民广播电台恢复少数民族语言广播，并列入国家"三五"计划。然而，"文化大革命"爆发，恢复进程缓慢。1971 年 5 月 1 日，维吾尔语广播正式恢复广播；哈萨克语广播正式开播。1972 年 5 月 1 日，蒙古语广播正式恢复广播；8 月 1 日，朝鲜语广播正式恢复广播；1973 年 1 月 1 日，藏语广播正式恢复广播。关于恢复壮语广播的问题，1968 年 9 月，广西壮族自治区的领导回复，由于壮族人大部分懂国语，必要性不大，可以不搞了。

至此，中央人民广播电台恢复民族语言广播的工作全部完成，并向毛主席、周总理作出报告。

中央人民广播电台少数民族语言广播的"五朵金花"——蒙古、藏、维吾尔、哈萨克、朝鲜语广播至此全部绽放，可以说是在党和国家领导人直接关心下，浇灌而成的，这在中国传播史上非常罕见。1977 年 6 月，华国锋、叶剑英、李先念等在人民大会堂接见了中央人民广播电台部分少数民族编辑、播音员。

恢复后的五种语言广播每天节目时间统一延长到 1 小时，改革开放后调整了节目播出次数，后又延长至 2 小时。但节目都以翻译为主，自主采访很少，文艺节目比较单调。

1999 年 8 月 1 日，全天播音 18.5 小时的中央人民广播电台调频 101.8 兆赫频率正式开播，其中有 11 小时是蒙古、藏、维吾尔、哈萨克、朝鲜五种少数民族语言广播，解决了中央人民广播电台少数民族语言广播覆盖北京的问题。

3. "西新工程"大发展时期

西部大开发号角吹响后，2000 年 9 月 16 日，江泽民同志就加强西藏、新疆广播电视覆盖问题作出重要指示。原国家广播电影电视总局启动"西新工程"。中央人民广播电台少数民族语言广播迎来大发展时期。

2000 年 12 月 25 日，中央人民广播电台第 8 套节目——少数民族语言广播频率正式开播，全天播音 20 小时，五种少数民族语言广播每天分别播出 2 小时新节目，重播 2 小时。2003 年，频率定名为"民族之声"。

2003 年 6 月 16 日，调频 101.8 由中央人民广播电台举办"都市之声"频率，少数民族语言节目覆盖北京的任务由中波 1143 承担。

2008 年西藏发生拉萨"3·14"事件，2008 年 4 月 18 日起，民族之声藏语节目由每天播音 4 小时增加到 8 小时，其他四种语言节目每天各减少 1 小时的节目播出量。

2009 年 3 月 1 日，中央人民广播电台第 11 套节目——藏语广播频率开播，全天播音 18 小时。

2009 年新疆发生乌鲁木齐"7·5"事件，2009 年 7 月 14 日起，维吾尔语节目由过去每天播出 4 小时增加到 8 小时。

2010 年 12 月 1 日，中央人民广播电台第 13 套节目——维吾尔语广播频率开播。这是一套新闻综合频率，面向新疆及周边国家，全天播音 18 小时。

2010 年 12 月 17 日，集蒙古、藏、维吾尔、哈萨克、朝鲜、汉六种文字内容于一网的中国民族广播网正式上线运行，实现了五种语言广播节目音频、视频和图文的网络呈现。同时维吾尔语频率改版和藏语频率安多方言广播正式开播。中国民族广播网的宗旨是：传播中央声音，传承民族文化。

2011 年后，拉萨编辑部、乌鲁木齐编辑部、呼和浩特编辑部、延边编辑部和藏语频率成都节目工作室、西宁节目工作室相继成立。中央人民广播电台五种民族语言广播的策划、采编制作能力大大加强。

4. 十八大后，展融媒体翅膀翱翔

党的十八大后，中国进入了一个全新的高质量发展时代，习近平总书记非常关心少数民族和民族地区发展，发表了许多重要讲话，2013 年提出"一带一路"建设倡议，边疆民族地区发展迎来了千载难逢的好时机，中央人民广播电台少数民族语言广播也有了更加广阔的服务和发展空间。

十八大后，中央人民广播电台少数民族语言广播全面关注融媒体发展。蒙古、藏、维吾尔、哈萨克、朝鲜五种语言微信公众号，2015 年 3 月正式运营。如今，五种民族语言微信公号均为本语种媒体微信公号排行榜的前三，藏语、维吾尔语、哈萨克语长期排名第一。

2015 年 1 月 1 日，中央人民广播电台哈萨克语频率开播，成为第 17 套广播节目，全天播音 18 小时。经过近 65 年的不断发展，中央人民广播电台少数民族语言广播至此拥有民族之声、藏语频率、维吾尔语频率、哈萨克语频率四套广播频率，形成广播、网络、新媒体联动的传播格局。

2018 年 3 月，原中央人民广播电台、中央电视台、中国国际广播电台合并组建成中央广播电视总台。总台成立后进行了一系列改革，并提出了"先网后台、移动优先"的发展理念，保留了民族节目中心整体建制。背靠总台资源，在新发展理念指引下，中央广播电视总台少数民族语言宣传迎来得天独厚的发展机遇。

二、守正创新，及时准确传播党和国家声音

1. 守正创新，坚守风骨

守正创新，是中央少数民族语言广播 70 年颠扑不破的风骨。守正，让它行远而稳；创新，让它行远而快。因为守正创新，它永远向着诗和远方，砥砺前进。

守正，一是守住国家台的使命，发挥国家台的独特作用。70 年来它始终坚持与地方台差异化发展。在 70 年的发展历程中，中央少数民族语言广播曾经几次改革，去掉了与地方台重复的专题、文艺等。藏语广播表示，我们要与地方台有所区别，不搞同质发展同质竞争。同时，引领和帮助地方台协作发展，也是它一贯的使命和作风，如自 2002 年起经举办了八届全国民族广播协作会议。二是守住新闻的重要地位。把党和国家的声音传到千家万户，是中央少数民族语言广播的使命，也是她流动的血液，它所有的改革和发展都为此宗旨服务。创新，就是与时俱进改变表达方式。"言之无文，行而不远"，无论视频、图片、H5、动画、字形字体等的运用都是新的修辞表达，都为让所言更易让人接受。70 年来，中央少数民族广播没有停止过创新，那是为了让它更好地走进百姓心中，更好地传播党和国家的声音。

2. 及时准确地传播党和国家的声音

（1）坚持新闻的重要地位，是中央少数民族语言广播 70 年来的重要经验。及时正确地把党和国家的声音传播到千家万户，既是中央少数民族语言广播创办

时的初衷，也是 70 年来一直坚守的底线，是其志，是其骨。中央少数民族语言广播坚持五种精确翻译，把党和国家的声音、国内外信息传播到边疆边陲的村村寨寨，帮助人们了解党和国家政策及外面的世界，有利于凝聚人心，促进民族团结和边疆稳定。70 年来，五种语言广播节目形式、节目时长发生了翻天覆地的变化，但始终不变的是新闻综合性广播的定位。据 2014 年中央人民广播电台民族节目中心内部调查，广播专题占 50% 以上，新闻占 29%，仅次于专题。在新媒体领域，五种民族语言微信公号全部为新闻时政类公号，新闻占比在 80% 以上。70 年来，中央少数民族语言广播经过数次新闻改革，如增加简讯、开启赶稿制度、增加录音新闻、打造头条工程等，使得《全国新闻联播》《报纸和新闻摘要》两个民族地区家喻户晓的重点栏目，始终站在时代最前沿，历久弥新。

作为国家电台，在重大事件和社会生活中必须拥有自己的声音，而言论是最能体现一个媒体新闻报道水准的报道体裁。2004 年中央人民广播电台民族语言广播集体推出了《论坛》栏目，2013 年推出《军事报道》，2014 年推出《中国报道》《世界报道》等，这些新闻专栏不断提升着少数民族语言广播的影响力、引领力。2019 年高质量发展新的改版方案将《行进中国 2019》《深度热搜》等新闻专栏列入其中。

（2）五种语言广播各自办了很多专题节目，将经济、文化、教育、科技等最前沿的信息、最科学的理念和历史文化成果向民族地区和民族语言受众传播。针对少数民族受众实际，很多节目贯穿新闻理念，创造了《再问新闻》（蒙古语）、《空中信箱》（藏语）、《走遍天下》（维吾尔语）、《新视线》（哈萨克语）、《广播伴你行》（朝鲜语）等一大批名栏目，拓宽了少数民族受众的视野，提高了他们的知识文化水平，让他们紧跟甚至走在全国和世界最前沿，维吾尔语听众中流传一句名言："听中央人民广播电台维吾尔语广播就等于上大学了。"

（3）精准翻译国家核心词汇，做五种少数民族语文翻译中的领头羊。广播的快捷性和传播的广泛性，使得 70 年来，党和国家的核心词汇第一时间通过中央少数民族语言广播新闻传播到民族地区和少数民族受众中。70 年来，中央少数民族语言广播也是经济社会生活中出现的新名词等的标准翻译。语言是思想文化的载体，核心关键词汇和新名词新理念的统一往往代表着思想和认识的统一。另外，少数民族语言广播翻译，不仅要信、达、雅，而且要适合口语传播，要朗朗上口，要让没有上过学的农牧民群众一听就懂、一听就会说，比书面语翻译的要求更高，一个成熟的新闻翻译的培养需要 10 年的时间。70 年来，中央少数民族语言广播还带动着地方翻译人才成长，为少数民族语文健康发展作出了不可磨灭的贡献。

（4）广播是声音的艺术，70 年来，中央少数民族语言广播创造了翻译高峰的同时，培养了一批批著名播音员主持人，精准而口语化的翻译词汇通过播音员们或浑厚或圆润的美妙声音传播，在听众中创造美的享受。如，著名蒙古语播音员巴拉登、乌仁，藏语播音员曲珍、扎西罗布，被誉为"维吾尔族人民的百灵鸟"的阿依夏木·吾守尔，朝鲜语播音员朴青竹，哈萨克语播音员哈布克什等，他们的名字在民族地区和民族语言听众中如雷贯耳，是几代少数民族听众的美好记忆，被誉为本民族的骄傲。

3. 足迹遍及民族地区，记录民族地区的发展进步

用民族语言采访民族语言群众，这是少数民族语言广播的共同优势。70 年来，中央少数民族语言广播及时采访报道民族地区的重大事件，了解和报道基层的变化和群众生产生活现状和需求想法等，为此，一代代中央少数民族语言广播记者足迹遍及民族地区的山山水水、村村寨寨，同时留下了一批批动人的报道。如 1997 年内蒙古自治区成立 50 周年，中央人民广播电台蒙古语广播同内蒙古人民广播电台联合采制播出系列报道《突飞猛进的 50 年》（20 集）；中央人民广播电台藏语频率 2013—2017 年结合"走转改"活动，联合青海、四川、甘肃、云南四省的各级广播电视台，推出《和谐藏区行》主题报道活动，报道组走遍了四省藏区，推出几百篇很有影响力的报道；2003 年朝鲜语部推出 200 集大型系列报道《中国朝鲜族农村巡礼》，与延边电视台联合录制 100 集大型系列报道《关内朝鲜族革命家的足迹》；为庆祝新中国成立 70 周年，哈萨克语广播 2019 年 5 月底分三路深入新疆采访，将推出 30 集主题报道。

4. "党的声音"，最可信赖的朋友

70 年来，中央少数民族语言广播在听众中的信任度很高，被认为是"党的声音"，是最可信赖的朋友。

一方面，相同的民族、相同的语言，有效拉近了少数民族语言广播和听众之间的距离，少数民族都喜欢收听本民族语言广播。2012 年在哈萨克语广播的收听调查中，新疆北疆的哈萨克族收听本民族语言广播的意愿非常强烈，99% 的受调查人表示愿意收听。另一方面，少数民族语言广播在听众中有着较高的信任度。2009 年进行的听众调查显示，中央人民广播电台维吾尔语广播在新疆各族群众中享有很高的声誉，认为维吾尔广播的声音就是"党的声音"，最可信赖。

这样的信任度，来自 70 年来，中央少数民族语言广播始终将人民群众的需求装在心里，做他们的知心朋友。如，针对大量西藏孩子到内地上学，山高路远而回家困难的情况，1995 年 10 月起，中央人民广播电台藏语广播推出《空中信箱》栏目，播出内地西藏班学生的藏语家信录音，并给孩子家长去信告知播出时间、提示收听。有位林芝的家长听到在江西南昌读书的儿子的家信录音后来信说："当通过红色电波从千里之外的北京传来我们儿子尼玛旺堆给家里的家信录

音时，我们全家非常高兴，好像我们的儿子站在我们的面前说话，跟全家聚在一起。"那曲一位家长来信说："孩子们远离家乡，在海河之滨健康成长，这是党的民族政策和祖国大家庭的温暖所在。我们要教育子女认清这一点。"《空中信箱》在 10 年间，播出学生家信一千多封，成为轰动整个西藏的"现象级"广播专栏。

2013 年鄯善"6·26"事件发生后，广大维吾尔族果农在谴责暴力事件的同时，也担心会影响到葡萄销量。中央人民广播电台维吾尔语广播在追踪报道当地维吾尔族群众生产生活秩序逐步恢复的同时，通过中国之声官方微博发布了"吐鲁番的葡萄熟了，不要让果农的心儿碎了"的消息，呼吁各地客商积极采购鄯善县的葡萄，微博发出不到二十四小时就被转发了近四千次，当地林业部门接到了许多客商购买葡萄的电话，将暴力事件带给当地的经济损失降到了最低，让维吾尔族果农对未来的生活充满信心。

2005 年内蒙古呼伦贝尔市新巴尔虎右旗副旗长赛汗吉日嘎拉特地来到中央人民广播电台蒙古语广播编辑部，感谢《论坛》栏目中播出的政策、法规等的权威阐述对他工作的巨大指导。他举例说，在新建一条边境公路时，因征用草场事宜与一位牧民产生分歧，无法进行。当干部们告诉牧民说，协议参考了中央人民广播电台蒙古语广播《论坛》栏目的相关解释，双方终于达成了谅解。这位干部说："节目很有说服力，老百姓就认中央台。"

2009 年，中央人民广播电台哈萨克语广播采访报道了社会各界捐助南开大学哈萨克族女大学生阿依努尔治疗白血病的全过程。通过报道，一名四川汉族志愿者捐献了造血干细胞成功地移植给了阿依努尔，挽留住了阿依努尔年轻的生命。

三、传播素养不断提高，具备现代媒体竞争素质

进入新世纪后，中央少数民族语言广播从纯翻译华丽转身，迅速成长为具备现代媒体素质的新生儿，传播素养不断提高，面对新形势，它不惧远方，更不惧挑战。

1. 重大采访中的多面手

2014 年中央人民广播电台少数民族语言广播内部调查显示，蒙古语、维吾尔语、朝鲜语广播的自采节目已经超过 50%。而在 2000 年之前，中央人民广播电台五种民族语言广播基本以翻译稿件为主，自主采访很少。如今的五种民族语言广播驾驭各种报道的能力越来越强。如，2000 年 3 月，民族语言广播 5 位少数民族记者参加全国两会报道，开启中央人民广播电台少数民族语言广播记者参加全国两会报道的历史。2002 年 11 月，党的十六大召开，民族节目中心首次派出帕尔哈提、吉加、尹菊娥三位记者参加中央人民广播电台报道组，开启报道党的代表大会的先河。

近年来，博鳌亚洲论坛、"一带一路"国际合作高峰论坛等都能看到中央少数民族语言广播记者的身影，报道的时效性、丰富性不断提高。此外，重大事件直播报道大显身手。如，2009 年，藏语频率现场直播新中国成立 60 周年国庆庆典，取得巨大成功。西藏人民广播电台、青海人民广播电台全程转播，人民网、中国西藏信息中心也在网上在线同步转播。青海人民广播电台副台长多杰仁青在直播刚一结束就来电话表示祝贺。他说："直播非常成功。许多家庭都是看着电视听藏语广播直播，没了语言障碍，听起来亲切自然，拉近了民族间的感情，心中自然涌动一种作为中华民族一员的自豪感。"

2013 年 9 月，中央人民广播电台维吾尔语广播频率直播第三届中国 – 亚欧博览会开幕会。这是全国维吾尔语广播的第一次重大直播报道尝试，直播一气呵成，取得了成功。很多听众打来电话表示，直播体现了中央人民广播电台的水平，让人精神振奋，对新疆的未来充满信心，"我们关掉电视，专心听中央台维吾尔语广播。"新疆许多广播电视台将直播录音和稿件作为教材组织员工进行研究学习。

2. 应急反应，动如脱兔

快速反应能力是媒体战斗力的体现。民族地区突发事件多，地质危害多，人民群众听不懂普通话的多。这诸多因素要求中央少数民族语言广播不断提升应急反应能力，为维护群众生产生活秩序、维护稳定团结作贡献。

2010 年 4 月 14 日，青海省玉树藏族自治州发生 7.1 级强烈地震。玉树州 90% 的群众是藏族，使用的是康巴方言，大部分群众听不懂汉语，也听不大懂中央人民广播电台藏语频率主要以卫藏方言为主播出的节目。中央人民广播电台藏语广播立即启动应急方案，当天下午，选派拉巴、米玛加布两名年轻的业务骨干赶赴青海玉树地震灾区进行报道。4 月 15 日，请中国藏学研究中心玉树籍专家洛周同志，用康巴方言紧急制作了 6 期《直通玉树灾区》的特别节目，并于 4 月 17 日紧急推出每天 8 小时的藏语康巴方言节目。来自北京中央人民广播电台的康巴方言节目的声音，在玉树上空响起。灾区的广大藏族同胞通过自己熟悉的语言，及时听到了党中央国务院和全国各族同胞对地震灾区的关怀和援助，增强了抗震救灾、自强不息的信心和决心。

这样快速反应的事例，在中央少数民族语言广播工作中相当普遍，赢得了少数民族群众的尊重和赞誉。

3. 议题设置能力不断加强

国际局势复杂，国际反华势力亡我之心不死，分裂势力、极端宗教势力从不安分。这些破坏势力常常通过议题设置挑起事端，破坏团结。对此，增强议题设置和应对能力是中央少数民族语言广播的必有本领。

如 2014 年，由于极端宗教势力的破坏，给广大信教群众和不信教群众心理都造成很大压力。2014年全国两会期间,中央人民广播电台五种民族语言广播统一策划《美丽中国·共同梦想——宗教领域代表委员畅谈现代化国家建设》。采访两会的记者分别采访五大宗教领域的代表委员,回答了爱国爱教的关系,回答了怎么培养和拥有积极健康的人生观等。节目取得很大反响,澄清了极端宗教势力的肆意歪曲。如,维吾尔语广播播出伊斯兰教大阿訇根据教义回答什么是正确的伊斯兰教,批驳阻止孩子上现代学校、阻止维吾尔族群众在婚礼上唱歌跳舞、不让女性参加工作等歪理邪说。听众发来短信,当地听节目使得"万人空巷",人们相互转告:"中央是信任我们的!""办公室同事感慨,这才是中央人民广播电台应该有的节目!"乌鲁木齐市高级中学历史教师古丽扎尔表示:"现在社会上有各种歪理邪说在迷惑学生,中央电台维吾尔语广播让我们的老师和学生对伊斯兰教有了正确的认识,这个意义非常大,可以让我们更好地认识极端分子的险恶用心。"而维吾尔语该节目记者兼主持人的电话被打爆了,接连三个小时电话不断。

节目播出后,宗教不再是人们的敏感话题,而对于肆意挑起事端、歪曲教理的极端宗教势力,人们同仇敌忾。

70年来,中央少数民族语言广播成长体现在方方面面,如传承和保护各民族优秀传统文化、保护和规范本民族语文健康发展、少数民族语言人才培训、引领全国少数民族语言广播协作发展等,都起到了很好的领头羊的作用。

四、迎来全新发展时代

进入新时代,习近平总书记多次强调,"人在哪儿,宣传思想工作的重点就在哪儿。"他指出,"网络空间已经成为人们生产生活的新空间,那就也应该成为我们党凝聚共识的新空间。移动互联网已经成为信息传播主渠道。"

2018年,中央广播电视总台诞生,中央人民广播电台少数民族语言广播作为其中一分子,在总台的引领下,向着具有强大引领力、传播力、影响力的国际一流新型主流媒体奋进。

1. 新机遇和新挑战同在

据2019年2月发布的《中国互联网络发展状况统计报告》显示,截至2018年12月,我国网民规模为8.29亿,其中手机网民占比达98.6%。而民族地区幅员辽阔、地广人稀,民族地区受众对手机媒体的需求特别迫切。如喜马拉雅是当前国内著名音频分享平台,而它最初的一百万用户中,藏族用户占了很大一部分。在广播时代,中央少数民族语言广播与各级地方少数民族语言广播一道出色地完成了把党和国家的声音传到千家万户的任务;在移动互联网时代,也应该完成党的期许、承担起新任务,"成为党凝聚共识的新空间"。这既是民族地区少数民族语言受众的需要,也是党和国家的需要,是中央少数民族语言广播的机遇，也是挑战。在中央广播电视总台的传媒航母里，央广少数民族语言广播有了更强劲的动力。

2. 移动新媒体优先

中央广播电视总台高度重视新媒体发展。根据总台要求，2019 年央广民族节目中心两会报道，通过流程再造，民族语言新媒体发稿在时效和数量上全面超过传统媒体，五种民族语言微信日均阅读量比平时翻番。其中，总书记活动报道成亮点和创新点。报道突出习近平总书记对民族地区的关怀，受到少数民族群众的高度关注。推出原创微视频报道《【石榴籽的情怀】我想对总书记说》。来自祖国各地的少数民族代表们真挚的话语感动了万千网友。另一方面，一批反应迅速、制作精良的新媒体产品脱颖而出。如，蒙古语微信推出的《两会热点调查》等两篇报道阅读量均达 10 万 + 以上；3 月 9 日来自蒙古族、藏族、维吾尔族的三位少数民族委员走上了两会"委员通道"，藏语微信迅速推出《藏文老师扎西走上全国两会"委员通道"》，成为藏语两会报道里反应最快的独家报道，当天阅读量 5.2 万；哈萨克语微信《政府工作报告里这 20 个大红包》阅读量 7.6 万。

3. 增进"五个认同"，增强"四力"实践，提升员工素养，提高宣传水平

习近平总书记提出的"五个认同"为新时代民族宣传工作指明了方向，"四力"要求为宣传工作者提高素养指明途径。结合中央广播电视总台"四力"教育实践工作的具体要求，央广民族节目中心以增进"五个认同"为内涵，以增强"四力"实践为途径，提升员工素养，提高宣传水平。2019 年 4 月，组织《茶马古道民族情》报道组走进云南普洱进行了采访。报道组走访了 5 个区县，采访了傣、佤、拉祜、布朗等 4 个民族。祖国的辽阔美丽、云南多彩的民族文化、新中国民族团结第一碑"民族团结誓词碑"、宾弄赛嗨（傣语意思是"亲戚朋友"）的各民族大团结、脱贫后美丽整洁的民族村寨等，深深震撼了记者们的心。记者们将自己的所见所闻所感所悟以图文音视频方式、以最快的速度传达给对象受众，共发表 50 篇新媒体和广播报道，其中，图片 400 多张、短视频 30 个。

在采访过程中，各民族记者相互团结、相互支持配合，既有分工又有合作；既提高了驾驭新媒体报道能力，又让"五个认同""中华民族共同体"的思想，带着体温、带着感动流进各自血脉之中。

70 年来，在党和国家的高度重视和亲切关怀下，中央少数民族语言广播为铸牢中华民族命运共同体作出了积极的贡献。展望未来，在习近平新时代中国特色社会主义思想指引下，依托中央广播电视总台的强大资源，走过七十年的中央少数民族语言广播正翻开全新篇章，走向更加美好的明天。

（作者系中央广播电视总台民族语言节目中心主任编辑）

致力发挥新闻扶贫在加速革命老区振兴中的独特作用

熊劲松　王　芹

在加速振兴革命老区历程中，无论是金融扶贫、项目扶贫、电商扶贫、产业扶贫，还是文化扶贫、旅游扶贫、教育扶贫、生态扶贫、易地扶贫甚至要加强政策扶贫、廉洁扶贫、阳光扶贫、行业扶贫、爱心扶贫，最后都离不开各级媒体的新闻扶贫。因为新闻扶贫作为我国扶贫工作的一项创举，是广大新闻媒体和新闻工作者响应党中央"向贫困宣战"的号召，发挥自身优势，积极参与扶贫攻坚的一种有效方式。这种方式是新中国成立70年广播电视新闻实践的一大创新，它将脱贫攻坚的号角吹响在神州大地上，把八方支援的"合力"转化为万众一心的"动力"，打造新闻扶贫的舆论场、搭建消费扶贫的大卖场、实践媒体融合的检阅场。新闻扶贫有如此强大的气场，能够产生巨大作用和深远影响，是其他扶贫形式所不能比拟的。脱贫攻坚是一场输不起的硬仗，只要久久为功，用新闻扶贫的星星之火，一定能点燃革命老区和贫困乡村振兴的燎原之势。

一、打造新闻扶贫的舆论场——新闻扶贫有利于唱响主旋律，营造浓厚的脱贫攻坚舆论宣传氛围，凝聚脱贫攻坚强大精神动力，也是全面推进脱贫工作向纵深发展的有力保障

得民心者得天下。实现贫困人口如期脱贫，是我党向全国人民做出的郑重承诺。早日实现这一承诺，需要各方面共同努力。新闻扶贫的首要任务就是唱响主旋律，打造新闻扶贫的舆论场，营造浓厚的脱贫攻坚舆论宣传氛围，凝聚脱贫攻坚强大的精神动力。新闻扶贫不但是认真贯彻落实我国出台的各项扶贫政策的有效途径，也是全面推进脱贫工作向纵深发展的有力保障。只有这样，才能不断提高新闻扶贫宣传工作的传播力、引导力、影响力和公信力，更好地强信心、聚民心、暖人心、筑同心。

时代是思想之母，实践是理论之源。湖南是习近平总书记"精准扶贫"战略思想的诞生地，也是将精准扶贫思想用于指导实践的生动现场。该省上下将脱贫攻坚作为"第一民生工程"，不仅探索出不少务实管用、可推广可复制的扶贫模式，还涌现出一批以带领人民群众脱贫致富为价值追求、自我付出的扶贫故事。2017年7月中旬，湖南卫视在《湖南新闻联播》连续播出8集系列报道《为了人民》，分为《胡丕宇：不落下一户》《吴正平：红军的传人》《陶品儒：下乡"新青年"》《李世栋：老将来"绣花"》《王婷："花木兰"扶贫》《陈勇：引得活水来》《彭小平：上校当"新兵"》《龙书伍：向幸福前进》，分别讲述八位"扶贫战士"用奉献抒写忠诚的感人故事。据统计数据，《为了人民》系列报道通过互联网各个端口表现红火，累计总点击量突破1亿次，创下湖南卫视新闻大片在互联网上二次传播的新纪录。

在该省脱贫攻坚巡查整改工作会议上，湖南省委书记杜家毫如此评价："我看了这个片子，很受感动。凡是基层党建强的，脱贫攻坚才搞得好，要在脱贫攻坚中检验基层党组织，只有打过这场硬仗才知道这个堡垒强不强。"可见，作为党和政府耳目喉舌的新闻媒体，首先要做好党和政府战略决策的传导者和解释者，当好"扩音器"和"翻译官"，大视野、大格局、全景式地宣传党和政府的决策部署、文件精神和工作成绩，进一步提升扶贫宣传的影响力，壮大脱贫攻坚的主流声音，在全社会营造打赢脱贫攻坚战的舆论氛围和坚定信心。

新闻扶贫有利于营造浓厚的脱贫攻坚的宣传舆论氛围。通过新闻扶贫，可以进行全方位、多角度、广泛深入的集中宣传报道，起到点灯一盏、照亮一片、带动全盘的叠加放大效应。"调动各方力量，加快形成全社会参与的大扶贫格局。众人拾柴火焰高。脱贫致富不仅仅是贫困地区的事，也是全社会的事。要更加广泛、更加有效地动员和凝聚各方面力量。"12习近平总书记这一精彩论述，也为各级主流媒体在革命老区开展新闻扶贫、进一步打造新闻扶贫的舆论场提出了更高的要求。越是在脱贫攻坚的关键时期，越要高度重视新闻扶贫。现在剩下的都是"硬骨头""大难题""深水区"，一刻也耽误不得。

二、搭建消费扶贫的大卖场——通过新闻扶贫，可以进行全方位、多角度、广泛深入的集中宣传报道，带动革命老区的红色旅游，起到点灯一盏、照亮一片、带动全盘的叠加放大效应

为了坚守国家媒体的社会责任和担当这一庄严承诺，中央广播电视总台近年来好戏连台，不但推出了"广告精准扶贫"，还大胆创新实施"国家重大工程公益传播"项目。这一行动，既是中央主流媒体带头贯彻落实习近平关于精准扶贫和科技创新重要指示的具体举措，还是一以贯之把社会效益放在首位的具体实践，也可以说是坚持以公益传播服务国家战略的成功探索。新一轮项目进一步扩大覆盖范围，推介贵州、新疆、湖南、陕西、江西等八省区的 44 种特色农产品，播出频道增至 8 个，每天每个产品播出频次不低于 20 次，产生了良好的效益。

湖南卫视《午间新闻》栏目以节目为渠道，以"直播""扫码"为手段，联动电商，借助互联网手机二维码，免费向全国消费者推介革命老区贫困乡村农副土特产品，让扶贫攻坚突破地域限制，帮助农户开辟销售渠道，销售农副产品，开创了电视新闻扶贫的全新模式。这种新闻扶贫的新模式之所以取得成功，在于搭建了一个消费扶贫的大卖场，把革命老区贫困乡村农副土特产品直接推介给消费者，深受广大观众的喜爱。通过新闻扶贫，可以进行全方位、多角度、广泛深入的集中宣传报道和重点推介，直接带动革命老区的红色旅游，起到点灯一盏、照亮一片、带动全盘的叠加放大效应。

把集中连片特殊困难地区作为主战场，把稳定解决扶贫对象温饱、尽快实现脱贫致富作为首要任务，全面推进扶贫开发，切实帮助革命老区、贫困山区的困难群众早日实现脱贫致富，这是基本的工作目标。围绕这一目标，新闻媒体可以通过新闻扶贫不断创新形式，拓展扶贫空间，收到事半功倍的效果。每年春节前后，湖南卫视都会在《湖南新闻联播》节目中连续几天，每天推出 10 分钟左右的新春走基层年度大型直播节目，受到广大观众的欢迎。直播节目将这些穷得让人心疼，但美得让人心醉的地方璀璨绚丽的民俗风情、得天独厚的山水资源、韵味无穷的人文景致，在春节假期里集中放送，明显拉高了收视率，形成了热点话题。从 2013 年的《直播汤湖里》，2014 年的《直播吕洞村》，2015 年的《直播惹巴拉》，2016 年的《直播香草源》，2017 年的《直播苏木绰》，到 2018 年的《直播奉嘎山》，形成了"直播哪里火哪里"的势头，直播点都成为广大游客追逐的旅游热点，直接拉动了当地的旅游消费和农产品的销售，促进了贫困山区的乡村振兴。

贫困不是一两天产生的，要想根治，也不可能毕其功于一役，必须和发展相结合。打赢这场攻坚战，制约因素有很多，归结起来，不外乎两个方面：一是客观因素，不少贫困地区一方水土养活不了一方人。二是主观因素，必须调动各方面积极性、形成强大合力。直面问题是勇气，解决问题是水平，坚持问题导向，找准问题、聚焦问题，就能为实施精准扶贫、精准脱贫，打赢这场硬仗奠定良好基础。精准扶贫、精准脱贫是打赢脱贫攻坚战的基本方略，重点就是解决好"扶持谁""谁来扶""怎么扶"。开对"药方子"，才能拔掉"穷根子"。

湖南花垣县十八洞村作为"精准扶贫"的首倡地，肩负着探索"可复制、可推广"精准扶贫模式与经验的历史使命。经过几年的实践，该村成为全面践行习近平总书记"精准扶贫"思想、扶贫脱贫成效显著的典范。新闻媒体及时总结并大力宣传了该村"短中长兼顾 + 异地化 + 市场化 + 组织化"的产业扶贫经验。在媒体的助力之下，进行了社会力量的整合，十八洞村率先在湘西州推行电商扶贫。移动、联通、电信在村建立了村级电商服务站、村级金融服务站、村级邮政便民服务站。湖南盘古电子商务有限公司在村里建设了电子商务平台，解决农副产品对外营销难题。借助中国邮政的"邮三湘"网络平台，向游客销售村内 4060 株桃树的采摘权，与五新公司等四家公司签订苗绣订单协议，为苗绣合作社提供稳定销路。引入首旅集团、华龙公司、北京消费宝公司，斥资 6 亿元打造以十八洞村为核心的旅游景区，实现了乡村旅游"升级"。

三、实践媒体融合的检阅场——在媒体融合的背景下，新闻单位加大新闻扶贫的力度，不断扩大社会组织参与精准扶贫的影响力，在振兴革命老区、打赢脱贫攻坚战中发挥不可替代的独特作用

应该说，近年来媒体融合发展硕果累累，传媒行业已经展现深刻的格局变化与技术迭代。推动媒体融合发展、建设全媒体成为我们面临的一项紧迫课题。习近平总书记指出："全媒体不断发展，出现了全程媒体、全息媒体、全员媒体、全效媒体，信息无处不在、无所不及、无人不用，导致舆论生态、媒体格局、传播方式发生深刻变化，新闻舆论工作面临新的挑战。""要加强传播手段建设和创新，发展网站、微博、微信、电子阅报栏、手机报、网络电视等各类新媒体，积极发展各种互动式、服务式、体验式新闻信息服务，实现新闻传播的全方位覆盖、全天候延伸、多领域拓展，推动党的声音直接进入各类用户终端，努力占领新的舆论场。"中央省市新闻单位应该根据自身的特点，切实加大新闻扶贫的力度，不断扩大社会组织参与精准扶贫的影响力，把新闻扶贫作为实践媒体融合的检阅场。在媒体融合的背景下，可以通过以下几个途径精准施策：

第一，新闻扶贫应该尝试多种方式，形成组合拳，包括新闻直播、典型宣传、专题报道、经验推广、话题设置、广告扶贫、特产推销、地方美食、明星扶贫、晚会扶贫等，目的在于扩大精准扶贫的影响力。当代的传播形式发生了巨大变化，由单向式的传播变成多维、立体、几何式的传播。现在人人都是"自媒体"，既是信息的接受者、传递者，又是消息的制造者、传播者。新闻扶贫有助于传统新闻媒体适应从"受众时代"向"用户时代"的转型。新媒体的融合，不仅要跨越空间、瓦解时间，关键是重塑关系、创新服务，而且要结合大数据思维、互联网思维、用户思维、版权思维和底线思维，从传统媒体本位走向新媒体本位。应该创新典型宣传的形式，特别是要重视利用网络媒体，通过微视频、影视作品等"到达率"高的传播形式进行宣传，使典型可亲可近、可信可学。因此，积极开发新闻扶贫的素材资源、节目内容和内容平台，有助于围绕贫困话题和贫困群体资助，增强新闻在贫困社区和贫困人口中的影响力，凸显新闻扶贫的

社会效益。近几年来，中央省市主要媒体精心组织策划，围绕脱贫攻坚这个主题做活做足文章，深入基层，采访推出了不少有分量的新闻报道，有力壮大了脱贫攻坚主流声音。据统计，2018年中央媒体共推出扶贫报道13万余条，省级媒体的扶贫报道有24万余条，网络媒体扶贫报道多达521万条，为全面打好打赢精准脱贫的攻坚战营造了良好的舆论氛围。

第二，新闻扶贫的关键在于记者深入主战场，贴近实际、贴近生活、贴近群众，注重提炼扶贫精神，讲述好"沾泥土、带露珠、冒热气"的脱贫故事。国家的伟大，在于成就逐梦传奇；记者的荣光，在于记录时代变迁。14亿多人口，在960万多平方公里的土地上，即将实现根治消除绝对贫困的伟大壮举！这在世界历史上绝无仅有，在中国的历史上也绝无仅有。如果中国的贫困人口全部脱贫的话，不仅在中国具有划时代的意义，而且在国际上很有典型推广的价值。新闻记者只要实现"三贴近"，聆听大地心跳，为人民抒写，可以推出一批有思想、有温度、有品质的新闻作品，用生动的笔触、鲜活的镜头全方位呈现脱贫攻坚的历史进程。大家相信，通过全社会的总动员，在全世界能够树立起一个成功的"中国样板"。打赢脱贫攻坚战，新闻媒体不仅不能缺席，还必须走在前面。讲好扶贫脱贫故事是新闻扶贫工作转变方式、贴近生活、走近群众的一个有效途径。记者心中要时刻带着真感情，才能挖掘出一个个真实生动的脱贫故事。新闻扶贫更要提炼扶贫精神，立足于脱贫攻坚的大局，着眼于扶贫的历史、现实和未来，准确抓住脱贫攻坚蕴含的实践灵魂、工作品格、价值追求和精神内核。

第三，新闻扶贫还应该推动扶贫宣传工作由经验传播向模式推广转变，尤其是要多推广以"造血"为主的精准扶贫新模式，指导引领广大干部群众尽快掌握打赢脱贫攻坚的科学方法。脱贫攻坚点上的好做法可以称之为经验，面上的能够长时间发挥作用的则称之为模式。新闻扶贫既要推介脱贫攻坚工作的特色做法、先进经验，更要提炼推广具有示范引领、可资借鉴的长效机制和工作范式，这也是新闻媒体的应尽之责。2018年，中央电视台社会与法频道推出大型电视扶贫行动《决不掉队》节目就是新闻扶贫的一次大胆创新，提出了创新性的"双扶行动"。据统计，节目第一季最高收视率达到0.45，位居全国同时段所有电视节目的前8位。节目视频点击量2.1亿次，100多家媒体纷纷转载宣传报道，掀起了一轮全民助力脱贫攻坚的热潮。通过节目组的积极联络和组织，几十名专家、100余家企业，从产业发展、培训就业、教育、医疗、旅游等方面，因地制宜地为12个贫困县梳理制定了脱贫方案。《决不掉队》节目组成功把主要媒体联合起来，搭建起政策、资源和信息的对接平台，助力贫困地区早日摆脱贫困、走向振兴富裕之路，这种探索与实践不但值得鼓励，也可以在全国推广。

贵州的新闻媒体打造浓郁的扶贫舆论氛围，致力推动农村产业革命，使之成为农业高质量发展的总抓手、农业供给侧结构性改革的突破口。新闻媒体助力贵州"黔邮乡情"平台，开辟出一条以"工业品下乡、农产品进城"为特色的电商之路，茶叶、蔬菜、食用菌、水果、辣椒、中药材等特色产品深受消费者青睐。

脱贫攻坚目前已经进入决胜的关键阶段，成为习近平总书记"心里最牵挂的一件大事"。2019 年 5 月，习近平总书记在江西于都参观中央红军长征出发纪念馆时语重心长地指出："革命理想高于天。理想信念之火一经点燃，就永远不会熄灭。在中央苏区和长征途中，党和红军就是依靠坚定的理想信念和坚强的革命意志，一次次绝境重生，愈挫愈勇，最后取得了胜利，创造了难以置信的奇迹。我们不能忘记党的初心和使命，不能忘记革命理想和革命宗旨，要继续高举革命的旗帜，弘扬伟大的长征精神，朝着中华民族伟大复兴的目标奋勇前进。""青山行不尽，绿水去何长。"实现中华民族伟大复兴，一定要弘扬伟大的长征精神，走好今天的长征之路。振兴革命老区，如期实现脱贫攻坚目标，是全国人民的殷切期盼，也是历史赋予的使命担当。脚上沾有多少泥土，心中就沉淀多少真情。以安邦兴国为己任，以经世济民为目标，致力发挥新闻扶贫在加速革命老区振兴中的独特作用，新时代的新闻实践就能在脱贫攻坚战中再立新功。

（作者单位：东莞理工学院城市学院）

新中国70年外交题材纪录片发展历程

王庆福　刘　彤

1949年，中华人民共和国的成立，成为二战之后人类历史的重要事件，从此，这个位于东半球的古老国家就以一种全新的面貌亮相于世界舞台，并在国际外交事务中发挥着日益重要的作用。从新中国成立之初努力维护国家主权与民族独立，到如今的和平外交政策的推行，新中国的外交已经走过70年的历程，而纪录片作为时代的见证者，更成为新中国外交的影像文献。

新中国成立七十年来，外交题材的纪录片无论是内容还是形式上都呈现出了多样化的特征，虽然这类纪录片时有佳作出现，并曾经创造影院纪录片的票房奇迹，但总体说来，作为一种题材类型，学界并没有给予足够的关注。

本文将外交题材的纪录片划分为外交人物，外交事件，外交历史和外交政论纪录片四种类型，力图通过对中国1949年至2019年70年外交题材的纪录片的梳理，结合不同时代背景，探究七十年来不同类型外交纪录片的发展和变迁，呈现其在中国纪录片版图中的清晰脉络，进而发现这一题材纪录片对于繁荣中国纪录片产业的价值。

一、外交人物纪录片：从仰视领袖形象的宏大叙事到日常化微观叙事

人是历史的见证者，人物类纪录片在纪录片诸类型中占据突出的位置，"在表现国家历史性事件的纪录片中，通常把事件中的人物放在前景位置，从微观人物的视角来透析整个历史事件，来赋予事件的内涵与意义"[1]。新中国外交题材纪录片的选题就是从对外交人物的表现开始的，对这类纪录片加以梳理，可以发现其经历了从仰视领袖形象的宏大叙事到日常化微观叙事的变化。

创作于1957年的《祝贺——毛主席访问苏联》是一部以领袖出访为取材内容的纪录片，这部时长约半个小时的彩色纪录片，较早地记录了毛泽东的外交银幕形象，其中特别突出了毛泽东在莫斯科大学演讲的情形："长久以来藏在中国

---

① 王庆福：《中国纪录片：走向市场的类型化生产》，中国戏剧出版社2008年版，第48页。

留学生心里的愿望终于得到了满足，他们在莫斯科大学会见了最伟大的领袖毛主席"，充满说教意味的解说词对视觉影像进行引导，极富主观意味，深刻着时代的烙印，体现出创作者对伟人的"朝圣心理"。在风云变幻的国际舞台上，新中国外交官的据理力争，殚精竭虑所散发的光辉魅力，令外交人物罩上一层神圣的光环，自然也成为早期外交纪录片表现的重点。

20世纪90年代，随着《毛泽东》《周恩来》《邓小平》《朱德》《刘少奇》等领袖诞辰百年的献礼片出现，纪录片迎来了领袖题材创作"热"。《百年小平》《共和国主席刘少奇》《走近毛泽东》《情归周恩来》《小平您好》等纪录片开始有意识地从普通人的视角出发审视政治伟人。在12集电视文献纪录片中《周恩来》（1998）中，第三集《世界舞台》和第十一集《开拓新格局》客观展现了周恩来的外交生涯。无论是亚非会议中中国代表团的扭转危局还是中美关系的破冰之旅，影片中周恩来始终以政治家的风度和气魄运筹帷幄，给当时的世界各国留下深刻的印象。纪录电影《周恩来外交风云》（1997）以积累了60年周恩来外交生涯为素材，影片涉猎中共三代领导集体，几百名世界政要，几十年的外交史，成为外交纪录片的典型代表。这部具有宏大叙事特征的纪录片在展现共和国总理波澜壮阔的外交生涯同时，穿插了一些小细节和情景，实现了宏大叙事和日常叙事的结合：比如周总理面对胡志明病情焦灼的救援，对西哈努克孩子悉心的照顾与安排，因公务繁忙对妻子回信的温情与无奈，令人看到周恩来总理外交工作之外的生活化的一面，这种对政治领袖个性化和微观化的叙事，透视出伟人作为普通人的内心情怀，构建了国家领导人伟大与平凡的统一的形象，实现从"伟人"到"普通人"的角色回归。

进入新世纪，影像传播的渠道更加丰富，受众的主体地位逐渐得以确立和提高，纪录片的表现形式也更加丰富，同时我国对外关系的发展也更加稳固和多元化，纪录片创作者们注意到外交事业的发展并不能仅凭一己之力，对外交人物的选择也开始出现视角的下移。

在《中国外交官纪实》（2007）和《中国大使》（2007）等一系列纪录片中，不同身份的普通人承担这外交的角色，从发言人到大使，从撤侨行动到处理公共危机，无数外交官们在岗位的坚守也在书写着外交人物影像上的传奇。"国之交在于民之亲"，《新中国民间外交实录》（2015）采访和记录了为民间外交事业做出卓越贡献的民间人士和外交机构，中外人民的友好交流彰显了"底层"的和平外交理念，共同搭建起新中国外交的国际舞台。《亚丁湾风云》（2011）记录了中国海军在联合国倡议下，为打击索马里海盗的势力，在索马里海峡执行护航任务的风采。

相对于权威性的国家领袖的影像，普通主人公更具有着可写性和可读性。外交人物纪录片主人公从向平民的转向，令这一题材中的伟大领袖走下神坛，拥抱大众，也使亲历外交历史的一般人物角色成为外交历史的见证人和彰显时代精神的代言人，实现了纪录片创作从"大历史"向"小历史"的转变。

二、外交事件纪录片：从见证历史的新闻片到初具雏形的商业纪录片

在新中国外交题材纪录片中，以某一特定历史为背景，具体讲述某个特定时间内发生的外交历史事件的纪录片占据着半壁江山。这些纪录片通过对具有"拐点"意义的重大外交事件的多方位解读，为观众提供从个体事件透视历史整体面貌的窗口。

以外交事件为主题的纪录片多是在历史资料片汇编的基础上形成的，属于文献纪录片的类型。文献纪录片是把文献档案和历史影像相结合，"利用以往拍摄的新闻片、纪录片、影片素材以及相关的真实文件档案、照片、实物等作为素材进行创作，采访当事人或与之相关的人物和事件，客观叙述某一历史时期、历史事件或历史人物的纪录片。在西方，这种纪录片通常称为汇编影片。"① 文献纪录片也是最能够代表历史特色的纪录片类型。

新中国成立初期，我国不仅在外交上与苏联建立了友好同盟的互助关系，在纪录片的创作上也承袭了苏联的"形象化政论"模式，即列宁所说的"广泛报道的新闻片，要有适当的形象，应当是形象化的政论，而其精神应该符合我们苏维埃报纸所遵循的路线"②。这时的外交纪录片大都是基于刚刚发生的事件新闻记录，以真实的事件和人物为表现对象，是对新近发生的外交事件的"实况转播"。例如《和平万岁》记录的是 1952 年北京亚洲及太平洋区域会议的召开这一历史性事件，展现了中国爱好和平人士为维护成亚太地区的和平与安全所做出的努力；《亚非会议》聚焦于 1955 年备受亚非人民瞩目的万隆会议，影片对由周恩来率领的共和国外交代表团进行了细节的拉近与捕捉，为后期文献创作提供了珍贵的历史资料；《伟大的友谊》（1960）对中苏两国人民真挚友谊进行史诗性的记录；《刘主席访问印度尼西亚》（1963）《刘少奇主席访问朝鲜》（1963）等呈现的是领导人在外交舞台上忙碌的身影……虽然受客观条件的限制，这些影片留有浓重的公式化、概念化的痕迹，但在创作条件极为艰苦的条件下，新闻工作者们还是真实而实时地记录了共和国外交的历程，使其作品成为见证党和国家外交事件的"影像册"。

20 世纪 90 年代末，大众文化的兴起在一定程度上改变了受众对影像的认知，令图解式的纪录片不再满足人们的需求，这时纪录片在文化转型、市场运作

---

① 单万里：《纪录电影文献》，中国广播电视出版社 2001 年版，第 486 页。
② 王庆福：《电视纪录片创作》，重庆大学出版社 2016 年版，第 51 页。

和娱乐化等多种因素的作用下，开始出现从精英文化向大众文化的转变。《探索发现》《天下大观》《档案》等一系列栏目化电视纪录片就是在这种大环境下应运而生，这类栏目化电视纪录片一般通过解说或者主持人的设置一种全知全能视角，在基于历史事实的基础上，利用再现、搬演等创作手段进行影像表达。外交题材因其具有神秘性和传奇性而成为栏目纪录片表现的对象。例如《1979 邓小平访美和中美建交》《希伯来东行记——中国以色列建交秘闻》对中外建交过程中鲜为人知的事件进行揭秘，《中苏外交档案解密》《中美外交档案解密》对大国外交关系的发展展开细节化的解读，《基辛格访华秘闻》《中共老友：埃德加·斯诺》讲述了中美关系解冻背后一段隐藏的历史等等，其中最具代表性的是《档案》栏目。

《档案》是上海电视台纪实频道开播的历史题材剧情类纪录片日播栏目，栏目定位为"立足今天，重议旧事，向纵深挖掘和发现有意义的话题，摄录今日的社会事项和精神"。在这一原则指导下，栏目对历史时间进行了大胆的故事化叙事，如《中法建交秘闻》将毛泽东横渡长江书写《水调歌头》的情景与法国总理戴高乐在战场作战的两段历史文献创造性地剪辑在一起，建立起两国跨时空交流的情境，引发观众对两者有何联系的疑问。影片以此切入，通过主持人、解说词和专家采访多视角的讲述来还原中法建交的原始面貌。《破冰之旅》通过对历史资料的整合，讲述了 1972 年中美建交的全过程：演播厅模拟成十几年前圣诞夜华盛顿正在下雪的情景，主持人搓着手从雪花中走来，原本欢快的圣诞曲被突然响起的火警声打破，主持人迅即走向另一个演播厅，气氛开始变得紧张严肃，"到底发生什么事了"，"结局怎么样了"主持人在一步步悬念中逐渐解开"谜底"：原来是尼克松的女儿点燃了邓小平从中国带来的茅台酒。不同于画面加解说式的传统纪录片模式，《档案》让电视抠像技术、道具、虚拟现实充当历史情景再现的中介者，实现了历史空间与现实空间的相互交融，以主持人的声音模拟现场并与文献档案相结合，将观众带入事件发生时的历史情境，在主持人的引领下，观众也如同跟随当事人一起，踏上了充满惊奇与刺激的解密旅程。

如果说栏目类电视纪录片开启了纪录片对叙事空间的"想象"，那么影院纪录片则令观众领略到纪录片叙事的真正魅力。在新中国外交历史中，那些重大外交事件背后的不同力量的交锋，往往具有传奇性与故事性，因而也就成为纪录电影的绝佳题材。进入新世纪，一部以邓小平访美为取材对象的纪录电影《旋风九日》就凭借这一题材优势征服了观众。

《旋风九日》（2015）以商业化的电影叙述策略，揭秘邓小平 1979 年访美的鲜为人知的故事。影片中多次出现了美方拍摄从未披露的文献资料，并且根据当年邓小平访美路线进行了大量的实地采访。通过文献资料与拍摄素材的紧密结合，彰显了这段外交历史的厚重感和纪录片创作的真实性，影片整体紧凑的叙事使严肃的纪录片具有了惊悚悬疑片的商业化语言。例如在邓小平去往美国的飞机上，曾遭遇惊险的降落，这一惊心动魄的瞬间，导演通过动画再现的方式使这场意外妙趣横生，充满紧张氛围的音乐与快速运动的镜头增强了视觉审美和艺术感染力。基于技术手段和真实事件的还原，实现了历史与现实的浑然交织和情节的跌宕起伏。在当今泛娱乐化的电影生态环境下，占据中国主流电影市场的仍然是受年轻人喜爱的"商业大片"，而这部外交题材纪录电影，却凭借其厚重的历史感和故事趣味性，重新在电影的市场中找到了生存空间，也为主旋律电影纪录片创作如何达到品质与市场的统一给出了时代的答案。

外交主题的展现往往伴随着较为严肃的政治话题，早期的外交题材纪录片均以新闻加片或内参片的形式出现，成为一个国家外事活动的影像记录，正是新世纪纪录片娱乐化的手段进入让这一题材类型重获生命力，并为纪录片这一曲高和寡的艺术形式找到了一条市场化生存的突围之路。

三、大型外交历史纪录片：主流价值观的彰显与国际视野的补充

美国著名后现代历史学家海登·怀特认为，无论是描写一个环境，分析一个历史进程，还是讲述一个故事，历史都是一个话语形式，都具有叙事性。[1] 在新中国 70 出现的一系列外交题材纪录片中，无论是人物纪录片还是事件纪录片，都是一种对历史的片段的、局部的叙事，而要达到对历史的整体的叙事，就必须具有对历史长时段的、全方位的透视。这一任务是由新世纪之后的一系列大型历史纪录片来完成的。

《共和国外交风云》（2000）将共和国 50 年外交历程分为 12 个篇章，讲述了 50 年代的局部战争，70 年代的多边外交，90 年代斗争中求合作。例如在展现中美建交这一历史事件时《跨洋握手》，从中苏的边界谈判谈起，到社会主义联盟胡志明主席的葬礼，到尼克松总统竞选，再到基辛格秘密访华以及乒乓外交，最后促成了尼克松访华这一世纪性握手。通过渲染新中国艰辛的建交过程强调跨洋握手的来之不易，折射出历代中国人民为维护国际秩序所做出的努力，传达出爱好和平的价值观。

《新中国外交》（2009）作为国庆六十周年献礼片，以 30 集的时长展现新中国自诞生之日起半个多世纪外交史的风云变幻和波澜迭起，思辨性地为我们还原了外交历史中令人刻骨铭心的外交故事。杨澜的出现一反揭秘性历史专题片中主持人的循循诱导，以慢节奏的传递和细节化描述呈现出更具有学者视角的"静

---

① 海登·怀特：《后现代历史叙事学》，中国社会科学出版社 2003 年版。

态"外交历史。由浙江卫视拍摄的《中国外交档案》对新中国外交历史十个具有重要意义的外交事件进行梳理,展现了不为人知的外交秘闻。

除了从本土视野出发对我国外交历史进行梳理,进入新世纪后,外交内涵的多元化发展也为外交历史纪录片的创作提供了更广阔的视野,一些从国际视角出发对外交工作的记录实现了对完整外交历史的补充与关照。

《新中国援外60年》(2010)全面系统地展现了在几代中国领导人带领下,中国援外工作60年走过的波澜壮阔的发展历程,坦赞铁路、中巴友谊路、缅甸幸福村等多个援外项目彰显中国的外交温度,凸显了我国立足于世界与全人类,勇于承担国际责任和义务的大国外交形象。《联合国》则从国际视角呈现了中国外交的风云变幻,立足于联合国发展历程,将中国在"联"的表现穿插其中。对曾经在联合国中工作过的重要人物进行大量采访,以亲历历史人物的限知视角与解说的全知视角相结合,客观而又全面地编织出中国对世界和平做出的重要贡献。20集《中国维和行动》和8集《中国红·和平蓝》展现了我国作为联合国成员国参加国家维和行动的真实影像,全景地展现了中国军人用汗水甚至血肉之躯推进的和平进程,忠实践行着联合国维和部队的神圣使命。影片以一个个惊心动魄的故事和难忘的镜头,展示了中国军人为在联合国维和行动中的英姿,无论是运输还是排雷,架桥还是铺路,扶助利比亚还是参与黎以战争其中都可以看到中国军人的身影。

大型外交历史纪录片或以历史事件为线索,点线结合全面透析中国外交变迁,或从国际视野切入,关注外交历史的多元化发展,为观众构建了一幅脉络清晰的中国外交图。通过这一纪录片类型,外交题材纪录片建立起历史与美学的双重视点,使新中国外交历史以完整而丰富的面貌呈现于大众传媒。

四、新时代外交政论纪录片:用纪实影像阐发"大国外交"理念

当时间的脚步跨越到共和国第70个年头,世界的格局正发生着深刻的变革,外交纪录片也顺应时代的发展,由过去单纯记录外交事件的新闻记录向外交题材的多元化表达转向,正是在这种转向中,一种新的纪录片类型——外交政论纪录片应运而生。

近几年,习近平总书记提出的一系列新理念和新思想催生了新型政论专题片的出现,如《将改革进行到底》《超级工程》《了不起我的国》《中国这五年》等,其中由中央电视台推出的六集大型政论专题片《大国外交》(2017),解读了自十八大以来,以习近平同志为核心的党中央提出的一系列外交理念和发展战略,向世界展现了五年来中国外交的伟大成果。对这部纪录片进行解读,可以发现新世纪外交题材纪录片的新拓展。

（一）"人政合一"阐释外交战略

与以往外交纪录片中领导人形象塑造的方式不同，《大国外交》不再聚焦于领导人的"丰功伟绩"或"平凡生活"，而以习近平在国际舞台上的外交实践为核心，以流畅的剪辑和精致的视听效果来诠释抽象化的外交战略，在塑造习近平主席为国为民的外交形象同时，清晰阐述中国外交的各种方针政策。习近平在中国崛起的背景下提出的大国外交理念，使中国从国际舞台的旁观者变为国际秩序的引领者，独具特色的"习式外交"成为中国新时期外交的亮点。正如国外媒体所说，"习近平接手的中国已是世界第二大经济体，如果一个与数十年前已大不一样的中国，不重新思考其在国际体系中的角色，那才令人不可思议。"① 习近平主席的人物形象与国家外交理念互相渗透并融为一体，国家领导人俨然成为中国的首席外交官，这种"人政合一"视角，拓宽了外交人物类纪录片的创作视野并深化了纪录片表达的思想内涵。

例如，第五集《东方风来》中，习近平不断向世界发出共建丝绸之路经济带的邀约。影片多次插入习近平主席在哈萨克斯坦、东南亚、海南等会议上阐释"一带一路"的实况讲话："'一带一路'，历史上它是中国打开封闭之门、向外开放、和睦邻邦并且造成中西方文明交融的一个历史上的现象。"衔接流畅的同期声与人物特写镜头相结合，营造的现场感引发观众共鸣；在展现古丝绸之路的繁荣盛况时，长镜头与解说词形成互文，使民众对"一带一路"外交战略感触更加深刻和立体。习近平主席高瞻远瞩的外交韬略和站在历史角度进行心怀天下的领导人形象更加深入人心，中国一个负责任的大国形象也由此而生。

（二）巧妙叙事彰显外交布局

传统外交纪录片在叙事时，多以已知事件发展的时间为线索，尽量没有遗漏地讲述某一事件发生的始末，或从观众好奇点切入，还原事情真相，而对于当时中国国际关系的辨析与敏感问题尽量避而不谈。置身新的时空坐标，《大国外交》以国际形势为参照，主动回应西方质疑，通过对叙事线索的主动寻找，完成了对外交布局的深度解读。

如第二集《众行致远》开篇就以"世事如棋，开局落子十分重要"为引喻，采取主题结构，主动提出在新型大国关系下，中国应怎样处理外交布局这一思辨主旨。通过梳理中俄关系来回答"一带一路建设"与俄罗斯建立的欧亚经济联盟的协调问题，以中国外交合作共赢的理念回应特朗普上台后中美关系的变化，以"不冲突不对抗"的新型大国关系打破西方媒体有意渲染的"修昔底德陷阱"，这种叙事安排看似回应了西方对中国质疑的腔调，实质以一种更深层次的

① 雷墨：《"习式外交"塑造中国新角色》，《南风窗·双周刊》2016年第6期。

思辨完成了对新时期中国外交布局的阐释。以国别关系为时序安排，以主动辩证为逻辑思路，两条精妙而又严谨的叙事线索增强了纪录片叙事策略的动力，又彰显了大国外交全方位的外交布局。

《大国外交》既不同于过去领袖形象的外交人物片，亦不同于以观点驱动画面的阐释型政论片，其叙事逻辑来自影片中人物自身的语言，通过蒙太奇剪辑让人物的语言与行动实现互证，并将背景放大，将习近平主席的外交思想与中国世界发生变化的真实画面结合起来，讲述中国的大国外交战略，塑造"兼济天下"的领导人形象和强而不霸的大国印象。正是这种独特的国际视野与人文关怀，使这部纪录片在众多外交题材纪录片中脱颖而出，成为新世纪中国外交题材中的扛鼎之作。

五、结论

通过对新中国外交题材纪录片七十年的梳理，可以发现，新中国外交纪录片的发展呈现出了一系列规律性的样态和一些可喜的变化：如从权威话语姿态到平民视角的转向，实现了宏大主题与日常叙事的结合；从单一新闻纪录片到多类型纪录片共存，拓展了主旋律纪录片的生存空间；从表层的故事讲述到深层价值观的传达，传达了民族和国家深度认同；从孤立的外交事件记录到外交和经济、民生、国际关系等多重关系揭示，形成了新时代背景下大国外交的全景关照等，正是这些特色构成了当下外交题材纪录片的国家主流叙事话语的特征。当下，在国家政策的激励下，纪录片正迎来新的一轮产业化发展势头，而外交题材因为其本身所蕴含的故事性与戏剧性，以及其本身所具有的国际交流价值正在成为选题中的热点，外交题材纪录片本身的固有价值必将得到更充分的发挥。

（作者单位：上海外国语大学新闻传播学院）

融媒体时代电视新闻的守正创新

蒋强先　谢鸿鹤　谢　榭

2018 年 8 月，习近平总书记在全国宣传思想工作会议上强调，"做好新形势下宣传思想工作，必须自觉承担起举旗帜、聚民心、育新人、兴文化、展形象的使命任务"，并明确指出，"中国特色社会主义进入新时代，必须把统一思想、凝聚力量作为宣传思想工作的中心环节"。[①] 与党报党刊、通讯社、电台、全国重点新闻网站一样，电视台是责任重大的主流媒体。各级电视台自建台以来，"广大电视工作者在党的领导下，坚持正确政治方向和舆论导向，围绕中心，服务大局，宣传党的主张，反映人民心声，唱响主旋律，传播正能量，为党和人民事业作出了积极贡献"[②]。深知新闻是安身立命之本的电视媒体，始终把政治方向摆在第一位，坚持政治家办台，坚持党性原则，坚持马克思主义新闻观，坚持新闻立台，充分发挥喉舌、耳目作用，举好旗、导好向、服好务。在宣传思想工作从"正本清源"进入到"守正创新"阶段后，电视媒体更应加大正面宣传力度，为经济社会发展营造良好舆论氛围，"更好强信心、聚民心、暖人心、筑同心"，"促进全体人民在理想信念、价值理念、道德观念上紧紧团结在一起，为服务党和国家事业全局作出更大贡献"。[③]

一、深耕内容，增强主流声音价值引领

"内容为王"还是"渠道为王"的争论从来没有停止过。互联网发展带来媒介渠道资源的极大丰富，受众对于渠道资源的依赖程度越来越低，内容在媒介竞争中的核心地位得以突显。"对新闻媒体来说，内容创新、形式创新、手段创新

---

①　张洋：《习近平在全国宣传思想工作会议上强调 举旗帜聚民心育新人兴文化展形象 更好完成新形势下宣传思想工作使命任务》，《人民日报》2018 年 8 月 23 日。

②　《习近平致中央电视台建台暨新中国电视事业诞生 60 周年的贺信》，http://www.xinhuanet.com/politics/2018 - 09/26/c_ 1123485152.htm

③　张洋：《习近平在全国宣传思想工作会议上强调 举旗帜聚民心育新人兴文化展形象 更好完成新形势下宣传思想工作使命任务》，《人民日报》2018 年 8 月 23 日。

都重要,但内容创新是根本的。"① 融媒体时代,"内容决定品质,高度决定影响力"已成为业界共识。只有充分发挥原创内容的绝对优势,多推出有高度、有深度、有温度的新闻宣传,电视媒体才能有效提升传播力、引导力、影响力、公信力。

1. 聚力打造新闻"头条工程"

近年来,电视新闻"头条工程"已成热词。各大电视媒体在"头条工程"的打造上可谓不遗余力。中央广播电视总台"把《新闻联播》头条工程提升、拓展为总台'头条工程',将习近平新时代中国特色社会主义思想更深一步贯穿融入宣传报道的方方面面。比如抓取习近平总书记重要讲话中的金句、妙语,深耕细作,精研细磨,丰富镜头语言,捕捉细节故事,寻找共鸣点、增强感染力,在更接地气、润物无声上下功夫,让习近平新时代中国特色社会主义思想'飞入寻常百姓家'"②。2017 年下半年,无锡广播电视台在地方台中较早实施新闻"头条工程",致力于打造有影响力的头条品牌,紧扣重大主题,策划组合式、集束式报道,形成阶段性报道热点和宣传强势,增强宣传效果。2018 年下半年,长沙广播电视台大力实施新闻"头条工程","每天必有头条,头条必有分量"。《长沙新闻》"头条工程"在选题策划上突出"三个紧贴":紧贴市委、市政府重要会议精神,紧贴市委、市政府重要文件解读,紧贴县市区、政府各部门和基层单位贯彻落实市委、市政府决策的进展情况和取得的先进经验。长沙广播电视台围绕"产业项目建设年""一圈两场三道"等中心工作,精心制作播出了《链·长沙——22 条产业链发展观察》《家门口的幸福"圈"——一圈两场三道推进报告》等"长沙新闻头条"。这些新闻报道上接"天线"、下接"地气",浓墨重彩、有声有色。

2. 精心制作新闻大片

从 2013 年起,湖南卫视连续 6 年在《湖南新闻联播》中推出"新春走基层"特别节目《直播汤湖里》《直播吕洞村》《直播惹巴拉》《直播香草源》《直播苏木绰》《直播奉嘎山》。这些大型直播活动报道调动一切电视元素,充分发挥电视媒体独有优势,形式新颖,可视性强,真正意义上打通了"立场"和"现场",社会反响强烈。与此同时,湖南卫视拍摄制作的《县委大院》《绝对忠诚》《湖南好人》《初心璀璨》《为了人民》等弘扬社会主义核心价值观五部曲,都是精心选题、精心策划、精心制作的有思想、有温度、有品质的"现象级"

① 曹智、栾建强、李宣良:《习近平在视察解放军报社时强调 坚持军报姓党坚持强军为本坚持创新为要 为实现中国梦强军梦提供思想舆论支持》, http://www.xinhuanet.com/politics/2015 - 12/26/c_1117588434. htm

② 慎海雄:《以守正促创新 以创新强守正》,《求是》2018 年第 19 期。

新闻作品。这些新闻大片在高收视、高关注、高热议方面毫不逊色于综艺节目。

长沙广播电视台近年来在新闻大片上也下足了功夫。除了参加全国城市电视台联制联播的《血铸河山》《三大起义》《筑梦新丝路》《四十城四十年》等新闻大片的拍摄制作外，还以工匠精神精心策划和打造了《中国雷锋》《浏水听春》《城垣之上》《中国有条浏阳河》《中国铜官窑上人》等新闻佳作。这些作品富有时代特色，紧扣中国梦主题，突显社会主义核心价值观，题材重大、主旋律强劲、策划巧妙、立意高远、制作手法新颖、镜头语言丰富、视觉冲击力强，是让党和政府放心、人民群众喜闻乐见的高品质作品。

3. 补齐电视新闻评论短板

越是浅阅读时代，越要赋予电视新闻思想高度；越是意见多元，越需要思想引导，突出价值引领，壮大主流思想舆论。一些电视媒体不太注重电视新闻评论，电视新闻中的短评、快评不少是应景之作，套话连篇，缺少真诚。2018年9月27日，《人民日报》在显著位置刊发央视评论员文章《奋力打造国际一流新型主流媒体》。这是《央视快评》首登党中央机关报，极大地提高了央视在新媒体格局下的舆论引导能力。近年来，《湖南新闻联播》在推出《县委大院》《绝对忠诚》《为了人民》等重头报道时，篇篇配发升华主题、掷地有声的"胡湘平"电视评论。《湖南新闻联播》的"胡湘平"评论版块已成品牌。

补齐电视新闻评论短板，做强电视评论品牌，以便更好地"传播真相、传播真知、传播真理"，是电视工作者义不容辞的责任。长沙广播电视台2018年在实施新闻"头条工程"和推出新闻大片时，经常配发"常新平"电视评论，推出《让深化合作持续刷屏"湘非朋友圈"》《22条产业链一个都不能少》等评论。电视评论旗帜鲜明表达立场、观点和态度，有助于提升电视新闻的影响力和公信力，可以更好地发挥新闻舆论引导作用。

二、深度融合，扩大主流声音价值增量

党的十八大以来，以习近平同志为核心的党中央高度重视传统媒体和新兴媒体的融合发展。2014年8月18日，中央全面深化改革领导小组第四次会议审议通过了《关于推动传统媒体和新兴媒体融合发展的指导意见》。2016年2月19日，习近平总书记在党的新闻舆论工作座谈会上指出，要尽快从相"加"阶段迈向相"融"阶段，从"你是你、我是我"变成"你中有我、我中有你"，进而变成"你就是我、我就是你"，着力打造一批新型主流媒体。[①] 电视媒体只有深度融合新媒体，充分利用新技术、新应用，创新媒体传播方式，把握时度效，

---

① 崔士鑫：《我国媒体融合发展走在世界前列》，《人民日报》2017年2月19日。

打好主动仗，唱响主旋律，才能牢牢把握舆论引导主动权，抢占舆论制高点。

1. "三微一端"齐发力，形成移动传播矩阵

中国互联网络信息中心（CNNIC）发布的第42次《中国互联网络发展状况统计报告》显示，截至2018年6月30日，我国网民规模达8.02亿。其中，手机网民规模达7.88亿，网民通过手机接入互联网的比例高达98.3%。① 移动端已成为上网获取新闻信息的重要途径。"读者在哪里，受众在哪里，宣传报道的触角就要伸向哪里，宣传思想工作的着力点和落脚点就要放在哪里。"② 近年来，以央视为代表的电视媒体全力打造"三微一端"移动传播矩阵，让主流媒体更好更快抵达受众、引导受众、服务受众，传播主流价值，实现价值引领。自2012年11日起，"央视新闻"微博、微信、客户端陆续上线运营。2014年，央视推出系列微视频《V观》，将微视频作为电视媒体新样态，使其活跃在传播前沿。目前，"三微一端"已成为电视媒体融合新媒体扩大影响力的"标配"。长沙广播电视台在组织实施重大主题报道时，采取"即时化传达、可视化表达、碎片化到达"的创新传播策略，利用"三微一端"立体化、互动式、全天候传播，让每条新闻及时快捷、有效准确地抵达受众。

制作视频新闻原本是电视媒体的优势，风头却被短视频平台抢走。可喜的是，电视媒体制作的微视频也出现了许多"爆款"产品。央视打造的《初心》《习近平为你描绘"新时代"》《公仆之路》等一批广泛传播的微视频作品为广大受众所喜闻乐见。这些作品用小故事体现大情怀，用真情叙事突显大主题，从情感高度、思想高度、政治高度上寻找契合点和突破点，以优质的内容承载彰显重大题材微视频作品的魅力。③ 电视媒体必须像打造新闻"头条工程"和新闻大片一样，从选题立意到拍摄制作，精心策划、精耕细作，推出更多可以持续引发全网热转的微视频作品。

2. 全力打造融媒体中心，深度融合新媒体

习近平总书记强调："要扎实抓好县级融媒体中心建设，更好引导群众、服务群众。"④ 近年来，电视媒体积极推动融媒体中心建设，以新闻为龙头，以视频为重点，以用户为中心，实施移动优先创新驱动战略，大屏带小屏，小屏回大

① 《第42次〈中国互联网络发展状况统计报告〉》，http：//www.cnnic.net.cn/hlwfzyj/hlwxzbg/hlwtjbg/201808/t20180820_70488.htm

② 曹智、栾建强、李宣良：《习近平在视察解放军报社时强调 坚持军报姓党坚持强军为本坚持创新为要 为实现中国梦强军梦提供思想舆论支持》，http：//www.xinhuanet.com/politics/2015－12/26/c_1117588434.htm

③ 陆先高、冯蕾：《从重大主题短视频新探索看主流媒体转型》，《中国报业》2018年第7期。

④ 张洋：《习近平在全国宣传思想工作会议上强调 举旗帜聚民心育新人兴文化展形象 更好完成新形势下宣传思想工作使命任务》，《人民日报》2018年8月23日。

屏，多屏联受众，打造智慧融媒体。2017 年 10 月，浙江广播电视集团中国蓝融媒体中心启用，集团旗下多个部门相关人员入驻融媒体中心，加强一体策划、融媒采集、融合传播。2016 年 9 月，长沙广播电视台融媒体中心技术平台建成并投入使用。2018 年年初，长沙广播电视台将新闻频道、政法频道和"智慧长沙"团队组建成新闻中心，现正在完善体制机制，准备重构采编发网络，再造采编发流程。近年来，长沙广电实施一体化战略和移动优先战略。每年围绕市委、市政府重大会议、重大活动、重大事件等组织 20 场以上的《全媒体大直播》，取得了很好的宣传效果。

融媒体中心技术平台建成并不意味着传统媒体与新兴媒体融合成功。全新理念、全新机制、全媒型人才和强大的技术支撑等是电视媒体转型升级、融合发展的关键。要变电视新闻机构为全媒体机构，实施采编发流程再造，让电视新闻成为融媒产品，并实现全覆盖传播。传播力决定影响力。重构采编发网络、再造采编发流程，实施一体策划、一次采集、多元生成、全媒体传播，是电视媒体深度融合新媒体、实现价值引领、做大价值增量的不二选择，也是电视人必须攻克的堡垒。

守正是基础，创新是关键。"坚持'守正'，'创新'才能有明确的立场和方向；不断'创新'，'守正'才能获得活力源泉和动力根基。"① 一个时代有一个时代的主题，一代人有一代人的使命。在中国特色社会主义进入新时代的历史背景下，在全面建成小康社会决胜阶段，广大电视工作者理应不忘初心，守土有责、守土负责、守土尽责，自觉并勇于承担新形势下宣传思想工作的使命任务，增强主动性、掌握主动权、打好主动仗，在融合创新中提升服务大局的能力和水平。

（作者分别为：湖南省广播电视局副局长；长沙广播电视台高级记者；湖南广播电视台记者）

---

① 本报评论员：《守正创新推动宣传思想工作不断强起来——论学习贯彻习近平总书记在全国宣传思想工作会议重要讲话精神》，《人民日报》2018 年 9 月 5 日。

中国现当代文学名著电视剧改编探析

艾 尤

中国现当代文学名著电视剧改编是一个不容忽视的文化现象，文学与电视这两种文化媒介的艺术特征既有不同，又有互通之处。经典名著的改编在现实生活与文学艺术之间搭建了一座桥梁，为人民群众与经典和时代对话提供了良好契机，始终受到国家的重视。我国诞生过巴金的《家》、曹禺的《雷雨》、钱锺书的《围城》、路遥的《平凡的世界》、曲波的《林海雪原》、杨沫的《青春之歌》等诸多优秀现当代名著改编的剧作，无不体现着时代特色和文化底蕴，在精神文化建设中发挥着重要作用。本文尝试从现当代文学作品的影视改编现状出发，结合二者在相互借鉴融合过程中出现的问题，探索一条相得益彰的文学作品改编之路。

一、现当代文学名著电视剧改编的整体状况

改编经典文学作品是站在巨人肩膀上的再创造。历史上许多重要的电视剧都是根据文学作品改编的。据有关统计，在过去的百年中，世界各国从文学作品改编的影视剧数量占到影片总量的 17% ~ 50%。中国现当代文学作品也是影视剧改编的重镇所在。

在中国，文学作品改编为电视剧始于 1958 年。根据同名小说改编的我国第一部电视剧《一口菜饼子》在这一年播出，这标志着电视艺术的诞生，也开启了小说改编电视剧的先河。当时的电视剧主要是为政治宣传服务，尚不属于真正意义上的大众文化。"文革"十年期间，很多电视剧创作人员失去了创作的权利，电视剧创作几乎一片空白，这使得刚刚起步的电视剧发展停滞。"文革"结束后，随着影视业的发展以及电视的普及，影视剧开始向着大众文化、大众消费的方向发展，成为大众文化的重要平台和载体。总之，我国现当代文学名著电视剧改编经历了一个较长的发展历程，大致脉络如下。

20 世纪 80 年代初期，受社会文化思潮变化、香港及国外电视剧涌入等多重影响，电视剧开始从单纯表达政治诉求向现实主义转型。1985 年，在中国人民

抗日战争暨世界反法西斯战争胜利40周年之际，老舍的代表作《四世同堂》被搬上了荧屏，引起万人空巷的轰动，成为第一部由长篇小说成功改编而成的电视剧。1986年，由曲波的长篇小说《林海雪原》改编的电视剧播出，该剧由朱文顺执导，林达信、韩再峰等参加演出，亦是一部成功的电视剧。1987年，改编自巴金的《激流三部曲》（《家》《春》《秋》）的电视剧《家春秋》播出，同样获得了很好的市场反响。此外，蒋子龙的《乔厂长上任记》、柯云路的《新星》、张一弓的《犯人李铜钟的故事》等一批反映社会变迁、命运变幻的改革文学作品走上电视荧屏。受80年代精英文化的影响，这一时期文学名著的电视剧改编存在着强烈的精英主义色彩，在改编上既尽可能忠于原著，又精雕细琢，电视媒介和文学名著实现了联姻，开启了电视剧改编稚嫩而关键的一步。

90年代，大众消费文化日渐盛行，娱乐性、商业性、通俗性进入文化市场。电视剧市场日渐火爆，电视艺术逐渐步入了成熟期。路遥的长篇小说《平凡的世界》于1990年被改编成14集电视连续剧，由潘欣欣导演，张宝庆、郑保国等主演。拍摄这部电视剧是当时中国电视剧制作中心领导分派给导演潘欣欣的任务，制作团队在当时属于一流，路遥还亲自参与了剧本的修改。该剧在中央电视台一套和二套播出，引起了很高的收视热潮。90年代初期，受电视剧拍摄大环境以及客观条件等因素的影响，现实题材的电视剧都不长，长篇的连续剧也很少，把一部约100万字的原著改编为14集的电视剧在现在看来也是不可思议的。电视剧改编者还将目光对准了现代文学史上的文学经典，出现了回归现代文学经典的景观。根据钱锺书小说改编的电视剧《围城》等就取得了巨大成功。此外，《二马》《离婚》《霜叶红似二月花》《雷雨》《原野》《骆驼祥子》《子夜》等都被改编成电视剧。

可以说，从80年代到90年代主要为国家主导，由国营电视剧制作中心和电视台创作生产，聚集优质资源，不计成本与回报，颇有些计划经济的色彩，重文学、重制作，演员阵容强大且适配。90年代末期，受消费主义文化的影响，一些电视剧改编开始出现了商业化问题。以1998年由小说《骆驼祥子》改编而成的长达20集的同名电视剧为例，该剧加入了许多莫须有的内容，以与主题无关的情节来拉长集数，情节拖沓、结构松散，遭到了普遍批评。

2000年至2012年，这一时期随着市场经济的深入发展，民营公司开始成为电视剧生产创作的主要力量。省级卫视和视频网站项目崛起，为了扩大生产，开始以赚取利润为主，更重视商业类型和演员号召力。较为成功的有2003年由曹禺话剧《日出》改编的电视剧、2006年由杨沫小说《青春之歌》改编的电视剧。《日出》由万方、程世鉴编剧，谢飞导演，获得一致好评，是目前曹禺剧作中最为成功的影视改编。《青春之歌》保留了原著中的主要情节和人物关系，但更加追求故事的可看性，在原著基础上扩展了一些人物内容，如加强了女主角林道静和三位男主角的爱情线。张爱玲小说的电视剧改编在这一时期引发热潮，如2003年胡雪杨导演的《半生缘》、2004年穆德远导演的《金锁记》和2009年梦继导演的《倾城之恋》，改编的情节内容往往被戏剧化、通俗化，成为张爱玲所排斥的"善与恶、灵与肉的斩钉截铁的冲突"①，并未很好演绎出张爱玲小说的凄凉感，有的虽红极一时，却饱受学界诟病。此外，由王安忆小说《长恨歌》改编的电视剧由于将原小说中王琦瑶死于非命的结局改为大团圆结局，大大消解了原著中的悲剧色彩。较具代表性的影视剧还有《子夜》《林海雪原》等。

2013年，国家和地方政府陆续出台一系列鼓励文化产业发展的政策和措施，此后经典改编主要由文学作者所在地省委宣传部主导，民营和部分国营制作机构承制，更注重传承经典文化和地域特色，整体制作水准较高，如《平凡的世界》《白鹿原》《红高粱》等。以后来重拍的电视剧《平凡的世界》为例，该剧属于上海市重大影视创作项目，经过专业创作团队历经6年多的反复打磨和修改，才最终定稿，播出后获得较好反响。互联网技术和新媒体的深入发展催生了一大批新的文艺类型，传统意义上的当代文学格局发生了深刻的变迁。视听取代阅读、声像挑战文字、影视取代小说，已经成为当代大众审美文化的重要表现。与此同时，网络剧、言情剧、武侠剧等层出不穷。传统文学不可避免地被逐渐边缘化。

二、现当代文学名著电视剧改编的利弊得失

不可否认，文学文本和电视文本作为两种不同的媒介艺术，二者既有相通之处，亦有不同之处。前者是语言艺术，通过文字魅力引发读者思考；后者是视听艺术，通过图像和音效引起观众共鸣。电视文本的呈现更为直接具体和生动形象，因此电视剧较之文学作品有着更为广大的受众群体和更强大的宣传力。哪怕是默默无闻的文学作品，有时通过电视剧改编，就能够迅速获得人们的关注。同时，电视剧改编也能赋予经典文学作品以新的时代内涵。虽然现当代名著电视剧改编的过程在无形中弘扬了名著，但也存在一些问题，名著改编的成功与否主要体现在四个维度之间。

1. 忠于文学原著与尊重影视艺术规律

评论家顾晓鸣曾说："电视剧的创作，一开始就面临着'围城两难'。不冲进大众电视之城，如何有收视率，如何能算成功？冲进而不跑出来，如何有原著的品位，还不是一次失败的成功？成功与否的标尺竟如'围城'所暗喻的边际

---

① 张爱玲：《自己的文章》，《流言》，第188页，十月文艺出版社2012年版。

状态一样：介于保持原作精神与给以通俗注释这两者之间。"① 在忠于文学原著和尊重影视艺术规律之间，1990 年由黄蜀芹执导的《围城》实现了完美结合，成为名著电视剧改编之典范。

虽然《围城》只有 10 集，需对原著做大量删减，但导演黄蜀芹潜心研读原著，不仅专程拜访钱锺书，还彼此书信往来探讨改编事宜。该剧在尊重原著的情节发展和布局结构的基础上，充分发挥原著的语言优势，并尊重电视艺术规律，完全按照视觉艺术的审美需求进行拍摄。例如，在拍摄逃难的一场戏时，选了800 多名群众演员，以求达到逼真、震撼、具有冲击力的效果。该剧"以近乎完美的编导摄像、美术道具和强大的演员阵容，充分运用各种电视手段使之成功转化为具有较高文化品位和美学品位的视听语言"②，达到忠于原著和尊重影视艺术的精妙结合。该剧不仅被观众广泛认可，而且得到了专家学者和作家本人的肯定。"《围城》的片子完成后不久，样带便送到了钱、杨夫妇家中……没过多久，钱、杨夫妇就寄来了充满肯定与赞扬的信件，信中说电视较之小说没有走样，夫妻两人一直看到了半夜，欲罢不能。"③

然而，有时对原著的忠实与敬畏，也会束缚住电视剧改编的手脚。同样引起热议的电视剧《白鹿原》，其影视叙事风格就受到质疑。在有关《白鹿原》的诸多报道和评论中，"细节"是最常被提及的词语。人们津津乐道于剧组在选景上如何讲究，剧中展现的原上风俗又如何地道，导演刘进本人也为这部剧基本实现了最大限度的还原而感到欣慰。有评论者指出，电视剧《白鹿原》戴着比小说更为沉重的"镣铐"与"枷锁"。改编者对原著奉若神明、顶礼膜拜，而使他们放弃了电视剧的制作规则，转而采用文学化的、纪录性的手段制作。④ 殊不知这种冷静客观的叙事风格，难以满足那些并没有原著阅读经验、数量也更为庞大的观众。当他们以纯粹的电视剧观看心理来审视《白鹿原》时，自然会感到平淡和乏味。该剧"从叙事角度看，它既没有按照电视剧叙事要求讲述，也无法做到按照小说的手法和风格制作，陷入了一种非常尴尬的境地"⑤，即"叫好不叫座"。

① 刘彬彬：《中国电视剧改编的历史嬗变与文化审视》，第 101 页，第 95 页，第 88 ~ 89 页，第 167 页，岳麓书社出版社 2010 年版。

② 刘彬彬：《中国电视剧改编的历史嬗变与文化审视》，第 101 页，第 95 页，第 88 ~ 89 页，第 167 页，岳麓书社出版社 2010 年版。

③ 顾春芳：《看见他们，我就想到自己的父母——黄蜀芹与钱锺书、杨绛的〈围城〉情缘》，《档案春秋》2012 年第 3 期。

④ 陈瑜：《〈白鹿原〉：电视剧改编的"忠实困境"》，《金融时报》2017 年 6 月 16 日。

⑤ 陈瑜：《〈白鹿原〉：电视剧改编的"忠实困境"》，《金融时报》2017 年 6 月 16 日。

2. 文学的厚重深刻性与商业利润的短平快

电视和文学作为两种不同的艺术形式，各自有着不同的追求。文学注重传达作者的精神追求，而电视作为大众传媒之一，更看重商业利润。如何在保证商业利润的同时，仍能保留原著的精髓，使其成为经典的改编作品，可以说是所有文学作品电视剧改编者的挑战和目标。1985年，由林汝为执导的《四世同堂》在播出后获得广泛好评。该剧基本保留了原著情节丰富、结构恢宏和人物形象鲜明的特点，并将原著中的主要事件作为各集的情节中心，同时，原著中比较重要的人物角色在电视剧中无一缺漏，各有其位，发挥作用。剧作与原著之间既相互独立，又保持联系，不仅将原著中的国家残破刻骨之痛作了生动展现，还借助一些改编技巧激发观众的观看兴趣。对于"日本人就要打到北京来了"这件事，老舍通过精彩但分散的描写，展现了祁家男女老少各异的态度，而林汝为则设计了全家人围坐一桌等待开饭，你一言我一语各自叙说对日本人进城看法的这场戏，在群像展示之中实现了人物各自想法的碰撞，生动地刻画出人物不同的性格和心理，是对文学文本影视化的绝佳处理。① 《四世同堂》在保留原著的地域特色、时代特色和文学特色的同时，还用生动的影像效果吸引了观众，成为收视率极佳的"京味"电视剧开山之作。

电视剧《雷雨》的改编因只顾追逐商业利润而舍弃了原著深刻的思想性。该剧在表达"当代性"时产生了"媚俗化"倾向，② 遭到了学术界和理论界的猛烈批评。谈及《雷雨》的改编，李少红曾说："电视剧拍摄较适合情感故事，而且与家庭、人的情感有直接关系，写人物命运的，情节相对集中、起伏较大的电视剧有较高的收视率。"③ 受这一创作倾向和改编理念的影响，《雷雨》采用了电视剧商业运作的模式，在创作中按照通俗室内剧的艺术规律来设计剧本和框架，背离原著而随心所欲地安排剧中人物性格和行为走向，大胆地将原著的故事情节、人物命运重新演绎，以繁漪和周萍的不伦之恋为剧作主线。原本曹禺笔下的繁漪被认为是作品中塑造得最为成功的人物，但在改编剧作中却被颠覆，繁漪的爱恨纠缠变成了不可理喻的癫狂，最后以咎由自取的姿态完成了自我毁灭。她的死换来其他人的解脱，作品浓厚的悲剧性在剧中被温情地消解了。戏剧《雷雨》之所以经典，就是因为它在叙述家庭矛盾纠葛、怒斥封建家庭腐朽顽固的同时，反映了更为深层的社会及时代问题。为了迎合大众趣味和追求商业利益，

① 刘彬彬：《中国电视剧改编的历史嬗变与文化审视》，第101页，第95页，第88~89页，第167页，岳麓书社出版社2010年版。

② 刘彬彬：《中国电视剧改编的历史嬗变与文化审视》，第101页，第95页，第88~89页，第167页，岳麓书社出版社2010年版。

③ 《李少红谈〈雷雨〉》，《中国电影报》1997年4月17日。

电视剧将其局限为一部表现家庭伦理关系的戏码,"雷雨"精神和含义在剧中早已荡然无存,改编失败自然不可避免。

同样因为向商业规律妥协而遭遇失败的,还有电视剧《骆驼祥子》。该剧为了成本和收益盲目扩容,增加了不必要的次要线索,这些次要线索喧宾夺主,冲淡了原著中祥子命运的悲剧色彩。还有《青春之歌》《家》为满足影视剧通俗化的需求,增添了主人公的感情戏份,如林道静与余永泽、卢嘉川、江华的"三角关系",觉新和梅的恋情等。这些都在一定程度上削弱了原著的厚重感和深刻性。

3. 文学创作的时代背景与当下观众的审美需求

黑龙江电视台朱红双在《关于经典名著改编电视剧的理论探讨》一文中指出:"经典名著进行电视剧改编是以原著文本为基础和核心,在新的历史时期和文化语境和技术环境下,通过影视手段,对其进行再阐释和再创造。"[1] 既然是再阐释和再创造,在保留原著精神内涵且与作者思想观念基本一致的前提下,适当增减情节以满足观众当下的审美需求,这是可取且必要的。但是,改编的同时,也一定要尊重原著,重视其精神价值和艺术价值,保留其精粹,这也是关系到改编成败的重要因素。

由"红色经典"《林海雪原》改编的同名电视剧引发了诸多争议。该剧为了迎合当下观众的需求,追求收视率和商业利润,选择牺牲原著的部分情节和内涵,置原著的时代背景于不顾。可以看出,在新的时代背景下,该剧试图打破"革命样板戏"给人的固有印象,塑造丰满真实的人物形象,因而大幅度更改剧情。为了标榜平民化、生活化,杨子荣由智勇双全、浑身是胆的龙虎英雄形象转变成平凡的伙夫,原著中隐而不显的爱情线索,也在电视剧中得到大力渲染。这不仅严重偏离了原著的叙事轨道,还在某种意义上消解了原著的文化力量,致使观众无法接受剧中那个儿女情长又死得不值的杨子荣。2004年,国家广电总局发出《关于认真对待"红色经典"改编电视剧有关问题的通知》,指出"有的电视剧创作者在改编'红色经典'的过程中,没有了解原著的核心精神,没有理解原著所表现的时代背景和社会本质,片面追求收视率和娱乐性"[2]。2017年,吸取了从前改编版《林海雪原》的经验教训,导演金姝慧重新建构了原著的精神内涵,重拍了这部曾被解构的"红色经典"。

反观《红高粱》的电视剧改编,该剧在中国人民抗日战争胜利70周年的时

---

① 朱红双:《关于经典名著改编电视剧的理论探讨》,《理论观察》2011年第1期。

② 《关于认真对待"红色经典"改编电视剧有关问题的通知》,http://www.people.com.cn/GB/14677/22114/33943/33945/2523858.html

代背景下，不同于小说中人物的抗战来源于自觉的生命意识，主创在尊重原著时代背景的基础上，将这种生命意识上升为更加强烈的家国意识。虽然该剧在情节上也做了大量改编，但始终在精神内涵上与原著保持一致，并准确把握了人物性格，因而受到普遍认可。

4. 政府宣传引导与市场资源配置

"电视剧这种艺术形式，实现了人类视觉和听觉的极大延伸，是一种声画并茂、视听兼备的优秀的传播媒介，给观众的接受带来更多的方便、自由和选择。"1但相比于文学，电视艺术依托于市场投资，要在政府宣传引导与市场资源配置的共同作用下，才能出现更多的精品。这里所说的市场资源配置，指的是在名著翻拍过程中，根据市场需求和观众需求而对资源进行分配、组合及再分配与再组合的过程。20世纪90年代初，由于拍摄资金受限，大多数电视剧都没有超过20集，连四大名著之一的《西游记》也在拍摄后期因为资金问题叫停。随着时代的发展、经济的发展，投入于影视的资金越来越多，市场资源也越来越丰富。

将现当代文学改编成电视剧，大多是由业界顶尖的创作团队负责，通常采用"知名导演＋偶像主演＋半个娱乐圈戏骨捧场"的配置，导演把握影片质量，偶像吸引受众群体，老戏骨保证作品口碑。拍摄《围城》时，虽然条件有限，但导演黄蜀芹准确把握原著底蕴，陈道明、英达、葛优等演技派大腕精心揣摩人物、完美诠释，共同把钱锺书的文字转化为视觉艺术呈现给观众。《雷雨》由导演李少红执导，当年的人气演员王姬、赵文瑄主演。《红高粱》则由导演郑晓龙执导，周迅主演。优秀导演和知名演员的组合使市场资源配置得以优化。

2015版电视剧《平凡的世界》总投资达1.2亿元，无论是场景的搭置、人物的服装还是细节的设置，都高度还原了20世纪70年代到80年代中国城乡社会生活状态。作为高度还原作品的剧作，该剧对原著精神的传承以及从外壳到精神内涵对原著的保留，都是打动和引发观众产生共鸣的地方。2017年播出的电视剧《白鹿原》筹备了16年，投资2.2亿元，老戏骨挑大梁，94位主演、4万多群演，400位幕后工作人员后期制作了一年，才完成这部77集的"大剧"。该剧"以尊重和延承原著文化内涵为根基，展现了合理的事理逻辑关系，对宗族文化史进行完美演绎，进而使得原著人物形象和故事情节更加饱满，增强了剧作的艺术魅力"①。

三、现当代文学名著电视剧改编的对策建议

上述种种现当代文学名著电视剧改编存在的弊端与不足，一方面起到了警示

① 陈瑜：《〈白鹿原〉：电视剧改编的"忠实困境"》，《金融时报》2017年6月16日。

作用，另一方面也督促我们思考未来现当代名著电视剧改编的发展方向和目标。当前，我们正努力实现"两个一百年"奋斗目标、实现中华民族伟大复兴的中国梦。要实现伟大的事业，文艺的作用不可替代。习近平总书记指出："优秀文艺作品反映着一个国家、一个民族的文化创造能力和水平。吸引、引导、启迪人们必须有好的作品，推动中华文化走出去也必须有好的作品。"① 为了创造出更多有筋骨、有道德、有温度的影视剧改编作品，我们应注意以下几个原则。

1. 坚持国家主导，加强文化扶持

在这个风起云涌、瞬息万变的大发展时代，新时代中国特色社会主义推动着经济政治文化向新的高度进发，对意识形态建设的要求也不断提升。因此，应在坚持党对文艺工作领导的前提下，提升文艺作品的境界与格局，在作品中展现中华民族意气风发的精神面貌和深远伟大的家国情怀。现当代名著电视剧改编作品既要展现个人命运，以接地气的方式反映现实生活，也要透过个体命运折射时代精神、传播主流价值，主动寻求更高思想立意和更深远文化境界。我国传统文化源远流长，有着丰富的文化资源，而电视剧在彰显和宣传优秀文化方面具有重要作用。因此，要坚持国家主导，通过设立符合市场经济发展需求的优秀文化创业项目、鼓励文化发展体制机制等方式，健全现代文化产业体系和市场体系，创新生产经营机制，完善文化经济政策，培育新型文化业态。

2. 坚持精品定位，努力再造经典

文艺作品是衡量一个时代文艺成就的标尺，能够反映一个国家或民族的文化创造能力和水平。要推动文艺繁荣发展，实现文化引导和启迪人民的功能，推动中华文化走向世界，最根本的是要创作出无愧于民族和时代的精品。文学名著的电视剧改编，某种程度上说是对文学精品的电视化书写和展示。尽管电视荧屏与书本文字之间存在着巨大的差异性，但是文艺作品中的艺术与美学欣赏是相通的。当然，二者毕竟属于不同的艺术形式，在表现手法、叙事技巧和结构处理上存在一定差异。小说是语言的艺术，读者在阅读中主要通过文字来感受作者的语言魅力和思想韵味；电视剧属于视听感官的艺术，观众主要通过影像、对话等情节变化来感受剧情。前者更容易引起读者深层次的思考和研究，而后者则更强调观众的直观感受。可以说，小说为影视提供了绝佳的艺术素材，促进了影视剧的艺术化进程。一些不成功的改编，如叫好不叫座、叫座不叫好的现象，都为我们提供了很好的反思素材。完全照搬原著或过分曲解原著都是不符合名著改编的两种情况，前者缺乏艺术创新，后者背离了艺术本身。文学名著的电视剧改编应以严谨积极的创作态度，在忠于原著、领会原著精神实质，但又不拘泥于原著的基

---

① 习近平：《在文艺工作座谈会上的讲话》，《人民日报》2015年10月15日。

础上，结合当下社会文化语境、观众接受心理，采取符合电视剧剧本创作规律的方式进行改编。

3. 坚持艺术性、社会性、商业性三者的有机统一

影视剧通过市场实现价值，符合市场经济的运行规律。目前，很多影视剧通过发行量、收视率、点击量、票房收入等量化指标，来衡量其产生的经济价值。但是商业性决不能成为衡量影视剧成功与否的唯一因素，其经济效益应建立在实现社会效益的基础之上，进而追求社会效益和经济效益的统一。成功的电视剧改编，除关注经济效益外，更将弘扬正能量的社会价值、精湛的艺术价值作为追求，从而实现艺术性、社会性、商业性三者的有机统一以及"叫好又叫座"的二元统一。

4. 坚持以人民为中心，开拓经典的现代化表达、平民化表达

从现当代名著电视剧改编的传播流向来看，其主要受众是我国的广大人民群众。因此，现当代文学名著电视剧改编不仅要符合文艺创作的规律要求，还要具有丰富的文化内涵和时代精神，接受广大人民群众的最终检验。作为一种大众文化形式，现当代名著电视剧改编必须坚持以人民为中心，将"接地气"与高远的艺术境界相结合。要用现代化的表达方式，将名著中历史性的情节、环境与当下的时代背景结合起来，便于受众的接受和解读，让名著改编电视剧能够启迪心灵、陶冶情操，能够扫除颓废萎靡之风、提升观众欣赏水平。

四、结语

中国现当代文学名著电视剧改编不仅仅是电视艺术汲取养分的需要，也是文学作品从单一的印刷媒介走向多元化媒介呈现、寻求更大生存空间的尝试与探索。因此，如何正确传达经典文学的价值是影视创作者、研究者们需共同努力的方向，现当代文学名著电视剧改编之路依然任重而道远。文学和电视作为不同的艺术形式，都有独特的艺术价值，二者只有取长补短进行有机结盟，才能相得益彰，互相促进与补充，实现真正的良性循环，创作出更多的精品佳作。正如习近平总书记在文艺工作座谈会上所强调的："文艺不能当市场的奴隶，不要沾满了铜臭气。优秀的文艺作品，最好是既能在思想上、艺术上取得成功，又能在市场上受到欢迎。"①

（作者单位：首都师范大学文学院）

---

① 习近平：《在文艺工作座谈会上的讲话》，《人民日报》2015年10月15日。

践行职责使命　唱响礼赞新中国广西篇章

黄　宇

隆重庆祝新中国成立 70 周年，是 2019 年党和国家政治生活中的一件大事。广西广播电视台牢记新闻舆论工作的职责和使命，认真贯彻"48 字方针"，把庆祝新中国成立 70 周年宣传作为首要政治任务，从年初开始，就在广西卫视、新闻频道、综合广播和新媒体推出"祝福祖国"主题，聚焦 70 年来发展之"线"和节庆之"点"，策划推出系列庆祝新中国成立 70 周年的重点专栏和报道，到国庆期间，达到高潮。还调动所属频率、频道、网站及新媒体客户端，拿出重点版面、重要时段，专门排播庆祝新中国成立 70 周年主题的节目，用最悦耳的声音，最精彩的画面，最美丽的文字，最动人的故事，最豪迈的自信，唱响礼赞新中国的广西篇章。

一、主题报道浓墨重彩呈现新中国 70 年辉煌历程，增强群众获得感、成就感、幸福感

新闻报道是做好庆祝新中国成立 70 周年宣传的重头戏。广西台坚持"高举旗帜、引领导向，围绕中心、服务大局"的总要求，紧扣庆祝新中国成立 70 周年这一重大主题，围绕重要时间节点，讲"好故事"，讲好故事。9 月 20 日至 10 月 9 日，广播电视共播发各类稿件 2455 篇次，新媒体刊发相关报道 3116 条次，让"壮丽 70 年 奋斗新时代"成为思想舆论阵地上的主旋律。

（一）全景视野，多维视角，讲好身边故事，凝聚精神力量

在主频率、频道和新媒体开设《我和我的祖国》《壮丽 70 年 奋斗新时代》《庆祝新中国成立 70 周年·礼物》《70 年 国旗飘扬在南疆》等新闻专栏，集中推出成就报道，运用多种方式、多样载体、多维视角，挖掘报道新时代广西各地区各部门各族群众蹄疾步稳推进高质量发展的措施成效和经验做法。从 9 月 27 日起，《广西新闻》推出 10 集特别报道《70 年 国旗飘扬在南疆》。10 月 1 日起，推出庆祝新中国成立 70 周年特别报道《礼物》，从工业发展、开放繁荣、民族和谐、水电富矿、医疗建设、生态发展、交通建设等方面，讲述广西在党中央关

怀下，70年来经济社会发展取得长足进步。从9月下旬开始，对广西庆祝新中国成立70周年重要活动、大型成就展、广西彩车赴京参加群众游行进行重点报道。从10月2日开始，持续播出习近平总书记在庆祝大会上重要讲话的反响稿，报道各级党委政府党政干部、广大知识分子、青年学生和各地干部群众等各界的热烈反响。

（二）践行"四力"，下沉报道，让新闻有"血"有"肉"

历史是由人民创造的，70年的壮丽征程，70年的发展奇迹，很多感人的奋斗故事发生在普通群众之中。广西广播电视台统筹策划、派出精干记者深入基层一线，记录各族干部群众坚守初心信仰，以忠诚之心、爱国之情，让五星红旗在祖国南疆高高飘扬、托举起中国梦的感人故事。譬如，6集特别报道《70年国旗飘扬在南疆》分别播出关注了21年如一日坚守在边防哨所、用奉献书写忠诚的壮族哨兵农宏义；为了22年前的一纸约定，坚守三尺讲台，打开边境孩子通往外界大门的苗族老师李春谋；接棒"时代楷模"黄文秀，完成她未了心愿，带领村民高质量脱贫的百坭村驻村第一书记杨杰兴等等。通过讲述他们爱国奉献、无怨无悔，努力把每一项平凡工作做好，在普通中彰显伟大，凝聚起强大精神力量。

（三）从突破点看闪光点

节庆报道，气氛渲染必不可少。2019年，广西广播电视台在主要新闻节目中开设《国庆新民俗》专栏，播发《红旗歌海 爱你中国》《南宁：影城上演"旗袍快闪"百人团向祖国表白》《红火过国庆 市民置衣忙》《移风易俗改村庆 家国命运紧相连》等新闻，让新时代新风俗亮起来。

国庆节期间，广西台派出骨干力量到北京采制播发了《见证盛世辉煌 共筑复兴梦想》《"壮美广西"彩车亮相天安门 展示新时代壮乡新形象》《为祖国自豪 为祖国祝福》《天安门大联欢唱响广西最美的歌》等新闻，报道国之盛典中的广西元素。

（四）从小切口看大时代

从具体人和事切入，透过"小生活"反映"大题材"，从"小故事"中折射"大历史"，在讲述小家的变化中反映国家的进步。"我和我的祖国·与法同行70年"普法微视频展播活动，分别播出《千里边关国旗红》《宪法情 中国梦》《逆火而行 向火而生》《宪法，为每一个认真生活的你》等小视频，弘扬法治精神，礼赞伟大祖国。

二、特别策划创新创优，突显壮乡人民家国情怀

我们知道，大众媒体可能无法决定人们怎么想，却可以影响人们想什么，同时还影响人们如何将不同的信息碎片联系起来，从而构建出对社会现实的认知和

判断，影响人们对周围世界大事及重要性的判断。

从年初开始，广西台就召集各频率频道和新媒体认真谋划庆祝新中国成立70周年的节目栏目，精心设置议题，推出了一批突显广西各族群众家国情怀的创新节目栏目。国庆节期间，通过集中报道各地庆祝活动，如"同升国旗""同唱国歌"等，使国庆黄金周成为爱国活动周，让喜庆气氛浸染每一个社会群体。

"礼物"是祝福的承载，心意的表达。新中国成立70年来，党中央给予广西人才、资金、技术、项目大力扶持。9月25日开始，广西台在广西卫视和新闻频道推出深情献礼新中国成立70周年特别新闻报道《礼物》，播出了《栽下殷殷期许 收获锦绣繁花》《打开家门闯世界 开放开发"有礼了"》《唱响民族和歌 建设壮美广西》《十级电站锁蛟龙 黄金水道润八桂》等新闻，讲述党中央从工业发展、开放繁荣、民族和谐、水电富矿、医疗建设、生态发展、交通建设等方面给予广西的大力支持，广西因此得以高速发展，各族群众的生活因此得到翻天覆地的变化。

理论节目《凡事说理》推出庆祝新中国成立70周年特别节目《新中国一路走来》，用一个个广西故事展示广西形象、阐释中华民族伟大复兴中国梦，回答了中国共产党为什么"能"、马克思主义为什么"行"、中国特色社会主义为什么"好"等重大问题，让党的创新理论飞入寻常百姓家。

广西卫视从6月开始推出献礼新中国成立70周年的电视专栏《我和我的祖国》，发掘红色基因，讲述红色故事，凸显红色文化。摄制组走遍广西各地，从不同视角展示为建设广西无私奉献的人们的闪光事迹。先后采访革命老人21人，报道革命后代45人，聚焦各行各业的建设者200多人，其中有"共和国勋章"获得者李延年，有曾经报道筑路英雄韦江歌的记者、柳钢第一代工人代表、龙滩工程建设者、北海地角女民兵、投身扶贫攻坚的"网红"农妇。让观众跟随镜头，走近一段段真实的历史，通过生动的画面和动情的讲述，还原革命先烈、英雄模范和建设者的形象。值得欣喜的是，节目观众超过六成是高学历人群，近四分之一是年轻人，在新媒体端的阅读量和互动评论累计超过50万。

综合广播从9月20日开始，推出特别策划《共和国的广西印记》，全景回顾新中国成立70年来发生在广西、有全国影响的大事件，《壮文方案》《毛主席的关怀到瑶山》《中央访问团来广西》《邓颖超纪念馆》《柳钢》《侨批》《合浦海丝之路》等节目，通过对当事人的采访，跨越历史，展现了广西各族人民团结奉献，为中华民族伟大复兴中国梦而努力奋斗的时代精神。

综合广播与全国70家电台联合推出《我家住在解放路》节目，讲述各地解放路的变迁及背后的故事。其中广西篇4集系列报道，通过南宁、百色、玉林、东兴等城市解放路的故事，串联起一座城市的变迁，一段历史的发生，一群人的奋斗史，以小见大展现70年来广西的发展巨变。

综合广播播出的《新闻日历》，讲述新中国成立至今有价值的事件，以及对社会作出突出贡献的人物。如：新中国第一颗实用通信卫星、新中国第一位女将军、新中国第一台航空发动机、我国历史上第一次太空行走等。推出的系列广播剧《我的爸爸叫建国》，讲述普通劳动者建设国家平凡而感人的故事。

广西台策划摄制了纪录片《铁血湘江》，把史诗般的革命历程转化为史诗性的优秀作品，献礼新中国成立70周年。《铁血湘江》全景再现中央红军长征过广西时浴血奋战突破湘江的历史画卷，重点展示生死存亡时刻红军将士强大的信仰力量、英勇无畏的战斗精神，弘扬"勇于胜利、勇于突破、勇于牺牲"的湘江战役精神，引导人们坚定理想信念、继承革命传统，始终不忘初心、牢记使命，投身于中华民族伟大复兴的征程。

三、节目编排突出国庆主旋律，营造浓烈节庆氛围

广西广播电视台作为党和政府的喉舌，必须牢记政治责任，把好方向、引领导向，发挥好"团结人民、鼓舞士气，成风化人、凝心聚力"的作用。为此，国庆前后，广西台从讲政治的高度，在各频率频道和新媒体腾出大量版面集中展播爱国主题鲜明、英雄情结浓厚和反映改革开放题材、展现广西建设成就、民族团结硕果的影视剧和节目。

广西卫视拉通国庆主题节目带，以规模传播、硬核内容突显红色主基调，做好国家广电总局庆祝新中国成立70周年优秀电视剧百日展播活动和"庆祝新中国成立70周年"优秀纪录片、优秀动画片展播。先后播出《可爱的中国》《那座城这家人》和《共产党人刘少奇》，播出改革开放40年题材剧目《你和我的倾城时光》、共和国反特经典剧目《解密》，播出纪录片《彩色新中国》《我们正年轻》（第二、三季）、动画片《愚公移山》《可爱的中国》，电视专栏《致敬英雄》《闪亮的名字》等，还展播了广西优秀影视作品。

精心编排晚会节目，营造喜庆祥和节日氛围。广西卫视、综艺旅游频道分别排播《南宁市庆祝中华人民共和国成立70周年群众文化活动暨第21届南宁国际民歌艺术节"大地飞歌·2019"》实况、《庆祝新中国成立70周年暨第七届全区基层群众文艺汇报演出》《我和我的祖国——第十一届"我邀明月颂中华"爱国诗词诵读大赛集中展演》等。

不仅是节目时段排播主旋律作品，在广告时段也高密度播出庆祝新中国成立70周年系列公益广告。全天各时段、高频次播出了天安门广场快闪之《壮丽70年 我们都知道》、公益宣传片《时代楷模——黄文秀》、精准扶贫系列广告等国庆主题的宣传片、MV、公益广告。我台各电视频道共计播出7560条次，合计8587分钟；各广播频率共播出3231条次。

四、融媒体同频共振，主题宣传内容丰富

9月23日起，广西网络广播电视台网站、广西视听移动客户端、广西 IPTV 三平台台飘红，9月25日三平台在首页首屏同步推出了《壮丽70年 奋斗新时代——庆祝中华人民共和国成立70周年》大型专题报道，集纳广西台各频率频道相关报道，推送中央媒体和区内主流媒体重点稿件，报道了庆祝中华人民共和国成立70周年大型成就展、中华人民共和国国家勋章和国家荣誉称号颁授仪式、庆祝大会、阅兵、群众游行等重大活动。截止到10月7日，推送和转发稿件共1111条，广西 IPTV 首页导视窗同步转播总点击量达8597319次。广西网络广播电视台承制的《广西24小时》，燃爆网络，点击超3000万，留言点赞转发互动数超过58万次。

国庆期间，广西台各频率频道的新媒体客户端围绕国庆庆典直播、"壮美广西"彩车巡游、首都国庆联欢活动等热点，进行碎片化推送。推出了主题 MV《深深地爱你》《46秒，我们一起升国旗》H5，原创宣传片《我爱你·中国》等，讴歌祖国、讴歌新时代。

五、面向东盟讲好中国故事，传播中国声音

广西的地理位置决定了广西广播电视台承担着向东盟国家人民讲好中国故事的重任。我们热烈庆祝新中国成立70周年是东盟国家民众普遍关心的大事，抓住这个机会，广西广播电视台选取东盟国家民众关注的事和话题，策划制作了系列面对东盟传播的节目，以外国友人的特殊视角，反映时代进程中的中国速度、中国影响力。

国际频道调整节目编排，在国庆期间播出一批中外合拍的精品纪录片，包括：中泰合拍纪录片《家在青山绿水间》、中柬合拍纪录片《家在青山绿水间—信任如树》、中老合拍纪录片《光阴的故事》、中越合拍纪录片《光阴的故事—中越情谊》等。

经过友好沟通，10月1日，老挝国家电视台第一频道播出了我台国际频道与老挝国家电视台联合摄制的60分钟纪录片《家在青山绿水间—志同气和》，作为祝贺新中国成立70周年的电视礼物。

北部湾之声充分利用在东盟落地节目的优势，在越南广宁传媒中心二频率《我爱旅游》栏目、老挝国家广播电台《美丽中国》栏目、柬埔寨国家广播电台《美丽中国》栏目、泰国国家广播电台《国际新闻》栏目，译制播出了系列庆祝新中国成立70周年新闻。

面向东盟的北部湾在线通过网站、微博、微信等平台，推出《今天是你的生日——隆重庆祝新中国成立70周年》大型融媒体专题。国庆前，推出 H5

《翻开 70 年老账本 民生往事中的老物件你还记得吗?》和 H5《今天是个表白的好日子》，及时推送新中国成立以来特别是党的十八大以来国家经济社会发展的成就报道。

六、层层压实责任，任务落细落实，确保安全播出

安全播出是广西台时刻紧绷的一根弦。2019 年初，在台内进行了安全播出大检查，对安全播出隐患进行整改。2019 年 6 月，配合国家广电总局进行了新中国成立 70 周年安全大检查，再次对台内安全播出各环节进行排查，完善了突发事件应急处置预案。

9 月中旬，广西台召开了意识形态形势分析会暨庆祝新中国成立 70 周年安全播出工作会议，下发《广西广播电视台关于庆祝新中国成立 70 周年重大宣传报道工作任务分工的通知》《广西广播电视台关于加强新中国成立 70 周年安全播出管理工作的通知》，明确全台和各部门安全播出责任和责任人。

广西广播电视台刚组建一年，经过庆祝新中国成立 70 周年宣传的洗礼，广西广播电视台已经站在了新的台阶上。今后，我们将更加自觉地肩负起"举旗帜、聚民心、育新人、兴文化、展形象"使命任务，为推进富民兴桂各项事业发展作出新的更大的贡献！

（作者系广西广播电视台党委书记、台长、总编辑）

浙江卫视"大"力唱响礼赞新中国
奋进新时代主旋律

陈立波

2019 年是新中国成立 70 周年，这是党和国家政治生活中的一件大事、喜事和盛事。在中宣部、国家广电总局、浙江省委宣传部和浙江广电集团统一指导部署下，浙江卫视牢牢把握正确导向，围绕"大"字做文章，加强内容策划，统筹编排播出，创新传播方式，把"献礼 70 周年"作为贯穿全年宣传工作的主题主线，努力把 70 年史诗般的伟大变革转化为有力度、有温度、有情怀、有质感的精品力作，展现主流媒体的时代担当。

一、大矩阵汇聚大声势

为全方位展示新中国成立 70 年来，浙江在经济社会发展和人民生活水平提高等方面取得的巨大成就，浙江卫视把所有新闻栏目组合成强大的报道矩阵，确保声势和影响，让全省人民在感受伟大变革、巨大成就中不断增强获得感、幸福感、安全感，在同频共振的大合唱中奏响礼赞新中国、奋进新时代的昂扬主旋律。

报道矩阵由主要新闻栏目《浙江新闻联播》《今日评说》《新闻深一度》《周末面孔》《正午播报》组建而成。这些新闻栏目统一策划报道内容，相互之间加强联动，同时又各有侧重、互为补充。其中，《浙江新闻联播》重点关注大事件、大人物，推出贯穿全年的两大专栏《壮丽 70 年 奋斗新时代》《爱国情 奋斗者》。《壮丽 70 年 奋斗新时代》展示新中国成立 70 年来，浙江大地上发生的沧桑巨变。《爱国情 奋斗者》则通过记录式拍摄和同期声的运用，让先进人物的形象跃然荧屏，引发观众爱国、爱家、爱岗的情怀共鸣。《今日评说》侧重在生动的故事中展开理论评说，如"国企巡礼"专题评论专栏，邀请国企负责人、业界专家等走进演播室，在现场生动讲述国企发展故事，描绘浙江国企发展蓝图。《周末面孔》每季推出一集特别报道《我和我的祖国·心中的歌》，以"个人"与"国家"的关系为视角，生动展现平凡人的梦想如何融入国家的复兴之梦、强国之梦。《新闻深一度》还有人物访谈《七十年·七十人》，采访行业先行者、领军人物，展现他们的家国情怀。

二、大视角凸显大格局

宣传报道好庆祝新中国成立 70 周年这一宏大主题，要求视角高远、格局宽广。浙江卫视围绕新中国成立以来的重要时间节点，梳理重大宣传主题，在内容策划上突出思想内涵，重点展现 70 年来党和国家的历史性变革和成就的同时，着重发挥浙江"三个地"优势，展现全省经济社会发展取得的巨大成就。并创新表达形式，引入高科技元素，让节目上接"天线"，下接地气，鲜活好看，生动感人。

国庆前夕，由浙江省委宣传部指导、浙江广电集团部署、浙江卫视承制的电视政论片《浩荡》在晚间黄金时段播出。《浩荡》共分"壮歌如虹""为民底色""大潮奔流"三集，聚焦社会主义现代化建设进程中，浙江深刻影响中国的大事件，讲述 70 年来浙江"干在实处、走在前列、勇立潮头"的发展历程。通过回望 70 年沧桑巨变，溯源习近平总书记在浙江工作期间提出"八八战略"的战略性思考和前瞻性布局，进而展望浙江在习近平新时代中国特色社会主义思想指引下，踏上新征程继续追梦奋斗的使命与担当。通观全篇，这部作品主题观点鲜明突出，叙事说理浑然一体，思想性、思辨性与可看性兼顾，播出后，获得广泛好评。

9 月初，浙江卫视制作的大型电视理论节目《中国共产党为什么能》播出第四季"浙江精神"。节目站在浙江"三个地"的政治高度，深刻认识新时代秉持浙江精神的重大现实意义。创作组将录制场所从封闭的新闻演播室转移到开阔的钱塘江边，创新采用实景＋虚拟技术，用"黑科技"引入虚拟天幕，在"月夜听潮"的美好意境中讲故事、话当年、谈发展、说精神，生动阐释习近平在浙江工作期间提炼的"求真务实、诚信和谐、开放图强"浙江精神的丰富内涵、时代价值和实践成果，推动与时俱进的浙江精神"飞入寻常百姓家""走进群众心坎里"，鼓舞全省广大干部群众以更好推进"八八战略"再深化、改革开放再出发，加快两个高水平建设的优异成绩庆祝新中国成立 70 周年。国庆之后，又推出《中国共产党为什么能》第五季"起来"。节目围绕"起来"这一核心词，展示新中国成立后民族站起来、人民富起来、国家强起来的壮阔历程。

8 月 5 日起，由国家广播电视总局指导，浙江卫视等五大省级卫视领衔，全国 33 家卫视共同参与的大型理论实践探访节目《思想的田野》开播。其中，浙江卫视承制的浙江篇"绿水青山就是金山银山"，聚焦时任浙江省委书记习近平 2005 年考察浙江安吉时提出的"绿水青山就是金山银山"发展理念，通过梳理总书记在浙江工作时调研考察的足迹，选出最具代表性的海岛和山村，充分挖掘当地不忘总书记嘱托，坚持绿色发展的生动实践。节目创新表达方式，突出新思想新理念的大众化、通俗化表达，运用流动"大篷车"搭载探访团行走浙江大地。在拍摄手法上，运用"纪录片＋真人秀"形式，融入各地特色民俗，把深邃的思想理论转化为可感可知的身边事、日常事，达到寓教于乐、润物细无声的效果。节目播出后反响热烈，取得当晚省级卫视同时段收视第一的佳绩。国家广播电视总局组织的审片专家组称赞浙江篇"既有理论高度又形式活泼，可看性非常强"。广大观众也认为该节目"寓教于乐""形式新颖接地气"，是继《中国共产党为什么能》之后，浙江卫视在电视理论节目创作上的又一积极探索。

三、大综艺融入大情怀

众所周知，品牌节目在社会影响、文化示范、价值引领等方面，能够发挥比普通节目更大的作用。在庆祝新中国成立 70 周年宣传报道中，浙江卫视利用《奔跑吧》《中国好声音》以及人文纪录片等知名度高、收视好、影响大的品牌节目，带动扩大传播效应，将爱国情怀注入节目当中，在欢歌笑语中，传递正能量、彰显大情怀，为庆祝新中国成立 70 周年营造良好氛围。

2019 年播出的《奔跑吧》第三季，更加强调在快乐中传递正能量、抒发爱国情怀，做到有意思更有意义。《奔跑吧》第三季带领观众回顾新中国成立 70 年来的重大节点，从鞍钢的发展看中国制造与世界接轨；在大庆油田重温石油之路、感受铁人精神；在澳门回归 20 周年之际，用"奔跑吧，宝藏"推广非遗文化、增进青年友谊。节目播出后，受到《人民日报》《光明日报》等国家主流权威媒体的点赞与肯定。

国庆黄金周期间收官的《中国好声音》第八季，致力于用歌声传递爱国情怀和民族自豪感，通过歌手们的真诚歌唱，折射出当代年轻人对于中国文化、音乐美学以及个人价值的理解与认知。其中，那英组的学员、在英国出生长大的华裔女孩爱新觉罗·媚在节目中献唱其原创的歌曲《CHINA》，抒发海外中华儿女对故土的眷恋，对祖国的深情祝福。歌词"我的家 China，我想回家"感动了现场和电视机前的无数观众。在"十一"黄金周期间，《中国好声音》特别开辟国庆演唱会特辑，以经典致敬时代，用歌声抒发情怀，为新中国 70 华诞献礼。10 月 7 日，在国家体育馆"鸟巢"举办的总决赛，更成为爱国歌曲的大合唱，全场同唱《我和我的祖国》，场面震撼，令人感动。

正在热播的原创旅行观察真人秀《各位游客请注意》，主题是"美好中国行"。通过香港游、北京游、新疆游等线路，带领观众领略中国传统文化的独特魅力和祖国大好河山的壮美景观，体验中国高铁领跑世界的最新成就，感受中国速度从"赶上时代"到"引领时代"的伟大跨越，激发了民族自豪感。

国庆期间，浙江卫视还通过主题晚会致敬祖国母亲。9 月 28 日播出《我的祖国——浙江省庆祝中华人民共和国成立 70 周年大型音乐舞蹈史诗》，展现浙江人民奋力推进"'八八战略'再深化，改革开放再出发"的坚定信心和对共和国 70 华诞的深情祝福。10 月 2 日播出《长江之恋——长江流域十二省市国庆主题晚会》，展示长江流域绿色生态发展之美，表达长江儿女的爱国热情。

在电视剧方面，浙江卫视结合国家广电总局启动的向新中国成立 70 周年献礼"百日展播"活动，率全国卫视之先，于 8 月份推出"燃情献礼季"，播出立足时代、立足生活、立足大众的三部优秀主旋律大剧《陆战之王》《在远方》《奔腾年代》，用这些主题鲜明、制作扎实、剧情动人，艺术价值和商业价值兼具的实力佳作，献礼共和国 70 华诞。

四、大人文讴歌大时代

浙江卫视始终坚守人文品牌高地，人文纪录大片向来是我们的优势和拳头产品。2019 年，聚焦新中国成立 70 周年主题主线，浙江广电集团继续推进"东西南北中"纪录片精品工程圆满合龙。由浙江卫视承制的七集大型人文纪录片《中国村落》于 2019 年 4 月 22 日首播。《中国村落》聚焦五千年文明孕育、56 个民族共同创造、广布于 960 万平方公里土地上的中国村落，从历史渊源、风土人情、地理环境、人居建筑、乡村生活等多元层面切入，通过极致美感的镜头画面，生动呈现中国村落的万千气象，唤醒人们对中国村落自然和人文的美好记忆。该片播出后，得到业界和观众的广泛好评。荣获国家广电总局 2019 年第二季度优秀国产纪录片。人民网称赞该片"通过美丽村落中的'人'和'故事'，展示了千百年来中国人的精神生活，唤醒了失落已久的乡土记忆与社会温情"。

《西泠印社》已于 2018 年 11 月率先推出了第一季《孤山路 31 号》，该片荣获国家广电总局 2018 年度国产纪录片扶持项目之"优秀系列片"和中广联纪录片工作委员会"优秀导演"等十多项大奖。2019 年，创作团队继续深耕这一人文选题，将于年底推出六集纪录片《西泠印社》。该片坚持用中国人的美学主张，立足浙江文化，讲好中国故事。目前正在紧锣密鼓抓紧采制的《东望大海》将着力反映浙江作为连接陆上海上"丝绸之路"的交汇点，集聚众多国家级重大战略平台，大力推动海洋经济的发展战略。

与此同时，浙江卫视还深入挖掘浙江资源，精准把握时代脉搏，精心创作更多有意义的纪录片产品。历时两年多精心创作的五集历史人文纪录片《戚继光》于 10 月 14 日起，在浙江卫视晚间黄金时段播出。该片用独特的视角和影像风格，截取戚继光在中国东南沿海的抗倭经历，讲述其成长故事，深度挖掘这一英雄人物身上的时代意义，充满了弘扬民族意识和民族精神的文化自觉。

作为向新中国成立 70 周年献礼片，浙江卫视蓝巨星公司历时两年创制的 12 集三维 4K 动画片《大禹治水》于 4 月 29 日起在央视一套和浙江卫视首播。这部动画片通过对中华传统故事的动画演绎，生动诠释出蕴藏于这一段远古历史中的精神特质和时代意义。"一个有希望的民族不能没有英雄，一个有前途的国家不能没有先锋"，大禹"三过家门而不入"的大爱精神，高度契合了习近平总书记"我将无我，不负人民"的一腔赤诚，有力传达出爱民为民的使命意识和家国情怀。2019 年 8 月份，《大禹治水》作为全国唯一一部电视动画片，荣获第十五届精神文明建设"五个一工程"奖。

五、大小屏融合大传播

随着互联网技术的飞速发展，媒体格局发生了翻天覆地的变化。在新形势下，唯有坚持融合传播，实现大小屏联动，才能打通两个舆论场，切实增强传播效果。在制定庆祝新中国成立 70 周年宣传报道总体方案时，浙江卫视在选题确定之初，就要求突出广电特色，找准切入网络受众生活方式和接收习惯的路径和方法，留下内容切口，便于微内容上网，以适应新媒体碎片化传播，最大限度将原本投入电视固定时段内容生产的资源、成本，转化为新媒体产品和融合传播效果。同时，坚持移动优先，紧紧抓住即时现场和社交传播两个关键点，提升融合传播影响力。

以《中国共产党为什么能》第四季"浙江精神"为例，在借鉴前三季的经验基础上，强化大小屏联动和多平台立体化传播。除浙江卫视播出外，还通过网络同步直播推送，省委网信办全网分发。集团下属全媒矩阵集中推送数十个相关图文、短视（音）频、H5 等新媒体产品，迅速形成刷屏之势。与此同时，强化互动，不仅电视观众可通过手机参与互动，节目中的感人故事、现场金句也通过新媒体化编辑，第一时间在各个平台上分发推送，实现了多点、多轮的社交化传播。节目播出后，社会各界广泛好评，网友纷纷点赞、评论、热议，全网总点击量超过 3000 万次。其中，仅中国蓝新闻客户端开设的《浙江精神》专题总点击量就超过 600 万。同样，《思想的田野》浙江篇"绿水青山就是金山银山"在"中国蓝新闻"移动端、PC 端在线观看人数 12 小时突破百万，"思想号"大篷车 H5 点击量突破 10 万 +。

2019 年 5 月 20 日，浙江卫视正式启动大型融媒体新闻行动《一起翱翔》，联合新蓝网、"中国蓝新闻客户端"和省市县（区）百家广电及新媒体平台，集结百架无人机，从云端看浙江，直观展现新中国成立 70 年来，浙江大地上发生的沧桑巨变。在启动仪式上，上百架无人机一齐升空，在天空组成"520 中国"等字样，向祖国母亲深情告白。启动仪式在线实时观看人数超过 200 万，直播相关内容被央视《新闻联播》、新华网、人民网等央媒连续报道，直播及相关内容阅读量超过 500 万人次。截至目前，大型融媒体新闻行动《一起翱翔》共飞越了十二站，将一直持续到 2019 年底。

另外，在人文纪录片等项目上，也继续深挖传播价值，统筹大屏小屏，联动线上线下，打破圈层，扩大年轻受众群体。《中国村落》在原有纪录片基础上，精心创制有温度的融媒传播产品，以村落为单位，制作"去哪儿""文化传承"系列短视频一百多条，在中国蓝客户端、蓝莓视频、今日头条、抖音等平台持续推送，截至目前播放量已超过80万。以《中国村落》纪录片为核心内容的专题播放总量近千万。接下来，纪录片《戚继光》《西泠印社》也将制作相关短视频节目，推动融合传播。此外，12集三维4K动画片《大禹治水》继2019年4月在央视一套和浙江卫视首播后，5月起，还在央视网、爱奇艺等网络平台陆续播出和同步上线，进一步扩大优秀动漫作品的影响力。

（作者系浙江广播电视集团党委委员、副总编辑，浙江卫视党委书记）

弘扬正能量　献礼新中国成立70周年

——湖南卫视坚守青春特质和主流媒体担当

张　帆

2019年是新中国成立70周年，作为党的喉舌和重要的宣传阵地，各大卫视在这一年相继策划推出了众多不同品类和视角、兼具思想性、艺术性和观赏性的节目内容，献礼祖国70华诞。新时代下主流媒体如何更有效地传播主流价值，这是始终摆在行业者面前的一道重要课题，在大变革、大发展、大融合的时代背景下，传媒业的生态和业态正在并持续发生着重大而深刻的变化，电视机构作为传统媒体如何适应新的传播方式讲好新时代故事，总是走在创新最前端的湖南卫视再次给出亮眼答卷。

湖南卫视作为党和国家的主流媒体平台，在内容创作和传播中旗帜鲜明地贯彻党和国家对于文化市场和舆论宣传的政策与要求，坚持社会主义核心价值观在节目内核中的体现，发挥有影响力的主流媒体的舆论宣传作用。同时，湖南卫视强调频道独特的青春基因，提出"做青年文化的引领者，国民精神的塑造者"，用贴近年轻人的特色表达、活力展现的创新引领气质、精益求精的节目内容，形成和年轻人的有效沟通和对话，引领新时代的青春正能量。守正创新是湖南卫视在节目创作和传播中所一直倡导的，坚守主旋律的节目内核，不断创新发展节目的内容和形式，这不仅是湖南卫视作为主流媒体的责任担当，也是文艺视听行业健康长久发展的必然要求。

在新中国成立70周年的重要节点上，湖南卫视早早开始进行筹备与规划，倾力策划推出了一系列高扬爱国主义旗帜、充满社会正能量的节目，致力于打一场漂亮的既有社会价值又有传播效应的主旋律攻坚战，展现频道的社会意识和责任担当。

一、用"青春视角"切入"主流声音"　弘扬正能量和时代主旋律

电视行业是舆论宣传的重要阵地，湖南卫视作为省级卫视中的代表，坚守社会主义核心价值观在电视艺术中的引领作用，不断强化对于节目中内核的正能量

设计，坚持从"青春视角"切入为"主流发声"，始终践行着向观众尤其是年轻一代传递昂扬向上的正能量。

在新闻宣传方面，作为党的喉舌，湖南卫视坚持"新闻立台"，不断寻找更加鲜活生动、更加贴近百姓、观众更能接受的传播方式弘扬主流价值观，推出了《我的青春在丝路3》《连线红土地》《祖国知道我》《我的非洲朋友》等一系列精品大片。《我的青春在丝路3》聚焦"一带一路"沿线国家各个领域的中国青年人，真实记录他们对于梦想的执着追求，用正能量讲好中国故事。《连线红土地》用13场直播寻根湘赣闽，追寻"我们从哪里来，为什么出发"的答案，记录红土地上正在发生的翻天覆地的变化，传递振奋人心的红色精神。《祖国知道我》真实记录了当下一批在特殊岗位上作出突出贡献的平凡人物，展示了他们将人生目标和国家需要、人生价值与历史使命有机统一的心路历程。《我的非洲朋友》选取了17名深耕在非洲的中国同胞和他们的非洲朋友，观察他们的生活，记录他们的工作，以此讲述中非之间彼此联结、全面务实共建人类命运共同体的伟大故事。这些反映新时代新风貌、传播中华优秀传统文化的主旋律纪录片，从选题策划、拍摄创意、后期整体包装，均以年轻化为目标，做到小切口，青春态，正能量，用年轻人更加喜欢的方式传播主流影响，潜移默化中影响新时代的年轻人。

与此同时，湖南卫视还将"新闻立台"的理念贯彻于大型活动和综艺节目等方方面面。《逐梦航天——2019"中国航天日"文艺晚会》成功地将航天精神和航天故事进行年轻化、创意化表达，再现中国航天人用科技实现千年飞天梦的浪漫历程，展现中国智慧与中国力量，引领青年一代逐梦探索。《新青年，耀青春》文艺晚会中则在舞台上再现了一代又一代年轻人追逐梦想的热血青春和奋斗之路，彰显了青年一代强烈的社会担当和砥砺奋斗的精神，为纪念五四运动100周年和新中国成立70周年，交上了一份独属于湖南卫视的青春答卷。十九大提出"乡村振兴"战略后，湖南卫视紧跟党和国家致力于乡村发展的脚步，在常规和季播综艺节目中走进乡村、公益扶贫。《快乐大本营》在节目中积极践行公益捐赠，让全国各地的弱势群体感受到最贴心的陪伴和最诚挚的温暖，不断深化传递快乐、公益扶贫的品牌形象。《向往的生活》在展现乡村之美、劳作之美的同时，走近村民之中开展田野调查，在踩点过程中先后行走了600多个村落，对村落的产业、生态、乡风、治理、生活五个方面的情况进行了详细记录、整理、描摹和阐释。

二、用"青春语态"展现"优秀文化" 彰显新时期大国自信风貌

电视艺术是大众的艺术，是一种语言能够体现思想和情感的，并使观众能够从中获得信息的生动表达。随着中国电视创新研发能力的不断提升，对丰富题材的挖掘探索和对内容品质的精细化要求，使得当前的行业制作水准和艺术品质不断迈上新的台阶。湖南卫视作为电视行业的佼佼者，对于创作的要求越发细致，在以往充斥着"韩流""日流"的综艺行业开辟出独属于湖南卫视的国内原创综艺阵地，并在其中融入中华优秀文化，彰显新时期的文化自信。

中华优秀文化的传承和发扬一直是文化产业的重要目标和使命。湖南卫视在综艺节目创作中紧紧把握这一方向，并用更加贴近电视观众的表达和传播扩大节目的影响力，让中华优秀文化在新时期得到传承和发扬。《天天向上》特别策划"家乡的宝藏"系列，从遵义到浏阳，从浏阳到宜春、温州、西昌，从全新的视角挖掘市井宝藏，推广地方文化正能量。《神奇的汉字》通过轻松的汉字游戏和详细生动的汉字讲解，让学生群体和年轻人更加了解凝聚着中国文化精魂的一笔一画，深入浅出地传递着中国汉字文化。《巅峰之夜》汇聚来自全球近50个国家、身怀巅峰才艺的挑战者，同一方舞台让各国的文化碰撞交织，回应着中国"一带一路"倡议的构想，以文化包容的大国心态讲述中国故事。《中餐厅3》通过在意大利经营中餐厅的形式，传播中华饮食文化，展现不断增强的文化自信与开放态度。这些节目从国内文化的挖掘到走出去对中华文化的推广，无一不彰显了新时代的文化自信，刻画出大国崛起的新风貌。

声音也同样是湖南卫视在原创节目创作中所关注的重点，《歌手2019》《声临其境第二季》《声入人心》都是透过声音让观众感知视听产业的魅力。《歌手2019》以"原创"为宗旨，给平凡的追梦之心以舞台，让众多音乐勇者获得展示的机会，为当前的音乐产业注入一股原创的力量。《声临其境第二季》不仅继续用"声音飙戏"，还关注"声音产业"从业者们的生存危机，鼓励更多的技艺传承们为梦想前进。《声入人心》用年轻时尚的演唱方式，颠覆大众对高雅音乐的固有印象，引领观众感知美声、音乐剧等艺术的独特魅力。这些原创节目不仅体现了节目创作思维和技能的不断发展，也体现了这些节目创作者对于所处的视听行业的关注，对于原创的支持和尊重。这一个个爆款原创综艺的出现，其中所具有的中华优秀文化的内核，勾勒出当下的国人对国家、民族、文化的强烈认同和强大自信。

三、用"青春共情"聚焦"社会议题" 书写新时代进步风貌

人民是创作的源头活水，只有扎根人民，创作才能获得取之不尽、用之不竭的源泉。始终以人民为创作中心的湖南卫视聚焦人民的故事和情感，利用自身优势将大众娱乐与弘扬主旋律、正能量进行巧妙而紧密的结合，充分释放出娱乐节目的巨大潜能，为中国电视发展提供了一个很好的研究样板，也为电视行业走出了一条有效传播正能量的创新之路。

代际沟通和情感问题是新时期的热门议题，湖南卫视从此处着手，发展出多

个受到市场一致好评的观察类综艺，内容涵盖教育、婚恋、家庭、师徒等多个方面。"我家"系列中的《我家那闺女》《我家那小子》《我家小两口》展现出一个个家庭中真实发生的和父母、和爱人之间的故事，其中刻画了不同家庭的相处模式和沟通模式，给予观众对于当下的家庭关系和婚姻关系的深刻思考。《我们的师父》从不同社会群体、代际视角导入，以"国民师傅＋特色徒弟"的角色设定，努力促进代际沟通，打破圈层壁垒。《少年说》让观众看到了青少年对世界的自我认知和个性表达，生动展现中国当代校园积极向上、青春活泼的精神风貌。《放学后》聚焦于青少年放学后的家庭生活，从电子产品、全职妈妈、教育分歧、再到二胎教育、隔代教育、作业拖延等等，节目中所展现的全是当下教育的热门话题，引发观众热议和思考。这些节目聚焦于人民群众所处的社会和家庭之中，以观察和评论的方式为人民群众提供了思考的空间，并在其中有着正向价值观的引导，有利于当下社会和家庭中的不同代际人群之间的沟通和交流。

在电视剧方面，湖南卫视同样准备了一系列记录新时代、书写新时代、讴歌新时代的优秀电视剧作品，真正将新中国成立70周年的宣传落实到位，让主旋律传播实现更大圈层的辐射，用时代审美来拥抱我们的年轻观众，传递时代的共鸣。都市励志题材剧《加油，你是最棒的》细腻描写了北漂青年和朋友们携手不断奋斗的"小日子"和"小生活"，用年轻人喜闻乐见的手法，告诉大家，只要有梦想，普通人也可以是自己生活的英雄，向平凡人生致敬。现实话题剧《遇见幸福》聚焦于和中国改革开放同步成长起来的三个七十年代末的中年人，用平和、真实而从容的方式，聚焦现实焦虑和困惑，却在焦虑中，仍然可以看到温情的力量，看到面向未来的美好信念。这些作品有一个最大的共同点，就是将关注的目光和舞台的焦点聚集在了普通人的身上，他们有着自己最平凡的理想，并为之不断奋斗。在历史长河中，也正是因为一个个普通人对于梦想的坚持和不懈追求，才汇聚成推动祖国繁荣进步的强大力量。

为庆祝新中国成立70周年，湖南卫视将还推出一系列新闻专题报道、纪录片、特别节目、公益片等。在纪录片方面将推出《时光的旋律（第二季）：为祖国歌唱》《中国出了个毛泽东—东方欲晓》《国歌》《我家这三代》和《青年新样帽》等精品大片。在公益片方面将继续推出"青春扬益"公益广告展播活动，滚动播出多部献礼七十周年的公益广告，包括《青春的半径》《接力奋斗 祖国青春正美好》《年轻党员的"网红"梦》等，展现当代青年"接力新使命 奋斗新时代"的精神风貌。同时，湖南卫视坚持综艺创新和时代发展同频共振，将特色的常规节目与品牌季播节目纳入国庆70周年宣传主线当中。《快乐大本营》《天天向上》将展现新时期国家的发展成果和为国作出重大不平凡贡献的平凡人。《汉语桥2019》《古诗新歌谣》将通过鲜活的形式、多样的内容，弘扬中华传统文化，展现文字、诗词、语言中蕴含的文化内涵和家国情怀。在节目的创作中以公益性、社会性、文化属性为内核，以综艺化的表达为包装，做到既有趣味又有情怀，用观众喜闻乐见的方式讲好正能量的中国故事。

我们正处在信息高速流通，内容愈加碎片化，受众不断细分化的时代。面对大众对优质的电视节目内容充满渴求，只有始终以人民为创作中心，深刻聚焦人民的故事和情感，利用自身优势将大众娱乐与弘扬主旋律、正能量进行巧妙而紧密的结合，才能充分释放出巨大潜能。湖南卫视为中国电视提供了一个很好的研究样板，也为电视行业趟出了一条有效传播正能量的创新之路。在正确方向的指引下，人们完全有理由期待传统媒体依旧能够焕发勃勃生机，打造出更多更优良受年轻人欢迎的高质量、正能量、聚力量的节目，唱响主旋律，传播正能量，引导青年人为实现民族复兴砥砺奋斗、贡献青春力量。

（作者单位：湖南广播电视台）

二等奖

新中国地方广播事业的创建与时代启示

——中南人民广播电台的标本价值

张昌旭

回溯新中国人民广播事业的创立，除了中央人民广播电台的前身——1940年成立的延安新华广播电台是在窑洞完全依靠自己的力量逐步建立并成长壮大，其他地方的广播电台，则多依靠原国民党控制的电台通过接管和恢复重建，才普遍建立起各省的人民广播事业。本文述及的湖北人民广播电台，其前身是1949年5月19日成立的汉口人民广播电台，再往前就是国民党掌管的汉口无线电台。研究汉口无线电台转变为汉口人民广播电台，以及建国初期数次变更台号的历史，对于认识新中国人民广播事业的诞生与起步具有标本意义。研究这场转变，还能进一步辩清人民广播事业的性质和精神内核，对于号召新时代广电人"不忘初心，继续前进"具有十分重要意义。

1934年建成的汉口市广播无线电台曾在战时发挥过重要作用。1938年武汉成为"战时首都"，保卫大武汉抗日宣传蓬勃开展，汉口无线电台成为各届代表激情演说的阵地。在《抗敌歌》《女青年歌》《军队进行曲》等一首首振奋人心的歌曲中，冯玉祥、周恩来、彭德怀、郭沫若、邵力子等先后应邀在汉口无线电台发表广播演讲，激励民众斗志一致抗敌。国际友人绿川英子用日语在汉口电台揭露日军罪行，一时间轰动国际社会。

武汉解放前夕，时为国民党中央广播事业管理处直属五大电台之一的"汉口台"奉命停播，准备拆除设备随国民党溃军南撤。非常时期中共地下党如何有效"护台保台"？武汉解放后汉口电台如何得到恢复重建并在短时间内恢复播出？解放初期的人民电台如何稳定民心有效支援全国解放，让红色电波占领空中阵地？新中国湖北人民广播事业的大幕如何拉开？此值新中国成立70年和湖北人民广播事业诞生70年之际，笔者有幸寻访到几位共和国第一代广播人，通过他们的讲述和回忆材料，结合有关史志，得以探讨人民广播事业的创立及其精神内核与时代启示。

一、汉口电台的恢复重建与历史记忆

广播是 20 世纪人类的重要发现之一。中国第一座广播电台诞生于 1923 年 1 月的上海。这家由美国人奥斯邦和华人曾某开办的"大陆报——中国无线广播电台",也称"奥斯邦电台",第一个将西方的广播技术引入中国。从此广播电台这种传播工具开始在中国生根开花。

湖北是中国近代广播事业发展较早的省份之一。省内最早的广播电台是国民党汉口市政府于 1934 年创办并于次年开播的汉口市广播无线电台。随着商业和战事需要,至 1949 年前夕,武汉地区共有民营电台 3 家,国民党电台 3 家,其中汉口无线电台以两套中波、一套短波频率播出,是当时华中地区影响最大的电台。

1949 年初,中国人民解放军节节胜利,中共地下党号召组织进步力量,发起"保护人民财产、反拆迁、反破坏"运动。5 月 8 日,汉口无线电台奉伪政府命令停止播音,计划拆除设备准备南逃。在中共江汉区地下党的直接领导下,乐宏铭、曾强、范友生、李慎求、林华等五名地下党员巧妙躲过国民党兵搜查,将一台 10 千瓦发射机核心器件赶在敌人到达前成功转移至安全地点。为七天后的恢复播音做出了关键性贡献。

参与这次保台护台的李慎求和林华是当时汉口无线电台的播音员。她俩负责与上级秘密联系,接应乐宏铭等同志成功转移发射设备,劝说当时电台的技术骨干留下来并参与后来的设备安装调试。他们的保台护台行动受到上级称赞,为武汉解放后恢复播音赢得了主动。5 月 16 日武汉解放,在军管会和地下党的组织下,这套幸存的发射机经过技术人员三天三夜的抢修调试,由 10 千瓦改装成 100 瓦,于 5 月 19 日恢复广播。当天李慎求用激越宏亮的声音播出"汉口人民广播电台"的呼号。此后她和林华轮流播送人民解放军的布告,播送党的各项政策,受到军地各方肯定。

不过,这个由中共武汉地下党组织恢复创建的"汉口人民广播电台"的呼号只存在了 3 天。5 月 22 日,受中南军政委员会指派、由新华社等机构组成的军地接管小组等十人来到电台所在地,正式接管汉口人民广播电台。5 月 23 日改以"武汉新华广播电台"的呼号正式播音。这标志着湖北武汉地区的人民广播事业在中国共产党的领导下正式拉开大幕,武汉新华广播从此纳入新中国人民广播事业的重要组成部分。同一天,新华社武汉分社成立、长江日报创刊。

创办初期的武汉新华广播电台,全台职工 20 人,设有编辑部、机务科、总务科。其中编辑部位于汉口胜利街 168 号一幢两层小楼(今已拆毁),机务科、总务科则位于汉口黎黄陂路 41 号一幢面积约 500 平方米的两层楼,两者相聚不足百米。恢复重建的武汉新华广播电台,每天播音一次,开始曲为《大路歌》,

办有新闻、政令通告、事实讲话和文艺节目。播出时间为每晚 18 时 30 分至 22 时 40 分，全天播音时间 4 小时 10 分钟。

这一时期的武汉新华广播电台，曾为"两航"起义飞机导航而轰动全国。1949 年 11 月，国民党中国航空公司、中央航空公司有 20 架飞机准备从香港起义，目标飞向北京。这次起义是由周恩来直接领导、中共香港地下党组织发动。当先行的 12 架起义飞机从香港起航向北飞行数小时后不慎迷航。这时，焦急的领航员忽然听到"武汉新华广播电台"的呼号，迷航的起义飞机方知已达武汉上空，于是锁定航向向北飞去。不断为驾驶员呼号引航的是女播音员罗舜。

二、中南人民广播电台的曾经辉煌与历史贡献

解放初期，武汉是中南地区党、政、军首脑机关所在地。作为当时全国六大区之一的中南区，主要任务是建立和巩固新生政权、发展经济、稳定社会秩序等。

随着中南地区相继解放，各省人民广播电台相继成立。1950 年 5 月 1 日，根据中共中南局的决定，武汉新华广播电台改为中南人民广播电台，受中南局宣传部和湖北省委宣传部直接领导。从此，中南台与 1949 年 9 月成立的武汉人民广播电台合署办公。两台共有职工 216 人，实行混合编制。中南台使用一部 5 千瓦中波发射机和两部短波机工作，每天播音 4 次，全天播音 11 小时 30 分钟。毫无疑问，当时中南台无论人员配置和技术装备，都是中南五省规模和实力最强的电台。一些重要时政节目，中南局所属的河南、江西、湖南、广东、广西的各省电台都要转播。

建国初期的中南台，十分注重广播作为媒介的传播作用。紧密配合党委中心工作，利用新闻、专题、文艺、服务等节目形式，开展广泛深入的宣传报道，对争取政治斗争的胜利和恢复、发展经济发挥了积极作用。例如，1950 年 10 月，武汉市召开了一次镇压反革命分子大会，当场宣判了十多名潜伏下来的敌特分子，还有在生产支援抗美援朝的药品和物资中弄虚作假的奸商等，中南台除了现场架设高音喇叭现场广播外，还通过无线电向外传播，武汉、江西、湖南、河南等多个电台均联合转播了中南台的大会实况。当时有 60 万人收听了这次实况，一时间造成极大声势。1951 年冬，全国开展了轰轰烈烈的农村土地改革运动。为了指导这场运动正确开展，中南区党政主要领导先后到中南台发表广播讲话。中南军政委员会副主席邓子恢还为中南台开播一周年题词："人民广播周年，充分使用现代工具，传播政策、反映群众要求，指导群众运动，这就是今天人民广播的主要任务。"

根据这样的要求，建国初期的中南台日常节目除了转播中央人民广播电台部分节目外，开设的自办节目和栏目主要有：《中南新闻》《记录新闻》《政令通

告》《评论》《言论选播》《综合报道》《职工时间》《军人时间》《讲演》《工作与生活》《戏曲广播》《京汉楚剧》等。为了让中南地区的农村干部与农民方便收听广播，中南台还用普通话、广东话、武汉话播音。播音员既有解放初期参加护台斗争的播音员、南下播音员，也有招进的少数广东话、武汉话播音员。

中南台成立后，尽管发射功率较以往有较大提高，人员也有所增加，但是社会上收听广播的条件并没有明显改善。在武汉，当时约有收音机6000台，但全省各地市县的收音机不过300台。据此情况，中南台注重在新闻节目中，针对中心城镇和农村收音站办好"记录广播"节目。这些收音站一般都配有一台收音机和一名收音员。广播节目播出后，由收音员逐字逐句抄下来，然后通过油印报、黑板报等形式向干部和群众传达。记录广播的内容主要有：新闻时事、政策解释、政令指示等等，此举收到良好效果。

与此同时，中南台非常注重用文艺节目丰富群众生活。据1949年从湖北第二女子师范毕业参加工作的陈一萍老人回忆，当时中南台和武汉台的文艺节目占整个广播节目的50%以上。她当年到中南台工作的主要任务就是教孩子唱歌，她教唱的《没有共产党就没有新中国》《解放区的天》等节目很受欢迎。

1953年4月30日，随着中南大区的撤销，中南人民广播电台停止播音，原有人员设备并入新成立的湖北人民广播电台，受中共湖北省委领导。但中南台坚持"广播是党和人民的喉舌""办大广播""办广播不能脱离群众"等理念，一直保留下来。

三、人民广播事业的精神内核与当代启示

历史上看，湖北武汉地区的广播电台在战时发挥过重要作用，解放前汉口无线电台一度具有跨区域影响力，但这些电台隶属于国民党政权，本质上是反人民的。其他商业电台，服务的对象是资本家和商业利益集团，也不构成人民的广播事业。直到汉口人民广播电台的成立，才真正标志着人民广播事业的开始，它具有如下重要特征：

1. 人民广播具有鲜明的政治属性

武汉新华广播电台是在原汉口人民广播电台的基础上开播的，这一天正是毛泽东发表延安文艺座谈会上的讲话发表7周年。毛主席提出的文艺"为什么人服务？""如何服务？""文艺批评的两个标准"，以及批评文艺工作者严重存在的作风不实不正等问题，对指导建国初期办好广播具有重要意义。

在探索"广播为什么人服务"方面，无论是武汉新华台和中南台都非常强调广播的政治属性，即"党和人民的喉舌"。解放之初，中南军政委员会就注重利用广播宣传党的政策，让红色电波占领空间。这一时期的党政军负责同志，经常到电台发表广播讲话，讲解政策，起到积极效果。当年参与接管电台、2019

年 92 岁高龄的陈培波老人回忆，尽管当时社会上还没有多少收音机，但由于广播里能听到真人声音，所以党政军负责同志到广播讲话，都能在社会上产生较大影响力。

2. 人民群众是广播力量之源

回到人民手里的广播电台，如何加强广播与群众的联系，积极为新中国各项建设服务，陈培波老人还讲述了几件往事：一是建国初期加强对播音员的规范管理。过去在国民党时期，播音员在播音前都要照镜子、打口红。现在则要求播音员提前 15 分钟到岗备稿，着装干净朴素，严禁打口红，在政治纪律和行为准则上贴近群众；二是注重改进广播工作。首任台长罗东有个总结让人印象深刻，他说自从 5 月 23 日武汉新华台开播以来，我们走了 4 个月的弯路。原因是脱离群众，关起门来办广播。他提出编辑记者要走出办公室，与人民群众建立联系，充分发挥和运用广播"大集会、大课堂"和"快"的特点，让广播深入人心；三是开放办台。多搞实况广播和请党政领导作广播讲话，多讲解土改政策和群众关心的问题。四是广泛开展群众性文艺活动，与群众保持密切联系。如中南台当时与中南文联联合办《空中文艺讲座》，仅 1952 年约有 12 万人参加"五一空中联欢会""广播音乐晚会""抗美援朝诗歌朗诵会"等节目。同时，中南台和武汉台还分别开办《农村工作》《工人节目》，让更多的人参与到节目录制中来。聘请有关人士组成职工广播教育委员会，对工人进行形势教育和科学文化教育。

这种"从群众中来到群众中去"的办台理念，成为建国初期人民广播事业为人民办台的生动写照。

3. 人民广播事业需要忠诚担当

回望 70 年发展历程，人民广播事业由发轫到艰难起步，每一步都凝聚着第一代广播人的无私付出与默默奉献。如前所述，汉口人民广播电台开播时的发射机是从保台护台留下的 10 千瓦发射机，经改造播出后，出现高频和低频相互串扰，覆盖半径很小，收听效果也差，这就是当时的事业起点。武汉新华广播电台开播后，陆续增加了几台发射机，收听效果大大改善，但只覆盖武汉及周边地区。从 20 世纪五十年代中后期开始，湖北根据形势需要，陆续在境内建立了多个转播台、干扰台和战备台，自此湖北人民广播事业真正实现全省覆盖。

从中心机房到发射机房，再到建立全省一网的人民广播事业，每一次升级背后都凝聚着第一代广播人默默无闻的无私奉献。本次寻访的几位广播人都是 90 多岁的耄耋老人，他们中有常年坚守在大山深处、主持修建发射台的技术老人陈培波，有常年驻点采访、报道长江大桥建成通车和武钢第一炉铁水的第一代记者邹仁修，还有深爱音乐编辑工作、永远都不知疲倦的音乐老人陈一萍。采访他们说得最多话是："我是革命一块砖，哪里需要哪里搬""对党的事业应有这样一份忠贞"，"时刻激励自己听党的话，到最艰苦的地方去"，"既然认定了这项工作，就要努力去奋斗"。正是老一辈广播人身上的这份忠诚与担当，才成就了今天的广电事业大厦。

今天的人民广播事业，已经从单纯广播逐步走向"四全"媒体。回顾70年前湖北人民广播事业经历的沧桑巨变，不难发现人民广播与旧时代广播在服务对象和传播理念上存在巨大差别，利用电台"发表讲话""办大广播"和"忠诚担当"与今天强调的坚持"舆论导向""三贴近"和"职业操守"等具有丰富的内在联系和逻辑关联。人民广播事业的发展，既是一种事业建构，更是一种新事物的开始和持续运动，这对于新时代广电人铭记历史、牢记责任，用行动弘扬先辈优良传统，不断践行"四力"精神，奋力书写时代画卷都大有裨益。这就是历史给予我们的时代启示。

（作者系湖北广播电视台纪录片部副主任）

以大自信书写大历史

——《我们走在大路上》的历史叙事

宋 晖

2019 年国庆前夕，大型文献专题片《我们走在大路上》正式开播。节目一经播出，就在社会各界引发热烈反响。不到一周时间，在央视新闻微博平台发起的话题#我们走在大路上#，参与互动的网民就达过亿人次。

该片的名字来自 1963 年的同名歌曲《我们走在大路上》。当时正是中国建设遭遇重大挫折的时候，词曲作者李劫夫有一次听到歌曲《小路》，当即表示，社会主义走的是大路。之后创作了同名歌曲，反映了 60 年代人们的建设豪情与昂扬斗志。《我们走在大路上》正是借用了歌曲的内涵，表达了创作者对于我国新时期社会主义道路的历史自豪，体现了习近平总书记提出的四个自信：中国特色社会主义道路自信、理论自信、制度自信、文化自信。该片正是在这种大自信下，在当代视野下对新中国成立七十周年历史进行了整体的把握和书写。

一、以大气魄书写大历史

《我们走在大路上》对新中国成立以来的历史进行了全面反思和回顾。

全片大致可以分为三个部分，第一部分是一到七集，主要讲述新中国成立到改革开放前的历史进程，第二部分主要讲述改革开放到十八大之前的建设历程，第三部分从第十五集到二十四集，主要讲述十八大后的建设进程。

作为国庆献礼片，《我们走在大路上》充满了恢宏气势和昂扬向上的革命乐观主义精神，反映了当代中国人民对于走共产党领导的社会主义特色道路的信心。摄制组力求将该片拍摄为一部反映新中国成立七十年历史的国家史诗，在宏阔的历史视野下讲述中华民族的复兴之路。所谓史诗，原指一种特定文体，亚里士多德将其定义为"以描述神和英雄们的活动和业绩为主的原始的叙事诗"。①

---

① ［希腊］亚里士多德：《诗学》，陈中梅译注，商务印书馆 1996 年版，第 246 页。

现代广义的"史诗"概念多用来指"史诗化"的艺术叙事。它保留了史诗的叙事特征，注意展示"广阔的文化时空范围"，体现"历史的某些必然的规律性"，形式上更为宽泛。

"一部史诗具有声势浩大和包罗万象这两个方面的意义"①，这种全景性，是史诗性的一个重要特征。《我们走在大路上》呈现的时空跨度大，摄制组先后派出八路外拍人马进行采访，行程累计 37000 多公里，从南至北，从戈壁滩到繁华的外滩，从沿海风光到内陆城市，表现了祖国方方面面的建设成就和人民的精神风貌。专题片记录了新中国成立以来的重要历史时刻；展示了新中国成立以来的重大历史事件及其历史人物；收集了大量的历史视频，内容涉及道路抉择、理论阐释、制度建设、文化传承等各个方面，内容十分丰富，即有国家领袖的身影，也有普通人的故事；既有务实的建筑工地，也有务虚的思想战线；既有大事件，也有小细节。

黑格尔认为，史诗是"一种民族精神的全部世界观和客观存在，经过由它本身所对象化成的具体形象，即实际发生的事迹，就形成了正式史诗的内容和形式。"② 为了建构这种整体性的精神图景，《我们走在大路上》将共产党领导中国各族人民艰苦奋斗，披荆斩棘的精神作为核心的表现对象。为了体现民族精神，专题片将这种精神激励下所获得建设成就和伟大事迹作为主要的表现内容。如五十年代抗美援朝，中国人民为保家卫国不惜牺牲；六十年代红旗渠工程修建中，工人一不怕苦二不怕死，冒着危险上工；新世纪工人带着氧气罩克服高原反应修建青藏铁路，画面内是大字标语"任何困难都难不倒英雄的中国人民"。

民族精神很大一部分是通过领袖人物和英雄人物的事迹体现的，"史诗简朴却又鲜明地反映出个人（英雄个体）的价值和集体的力量，而集体的力量又是通过英雄个体的价值体现出来的。"③《我们走在大路上》多集记录了共产党领袖的事迹、讲话和其思想。如在表现建国初期社会主义改造时，大量使用毛主席诗词，这些诗词是对于当时历史事件的记录，本身就有史料价值。其内含的革命豪情更是符合专题片着力表现的"我们走在大路上"的豪迈和自信，也是对于纪录片整体氛围的外化、烘托、强化了主题。第二十四集《领航中国》集中表现中国五代领导人毛泽东、邓小平、江泽民、胡锦涛、习近平。在《复兴之路》《打铁还需自身硬》《改革开放谱新篇》《命运与共》等集中更是用了很大篇幅阐述习近平的理论和思想，以及在这种思想下取得的各项成就，从精准扶贫到生

---

① [美] 保罗·麦钱特：《史诗论》，金惠敏、张颖译，北岳文艺出版社 1989 年版，第 111 页。
② [德] 黑格尔：《美学》第三卷（下），朱光潜译，商务印书馆 1996 年版，第 107 页。
③ [俄] E. M. 梅列金斯基：《英雄史诗的起源》，王亚民等译，商务印书馆 2007 年版，第 37 页。

态建设，从高铁动车到雄安新区，从港珠澳大桥到大兴新机场，从"一带一路"到大国外交，均在片中得到了体现。

"将各种历史联系起来，使其成为总体性的、形而上的历史概念的共同特征的不是别的，而是线性特征。其含义是一件事导致另一件事，这样就撑起了意义的整个系统。"①《我们走在大路上》片头的画外音是两位共产党领导人的语音，一位是建国领袖毛泽东的庄严宣告："中华人民共和国中央人民政府成立了。"一位是当前中共中央总书记习近平的冷静表态："为建设富强、民主、文明、和谐、美丽的社会主义现代化强国努力奋斗。"两位领导人的录音构成了内在联系，即一以贯之的带领中国人民走向民族复兴。对于新中国成立以来七十年的历史书写，选择重大历史事件和典型人物进行重点呈现，在片尾则采用时间线的方式，将与主题相关的历史事件逐一加以梳理，由片尾字幕加以说明，从而使得整个专题片线索清楚，事件详略主次分明。这种历史的延续性，使专题片清楚的勾勒出历史发展的前进方向。

中国是世界的中国，专题片不仅以大气魄书写历史，还在大视野下展开历史叙事，将新中国成立七十年的历史放在全球化的视野内加以讲述，不仅注意讲述中国建设成就，还注意讲述中国成就、中国理念对于世界的贡献和作用，呈现出更加开放的叙事立场和国际视野。

宏大的视野、丰富的内容、自信的书写和整体性精神图景的构建使得《我们走在大路上》成为一部反映建国七十年的影像史诗，一曲对于民族精神的讴歌。它所书写的，是一部大历史。

二、以微叙事融入大历史

从20世纪50年代直至20世纪八九十年代，文献专题片受到列宁的形象化政论的论述的影响，形成了特有的政论化叙事风格，强调创作主体的历史使命和社会责任感，注重历史叙事的权威性，在此基础上形成了立足现实阐发历史的宏大叙事传统。这一时期的专题片《让历史告诉未来》《毛泽东》等，采用宏大叙事全知全能的权威性视角，影像资料多来源于官方文献或正史档案。宏大叙事的优势非常明显，逻辑严密自洽，令人信服，风格上，气势恢宏，能够唤起观众庄严感、神圣感，但是叙事往往流于粗疏，历史事件具体的细节以及历史进程中个体的感受和情感是缺席的。见不到普通人的生活，见不到历史细节，使得历史叙事变得空洞。

《我们走在大路上》在叙事上一方面继承了文献片宏大叙事的传统，侧重于

---

① ［英］马·克柯里：《后现代叙事理论》，宁一中译，北京大学出版社2003年版，第87页。

宏大叙事，强化国家意识形态，一方面又将微叙事放在非常重要的位置，通过微叙事刻画人物的内心世界和历史事件的细节，用细节和个体叙事融入大历史，让宏大叙事饱满起来。这种融入首先体现在《我们走在大路上》多个分集的开头。《我们走在大路上》中多集开端是从讲述个体的小故事或者具象叙事角度导入的，从个体、具象角度进入历史的。如第十一集《统一大业》从《七子之歌》的歌声"你可知 Macau，不是我真姓"引入，第十二集《融入世界》开端从新华社摄影记者金立旺的角度讲述了洋山港十多年的变迁。第十四集《民为邦本》开端即以一件普通农民捐献的青铜器《告别田赋》鼎及其背后的故事引入正题，讲述中国取消田赋的重大举措。

这种融入还体现在主体部分，注意用普通老百姓的讲述，通过口述史传达的个体的历史体验，使历史叙事增加了细节的真实和个体的回忆，补充了宏大叙事的不足。第九集《改革春潮》让安徽肥西县小井庄前会计李祖忠、全国第一个个体户章华妹分别讲述包产到户和领取全国第一本个体户营业执照的故事。第十四集《民为邦本》为了体现老百姓的获得感，大量使用口述史料。吉林省种粮大户谭业君直接现身说法，让其展示从 2000 年开始纪录的收支账本："从账本体现以前的时候收入都是几千块钱，现在都是十多万块钱，翻了十多倍，逢人都说过年好，如今每日都是过年，确实是每日都是过年，感觉到非常幸福。"天津的票证收藏家陈嘉荣的口述，则从票证的变迁的角度印证今天物质生产的极大丰富。

历史细节同样受到重视。专题片注意从历史资料中寻找历史细节，从小细节折射大历史。如讲述 1956 年阅兵，没有从正面描写，反而挖掘这一史料中没有人注意的大雨天气，讲述解放军三军官兵在大雨中踏雨而行，毛泽东在天安门城楼上向百姓微笑致意，对于历史的氛围有了很好的描述。第二十三集《辉煌新时代》对中国建设速度用具体的一分钟来描述："一分钟复兴号高铁前进 5833 米，移动支付金额近 4 亿元，9600 个快递到达收件人手中，GDP 新增 1.57 亿元，475 米的农村公路被改造一新，近 3000 万元的商品走出国门。"高铁、快递、移动支付等是普通老百姓经常接触的，用这些熟悉的事物加以描述，让观众对于中国速度和历史进步更加有现实感受和理解。

准确把握宏大叙事下的微叙事，意味着更准确地把握历史与个体、历史与细节的关系。宏大叙事因此不至于流于空洞和单调，叙事节奏更加有缓有急，张弛相间，既见人，也见事，既有历史，也有生活。历史因此在具有了高度之外还具有了温度。

三、以创新精神呈现大历史

《我们走在大路上》的宏大叙事主题，涵括新中国成立七十年的历史，在呈现七十年成就的同时，更是注重呈现中国人民艰苦奋斗的精神。此前有《复兴之路》《必由之路》《我们一起走过——致敬改革开放40周年》等多部文献专题片表现过相同或相近主题。专题片如何与之前这些相近或相同主题文献专题片拉开距离？尤其一些经典性的历史视频，留存很少，在使用时不可避免地会与此前多部专题片形成重复和雷同。为了避免这一点，《我们走在大路上》大胆进行了创新。

这种创新，首先表现在对史料的挖掘和选择上。专题片在内容抉择上放弃了面面俱到，通过在片尾字幕对历史事件进行梳理，保证疏而不漏。在内容上，走"差异化"路线，注意采访收集一手资料，大量的视频是第一次公之于众。专题片因此有了很大新意和历史价值。如表现改革开放的《春潮涌动》，使用了内部参考片来表现当时安徽农村的贫困。两弹元勋郭永怀飞机失事时仍然用身体保护装有绝密科研资料的文件包。2018年7月，国际小行星中心为纪念他将212796号小行星命名为郭永怀星。像这些史料都是第一次披露。

此外，专题片中情景再现手段也一再使用。由于时过境迁，大量的历史画面没有保存下来，专题片采用了"情景再现"手法予以表现。对于情景再现手法的使用，不仅追求历史场景的还原功能，还注意历史意蕴的表达。专题片精心选用了老电影资料，作为情景再现的素材。这些视频，在真实再现了历史场景外，还营造了历史氛围和历史心境。

《我们走在大路上》与其他宏大叙事题材的文献专题片的一个很大不同在于，其对历史的书写，有很大部分着眼于中华民族的奋斗精神和历史豪情。这种精神和豪情，很大一部分是用歌曲来体现的。不仅片名就是一首革命歌曲，全片还引用了四十首当时流行的歌曲。这些歌曲在表现当时的历史情境之外，还唤起了观众的记忆，并使得片子具有较强的抒情性质。如表现抗美援朝战争时，选用了两首歌曲《中国人民志愿军战歌》《英雄赞歌》。前一首用来表现志愿军昂扬斗志，后一首用来歌颂牺牲的英雄。讲述三峡水坝建设，则选用了纪录片《话说长江》主题曲《长江之歌》。中国农业大包干使得中国农村勃发出生机和活力，选用的歌曲是《在希望的田野上》，配上春耕、田野等画面，表达了当时人民的兴奋和希望之情，抒情性很强。

爱森斯坦曾言："画面将我们引向感情，又从感情引向思想。"就专题片而言，作为形象化政论，画面作用非常重要。然而，主题相近的专题片，其画面象征往往也高度趋同。为了避免这一点，《我们走在大路上》在画面质量、寓意内涵上，尽量做到具有时代特色。专题片大量采用航拍，如田野、雪山、海洋、城市建筑、中国天眼、高铁线路等，这些航拍视野开阔，气势宏大，给影片营造了开阔格局。另外一个常用的象征画面是笑脸，通过各地不同年龄、性别、民族的人的笑脸表现人民的幸福感和满足感。此外专题片多次采用延时摄影，把几分钟、几小时甚至是几天几年内拍摄的事物或景物缓慢变化的过程压缩在一个较短的时间内播放，让观众在几分钟甚至几十秒内感受到平时肉眼无法察觉的缓慢变化，以表现时间快速流逝，祖国建设沧海桑田的意境。

结语

一切真历史都是当代史。《我们走在大路上》正是在当代语境下与历史的一次对话。专题片以大自信书写大历史，将宏大叙事与微叙事结合，并以创新精神进行差异化叙事，做到了历史思辨性与抒情性并重，恢宏的时空感和深邃的历史感融合，建构了充满革命情豪情的影像史诗。历史叙事借助这种豪情加以体现，豪情也要依托于历史，只有走在正确的道路上，道路才会越走越宽广。

"过去绝不是仅仅作为历史学家或纪录片导演事后诠释的单纯材料，而应该是符合当下主流历史观的意义表达，定位为以史为鉴的历史文本，成为当前国民历史思辨教育及社会行动的导向及指南。"[①] 在新的历史情境下，如何发挥专题片的导向作用，如何在这样一个时代里构建具有整体性的历史？如何对于历史进行反思而不是陷入历史虚无主义？如何发掘出中华民族的伟大精神和建设中国特色社会主义的经验，去鼓舞人、激励人？从这个意义上说，《我们走在大路上》交出了一份出色的答卷，也开启了新的思考。

（作者系中国劳动关系学院文化传播学院副教授，本文系中国劳动关系学院院级课题"新媒介环境下的劳动文化建设"的阶段性成果，项目编号：17YY023）

---

① 陶涛：《影像历史书写：纪录片参与的历史写作》，中国电影出版社2015年版，第102页。

新中国 70 年广播广告经营实践与探索

王春美

广告经营不仅是广播事业改革的重要组成部分，也源源不断地为广播改革提供内在动力。新中国成立后曾出现过一段广播经营的繁荣期，除中央电台以外，各地电台普遍经营广告。1956 年，随着社会主义改造的基本完成，广播商业广告大为减少，广播事业的经费来源逐渐只剩政府拨款的单一渠道了。自 1979 年上海人民广播电台恢复播出广告以来，中国广播广告从无到有，经营的市场化和社会化水平不断提升，广播业从功能单纯的、资源消耗性的大众传媒逐渐转变为功能多样、具有资源自我补偿能力的媒介产业分支。本研究以不同历史时期广播广告的发展变迁为主线，在史料分析的基础上，通过对近 30 家电台具体经营实践的考察，回顾新中国成立以来广播广告短暂出现、停滞进而复苏、发展、繁荣、稳定的过程，探讨广播广告与国家经济、社会、文化等宏观环境以及与内部节目生产、内容传播、组织变革之间的关系，解析广播广告经营的基本特点和内在规律。

一、建国初期的广播经营

新中国成立后曾出现过一段广播经营的繁荣期。除中央电台以外，各地电台普遍经营广告。当时的人民广播电台有"人民台"与"广告台"之分，"广告台"又称工商台、经济台。人民台的广告很少，"广告台"则以广告节目为主，兼有文艺节目。[①] 资料显示，北京、上海、江苏、天津等 83 座广播电台在新中国成立后不久就开设广告节目，电台的经费开支除国家拨款外，广告收入是一笔相当可观的数目。1951 年，天津市台经费已全部自给，北京市台每月可向国家上缴利润。[②]

1949 年 12 月 5 日，北京台成立经济台，主要播送广告和文艺节目，次年改

---

① 袁军：《解放初期广播广告概况》，《新闻研究资料》1991 年第 3 期。
② 袁军：《解放初期广播广告概况》，《新闻研究资料》1991 年第 3 期。

称第二台，同时建立第三台、第四台。二、三、四台都是以播送广告为主。当时的广告客户以私营工商企业为主，部分广告时段由私人剧社和有影响的艺人（如侯宝林、连阔如等）承包，他们直播曲艺、相声、评书等节目，在节目间隙，插播广告。① 天津市台从 1949 年 5 月 1 日开始办广告台，曾一度用三个频率播出广告。广告台从 8 点到 24 点播出，中间只有两个小时播广告之外的内容。主要经营方式是出售时间，满一小时给予九折优待。承办的广告医药方面占百分之八九十。1951 年 3 月，广州市开办工商台，集中播放商业广告，栏目名称有：《粤曲与广告》《新歌曲与广告》《粤剧与广告》《西乐与广告》《京剧与广告》等。广告形式单调，收费标准很低。1950 年 4 月 15 日，昆明市工商广播电台开播，后改为昆明人民广播电台广告台，内容除滇语政令、国内新闻、歌曲、花灯等外绝大部分是广告。南京、南通、苏州等地的广播电台从 1949 年开始就开办有《粮食牌价》《花纱布牌价》《百货牌价》《合作供销牌价》等商情广告节目。1949 年 11 月，苏州、南京人民广播电台还制定了办理广告业务的暂行办法。1951 年 8 月 1 日，沈阳市广告台播音，以所得收入支援抗美援朝，捐献"人民广播号"飞机。②

广告台的广告经营方式大致有四种：一是由电台广告员兜揽广告；二是广告社承包广告，请演员"赶场"插播广告（演员自报广告）；三是客户指定节目包时间；四是剧场包场转播，在节目换场或剧中人物上下场空隙中，机动灵活地插播小广告。③ 20 世纪 50 年代前后的广播广告十分简单，在节目当中或衬上一小段音乐（包括戏曲的过门），接着便照着广告稿宣读。④

广告以外，建国初期部分电台也曾兼营其他业务，比如 1952 年北京台曾开设服务部，经营收音机、扩音机等修理业务，但是其资产及经济收入均属中央广播事业局直接管理，后更名为中央广播事业局服务部。

除了由国家经营的电台外，解放初期我国还存在一些私营电台，这些私营电台以经营商业广告赢利为目的，依赖广告客户的"电费"和客户委托代邀曲艺节目的佣金收入为生。节目时间可以买卖，广告主在私营台播音要交"电费"，"电费"价格以小时计算，每天平均播音 18 小时，每小时的收费价格有不同标准。1951 年 3 月上海取消了私营台的商业性特别节目，并对私营台的"电费"收入做了限制。⑤ 1952 年 10 月 1 日，公私合营的上海联合广播电台成立，上海

① 北京人民广播电台编《北京人民广播电台志 1949—1993》，内部印刷，1999 年 7 月，第 101 页。

② 袁军：《解放初期广播广告概况》，《新闻研究资料》1991 年第 3 期。

③ 袁军：《解放初期广播广告概况》，《新闻研究资料》1991 年第 3 期。

④ 刘英华：《广播广告理论与实务教程》，中国传媒大学出版社 2006 年版，第 9 页。

⑤ 袁军：《解放初期广播广告概况》，《新闻研究资料》1991 年第 3 期。

私营台的社会主义改造基本结束，私营电台从此在我国销声匿迹。

1951 年 9 月，华北五省二市人民广播电台所属的广告台在天津召开了工作会议，这是新中国成立以来国家有关领导机关第一次召开的广播广告工作会议。会议总结了交流了建国两年来各台的广告工作经验，确定了政治宣传与商业经营并举，消除单纯盈利思想的电台广告经营方针。1951 年 12 月 1 日，北京市台第二、三、四台（广告台）进行工作改革，停止私人承包时间招揽广告的做法，所有广告改由电台统一经营管理。[①] 1952 年，随着公私合营的社会主义改造进程的加快，私营广播或被取消或被合并。1953 年，我国开始了对农业、手工业和资本主义工商业的社会主义改造，实行统购统销的经济政策，许多企业已没有再做广告的必要，广播广告开始出现滑坡。[②] 以北京电台为例，史料显示，1952 年 12 月以前北京电台有少量广告收入，1953 年起北京市二、三、四台先后停办，广告被取消，电台开始实行全额预算管理办法，开支全靠政府财政拨款。1956 年天津市广告台停办。刘少奇在听取中央广播事业局汇报时指出："广播电台为什么不播广告？人民是喜欢广告的，生活琐事和人民有切身关系，许多人很注意和自己有关的广告。过去，北京有一些电台播广告，你们取消了，是不是怕播广告？报纸也是要登广告的。我看有些城市电台可以播广告"。[③] 尽管刘少奇对广播广告给予了充分肯定，但由于受"左"的影响，随着计划经济的极端发展与政治意识形态的全面专政，广播广告逐渐被削弱。

二、改革开放前夕中国广播事业的起点

受社会发展程度、政治环境、经济环境等多种因素的影响，中国广播业在相当长一段时间里要比欧美广播缓慢而滞后许多。由于"文革"时期的特殊政治环境，广播电台几乎完全被取消了新闻采访权，地方电台几乎全部转播中央电台的节目，而中央电台的节目多数情况下全文照播"两报一刊"（《人民日报》《解放军报》和《红旗》杂志）上的报道和文章。广播变成了报纸的有声版，"早上报摘，晚上摘报"是对当时电台形象的真实写照。在经营层面，自 1956 年社会主义改造基本完成和 1957 年"以阶级斗争为纲"的指导思想的提出，新中国成立初期涌现出的一批广告台、经济台、工商台相继停播，许多电台停止了广告经营，直至"文革"期间广播商业广告基本消失。广播媒体由此进入一段较长时间的经营萎缩期，成为单一的政治工具、宣传工具，经费来源只能依赖有限的财政拨款，事业发展举步维艰。

---

① 袁军：《解放初期广播广告概况》，《新闻研究资料》1991 年第 3 期。
② 刘英华：《广播广告理论与实务教程》，中国传媒大学出版社 2006 年版，第 10 页。
③ 徐益：《试论社会主义广播电视广告的特征》，《中国广播电视学刊》1989 年第 3 期。

而彼时的美国广播业，经历了调幅到调频技术的升级，借助汽车工业的发展，迎来了广播的黄金年代。全国广播公司、哥伦比亚广播公司等几大广播集团鼎立，全国近八千家电台分布，广播新闻、谈话台、类型化音乐等各类频率不断涌现，直播、谈话、主持人等多种形态纷呈，市场化程度较高的辛迪加节目生产模式逐步成熟，广播广告的收入突破数亿元，成为资源自我补偿能力的媒介产业分支。

三、1979 年以来中国广播广告经营历程的全面回顾

（一）复苏：广播广告的全面复播与初步探索

"广告是商品经济的产物，哪里有商品经济，哪里就有广告……"。1978 年12 月，党的十一届三中全会召开不久，"一批广告人敏感到一个新的时代正在到来，复兴广告的时机正在到来"。① 距离会议闭幕仅 13 天，《天津日报》率先恢复商业广告，刊登天津牙膏厂产品广告。1979 年 1 月 14 日，《文汇报》刊登《为广告正名》文章，在社会上引起强烈反响。1 月 28 日上海电视台播出了参桂补酒广告，同时播放"即日起受理广告业务"的公告。一批广告公司积极奔走，通过各种媒体刊登招商广告。在整体氛围的烘托和推动下，广播广告顺势而生。

1979 年初，一条 300 字的"王开照相馆"软广告在上海人民广播电台新闻节目中播出，广告连播三天，逢三个整点播出，广告费 7 元。此后不久，上海人民广播电台于 1979 年 3 月 5 日正式恢复成立电台广告组，并在当天的广播中播出"春蕾药性发乳"广告，这被认为是改革开放后我国第一条广播广告。② 继上海之后，1979 年 5 月广东人民广播电台恢复了停办多年的广告业务，成立广告科，承办国内外广告业务。紧接着，北京人民广播电台在时隔 26 年后重开广告业务，于 1979 年 11 月 1 日开办《广告》节目，每天播音半个小时。

1979 年 11 月 8 日，中共中央宣传部发出《关于报刊、广播、电视台刊登外国商品广告的通知》，指出"各报刊、广播、电视台在刊登和播放国内产品广告的同时，可开展外国商品广告业务"，这是新中国历史上第一个直接指导广告事业的文件，它肯定了广告的积极作用，标志着广告活动有了政策上的保障。1980年 1 月 1 日，中央人民广播电台播出了建台以来第一条广告，各地电台纷纷跟进，广播广告业务迅速在全国范围内恢复。据统计，到 1981 年底全国省级以上

---

① 余虹、邓正强：《中国当代广告史》，湖南科学技术出版社 2009 年版，第 10 页。

② 关于改革开放后我国第一条广播广告，通常认为是"春蕾药性发乳广告"。但据上海电台广告部创始人回忆，"春蕾药性发乳"之前上海电台播出过"王开照相馆"的软广告，时间与上海电视台播出的第一条电视广告相近。这条广告播出时，上海电台广告部尚未成立，没有得到正式记录。参见金亚《忆往昔峥嵘岁月稠——改革开放后的上海广播广告》，《中国广播》2012 年第 11 期。

广播电台 114 座，全部承办广播广告业务，2600 多家县级有线广播站也开办广播广告节目。到 1984 年 6 月，全国经营广告业务的广播电台达到 170 多座，从事广播宣传活动的人员达到 5000 多人。①

广播媒体开始由单一的宣传工具向着大众传播媒介和经济属性兼具的方向转变。广告人员走出办公室，深入企业，与陌生的经营者打交道，吸引他们到电台投放广告。上海电台广告部的一位负责人"先后联系业务达一万多人，企业一千多家，除企业界外，还涉及文艺界、新闻界、教育界和政界人士"，② 不仅帮客户做广告，而且帮助客户策划许多线下活动，比如策划产品有奖竞猜、策划广播音乐会。资料显示，广播广告播出后给广告客户带来了显著效益，王开照相馆营业额一个月增长了 50%，顾客络绎不绝，从此上海掀起了一股恢复老字号名店招牌的风潮。③ "春蕾药性发乳"成为市场上的紧俏商品，不仅上海家化厂的库存全国销光，而且听众来信不断，纷纷询问功效。而对广东沿海各地的厂商而言，利用广播媒介广告的宣传作用打开市场，在商品经济复苏的 20 世纪 80 年代已经相当普遍。④

顺应广告经营工作恢复的需要，各地电台相继成立了广告部门，但人员数量一般较少，上海电台最初有三人，北京电台有五人，广东电台有两人，后期随着广告业务开展，人员逐渐增加。以河北电台为例，1987 年从事广告经营的专职人员有近 20 人。为了增加广告创收，有的电台开始用创收有奖的办法，调动广告人员积极性。1984 年北京电台规定"如广告部收入翻一番，超番部分奖励 4%，非广告人员介绍广告奖励 2%"，使得当年广告收入增至 45 万元。1986 年，北京电台对广告部主任实行招标制，"谁能将广告收入翻番就任命为主任"，当年广告收入增长至 200 余万元。⑤ 最开始时，各家电台的广告以插播为主，没有固定播出时间，通常在早、中、晚的新闻节目中插播一下，一天插播 5 分钟或 10 分钟。进入 80 年代，各台相继有了固定的节目播出时间，如广东电台有四套节目播送广告，每天广告固定时间 30 多次，播放广告时间共 200 分钟。1981 年以后，有的电台编印了广播广告宣传资料，规定了广播广告实施办法，明码标价的收费标准陆续建立，广告经营工作的流程不断清晰。

从 1979 年到 20 世纪 80 年代末，在上海、广东、北京等地电台的率先示范

---

① 姚力：《广播电视广告学》，吉林大学出版社 2000 年版，第 278 页。
② 施圣扬：《广告皇后——记上海人民广播电台广告部经理唐可爱》，《新闻记者》1990 年第 Z1 期。
③ 金亚：《忆往昔峥嵘岁月稠——改革开放后的上海广播广告》，《中国广播》2012 年第 11 期。
④ 白玲：《广播的跨越——广东广播插图史》，暨南大学出版社 2012 年版，第 96 页。
⑤ 北京人民广播电台，《岁月如歌——献给北京人民广播电台 60 周年》，中国广播电视出版社 2009 年版，第 492~495 页。

下，中国广播广告走过了原始积累期。这段历史虽然没有创造出惊人奇迹，但却坚定了经营的方向，培养锻炼了一批经营人才，并逐步建立起广告经营体系。1983 年起我国开始进行广告行业数据统计工作，当年广播广告的营业额仅为1806.9 万元，到 1988 年营业额达到 6383.7 万元，广播广告经营单位达到 442户。最开始广告创收仅仅是弥补国家经费不足的一种补充，但到 80 年代中期以后，各项新技术的装备以及办公设备都不同程度得到广告创收资金的支持，电台开始从单纯依靠财政拨款向财政拨款和自我积累相结合的方向转变。

（二）探索：以频率为单位的经营范式的确立与发展

20 世纪 90 年代初，电视的崛起给广播发展带来很大冲击。适应竞争需要，广播电台走上了专业化改革的道路，由"综合台"向"系列台"的体制转变，经营体系随着发生改变，广播历史上从此出现了以频率为单位的广告经营范式，个体能量不断被激活。

在较早创建多个系列台的上海电台和天津电台，实行了内部的分散经营。如上海电台设立新闻、文艺、经济三个编辑室，在各台内部实行经济承包责任制。天津电台创设新闻台、经济台、文艺台三个系列台后实行三台广告部同时承担创收的方法。1992 年起，北京电台在借鉴兄弟电台经验和教训的基础上，改变由广告部统一经营的体制，赋予刚刚成立的系列台以独立运营权，实行"统一管理、分别经营"的政策。1995 年，广东电台确立了"统一管理、分级经营"的模式，把经营任务分解到各个系列台，形成二级广告经营结构，除总台层面的经营部门以外，各个系列台也建立了自己的广告经营队伍。有的电台虽然尚未推进系列办台改革，但也效仿先进经验，在内部推行目标责任制，如山东电台 1994年出台《目标责任制实施方案》，要求各部室分别签订宣传和创收目标责任书，把创收工作落到实处。

分频经营使节目与广告之间的联系得到强化。在此之前，由于实行广告部"统一"经营，"做节目的不去考虑广告经营，负责广告经营的也不能干涉节目制作"，[①] 广告经营与节目制播两张皮，广告经营缺乏内在动力。这种以频率基层单位为经营主体的机制极大地解放了个体生产力，给广播经营带来极大活力，广告收入急速攀升。以北京电台为例，改革推行后的第二年，广告创收同比翻番，此后保持快速增长，到 1997 年全台广告创收达到 1.1 亿元，成为全国第一个广告收入过亿的电台。同样的情况出现在广东，1995 年广东电台的广告创收

---

① 汪良：《竞争与博弈》，新华出版社 2007 年版，第 41 页。

比 1994 年翻了一番多，1998 年达到 1.022 亿元，[①] 成为第二家广告创收过亿的电台。

在以频率为单位开展广告经营的过程中，广播电台的经营方式出现分化，"自营"和"代理"两种经营思路先后涌现，难分伯仲。在获得经营自主权后，相当一部分广播频率按照既往经验，通过建立业务员队伍的方式开展广告经营。以北京电台为例，以音乐广播为首的几个频率在内部设立公关部，通过社会招聘、内部分流等方式组建广告销售队伍，承揽广告。也有一部分频率，尝试将广告代理制引入广播。1993 年 12 月开播的北京交通广播，自建台之初就决定采取代理制来开展广告经营业务。1994 至 1996 年，交通广播采取独家代理的方式，将广告经营权委托给一家广告公司。两年后，推出多家联合代理政策，并对广告代理公司提出了目标任务和奖励政策。自 1994 年实行广告代理制开始，五年时间里北京交通广播广告收入从 318 万元增至 1833 万元，年均增幅 60%，[②] 效益增加显著。

这一时期，我国国民经济消费继续呈现结构性的变化，直接反应到广告投放上。自 1990 年，我国广播广告总投入呈现逐年增加的趋势，生活资料广告投放在广告总投入中的占比最高，年平均维持在 62% 以上（见表1）。[③] 从具体客源分布来看，食品、医药和家用电器是广播广告投放比较集中的行业。随着人们生活水平的提高，化妆品广告也不断增多。从广告形式来看，这一时期的广播广告已经细分出"常规广告"和"特殊广告"两种类型。"常规广告"以 15 秒和 30 秒广告为常见形式，全天按时间先后划分为 A、B、C、D、E、F 等若干时段板块，不同的板块不同价格。"特殊广告"分为挂牌广告、报时广告、台标广告、企业直播、现场直播、有奖竞猜、合办栏目等，价格通常按月计算。

表1　1990—1998 年我国广播媒体广告投入情况　　　　（单位：万元）

年份	广告总投入（万元）	生产资料（占比）	生活资料（占比）	其他（占比）
1990 年	8641.6	19.20%	66.78%	14.02%
1991 年	14049.2	30.84%	50.97%	18.19%
1992 年	19920.4	34.43%	44.74%	20.83%
1993 年	34944.3	32.96%	45.49%	21.56%

---

① 丁俊杰、黄升民：《中国广播产业报告——产业发展与经营管理创新》，中国传媒大学出版社 2005 年版，第 213 页。

② 汪良：《八千里路云和月——北京交通台广告经营实录》，中国广播电视出版社 2002 年版，第 29、34 页。

③ 范鲁滨：《中国广告 30 年全数据》，中国市场出版社 2009 年版，第 78~79 页。

年份	广告总投入（万元）	生产资料（占比）	生活资料（占比）	其他（占比）
1994 年	49569	15.28%	67.59%	32.41%
1995 年	73769	14.32%	71.94%	28.06%
1996 年	87267	7.97%	71.03%	28.97%
1997 年	97406	10.82%	70.13%	29.87%
1998 年	133036	9.87%	69.01%	30.99%
平均增长率		19.52%	61.96%	24.99%

社会主义市场经济体系的建立和逐步完善为广播广告的经营提供了环境和制度的前提，而对广播功能与属性的逐步廓清又为广播广告提供了思想和观念的基础。"综合台"向"系列台"的体制转变，频率资源的优化，广播规模的初步形成，为电台实现经济增长方式的转变和创造规模效益创造了条件。① 国家工商行政管理总局统计数据显示，1989 年我国广播广告营业额为 7500 万元，到 1998 年广播广告营业额达到 13.3 亿元。短短十年间，广播广告经历了破亿、破十亿的增长，年均增长率为 36.8%，其中 1993 年广播广告营业额的增长率高达 75.42%。广播电视系统内的财政状况出现了"具有战略意义的历史性转折"，经营创收开始超过财政拨款，成为电台收入的重要来源。

（三）跃升：专业化改革中广播广告的快速增长

世纪之交的中国经济由卖方市场转为买方市场，广播媒体赖以生存的市场环境发生了显著变化，粗放的经营方式已不适应市场的考验，在将专业化改革推向深入的前提下，广播媒体在经营机制上进行了新的探索，广告经营从整体上进入了新的层次，广播广告创收提速，我国广播迎来了黄金发展期。

由于实行频率专业化改革的时间有先后，不同电台处在不同的发展阶段，这一时期不同的电台采取了不同的经营机制（见表 2）。主要有三种动向：

一是从"分"到"合"，即从分散经营走向统一经营，代表性电台是北京电台、天津电台。随着形势发展，频率负责制的弊端逐渐显现，系列广播之间的矛盾和恶性竞争造成全局性效益损失，并在一定程度上损害了市场经营秩序。2004 年北京电台进行改革，将下放给各频率的广告经营权统一收回，推行"集中操作、分别核算"的广告经营策略。2005 年，天津电台也对运行多年的"各频率分散经营，总台统一管理"的广告经营模式进行改革，改变之前以频率为单位的经营模式，把广告集中起来，成立广告经营中心，统一经营，统一管理。

① 吕浩才：《在加快"两个转变"中谋求发展》，《中国广播电视学刊》1996 年第 12 期。

二是从"合"到"分"，即从统一经营走向分散经营，大多数电台处于这种阶段，代表性的有上海电台、国际电台、广州电台等。2002 年上海文广集团对广播频率进行专业化重组，广告经营权由原来两个电台的两个广告部下放到各个频率，[1] 从此开始分散经营。2003 年前后，国际电台也开始分频率运营模式，广告部不再负责具体的广告经营。2004 年黑龙江电台改变原有的"全员皆兵式"经营模式，在全台范围内实行"分频分行业代理机制"。同样的趋势也在其他电台呈现，广州电台自 2003 年将广告经营权从广告部下放到各套频率，分频经营使局部功能得到良好发挥。

三是从"合"到"分"，由"分"聚"合"，从统一经营到分散经营，再由分散经营回到统一经营，代表性电台有江苏电台、中央电台。江苏电台于 1999 年推行频率负责制，与各频率总监、广告部主任签订目标责任书，2007 年重新调整，取消此前的频率分散经营模式，实行全台广告的统一经营。中央电台的经营路径与江苏电台大致相仿，2002 年以前中央电台以内部统一经营为特征，采取驻各地办事处（包括记者站和公司）为主、广告部自我经营为辅的销售体系，2002 年之后改为分频率经营的模式，到 2008 年中央电台重新调整经营机制，将中国之声、文艺之声、华夏之声、民族之声等频率的广告经营权统一收归，进行集中经营。

表 2 1999—2008 年部分电台广告经营机制与经营方式

电台	经营机制	经营方式
北京电台	2004 年从分频经营到统一经营	2004 年全台分行业代理，2008 年推出项目代理
广东电台	二级结构，统一经营与分频经营结合	内代理、外代理、自营三种方式并存
上海电台	2002 年从统一经营到分散经营	全盘代理、部分代理、自营多种形式并存
中央电台	2002 年由统一经营到分频经营，2008 年部分频率集中经营	多元模式并存：自营 + 多家代理、独家代理等
中国电台	2003 年起分频经营	独家代理
江苏电台	2000 年由统一到分频，2007 年由分频到统一	分行业代理遇到困难，后自营与分行业代理结合
浙江电台	分频经营	代理制试水后的自营战略
黑龙江电台	2004 年从全员经营到分频经营	2004 年分频率分行业，交通台医疗广告自营

---

[1] 2001 年 4 月，上海文化广播影视集团成立，上海人民广播电台和上海东方广播电台作为两个平行的电台被纳入，上海文广集团取消了电台建制，直辖各套频率。

电台	经营机制	经营方式
辽宁电台	分频经营	因频制宜，行业代理、全频代理、自营等多种
哈尔滨经济电台	全员经营	自营
佛山电台	统一	内代理
深圳电台	统一经营与分频经营结合，医疗广告统一经营	50%自营，25%本地公司代理，25%外地公司代理
广州电台	2003年从统一经营到分频经营	尝试分行业代理
沈阳电台	统一管理，分频经营	自营、行业代理等并存，交通台专题广告自营
杭州电台	频率负责制，分频经营	2003年以前自营，后代理、自营、自营＋代理三种俱存

几乎所有电台都开始认识、接受并进行广告代理制的尝试，但在具体应用中碰到各种实际问题，因而进行了不同的策略调整。第一，推行广告代理制，以北京电台为典型代表。2004年，北京电台在全台推行分行业代理制度，将广告客户划分出33个行业，由近40家公司竞标争取相应行业广告代理权。第二，试水广告代理制后的自营选择，以浙江电台为代表。为了避免独家代理产生广告经营风险，浙江广电集团2007年曾下达政策，各频率广告必须由两家或两家以上的广告公司进行代理。然而由于市场不成熟，浙江电台各频率广告代理制推行不畅，最终回到各频率广告自营的状态。第三，自营与广告代理制并存的混合制模式，大多数电台采用这种模式。以江苏电台为例，在效仿北京电台实施广告分行业代理的过程中，遇到各种各样的障碍，最终采取分行业代理与自营相结合的模式。到2007年，江苏电台50%的广告由广告中心自营，另一半由广告公司代理。

20世纪90年代末，我国正式进入过剩型经济阶段，买方市场来临，企业品牌意识不断增强，营销需求开始"由量的需求向质的需求变化，市场对有效广告的需求越来越迫切"。企业在进行广播广告投放时，越来越多以量化的数据为主要的参考指标。广播因其价格优势赢得了部分行业广告主的青睐，商业及服务型行业、娱乐休闲、食品行业的广告在广播媒体的投放出现了较大增长。不同地域之间呈现广告投放行业上的差异性，如上海广播广告投放较多的是食品、超市等快速消费品行业，而在北京地区投放额度最大的则是房地产、家居装修等行业。不同类型的广播频率吸纳的广告客户类型也不相同，如音乐频率广告产品以促销类居多，以快速消费品和电器品牌为主，交通频率的广告客户则多以金融、电信、交通行业为主。把握医疗广告的"度"成为这一时期整个广播行业的棘手问题，各地电台纷纷通过压缩时段、调整时间、提价等方式降低对医疗专题广告的依赖。各地交通广播迅速成长，成为电台广告收入的支柱频率。

这一时期，广播广告的产品类型增加了很多，从常规广告来看，按"A－F"六个段位来分，以15秒和30秒广告最为常见，但时间点位发生了变化，原来更多的是以整点和半点来简单划分，这一时期则出现以"25分"和"55分"等分散时点作为切割点，广告开口增多，由原来的四个增加到五个、六个到十几个，套播广告的种类不断增加，有几种增加的十几种，而且出现了单一频率内套播和不同频率间套播的多种组合形式。常规广告价格呈现稳步上升的趋势，低价段位向高价段位移动，使得同样的广告时间含金量增加。特殊广告的品类同样不断增加，以知识性内容介绍为主、企业冠名的3分钟、5分钟"小专题"开始大量出现。

总的来看，经过前20年的探索和积累，这一时期的广播广告进入了快速发展期，广播专业化改革的成效体现。自2000年到2005年，我国广播广告营业额连续六年保持20%左右的增长，2006年的增幅甚至达到41.17%。鉴于广播的快速发展势头，2003年被国家广电行政部门确立为"广播发展年"。到2008年，我国广播广告营业额达到68.3亿元，完成"五年翻一番"的预期目标。具体到电台，各地电台均迎来了广告创收的飞速发展期。江苏电台1999年全台5个频率的广告创收仅为1956万元，2000年达创收达3200万元，增幅63%。[①] 北京电台2000年到2008年的广告收入经历了从1.79亿到6.2亿元的增长，年均增长率17.3%，最高达到35.7%，创造了广播发展的奇迹。

（四）转型：媒体融合进程中的经营机制调适

距我国改革开放30余年后，广播媒体迎来了新的发展时代。在推进网络融合的过程中，广播媒体的内容细分趋势继续增强。受经济环境、监管政策、市场竞争等多重因素影响，广播广告增速放缓，客户结构出现变化，各地电台进行营销策略上的调整。

多数电台意识到资源整合的重要性，开始走做大做强的集中经营路线。在实行分散经营七年后，2009年上海广播电视台对12个广播频率的广告经营进行统筹管理，实行"统一经营"。2009年广东电台同样做出调整广告经营模式的决定，将各频率分散经营聚拢为统一集中经营，组建了统一的经营管理中心。中央电台也是从2009年起开始对广告资源重新进行盘点，于2010年12月成立广告

---

① 丁俊杰、黄升民：《中国广播产业报告——产业发展与经营管理创新》，中国传媒大学出版社2005年版，第195页。

经营中心，统筹经营中央电台广告业务。北京电台 2009 年以来继续沿用全台统一经营的思路。也有一些电台在经历从分散经营到统一经营的尝试后，重新允许部分广告业务分散经营，实行统分结合的经营模式，比如江苏电台、湖南电台、黑龙江电台。江苏电台自 2007 年成立统一广告经营，经过七年的运转，到 2014 年对经营机制进行较大调整，经营主体由原来的一个广告中心调整为四部分，广告经营中心只负责三个调频主频率的经营，其余的广告由频率层面负责，统一经营的体量占到 60%，频率自营占 40%。与江苏台相仿，2013 年以前湖南电台也是所有频率打通经营，到 2014 年突破统一经营的局面，实行灵活的"统分结合"方式，除三个主要频率由经营中心统一经营外，其余频率实行广告自营。

不同于早期的集中经营模式，这一时期多数电台建构统一并且开放的经营平台，以广告经营外包、广告代理制为基本特征，探索自营与代理之间的平衡比例。整频代理的现象增多，特别是在广东地区。到 2015 年广东电台采用整频率代理制，旗下大部分频率均整频交由广告公司代理，广州电台四套频率也由两家公司代理。远誉广告、车语传媒、同瀛广告等三家公司成长为广播广告市场规模较大的三家运营商。

受到经济环境、政策管制等多种原因影响，广播广告的客户行业结构发生变化，金融保险、电信、交通等传统支柱性行业的投放比例不断缩小，互联网企业、应用软件等新兴客户和行业加大在电台广告投放，成为广播广告新的增长点。CTR 媒介智讯数据显示，2015 年 1—6 月软件类产品的电台花费同比增加 1.6 倍。在上海电台，2014 年互联网行业广告投放同比增长 91%，在电台广告投放行业里排名第六，2015 年该行业同比上涨 72%，成为上海电台第三大广告投放行业。在北京电台，2015 年互联网行业的崛起填补了因传统行业投放锐减造成的广告损失，新媒体行业越来越成为广播广告的重要客户。不同地域、不同频率类型之间，广告产品出现分化，常规广告出现了 30 秒、20 秒、15 秒、10 秒、7 秒、5 秒等多种形式。随着专题广告减少，各家电台加大软性广告研发力度。2011 年黑龙江电台推出 60 余项广告新产品，如频率节目冠名、整点报时、气象提示等，受到代理公司和客户青睐，创收达 1800 多万元。陕西电台为客户提供定制型广告产品，包括自制剧植入、软性商业主题、节目独家合作、品牌影响力商业论坛、大轮盘资讯植入等形式。

纯粹的硬广投放已经很难满足客户需求，线上线下的整合营销成为趋势。以浙江之声、交通之声、私家车广播、城市之声等频率为代表，每年组织的营销活动在 200 场次左右，广告与线下活动紧密贴合，为客户提供全方位营销服务。2011 年，黑龙江电台自主策划开展系列活动，以雪地温泉节、温地节、汽车文化节等为代表的线下品牌营销活动，全年共为广告经营带来 2500 万元的增量。[1]
2014 年，深圳广播各套频率总共实施了 320 多场线下活动，几乎每天一场，为深圳广播直接带来 3000 万元的广告创收。广东电台活动收入有 8000 万元之多，占全部广告收入的 20%，佛山电台的活动收入达 2500 万元，在全台占比 14%。部分电台的活动收入虽然占比很小，但体量都超过百万，如厦门台 823 万元、杭州台 700 万元、广州台 200 万元。宁夏电台虽然全台广告收入只有 2000 万元，线下活动却能占到 40%。[2] 线上做节目、线下搞活动已经成为广播"接地气"的主要形式

这一时期，中国广播基本结束了以数量增长、规模扩大为特征的粗放式经营发展阶段，步入到以资源重组、融合改革为核心的转型发展期。集中经营和整频代理的现象有所增多，广播的客户结构出现变化，各地电台开始进行广告营销策略、广告产品研发上的创新。从数据表现来看，广播广告结束上一个阶段的高速增长，进入结构调整期。2009—2017 年间，广播广告营业额总体上实现了由 71.9 亿到 172.6 亿的间距增长，但是增长起落出现极大的不稳定性，2014 年、2015 年先后出现 5.9% 和 6.3% 的同比下滑，2016 年则突增 38.7%，达到 172.6 亿元，2017 年则又出现 20.8% 的下滑，回落到 136.7 亿元。

四、中国广播广告发展的规律与特点

我国广播有着市场经营的先前操练，但经营根基极其脆弱。改革开放以前，我国广播经历过市场经营的操练。各地电台在开办广告台的过程中，不仅探索出了灵活多样的广告经营方式，而且在节目设置和内容呈现上进行了多种探索。由于各种原因，各地开设的广告台、经济台、工商台相继关停，我国广播从此经历一段较长时间的经营萎缩。由于长期单纯地作为政治工具、宣传工具使用，中国广播是在 1979 年以后随着中国经济体制改革的重新启动开始向大众传播媒介工具和经济工具的转变，其经营根基是脆弱的，相当于从零起步。这与商业社会高度发达的发达国家广播存在区别，是中国广播的特殊性所在。广播广告是在中国社会和中国经济转轨时期出现的现象，在告别传统的广播事业发展模式、建立社会主义市场经济的过程中，在借鉴国外广播发展模式和不断的探索中，我国广播广告经营具有自身的特点和规律。无论是其优势，还是其不足，都是我国特有的媒体体制下出现的。

---

① 赵鸿洋：《广播广告之"数、理、化"——黑龙江电台广告运营实践心得与解读》，《中国广播》2012 年第 8 期，第 19 页。

② 北京人民广播电台广播发展研究中心：《2015 年全国广播跟踪调查报告》，2016 年 3 月。

（一）起点低，发展快，广播广告市场规模不断扩大

自1983年国家有关部门开始统计并公开发布广告行业数据，到2017年共34年的发展历程中，我国广播广告仅在1999年、2014年、2015年、2017年出现过四次负增长的情况，其余年段全部保持增长态势。1983年我国从事广播广告经营的单位为110家，当年实现广告经营额1807万元。1993年我国广播广告经营额达到3.5亿，2003年达到25.6亿，2013年达到141亿元，30年净增140亿元，年均增长26%，广播广告市场总量整体呈上扬态势，广播广告的市场规模不断扩大（见图1）。①

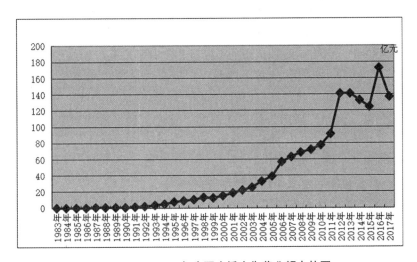

图1　1983—2017年我国广播广告营业额走势图

从单一电台来看，由最初一年广告收入仅几十万元到如今年广告创收达到数亿元，电台单元的个体成长与广播市场的整体扩容相联动，广播媒体的传播价值不断得到释放。1997年，北京电台成为第一个广告收入过亿元的电台，广东电台紧随其后在1998年实现广告收入过亿元。到2015年，全国广告创收过亿元的电台共有41家。②从单一频率来看，2002年北京交通广播成为全国第一个创收过亿元的广播频率，到2015年全国广播单频率创收过亿元的频率已近20个。

（二）由低级到高级、从粗放到精细的阶梯式发展

事物发展遵循由简单向复杂、由低级向高级发展的规律，这种发展在时间上

---

① 根据国家工商行政管理总局历年中国广告业统计数据整理。

② 北京人民广播电台广播发展研究中心：《2015年全国广播跟踪调查报告》，2016年3月。

表现为阶段性，在空间上表现为台阶性，二者合称为阶梯性。① 回顾各地电台的经营实践可以发现，广播广告正是经历了一个简单向复杂、由低级向高级、由粗放到精细的阶梯性发展过程。自 1979 年至今，广播广告经由复播起步、探索积累、快速崛起到发展转型，无论是经营机制、经营方式、客户结构还是产品形态都发生了巨大改变。起初，广播广告的主要模式是售卖时间资源，广告经营处于低层次、小规模的级别。随着专业性的增强，广告主的需求变化，电台销售的不再是时间资源本身，而是经过设计、规格化的广告产品，例如报时广告、天气预报广告、路况信息广告。随着市场竞争愈加激烈，广告投放需求更加多元，广播广告进入了整合广告时间、品牌、事件、资源，以市场为导向，以满足目标客户需求为核心的整合营销时代，软性广告、植入广告越来越常见，节目与广告之间的关系得到强化。由于实践和认识的不断进化，有了广播广告从一个阶段到另一个阶段的不断跃升。而具体到每个阶段，广播广告呈现"单点生发"而后逐步深化，具有台阶内渐变的特征。所有的经营尝试都是从局部试验开始，"由点及面"推展开来，例如广播广告从广告部的一统经营到下放到频率，改革者进行了小心翼翼的尝试，广告代理制最终被全国广播界认识和应用，也是得益于少数电台多年的实践坚持和效益印证。

（三）经营机制与策略选择的螺旋式迂回

"媒介产业化的进程会因为现实发展当中的种种变数和重重博弈而有所徘徊或停滞"。② 纵观广播广告的发展历程，会发现其经营轨迹具有螺旋式前进的特点，这从多个方面都有体现：

从经营机制来看，广播广告经营经历了"合久必分，分久必合"的迂回上升过程。从最初的"统一经营"到"频率负责制"的分散经营，从"统"到"分"的机制调整一度适应广播市场化竞争的需要，促使国内大多数电台得到飞速发展。但当广播经营发展到一定阶段之后，对于规模以及整合效应的诉求，又使得"合"成为新的趋势。但这种"合"的趋势经过一段时间的落地运行后又碰到新的问题，于是一些电台又从"集中经营"再次下放权力，允许部分或全部频率的自营。

在自营和代理的经营方式选择上，同样呈现迂回曲折的变通过程。在广告经营开展的最初 15 年中（1979 年—1994 年），全国电台全部采用自建销售团队经营的方式，1994 年北京交通广播率先践行广告代理制并取得显著成效，2000 年

---

① 罗照华等：《阶梯式发展是事物发展的普遍规律》，理论网，http：//blog. sina. com. cn/s/blog_53a804910101i8d4. html，2013 年 3 月 6 日。

② 黄升民、马涛：《"媒介产业化"再思考》，《中国广播》2013 年第 10 期。

前后广告代理制被广播界广泛认识，2003 年前后开始大范围应用，全国电台掀起了推行广告代理制的热潮。广告代理制的引入将广播广告经营逐步推向社会化，代理公司参与经营使得市场蛋糕越做越大，也越来越走向成熟。但是，长期推行代理制以后，一些问题逐渐浮出水面，其中最为显著的是难以掌握市场一线信息。近两年来，在创收压力不断增大的情况下，部分电台开始调整经营战略，转变广告经营部门的职能定位，重新将部分业务收归自营。

五、广播广告经营变革的驱动因素分析

媒介系统作为现代社会结构中的一个重要部分，与其他社会系统存在着结构依赖关系。[①] 广播广告的起伏变化与中国渐进式的改革过程同轨演进，与我国经济发展的跌宕沉浮密切相关，是我国政治、社会、文化等多种因素在媒介领域的综合反映。市场需求、技术进步、经济发展、管理政策、内部改革等多种因素汇集使得广播发展呈现特定的脉络和曲线。

其一，经济环境是影响我国广播经营的长期因素，是广播广告不断发展的基础和土壤。作为媒体行业的分支，广播广告的起伏变化与我国经济发展的跌宕沉浮密切相关。纵观改革开放以来我国 GDP 增长率的变化趋势和中国广告营业额及广播广告营业额的增长变化趋势可以发现，三者的起伏变化出现较高的相似度，在经济高速增长的年份，往往伴随着中国广告业的蓬勃发展，而广播广告也会顺势出现增长高峰，而在经济增长趋缓的年份，广播发展也会随之迎来波谷。

其二，广播经营与我国媒介政策的调整变化息息相关，广播广告的发展，历经数次重大的政策安排。国家政策的松动，给了广播媒体扩充资源、扩大领地的发展良机和政策保障，同时推动广播媒体从过去单纯依靠国家投资到增强面向市场创造效益的能力，服务功能不断释放，经营步伐加快。

其三，市场变迁及消费需求影响着广播广告的发展方向。改革开放以来，人们的生活水平不断提高，人均消费支出持续增长，消费者的生活形态和媒介接触习惯发生显著变化。广播媒体在各类信息服务功能的开发过程中，不断与市场发生互动，起到沟通信息、活跃市场、指导消费的作用，传导到广播经营层面，投放行业和客户结构不断变化。

其四，技术进步与媒介竞争的加剧是引发广播经营提速的重要原因。20 世纪 80 年代中后期电视的崛起使广播进入边缘境地，艰难之际选择进行专业化改革。2000 年之后，随着都市报和晚报的发展，同城同质媒体增多，在内外交困的情况下，广播媒体深化改革细分市场，带动经营机制和手段创新。2009 年之

---

① 陆晔：《适度竞争 协调发展 上海广播电视改革模式探讨》，《新闻与传播研究》1998 年第 2 期。

后，移动互联网的发展推动广播内容形态、表现形式发生改变，广告经营的对象、策略继而调整。

其五，从内部来看，广告经营的深化与广播专业化改革一脉相承，专业化布局的早晚直接影响到经营模式的调整。内容传播力是广告经营的基础和前提，只有生产出高质量的内容获得市场认可，才具备了广告经营的可能。广播数次改革先是带来节目收听市场的繁荣，然后拉动广告创收的增长。此外，机制改革和制度建设是保障广告经营稳健的先决条件，在广告经营推进过程中，很多电台在人事制度、收入分配等方面进行了前所未有的改革。

透过七十年的经营起伏，历数所有的探索与尝试，展现在我们面前的是中国广播广告循序渐进、由弱渐强的绚丽画卷。中国广播广告在不断的创新与改革中，完成了自己一次又一次的升华，也在新的环境和挑战下进行着新一轮新的调整和适应。各地电台的广告经营实践表明，伴随着专业化改革的深入和媒体环境的发展，我国广播的市场资源开发和经营活动具有明显的阶段性和特定的规律，但对于不同的地域和电台，由于各自的资源构成、组织建制、主观意识等不同，每个阶段广告经营的模式、突出的重点，是不同的。广播广告的发展过程是广播媒体不断增强竞争意识，按市场经济规律办事的过程，也是不断引入社会力量进行市场开发的过程。随着音频传播生态的变化，传统电台的内容生产、平台分发、经营创收都将发生新的变化，发轫于1979年的中国广播广告必将在新的历史阶段有新的变革和创新。

（本文系国家广播电视总局部级社科研究项目"移动互联网时代广播媒体经营策略创新研究"〈项目编号：GD1726〉、北京联合大学人才强校优选计划项目〈项目编号：BPHR2018DS01〉的研究成果）

（作者系北京联合大学应用文理学院副教授）

新时代马克思主义新闻观的创新与发展

——基于"四力"的视角

吴兆彤　邢小军

马克思主义新闻观是马克思主义世界观方法论在新闻传播领域的重要体现。坚持马克思主义新闻观，是新时期做好党的新闻舆论工作的重要保障，也是对新闻工作者的基本要求。党的十八大以来，习近平总书记根据时代和实践的发展变化，对全面加强和改进新闻舆论工作提出了一系列新观点、新判断和新要求，作出了系统科学、有鲜明时代特色的重要论述，丰富和发展了马克思主义新闻观，其中，对于脚力、眼力、脑力、笔力的阐述就是重要的组成部分。2016 年在党的新闻舆论工作座谈会上，习近平总书记强调，新闻舆论工作者"要转作风改文风，俯下身、沉下心，察实情、说实话、动真情，努力推出有思想、有温度、有品质的作品"①。2018 年在全国宣传思想工作会议上，习近平总书记指出，宣传思想干部要"不断增强脚力、眼力、脑力、笔力，努力打造一支政治过硬、本领高强、求实创新、能打胜仗的宣传思想工作队伍"②。这是对新闻宣传思想战线提出的明确要求，也是新形势下做好党的新闻舆论工作的根本遵循。

一、增强脚力：坚持实践性和原则性的统一

脚力是行走的能力，实践性要求新闻工作者行走时必须一步一个脚印深入社会生活实际，原则性则要求新闻工作者行走时必须有明确的方向。实践是社会存在和发展的基础，也是认识发生和发展的基础。马克思主义哲学思考问题的根本方式和逻辑，就是实践思维方式和实践逻辑。新闻是对客观事实的认识和再现，马克思在一封信里曾提到过一个编辑原则，"我要求他们少发些不着边际的空

---

① 《习近平在党的新闻舆论工作座谈会上强调：坚持正确方向创新方法手段 提高新闻舆论传播力引导力》，《人民日报》2016 年 2 月 20 日。

② 《习近平在全国宣传思想工作会议上强调 举旗帜聚民心育新人兴文化展形象 更好完成新形势下宣传思想工作使命任务》，《人民日报》2018 年 8 月 23 日。

论，少唱些高调，少作些自我欣赏，多说一些明确的意见，多探讨一些具体的现实，多提供一些实际的知识"①。要了解客观实际，我们就必须深入群众、深入实践进行调查研究，在最基层把握当前我国社会生活实际。记者调查研究多了，走基层走深了，认知社会的本领就会大起来，认识就会产生飞跃，工作就会做得更好。

的确，增强脚力，就是要坚持记者到现场，经常在路上、在基层，让我们的新闻报道沾满泥土的芳香、充满生活的气息。不少优秀的新闻作品，如新华社的《县委书记的榜样——焦裕禄》《为了周总理的嘱托》、《人民日报》的"新思想从实践中产生"系列报道、中央电视台的"新春走基层"系列报道等，都是深入实际调研采访得来的。走基层是基础，只有深入基层才能转变作风、转变文风。基层也是广大新闻工作者了解实际、向人民群众学习的好课堂，磨炼作风、提高素质的广阔天地。我们要贴近群众、深入生活，基层是优秀新闻作品产生的肥沃土壤。记者不是个吃轻松饭的职业，只有把经常下基层搞调研当成毕生追求的事业，被基层群众的故事所感动，有那么一种近乎偏执的追求，才能把报道写好，才能有震撼时代的精品力作。

好新闻是用脚一步一步走出来的。此外，行走时必须有明确的方向，要坚持党性原则、人民取向。马克思、恩格斯提出，"党需要的首先是一个政治性机关报"②。作为无产阶级机关报，党报党刊要高举党的旗帜，坚决代表和捍卫无产阶级及人民大众的利益。马克思在《〈莱比锡总汇报〉的查封》一文中写道："报刊只是而且应该是有声的、'人民（确实按人民的方式思想的人民）日常思想和感情的表达者，诚然有时这种表达是热情的、夸大的和荒谬的'。……真正'好的'人民报刊，即和谐地融合了人民精神的一切真正要素……"③ 要坚持以人民为中心的工作导向，扎根人民群众社会实践沃土，抓住人民最关心最直接最现实的利益问题，服务人民。党性原则是马克思主义新闻观的核心要义，也是习近平新闻舆论工作重要论述的鲜明主线。人民性是马克思主义新闻观鲜明的品格，也是习近平新闻舆论工作重要论述的价值归依。中国共产党人的初心和使命，就是为中国人民谋幸福，党性和人民性始终是统一的。在党的新闻舆论工作座谈会上，习近平总书记强调："党的新闻舆论工作坚持党性原则，最根本的是坚持党对新闻舆论工作的领导。党和政府主办的媒体是党和政府的宣传阵地，必须姓党。党的新闻舆论媒体的所有工作，都要体现党的意志、反映党的主张，维

---

① 《马克思恩格斯选集》第 4 卷，第 527 页，人民出版社 1995 年版。
② 《马克思恩格斯全集》第 34 卷，第 360 页，人民出版社 1972 年版。
③ 《马克思恩格斯全集》第 1 卷，第 187~190 页，人民出版社 1956 年版。

护党中央权威、维护党的团结，做到爱党、护党、为党；都要增强看齐意识，在思想上政治上行动上同党中央保持高度一致；都要坚持党性和人民性相统一，把党的理论和路线方针政策变成人民群众的自觉行动，及时把人民群众创造的经验和面临的实际情况反映出来，丰富人民精神世界，增强人民精神力量。"①

二、增强眼力：坚持矛盾性和系统性的统一

眼力是新闻记者发现、辨别、判断事务的综合能力，也是新时期做好新闻宣传工作的基本功。面对纷繁复杂的大千世界，新闻工作者要善于从表面现象看到事务的本质，从众说纷纭的议论中明辨是非，学会从多方面多角度观察和思考。矛盾性要求新闻工作者要聆听时代的声音，回应时代的呼唤，善于抓住关键问题。系统性要求新闻工作者把各种分散的、零碎的社会现象看作社会总体运动的有机组成部分，在各种社会要素的有序联系中形成正确的判断。正如列宁所说："如果不是从全部总和，不是从联系中去掌握事实，而是片面和随便挑选出来的，那么事实就只能是一种儿戏，甚至连儿戏都不如。"② 社会是一个复杂的大系统，系统内部各要素之间呈现出复杂的矛盾关系，存在着各种各样的问题。新闻工作者要坚持和运用辩证唯物主义与历史唯物主义的世界观和方法论，增强矛盾思维、系统思维能力，善于抓住问题，准确把握客观实际。习近平总书记强调："要有强烈的问题意识，以重大问题为导向，抓住关键问题进一步研究思考，着力推动解决我国发展面临的一系列突出矛盾和问题。"③ 新闻是对客观发生之事实的叙述，新闻工作者要坚持系统思维，既要多方面多角度完整地反映个别事实，也要反映个别事实所在的环境的整体真实，增强由小及大、由点及面看问题的能力。增强眼力，就要努力做到能判断、会辨别，使我们的新闻报道具有更加广阔、更加深邃的视野。习近平总书记强调："宣传思想工作一定要把围绕中心、服务大局作为基本职责，胸怀大局、把握大势、着眼大事，找准工作切入点和着力点，做到因势而谋、应势而动、顺势而为。"④ 因此，记者在采访中一定要带着问题、带着思考，去发现、去寻找，只有这样，才能够抓到真正的"活鱼"。

---

① 《习近平在党的新闻舆论工作座谈会上强调：坚持正确方向创新方法手段 提高新闻舆论传播力引导力》，《人民日报》2016 年 2 月 20 日。

② 《列宁全集》第 28 卷，第 364 页，人民出版社 1990 年版。

③ 习近平：《关于〈中共中央关于全面深化改革若干重大问题的决定〉的说明》，《人民日报》2013 年 11 月 16 日。

④ 《习近平在全国宣传思想工作会议上强调 胸怀大局把握大势着眼大事 努力把宣传思想工作做得更好》，《人民日报》2013 年 8 月 21 日。

三、增强脑力：坚持真实性和导向性的统一

脑力是思想和用思想改变社会的能力，在认识过程中既要认识世界，也要改造世界。真实性要求新闻工作者能够透过现象看本质，全面正确把握客观现实。导向性要求新闻工作者坚持理论与实践相结合，用正确的理论指导实践，影响社会成员的态度和行为，自觉推动社会文明进步。"在马克思主义新闻观里，真实观的要求不仅是报道的原则，更是科学的方法，即坚持用辩证法和唯物史观来看待事物发展并给予全面反映。"① 面对客观存在的新闻事实，如何进行取舍，以什么角度呈现，用什么样的概念框架去组织，这对新闻工作者提出了很高的要求。广大新闻工作者要保持理论上的清醒、增强政治上的定力，坚持并运用马克思主义世界观和方法论，提高战略思维、历史思维、辩证思维、创新思维、底线思维能力，实现对客观事实全面准确的认识。导向性在关心主观认识与客观事实相符程度的同时，还要关注对群众的教育和引导。新闻工作者的思考要遵循事物发展的规律和方向，引导客观现实发生人们期望的改变。增强脑力，坚持真实性和导向性的统一，要求广大新闻工作者快速反应，全面准确报道事实，描述社会发展真实进程，更要求广大新闻工作者高举旗帜，坚持正确价值引导，凝心聚力，奋力推进新时代中国特色社会主义伟大事业。

2018 年是马克思诞辰 200 周年，也是《共产党宣言》发表 170 周年，5 月 7日新华社刊播《真理的力量》一文。被称为"山东第一镇"的大王镇，闻名的不仅仅是经济富裕，这里保存有《共产党宣言》中文首译本、建立了山东最早的农村党支部。"老远老远的外国啊，一个姓马的老汉啊。长着一把大胡子啊，说出了咱心里话啊……"从较早传播红色火种到率先建成富裕乡村，文章用农民朴素的生活语言、直观的生活感受，将大王镇在革命、建设、改革过程中始终走在全省前列归因于掌握和践行了马克思主义，归结于"听党话，跟党走"，让读者在乡村生产生活中感悟马克思主义理论带来的前行力量。文章不仅蕴含着马克思主义新闻观的"求实"精神，还侧重于对现实生活的超越性——将"真理的力量"转化成实践，中国共产党能够带动乡亲们过上幸福生活。文章从不起眼的新闻事件里挖掘朴素的真理，引起很大反响，仅新华社客户端 6 小时内浏览量就突破 100 万人次，被 153 家报刊在头版或要闻版显著位置刊出。

四、增强笔力：坚持针对性和创新性的统一

笔力是驾驭文字、提炼观点、表达思想的功力。笔力看似记者的"笔头子"功夫，实际上体现的是记者的理论水平、知识素养和专业功底。针对性强调要聚

---

① 胡钰：《论马克思主义新闻观的时代内涵》，《思想教育研究》2016 年第 3 期。

焦人民群众关注的现实问题，用人民群众喜闻乐见的语言和表达方式，让好声音入耳入脑入心。创新性则要求面对当今的社会舆论环境、媒体传播方式及受众特点等方面的巨大变化，新闻舆论工作必须在话语方式和传播方式等方面作出调整和改变。

广大人民群众是新闻的受众，也是新闻活动的根基。新闻工作者首先要了解人民群众的需求和喜好，并有所针对。毛泽东就曾经谈道："射箭要看靶子，弹琴要看听众，写文章做演说倒可以不看读者不看听众吗？我们和无论什么人做朋友，如果不懂得彼此的心，不知道彼此心里面想些什么东西，能够做成知心朋友么？做宣传工作的人，对于自己的宣传对象没有调查，没有研究，没有分析，乱讲一顿，是万万不行的。"① 这段话就是在讲新闻的针对性问题。要讲体现中国气派、民族风格、文化底蕴的话；要进行分众定位、精准对焦，讲人民群众喜欢听、听得懂、听得进的话；要讲具有时代气息的话。这样才能实现有效传播，让新闻作品能够吸引人、打动人，传得开、传得远。要研究不同群众的思想文化需求和信息接收方式，综合运用多种工具与受众互动，完成对新闻事实的表达。同时，还要创新对外宣传方式，向全世界讲好中国故事，积极传播好中国声音。

创新一定要与针对性相结合、相统一。近年来，《人民日报》放下"大报"的架子，在新媒体创新中独树一帜。以2019年8月3日人民日报微信账号为例，早上6点9分，第一条推文《来了！新闻早班车》发出，有要闻、社会、政策、生活提示4个版块，共29条新闻，7条有配图。采取短新闻方式，每条50字以下。对应受众早间行为特点，有6分33秒的配套音频，受众起床后可以选择阅读，也可以选择收听的方式接收信息。全天共发送23条推文。有《人民日报》头版文章、典型人物介绍、具有代表性的政治新闻或社会新闻、人民锐评和荐读等，推文大多不到2000字，配有大量图片和短视频。推文标题大多偏长，需要使用标点符号，能从标题中就完成基本信息获取。除了逗号，在标题中还大量使用冒号、省略号、感叹号和问号，直接传递情感倾向，也能吸引受众点开推文详细阅读。这样的推送深受读者欢迎。截止到2019年7月，人民日报微信账号已经拥有2600多万粉丝。

中国特色社会主义的话语体系，立足于马克思科学社会主义的理论逻辑，是我国改革开放、建设社会主义现代化伟大实践的思想和思维形式上的反映。② 增强"四力"，凝聚了习近平总书记对宣传思想队伍的谆谆教导、殷切期待。增强"四力"，是做好新形势下新闻宣传工作的需要，也是提升新闻从业人员本领能

---

① 《毛泽东选集》第3卷，第793页，人民出版社1969年版。
② 杨鲜兰：《构建当代中国话语体系的难点与对策》，《马克思主义研究》2015年第2期。

力的方法路径。新闻工作者一定要把"脚力"上的奔波、"眼力"上的洞察、"脑力"上的思考，通过"笔力"表达出来。坚实的"脚力"、明亮的"眼力"、睿智的"脑力"、深耕的"笔力"相融合，对于推动党对新闻舆论工作的坚强领导、对于新闻工作者更好地"承担起举旗帜、聚民心、育新人、兴文化、展形象的使命任务"①，让广大新闻工作者去讴歌我们这个伟大的新时代，具有十分重要的意义。

（作者单位分别为：天津大学马克思主义学院、天津广播电视台。本文系北京市习近平新时代中国特色社会主义思想研究中心项目"习近平新时代中国特色社会主义思想的重大时代课题研究"的阶段性成果，项目编号：18ZDL13）

---

① 《习近平在全国宣传思想工作会议上强调 举旗帜聚民心育新人兴文化展形象 更好完成新形势下宣传思想工作使命任务》，《人民日报》2018 年 8 月 23 日。

光影镜像中以他者视角重访中国故事

——以系列纪录片《从〈中国〉到中国》为例

张悦晨

"讲好中国故事，传播中国声音，唱响奋进凯歌，凝聚民族力量"是习近平总书记对新闻传播领域工作者的再次强调[①]。而纪录片作为跨文化的载体已成为海外公众认识中国、了解中国的窗口[②]，因此纪录片在"讲好中国故事"的任务上扮演着重要的角色。如今中国早已今非昔比，但就部分外国人而言，他们对中国的印象可能还停留在几十年前著名海外导演在中国所记录的影像，而现在进行时的中国正是他们所好奇和期待的。于 2019 年 3 月 16 日在 CCTV—9（20：00点）和 CCTV—4（09：00点）同日开播的系列纪录片《从〈中国〉到中国》则从《中国》《愚公移山》《从毛泽东到莫扎特》和《上海新风》这四部四十年前海外关于中国的纪录片为切入点，将镜头对准普通中国人，以四位外国友人的视角讲述四十年后、当下的"中国故事"，在强烈的历史镜像的对比下让我们更深刻地感受到中国改革发展取得成绩、人民生活水平的显著提高和中国优秀传统文化的生命力。

一、历时的镜像互动：流年光影里的中国故事

在还未实行改革开放的七十年代初期，安东尼奥尼（意大利）、伊文思（法国）、艾伦米勒（美国）和牛山纯一（日本）这四位享誉全球的纪录片大师应中国政府之邀，用摄像机真实记录了当时中国的社会百态，他们各自的作品《中国》《愚公移山》《从毛泽东到莫扎特》和《上海新风》也成为世界了解当时中国面貌的重要影像，塑造了海外一代人对中国的印象。《从〈中国〉到中国》以这四部纪录片为线索，意大利记者老高、法国导演斯坦、美国小提琴家大卫·斯

---

① 《记录伟大时代 唱响奋进凯歌——习近平总书记致中国记协成立 80 周年的贺信引起热烈反响》. http：//www. xinhuanet. com/2017 – 11/09/c_ 1121932430. htm

② 刘晶、陈世华《讲好中国故事：纪录片的"中国叙事"研究》，《现代传播》2017 年第 3 期。

特恩、日本导演牛山辙山则作为寻访者，沿着前辈的足迹，重访四十年前纪录片中的故地、故人，重新发现和记录中国。

（一）以纪录片引申纪录片：用影像之镜映照社会变迁

《从〈中国〉到中国》以历史镜像对照当下，片中镜头所及之处皆是变迁。曾经落后的村子、破败的建筑、凹凸不平的道路等都焕然一新。《寻找中国》一集中老高手中灰暗的旧照片成为那个年代的历史缩影，与其背后的现代化景象形成鲜明对比。又如在《又见愚公》一集中，斯坦来到四十年前伊文思拍摄《愚公移山》的大鱼岛，被眼前村子的发展所震惊，不禁感叹道"这就是现代化。"

《从〈中国〉到中国》不仅让我们直观地看到四十年间中国"硬件"的革新，还让我们明显感受中国人风貌的变化。四十年前在安东尼奥尼的《中国》中，镜头前的林州村民面对摄像机和外国人表现得好奇又内向害羞，而现在村里的孩子面对老高和摄像组表现得开朗活泼并主动和老高交流，因此在片中老高也深有感触，"我能想象，如果安东尼奥尼还能再来中国，那情况一定完全不同了。"《从〈中国〉到中国》以影像为镜，在每一个交叉剪辑的新旧影像的更替瞬间都让人不禁感叹四十年来中国的沧桑巨变。

（二）以追忆见证传承：两代中国人不变的愚公精神

中国这一古老的国度拥有着令人骄傲的文化底蕴，在日新月异的发展中，两代记录者更是见证了两代中国人不变的愚公精神。

在《又见愚公》一集中，四十年前杂技演员们顶着瓷碗、手拿枪棍、腰系红绳的画面与当今刻苦练功的舞蹈演员们的训练场面相呼应；四十年前的捏面大师朗绍安的捏面人场景与当今"面人郎"传人郎佳子彧的捏面人场景同步呈现，使专注于传统文艺的两代人用行动连接着过去与未来，在不同时空下完成了愚公精神的传承。《从〈中国〉到中国》在两代手艺匠人、文艺大家们的光影交融之中，彰显着中华传统文艺瑰宝的积淀，传达着两个时代的中国故事，带领我们一同见证了四十多年来两代中国人愚公精神支撑下的精神风貌和生活态度。

（三）以共时呈现激活集体记忆：吹响国民回忆的集结号

《从〈中国〉到中国》在开头处便提出了这样的问题："中国人还记得中国吗？"中国四十年的巨变，从朴素落后到繁荣多元，高速的发展逐渐模糊了我们从前的记忆。而纪录片作为记录世界的一种方式，如同国家的相册，记录着国家发展的轨迹。有学者基于麦克卢汉"媒介即信息"的理论提出"媒介即记忆"[①]。媒介记忆和集体记忆的关系是辩证统一的，大众媒介通过将当下的影像、符号和地景与过去相连结使得社会的过去、现在乃至未来通过记忆的连续叙事得

---

① 邵鹏：《媒介记忆——人类一切记忆研究的核心和纽带》，浙江大学出版社 2016 年版。

以整合①，进而激活集体记忆。

《从〈中国〉到中国》通过对七十年代四部纪录片的追溯，将旧影像以共时呈现的方式与当下中国社会的影像并置在一起，重启并刷新了观众的集体记忆，进而凝聚民族向心力、激发观众这一"想象的共同体"对中国发展与变迁的集体认同。《又见愚公》一集中，斯坦寻访到《愚公移山》中大庆油田的钻井队队长，在旧影像与故人的访谈中带领我们重温了"拼命也要拿下大油田"的忘我拼搏精神。可见，《从〈中国〉到中国》在吹响集体记忆集结号的同时更彰显了媒体在当今物质文明急速发展下对精神文明的重视，显现媒体强烈的社会责任感、历史使命感和专业主义精神。

二、他者视角与自我认知的互动：跨文化的共鸣与认同

纪录片作为文化折扣率最低的媒介语言之一，在国际传播方面的价值和影响力日益凸显。《从〈中国〉到中国》作为中国故事传声筒，恰当权衡了海内外受众的信息接收习惯，让中国声音传播得更有效。

（一）谱写未完结的故事：回应世界对中国的好奇

《From〈Chung Kuo〉to China》是《从〈中国〉到中国》的英文名，其中"Chung Kuo"是当时意大利导演安东尼奥尼的纪录片《中国》的英文翻译，也是"中国"一词的西方威妥玛式拼音法。"Chung Kuo"这一带有模糊感和距离感的词也正反映了七十年代的世界对中国的陌生。

在新中国成立之初，中国与西方发达国家之间的交流受制于当时世界政治环境的影响，对于绝大部分的外国人而言，中国仍如东方神秘国度般的存在。但伴随着六七十年代的中意建交、中法建交、中日建交和中美建交，中国与外国的往来变得更为通畅，让世界了解中国也变得更为重要。因此，安东尼奥尼等人应中国政府之邀而来，以外国人的视角记录他们眼中的中国，向世界传播中国形象。因此，这四部当时具有代表性的纪录片作为传播中国故事的重要影像载体，一定程度上也影响了世界如何看待中国。比如安东尼奥尼的《中国》在罗马首映后便迅速引起了西方国家的强烈关注，成为西方研究中国的一部绕不开的影像资料。

由海外导演拍摄于七十年代的纪录片满足了西方对中国这一"他者"的想象，如历史的见证者，记录着七十年代中国发生的点滴，但其中可能存在着一些误解和歪曲。尤其在改革开放以来，中国突飞猛进的发展让这些七十年代的影像远远落后于中国现代社会的发展步伐，因此也远远无法代表当下中国社会的百

---

① 周海燕：《媒介与集体记忆研究：检讨与反思》，《新闻与传播研究》2014 年第 9 期。

态。世界对中国的发展留有好奇与曲解，中国也需要向世界传达新声音、让世界了解新"中国故事"。

中国在发展中，中国故事还在继续发生中。《从〈中国〉到中国》则让四位与上一代导演们有渊源的国外"寻访者"接过前辈的"火炬"，沿着前辈的拍摄路线，将没有讲完的中国故事述说，激活四十年前的影像的生命力，带领我们发现一个新的"中国"、回应世界的好奇与期待。

（二）塑造共通的意义空间：以他者视角对外传播中国故事

纪录片的文本意义是由其传播者的编码活动和受众的解码活动共同完成①。因此《从〈中国〉到中国》作为在 CCTV-4 播出的纪录片更要考虑国外受众的信息接收习惯。

伯明翰学派的霍尔曾提出了文化符号学中的"三种解码"理论，其中"对抗式解码"即观众明白制作者要传送的意义，却选择以完全相反的立场解码，"读出"针锋相对的意义②。而目前大多数关于中国当今发展状况的国产纪录片以中国人的视角出发进行自我叙述，选择性呈现甚至刻意拔高，始终没能脱开"自家人"的身份，带有强烈宣传说教味和主观意识形态色彩，让国外受众产生距离感和不信任、不真实感，因此也更容易让国外受众产生"对抗性解码"，不利于"意义传播"，反而适得其反。

而《从〈中国〉到中国》则以老高等四位与七十年代的四部中国主题纪录片颇有渊源的外国友人为主体展开叙述。片中的画外音绝大多为这四位外国友人内心由衷的感慨，以他们的视角追溯历史、发现新时代的中国故事。在"他者"视域下叙述的新时代中国的人物、文化风俗、社会发展更能让国外受众形成共鸣和认同，在讲出中国特色的同时又能容易让海外受众消化，从而避免了"对抗性解码"的可能，在向全世界展示中国的同时又能让全世界乐于接受中国声音。

（三）中外交流中的"镜中我"：以他者之镜提升自我信心

社会学家库利提出的"镜中我"的概念，认为"人们彼此都是一面镜子，映照着对方"，人对自我的认知主要是通过与他人的社会互动而形成③。这同样也适用于我们对本国的认知。外国人对中国评价、态度等也是反映中国的一面"镜子"，我们透过这面"镜子"可以从另一角度认识和把握中国的发展现状。对于我们国内受众而言，《从〈中国〉到中国》通过老高等四位海外友人的"他者"叙述，不仅让我们了解外国人对中国的历史及发展的评价和态度，也能够

---

① 罗刚、刘象愚：《文化研究读本》，中国社会科学出版社 2000 年版。

② 斯图尔特·霍尔：《表征：文化表象与意指实践》，周宪、许钧译，商务印书馆 2003 年版。

③ 查尔斯·霍顿·库利：《社会过程》，洪小良译，华夏出版社 2000 年版。

让我们获得到对本国的一个更为全面的认知。同时，在四位海外友人震惊于中国的变迁之余，更是激发了我们本土观众的民族自信心和国家自信心，让中国形象在本土观众的心中得以提升，有不少观众在观看后深受感慨，为祖国的日渐强大感到自豪和骄傲。

三、立体化叙事策略：多层次、多角度展示新时代众生相

《从〈中国〉到中国》中没有悠久的历史、壮美的河山、英雄式的人物，也没有华美的镜头、刻意的摆拍、丰富的辞藻、高大上的解说，只有中国社会普通老百姓的日常琐碎的故事和他们真情实感的流露，也正是这份本真、质朴的平民化表达，展示了中国社会最真实的状态，将中国四十多年来的变化让人切实可感。

（一）从庙堂走向江湖：平民化叙事凸显中国发展

《从〈中国〉到中国》将镜头对准普通中国人和事，以平民化叙事审视中国四十年间的变化和发展。从"大菜团"的马雍喜、"面人郎"传人、大鱼岛的女船长、大庆油田的钻井队长、哈萨克族的游牧家庭、蒙古族的马头琴大师到苏州某餐饮店的主任、会说日语的上海阿姨，《从〈中国〉到中国》跨越中国东西南北，涵盖多个民族和各行各业的男女老少，描绘了新时代各色各样的众生相，将他们的经历与历史、时代相结合，从每个普通人身上发现历史的痕迹，传递浓郁的人文气息。比如片中老高在河南林州寻访到了马雍喜，这位曾在安东尼奥尼影片中出现的 25 岁少年如今已到古稀之年，当老高问其生活是否变得更好时，马雍喜则以其居住环境从破旧土房到公寓这一显著的提高回复老高的好奇。

《从〈中国〉到中国》始终把目光聚焦在普通人身上，用平实的影像呈现着中国四十年的变迁，但这平实之中却始终藏着一股力量。从过去的农业发展到现在的商业化，从老百姓用月票的日子到如今菜场进社区的服务，有的人已经离世，有的人出国又回来，曾经的渔村人靠发展海洋渔业生存现在修建民宿发展乡村旅游业，曾经的游牧民族现在定居开始农业现代化，《从〈中国〉到中国》走向江湖，以普通人的四十年窥视中国四十年的发展，进而使这些平实的镜头中迸发出岁月积淀后的生命之力。

（二）第一人称叙述："寻找体"记录方式的沉浸感体验

《从〈中国〉到中国》以四部七十年代的海外中国主题纪录片为线索，老高、斯坦、大卫·斯特恩、牛山辙山则分别作为寻访者，以第一人称口吻呈现他们在中国遇见的人和事，为观众客观呈现他们在中国的所见所闻。在《从〈中国〉到中国》的四个部分中，《寻找中国》中老高沿着安东尼奥尼的足迹寻找中国城乡的变迁；《又见愚公》中斯坦沿着伊文思的足迹寻找曾经和当下的愚公精神；《中国有知音》中大卫·斯特恩沿着艾萨克·斯特恩的足迹寻找着中国音乐

的国际化与民族性；《似是故人来》中牛山辙山沿着牛山纯一的足迹寻找上海小市民的生活变迁。

《从〈中国〉到中国》的第一人称"寻找体"的记录方式使观众在收看过程中更有真实感和代入感，让观众沉浸于影像之中，与四位海外友人一同沿着大师的拍摄轨迹，寻找片中的名字与地点，寻找每个名字背后的命运轨迹、每个地点背后的发展脉络，从而在寻找中重拾四十年前那个我们既熟悉又陌生的国家，完成一场酣畅淋漓的跨时空对望。这种寻找过去是为了更好地了解当下，让我们更好地铭记中国面貌的演变，不仅让海外受众重新认识中国，也让我们看到很多没办法经历和体验的过去中国，进而对中国的发展看得更透彻。在《寻找中国》一集中，我们跟随着寻访人老高，通过"曾经怀有恶意"的安东尼奥尼的《中国》真实地看到过去的中国并以此对比当下的中国，片中对"文革"以及安东尼奥尼的评价，不仅没有让人感到负面，反而让人觉得如今的中国变得更加自信，敢于面对曾经的不堪与创伤，这是对过去的了解，更是对现在的鞭策。

（三）故事化叙事软化宏大主题：休止硬性说教式的灌输

《从〈中国〉到中国》的寻访人通过与曾经出现在纪录片里的人们的谈话，深入挖掘《中国》《愚公移山》《从毛泽东到莫扎特》和《上海新风》这些纪录片拍摄背后的故事，满足观众对当时拍摄情况的好奇又让全片充满了故事性和戏剧性。片中曾任苏州回民饮食店主任的72岁苏州老太太欧阳娟娟面对老高侃侃而谈，神采飞扬地回忆当年安东尼奥尼等一群外国人扛着机器到店里"拍电影"的经过、谈"文革"中《中国》被批斗的风波，仿佛一切恍如昨日。另外，《从〈中国〉到中国》不仅以讲故事的方式呈现纪录片背后的拍摄花絮，也对中国普通人在四十年间的变化进行故事化叙述。在《似是故人来》一集中，牛山纯一找到曾出现在《上海新风》中的罗义刚，通过罗义刚对整个家庭四十年变化的讲述，展现了中国社会的发展对普通家庭生活水平的重要意义。可见，《从〈中国〉到中国》不依靠生硬的画面讲解进行说教式的灌输，而是通过一个个故事和镜头传达中国故事，表现中国的发展，增加了全片的戏剧性和可看性。

《从〈中国〉到中国》全片走心的构思与制作充分体现了媒体作为"讲好中国故事"的使者的担当与情怀，而中国仍在快速发展中，我们仍需持续地向世界传达更深入人心的中国声音、让世界了解更新的中国故事，记录伟大时代，唱响奋进凯歌。

（作者系中南财经政法大学新闻与文化传播学院硕士研究生）

播音主持史论研究若干重大问题探析

张 浩

1923 年，我国第一座无线电广播电台的开播，探索播音实践活动就伴随开始。探究我国播音主持史可以理清我国播音主持事业的发展脉络，对于现阶段的播音主持实践有着重要的借鉴和指导意义。但是，目前我国对于播音主持史论的研究相对薄弱，相关的理论专著较少，研究人员的研究方向较为分散，没有形成系统的理论成果。例如，张颂的《中国播音学发展简史》，只是对中国播音学发展的不同历史时期进行了简单的梳理；韩静的《建国前中国播音研究史论》，对新中国成立前的播音研究史进行了梳理和总结；这些，对于中国播音史论的研究还远远不够，在所涉及播音史论中的研究问题时，思路还不够开阔。

本文将会通过对播音主持史论研究资料的搜集，提出了几个播音史论研究中应该涉及的问题。

首先，许多人认为播音主持的实践活动是伴随广播而出现的，而於春的《中国电视节目主持三十年研究》一书的绪论部分为笔者提供了思路，但是，於春仅仅点到了主持的溯源问题，而播音、朗诵的溯源是怎样的？本文将追溯历史，力求提供找到播音主持实践活动源头的思路。

其次，中国播音学是一个非常年轻的学科，目前，中国播音学的理论成果还不够丰硕，因此，有些人就"理所当然"的认为播音"无学"，播音是否真的无学呢？本文将通过对播音学术发展的探索进行论述。

第三，播音主持教育方式从最初的师徒式到精英式再到现在的大众式，已经发生了相当大的改变。但是，当前播音教育混乱的现象十分的突出，这种现象是如何出现的？播音教育应该如何进行？本文将通过梳理播音主持教育脉络解答以上问题。

通过对这些问题的梳理，希望能为中国播音主持史论的研究提供一些思路，对播音主持史论的系统研究有所帮助。

一、播音主持实践活动的溯源问题

（一）播音、主持的溯源

1. 播音溯源

1923 年 1 月，随着我国第一座无线电广播电台的开播，就相应产生了播音员这一职业。随后，全国各地陆续开办电台，播音实践活动也日渐活跃起来。虽然，"播音员"这一称谓是伴随广播而出现的，但是，在源远的历史长河里，播音活动的事实却早已出现。

在古时，诏书开读就是一种播音实践活动。所谓诏书开读，就是将天子的意志诏告天下，关于诏书的开读情形，我们可以通过《诸司职掌》了解如下："宣读、展读官陛案，称'有制'，赞，众官皆跪。礼部官捧诏书授宣读官，宣读官受诏书，唱宣读。宣读官宣讫，礼部官捧诏置云盖中……跪唱山呼，百官拱手加额曰'万岁'……"① 可以看出，这里的诏书开读，类似于播音员担任全国人民代表大会文件宣读的工作。

再如清代的圣谕宣讲，从中也可以窥见播音实践活动的踪影。宣讲圣谕就是将天子颁布的教化民众之言向百姓宣读讲解。在乾隆《郫县志书》中记载了圣谕宣讲的情形："上谕：每月朔望，知县率僚属、绅士、耆约人等，齐集公所，迎圣谕牌，行三跪九叩礼，毕，以次而立，击鼓三下，众人肃静，讲生就席，逐条高声讲解，敷陈晓畅，讲毕，送牌而退。"②

因此，我们应该意识到，播音的实践活动要远远早于播音员这一称谓的出现。

2. 主持溯源

随着广播电视节目形式的不断发展，我国大陆从 20 世纪 80 年代开始出现"主持人"这个称谓。1981 年元旦，由徐曼主持的《空中之友》节目，是我国第一个主持人形式的节目。与播音活动一样，主持活动也早已产生，无论是宫廷礼仪、宗教仪式活动还是传统的戏曲当中，主持活动都有所体现。

例如周人宗庙建成时要有衅礼，衅礼就是将羊、鸡等送入宗庙，把羊、鸡之血洒入其中。衅礼由国君亲自参与，此外还有巫官等人，而巫官中的宗人掌控着整个仪式的进程，是主持活动的体现者。在仪式开始时，宗人会喊道："请令以衅某庙"，君王答："诺"，进入宗庙。当仪式结束时，宗人喊道："衅某庙事

---

① 转引自万明《明代诏令文书研究——以洪武朝为中心的初步考察》，《明史研究论丛》2010 年第 7 期。

② 转引自陈燕茹《清代圣谕宣讲及其相关故事类作品研究》，四川师范大学学位论文，2014 年，第 22 页。

毕"，君王答："诺"。

在杂剧中，有"副末开场"。戏剧开始之前，副末上场，介绍整场戏剧的主题和内容梗概，这不正类似于今天的晚会主持吗？

因此我们在播音和主持的溯源时，应该注意，不能只关注于称谓的出现，更要寻求实践活动的事实。

(二) 朗诵艺术的溯源

朗诵艺术是随着白话新诗发展起来的一种有声语言的艺术创作活动。但是，对于朗诵艺术的起源说法众多，有人认为朗诵是舶来品，是从西方话剧台词中产生。屠岸则认为，中国戏曲中的念白也是朗诵艺术的一个源头。

其实"朗诵"一词，并非是近代生成的词汇，早在南宋诗人陆游的《浮生》中就曾出现："浮生过六十，百念已颓然。独有枕书癖，犹同总角年。横陈粝饭侧，朗诵短檠前。不用嘲痴绝，儿曹尚可传。"

笔者认为，朗诵艺术的溯源都可追寻到远古时期的巫术活动中。在祭祀中，巫祝就是通过有声语言交通鬼神，《说文》云："祝，祭主赞词者，从示从人口"。与鬼神交通过程中，巫祝口中大喊大叫或念念有词的咒语，就有朗诵艺术的影子。例如《山海经·大荒北经》中的《驱旱魃咒》云："神，北行！先除水道，决通沟渎！"或者《吕氏春秋·异用》中对飞禽走兽施巫时的语言："从天坠者，从地出者，从四方来着，皆离吾网！"这些言语都是在与鬼神交通时说出，必定有艺术上的夸张，并带着相应的情感和鲜明的态度，也是有声语言艺术化的表达。因此，远古时期的巫术活动也应该是朗诵艺术的源头。

二、学术发展问题

中国的播音学术研究伴随广播事业的发展走过了九十多年的时间，张颂教授认为，中国播音学术研究经历了四个时期：萌芽期（1923—1961），草创期（1962—1981），形成期（1982　1994），发展期：（1995—现在）。九十多年来，中国播音学科从无到有，从分散研究到学科体系的建立，积累了不少宝贵的经验和理论，但还并未到一个成熟阶段，仍然有很长的一段路要走。

在学术发展过程中，社会上一直存在对播音学术研究的偏见。"张颂认为这种学术争鸣大概可以总结为四次：'采编播合一之争''播音员主持人之争''转向语言学之争'以及'口语兴盛之争'，而贯穿他们中间的一个重要的论点就是'播音无学'。"①这种观点直到现在依然存在，我们通过对播音学术发展过程的探究就不难发现，播音不仅不是"无学"，而像表演、电影等艺术一样，有很大的

---

① 郑伟：《张颂谈学术发展源流》，《现代传播》2013 年第 2 期。

学问呢！

（一）萌芽期（1923—1961）——分散研究

对于这一时期的播音学术研究大多呈现出分散性的特点，在建国前期的研究中尤为明显，新中国成立后虽有一些集中探讨和学习，但也并未形成系统。

建国前期的国统区对播音的研究多存在于社会大众中，以文人、学者居多。叶圣陶、鲁迅、矛盾等人都在报纸或杂志上提出过自己对播音的看法。著名的语言学家赵元任先生发表的《广播须知》，对当时的播音有着重要的指导意义，"《广播须知》主要涉及六个方面：机械方面、声音方面、语言方面、讲稿方面、材料方面、礼貌方面。这些都对广播的播讲者提出了要求。"① 在新中国成立前的解放区，广播被看作是重要的政治宣传工具，对播音的重视自然不言而喻，因此，播音研究显得更加规范。中国共产党以及党的领导都对播音工作提出了具体要求，加强了解放区播音的规范性。不少播音员自身也积极总结经验，并汇总成文字资料，广播电台同样也发表了一些关于播音员训练的方法，例如《对目前改进语言广播的几点意见》《陕北台播音组关于训练和培养播音员的意见》等。

新中国成立后，从1952年到1955年间，有几次相关的业务交流和学习的会议，促进了播音研究的发展。

（二）草创期（1962—1981）——探索与迷茫共存

"从1962年到1981年，经过反复体验，结合广播事业的发展和电视事业的诞生，同时，北京广播学院举办了三个月和一年的播音员训练班，各地电台开展了业务研究，播音理论体系已经开始建立一定的格局和必要的基本观点间架。"② 但是，草创期包含了"文革"十年动乱，使播音研究一度处于停滞状态，许多优秀的播音工作者离开话筒，"高、平、空"的声音形式充斥广播，荒唐的年代使得播音研究前途未卜。"文革"末期出版了一本《为革命播音》，虽说印有时代的烙印，但还是有着值得肯定的经验理论总结，可见播音研究在"文革"期间艰难前行。

（三）形成期（1982—1994）——学科建立

1982年，"北京广播学院张颂同志发表了《研究播音理论是一项紧迫的任务》一文，构筑了播音理论研究框架，促进了播音理论研究工作。"③ 这一时期中，中国播音理论的研究高速发展，出现了一大批高水平的播音理论专著，如张颂出版的《朗读学》《播音创作基础》、徐恒的《播音发声学》、吴郁主编《播

---

① 韩静：《建国前中国播音研究史论》，河南大学学位论文，2009年，第15页。
② 张颂：《播音语言通论——危机与对策》，中国传媒大学出版社2012年版，第23页。
③ 张颂：《中国播音学》，中国传媒大学出版社2003年版，第25页。

音学简明教程》、毕征主编《播音文体业务理论》、姚喜双著《播音风格探》等。直到 1994 年 10 月，由张颂主编的《中国播音学》出版，标志着播音学科的成立。

（四）发展期（1995—现在）——深化与拓展

播音学理论的体系初步建立后，在这一时期中，播音理论研究开始与其他学科相互交融，为播音理论体系开枝散叶，不断深化和拓展。

1999 年，祁芃的《播音主持心理学》出版，使用心理学理论探讨播音创作的心理活动，以及受众接受的心理活动。

2001 年，应天常出版《节目主持语用学》，从语用学的角度探讨主持人的语用策略。

2003 年，张颂著《朗读美学》，将朗读上升至美学的审美层面，"要解决怎样朗读得更美些，朗读者如何获得美感，又如何使听者得到美感享受。"[①]

由此可见，中国播音学不是"无学"，"是一个交叉学科，哲学、新闻学与传播学、语言文学、艺术学，共同孕育了它的诞生和成熟。它又是一个边缘学科：广播电视学与语言艺术的结合，塑造了'有声语言创作主体'和'播音员、节目主持人'的身份、地位、形象、功能。"[②] 在理论研究方面，要积极与相关学科融合，建设播音哲学、播音美学、播音心理学等学术体系。

三、教育探索问题

虽然我国的广播播音事业是从 1923 年起航，但正式办学是从 1963 年北京广播学院（现中国传媒大学）开设中文播音专业开始。之前的教育都是以老带新，"师傅带徒弟"式培养方式。虽说播音学是一个新兴、年轻的学科，但播音教育已取得了瞩目的成绩，1980 年，北京广播学院设立硕士点，1999 年设立博士点。

伴随"大众教育"，1983 年播音与主持艺术专业出现在了《普通高等学校本科专业目录》中，"截至 2012 年 3 月，全国共 483 所高校已针对此专业进行人才培养。办学形态涵盖：有专业性传播类学科院校，如中国传媒大学、浙江传媒学院等；有综合性学科全面类大学，如吉林大学、东北师范大学等；有艺术类专业院校，如吉林艺术学院、上海戏剧学院等；有民办本科独立院校，如长春光华学院、吉林动画学院等等。"[③] 播音主持教育开展得如火如荼，有的院校缺乏师资，有的院校没有硬件设备，有的院校甚至一届招收几百名学生，看似红火，但背后却隐藏着一个巨大的问题，播音应该如何教育呢？

---

① 张颂：《朗读美学》，中国传媒大学出版社 2010 年版，第 1 页。
② 张颂：《播音语言通论——危机与对策》，中国传媒大学出版社 2012 年版，第 169 页。
③ 吴岩：《播音主持艺术高等教育人才培养模式研究》，《吉林艺术学院学报》2013 年 6 期。

面对这样的形势，张颂在他的《播音语言通论——危机与对策》当中感慨道："播音专业、播音教育，真的快要衰亡了！这不是个别人的罪过，而是整个播音教育的危机！"①

目前，人们已经意识到播音教育的危机，并已经开始对播音教育进行探索，而且面对发展如此迅速的新兴媒体和多变的时代，播音教育更是责任重大。然而播音学科的特殊性，使播音教育不同于其他学科的教育，也许我们通过回顾历史，可以从中汲取到一些播音教育的经验和方法。笔者根据教育方式和政策，将播音教育分为以下四个时期：

（一）传统教育时期（1923—1962）

这段时期包含了新中国成立前和新中国成立后的一段时间。对于播音员的选拔已经有了明确的标准，例如民国时期国统区要求："口齿伶俐，发音纯正，报告之语调又能抑扬疾徐适得其当者。娴习物理化学，并对于史地时事常识丰富者。考试分笔试和口试两个环节，笔试合格者参加口试。笔试播音员考试科目有：党义、国文（文言白话各作一篇）、英文（英译汉汉译英各一篇）、史地、物理、化学、常识、数学。口试除了回答考官提问外，国语报告员应于口试后，再个别各作国语演说二十分钟（重要科目）"② 而中国共产党的电台则要求："一、历史清白政治可靠；二、能操流利之普通话，音色清晰者；三、具有高中文化程度；四、有一定的政治水平。"③从中可以看出，严格选拔播音员的标准，是播音质量的一个保障。

在这期间并没有正式的学校和专业，"那时的播音员，除了自学，就是几个人、一批人在一起，研究和训练发音、表达。'师父带徒弟'，恰是自古以来的传统培养方式。"④在这种传统的教育方式下，并没正规的教学设计，都是学生跟着老播音员的节目训练，接受老播音员的言传身教，学生和老播音员之间交流密切，感知强烈。

这种教学虽然简单，但我们可以看到，这种一对一或一对二的教学模式值得借鉴，也为后面的小课教学提供了依据。

（二）探索教育时期（1963—1976）

1959 年，北京广播学院（现中国传媒大学）成立，1963 年 9 月正式开始招收中文播音专业的学生。对于当时的教学并没有真正意义上的教材，许多是借鉴了姊妹艺术的经验，还处在探索阶段。

---

① 张颂：《播音语言通论——危机与对策》，中国传媒大学出版社 2012 年版，第 157 页。
② 转引自王文利：《民国时期广播播音员选拔标准浅析》，《现代传播》2012 年第 1 期。
③ 转引自王文利：《民国时期广播播音员选拔标准浅析》，《现代传播》2012 年第 1 期。
④ 张颂：《播音语言通论——危机与对策》，中国传媒大学出版社 2012 年版，第 155 页。

后来"文革"一段时期内，北京广播学院停止招生，直到 1974 年恢复招生，迎来了 74、75、76 三届"工农兵学员"，在学习之外，还有农业学大寨、学军的生活。

（三）精英教育时期（1977—1999）

1977 年恢复高考，北京广播学院开始招收本科生。1980 年开始招收硕士研究生。到 1999 年，开始招博士研究生。在这期间，学科体系逐步形成。从 1983 年播音与主持艺术专业进入《普通高等学校本科目录》中，到 1999 年，全国范围内只有 4 所院校办学。

张颂认为，播音教育是精英教育。"原来，在'本科目录'中，在'播音'之前，是标有'☆'号的，强调'必须有足够的师资队伍保障，必须有足够的设备条件'，是主管部门要严格控制的专业，否则，不能开设这个专业。"①

在这一时期中，对于为数不多的学生来说，教师队伍、硬件设备相对能够满足教学需求，教学相对规范。

（四）大众教育时期（2000—现在）

从 2000 年开始，开办播音专业院校的数量迅速上升，到 2012 年，就有四百多所院校开办此专业。院校办学质量良莠不齐，甚至缺乏教师、没有设备也要开设播音专业，乃是被背后巨大的利益所吸引。有些院校为了迎合市场，好大喜功，做表面文章，整个教育呈现浮躁气息。

好在国家已经有所觉察，开始将播音专业列入限制招生的专业当中，但依然无法阻挡那些盲目跳入艺考大军的学子们。

面对着混乱的教育局面，面对着天天高叫教学改革的口号。笔者认为，要改，首先要"回归"，回归到以前简陋的办学环境吗？非也！乃是在这浮躁的教育环境中"静下来"，理性、认真的思考和总结过去已有的优秀教育经验，打造一批"能教学、能实践、能科研"的教师团队，对于学生，要像新中国成立前选拔播音员一样，严格选拔学生，优化课程设置，严肃招生、毕业、考试、升学，形成一套完整的教育教学体系。

无论时代怎样变迁，传播平台怎样变化，新媒体总是在传统媒体的基础上发展起来的，基本功打得扎实，路才能走得更远，传统不能丢！

四、结语

通过以上对播音主持实践活动溯源问题、播音学术发展问题、播音教育探索问题的梳理，我们可以看到这几点：

---

① 张颂：《播音语言通论——危机与对策》，中国传媒大学出版社 2012 年版，第 156 页。

首先，播音主持的实践活动并不是伴随广播或者播音员、主持人称谓而出现的，它的出现要远远的早于广播和播音员、主持人称谓的出现。因此我们对播音主持实践活动的探究不能仅仅停留在1923年开始了。

其次，我们看到播音学术的发展虽然时间不长，但是已经取得了一定的成果，并非有些人口里的"播音无学"，而播音学术并没有发展成熟，还有相当长的一段路要走，需要不断地吸收其他学科的优秀成果，以满足自身的发展。

最后，面对目前如此混乱的播音主持教育局面，我们应该清楚地认识到，这个局面正是大众教育下无度扩招所带来的。通过对播音教育历史的探索，我们发现，之前传统教育、探索教育、精英教育时期并不存在这样的问题，所以我们应该总结和吸收播音教育的优良传统，严格控制招生人数，提高选拔标准，做到教育与市场需求并行，只有如此，才能扭转目前混乱的局面。

研究播音主持史论是一项紧迫的任务，需要对现存资料的有效整理，以及对时代见证者的虚心求教，足显紧迫和艰难。

播音主持史论对于理清我国播音发展脉络，继承和发展优秀的播音传统，指导当下的播音实践，丰富学科体系，有着重大现实意义。

（作者单位：四川文化艺术学院）

"我和我的祖国" 快闪系列活动仪式互动分析

黄静茹

由中央广播电视总台央视新闻频道推出的"我和我的祖国"系列活动，分别前往北京、武汉、厦门、深圳、三沙等地，与当地人民一道以快闪的形式歌唱祖国。由新华社联合知乎发起"你好中国·问答70年"活动，在"70年来，有没有一首歌，让你听了就热泪盈眶"的问答中，数据显示，引发网友共鸣最多的歌曲是《我的祖国》《义勇军进行曲》和《我和我的祖国》。[①] 新中国70年华诞之际，《我和我的祖国》唱响大江南北，而隐藏在歌曲背后的则是一种个人与祖国相依相偎的写照、一种朴素而真切的爱国主义的颂扬。

一、群体团结：一种成员身份的确认

学者马丁·布伯在讨论人与世界的关系时将这种关系分为两种，分别是"我—它"关系和"我—你"关系。"在'我—它'关系中，人把周围的人和事物都当成是与'我'相分离的对象，相对立的客体，我们用理性和因果性把它们放到时空网络中把握，以'我'为中心，利用它们，满足'我'的需求。而'我—你'关系，'我'和'你'不是分离的，而是结为一体，'我'便不是为了功利的目的来建立'关系'，也不会用理性来分析'你'，而是以'我'整个的存在、全部的生命来与'你'相遇。在这个过程中，'你'超越了时空网络，不再是一个有限的存在，而具有永恒性。"[②] 在这独特的时间节点，《我和我的祖国》时常萦绕耳畔，而这并非偶然。那么，为何它拥有这样的传唱热度？除了熟悉的旋律、优美的歌词，想必正是这蕴含于歌曲之中的"我—你"关系使然。在央视"我和我的祖国"快闪系列活动中，人们摆脱了"我与它"功利化的判断，而是完成了"我—你"亲密化的想象，正如歌词中呈现的"我和我的祖国，一刻也不能分隔"。这种"我—你"关系包含两个层面，一个层面是我与他者、

① 《4.8亿人次，600万字，网友这样表白祖国——透视"你好中国·问答70年"大数据》，http://www.xinhuanet.com/fortune/2019-09/23/c_1125029041.htm.
② 刘海龙：《大众传播理论：范式与流派》，中国人民大学出版社2008年版，第26页。

一个层面是我与祖国。

1. 用歌声构筑我与你想象的共同体

在我与他者这一层面上，"我和我的祖国"快闪系列活动提供了一种共同想象的物质与精神基础，完成了"我"与集体中的他人亲密关系的建立。正如米歇尔·舒德森在《文化和民族社会的整合》一文中提出："所有社会都存在于想象之中，个人对于任何超越他日常生活中面对面接触的人群的认同，都依赖于想象的跨越。想象的贡献就在于将这些可能的人群中的这个或那个提供给个体，作为其身份认同的主要基础和家庭之外的忠诚对象。"① 一曲《我和我的祖国》将五湖四海的中国人聚集在一起，让"我"与远方的朋友产生近在咫尺的亲密感，完成我们都是中国人、我们都有一颗中国心的共同体确认。快闪系列活动《唱响"我和我的祖国"这场快闪温暖机场》一集走进了北京首都国际机场，机场作为一个交通枢纽，本是一个汇集各种出发、抵达人群的开放空间。当清新悦耳的《我和我的祖国》奏声响起时，现场旅客共情共鸣，跟着乐声一同吟唱，从行色匆匆逐步递进到欢快热烈。特殊的环境，特殊的表演，乐团指挥员指挥的已不仅仅是三十几人的乐团，还有机场几百名旅客的"大声部"。"习惯了埋头前行，猛然抬头回望走过的路，我们能看到这个国家沧海桑田的变化，愈发感受到国家对于每一个人的意义。"② 五分半的快闪，用歌声将人群聚集，唤起共同回忆和感触，也激励着人们团结奋进。

2. 用歌曲深描我与国相依的同心圆

在我与祖国这一层面上，"我和我的祖国"快闪系列活动确立了一种民族认同的物质与精神基础，实现了个人与祖国亲密关系的深化。所谓民族认同，就是"对构成民族与众不同遗产的价值观、象征物、记忆、神话和传统模式持续复制和重新解释，以及对带着那种模式和遗产的其文化成分的个人身份的持续复制和重新解释。"③ 在《"我和我的祖国"歌声飘进厦门鼓浪屿》一集中，这一版本的《我和我的祖国》，编曲上融合了阿卡贝拉和具有鼓浪屿特色的音乐元素。在音乐的感染下，在场的游客、居民、街头艺人齐声合唱；在《韵味黄鹤楼唱响"我和我的祖国"》一集中，编钟编磬雄浑空灵，手风琴明快悦耳，中西乐器激情碰撞，深情款款；在《一起走进成都宽窄巷子感受川版"我和我的祖国"》一

---

① ［美］迈克尔·舒德森：《文化与民族社会的整合》，李贝贝译《国际社会科学杂志（中文版）》1995 年第 1 期。

② 《刷"给我一面国旗"的人，究竟在刷什么？》，https：//mp.weixin.qq.com/s/Kd6qi8MAKYfwCQal6tTeWQ。

③ ［英］安东尼·D·史密斯：《民族主义——理论·意识形态·历史》，叶红译，上海世纪出版集团 2006 年版，第 187 页。

集中，川剧演员李玲琳用自己的独特唱腔，把成都慢节奏展现得淋漓尽致。青春洋溢的成都年轻人活力四射则用说唱的方式表白祖国；在《"我和我的祖国"快闪唱响岭南大地》一集中，编曲按照传统音乐元素打底，兼具岭南音乐特色，点缀以瑶族元素的思路，将岭南名乐《步步高》融入《我和我的祖国》的旋律当中，用传统乐器高胡、琵琶和笛子演奏出来，整首音乐别具岭南风情。这些独具特色的改编、加入在地元素的演绎，不但使释放着远大于歌曲本身的能量，这样的能量来源于民族认同的激活，反过来又强化着认同的程度。

二、情感能量：一种奋斗进取的源泉

1. 以旋律串联过往回忆

一方面，个体记忆释放真情实感。个体以自我为中心追溯过往，释放个人情感。爱国是一种自发的情感联结。当人身处某种环境或者具有某些角色之时，会不自觉地受到情境和角色的影响，它赋予个体一种积极角色，在参与或观看的基础上进行带有自身情感体验的个体化阐释，从而引发内心深处的共鸣。正如成都快闪活动参与者中国台湾音乐人陈彼得所言"这是我一生最大的荣幸。上万人在我的耳边唱，我很感动。当时我看着天，把拳头放在胸口，很自然地说'我的祖国'。"20 世纪 80 年代中后期，他创作《吾爱吾国》以抒发对故乡的牵挂，"少小离家老大还"，如今他回到出发的地方，成都小吃、四川话，这些记忆里的象征符号也有了落脚。这次快闪活动期间，陈彼得特地参观杜甫草堂，也获得改变包括《成都府》《春夜喜雨》在内的五首杜甫诗词的灵感，试图以通过简短的词、间奏、哼唱完成古典与流行的对接。

另一方面，集体记忆唤起情感共鸣。对往事进行回忆不仅回忆个体故事，而且关涉集体记忆。"70 年来，中国发展日新月异。而一首首经典的歌曲，却往往能够承载着民族的共同情感和回忆，代代传唱，源远流长。"① 学者哈布瓦赫在《论集体记忆》一书中提到，"只有在社会的环境之中，个体才能获得记忆，才能唤起、识别和定位记忆，而这种唤起、识别和定位记忆的文化框架就是所谓的集体记忆。"② 央视"我和我的祖国"快闪系列活动"将原本属于私人的对过往历史的回顾和思念转变成公共空间对集体记忆的缅怀与反思，从而形成了一种仪

---

① 《你好中国·问答 70 年，胡歌在知乎提问——有没有一首歌会让你热泪盈眶》，http：//www. sohu. com/a/336759766_ 161623。

② ［法］莫里斯·哈布瓦赫：《论集体记忆》，毕然译，上海人民出版社 2002 年版，第 23 页。

式化的狂欢。"① 一个人可以完成一次收听，而一群人则可以实现一段传唱。千千万人的普通梦想描摹了这个国家的未来，而在国家发展进步的大潮中，每一个具体的梦想才能变为现实。

2. 用情感激发前行动力

学者柯林斯在《互动仪式链》一书中提出，仪式作为一种相互专注的情感和关注机制，有助于形成一种瞬间共有的实在，因而会形成群体团结和群体成员身份的符号。相互关注和情感连带是互动仪式的核心机制。央视"我和我的祖国"快闪系列活动所完成的相互关注和情感连带主要体现在以下两个层面，一个是个体层面，搭建共享舞台，活动赋予每个人一主体地位。无论是三沙驻岛战士还是深圳前海创业青年，奥运冠军还是街头艺人，无论是港珠澳大桥的建设者还是深圳北站的清洁人员，无论是咿呀学语的孩子还是满头白发的老人，都是新时代背景下中国梦的追随者、中国故事的讲述者。"高度的相互关注和高度的情感连带结合在一起，从而导致形成了与认知符号相关联的成员身份感，同时为每个成员带来情感能量，使他们感到有信心、热情和愿望去做他们认为道德上容许的事情。"②

另一个则是集体层面，创造共同空间，以集体心声凝聚个体力量。当"三沙1号"补给船历经十几小时航行缓缓驶入永兴岛码头，当91892部队军乐队奏响优美而富有旋律的《我和我的祖国》，当三沙市永兴学校小学生们、三沙卫视主持人团、"三沙1号"船工作人员、驻岛工作人员、渔民聚在一起，挥舞着鲜艳的五星红旗，依次加入演唱，码头瞬间变成一个300多人全场大合唱的露天音乐厅。"人们通过这些互动仪式来增进积极情感，从而由这种互动仪式再生出一种共同的关注焦点，一种共同的情绪，并形成群体的情感共鸣。"③ 三沙驻岛战士们把梦想构筑在万里波涛之上，默默付出，忠实坚守。这场大合唱既是一种军民鱼水的和乐象征，也表达出祖国最南端人们心底对国家和民族的认同感和自豪感。快闪系列活动也因此成为一种情到深处、自发参与、形成向心、凝聚人心的爱国主义行为。

三、文化符号：一种集体象征的标志

1. 借电视邀约集体属性的神圣典礼

其一，作为仪式的快闪和作为媒介仪式的电视快闪节目。仪式是一种付诸实

---

① 张红军、朱琳：《论电视综艺节目对"集体记忆"的建构路径——基于"仪式观"的视野》，《新闻与传播研究》2015年第3期。

② ［美］兰德尔·柯林斯：《互动仪式链》，商务印书馆2009年版，第3页。

③ ［美］兰德尔·柯林斯：《互动仪式链》，商务印书馆2009年版，第5页。

践的行为，一种特定集合群体之中的行为方式。"我和我的祖国"快闪表演作为一种典型的带有仪式特征的社会活动，"本来根植于人们的日常生活之中，只有在电视媒介的发起、推动和传播等介入行为实施之后才升级为具有仪式特征的媒介事件。"① 可见，电视在这一过程中"担当起塑造国家集体生活与文化的中心机制，它同样在维系群体情感，凝聚象征力量，建构民族—国家共同体中发挥着不可替代的作用。"② 作为媒介仪式的电视快闪节目因此也就具有了其社会功能，表现为号召"广大受众通过大众传播媒介参与某个共同性的活动或者某一事项，最终形成一种象征性活动或者象征性符号。"③ 在央视"我和我的祖国"快闪系列活动中，表现为快闪表演者的歌唱行为和电视观众的观看行为，及相关主体围绕快闪所形成的互动关系及以此为基础的群体认同。人们以团体或共同体的形式聚集在一起，"创造、修改和转变一个共享文化"④，与其他人获得内在的联系，获得对现实共同的理解。

其二，多元空间建构不同形式的"身体在场"。对于媒介平台的信息传播而言，空间"是一个中介，即一种手段或者工具，是一种中间物和一种媒介。"⑤ 央视"我和我的祖国"快闪系列活动作为一种极具互动性的参与式盛会，它是一种独有的沟通交流方式，也是一种独特的文化象征具现，实现了成员的"身体在场"和相互影响。在场包含两个方面的含义，其一是活动在场，以线下快闪表演的形式充分激发人们最深层次的情感，让他们沉浸在爱国主义情绪高涨的氛围中；其二是观众通过电视体验到的有中介的"身体在场"。对于后者，电视这一大众传播媒介在其中发挥着重要的作用。它一方面突破时空限制，记录和呈现了活动现场的盛况；另一方面借以活动现场真实细节的再现感染电视机前的观众们，让原本异质分散的群体沉浸媒介所制造的集体象征体系和欢腾情境中，在获得收视享受的同时，也能寻找到结合自身日常生活、经历体悟而产生的真切的身份感和归属感，培养了新的集体参与模式。人与歌、歌与媒介、媒介与族群、族群与祖国紧密融合，仪式化的行为塑造了在场感和参与感。

2. 用符号强化家国属性的文化认同

节目中蕴含的符号丰富且多元，其一，地点符号。在快闪活动选址方面，节目组会选取具有沉淀蕴意的"历史圣地"，例如，武汉黄鹤楼、长沙橘子洲头，

① 刘静：《电视诵读节目的媒介仪式建构：空间、程式与社会资本》，《现代传播》2019年第2期。
② 张兵娟：《媒介仪式与文化传播——文化人类学视域中的电视研究》，《现代传播（中国传媒大学学报）》，2007年第6期。
③ 支庭荣：《大众传播生态学》，浙江大学出版社2004年版，第208页。
④ ［美］詹姆斯·凯瑞：《作为文化的传播》，丁未译，华夏出版社2005年版，第28页。
⑤ ［法］列斐伏尔：《空间与政治》，李春译，上海人民出版社2008年版，第29页。

这些地点既是城市的象征，也是个人与国家的交融地；也会选取见证时代发展的"后起之秀"，例如，《"我和我的祖国"快闪唱响岭南大地》一期走进了于2018年8月由中央确定的新时代文明实践中心试点县，广东省乳源瑶族自治县，快闪活动既丰富了当地群众的文化生活，也将新思想传到了淳朴的瑶乡。其二，人物符号。节目中的人物包括表演者、特邀表演嘉宾、主持人、现场观众，他们有着不同的样貌、着装和职业，却有个同样一颗爱国心，他们是国家形象的缩影，他们就是每一个奋斗着的你和我。其三，声音符号。包括音乐符号和语言符号。对于音乐符号，《我和我的祖国》作为一种感染性和想象性极强的文化符号，为人们带来了集体回忆，"浪是海的赤子，海是浪的依托"关乎个人信念，"袅袅炊烟，小小村落，路上一道辙"关乎个体生活往事，"我歌唱每一座高山，我歌唱每一条河"关乎民族精神。对于语言符号，是现场采访，质朴的语言道出了每个中国人的心声。其四，民族符号。鲜红国旗、火红灯笼、戏剧脸谱、舞龙舞狮、民族服饰、民俗事象、民间技艺，集中展现着中华文化的厚重底蕴。

这些符号在呈现文化象征的同时，也发挥着编制社会关系、强化文化认同的作用。"文化是体现于象征形式（包括行动、语言和各种有意义的物品）中的意义形式，人们依靠它相互交流并共同具有一些经验与信仰。"[1] 学者维克多·特纳也将文化视为"体现在符号中的意义传承模式，这种模式是以象征形式表达的承继概念体系。"这种符号具有的双重性能，"既是现实的表征，又为现实提供表征。"[2] 也具有双层意义："第一层次的意义指向客体事物，存在于以能指为形式的所指中，第二层的意义指向所指概念意义的内蕴。"[3] "我和我的祖国"快闪系列活动作为一个由符号组成的符号系统，第一层次是物质外壳。表现为节目中所使用的地点、人物、声音和民族符号，共同组合形成了中华文化奇观。"通过这种奇观式的展演，以意识形态的功效展现了一种表象的肯定和将全部社会生活认同化为纯粹符号的肯定。"[4] 而第二层次则是价值内核。快闪活动将一系列具有家国象征的文化符号聚集在一起，将主流价值体系渗透其中，使每一个体成员感受到自己与整个集体息息相关，建构出一种与有荣焉、家国一体的集体想象，不但实现了国家、社会、个体的内在统一，而且强化着每个人内心对家国文化的认同。

---

① ［英］雨涵·汤普森:《意识形态与现代文化》，高铦译，译林出版社2005年版，第146页。
② ［美］詹姆斯·凯瑞:《作为文化的传播》，丁未译，华夏出版社2005年版，第17页。
③ 余志鸿:《传播符号学》，上海交通大学出版社2007年版，第77页。
④ ［法］居伊德波:《奇观社会》，参见吴琼编《视觉文化的奇观》，中国人民大学出版社2005年版，第44页。

结语

本文以央视"我和我的祖国"快闪系列活动为研究对象，运用互动仪式理论，对其仪式互动和现实意义进行分析。值得一提的是，该活动也可以视为在新中国迎来七十华诞这一重要时间节点上全国人民开展的一系列线上线下歌唱祖国活动的缩影，这代表了本文的立足点并非单一事件，而是着眼于一个时下非常"热"的传播现象，一个值得讨论和关注的研究话题。《我和我的祖国》是一首歌，也是一种标识、一种象征，一个承载了大量真诚期待、附着了大量爱国标签的符号。在快闪系列活动中，一方面，人们以"歌"为媒，抒发对祖国的热爱，对美好生活的向往；另一方面，电视也发挥着中介作用，记录此时此地，并传递给彼时彼地，串联起属于全国人民的此情此景。

（作者单位：南京师范大学新闻与传播学院）

《新闻联播》"三农"报道的框架与效应

陈旭鑫　陈　昊

一、文献回顾与研究的问题

进入 21 世纪以来，党和国家持续重视"三农"在国家经济社会发展中的基础地位，采取了一系列政策举措推动"三农"发展，社会主义新农村建设、新型城镇化和"乡村振兴"战略就是具体表征。

已有研究表明，电视媒体是推动经济社会全面发展的重要力量，通过新闻报道传递信息、提供优质服务进而实现精神和行动引领是电视等新闻媒体助推"三农"全方位发展的基本途径。《新闻联播》是我国覆盖面最广、受众人数最多、影响力最大的电视新闻栏目；在社会转型和媒体竞合加速发展的今天，《新闻联播》仍具有广泛社会影响力。《新闻联播》"传达的声音是权威者的声音、党和政府的声音"[1]，通过有效宣传国家主导的意识形态"形成了特有的话语结构和象征功能"[2]，"是新闻文本对政治现实的符号建构典范"[3]；面对网络和移动新媒体的挑战，《新闻联播》正"更多地向着凝聚共识、重塑共同体身份的方向回归"[4]，但总体上尚存相关研究成果数量较少、质量待提高等不足。

鉴于联播类新闻在国内各级电视台的普遍存在和《新闻联播》的强大示范效应，本文运用框架理论、内容分析法和话语分析法对党的十八大之后《新闻联播》的"三农"报道进行专题研究，以期对国内新闻媒体改进其涉农报道有所裨益。本文拟研究的问题是：党的十八大以来，《新闻联播》正以怎样的视角和框架报道"三农"，其内容特点、框架效应如何？

二、理论基础与研究设计

---

① 肖文江：《新闻传播中的权威构筑——央视〈新闻联播〉叙事分析》，《理论学习与探索》2006年第 1 期。

② 许加彪：《国家声音与政治景观：〈新闻联播〉的结构和功能分析》，《现代传播》2009 年第 4 期。

③ 常江：《〈新闻联播〉简史：中国电视新闻与政治的交互影响》，《国际新闻界》2014 年第 5 期。

④ 周勇、黄雅兰：《〈新闻联播〉从信息媒介到政治仪式的回归》，《国际新闻界》2015 年第 11 期。

1. 理论基础

本文运用框架理论和国家叙事理论进行分析。

语言学家认为，话语是"以口语和文本出现的语言形式"①、必然隐含特定的框架（frame）。人类学家 G. 贝特森最早系统阐述了"框架"的概念并将其定义为一个"有限定的、阐释性的语境"②。社会学家 E. 戈夫曼认为，人们对于现实生活经验的归纳与阐释都依赖一定框架，框架即"人们用来认识和阐释外在客观世界的认知结构"，能使人们定位、感知、理解、归纳众多具体信息③。此后，中外诸多学者探讨了"框架"的理论内涵并用框架理论进行了相关研究。

笔者认为，新闻框架是新闻媒体及其从业者在新闻生产与传播过程中，依据特定规则和操作惯例对新闻事实所作的有意识的事实选择与裁取、意义建构与呈现，以实现传递思想、建构社会等目标；新闻框架，体现并隐含在新闻生产与传播的全过程之中，是特定时代社会系统政治、经济、社会、文化和新闻媒体互动的结果。框架效应（framing effect）是新闻框架意图达到或实际达到的效果。

国家叙事（National Narrative）是叙事学视野下以国家为主体的政治传播，其目的是对内引导认知以凝聚社会共识，对外展现国家形象以获得国际认可④。日本心理学者岸田秀认为，国家叙事是支撑国家存在的必要条件，具有保障国家认知连续性的社会功能⑤。美国学者埃里卡·穆克吉（Erica Mukherjee，2013）认为，各国均有其国家叙事以帮助其国民认同民族文化——在国内，国家叙事是国家存在的基础；在全球范围内，不同的国家叙事可以帮助人们了解不同文明的根基⑥。

据此可知，国家叙事与国家形象密切相联——对内的国家叙事，凝聚国内共识、形成国家的国内形象；对外的国家叙事，形成国家的国际形象、获得国际认可⑦。框架理论，有助于本文勾勒《新闻联播》"三农"报道的叙事基模和规律；国家叙事理论，有助于本文挖掘《新闻联播》"三农"报道深层的意义指涉和意

---

① Hartley, John (1982). Understanding News ［M］. New York: Methuen &Co, p. 4

② 理查德·鲍曼、杨利慧：《"表演"的概念与本质》，《西北民族研究》2008 年第 2 期。

③ Goffman. E. (1974). Frame Analysis: An Essay on the Organiza-tion of Experience ［M］. New York: Harper and Row, p. 21

④ 任东升：《从国家叙事看沙博理的翻译行为——纪念沙博理先生诞辰 101 周年》，https://mp. weixin. qq. com/s? ＿＿biz = MzIyNjgxNjYzNA% 3D% 3D&idx = 1&mid = 100000577&sn = 8966968584206d5a4ebcecbcee9b0aa2，2017－5－28

⑤ ［日］岸田秀：《ものぐさ精神分析》，东京：青土社 1977 年版，第 27 页。

⑥ Erica Mukherjee. The Implications of National Narratives ［EB/OL］. http://www. perspectivesonglob-alissues. com/the-implications-of-national-narratives /. ［2013－9－20］

⑦ 赵新利、张蓉：《国家叙事与中国形象的故事化传播策略》，《西安交通大学学报（社会科学版）》2014 年第 1 期。

识形态。上述两个理论互为表里，有助于拓展研究的深度和广度。

2. 研究设计

本文以 2012 年党的十八大之后《新闻联播》涉及"三农"的新闻报道为研究对象，运用内容分析法和话语分析法进行分析，包括以下步骤：

（1）运用复合构建周和等距抽样法，确定研究样本。首先，将样本起止日期定为 2012 年 11 月 15 日至 2018 年 7 月 20 日，运用复合构建周和等距抽样法最终确定了 60 天《新闻联播》为基本样本框。其次，通过排除与"三农"无关的新闻报道，最终获得 50 期共 108 个研究样本。

（2）确定内容分析的类目和话语分析的路径。内容分析的类目包括：报道地域、主题类别、报道体裁、态度倾向、话语位置、话语主体、话语框架等；话语分析，主要运用积极性话语分析（PDA），意在探讨现有媒介话语的社会建构正向功能。

（3）后期数据统计与分析。根据前两步骤的操作规范，在完成前期素材收集、处理等相关工作后，由笔者将相关数据录入电脑采用 SPSS 和 Excel 等软件处理。

三、研究发现

党的十八大之后《新闻联播》的涉农新闻报道呈现出明显的国家叙事框架，不同题材在《新闻联播》中形成了不尽相同的话语框架和框架效应，即：政治领导框架、经济影响框架、道德引领框架、人情味框架和成效对比框架——这些框架共同形塑完整的国家叙事、体现推动"三农"全方位发展的国家意志。

（一）内容特点

1. 报道主题全面、聚焦经济和民生、重视农村环保议题

统计发现，《新闻联播》中"三农"报道的主题全面覆盖了时政、经济、文教体卫、社会民生和生态环保五大领域，但以社会民生类报道最多。具体数据如下：社会民生类 35 篇，经济类 32 篇，生态环保类 18 篇，时政类 17 篇，文教体卫类 6 篇。为进一步探析其报道主题，笔者通过对研究样本解说词和同期声的词频分析、借助词频分析工具统计出频次和权重居前 50 位的词汇，得出以图 1。

图 1 的热词中，"脱贫""扶贫""农业""农民""村民""产业""城市""建设""收入""价格""种植""资金""金融""蔬菜"等热词均与"经济"和"民生"紧密相关。据此可知，《新闻联播》"三农"报道的主题覆盖全面，但以经济和民生类为主。值得一提的是，"环境"和"污染"也进入热词之列，体现了《新闻联播》对农村生态环境治理议题的重视。

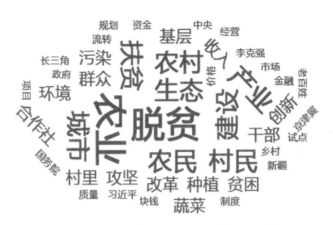

图1 《新闻联播》"三农"报道热词词云图

2. 地域东西部省区较多、以正面报道和短消息为主

从地域分布上看，研究样本共涉及全国26个省市区，除涉及全国的综合性新闻报道外，新疆维吾尔自治区、浙江省和内蒙古自治区的出现频次最多；根据国家有关部门关于东中西部省区市的划分和相关地域的出现频次为标准，统计发现，《新闻联播》"三农"新闻的报道地域总体呈"凹"形，即：东西部较多、中部偏少。具体数量，如表1所示。

表1 《新闻联播》"三农"报道的地域与频次

东部地区	频次	中部地区	频次	西部地区	频次
浙江	6	江西	4	新疆	6
河北	4	河南	3	内蒙古	6
海南	4	黑龙江	3	广西	5
北京	5	吉林	2	贵州	3
江苏	3	安徽	1	四川	3
福建	3	湖南	1	陕西	3
天津	2	湖北	1	云南	2
上海	2			甘肃	2
山东	2			重庆	2
广东	2				
辽宁	1				
合计	34	合计	15	合计	32

从表 1 可知，除涉及全国的综合性新闻报道外，东部地区有 34 个；西部地区有 32 个；中部地区有 15 个。尽管东部地区与西部地区数量基本持平，但对东部地区的报道主要涉及"粮食生产"和"生态环保"，如：《海南澄迈：提高门槛 打造绿色生态》（2014 年 11 月 28 日）等；西部地区的报道，以"扶贫"和"脱贫"居多，如：《陕西吴起：精准切掉贫困的"尾巴"》（2016 年 10 月 23 日）等。

从态度倾向上看，《新闻联播》秉持"正面报道为主、积极开展舆论监督"的理念。如：在研究样本中，有 2 条舆论监督类的新闻报道，分别是：《环保部：新空气标准仅 9 城市达标》（2014 年 8 月 6 日播出）和《我国湿地面积十年减少 339 万公顷》（2015 年 2 月 2 日播出）——体现出国家保护生态环境的坚定意志和鲜明态度。

从报道体裁来看，短消息和快讯是《新闻联播》报道"三农"的主要体裁。据统计，消息共 84 条，评论 2 条，特写 3 条，专题（专栏）19 条；其中，消息类体裁的"三农"报道在"国内联播快讯"中共 26 条。

（二）叙事框架与效应

新闻报道的叙事框架就是新闻媒体根据一定规则对特定事实的选择性处理策略，以体现意义解释、归因推论和道德评价等社会功能[1]。新闻框架在叙事过程中，暗含了选择和凸显两大策略；不同的报道框架，又隐含国家主流意识形态和价值导向。《新闻联播》的新闻报道体现国家意志，通过分析其"三农"新闻的报道框架、管窥其内含的国家意志，具有特殊的意义。

根据《新闻联播》涉农新闻的语义内容和利益诉求，本文发现《新闻联播》的涉农报道暗含五大叙事框架：政治权威、经济影响、道德引领、人情味和成效对比。必须指出的是，上述五类框架并非泾渭分明，同一条新闻报道往往有两种不同的框架，但在总体上偏向某一特定报道框架。本文主要从总体内容和主题方面，进行框架梳理和阐述。

1. 时政类报道：凸显政治权威的叙事框架

时政报道是《新闻联播》日常新闻报道的重点，因其能第一时间及时、准确报道党和国家重大方针政策，在全社会具有很高威望和影响力，成为国家意志和国家叙事重要表征。《新闻联播》涉及"三农"的时政报道基本采用了凸显政治权威的叙事框架。该框架主要通过在新闻标题、话语主体和内容等方面，突出党和国家领导人、职能管理部门和政策文件的核心内容，以彰显国家意志和价值引导意蕴。

---

[1] Holli. A. Semetko & Patti. M. Valkenburg（2000）. Framing European Politics：A Content Analysis of Press and Television News［J］. Journal of Communication，Spring，（1）：93 – 109

在中外新闻报道中，国家领导人、党政部门都被赋予强大的符号特征，成为国家的意志以及秩序和规则的象征。《新闻联播》涉及"三农"的时政类报道采用凸显政治领导的叙事框架，具有其内在的必然性和合理性。在本文的研究样本中，有13条涉及"三农"的时政新闻，其基本情况如表2所示。

表2 《新闻联播》涉农时政类报道话语主体

日期	新闻标题	话语主体
2013年8月20日	李克强在甘肃考察时强调 让好政策落到实处 使广大群众真得实惠	李克强
2014年4月22日	国务院召开全国农村金融服务经验交流电视电话会议 李克强作重要批示	国务院
2014年4月22日	十二届全国人大常委会第八次会议分组审议环境保护法修订草案	全国人大
2016年2月21日	中共中央 国务院关于进一步加强城市规划建设管理工作的若干意见	中共中央、国务院
2017年2月6日	《"十三五"促进就业规划》	国务院
2017年2月6日	国新办发布会：一号文件为农业发展添动能	国务院
2017年9月6日	习近平《在深度贫困地区脱贫攻坚座谈会上的讲话》单行本出版	习近平
2017年10月9日	习近平对脱贫攻坚工作作出重要指示强调 再接再厉 扎实工作 坚决打赢脱贫攻坚战	习近平
2017年10月9日	李克强对脱贫攻坚工作作出批示	李克强
2017年12月21日	国务院印发《关于探索建立涉农资金统筹整合长效机制的意见》	国务院
2018年6月11日	习近平对脱贫攻坚工作作出重要指示强调 真抓实干埋头苦干 万众一心 夺取脱贫攻坚战全面胜利	习近平
2018年6月11日	李克强对脱贫攻坚工作作出批示	李克强
2018年6月11日	打赢脱贫攻坚战三年行动电视电话会议在京举行	习近平、李克强

从表2可知，国家领导人、国家管理机构构成了相关报道的话语主体。自古以来，农民对国家领导人和国家管理机构具有很强的信服感。《新闻联播》运用凸显政治领导的叙事框架，可以较好地将国家意志和农民的日常行为有机结合起来，进而将国家叙事转化成国家行动。

2. 经济类报道：凸显经济影响的叙事框架

经济影响框架，是指相关新闻报道重在阐述经济生产的收益（损失）、动因及后续影响。研究发现，《新闻联播》涉农经济报道重视新经济政策、特色产业、新理念新技术及其后续影响的解读和报道，体现了推动"三农"全方位现代化发展与重构的国家意志；且不同内容的叙事框架同中有异，具体情况如下。

其一、凸显新经济政策及其影响的报道。主要有《中国远洋渔业获金融支持》（2013年5月6日）、《林权抵押贷款正式在全国推行》（2013年7月18日）、《破解贷款难农村金融创新加速》（2014年2月15日）、《制度创新助农增收》（2014年10月19日）、《土地流转"转"出农村新活力》（2016年8月18日）、《发力供给侧做好农文章》（2017年3月18日）等；其基本叙事框架，是"经济现象/问题—国家经济政策—后续影响"，如：《林权抵押贷款正式在全国推行》（2013年7月18日）等。

其二、凸显特色产业及其影响的报道。主要有《海南澄迈：提高门槛打造绿色生态》（2014年11月29日）、《云南：高原特色农业助推脱贫攻坚》（2016年4月1日），等；其基本叙事框架，是"特色产业试点—经济效益——经验推广"，如：《云南：高原特色农业助推脱贫攻坚》（2016年4月1日）等。

其三、凸显新理念新技术及其影响的报道。主要有《新理念成为农业增效新动能》（2017年2月6日）、《陕西榆林：新技术改造沙荒地》（2014年10月19日），等；其基本叙事框架，是"新技术采用 – 生产效率提升—政府推广"，如：《陕西榆林：新技术改造沙荒地》（2014年10月19日）等。

3. 科教文卫体报道：凸显道德引领的叙事框架

道德框架，主要是指报道中是否提及某方道德立场或价值标准以及对某项活动或事件进行的价值判断；此框架常通过上下文语境将相关事件、问题或议题置于日常道德规范或宗教教义之中。对道德框架的研判，本文主要考察新闻报道提及的人和事是否包含某种道德立场或价值观。《新闻联播》涉农科教文卫体类报道主要采用了凸显社会主义核心价值观道德引领的叙事框架，具体内容见表3。

表3 《新闻联播》涉农科教文卫体报道彰显的道德价值

新闻标题与播出日期	道德价值
走基层·寻找最美乡村医生：村医李前峰：病倒巡诊路，为爱而放手（2012年12月18日）	敬业
吐鲁番葡萄节：节俭办会群众参与（2013年8月20日）	友善
无声的礼赞（2014年2月15日）	敬业、友善
洋媳妇努内的中国爱情（2014年2月15日）	和谐
周元强："自"造快乐的农民导演（2014年10月19日）	文明
福建晋江：移风易俗不比排场比慈善（2016年12月2日）	友善

《"周元强：'自'造快乐的农民导演"》的新闻事件是农民导演老周发动大家拍电影，但新闻在叙事中突出了"宁金爱跟儿媳妇在过去是镇上出了名的欢喜冤家"，但两人通过拍电影解开了彼此的心结、家庭实现和谐的故事。

心理学研究表明，社会价值观和个体价值观二者之间存在一定差距。通过道德引领的新闻叙事框架有益于弥补二者差距，达到凝聚人心、维护公序良俗作用。

4. 民生类报道：凸显人情味的叙事框架

本文的人情味框架，是指新闻报道以凸显新闻当事人个体立场、情感和态度变迁进而引出其行为变化的叙事框架。《新闻联播》涉及"三农"的民生类报道，不仅关注农民个体的日常生活，还注重捕捉农民日常生活中的心态、情绪和行为等方面的变化。这种人情味叙事框架，可以使民生类新闻更具趣味性和吸引力。

如：《浙江建设美丽乡村 一张蓝图十年接力》（2014 年 2 月 15 日），利用村民的同期声——"原来（村）里面办的厂（使河水）不能吃了，现在里面厂不办了，洗也好洗，吃也好吃"，和解说词——"胡大姐说，以前荻浦村山清水秀，但是自从 20 多年前附近有了工厂，别说用河水洗菜了，老远就能闻到河水的臭味"——共同完成了彰显农村生活环境改善的国家叙事。

《刘土楼村的冬天》（2016 年 1 月 19 日），在报道刘土楼村修建卫生室所遇到的困难时，则采用了更典型的人情味框架——新闻背景，是"综合服务中心建好后村里，但是其中姓高、姓刘的两家诊所以前闹过矛盾，不愿意配合"；新闻开头部分，突出了高姓村医的父亲表示"我也管不了这事"；新闻主体部分，则强调突出了通过村干部的工作，高姓村医的父亲态度发生了改变，认为"这个架不该吵"，意在突出人物情绪态度变化引发的行为变化——共同完成了互谅互让、共建和谐社会的国家叙事。

5. 环保类报道：凸显成效对比的叙事框架

成效对比框架，是指报道某新闻主题内容时运采用对比式（含历时与共时）的叙事框架，进而起到凸显或淡化特定意义的功能。

研究发现，《新闻联播》在涉及生态环保新闻报道时，主要通过对某一地（领）域"过去与现在"或"现在与未来"的历时性纵向对比，以凸显环境保护的重要性和必要性，进而强调其后续价值与效应（如：生态效益、经济效益等）。具体示例，见表4。

表4 《新闻联播》涉农环保类报道的成效对比

播出日期	新闻标题	成效对比框架	
2015年5月19日	《劳光荣：把家门口的事做好》	过去：村庄大量滥砍山林。	现在：创新了垃圾回收的贺田模式，带来巨大的生态效益和经济效益。
2016年6月6日	《广东集中整治8264公里中小河流》	现在：广东对山区中小河流进行整治。	将来：保证以后洪水不进村，河水不淹田。
2017年1月4日	《畜禽废物变宝物 留住乡村绿水青山》	现在：全国各地利用新的养殖模式和能源化利用解决粪污问题。	将来：十三五期间大规模养殖场粪污基本要实现处理和资源化。

改革开放40年来，我国"三农"事业共享着国家工业化、城镇化的积极成果，也承受着生态环境破坏的不良后果。十八大以来特别是党的十九大之后，中央强调"绿水青山就是金山银山"、大力推动农村环境保护与治理。《新闻联播》在涉农环保类新闻报道中，通过凸显成效对比的叙事框架、倡导绿色发展理念，必将对改善农村生态环境产生积极带动效应。

四、结语

中央电视台《新闻联播》涉农报道聚焦经济和民生、重视国家叙事框架中的正面导向功能，能忠实完整地执行"五位一体"和"乡村振兴"发展战略，但宣教味仍较明显。在社会转型和媒介融合加速、新兴媒体和农民获信渠道增多的背景下，创新"三农"新闻的报道理念与话语形态，使其真正贴近农民、为农民谋利益、服务和推动"三农"发展，仍是《新闻联播》及全国联播类新闻应着力解决的现实之需。

（作者系江西师范大学新闻与传播学院副教授。本文系国家社科基金项目〈项目编号：14BXW012〉的阶段性成果）

新中国成立70周年地方成就报道的议程设置与话语表达

——以"津云"新媒体为例

梁　波

　　2019年是新中国成立70周年，也是天津解放70周年。70年来在中国共产党的领导下，全国人民砥砺奋进，不断创造出了经济发展、科技进步、民生改善、环境优化、制度创新等伟大奇迹。津沽大地也发生了翻天覆地的变化。为庆祝新中国70华诞，海河传媒中心客户端"津云"相继推出重大主题系列报道，讲述新中国70年光辉历程中的天津故事，讴歌新时代、礼赞人民，唱响主旋律，释放正能量。

一、报道时间节点与内容主题

　　成就报道是指对新近产生的有关社会发展建设的新思想、新举措、新成就的一种报道形式。它最能反映出一个国家、城市或地区的发展方向，对塑造国家、城市形象，凝聚社会共识有着重要的作用。

　　"津云"报道天津成就的时间节点主要有五个：天津解放70周年纪念日（2019年1月），外交部向世界推介天津（2019年3～4月），"壮丽70年 奋斗新时代"主题采访（2019年4～8月），"共和国发展成就巡礼·大津篇"大型直播（2019年8月）和壮丽70年永远的"爱豆"主题采访（2019年9月）。内容涉及天津的解放历程、经济复苏和建设、科技发展、乡村建设、政府改革、民生改善等领域。

　　（一）口述历史＋漫画故事：还原70年前伟大解放历程

　　2019年1月15日是天津解放70年纪念日。"津云"从1月初设立天津解放70周年专栏"旧天津的新生——系列大要案纪实"，以人物视角的故事讲述，披露天津解放前系列大案侦破的史实，并通过对比，展现天津解放前后法治领域的巨大变化。

　　纪念日当天，"津云"推出《津云日纪》《津云漫画》《天津解放那一天》

等栏目，采用漫画、亲历者口述的形式，挖掘历史进程中鲜为人知的故事，如解放天津的主攻路线、城防工事图获得的内幕，战士活捉国民党军官陈长捷等细节和故事。

（二）H5＋多视角报道：展现走向世界的活力天津

全国两会期间"津云"推出 H5 动新闻《天津亮剑——十八般兵器来了》，采用武侠小说中的门派、兵器来组织架构，用动画、文字的形式和互动的体验设计，展示天津自主生产的顶尖行业重器。

4月初外交部"外事管理"公众号发布外交部将向全世界推介天津的文章。"津云"迅速跟进，用智能机器人播报视频报道《头条！外交部将向全球推介天津》，并展示天津在智能制造装备领域的最新成果。《外交部官宣推介天津引热浪，我津，就这样突然成为网红》《外交部向全世界推介天津，来这座城没法不爱上它的桥》等报道，用网络化的语态推介天津的城市风光和人文历史。《外交部官宣推介天津引发外国网友纷纷点赞》第一次从外国人的视角报道天津。推介活动当天，"津云"刊发《中国日报向全球推介天津》，从央媒的视角肯定天津全面的发展成就。

（三）"小切口、大变化"的深度报道：展示推动高质量发展的天津

寻找大主题背景下典型的小人物、大变化和不平凡的故事，是主题报道的重要技巧。经济发展方面，记者选取在滨海－中关村科技园创业的京津两地创业者的真实经历报道天津发展实业、推动协同创新、升级科技创新、打造现代化海滨城市等高质量发展的举措；乡村振兴方面，突出今昔对比，报道昔日的赤字村韩家墅如何大胆改革，寻找出路，成为亿元村的故事；社会进步方面，解读典型的地标建筑、生活物件、权威数字的变化，引发受众情感共鸣。如见证天津人生活变迁的劝业场，从有线到智能的电话机；政府改革层面，《小洋楼里来了新主人》《一座科技新城破土而出》将洋楼、主人、城、网作为线索，讲述一个个现象背后，政府在改变职能理念、管理方式，打造良好营商环境、用心服务百姓上的改革举措和成效。

（四）全面综述：展望开放、勇立潮头的天津

8月10日央视特别直播节目《共和国发展成就巡礼》播出了天津篇，从京津冀协同发展、优化营商环境、打造滨海经济新名片和建设生态宜居、人文荟萃之城四个层面，展现了天津高质量发展成就。当天"津云"转载新华社的《海河两岸尽朝晖——看津沽大地 70 年巨变》和央视网的《壮丽 70 年 奋斗新时代共和国发展成就巡礼·天津篇》。两天后，《天津日报》采写的《中央主要媒体聚焦天津 70 年发展变迁》梳理了新华社和央视报道的天津成就的视角和内容，将成就报道推向国家全局性和战略性的高度。

（五）人物精品报道：揭示寻根英模、不忘初心的天津

从 9 月 10 日起，"津云"特别推出《壮丽 70 年 英模 70 人，寻找我们永远的"爱豆"》系列精品报道，以省级区为经线，以不同历史时期为纬线，以英模为核心，分为先驱、模范、脊梁、榜样、奋进五个专题。通过生动的人物故事报道，回顾共和国 70 年的英模记忆，传承英模留给我们的伟大精神财富。

二、报道的议程设置与话语表达

"新闻媒介是我们头脑中图像的主要来源"。媒介图像中的显著部分不仅会成为受众图像中的显著部分，而且会逐步被视为特别重要的部分。新闻媒介通过日常新闻的筛选与展示，影响公众对当前什么是最重要事件的认知和事件属性的理解。这种确认关键议题并展示其在公众议程上显著性的能力，就是媒介的议程设置功能。

议程设置包含两个层面：客体议程和属性议程。客体是受众注意力指向的事物，或是受众对之持有态度和意见的对象；属性议程即客体属性的议程。每个客体都有许多属性，那些被媒体用来充实每个客体图像的特点与性质，影响受众理解客体，形成不同态度的性质和特征构成属性议程的内容。以天津成就报道为例，客体议程有两个：一是显性的即天津取得的发展成就，另一个是隐性的即成就取得的原因和规律。新中国建立 70 年来天津的城乡面貌和人民生活发生翻天覆地的变化，这些成就变化的发展逻辑、原因，构成属性议程。

（一）客体议程——议题显著性的多声部呈现

1. 时间跨度大、节点多的推进式报道

"津云"对天津成就报道的时间跨度大，从 2019 年初贯穿至 10 月国庆节假期。截至 10 月 7 日，"津云"共刊发天津成就报道 120 篇。四次高峰出现在 1 月、4 月、8 月和 9 月，分别是在天津解放 70 年、外交部向全球推介天津、央视直播《共和国发展成就巡礼·天津篇》和临近国庆节四个节点。

2. 系列专题和创新形式的双重突出

重大主题报道历来是媒体报道的重中之重，"津云"一方面采用图文报道与访谈的传统形式，另一方面注重用新颖的表达形态传播重大主题新闻。横轴长图漫画、竖屏老照片、图文日记、短视频、动新闻、农民实景 MV，多种表达形态的报道对接不同年龄、不同阶层的受众群体。

（二）属性议程——阐释规律，凝聚共识，提振信心

属性议程让媒介不仅在引导公众"想什么"方面发挥重要作用，还通过文本和话语结构将这种引导延伸至受众对事件"怎么看"的层面。

1. 客观、多元的文本描绘

海河传媒中心策划推出"天津 1949——纪念新中国成立 70 周年"系列报

道。策划的主题定位是揭示历史进程中的发展逻辑，反映中国共产党人不忘初心、牢记使命、牺牲奉献、开放包容的伟大奋斗精神和团结带领社会各界争取人民解放和民族复兴的艰难而光辉的历程。

报道策划的客体议程是天津解放和天津发展成就，属性议程聚焦的是天津解放、建设发展取得成就的原因和规律。策划案中核心的关键词有历史、发展逻辑、不忘初心、牢记使命、牺牲奉献、开放包容、伟大、奋斗、团结、艰难、光辉等。这些词语（短语）从功用上大致分为两类：一类是描述解放历程性质的词语，如伟大、艰难、牺牲；一类是描述取得成就原因的词语，如中国共产党、不忘初心、牢记使命、奋斗。

对"津云"天津成就报道的文本进行词频分析，发现使用频次最高的10个词语分别是：发展/动词，高质量/副词，营商/动词，初心/名词，奋进/动词，党员/名词，开放/动词、（三个）着力/动词，不忘（初心）/动词，风雨兼程/动词。在这些词语中，动词使用率高达七成。用"发展""奋进""开放""营商"等动词客观描述新中国成立70年来天津建设成就取得的直接原因。不忘（初心）、高质量（发展）、风雨兼程等带有倾向性感情色彩的短语和词汇揭示了在党的正确领导下全国人民奋进奉献，取得巨大成就的内涵意义。名词"初心""党员""民心""党建""人民"突出了党以民为本，注重民生，重视人民群众的执政理念。

话语建构身份，并触发读者新的行为和行动。"奋斗者"标明了人民共同的身份属性。"奋斗""使命""贡献"等较高使用的词汇，呼吁"我们"要继续奋斗，为国家的繁荣富强和地区的高质量发展贡献力量。

2. 系统的话语结构

语言具有概念功能、人际功能和语篇功能。概念功能包括经验功能和逻辑功能。经验功能是语言对客观世界发生的事，以及相关的时间、地点、人物的反映；逻辑功能是语言对两个及两个以上的意义单位之间的逻辑关系的反映。

从官方、百姓、专家、央媒、国外等五个不同报道视角选取"津云"成就报道的典型个案，分析其概念功能。发现表达概念功能中经验功能的主要内容是"成就介绍""成就形象展示"和"不同年代人、事、物的变化"；承担逻辑论证功能的主要内容是"意义揭示""数据展示""百姓评价"与"变化背后的发展理念"和"政策揭示"。具体涉及的领域包括经济发展、产业发展、生态环境、社会民生、乡村振兴。

这类报道已经具备结构化的特点。在文章的开始段一般由两种方式结构：一种是开宗明义，点明主题；一种是由具体的事件或形象引出话题。中前段部分做铺垫，为主题展开具体的场景，服务叙事，或者是对首段中具体的事件、形象揭示意义，点明主题。中间段是主体部分，70 年各领域具体的变化、人物、故事、数据都会在这里娓娓道来。在政府、百姓和央媒视角中，都特别注重用具体的场景，引出具象、鲜活、典型的人物和物件。如《海河两岸尽朝晖——看津沽大地 70 年巨变》中 92 岁老兵刘贵臣在金汤桥看两岸变化的场景引入。中后段是揭示发展逻辑，论证变化原因的重要段落。在讲述故事的基础上，运用数据对比，相关领域人物的语言和政府政策内容的揭示，论证变化的原因是党的坚强领导，政府的科学发展理念和务实、有效的施政、管理措施。末尾段揭示成就意义，表达坚定的理想信念和发展信心。各主要段落功能明确，结构严谨，论证具有说服力。

3. 主题演绎

抽象的主题演绎离不开具体、典型的人、事、物。从报道文本主要自然段落的各功能可见，成就形象展示与主题抽象说服相辅相成、环环相扣。具象的场景、物件、人物主要承担实体形象的展示和叙事功能；抽象的人物采访语言，发展数据，场景、物件、人物的变化对比，记者的写作文本承担论证、揭示主题的表意功能。文本段落之间的结构也是主题演绎的技巧之一。场景—人物—事实—变化对比—逻辑揭示—思想凝聚—鼓舞信心，是成就报道稳定且系统化的结构。

三、报道中的不足与对策建议

（一）编排展示的醒目性不足，要强化主题新闻的策展

"津云"头条的新闻采用左图右标题的形式纵向排列。时政新闻在最上端，翻看其他新闻需要向下拨动。重要议题新闻通过横向扩大的插图加以区分。受众需要花费一定的时间和精力来寻找。此外，重要新闻点击大图可进入专题空间。嵌套设计有利于集中展开相关新闻，但是缺少第一屏吸引眼球的新闻展示。

新闻策展是由新闻策展人（专业的新闻从业人员，如记者、编辑、把关人）把权威的高质量的信息从海量的或者鱼龙混杂的信息中筛选出来，通过整合分析后最终呈现给受众，使受众在获知的同时还能获益。新闻策展要抓住手机竖屏和横屏的特点，对重点新闻在首屏集中呈现或采用固定板块设计。

重要议题在第一屏矩阵化呈现。这样既凸显媒体的头版议题设置，又能满足受众的个性化需求，还避免了重要新闻被埋没下方不被翻阅的弊端。对重大新闻采用专栏、专版的形式，不仅从形式上凸显了该新闻议题的极端重要性还能不断更新内容，实现媒体与受众的定点"相约"。

（二）报道形式与叙事创新不够大胆，要运用网感化形式契合重大主题

"津云"成就报道的创新形态数量较少。叙事视角主要是第三人称。报道中规中矩，但活泼性不足。

2019 年两会新华社的深度新闻《"萌"婶代表记——全国人大代表赵会杰和

小庙子村的新故事》采用动画＋视频＋Vlog＋音乐的整合形态。"萌"婶边自拍边讲述，让大家看到了她所居住的小村庄在交通、合作社产业、党群服务、看病就医领域发生的巨大变化。内容紧贴社会热点，形式生动活泼、语态幽默、接地气。《中国日报》开设了《老外嗨唱 KTV 唱出 70 年流金岁月》的特别直播板块。新华社精心打造微纪录片《国家相册》，把影像讲述与三维特效结合，生动讲述共和国发展的故事。东方卫视的"新闻看看"设置"上海这一刻"直播板块，通过历时中不同地标点的直播，彰显城市的魅力，传达受众与城市同在的情感。

（三）视频优势彰显不足，借助传统媒体发展视频和直播

以短视频为抓手，以直播为重器，发挥传统主流媒体在重大新闻中的直播优势，打通媒体融合的通道。要凸显优质视频的分量。不是简单地从传统新闻中截取片段新闻，而是加入多媒体整合，网感化制作精致短视频。

2019 年是 5G 应用元年，学习新的传播技术，用年轻化的语态、动感化的形态、网络化的体态，实现主流舆论的生动引导。

（作者系天津师范大学新闻传播学院讲师。本文系天津师范大学 2019 年专项课题"新中国成立 70 周年天津成就报道的新媒体传播研究"成果，项目编号：52WV1914）

十八大后我国反腐专题片传播效果及优化策略

沈大春

党的十八大以来，以习近平同志为核心的党中央进行廉政建设的推动，同时对于反腐败行动进行推进。6年来，"老虎""苍蝇"一起打，无论从中央到地方，从副国级官员到"村霸"，真正做到"有腐必反，有贪必肃"，向党和人民交出了一份优异的答卷，反腐成果让全世界瞩目。2017年推出了反腐败电视剧《人民的名义》，这一电视剧自开播以来受到追捧，并获得近十年时间内电视剧评分的最高分，这就能看出我国大众对于反腐这一题材有着浓厚的兴趣，虽然电视连续剧与专题片题材不同，但无论哪种形式，反腐相关的作品均有着较高的关注度。目前，反腐专题片在我国还属于比较新兴的专题片类型，在已有研究中，反腐专题片相关研究较少，且集中于个案即具体的某部反腐片的研究，缺少归纳与总结；同时其研究方向主要表现在内容文学的创作中。本文以反腐专题片的发展现状为切入点，着重研究反腐专题片的传播效果，探究其传播成功的原因总结经验，并指出现有反腐专题片传播上的不足之处，提出切实可行的改进对策。

一、十八大以来反腐专题片的定义及传播价值

1. 反腐专题片的定义

目前为止，反腐专题片暂时并未有一个具体的定义，它属于政论片的一种，有着政治理论片、事件政论片、历史政论片的复合特征。主要表现的内容为反腐倡廉新闻事件，以反腐事件为专题片主要表现对象，透过对反腐事件的分析，表达反腐倡廉的主题，折射出令人深思的道理。同时对党的最新理论、方针、政策等进行深度报道，用理论指导实践，弘扬主旋律，传播正能量，加深社会各界对党的政治理论的认识和理解，对于提高全民政治素养，增强对我党的拥护有着重要意义。在反腐专题片、政论片、专题片、纪录片的概念界定上，基本可以按照如下韦恩图所示。

结合上述观点与概念，笔者为反腐专题片定义一个概念：以反腐为主题的，对反腐案例进行叙述的纪实性影片。

2. 反腐专题片的价值

反腐专题片发展时间较短，没有成为一个社会公认的独立片种，近年来取得了质和量的迅猛发展，走上主流媒介，也让更多的观众接触到这种作品形式。反腐专题片的作为专题片诸多类型之一，具备专题片的艺术价值，在此不做赘述。反腐专题片的独特价值主要在于拓宽了专题片涉及的领域，对现有题材做出了不同的开拓。这一片种为整个专题片市场注入新鲜活力，促进了专题片产业的繁荣。还能为有拍摄同类专题片的相关机构提供了教学案例，促进日后反腐专题片市场的大发展、大繁荣。

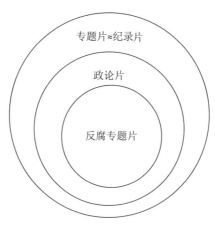

图1　反腐专题片关系图

3. 社会价值

专题片具有主题先行这一拍摄特征，其在拍摄过程以及传播价值中普遍重视社会价值因素。而反腐类专题片的社会价值具体表现在：

（1）记录历史进程的价值，很多重大反腐事件推动了我国社会的发展，而我党对腐败分子的坚决打击，对腐败行为的零容忍定会载入史册。

（2）展现纪检监察队伍的工作内容，满足了人民群众的求知心理和关心国家大事的诉求，有利于凝聚民心、让民众对国家具有认同感，增加爱国情怀。

（3）能展现我国反腐重大成果，弘扬廉政文化，营造廉洁社会风气，感受到我党反腐的坚定决心和意志。同时具有惩罚和警醒的作用，也能发挥"镜鉴"的功能。

（4）能够对于我国以及共产党的形成进行良好塑造。并在国际外交过程中进行中国内涵的展示，宣传我国的主流价值思想。

二、十八大以来反腐专题片传播效果分析

笔者选择了十八大后热度较高的四部专题片进行内容分析，主要从播出时

间、级数标题、爱奇艺网站的播放量、豆瓣评分等几个维度进行梳理。其中播放量和豆瓣评分可以看作传播效果的一部分（With what efects），另一部分为用户的反馈，在此文中通过受访对象参与的问卷结果分析得到。同时选择专题片代表《舌尖上的中国》及反腐电视剧《人民的名义》进行对比分析。具体内容如下表所示：

表1　十八大后部分反腐专题片样本及对比案例统计表

片名	播出时间	每集标题	视频网站播放量	豆瓣评分
《作风建设永远在路上》	2014年12月15日晚8点	1. 《承诺与期盼》 2. 《正风肃纪》 3. 《狠抓节点》 4. 《党风正民风淳》	1207万	7.7
《永远在路上》	2016年10月17日晚8点	1. 《人心向背》 2. 《以上率下》 3. 《踏石留印》 4. 《利剑出鞘》 5. 《把纪律挺在前面》 6. 《拍蝇惩贪》 7. 《天网追逃》 8. 《标本兼治》	2802.7万	8.0
《打铁还需自身硬》	2017年1月3日晚8点	1. 《信任不能代替监督》 2. 《严防"灯下黑"》 3. 《以担当诠释忠诚》	293.7万	8.0
《巡视利剑》	2017年9月7日晚8点	1. 《利剑高悬》 2. 《政治巡视》 3. 《震慑常在》 4. 《巡视全覆盖》	692.1万	8.7
《舌尖上的中国》第一季	2012年5月14日	1. 《自然的馈赠》 2. 《主食的故事》 3. 《转化的灵感》 4. 《时间的味道》 5. 《厨房的秘密》 6. 《五味的调和》 7. 《我们的田野》	2亿	9.3
《人民的名义》	2017年3月28日	55集，每集标题略	78.8亿	8.3

1. 整体效果

整体来看，四部样本反腐专题片播放量在专题片范围内很高。在观众的认可度的量化上，选择了我国较大的社区网站豆瓣的豆瓣评分作为依据，该评分完全由受众评分，满分 10 分，几部反腐专题片分数较高，可以一定程度上反映看过的受众对几部片子评价较高。

限定主题的条件下，与《人民的名义》相比，收视率低了很多，但是电视剧集数较多，播放量为所有单集的播放量的总量，但即使假设每集间差异不大，平均到单集收视率，《人民的名义》仍比几部样本收视率高了很多。视频类型不同的会导致收视率差异，相比专题片，电视剧通过演员的演绎、明星效应、戏剧化的情节冲突更能吸引到观众，反腐专题片的制作中同样可以借鉴电视剧的元素。

限定视频类型的条件下，同为专题片的《舌尖上的中国》与几部反腐专题片相比，播放量仍然较低，主题的选定上一定程度上影响到了关注和收视率，食物与人息息相关，故事化的情节、情感元素以及中华民族的认同感都是这部片子出彩的地方。这就表明专题片面对的受众较为广泛，并没有年龄差别限制。同时，在播出这部片子时，在群众中热度很高，通过口耳相传和社交网络广泛传播，关注度和收视率都很高。同为专题片的《舌尖上的中国》的成功元素对反腐专题片也具有借鉴意义。

2. 内容选择方面

通过对于使用与满足理论进行研究，基于受众层面进行分析，我国推出的反腐专题片能够对于大众的求知欲望以及关心国家事件等心理进行满足。大部分受众在了解反腐相关信息时，倾向于新闻，主要在于真实性、权威性和时效性。时效性上反腐专题片很难做到新闻的速度，因为专题片的立意、策划、制作到播出需要很长一段时间，需要以其他优势补齐时效性这块短板。

对于专题片内容的选取尽可能突出细节因素。具体包括《永远在路上》这一专题片的第一集，通过中央纪检委工作人员进行陈述全国人大环资委原副主任白某查获了大量珠宝玉器，清理共用了 15 天，用绳子系起一串将手镯提走。河北省委原书记周某住宅面积严重违规，家中两个保姆、两个厨师，两年工资高达百万元；这样的细节描述十分有画面感，让观众更加直观、客观地了解到贪官的奢靡生活和对社会的危害，也理解了反腐的深刻意义。

专题片中严谨的内容结构使得其逻辑性增强，并且具有一定的说服力。例如《永远在路上》的八集分别为《人心向背》《以上率下》《踏石留印》《利剑出鞘》《把纪律挺在前面》《拍蝇惩贪》《天网追逃》和《标本兼治》，前两集主要为理论依据，三至七集介绍了反腐工作的不同举措，用具体事例论证主题；而在最后一集进行专题内容的总结和深化，并且进行一般逻辑规律的探索。从解读意义到剖析举措，最后探讨规律，这样的结构圆合严谨，给观众一种整体感、逻辑感。

3. 视频制作方面

与其他影视作品一样，视频越具有美感、越具有观赏性艺术性，会吸引更多观众。视频制作的水平影响着传播效果，主要包括画面、声音、镜头三个方面，每一项整体做到最佳，并配合得当会促进传播效果的提高。画面上，合理利用意象与意蕴，可以突出主题，更加深刻，例如《巡视利剑》的片头，画面为铸剑、挥剑，这种形象化的表达方表达了主题，与片名呼应，更具有气势；《永远在路上》第六集《拍蝇惩贪》讲了县民政局官员截留贫困家庭救助金，画面中特写了墙上粘贴的"福"字，贫困家庭对幸福的追求与腐败官员形成对比，带来了极强的冲击力。

4. 传播技巧方面

专题片要做到主题先行，表现主题的方式包括"明示结论"与"寓观点于材料之中"。而在明示结论中具有直观性和鲜明性，能够被受众所接受；例如《打铁还需自身硬》的第三集《以担当诠释忠诚》，落马官员金道铭每一段陈述自己犯罪的心理和经过后，都会有画外音进行总结性解说，点明主题；而"寓观点于材料之中"指的是将内容观点等结合在材料中进行表达，并不直接进行表述，能够让受众在观看过程中总结出来，更容易对讲述的内容和观点进行理解。

通过将"诉诸理性"与"诉诸感情"两者融合在一起进行运用。理性的逻辑分析可以说服人，反腐专题片更多使用此方法；情感色彩强烈的修辞同样可以感染人，例如《永远在路上》第六集《拍蝇惩贪》，最后的画面为习近平总书记走访镇江农村期间，百姓向总书记说"总书记您好！你是腐败分子的克星，全国人民的福星，世业人民欢迎你。"通过直接的语言表达，鲜明地表达了人民群众对于习近平总书记带领的领导班子进行支持和拥护；由于受众心理、性格、经历、文化水平、年龄的不同，可能一部分人更容易接受理性说服，一部分人更容易接受感性说服；同时二者结合会产生张弛有度，跌宕起伏的效果，更适合大众传播。

合理利用"警钟"效果，可以激发人们的危机意识和紧张心态，例如《巡视利剑》第三集《震慑常在》中，甘肃省委原党委、副省长虞某和甘肃省委原书记王某存在着侥幸心理，以为自己成了漏网之鱼，但在中纪委"回头看"中落马。这样的案例切实突出了巡视的"利剑"作用，让党员干部不敢存在侥幸投机心理，"不能腐""不敢腐"。同时一些监狱、法院、高墙的画面加入也起到了警示功能。

三、我国反腐专题片存在的问题

（一）反腐专题片自身局限

1. 内容选择上的问题

反腐专题片内容选择有着类型化的趋向，内容选择过于相像。反腐专题片倡导的主题内容就是反腐，当主题确定之后，就对于专题片的材料和性质进行限制。但内容选择的类型化很可能给受众一种雷同感。

反腐在我国一直是一个较为敏感的话题，除了新闻外，影视剧是另一种表达反腐主题的形态，且热度很高，但数量跟其他形态影视作品相比很少。十八大后传播效果良好这几部专题片，都由中央电视台和中纪委宣传部联合拍摄，制作主体的相同也导致了大体风格相似。虽然其侧重点各有不同，例如有的侧重讲述巡视的作用，有的反映纪检监察机关的内部自我净化；但普通受众看起来区别很小，而且不容易找到彼此之间的差距。主要选材仍集中在高级官员的案例上，"老虎"过多，而"苍蝇"很少。同时一些反腐专题受众定位不准确，一部分可能由于内容涉密原因，只面向党政群体内部，不能走向大众。

大众传媒具有社会行为示范效果，即传播后会有一些人学习或效仿，反腐专题片大部分为积极效果，但部分情节也有可能会起到一定的负示范效应，即做出了错误的示范。

2. 形式趋于模式化

画面语言的运用上，大部分反腐专题片为了凸显反腐的庄严，经常选择航拍全景、拍摄政府机关的正门、石狮雕像、国徽党徽等渲染庄严的气氛，对法庭的某一个画面进行特写表示法律的严肃，画外音陈述观点找不到具体的内容对应时，会插入延时摄影的人流车流、昼夜更迭或四季变化。

与此同时，声音的运用上，大气磅礴的音乐和低沉磁性、字正腔圆的解说词贯穿全片，中间用腐败官员的狱中自白来佐证观点。诚然这种音画搭配会起到良好的视觉作用，但基本每部专题片都会出现相似的风格，会让观众审美疲劳，认为这是一种"套路"，从而加深反腐专题片同质化的印象。例如《巡视利剑》《永远在路上》《打铁还需自身硬》的片头，都是打铁的情节，虽然有铸剑、打造党徽、文字等等，就单片来看有着很强的冲击力和气势，但三部视频放在一起来看便有着雷同感。

3. 缺乏观赏性与贴近性

反腐专题片的出现是对于新闻媒体以及影视作品进行中间文化媒介的展示，并且具有一定的新闻性价值和观赏性价值。这就要求反腐专题片对事件的选择要具有时效性，将近期发生的事件呈现在观众面前，凸显新闻的时效性。新闻事件作为专题片观点的支撑，也增强了反腐专题片的故事性。但是在专题片中渗透过多新闻内容，就会使得整体氛围较为严肃；同时新闻事件往往可能在此之前广泛传播，缺少加工，平铺直叙会让受众认为是对新闻的重复，使得反腐专题片的观赏性大打折扣。

现有反腐专题片中，选取的典型人物是落马高官，很多受众无法接触到这类人物，可能会觉得距离较远。而采访的人物中，多为纪检部门干部，这类群体同样不是每个受众能接触到的；整体来说，全片对市民、对大众的采访整体较少，会让受众觉得脱离大众生活。片中语言力求通俗易懂，但一些受众仍不完全清楚相关法律政策、职务、级别等政治知识，可能对事实的理解上存在着问题。通过一定镜头的运用，使得受众在观看过程中产生压迫感以及距离感等。

（二）外部环境尚存在问题

1. 创作主体单一，营销意识淡薄

目前，无论从中央到地方，我国反腐专题片多由纪检部门联合电视台拍摄，即纪检部门牵头、提供素材，电视台生产内容并播出，即"制播一体"化，例如十八大后传播效果较为良好的几部专题片均由中央电视台和中纪委宣传部联合拍摄。"制播一体"这一模式使得节目的制作基于播出目的进行，而不是为满足市场需求进行制作的，这就对于市场需求内容进行忽视。整个专题片的市场普遍市场化较薄弱，缺乏足够的投资，很难盈利；受众有限，也导致了专题片市场容量不大，回报周期长，不可能容纳大量投资。而反腐专题片投资主要来自政策性拨款，预算充足；且有着纪检部门的资源优势，反腐专题片的制作通常少了这些问题。其自身特点决定了无法过于商业化，此类型的影视作品的社会价值大于经济价值。

2. 传播浅显，覆盖面窄

我国反腐专题片目前虽然基本形成了电视台、互联网、视频 APP 的矩阵式传播，相对其他专题片的传播渠道已经取得很大进步。但每个环节仍显不够深刻，覆盖面窄，存在着很大的改进空间。电视台上，大部分反腐专题片只在中央电视台综合频道、新闻频道播出，地方上星卫视几乎没有；而播出时间虽然在"黄金时间"八点档，但是对于大城市的受众，往往还在工作，并没有时间观看。而地方电视台或地方纪检部门制作的反腐专题片仍存在着只在小范围播出的问题，难以走到大众面前。视频网站和新闻 app 的传播力度也相对较差，社交媒体的互动传播也仍是小范围的。并且没有呈现出全民性、年轻化特征，而在覆盖面层面上不够广泛。

3. 缺乏国际化表述语言，难以走向国际市场

西方国家对我国的认识往往存在着刻板印象，而外国人民对我国政治的认识更是普遍存在偏差。现有反腐专题片主要立足本土，同时在华人世界有着一定影响力，但缺少国际化视野与表达。例如人物介绍上，中外的理解可能存在着信息鸿沟，例如中国的"书记"一次，翻译应为"Secretary"，意思为"秘书"，可能给外国观众带来理解上的问题。由于语言不顺畅，在传播过程中没有官方的英语配音进一步限制其推广。同时，缺乏国际化理念高层次的创新人才，主要缺乏

两类人：一种是全才，即跨学科、跨领域的复合型人才；第二种是专才，随着纪录片市场在国际上的扩大，符合国际标准摄影、剪辑、配音的人才都成为稀缺资源。

四、提高反腐专题片传播效果的对策

（一）加强反腐专题片内容建设

1. 寻找差异性，开拓新形式

反腐专题片由于自身主题的限制，找到差异性相对较难，应该着眼如何区分各类反腐专题片入手，让观众看到差异化的反腐专题片。

首先是从片名入手，通过片名可以简介直白地介绍专题片内容的侧重，因此对专题片起一个易理解、传播的名字十分重要，可以采用形象化的表达手法，例如比喻拟人，或引用诗句等。

声音画面语言的搭配上，可以参考其他类型专题片的模式，"画面＋解说词"的格里尔逊式专题片显然已经不适合当下的传播方式和审美习惯。注重情感细腻、朴素、假大空、贴近群众，反腐专题片为了凸显反腐的庄严，经常选择航拍全景、拍摄政府机关的正门、石狮雕像、国徽党徽等渲染庄严的气氛，对法庭的某一个画面进行特写表示法律的严肃，画外音陈述观点找不到具体的内容对应时，会插入延时摄影的人流车流、昼夜更迭或四季变化，与此同时，大气磅礴的音乐和低沉磁性、字正腔圆的解说词贯穿全片，中间用腐败官员的狱中自白来佐证观点。诚然这种音画搭配会起到良好的视觉作用，但基本每部专题片都会出现相似的风格，会让观众审美疲劳，认为这是一种"套路"，从而加深反腐专题片同质化的印象。

2. 增强艺术性与观赏性

反腐专题片要有它的新闻价值、史实价值、人文价值、社会价值和观赏价值，作为承载众多价值的载体，如果能提高反腐专题片的艺术性和观赏性，寻找"严肃性"与"娱乐性"的平衡点，有利于价值的有效传播。

在专题片的内容呈现层面上，需要对于受众的好奇心、求知欲望等进行满足，并全面性的呈现专题内容材料；根据问卷第 17 题结果，受众在反腐与反腐题材相关的电影或电视剧相比，213 人更倾向于观看电影和电视剧，约占 72%；而选择专题片共有 81 人，约占 28%。这就表明受众比较偏向于故事情节以及冲突事件等的设定。基于真实的基础上，适度艺术加工，采用故事化的情节设定，或是对比式的设定，形成时空交织的感觉会更具有观赏性。具体包括在《巡视利剑》专题片的第二集中讲述了"五假"干部卢某，其年龄、学历层次、入党材料、工作以及家庭基本情况等都是虚假的，是由企业家通过买官上升到副部级，这一真实案例带给受众更多思考。

另一方面，出于保密的要求，部分纪实场景不能完全呈现在镜头前，在此可以插入一些带有深意的意象，给观众神秘感和意犹未尽的感觉，有更多的想象空间。这部分也可以用技术手段进行情景再现，或用插入文件、图标的形式进行补充，让观众更直观地了解情节，可以让更多仅在党政群体内部流通的专题片走向大众。

3. 加入人文情感元素

在反腐专题片拍摄过程中进行人文情感的融入，能够在一定程度上感动受众。同时情感思想不是固定的，需要具有起伏和不同情绪。既要有取得反腐成绩的大快人心，也要有与腐败分子斗争的硬仗，这样才能更全面客观地呈现出反腐工作的难度；采访的对象的选择上，不但要有腐败分子，还要有腐败分子的同事、纪检干部、专家学者、普通市民，通过语言表达他们的内心情感。将情感"物化"，即寄情于物，可以让抽象情感更加具体可感，客观描绘出多元的中国官员形象、政府形象、国家形象。对于反腐专题片进行说服力的表达就是以情打动受众。另外，反腐专题片呈现的对腐败分子的惩戒，不单单是为了惩戒，更要突出"惩前毖后，治病救人"的重要作用。

(二) 强化反腐专题片产业格局

1. 尝试制播分离，逐渐走向市场化

制播一体化影响了反腐专题片的市场化进程，应尝试制播分离，纪检部门作为出品方和素材提供者，电视台应该负责播出和监管，做好"把关人"。视频的主要制作上应寻找成熟的纪录片公司整体外包或部分外包，这样能够更好地配置资源。并借助于付费视频进行经济收益的获取。国外的纪录片收益方式就是进行节目版权的售卖。通过与电视台的合作，纪录片频道可以实现盈利，而广告收入只占一半。同时纪录片盈利模式还包括其版权以及产业链上的衍生品等。并向其他电视台以及视频网站进行视频版权的售卖，能够获得一定的经济收益。17年上映的《厉害了我的国》电影，浓缩了近五年来我国的发展成果，基于几部纪录片的选材及主题，进行电影化创作，一经上映备受关注，取得了4.74亿的票房，这也是我国主旋律纪录片市场化的积极尝试。反腐专题片同样可以参考这种模式，达到社会效益和经济效益的双赢。

2. 拓宽播出平台，增强推广力度

在播出平台上，应利用好电视这个主阵地，从原有的综合台、新闻台到纪录片卫视、电视剧频道、地方上星卫视、法制频道等。而在视频网站或者平台上，需要进行首页版面的推广和宣传；正式播出前，可以投放30秒或1分钟的广告，为反腐专题片造势，并吸引更多观众去关注。也可利用小视频平台，如抖音、快手等等，节选部分内容播出，更适合年轻人一代的观看习惯。图解视频也是一个良好的形式，几十分钟的片子可以通过几分钟浏览完，符合现代人碎片化的阅读习惯，且无声音的静态图片形式也方便在社交媒体广泛传播。

在平台之间进行互动，如电视播出时下方放上二维码，微博微信扫码后即可参与讨论，或选择跳转到视频网站，记录观看进度，可以在空闲时间继续进入观看，增强各平台的聚合力，能够提高多个平台的矩阵式传播效果。电影化也是一个良好的传播手段，将反腐专题片二次创作，剪辑成一个可以在影院播出的电影，内容精炼，相对其他平台更容易受到关注引起讨论。且在电影院观看更会集中注意力，传播效果会优于其他平台。

3. 推动中国反腐专题片走向世界

在国际化传播上，反腐专题片首先要开辟国际化的播出渠道，可以在央视中文国际频道（CCTV－4）、央视纪录片英文频道（CCTV－9 Documentary）这样的官方媒体播出，同时也可以在 YouTube 这样的视频网站播出，例如《人民的名义》在 YouTube 上一经播出，众多国外网友对其评价很高，甚至誉为"中国的《纸牌屋》"。只有我国具有专题片这一概念理论，在国外将其称为纪录片。国外纪录片通常分季，每季集数较少，时长在一个小时左右，可以根据国外观众对纪录片的审美习惯，对原有内容进行二次创作，制作一个本土版，一个海外版。而在电影市场和电视剧市场中能够频繁看到这一模式。

在语言上，反腐专题片应该带有英文字幕，同时采用英文解说，但对一些人物的采访上还应该保持原版，通过字幕辅助。并可以在视频里插入对职务和中国政体基本知识的解释部分。

同时要加强与国外电视媒体多形式、多层级的合作，与国际纪录片市场充分对接，亦可通过参加影视节、电影展等形式有效提升中国品牌的影响力。

（作者单位：浙江横店影视职业学院影视制作学院）

新中国成立 70 周年阅兵仪式的符号表征与国家认同构建

蔡之国　董慧君

　　法国古典社会学家爱弥尔·涂尔干指出，仪式是一种集体性象征行为，它往往以符号语言的形式来表现社会生活，具有激发、维持或重塑群体某些心理的作用①。美国社会学者兰德尔·柯林斯在讨论互动仪式时也曾说：当仪式的主要要素或起始条件有效地综合，并积累到高程度的相互关注与情感共享时会产生群体团结、个体情感能量、社会关系符号、道德感等结果体验②。《左传》曾言："国之大事，在祀与戎"。美国学者汉斯·摩根索也认为，国家可以通过最广泛的外交礼仪和军事力量的炫耀两种方法以实现威望政策的目的③。作为国家行为中一种极具政治象征色彩的阅兵仪式，由于兼具"外交礼仪和军事力量的炫耀"，能够实现彰显国威、凝心聚力以及强化国家认同等多样社会功能，而成为国家品牌的重要塑造方式。新中国成立七十周年的阅兵仪式，是我国进入新时代之后的首次国庆阅兵，也是我国军队改革重塑后的第一次整体亮相，表现出军队重塑后体制、结构、格局、面貌的崭新风采，并与以往阅兵仪式有显著不同，从而具有极强的研究价值。

一、新中国成立七十周年阅兵仪式的符号表征分析

　　仪式是在特定空间里对一系列符号表征进行的有组织、有意义的呈现。按照索绪尔、罗兰·巴特等关于符号包含能指和所指的解释，以及斯图亚特·霍尔关于表征既是表征某种事物又是象征的标本等的界定，符号表征可以理解为具象的事物及象征的意义。由此，作为国家政治行为之一的阅兵仪式，可以看作是符号

---

① ［法］爱弥尔·涂尔干：《宗教生活的基本形式》，渠东等译，上海人民出版社2006年版，第8页。
② ［美］兰德尔·柯林斯：《互动仪式链》，林ъ任、王鹏等译，商务印书馆2018年版，第87页。
③ ［美］汉斯·摩根索：《国家间政治——权力斗争与和平》，徐昕、郝望等译，北京大学出版社2006年版，第106页。

表征体系的集合。皮亚杰曾指出，符号表征是认知发展的核心，是个体代替其他事物的东西。为此，要准确认知阅兵仪式的价值，需要把握仪式的符号表征体系。人类学家维克多·特纳认为象征符号包括仪式语境中的空间、物体、行动、体态、事件、关系[①]。虽然说特纳分析的仪式符号的构成并没有包含所有的象征符号，且各类别符号表现出交叉的归类，但我们依然可以从其分类出发管中窥豹地分析仪式符号表征的意义。

1. 空间的符号表征

与以往国庆阅兵仪式一样，新中国成立七十周年的盛大阅兵仪式是在天安门广场及长安街这一"空间"举行的。但此"空间"并非是简单的、静态的自然地理空间，还具有多重历史文化的意指实践：历史上的天安门是至高王权的物化象征，无论是"承天启运，受命于天"名称由来，还是"金凤颁诏""金殿传胪"等行为历史，都给人以历代皇权的文化关联；而始建于明代的长安街则具有"长治久安"的文化意义，其经历的风雨与悲伤，无疑是一个国家荣辱的标志符码。在至高皇权和"中国人民从此站起来"的天安门广场这一多重文化意义空间举行阅兵盛会，无疑能将历史与当下相互勾连，真实与想象全方位际遇，为共享威权统治提供了现实对话的空间，并让人在特殊的时空回想起中国社会的历史变迁，从而感悟到中国共产党领导全国人民推翻"三座大山"建立起新中国以及带领各族人民走向民族复兴之路的伟大成就，为中国共产党的政权合法性提供了逻辑依据。

2. 物化的符号表征

物化符号是仪式现场存在的物质形态，不仅具有历史文化意义，还表现出国家品牌特征。在天安门广场红飘带的映衬下，人民英雄纪念碑上竖立的伟大革命先行者孙中山的画像与天安门城楼上悬挂着的开国领袖毛泽东的画像遥相呼应，隐喻着红色基因的连接与传承；作为召集标识的党旗、国旗、军旗首次在阅兵仪式中同时出现，表现出党旗引领方向、国旗凝聚力量、军旗捍卫和平的符号意义；阅兵车牌的 1949 和 2019，展现出新中国走过 70 年光辉历程以及庆祝的意蕴，而空置的车辆无疑是对逝去英雄的致敬以及"汇报"；100 面飘扬的英雄战旗，则表现出解放军军队英雄的英勇与奉献以及对其优良精神的承继；东风 - 17 常规导弹、轰 - 6N 远程战略轰炸机、东风 - 41 洲际战略核导弹、水下无人机潜航器等中国制造的先进武器装备，显现出我国当下的军事实力，具有一个国家军事力量和现实强权的象征意义。……阅兵仪式的各种物化符号，不仅直接清晰地传达了文化表象，还委婉暗示地表达了意指实践，传递出历史、政治、文化等国

---

① ［英］维克多·特纳：《象征之林》，赵玉燕、欧阳敏等译，商务印书馆 2006 年版，第 19 页。

家品牌的内蕴意义。

3. 行为的符号表征

阅兵仪式的行为符号往往蕴涵着一个国家的文化经验，不仅体现着"中国精神"，还表现出公众对国家（民族）的理解、认同等多重表征意义。56 门礼炮鸣放 70 响轰鸣，以及 20 架直升机组成巨大的"70"字样，表现出 56 个民族共庆新中国成立 70 年华诞以及中华人民共和国走过 70 年光辉历程的符码意义；人民解放军仪仗队以坚定的步伐从人民英雄纪念碑走向五星红旗升起的地方，则象征着中国人民解放军筚路蓝缕奋斗的历程以及无法阻止向前的坚定；国旗、国歌、国徽是一个国家的象征标志，而升国旗、唱国歌的行为仪式无疑能激发万众一心的爱国情感以及不忘初心、砥砺前行的革命意志；习近平总书记对党旗、国旗、军旗行注目礼，则隐喻着对党、国、军的敬重以及带领中国人民实现民族复兴"中国梦"的无言承诺；参阅官兵的敬礼以及回应的声音，传递出对国家领导核心的信赖与拥护，以及贯彻领导核心"强军思想"的高度自觉；广场上挥舞着中国国旗的观礼民众，则体现出本真的爱国情怀和家国认同的表征意义……行为符号表达出的表征意义，显现出中国做派背后的中国气势与中国力量。

4. 体态的符号表征

著名史学家坎托诺维茨曾提出国王具有两个身体：自然身体和政治身体。实际上，作为阅兵仪式上的每个人都具有自然肉体和文化政治的符号表征。最高领导人习近平总书记的中山装、庄重的神情、坚毅的目光等体态语言，在展现出大国领袖风范的同时，也表现出自信、坚毅、执着等国家文化政治精神；受阅官兵展现出的强健体魄、坚毅眼神、标准军礼、齐步与正步整齐划一的姿态等，则表现出中国军人的精气神以及强大的凝聚力和战斗力，展现了强国强军背景下强大的保家卫国的"中国力量"；观礼嘉宾是共和国的建设者、奋斗者的代表，他们挥舞的、贴脸的国旗以及洋溢着的笑意等，表现出欢庆新中国成立七十周年的沸腾情感以及对中国共产党、中华人民共和国认同的情感倾向……阅兵仪式上每个人的体态语言，都表现出极强的文化政治意义。

5. 事件的符号表征

阅兵仪式是我国宣示国家威权的重要方式，是"国之大事"。米歇尔·沃尔泽曾说："国家是看不见的——在他能被看见之前必须对之人格化，在它能被爱戴之前必须对之象征化，在它能被认知之前必须对之形象化。"[1] 阅兵仪式这一事件主要由升国旗、习近平发表重要讲话、习近平检阅受阅官兵、各军种方队仪式展演以及武器装备展示等一系列程式化的"小事件"组成。众多"小事件"的符码组合

---

① ［美］大卫·科泽：《仪式、政治与权力》，王海洲译，江苏人民出版社 2015 年版，第 7 页。

体现出中国共产党领导全国人民浴血奋战建立新中国并带领各族人民实现强国强军以及中华民族复兴"中国梦"的政治隐喻意义。

6. 关系的符号表征

仪式符号并非孤立存在的,而是借助相互联系的体系符码传递出"所指"意义。在阅兵仪式中,有几个关系的符号表征值得我们关注:首先是孙中山与毛泽东画像的关系表达,表现出孙中山的政治遗愿被共产党实现并在一代代领导人的领导下走向世界强国的政治隐喻意义;其次是党旗、国旗、军旗的排列关系,表现出党领导一切的政治寓意;再有就是各个参阅方队特别是战旗方队的发展历史,表现出强军发展之路的符号意义;……关系符码构建起特定语境下符号的象征意义,而解说词则进一步明确了关系符号表征,从而使人更能把握符号表征传递的意义。

除维克多·特纳提出的仪式符号外,声音符号表征也极为重要。阅兵仪式的声音主要包括军乐队现场演奏的乐音、仪式表演者的语言及现场解说词的画外音等。阅兵式中的《中华人民共和国国歌》《中国人民解放军军歌》《检阅进行曲》《人民军队忠于党》《祖国,请检阅》《忠诚卫士之歌》等19首乐曲具有烘托氛围、表现情感、展现政治话语等多重符号意义;而习近平总书记阅兵时对官兵的问候"同志们好""同志们辛苦了"以及官兵"主席好""为人民服务""听党指挥!能打胜仗!作风优良!"等的声音回应,也表现出党指挥枪、人民军队忠诚于党和人民、能够保障国家主权及发展利益等符号意义。可以说,阅兵仪式中的音乐和言语都是政治文化经验的总结,体现着中国人民共同的情感和共识的信息。而阅兵仪式的解说词无疑是对阅兵符号表征意义的明确,从而规避了符号传播过程中的"多义性"和"不确定性",是对仪式"靶向"的确认。

空间、物体、行为、体态、事件、关系、声音等仪式符号相互交织,相互糅合,共同构成了一个完整的阅兵仪式,而一系列符号表征体系则构成一个有意义的文本,从而影响着受众的认知。维克多·特纳认为,象征符号对政治仪式的重要作用在于能够使不能直接被感觉到的信仰、观念、价值、情感和精神气质变得可见、可听、可触摸[①]。我国学者王海洲也认为,通过精心安排时间、空间、人员、器物和仪式结构等元素,阅兵式也成为政治权利生产和再生产的重要装置,并在具体的操演过程中以身体控制、情感表达、仪式化策略来实现政权的合法性建构[②]。可以说,阅兵仪式通过对符号表征的编码,巧妙地传递了符号表征意义,在彰显中国共产党和国家政治威权的同时,也表现出高超的传播艺术,显现

---

① [英] 维克多·特纳:《象征之林》,赵玉燕、欧阳敏等译,商务印书馆2006年版,第48页。
② 王海洲:《政治仪式中的权力宣展与合法性建构》,《学海》2010年第4期。

出强大的传播力量。

二、新中国成立 70 周年阅兵仪式对国家认同的建构

凝聚民族意志，强化国家认同，是新时代极为重要的政治任务。国家认同是国内公民对国家的主权、政治、经济、历史、社会道德以及价值观念等诸多方面的认可、接受和情感维系，是国家实现稳定与发展、促进民族和谐的重要保证。王沪宁认为，"政治文化的效能和力量来自大众的认同或不认同，感应或不感应，纳入或不纳入，而非一定要身体力行。"① 凯特·纳什、阿兰·斯科特指出："集体的符号性活动，以仪式的形式来自我界定，加强了社会和政治认同以及群体团结，它可以为个人提供政治方向和属于一个更大共同体的感觉。"② 新中国成立 70 周年国庆阅兵仪式作为一场庄严的政治仪式和盛大的媒介仪式，通过符号表征搭建起认同框架、媒介事件仪式化传播的巴赫金式狂欢、在认知与记忆中建构认同情感等三个具有逻辑性的步骤实现了对国家认同的暂时性建构。

1. 符号表征搭建起认同框架

社会表征理论认为，一个群体往往存在一种共识性知识，它被群体所有成员拥有，并且成为群体成员相互交流和沟通的基础，这种共识性的知识体系就是社会表征③。实际上，符号表征不仅与历史与社会记忆相连接，形成共识的认知体系，还与个体经验相关涉，形成或差异或相同的符码解读。因此，符号表征是实现有效沟通、塑造国家认同的有效介质，而国家作为一种"想象的共同体"，可以借助博物馆、仪式、庆典、苦难经历等"记忆场"的一系列符号表征唤起共同的历史、共同的记忆、共同的价值和共同的情感，进而获得一个共识性的"想象共同体"，即国家认同。

政治仪式是搭建符号表征并发挥认同效能的最佳场域。王海洲认为，政治仪式和政治生活借由政治记忆的作用完成政治信息的双向传递，从而实现政治权力的生产和再生产以及合法性建构④。新中国成立七十周年阅兵仪式则运用符号表征对国家政治的合法性权力信息进行了有效的编码叙事：作为阅兵仪式场所的天安门广场，是国家权力核心的象征，也是生产权力、展示威权、实现视线聚焦的最佳场地；参加阅兵仪式的人，无论是领导人、受阅官兵还是来自中国社会各界的代表、港澳台同胞、海外友人等观礼人员，都具有极强的政治象征意义，并为

---

① 王沪宁：《转变中的中国政治文化结构》，《复旦学报（社会科学版）》1988 年第 3 期。

② ［英］凯特·纳什、阿兰·斯科特：《布莱克维尔政治社会学指南》，李雪、吴玉鑫等译，浙江人民出版社 2007 年版，第 316 页。

③ 管健：《社会表征理论的起源与发展——对莫斯科维奇〈社会表征：社会心理学探索〉的解读》，《社会学研究》2009 年第 4 期。

④ 王海洲：《政治仪式中的权力再生产：政治记忆的双重刻写》，《江海学刊》2012 年第 4 期。

仪式的展现提供了强有力的关系支撑；阅兵事件也极具政治色彩，无论是习近平总书记的讲话以及检阅部队的行为，还是47个地面方队、12个空中梯队等受检阅编队的队列以及呼喊的口号等，都在解说词对符号表征意义的确认中，表现出"致敬共和国，礼赞新时代"的政治文化意义。可以说，国庆阅兵作为众多符号表征建构而成的盛大庄严的政治仪式，不仅是对政治生活表征的提炼，更表现出对国家政权合法性权力信息的提取，是通过仪式性操演实现权力的生产和再生产的结果，它将国家信念、民族情感和社会文化汇聚成一场极具影响力的宏大政治秩序的盛宴，并在变动着的复杂传播过程中，为国家认同提供了认知框架。

2. 媒介事件仪式化传播的巴赫金式狂欢

戴扬和卡茨在其1992年出版的著作《媒介事件：历史的现场直播》中提出"媒介事件"的概念，认为"媒介事件"是指"那些令国人乃至世人屏息驻足的电视直播的历史事件。""事实上，我们可以称这些事件为'电视仪式'或'节日电视'，甚至是文化表演。"① 美国传播学者詹姆斯·凯里认为，传播不仅是信息传递，同时也是仪式，是参与传播的人们（被传播对象、传播者、受众）再现社会中共享的信念②。新中国成立七十周年的阅兵仪式，既是媒介事件也是一种传播仪式，它通过多元媒体的全景式、立体化、聚焦性传播，较好地吸引了人们的注意力，实现了阅兵仪式的巴赫金式狂欢。

新中国成立七十周年阅兵仪式主要有三种传播方式：一是仪式参与人员进行的人际传播，二是作为媒介本身的仪式而进行的组织传播，三是传统大众媒体、网络媒体以及自媒体的大众传播。比如央视新闻隆重推出"日出东方，盛世华典"70小时直播，通过"远近高低各不同"的视角全角度、立体化的呈现阅兵仪式；再如新华社客户端采用VR直播矩阵，"想看哪里点哪里，想放多大放多大"，让观众有着堪比现场看阅兵的体验；……可以说，传统媒体、新媒体、自媒体等大众传播方式与人际传播、组织传播等有机结合，将阅兵仪式演绎为蔚为大观的媒介事件和媒介景观，并将作为共享符号被强化记忆。不仅如此，阅兵仪式的"霸屏"式传播也引发了人们强烈的共同关注，为国家认同和海外影响力的实现奠定了基础。据媒体报道，直播阅兵仪式的中央电视总台一套节目的直播关注度为32.05%，市场占有率76.03%；央视各频道直播关注度总计达到35.3005%，总计市场占有率达到了96.2302%！③ ……应该说，阅兵仪式借助军队仪式化的狂欢和全民注意力的聚焦而成为增强民族自豪感、实现政治认同以及

---

① 参见郭建斌《如何理解"媒介事件"和"传播的仪式观"》，《国际新闻界》2014年第4期。
② 黄晓忠、杨效宏、冯刚：《传播学关键术语解读》，四川大学出版社2005年版，第249~251页。
③ 《"大阅兵"市占率达96.2302%！十大热门话题出炉！》，http://www.sohu.com/a/344805226_351788

国家认同的重要范式。

3. 在认知与记忆中确立认同情感

涂尔干认为，仪式的唯一目的"就是要唤醒某些观念和情感，把现在归为过去，把个体归为群体"①。阅兵仪式唤起或者激发了中国民众的情感与社会记忆，增强了自我认同与国家认同。

阅兵仪式激发了中国民众的个体认知情感，表现出强烈的自我认同意识。自我认同是所有认同形式的开端和基础，它具有两个方面的内涵：一是对个体自我（包括外在特征和内在思维）的认同，即"个体认同"；一是对个体自我与外部"他者"关系的认同，即"群体认同"。两种认同既具有巨大的张力又具有共存相融的空间，而当"群体认同"能为"个体认同"提供更多的确证信息时，个体认同往往表现出顺从群体认同的倾向。新中国成立七十周年阅兵仪式呈现出的整齐划一的队列及官兵的精神风貌、我国自主研发的尖端武器等符号表征在仪式传播中不断被强调，而从数字媒体的转发及评论的信息来看，几近全部的态度都是"致敬共和国，礼赞新时代"的情感表达，这种对族群、对国家的共同情感无疑表现出个体认同与群体认同互融的认知倾向，传递出强烈的自我认同情感。

阅兵仪式激发了中国民众的社会记忆，建构起强烈的族群、国家认同情感。共同的"社会记忆"是族群认同的重要基础。"社会记忆"由法国社会学家莫里斯·哈布瓦赫的"集体主义"演变而来，他在其奠基之作《论集体记忆》（1925）中确立了"社会群体"与"集体记忆"之间的联系，将"集体记忆"定义为"一个特定社会群体之成员共享往事的过程和结果，保证集体记忆传承的条件是社会交往及群体意识需要提取该记忆的延续性。"② 德国学者哈拉尔德·韦尔策则将社会记忆界定为："一个大我群体的全体成员的社会经验的总和"③。社会记忆从本质上看是对过去的一种重构，而阅兵仪式通过选择社会记忆符号建构起与不同族群的共同经验相关联的符号表征，以强调过去的历史与细节，从而通过重构的方式将历史记忆、英雄缅怀、民族情感和国家认同巧妙地关联起来。比如在新中国成立 70 周年阅兵仪式中对天安门、长安街的历史叙述，比如对英雄战旗的解说与呈现，比如对伟人后代及老兵的聚焦……阅兵仪式符号表征以及解说词的重构回溯了我军革命历程，成功地唤起了人们对历史时空的遐想，尽管每个人的身份、背景各不相同，但这种基于爱国的共同心理和历史文化

① ［法］爱弥尔·涂尔干：《宗教生活的基本形式》，渠东等译，上海人民出版社 2006 年版，第495 页。

② ［法］莫里斯·哈布瓦赫：《集体记忆》，毕然、郭金华译，上海人民出版社 2002 年版，第335 页。

③ ［德］哈拉尔德·韦尔策：《社会记忆（代序）》，载《社会记忆：历史、回忆、传承》，季斌等译，北京大学出版社 2007 年版，第 6 页。

传承的使命感，将分散的、隐匿的、各不相同的中国民众维系到一起，从个体认同到族群认同再到国家认同，并在情感迸发中意识到中国共产党和国家在今日幸福生活中所发挥的重要作用。

不仅如此，媒介直播或报道的阅兵仪式还将被重构，进而转化为新的记忆。阅兵仪式上的徒步方队、武器装备、空中梯队等仪式化展现，让仪式见证者切身感受到中国强大的硬实力，从而为建构新的社会记忆提供了底本。值得注意的是，这种对社会现实的重构，使"融入"阅兵仪式的人们对国家或民族情感的关注会远远超过对个人财富、荣誉、权力等的关注以及对不同民族差异性的计较，一时间，呈现在中国民众眼前的只有一个统一的中华民族共同体。事实上，新中国成立七十周年阅兵仪式是过去历次阅兵仪式的社会记忆的叠加，而此次阅兵也将随着时间流逝而成为集体记忆或社会记忆，并将随着关联事件的呈现而会泛起记忆，从而将现实的符号表征与过去、未来等关联起来，形成强烈的民族、国家认同情感。

结束语

阅兵仪式是符号表征运作的集中场域，通过符号表征的有效建构并纳入政治仪式的叙事框架，可以将中国民众带入到仪式营造的"意义"氛围中，享有共同的历史、共同的价值、共同的记忆、共同的情感，从而暂时实现对国家这一"想象的共同体"的认同。实际上，在一个多民族国家中，每个民族、族群、个人都有着区别"他者"的特征，这也意味着一个多民族国家往往会容易形成"群集"而不会成为"共同体"。唯有不同的民族（族群）享有共同的历史文化、道德价值等，才有可能形成强烈的族群或者国家认同，而各个民族共享的内容越广泛越深厚，就越容易建立起较为稳固的国家认同倾向。这是阅兵这一政治仪式给我们的启示，同时也为未来建构国家认同提供了叙事的方向。

（作者系扬州大学新闻与传媒学院副教授）

为广播自己走路开拓进取

曹仁义

新中国成立 70 周年，同样也是国家各项事业改革发展的 70 年。作为 80 岁的老广播新闻人，我亲身见证了广播新闻的改革发展。

先讲个小故事。1959 年，我在北京广播学院上学时，暑假回东北老家，在县城理发馆理发时，理发师跟我聊天。他问我在哪儿工作，我说在北京广播学院上学。他又问我学什么专业，我说新闻系编辑采访专业，毕业后去广播电台工作。他说："广播电台不就两个人吗！一个男声一个女声，播完新闻就唱歌唱戏，有编辑记者吗？"当时我还真说不清。

1962 年 3 月我上大三，系里派我到中央电台实习 3 个月。这期间我才了解到，广播新闻工作主要有三项：一是加工新华社新闻稿，使其通俗口语化；二是按重要性排序组成一次次新闻节目；三是新闻节目录音时做好监听。此外，在分工上没有明确的记者岗位。国家各部门召开的工作会议，可以派人参加，但回来后不写新闻稿，只写情况汇报交给领导。

广播新闻上述工作状态从 20 世纪 50 年代续到 1979 年 5 月。这以后，广播新闻迎来了重大改革。这个改革有个名字，叫"广播自己走路"。广播新闻从此面貌大变。这个改革，一是得益于党的十一届三中全会，二是得益于一个人——时任中央电台台长左漠野。

1978 年 12 月 18 日至 22 日召开的党的十一届三中全会确定，党的工作重心转移到经济建设上来，实行改革开放，放弃以阶段斗争为纲，倡导解放思想、实事求是。从而实现了国家前途的伟大转折，国家发展进入了新的历史时期。12 月 18 日这天恰好是我的生日。当时我 40 周岁。

如今我 80 岁。我这 40 年，和祖国现代化建设一起走过，和改革开放一起走过。在没有极"左"思潮干扰，解放思想、实事求是的环境下，广播人心情舒畅。

我这 40 年，可分为前 21 年和后 19 年。前 21 年，我在职上班，为广播自己走路开拓进取；后 19 年，我退休了，不忘初心，牢记使命，为广播电视的更大进步贡献余热。

广播自采消息和自写评论出现

1979 年 3 月，在党的十一届三中全会精神鼓舞下，中央电台台长左漠野同志提出"广播要自己走路"。他在全台大会上说："胡乔木同志 50 年代就提出广播要自己走路。可是时至今日，我们消息依赖新华社，没有自采消息。要成立采访部，自己采写新闻。评论依靠《人民日报》，没有自写评论，要有自写评论，使延安时期就有的广播评论得到恢复和发展。"很快，当年 5 月，采访部成立，本台自采消息纷纷出现。1980 年 8 月，评论组成立，自写的广播评论起步。广播评论这件事的牵头，就落在了我的身上。我被任命为评论组组长。

广播评论的全称是广播新闻评论。这种评论的种类有哪些，各种类型代表怎样的重要性，每一种的不同写法是什么，如何使用音响素材、使其具有广播特点等，这些都需要我去思考开拓。通过到《人民日报》评论部调研，参阅大学评论教材等，上述问题一一解决。

中央电台自写评论的出现，使广播自己走路的部署得到完善。广播评论走上正轨、进入日常之后，对社会中的重大问题、重大事件，中央电台都会以评论亮明旗帜、表明态度，从而社会影响越来越大。1981 年，黑龙江双城堡火车站野蛮装卸事件的调查报道和配发评论，引起广泛关注。《人民日报》转载了中央电台报道和评论。之后，双城堡车站改进工作、被评为先进单位，中央电台一直跟踪报道。我曾就此事写出一篇短文《把它批"香"》刊于《人民日报》。1982年，在重点新闻节目中播出自写评论 300 篇，实现了部领导要求的"三天两头有评论"的目标。这一年，中央领导同志陈云听到了中央电台的评论，立刻给予了充分肯定。由胡占凡执笔的广播述评《拜金主义要不得》播出后由《人民日报》全文转载后被评为广电事业 60 年一件大事。经过几年的实践积累和思考研究，80 年代中期，我写出了《广播评论讲座》共十讲，在《中国广播》杂志连载。后来，这个讲座被中国人民大学新闻学院选为参考教材。

80 年代末，由于干部调动、人员升迁，三个专职评论员，就剩我一人了。不久，我被任命为地方新闻部主任。专职评论员没有了。但台领导还让我管评论。直到 90 年代中期，成立评论部，我又被任命为评论部主任。

大型主题报道出现

1982 年召开的党的十二大，提出了"建设有中国特色的社会主义"，并对国家现代化作出新的部署。十二大精神激励人民砥砺奋进，也鼓舞了广播工作者。时任台长杨正泉同志在全台大会上说："广播自己走路以来，成绩显著，出现了不少好稿。我觉得我台整体水平比较高，像黄土高原。但高原上缺少一个珠穆朗玛峰。就是说，缺少大作品。"这番话引起了全台编采人员思考。转眼到了80年代末期，社会上出现了"自由化"思潮，多种场合吹捧歌星、影星，甚至鼓吹这些"精英"创造历史。知识分子中出现了崇洋媚外的倾向，电视台甚至播出了否定中华传统文化的电视片《河殇》。

1989年春节期间，台里两位有为青年，一个叫崔永元，一个叫张浩，到杨正泉台长家拜访。聊天中谈到社会风气，两位青年一致认为，当前应该弘扬劳动者的创业精神，向50年代、60年代的劳动模范学习。青年人不能光"追星"而忘记劳动创造世界的道理。台长当即决定，采制一个大型系列报道——《重唱创业歌》。春节假期后上班第一天，台长就到我的办公室，把这个大型主题报道的任务交给了我，要我组织报道组并任总撰稿。就是说，台长心中的高峰作品，广播自己走路又进一步的大作，这件大事又落在了我的头上。报道组成立后，选择了铁人王进喜等劳动模范，作出了10集的采访计划，报批后，采访展开。正当采访进行时，北京发生动乱。报道组按计划完成任务。10集《重唱创业歌》主题报道播出后，听众纷纷称赞中央电台回击了"精英"论调，有力引导了舆论。北京"动乱"后的1990年，社会上崇洋媚外思潮愈发严重，有人鼓吹"中国文明不如西方"。新任中共中央总书记的江泽民同志多次强调，作为中国人一定要有民族气节，发扬民族正气。这时，台长杨正泉想到一个大型系列报道题目《民族正气歌》。很快，他把想法告诉了我，让我组班子并任总撰稿。报道组成立后，以民族气节为主题，讨论研究，选择出从1840年林则徐焚烟到现代，150多年来，展示民族正气的人物和事例，决定采制8集系列广播特写《民族正气歌》。8集作品采制完成后，已到1990年5月初，台长决定自5月3日起，在《全国联播》节目连续播出。巧得很，5月3日，中央召开纪念"五四运动"71周年大会，江泽民同志在会上的讲话录音在当日的《全国联播》播出。讲话的主题是号召人们弘扬民族正气。总书记讲话之后，即播出《民族正气歌》第一集——我执笔的《百年正气篇》。与中央精神配合得如此之好，令台领导和报道组异常兴奋。

两个大型主题报道播出后，广大听众赞扬中央电台引领舆论站得高，效果好，在新闻界处领先地位；也启示新闻人，随时观察社会、思考中央精神，依据这种观察思考，及时提出重大主题报道选题，效果一定会好。

这年夏天，湖北教育出版社一位编辑找到我，希望将《重唱创业歌》《民族正气歌》两部作品结集出版。请示台长同意后，由我任主编，以《民族正气歌》为总题，将两部广播稿合集出版。杨正泉台长为此书作了序。

1990年11月，我台山西记者站的同志向我建议，除了歌颂劳动模范，还应该有歌颂普通劳动者的大作品。请示台长后，决定由我牵头，以山西记者站为主力，采制一个反映煤矿工人艰苦劳动的系列报道。

报道组深入山西大小煤矿，多次去到井下调研，了解了大量典型人物典型事例，采录了大量煤矿生产音响。待到 6 集大型主题报道《煤海之魂》采制审定完成，已经是 1991 年 4 月中旬。台长决定，从劳动人民的节日"五一"起，在《全国联播》中连续播出。播出后，中国煤炭报连载了这 6 集广播稿。同时，煤炭工业部邀请报道组去座谈。座谈会上，时任煤炭工业部部长的胡富国，听到记者们讲述煤矿工人为国家奉献青春的一件件事例，几次流下了热泪。他感谢中央电台为基层煤矿工人唱赞歌。

以上三个大型主题报道，在全国广播电视评奖中均获一等奖。渐渐地广电界都知道，广播自己走路以来，中央电台三个代表性的大作品，可简称叫"两歌一魂"。"两歌一魂"也成了我 1991 年底获得首届范长江新闻奖和之后享受国务院特殊津贴的依据以及被评为广电界 60 年 60 个有影响的人物之一，被选入《名记者成功之路》一书的"成绩单"。

乘胜前进。11 月底，台长又命我带记者组前往大庆调研，采访新的历史时期大庆人的奋斗精神。于是，又一个 5 集系列报道在 12 月下旬播出，题目是《今日大庆人》。终于，1991 年，中央电台着重歌颂劳动者的计划圆满完成。从此，中央电台善作大型主题报道，扬名广电界。

1992 年，邓小平同志南方谈话提出中国可以搞市场经济。他说，资本主义有市场，社会主义也有市场。市场经济有利于发展经济，我们就应该搞。之后不久，党的十四大决定，实行公有制为主体多种所有制并存的社会主义市场经济体制。

市场经济体制推广开以后，人们思想进一步解放，社会经济发展迅速。尤其是国有企业多的省份，变化非常大。两年后，1994 年，辽宁电台点名邀请我去辽宁，搞一个赞美市场经济的系列报道。时任中央电台主管新闻的副台长安景林，是从辽宁调来的。跟他请示此事时，他欣然同意，并说："辽宁是工业大省，市场经济对这个省影响大。搞出系列报道，我台也可用。"于是，我和胡占凡一起去了辽宁台。同辽台组成的报道组，经过一周到企业的调查研究，又讨论了 3 天，确定了 5 集选题并定名为《必由之路》。我跟大家说："我台里有事，就先回京了。胡占凡同志留下，带领大家采制完成。"在场的辽台一位主管新闻的副台长说："曹老师来一趟不容易。走前一定给我们讲一课。"第二天，我给辽宁电台新闻部全体讲了一堂新闻采访写作课。之后，我就回京了。胡占凡和辽台报道组将 5 集系列报道《必由之路》采制完成后，带回北京。不久，在《全国联播》节目播出。

现场报道出现

现场报道是录音报道的一种。它要求记者现场看现场说现场采访现场录音，回台后将录音稍加整理即可播出。1979 年 9 月 30 日晚，北京人民大会堂举行国庆 30 周年文娱晚会。时任中央电台新闻部副主任的杨伟光派我和赵慧去采访这台晚会。在广播自己走路的氛围中，他要求：现场看、说、采、录，不用播音员解说。这就是后来人们熟悉的现场报道。出发前，我们两人想好了开头怎样说，并构思了一个提纲。到了现场后，在大会堂一楼前厅，我们开启录音机，说了开头话即导语。然后解说采录了一个演出点、一个游艺点、一个乒乓球表演点和一个现场作画点。又来到一楼小礼堂采录了京剧演出。解说采录完毕，我们来到大会堂东门口，放眼天安门广场，灯光璀璨，天空飘着小雨。此情此景中，我们录下报道结束语。回台后，我们将全部录音稍作整理。次日——10 月 1 日《新闻和报纸摘要》节目播出了这个现场报道。后来，有学者指出，这是党的十一届三中全会以后，历史新时期第一个规范的现场报道。此后，这种记者现场看、说并采录的现场报道越来越多。如今，新中国走过了 70 年，广电事业发展壮大，总台成立后，电视评论大大加强。随着 5G 的运用，广电事业正处在改革发展新阶段。

（作者系中央广播电视总台高级编辑、首届范长江新闻奖获得者、原中央人民广播电台评论部主任）

民族广播要讲好中国故事

古丽江·扎尔肯别克

2013 年 8 月 19 日，习近平总书记出席全国宣传思想工作会议并发表重要讲话。他指出："要精心做好对外宣传工作，创新对外宣传方式，着力打造融通中外的新概念新范畴新表述，讲好中国故事，传播好中国声音。"习近平主席多次强调，讲好中国故事，重要的是解决好讲什么、怎么讲的问题。讲什么，就是要把握时代脉搏，关注发展大势，聚焦"两个一百年"奋斗目标和中华民族伟大复兴的中国梦，把当代中国发展进步的主流展示好，把中国人民蓬勃向上的风貌展示好。怎么讲，就是要真实、生动、鲜活地讲。真实的故事最精彩，百姓的故事最生动。要坚持实事求是，不断改进创新，努力出新出彩，做到见人、见事、见思想、见精神。[①]

中央人民广播电台少数民族语言广播做民族地区宣传工作半个多世纪以来，为民族地区的各领域繁荣发展，即：加强团结、携手稳定、聚焦民心、发展经济、振兴文化、展现形象等方面做出了不可磨灭的贡献。

中国故事不光是对外的，同样它也是对内的。对于拥有五十六个民族的中国来说，各民族之间的大融合大发展就是共同收听同一个中国故事，一起体会其中的道德魅力、人间情感的过程，同样是把各自的及各民族之间暖心的故事分享给全世界的过程。

一、什么是民族广播的使命?

在解析民族广播要讲好中国故事之前，我们必须简明扼要的理清楚民族广播的使命及工作要点。

（一）认清"五个并存"，高举中国特色社会主义旗帜是民族广播宣传的政治使命

对于民族广播来说，高举马克思主义、中国特色社会主义旗帜是首要使命。

---

① 《习近平新闻思想讲义》，民出版社/学习出版社 2018 年版，第 150 页。

新闻宣传要坚持党性原则，全心全意为党服务。党性原则是马克思主义新闻观的根本原则。作为在少数民族地区党的宣传喉舌工具，民族广播始终要高举社会主义旗帜。2014 年 3 月，在全国政协十二届二次会议上，习近平同志指出："坚定不移走中国特色解决民族问题的正确道路，就是要旗帜鲜明地坚持和完善党和国家关于民族问题的基本理论、基本政策、基本法律、基本制度以及体制机制，就是要使每一个民族，每个公民团结在中国特色社会主义这面旗帜下，为实现中华民族伟大复兴的中国梦而奋斗。"

新时代的民族工作面临"五个并存"的阶段性特征：改革开放和社会主义市场经济带来的机遇和挑战并存；民族地区经济加快发展势头和发展低水平并存；国家对民族地区支持力度加大和民族地区基本公共服务能力建设仍然薄弱并存；各民族交往交流交融趋势增强和涉及民族因素的矛盾纠纷上升并存；反对民族分裂、宗教极端、暴力恐怖斗争成效显著和局部地区暴力恐怖活动活跃多发并存。可以看出，民族工作的复杂性也会决定民族宣传所面临的挑战。把握好民族工作"五个并存"的特性，是全国各族人民共同团结奋斗、共同繁荣发展的精神基础。

（二）正确把握舆论导向工作、维护祖国统一、加强民族团结、促进民族区域文化经济大发展是民族广播宣传的重要立足点

习近平总书记指出："意识形态工作是党的一项极端重要的工作，是为国家立心，为民族立魂的工作。"新闻宣传属于意识形态范畴。民族广播所承载的历史使命同样包含了在少数民族地区正确的意识形态的建立与巩固。做好民族团结宣传教育，要让各族群众树立正确的祖国观、民族观，增强各族人民对"五个认同"的认识，坚持维护祖国统一，反对一切恶势力，把加强民族团结作为基础长远的工作来做，促进各民族像石榴籽一样团结有爱、凝聚人心，从而在民族区域思想大融合，经济大发展，文化大相融方面发挥宣传、教育、传播、引导作用。

2017 年 10 月，微视频《56 个民族儿女寄语十九大》在人民网首播时引起了强烈的反响。总访问量超过 5 个亿。该视频通过采访 56 位各民族代表，展现了各民族团结有爱，和睦相处、和谐发展的美好故事。这说明贴近百姓，贴近生活，贴近真实在民族宣传工作中的重要性。把握好时代脉搏，发挥好新闻舆论的传播力、引导力、公信力，以宣传各民族共同繁荣发展、团结奋斗的优良传统；宣传好少数民族和民族地区脱贫攻坚的经验成就；宣传好少数民族对中华民族的繁荣发展所作出的贡献，利用多媒体、新媒体、多方位、多层次报道正能量是民族广播始终坚持的发展方向。

二、什么是中国故事？

《习近平新闻思想讲义》（2018 年版）中充分阐释了"讲好中国故事"这一概念。习近平总书记在致中国记协成立 80 周年的贺信中再次要求广大新闻工作者要"讲好中国故事，传播中国声音，唱响奋进凯歌，凝聚民族力量。"中国故事细分化来以下方面：

第一、中国故事是讲述中华民族伟大复兴道路上那些精彩而感人的故事，即：在追求国家富强、民族振兴、人民幸福等美好愿望的过程中中国人所展示的勤劳和智慧，努力拼搏与开拓进取；国家梦、民族梦、个人梦的有效结合所体现的开放、包容、合作与共赢。

第二、习近平总书记强调："当代中国价值观念，就是中国特色社会主义价值观念，代表了中国先进文化的前进方向。我国成功走出了一条中国特色社会主义道路，实践证明我们的道路、理论体系、制度是成功的。要加强提炼和阐释，拓展对外传播平台和载体，把当代中国价值观念贯穿于国际交流和传播方方面面。"① 培育和践行社会主义核心价值观是一项基础工程、灵魂工程。要全面把握深刻内涵和重大意义，精心策划，采用群众喜闻乐见的形式，大力宣传社会主义核心价值观，深化人民群众对社会主义核心价值观的理解。建国 70 周年，中国的发展突飞猛进。国际社会对于中国的发展道路越来越给予了肯定的态度。中国国策的成功、中国的发展道路、中国的理论体系、中国人的精神面貌、中国的文化底蕴、中国经济的繁荣、中国各行各业的辉煌成就都会构成中国的价值观念，同样它也是一个个主题深刻、内容丰富的中国故事。

第三、上下文化五千年，中国是一个古老的文明古国，中华文明延续发展至今，创造了许许多多灿烂的篇章。展示中华文化的独特魅力，弘扬当代文化价值，继承优秀的传统文化，体现出中华民族自强不息、团结奋进的重要精神是中国故事宝贵的题材。战胜外国列强、打垮封建统治者、结束半殖民得半封建社会，中国人展现了不屈不挠、迎难而上的伟大精神。弘扬其精神，讲好每个历史阶段中华民族的优秀表现是新闻媒体义不容辞的责任。讲好中国的过去、现在及未来，即：讲渊远流长、博大精深的中华优秀传统文化，彰显当代中国价值观念的深厚文化底蕴；讲清楚中国特色社会主义取得的伟大成就，体现当代中国特色价值观念的科学性与实践性；讲清楚中国维护和平发展，跟世界各国共建共享、构建人类命运共同体，彰显中国大国形象。

第四、2014 年 10 月 15 日，中共中央总书记、国家主席、中央军委主席习

---

① 《习近平谈治国理政》，外文出版社 2014 年版，第 161 页。

近平在北京主持召开文艺工作座谈会并发表重要讲话。谈到人民群众和文艺的关系时，习近平指出："人民是文艺创作的源头活水，一旦离开人民，文艺就会变成无根的浮萍、无病的呻吟、无魂的躯壳。能不能搞出优秀作品，最根本的决定于是否能为人民抒写、为人民抒情、为人民抒怀。要虚心向人民学习、向生活学习，从人民的伟大实践和丰富多彩的生活中汲取营养，不断进行生活和艺术的积累，不断进行美的发现和美的创造。"

不难看出最好的故事、最贴近百姓的故事就是人民自己的故事、自己的所感所想。文艺源自人民，服务于人民。无论呈现形式是新媒体或传统媒体、无论是抽象的还是现代后现代的，文艺都是人民的文艺，只要故事的根在于人民的真实生活、真实情感，它才会真正走进群众的心里。能将从生活中得到的感悟通过多种艺术手段表现出来，创作出让老百姓产生共鸣的好作品就是最好的中国故事。

三、民族广播与中国故事

我国的少数民族广播事业在党的领导国家的关怀下逐步茁壮成长，从无到有、从小到大，在艰辛中努力前进。它的兴起、发展、繁荣，历经少数民族新闻传播史的峥嵘岁月（20世纪20年代—40年代末）、兴旺发达年代（20世纪40年代末—70年代中叶）、繁花似锦（20世纪70年代末—20世纪末）、和谐稳定发展（21世纪以来）等几个历史时期。当前，已形成了多语种、多层次、多渠道、较为系统的传播体系。如今，蒙古语、藏语、维吾尔语、哈萨克语、朝鲜语五种民族语言广播覆盖近一半国土面积。而本人所处的央广少数民族广播诞生于新中国建立初期，跟祖国同发展的各个历史时期，为少数民族地区的发展进步和团结稳定作出了一定的贡献，作为党的喉舌同样在少数民族和边疆民族地区成为老百姓贴心的朋友。

（一）对内，民族广播要讲把握时代脉搏，讲好维护统一、稳定团结、和谐发展的故事，传播最强的中央声音

民族广播是党的重要宣传口，是党的重要思想阵地和宣传舆论阵地，因此它所承载的使命关系着国家的稳定发展。民族问题关系到一个国家的长治久安。处理好民族问题、做好民族工作，是关系祖国统一和边疆巩固的大事，是关系民族团结和社会稳定的大事，是关系国家长治久安和中华民族繁荣昌盛的大事。我国是一个由56个民族组成的大家庭，民族问题自古以来便是治国理政的大事。近年来，拉萨"3·14"事件、乌鲁木齐"7·5"事件以及暴恐案件的接连发生，使民族关系成为各方关注的焦点。习近平同志长期关注这一问题，对搞好民族工作、促进民族团结有着深厚的见解。

1. 讲好解决并处理好民族问题的故事

2014年9月28日至29日，中央民族工作会议暨国务院第六次全国民族团结

进步表彰大会在北京举行。习近平同志在这次会议上发表重要讲话，他指出，"我们的民族工作也面临着一些新的阶段性特征"，主要表现为：改革开放和社会主义市场经济带来的机遇和挑战并存，民族地区经济加快发展的势头和发展低水平并存，国家对民族地区支持力度持续加大和民族地区基本公共服务能力建设仍然薄弱并存，各民族交往交流交融趋势增强和涉及民族因素的矛盾纠纷上升并存，反对民族分裂、宗教极端、暴力恐怖斗争成效显著和局部地区暴力恐怖活动活跃多发并存。这一判断指明了现阶段我国民族工作所处的历史方位，帮助我们将民族工作面临的形势看得更加清楚。那作为最权威的民族语言新闻机构，民族广播要在民族地区宣传正能量，多方角度解析好故事、好典范、好榜样，营造和谐有爱的舆论环境，发挥好舆论监督的作用。在节目中体现各族人民在党的领导下各民族、脱贫攻坚、和谐发展中所取得的优秀成果、所得到的宝贵经验、所体会的暖心感受、所拥有的美好愿望。

2. 讲好民族团结的故事

2017 年 3 月 10 日，习近平在参加新疆代表团审议时说道："要维护民族团结，加强军政团结、军民团结、警民团结、兵地团结，筑牢各族人民共同维护祖国统一、维护民族团结、维护社会稳定的钢铁长城。""要全面贯彻党的民族政策，高举各民族大团结旗帜，引导各族群众增强对伟大祖国、中华民族、中华文化、中国共产党、中国特色社会主义的认同，像爱护自己的眼睛一样爱护民族团结，像珍视自己的生命一样珍视民族团结，像石榴籽那样紧紧抱在一起。"民族广播包含了六种语言广播的新媒体和传统媒体的宣传。这说明它可以是联结各民族心灵的桥梁。1990 年 9 月，江泽民提出了"三个离不开"，即"汉族离不开少数民族，少数民族离不开汉族，各少数民族之间也互相离不开"。这个观点高度概括和深刻阐述了中国各民族休戚相关、命运与共的血肉关系，对中国的民族团结进步事业有着重要的指导意义。新中国成立 70 周年来，民族团结进步创建活动在全社会广泛开展，民族团结的观念也牢牢扎根于千家万户，民族团结进步之花处处绽放。各族人民在长期的生产生活中，同呼吸、共命运、心连心，互相尊重、互相信任、互相学习、互相帮助，平等、团结、互助、和谐的民族关系不断巩固。他们在携手共同发展的道路上会发生很多感人的故事。如：电影《真爱》是一个主旋律影片，主要讲述了 20 世纪七八十年代生活在阿尔泰山下青河县一个叫阿尼帕的维吾尔族母亲收养 19 位各民族孩子，为这些孩子治病、上学、教育孩子和睦相处，彼此爱护照顾，最终养育孩子们长大成人，成家立业的故事。围绕这个真实题材民族广播哈语频率和维语频率进行了多方报道，在各民族听众之间引起了强烈的反响，温暖人心。

3. 讲好民族地区经济大发展、文化融合等社会事业的大成功

新中国成立以来，少数民族和民族地区得到了很大发展，在经济建设和文化复兴方面发生了翻天覆地的变化，各少数民族地区经济社会发展都取得巨大进步：新疆成为我国重要的能源基地和棉花生产基地；青藏铁路建成通车，西藏逐渐成为世界著名旅游目的地；青海建成"三江源保护区"...等等。2016年3月10日，习近平在参加青海代表团审议时说道："要着力加强民族地区基础设施建设，着力培育民族地区特色优势产业，有序开发民族地区特色优势资源，提高民族地区产业结构层次，增强民族地区自我发展能力和可持续发展能力，尊重民族差异、包容文化多样，让各民族在中华民族大家庭中手足相亲、守望相助、团结和睦、共同发展。"习近平主席对于民族地区的一番关心，如今我们在民族地区的各行各业都能深深体会到。确实，民族地区经济社会发展与全国一样，取得了举世瞩目的辉煌成就。党和国家始终坚持把加快少数民族和民族地区经济社会发展作为解决民族问题的根本途径，坚持国家帮助、发达地区支援、民族地区自力更生相结合，实现了民族地区经济社会发展的历史性进步，实现了少数民族群众生产方式和生活水平的历史性飞跃，实现了少数民族群众思想道德素质、科学文化素质和健康素质的全面提高，民族地区的面貌发生了翻天覆地的巨大变化。这是全国各族人民共同团结奋斗的重大成果，是中国特色社会主义事业的伟大胜利，也是党的民族政策和民族工作的巨大成功。而民族广播在宣传这伟大胜利和巨大成功方面有着义不容辞的责任。如今的音、视、平面、网络等多媒体的全方位大融合，为民族广播的宣传力度的增强和宣传方式的创新方面提供了良好的条件。民族广播蒙、藏、维、哈、朝语言节目对应着内蒙古、西藏、新疆、吉林等祖国的边疆地区，因此利用好新媒体的各种优势，宣传好各个民族地区的发展状况，讲好那些感人的好故事何等的重要。

4. 讲好民族地区的过去、今天和未来

回首70年，民族地区经历了从落后走向进步、从贫穷走向富裕、从封闭走向开放的历史巨变。我国民族地区从来没有像今天这样欣欣向荣、蒸蒸日上，民族团结进步事业从来没有像今天这样生机勃勃、充满活力，中华民族从来没有像今天这样扬眉吐气、傲立东方。70年的成就辉煌灿烂，70年的经验弥足珍贵。

民族广播维语、哈语及藏语节目从最初的半个小时到两个小时，从两个小时到五个小时再到18小时整频率播出不但体现民族语言媒体的蒸蒸日上，更是体现了党和国家对于有关民族宣传工作的高度重视、民族地区所要报道的各行各业的成绩可喜可贺。就拿新疆来说，党的新疆工作座谈会之召开之后的5年来，新疆贯彻落实新发展理念，创新驱动、培植产业、促进开放，均衡发展，全疆经济总量增长40%；以新能源、新材料、先进装备制造业为代表的六大战略性新兴

产业在新疆先后形成，高纯铝、电子铝箔、电极箔产品全面替代进口，产品覆盖亚洲，远销欧美 15 个国家。五年间，新疆积极构建口岸经济带，建设北、中、南三大国际通道。目前，中欧班列乌鲁木齐集结中心开行的西行班列已直通欧亚 19 个国家、26 个城市。据央广网 2019 年 6 月 27 日消息：2014 年至今，新疆地区生产总值从 9200 亿元，增长到 12000 亿元，经济总量增长 40% 以上。援疆工作持续推进。一座座由援疆资金建设的现代化学校、医院、工厂拔地而起，一批批凝聚着全国人民关爱的民生工程、民族团结工程竣工投产，天山南北走上社会发展快车道。新疆累计实现 231.47 万人脱贫，贫困发生率由 2013 年底的 19.4% 降至 2018 年底的 6.1%。

未来，民族地区会一如既往地更好更快发展。全党全国以总目标为引领，谋长远之策，扎实推动党中央治疆方略落地生根；新疆维吾尔自治区党委带领全区各族党员干部勇于担当，行固本之举，天山南北面貌焕然一新；2500 万新疆儿女团结奋斗，获得感、幸福感、安全感持续增强；19 个发达省市的援疆干部会聚天山南北，同心建设美丽新疆，筑牢长治之基。

民族地区，过去、深厚的文化底蕴；现在、日益巩固的和谐与发展；未来、美好的愿望与灿烂的前景以及贯穿历史到现在党和国家对于民族地区的关怀与英明领导都是民族广播在这新中国成立壮丽 70 周年的节点所要讲的最动人的故事。

（二）对外、民族广播要成为维护祖国边疆统一的最强宣传阵地，提高国家话语力，促进"一带一路"民心相通

1. 民族广播的五种语言节目都有推进国际传播能力的资源与优势

中国向来是多民族和谐发展、兼容并蓄的国家。拥有 55 个少数民族、使用多种语言、包含跨境民族众多，是我国的国情特点，同样也是独特的优势。目前有 14 个国家与中国接壤，有 33 个民族与中国跨境居住，跨境民族总人口约为 6600 万人，占我国少数民族总人口的 57.9%。跨境民族源于同一民族，有共同的语言、共同的风俗习惯、共同的民族意识、共同的宗教信仰。中央人民广播电台的蒙古语、藏语、维吾尔语、哈萨克语、朝鲜语 5 种民族语言广播覆盖近一半国土面积，与 12 个国家接壤：俄罗斯、哈萨克斯坦、吉尔吉斯斯坦、塔吉克斯坦、蒙古、朝鲜、缅甸、印度、不丹、尼泊尔、巴基斯坦、阿富汗。与我国相近的周边国家也会关注与收听央广少数民族语言广播节目，如哈语广播与哈萨克斯坦受众。哈萨克斯坦受众在新媒体上、网络媒体上都会听我们的节目。中国的哈萨克族移民到哈萨克斯坦的人口近几年较多及中哈友谊的日益增强的原因，是哈萨克斯坦对于中国的发展给予高度的重视，收听我们的节目概率也会很高。而蒙古族、藏族、哈萨克族、朝鲜族，亦是跨境而居的民族。由于语言的相同或相似性，加上电波的跨境性与网络新媒体的无国界便捷性，央广少数民族语言广播同

时拥有国内、国外两个市场的受众。建设，讲好中国故事、传播好中国声音，向世界展现真实、立体、全面的中国，提高国家文化软实力和中华文化影响力是民族广播外宣工作的重要方向。

2. 对于民族新闻宣传工作者而言，展形象就是要讲好民族故事、宣传好党的民族政策，向世界展现中国民族工作取得的巨大成就

展现中国拥有悠久文明、文化多样和谐、政治清明、社会稳定、人民团结，勇于承担国际义务，坚持和平发展的大国形象是民族新闻宣传工作者不可推卸的使命，也是成为维护祖国边疆统一的最强宣传阵地的重要保障。随着祖国的日益强大，经济文化的和谐发展，国际上一些恶势力煽动民众想要破坏中国的美好景象。少数民族广播对应的受众大部分都集中在祖国的西北边疆，因此做好这些边疆宣传工作非常重要。在改革开放的进程中，民族分裂主义、宗教极端主义、暴力恐怖主义这"三股势力"一直干扰着新疆的发展。民族广播要始终要高举习近平新时代中国特色社会主义伟大旗帜，展示中国民族政策所取得的成就，民族地区的日益发展，各民族团结友爱的好景好事。少数民族语广播媒体担负着向本民族宣传党和国家方针政策的责任，因此少数民族广播人，不但要具备丰富的理论知识，还要端正态度、摆正位置，忠实履行职责使命，坚持党性原则，弘扬社会主旋律、传播正能量，切实提高新闻舆论传播力、引导力和公信力。

3. 提高国家话语力，促进"一带一路"国际合作是民族广播奋力打造具有强大引领力、影响力、传播力，国际一流新型主流媒体和"联结中外、沟通世界"道路上的根本方向

2018 年 4 月 19 日，中共中央政治局委员、中宣部部长黄坤明出席中央广播电视总台揭牌仪式并召开座谈会，强调要坚持以习近平新时代中国特色社会主义思想为指导，认真践行党的新闻舆论工作职责使命，以组建整合为契机，努力打造具有强大引领力传播力影响力的新型主流媒体。

中国的对外话语体系就是用高度的文化自信和成功的中国实践来升华中国理论。中国是"一带一路"倡议的引领者。国家主席习近平 2013 年 9 月 7 日在哈萨克斯坦最高学府纳扎尔巴耶夫大学讲话时首次提出丝绸之路经济带构想。当时，哈萨克斯坦首任总统纳扎尔巴耶夫当即表示可先建设信息丝绸之路，两国各领域合作由此日益深入；此后，两国又签署关于丝绸之路经济带建设与"光明之路"新经济政策对接合作规划，引领"一带一路"合作进入深度融合、互相促进的新阶段。民族广播五种语言节目都对应着"一带一路"丝绸之路上的众多国家。如：维语广播对应土耳其、哈语广播对应哈萨克斯坦、蒙语广播对应蒙古国、朝语对应韩国与朝鲜、藏语对应尼泊尔和不丹等。"一带一路"从中国出发的 6 条经济走廊中，其中 5 条途径或从蒙、藏、维、哈、朝少数民族分布区域

出发。在打造"新丝绸之路经济带"的对外交流中，央广少数民族语言广播要发挥好准确翻译国家核心词汇和话语的优良传统，发挥自身的优势和特长，为向国外受众传播中国声音、讲好中国故事、打造中国旋律上作出新的贡献。

"国之交在于民相亲，民相亲在于心相通。"民心相通是"一带一路"倡议的重要内容，也是"一带一路"建设的人文基础。"一带一路"倡议提出以来，中国传承和弘扬丝绸之路精神，同"一带一路"相关国家在科学、教育、文化、卫生、民间交往等各领域开展合作，为"一带一路"建设夯实民意基础，筑牢社会根基。而"一带一路"国家在科学、教育、文化、卫生、民间等方面的合作了离不开媒体的宣传与支持。对于跟"一带一路"国家在业务上有着密切关系的民族广播来说更是如此。民族广播是少数民族语言广播，少数民族多样化的文化传统、民俗特点、独特的生活习惯等等都是文明交流的内容。促进民心相通、文明交流互鉴，智库交流需要一个资源共享、互利共赢、互相学习、共同发展的媒介交流平台。因此，民族广播要科学分析我国的外交环境，结合"一带一路"建设，在落地推广、对外政策等方面发挥优势；通过传统媒体和新兴媒体的协同并进，打造节目交流、资源共享；通过"中国梦"与沿线"国家梦"的对接、构建人类命运共同体，履行"联结中外、沟通世界"的过程中积累经验，发挥边疆省区受众跨境等地缘优势，大力发展与"一带一路"国家合作传播，打造多层次、多形态、立体化的国际传播格局。

（作者单位：中央广播电视总台央广民族广播中心哈语广播）

新中国 70 年广播电视的发展历程、主要成就及经验

孙蕾蕾

一、新中国 70 年中国广播电视的发展历程

我国的广播电视作为党和政府的喉舌、重要的意识形态和宣传文化阵地，始终与国家的历史进程与社会变迁紧密相连。新中国成立以来，中国广播电视作为主流思想文化的坚定引领者、国家辉煌巨变的忠实记录者、中国故事的生动讲述者，与新中国一起走过了 70 年不平凡的发展历程。

经过 70 年的建设，我国已由单一的广播电台发展到今天具有电台、电视台、报刊、网络广播电视和移动多媒体广播等多种媒体构成的传播新格局，我国已建成世界上覆盖人口最多、中央与地方、国内与国外相结合，具有地面无线、有线、卫星、互联网等多种传输覆盖手段构成的现代化广播电视传输覆盖网。

风雨砥砺，岁月如歌，70 年披荆斩棘，70 年风雨兼程，70 年前我们伟大的祖国刚刚建立，70 年来我党领导人民砥砺前行不忘初心。70 年是里程碑，也是新起点。新中国 70 年来广播电视的发展历程大致可以分为四个阶段。

第一个时期（1949—1978 年），广播电视的初步探索时期。我国人民广播事业诞生于抗日战争的革命年代。中华人民共和国的成立，宣布了旧中国广播的终结，中国人民广播事业进入了新的历史阶段，由我们党直接领导管理。中央广播事业管理处改组为广播事业局，1954 年直属国务院领导，负责领导全国广播事业。通过对私营电台进行国有化改造，逐步实现由国家经营。50 年代形成人民广播事业的发展高潮。1955 年第三次全国广播工作会议之后，我国农村有线广播网建设获得迅速发展。50 年代末，有线广播站发展到 2000 多座，有线广播喇叭近 600 万只。有线广播网与广播收音站组成了庞大的收音网，为满足农民听广播发挥了不可替代的作用。1956 年第四次全国广播工作会议，确立了以宣传为中心，"三位一体"（宣传、技术、行政）具有中国特色的广播电视事业体制。

1958 年 5 月 1 日，随着北京电视台（中央电视台的前身）试播成功，新中国第一座电视台——北京电视台诞生，1958 年 9 月 2 日正式播出，标志着中国电视事业的起步。电视新闻片和纪录片是早期电视新闻的主要形式。十年浩劫，我国广播电视事业在曲折中发展，基础设施建设规模仍有较大发展。"文革"时期的对外广播被当作无产阶级专政的工具，广播内容题材狭窄，节目单调；中国电视深受苏联电视宣传影响，电视新闻报道面极为狭窄，技术落后。进入 60 年代，我国已能依靠自己的广播电视工业和技术力量，发展广播电视科技事业，在 60 年代中期逐步形成了广播电视宣传网。到 70 年代末，我国以县广播站为中心，乡镇广播站为基础，连接千家万户的有线广播网基本形成。1973 年 10 月 1 日，北京电视台彩色电视正式播出。70 年代末，我国电视广播完成了由黑白向彩色的过渡。1976 年底，电视的全国人口覆盖率已达 36%。

1976 至 1978 年是一个带有过渡性质的阶段。粉碎"四人帮"之后，广播电视事业建设重新步入正轨，但由于"左"的思想理论尚未得到清理，仍然受到许多限制。从建国初期到这一阶段，广播电视仍带有浓厚的政治宣教色彩，重大的政治性宣传占据广播电视宣传的首位。单一的电视新闻宣传内容、单向传播的宣传模式是由当时特定的政治形势、较低的经济水平和较为落后的技术手段所决定的。

第二个时期（1978—1992 年），广播电视的全面发展时期。我国的广播电事业在改革开放之后逐渐恢复。中国电视事业真正的大发展是在 1978 年中国共产党第十一届第三次全体会议以后。1978 年 12 月召开的党的十一届三中全会，作出了把全党工作的重点转移到经济建设上来、实行改革开放的重大决策。十一届三中全会是我党历史上具有深远意义的伟大转折，以此为起点，中国进入了改革开放和社会主义现代化建设的新时期。广播电视宣传从根本上摆脱了"左"的思想束缚，广播电视节目从内容到形式都发生了根本性的变化。"20 世纪 80 年代，发端于经济领域的中国改革开放事业，也带动了新闻传播领域的变革。电视开始突破'形象化政论'的电视新闻宣传模式，电视新闻传播的题材逐渐涉及社会经济、政治、文化、教育的各个层面，电视媒体已经体现出传播信息、引导舆论、政治宣传、教育娱乐、传承文化等多重传播功能；电视新闻宣传也改变了沿袭多年的单一宣传模式，随之经历了自身的变革"。①

70 年代末至 80 年代初，随着全党和全国的工作重心转移到经济建设上来以后，中国电视抓住了历史的机遇，以新闻改革为突破口，迅速进入了朝气蓬勃的

---

① 陈俊宏、彭健明、时统宇、程曼丽主编《中国电视的新闻宣传与文化传播战略研究》，人民出版社 2017 年版，第 8 页。

新时期。1980 年 10 月，第十次全国广播工作会议召开，重提"自己走路"的方针，第一次确定了 20 世纪末广播电视事业的奋斗目标：到本世纪末，建成自成体系的广播和电视宣传网。这次会议解放了广播电视工作者的思想，标志着广播电视宣传的进一步拨乱反正和改革的起步。1982 年 5 月 4 日，五届人大常委会通过《关于国务院部委机构改革实施方案的决议》，宣布成立广播电视部，撤销中央广播事业局，标志着广播电视"自己走路"进入新阶段。

1983 年广播电视部召开了具有里程碑意义的第十一次全国广播电视工作会议，提出了"以新闻改革为突破口""四级办广播、四级办电视、四级混合覆盖"的方针。"四级办广播，四级办电视、四级混合覆盖"的政策对我国广电事业的影响深远，确定了中国广电的业态格局。会议强调广播电视宣传要"扬独家之优势、汇天下之精华"，以新闻改革为突破口，带动了广播电视宣传的全面改革。此次会议的决策使得我国广播电视进入了快速扩张和高度繁荣的重要时期，广播电视的规模和影响力迅速扩大。"从'坚持自己走路'，到第十一次全国广播电视工作会议提出的'扬独家之优势、汇天下之精华'，广大电视工作者坚持实事求是的科学态度和实践第一的观点，初步认识了全国工作重心转移之后电视工作的基本规律，提出了符合社会主义初级阶段基本国情的工作方针。中国电视事业发展的实践证明，这一方针是正确的，是改革开放之后，电视行业拨乱反正，开始第一次思想解放运动的标志"。[①]

第十一次全国广播电视工作会议后，我国电视新闻宣传业务体制有了新的变化。广播电视新闻报道逐渐改变单纯依赖报纸、通讯社稿件和照搬报纸进行宣传的方式，自采自编的报道增多，河南、上海等电视台尝试新闻运行的采、录、编合一的体制，中央电视台也采用新的运行机制，电视观众本位的观念进一步得到确立，坚持电视新闻真实性的原则、提高新闻时效性、增强信息量、增加新闻节目比重成为共识。电视新闻逐步走向电视信息传播的中心位置，成为电视节目的主体架构内容之一；广播电视文艺由复苏走向丰富；主持人节目开始崭露头角，主持人节目是对传统节目模式 的革新。八十年代中后期，中国电视在政治报道方面还有了很大的突破，1986 年 9 月 26 日，中央电视台播出的特别节目《六届全国人大常委会第十七次会议采访纪实》，是新中国成立 37 年以来新闻媒介第一次公开报道国家最高权力机关民主立法的讨论过程；此后央视也不断改革会议新闻报道模式，大量采用同期声，录像播出记者招待会，比如 1987 年 3 月，央视播出 8 次六届人大五次会议的记者招待会的录像剪辑；1987 年，以录像剪辑播出国务院常务会议处理大兴安岭地区特大森林火灾问题，这在国务院会议报道

①　杨伟光主编《中国电视论纲》，中国广播电视出版社 1998 年版，第 13 页。

史上是第一次。1988 年两会期间，记者招待会首次采用了现场直播，实现了党的历次代表大会从未有过的新闻公开和空前的开放性。随着十一届三中全会以来经济建设成为我国的中心任务，电视经济类的频道、栏目也蓬勃发展，一些社会新闻和舆论监督类节目在社会上引起反响，服务类电视节目有所增多。

1986 年 1 月 20 日全国人大常委会第十四次会议根据国务院的提议决定影视合并，广播电视部改为广播电影电视部，从而形成影视互相支持的新格局，为电视电影的共同繁荣开辟了道路。1986 年 12 月 15 日，珠江经济广播电台开播；1987 年 1 月 1 日，中央人民广播电台经过全面调整后的节目出台。这两件事，标志着我国广播电视节目的改革进入了一个新的更高的阶段，即由单项改革进入整体改革，由微观改革进入宏观改革。中央台和珠江台的改革，代表着我国当代广播电视节目改革的两大潮流：综合台的调整和专业台的崛起。[①]

至 80 年代末我国已经初步建成一个有相当规模的，具有中国特色的，中央和地方、无线和有线相结合的，城市和农村、对内和对外并重的社会主义现代化广播网。到 1989 年底，全国已经建立起广播电台 531 座，比 1949 年增加 9 倍多，中短波发射台和转播台增加到 655 座，比 1949 年增加 12 倍多，中、短波发射总功率达到 34589 千瓦，比 1949 年增加 12 倍；每天播音时间全国达到 5476 小时，平均每个电台每天播音近 10.3 小时，全国广播人口覆盖率达到 73%。到 1989 年底，全国电视台达到 469 座，比 1976 年增长 13 倍多，电视发射台和转播台 22139 座，增长 9799 倍，每周播出时间增加到 20239 小时，增加 24.8 倍。到 1989 年底，全国已经建立卫星地面收转站 12658 座，全国电视人口覆盖率达到 77.9%。一个以中央电视台为中心的，各地电视台为基础的全国性的电视网正在逐步形成和完善。

20 世纪 80 年代是中国电视全面崛起的黄金时代。电视作为一种日常消费媒介开始走入寻常百姓家。电视机的迅速普及改变了中国人的生活方式。从国人的日常生活到审美、情趣的形塑，再到精神、观念层面的现代性启蒙，电视以其视听一体的媒介优势超过了报纸、广播等其他大众媒介，全面塑造着中国人的日常生活与精神文化生活。80 年代的电视开始突破单一的新闻宣教模式，体现出更为丰富与复杂的文化向度，一种强调文化性、精神性的泛审美化的新闻理念占据荧屏主流地位，有力塑造了 80 年代中国的文化格局和中国人的精神面貌。

从传媒与社会互动的角度来看，电视在中国的社会变迁与改革开放过程中所起到的形塑作用是独特的。80 年代的电视全面而深入地参与到了国家改革与市民文化生活中，对社会结构转型、民众精神文化的引导，均产生了深远的影

---

① 参见白谦诚《广播电视节目十年改革的回顾与前瞻》，《中国广播电视学刊》1989 年第 2 期。

响——80 年代的电视已经成为一个全面崛起的公共领域。在当时，电视不仅成为国人家庭生活的中心，也成了宣传改革开放话语的一个重要媒介，为文化精英参与改革开放、重建公共生活提供了重要渠道。可以说 80 年代的电视文化是一种由精英话语为主导的，带有浓厚理想主义色彩、改革精神与救赎意识的媒介文化，在中国电视史上形成了一个独特的文化场域。

80 年代，党和国家全面明确了电视作为最强大的舆论宣传工具的地位，广播电视传播信息的数量、速度、范围，在各种媒介中已居首位。凡国内重大新闻，绝大部分都是首先通过广播电视传播到全中国和全世界的。这一时期"电视在主流话语中的独立性和重要性得到了全面确认，进而借助其综合性媒介的技术优势在社会信息传播体系中超越了报刊和广播，成为当之无愧的'第一媒介'"。[1] 中国电视经历了改革开放以后的快速发展，在全国范围内基本建立了内宣和外宣并重、中央和地方相结合、城市和农村相结合、无线有线和卫星相结合的多种形式、多层次的广播电视系统。中国电视以其丰富多彩的节目形式在社会政治生活、经济生活、文化生活中发挥越来越广泛的影响。

第三个时期（1992 年至今），广播电视的深化改革时期。这个时期以邓小平南方谈话和党的十四大为起点，中国改革进入新的阶段，社会主义市场经济体制改革目标确立，我国广播电视事业转入深化改革、全面发展阶段，广播电视体制改革从局部转向整体、从微观体制改革转向宏观体制改革。1992 年邓小平南方讲话"为中国电视在 90 年代由数量规模型向质量效益型转变，进而走向世界扫清了障碍"。[2] 南方谈话对中国电视产生的一个重要影响是直接推动了舆论监督类节目的发展，《时空报道》《焦点访谈》《新闻调查》等栏目先后推出。90 年代的中国电视改革以中央电视台新闻改革为代表，大体可分为三个阶段：第一个阶段以 1993 年大型电视新闻杂志节目《东方时空》的开办为标志，它的播出改变了中国大陆观众早间不收看电视节目的习惯，被誉为"开创了中国电视改革的先河"；第二个阶段以 1994 年兼具深度报道与新闻评论色彩的节目《焦点访谈》的开办为起点，该栏目以深度报道为主，以舆论监督见长，成为中央电视台收视率最高的栏目之一；第三个阶段以 1996 年深度新闻评论类节目《新闻调查》的开办为起点，它的播出使得"调查性报道"这一概念深入人心，标志着中国电视媒体的发展趋势开始"走向调查"。这一系列新闻评论栏目的创办在当时产生了较大的社会反响，在全国新闻改革中产生了积极的示范效应，标志着我国电视媒体引导舆论能力的提高，电视媒体舆论中心的地位逐渐确立。90 年代

---

① 常江：《中国电视史 1958——2008》，北京大学出版社 2018 年版，第 198 页。
② 杨伟光主编《中国电视论纲》，中国广播电视出版社 1998 年版，第 5 页。

电视新闻改革所推崇的"平民气质""语态革命""舆论监督"将中国电视新闻改革进一步推向纵深发展。这一时期出现的杂志型电视新闻、深度调查类节目、新闻频道和以专业内容为主的新闻栏目，均呈现出专业化、精深化的特点。与此同时，电视新闻开始实现制播常态化与大型化。1997 年以重大新闻的电视直播为标志，被誉为中国电视的"现场直播年"。

90 年代是电视传播技术飞速发展的时期，新型传播技术在对传统的无线传输方式构成冲击的同时，也在很大程度上改变了整个电视业的格局。90 年代，我国有线电视用户以每年 600—1000 万的速度高速发展，逐步建成了世界用户数量最多、规模最大的有线电视网，与无线电视、卫星电视一起形成共存共荣的局面。90 年代后期，随着整个中国广播电视体制改革的推进，在内容生产方面进入了一个以市场为导向、以观众诉求为标准，以"产品"为主导的阶段，中国电视进入了产业化，消费主义开始盛行，精英话语与专业主义日渐淡出，各类电视节目形态逐渐向娱乐化的转向，娱乐化和产业化成为这一时期中国广播电视媒体最大的景观。2000 年年底，历时三年的"广播电视村村通"工程圆满完成，中国电视人口综合覆盖率达到 93.41%，约有 10 亿中国人成为稳定的电视观众。[①]

新世纪的头十年，中国广播电视经历了国家"十五""十一五"计划，事业和产业快速发展。中国电视传媒在这十年经历的一个显著变化，就是市场化、产业化的提速。90 年代末期开始出现的大型综合性广电集团有效地整合了行业资源，提升了市场竞争力，成为新世纪初电视产业发展的一个主要方向。1999 年 6 月，无锡广播电视集团作为全国第一家地市级广播电视集团成立；2000 年 12 月，湖南广播电视集团作为全国第一家省级广播电视集团成立。2001 年 8 月，中共中央宣传部、国家广电总局、新闻出版署的《关于深化新闻出版广播影视业改革的若干意见》，是新闻出版、广播电视业改革深化的标志，通知明确了传媒的集团化发展、可跨行业跨地区经营、经营性资产可以上市等改革的方向。2001 年前后，中国广播电影电视集团和 6 个省级广播影视集团先后成立。中国广电行业的跨媒体、跨行业经营成为一种重要趋势。新世纪初电视产业改革的另一个核心概念是制播分离的深化，2004 年广电总局发布的《关于促进广播影视产业发展的意见》明确提出制播分离的概念，并将其作为电视产业发展的一个主要方向。2009 年 10 月，上海文广集团将除新闻以外的全部制作资源及经营业务归于新成立的"东方传媒"旗下，成为全国第一家实施整体制播分离机制的电视机构。

制播分离实践产生的一个直接影响，就是推动了电视频道的专业化。进入新

---

① 参见《全国广播电视概况》，载《中国广播电视年鉴（2001）》，第 45 页。

世纪后，国内各电视台对专业频道的设立与整合进入了一个高潮，湖南电视台在2000 年年底将原有播出平台整合成七个专业频道；中央电视台从 2001 年开始整合了各个频道资源，经济、农业、科教、体育等各类节目各归其位，呈现出明显的频道专业化特征。中央电视台科教频道（CCTV—10）于 2001 年 7 月 9 日开播后，立刻成为唯一一个面向全国播出的社会教育类专业频道，并相继推出了三十多个常设的社教栏目。在进入新世纪后，中央电视台形成了一个以科教频道为中心、辐射其他综合频道及专业频道的社教栏目集群，"其规模之庞大、编排之完善，即使与电视业高度发达的西方国家相比也不遑多让"。① 这一时期国内外重大事件报道也有了显著突破，特别是在历届"两会"、抗洪救灾、香港回归、澳门回归、抗击"非典"、纪念长征７０周年、纪念抗战胜利 60 周年、党的十六大、十七大、抗击雨雪冰冻灾害、涉藏维稳、抗震救灾、北京奥运会这些重大事件活动报道中，显示了广播电视巨大的影响力和权威性，新闻宣传报道取得了良好社会效果，影响力、公信力和权威性大大提高。中央电视台在伊拉克战争报道中的突出表现标志着中国电视对于重大事件报道能力的飞跃式提升。② 北京奥运会期间，中央电视台直播时长、观众数量、直播场次均创世界之最，收看奥运会赛事的国内观众人数达到 11.21 亿，奥运会开幕式全球收看人数超过 40 亿。

随着数字技术、网络技术等新媒体技术迅猛发展，以互联网、大数据、人工智能为代表的新一代信息技术日新月异，中国广播电视开启了媒体融合的时代。媒体融合是一场以技术为驱动力的深刻变革。早在 1996 年 10 月，广东电视台就开办了国内第一个电视台网站。至 2005 年，全国所有地市级以上的电视台几乎都建立了自己的网站，总数达 420 多家。2008 年北京奥运会转播首次启用新媒体，对于网络电视、手机电视、公共场所视频载体等新媒体业务的发展产生了极大的推动作用，北京奥运会报道获得 2.44 亿人的网络音视频受众规模，央视网及转授 9 家商业网站在开幕式当天的用户数达 1.61 亿人。2009 年 12 月 28 日，中国网络电视台（CNTV）正式开播，中国网络电视台建立在数字电视平台与互联网络平台之上，是一个以视听互动为核心、融网络特色与电视特色于一体的全球化、多语种、多终端的公共服务平台，它的成立标志着我国的广播电视进入了网络时代，表明中国有线电视向更高的形态延伸与提升，使得传统广播电视媒体与新媒体融合的进程加快。2010 年 1 月，国务院召开常务会议专门就三网融合进行工作布置，三网融合工作有了实质性的推进，引发了传媒产业的转型热潮。

---

① 常江：《中国电视史 1958——2008》，北京大学出版社 2018 年版，第 449 页。
② 参见陈俊宏、彭健明、时统宇、程曼丽主编《中国电视的新闻宣传与文化传播战略研究》，人民出版社 2017 年版，第 15 页。

2014 年中央网络安全和信息化领导小组成立，标志着我国开始进入网络空间国家安全战略规划制定实施的自觉阶段。

党的十八大以来，习近平总书记从巩固宣传思想文化阵地、壮大主流思想舆论的高度，对媒体融合发展亲自部署、亲自推动。2014 年 8 月 18 日，习近平总书记主持召开中央深改组第四次会议，审议通过《关于推动传统媒体和新兴媒体融合发展的指导意见》。这是我国关于媒体融合发展的顶层设计，自此"媒体融合"上升为国家战略。2016 年 2 月 19 日，习近平总书记在党的新闻舆论工作座谈会上的讲话中提出，要推动融合发展，尽快从相"加"阶段迈向相"融"阶段，着力打造一批新型主流媒体。党中央国务院一系列重要政策文件对媒体融合进一步作出部署。国家"十三五"规划提出，以先进技术为支撑、内容建设为根本，推动传统媒体和新兴媒体在内容、渠道、平台、经营、管理等方面深度融合，建设内容 + 平台 + 终端的新型传播体系。"促进传统媒体与新兴媒体融合发展"列入 2016 年政府工作报告。2016 年 7 月 2 日，总局印发《关于进一步加快广播电视媒体与新兴媒体融合发展的意见》，为"十三五"时期推进广电媒体融合提供了具体思路指导。[①] 在经历了 2014 年的顶层设计、2015 年媒体融合元年和 2016 年 ~ 2018 年的快速发展，全国省市以上广播电视台的台、网、端、微已布局完毕，采用云计算、大数据技术的中央厨房建设已基本完成，中央广播电视总台采取先进技术引领，与阿里巴巴、腾讯、百度、新浪、中国移动、华为等企业开展合作，深入研究大数据、云计算、人工智能、5G 网络，全力推进媒介融合。央视网终端覆盖人次达到 14.3 亿，央广网海外拥有数以亿计听众，国际多语种平台用户总数量达到 3.3 亿。全国县级融媒体中心建设正在加快推进，媒体融合建设取得突破性成就。[②]

2018 年是中国推进媒体深度融合发展的重要一年。2018 年 3 月，原中央电视台（中国国际电视台）、原中央人民广播电台、原中国国际广播电台合并组建中央广播电视总台，大大推动了传统广电媒体融合的步伐。2018 年 10 月 1 日，国内首个上星超高清电视频道 CCTV－4K 超高清频道在中央广播电视总台开播。2018 年 10 月 16 日，全国首个省级电视 4K 超高清频道——广东广播电视台综艺频道 4K 超高清开播。由此中国将逐步迈入全球最大的 4K 超高清市场。在 2019 年全国两会的报道中，中央和各地方主流媒体以新技术为引领，创新媒体融合传播手段，传递党的政策主张和两会代表委员声音。中央广播电视总台在国际上首

---

① 《中国广播电影电视发展报告 2017》，中国广播影视出版社 2017 年版，第 60 ~ 61 页。

② 覃榕、覃信刚：《改革开放 40 年中国广播电视主要成就及启示》，《中国广播电视学刊》2018 年第 12 期。

次实现 5G 技术持续传输 4K 超高清信号，在总台 4K 超高清频道现场直播两会记者会。央视网首次在主题主线报道中运用"VR + AR"技术，对政府工作报告进行生动、具象的可视化展现。

广播电视媒体与新兴媒体融合发展是大势所趋，是广播电视媒体革新图存、赢得未来的必由之路。目前世界各大传统电视媒体进行战略转型的主要方式是将传播内容移植到新的移动终端，通过移动互联网络的即时性、便利性、交互性等特点改变旧有的单一传播模式，延伸受众覆盖路径。进入大数据时代，中国广播电视媒体转型需要结合自身特色，探索一种符合传播规律、符合自身实际的生产机制，对传统媒体而言，这既是机遇也是挑战。

从媒介进化史的层面来看，技术的变革与人的需求不断推动着媒介的变革。互联网的诞生印证了这点，互联网不单单是一种新的技术和平台，更是一种强调互动、体验、平等、共享的高度人性化的媒介，它的出现掀起了新的传播革命。互联网所倡导的以用户为中心、个性化定制、体验式传播等一系列新的媒介理念，颠覆了传统媒介中心主义的单向传播，一种以受众为中心的、强调互动、个性与体验的双向传播模式正取而代之。随着三网融合与移动互联网的发展，移动传播、互动传播与多屏传播已经成为新常态，这也改变了电视受众的收视习惯，年轻一代受众开始更多地依赖网络视频和移动终端（手机、移动电视等）来消费电视内容，不再受时间和空间的限制。互联网更多地将电视的特性融入其中，而电视也逐渐地互联网化。数字电视打破了电视单向传播、线性传播的模式，电视信息的接收主动权转移到受众手中。电视的互联网化正全面改变着电视的产业格局。

随着大数据技术在新闻传播领域的应用，媒介融合日益多样化和复杂化，大数据技术正将媒介融合推向纵深发展。传统媒体与新兴媒体、专业媒体与社交媒体的某些传播样式日益融合，形成立体化的传播矩阵，跨媒体、跨平台传播已经成为主流传播模式。随着依托于互联网的社会化媒体迅猛崛起，新闻生产方式逐渐由封闭独占转向开放共享，新闻生产由"事实"驱动逐渐转向"事实 + 数据"共同驱动，这种驱动力的变化进一步推动着传统媒体的转型，同时对新闻媒体的形态变化和格局走势发挥着深远影响。从 2013 年开始，数据新闻在我国的传统媒体和新兴媒体中崭露头角，多家媒体开始进行探索。

2014 年春节前夕，央视首次与百度携手合作推出《据说春运》，开启了传统媒体数据新闻报道的先河。此后央视相继推出了《两会大数据》《据说两会》《数说端午》《数说命运共同体》等数据新闻节目。2015 年 10 月，央视新闻频道推出了大型数据新闻节目《数说命运共同体》，该节目使用了国际上最先进的数据可视化技术，首次使用卫星定位跟踪系统数据，通过大量 GPS 移动轨迹提升数据新闻的视觉表达效果；首次使用数据库对接可视化工具，使节目通过真实数据轨迹全景呈现。[①]

从某种意义上说，数据驱动的不只是新闻，也驱动了媒体的生产转型。大数据技术对传媒业的影响是全方位的，不仅涵盖了传播主体、传播内容、传播渠道，甚至传播策略等，更影响到了媒体所处的政治、经济环境。大数据技术影响了新闻传媒业的发展，改变了传统的新闻生产理念，推动了媒介融合的发展和传媒机制的变革。[②] 大数据技术作为当前传媒业的一个新的驱动力正加速着媒介融合的步伐，而数据新闻已成为媒体变革的一个新推力。新媒体技术的兴起为传统广电带来了新的发展机遇，一种基于智能时代媒体融合的新的传播秩序与传播格局正在逐步确立。

二、改革开放 40 年来中国广播电视的主要成就

新中国成立之初，中国还没有电视，广播基础也十分薄弱，中国的广播电视是伴随着新中国的成立发展起来的。短短 70 年，经过几代广播电视工作者自力更生、艰苦创业，中国已经成为一个广播电视制作、播出大国，取得了举世瞩目的成就。改革开放以来的 40 年，是中国广播电视最辉煌的 40 年，也是中国广播电视发展逐步实现历史性跨越的 40 年，我国广播电视业在数量、质量、形态、结构、效益等方面实现了跨越式发展，经历了由少到多、由粗到精、由分散到集约的规模化发展之路。改革开放以后，我国广电战线开始按照广播电视的传播规律办节目，通过新闻改革不断创新，充分发挥了广播电视多功能传播的优势，使广播电视逐步成为广大受众喜闻乐见的大众传播媒介。

改革开放以来，中国广播电视也逐步完成了产业经营的探索：1979 年 11 月，中宣部批准新闻单位承办广告。1979 年正式获得广告经营的许可之后，中国的电视台走上产业化道路，电视广告开始登上荧屏。1979 年 1 月 28 日，上海电视台播放大陆第一条商业广告。1979 年 12 月，中央电视台推出商业广告。这一时期广播电视经营管理体制进行了改革的尝试。1984 年，CCTV 成立中国电视国际服务公司。1988 年 3 月，广播电影电视部提出，对电视台实行事业单位内部按企业管理办法管理的体制。与此同时，经营管理体制的改革也在深化，1992 年 6 月，广播电视业迎来了发展的转折点，党中央国务院印发了《关于加快发展第三产业的决定》，明确地接将广播电视列为第三产业。1995 年，中央电视台开始实行公开招标。1998 年 12 月 23 日，湖南电广实业股份有限公司在深圳上市，成为全国广电系统发行的第一支股票。2000 年 12 月 27 日，湖南广播影视

---

① 张薇：《央视推出大型数据新闻节目〈数说命运共同体〉》，《光明日报》2015 年 10 月 5 日。

② 许向东：《数据新闻：新闻报道新模式》，中国人民大学出版社 2017 年版，第 51 页。

集团正式挂牌，成为第一个省级广播电视集团。

改革开放特别是党的十八大以来，广播电视在数量、形态、质量等方面都取得了显著成绩，广电工作者深入生活、扎根人民，聚焦现实题材讴歌时代精神，创作出了大量弘扬社会主义核心价值观与中华优秀传统文化的精品力作。2017年，全年制作广播节目、电视节目分别比1984年增长33.15倍、130.36倍；生产电视剧部集比1983年增长近26倍；电视动画和纪录片近10年来持续快速增长，2008年至2017年累计制作完成电视动画片总时长约170万分钟，2017年国内省级以上电视机构制作纪录片时长2万小时，是2010年的4倍；以网络剧、网络综艺、网络电影为代表的原创视听节目创作生产在数量与质量上均实现飞跃，主要网站持续加大投入制作网络原创节目，2017年全年全网备案网络剧718部、网络电影（微电影）6566部、网络动画片767部、网络纪录片412部、网络栏目2917档。我国已成为名副其实的全球广播电视和网络视听内容生产大国。

党的十九大把习近平新时代中国特色社会主义思想确立为我们党必须长期坚持的指导思想，做出中国特色社会主义进入新时代的重大政治判断，开启了夺取新时代中国特色社会主义伟大胜利的新征程，标定了党和国家事业发展新的历史方位。十九大也为广播电视工作标定了新方位、新坐标、新维度。在习近平新时代中国特色社会主义思想引导下，近年来广电改革发展取得了新进展新成绩，为推动党和国家事业取得历史性成就、发生历史性变革作出了积极贡献。截止到2017年底，全国广播综合人口覆盖率98.71%，电视综合人口覆盖率99.07%，全国有线广播电视覆盖用户数达3.36亿户，实际用户数2.14亿户，其中有线数字电视实际用户数1.94亿户，国内听广播看电视的人口超过13亿，中央广播电视总台覆盖超过全球210个国家和地区，国内用户就超过13亿。广播电视覆盖居世界前列。

三、新中国70年中国广播电视的主要经验

新中国成立70年来中国广播电视坚持走自力更生、自主发展的道路，取得了许多宝贵的经验。中国广播电视的发展成就充分证明，把握正确政治方向是根本遵循，增强"四个意识"是根本要求，坚持改革创新是根本动力，实现高质量发展是第一要务。

第一，坚持党性原则，坚持正确的政治方向和舆论导向，以正面宣传为主。

广播电视是党和政府的喉舌，新闻宣传必须坚持党性原则，把握正确的舆论导向，坚决落实意识形态工作责任制。广播电视对党的基本路线以及党的方针、政策的宣传必须旗帜鲜明，这是中国广播电视工作党性原则的核心内容。要旗帜鲜明坚持党管宣传、党管意识形态、党管媒体，坚持政治家办台、办网，坚持团

结稳定鼓劲、正面宣传为主。必须始终把政治方向摆在第一位，在政治方向、舆论导向、价值取向上立场坚定。

第二，坚持以人民为中心的工作导向，努力满足人民群众过上美好生活的新期待。我们党的唯一宗旨是全心全意为人民服务，广播电视要全面、准确、迅速、生动地表现人民群众的火热生活，坚持以人民为中心的创作导向，深入生活、扎根人民，为人民群众提供更好更多精神食粮。必须坚持把人民对美好生活的向往作为奋斗目标，把人民群众获得感幸福感作为检验工作的根本标准，让改革发展成果更公平更便捷惠及人民群众。坚持人民群众在传播中的主体地位，发挥好政府和市场两只手的作用，坚持社会效益放首位，两个效益相统一。

第三，坚持创新驱动，深化改革。我国广播电视事业的发展壮大是以政策创新、观念创新、技术革新为动力推进的。创新与改革是广播电视业繁荣发展的根本出路。改革开放40年广播电视的发展之路，就是一条改革创新之路。40年来广播电视新闻宣传工作在坚持正确舆论导向的前提下，努力按新闻规律、广播电视传播规律推进自身改革，提高了广播电视的舆论引导能力、感染力和吸引力。今后要深入实施创新驱动发展战略，坚持创造性转化和创新性发展，着力推动融合创新，形成符合新发展理念要求的新思维观念、新技术手段、新体制机制。在加快建设新型主流媒体进程中，要根据受众多样化分众化特点，进一步创新宣传的方式方法，深化融合传播。

此外，要以新发展理念为指导进一步深化改革，大力推进行业供给侧结构性改革。随着传播与服务进入数字化、网络化、移动化、智能化的新阶段，受众对个性化、高品质、重体验的节目与服务的需求越来越大。广电主流媒体要抢抓人民群众文化消费升级产生大量新需求的机遇，让供给与需求精准对接。通过深化改革，进一步建立完善广电供给对于消费需求的灵活应对机制，重塑广电产品与服务，全面提升广电供给侧结构品质，不断满足人民群众的新需求新期待。

第四，坚持科技引领，坚持高质量发展，加快建设广播电视强国。广播电视是高科技、重装备、高投入的行业，是科技进步的产物。70年的广播电视发展史就是一部技术驱动的媒介演化史，而科技创新则是推动广播电视业不断发展升级的内生动力。随着数字、网络等信息技术的突飞猛进与融合发展，广播电视对科技进步的依赖更加强烈，科技创新对广播电视宣传、发展、改革、管理等各项工作都起着重要的支撑、保障、引领的作用。广电系统要加强科技创新，紧抓建设科技强国、网络强国、数字中国、智慧社会新机遇，深入实施"智慧广电战略"，推动互联网、大数据、云计算、人工智能与广播电视有机融合。

新中国成立70年来，我国广播电视从小到大，从弱到强，走过了一条艰苦创业、曲折探索、飞速发展的光辉之路，当下的中国广播电视传媒仍然在探索一条具有中国本土特色的发展之路，而中国广电人依然在挑战中坚守，在坚守中探索、在探索中创新。当下，进入新时代的中国广播电视事业正处在一个新起点，这个新起点的标志不仅是技术驱动带来的传播变革，更是如何高举习近平新时代中国特色社会主义思想的伟大旗帜，将有中国特色的社会主义广播电视事业推向新的高峰。站在中国的历史坐标之上回顾，我们有中华文明5000多年的传承渊源，有近代以来中华民族由衰到盛170多年的经验教训，有我们党领导人民进行伟大社会革命90多年的光辉历程，有新中国成立70年自力更生、自己走路的伟大实践，有改革开放40多年的辉煌成就，中国的广电战线一定能够取得最后的胜利，谱写新时代中国特色社会主义广播电视事业的新华章！

（作者单位：中央广播电视总台科教频道《地理·中国》栏目）

国产热播电视剧的题材变迁与
融合突破（2008～2018）

李　威

　　2008—2018 是中国电视剧从诞生 50 周年走向 60 周年的重要十年，同时也是中国电视剧发展史上的"黄金十年"。所谓"黄金"，不仅表现为制作市场的蓬勃发展和类型、题材的多样化，也表现为播出市场热播剧的不断上演。这十年，各级播出平台涌现了众多热播剧，它们既是记录时代变迁的一种镜像，也是影视行业发展现状的重要缩影。题材是电视剧创作的主题和素材，热播是电视剧播出的效果和反馈，分析"黄金十年"国产热播剧的题材变迁，无疑是为电视剧制播业者提供了把握和预判行业未来趋势的全新维度。

一、2008—2018：从成熟走向转型

　　2008 年是国产电视剧制播市场走向成熟的一年。首先，电视剧创作日趋成熟，产量持续攀升，剧型层出不穷，涌现了一批兼具大众趣味性和艺术专业性的精品力作。同年 5 月 1 日，国家广播电影电视总局颁布了《电视剧题材的分类标准》，把国产电视剧统一划分为 5 大类、29 小类题材进行统一备案管理，这一标准的出台为国产剧创作指明了方向。类型化是国产电视剧走向成熟的一个重要标志。[①] 其次，在播出市场，随着省级卫视的全面崛起，国产剧开始进入央视、省级卫视、地面频道三足鼎立、三方争夺的充分竞争时期。竞争是市场走向成熟的另一重要标志。

　　十年后的 2018 年是国产电视剧在经历多年繁荣之后的转型之年。一方面，在税务整顿、治理天价片酬等一系列政令的影响下，影视行业的供给侧结构性改革不断提速，制作公司面临重新洗牌，影视产品的生产结构亟待优化调整。另一方面，在播出市场，2018 年国产电视剧整体收视表现平平，一线视频网站的网

---

　　① 彭吉象：《国产电视剧发展新趋势》，《中国电视》2001 年第 9 期。

络剧却爆款不断，持续多年的台网同步播出生态逐步向先网后台，甚至网络独播转型，电视剧以及电视台面临前所未有的挑战。

由此可见，2008、2018 是中国电视剧发展史上的两个关键时间节点，从 2008 到 2018 是国产电视剧制播市场从成熟走向繁荣，进而面临转型的重要阶段。研究、梳理十一年间国产电视剧发展变迁的特点和规律，对于制播业者更准确把握未来趋势具有重要的参考价值。

二、热播剧：从市场的角度看市场

热播剧，顾名思义，是指那些具有良好播出表现的市场热门剧目。热播是兼具了效果导向和观众导向的重要评价体系，也是剧目本身质量最直观的反映。因此，热播剧为我们提供了一个从市场角度梳理、分析电视剧发展整体脉络的突破口。遵循这样的逻辑，我们从 2008—2018 年期间电视平台播出的国产新剧中筛选出当年的热播剧目作为分析样本。

衡量一部电视剧是否为热播剧，收视率依然是相对更客观的评价依据，我们以进入当年所有电视剧收视率前 50 名作为筛选热播剧的标准。考虑到上星频道、地面频道不同的采购、发行体系，我们首先根据央视索福瑞 71 城市的收视率数据，筛选出上星频道（含央视和省级卫视）2008—2018 年间每年收视率排名前 50 名的剧目，共计 550 部；然后再根据索福瑞市网数据，筛选出国内 17 座代表城市①地面频道（含省台和地市台）每年综合收视加权得分前 50 名的剧目，同样共计 550 部。这里的综合加权得分是指各地年度收视排名前 50 名的剧目，分别按照 51 − n（排名）的公式为每一部剧打分，再把 17 个城市共计 850 部剧的分数进行合并计算所得的总分。其中对于多家省级卫视联播同一部剧、上星和地面轮播同一部剧的情况，统一按收视表现最好的平台只计算一次。如此筛选出每年 100 部，共计 1100 部 2008—2018 年的热播电视剧作为分析样本。

三、2008—2018 年国产热播剧的题材分布与变迁

依据国家广电总局 2008 年颁布的《电视剧题材的分类标准》以及备案信息，我们对 1100 部热播剧按照题材一（年代背景）、题材二（故事内容）进行分类（表1），再通过多维度交叉分析，可以发现 2008—2018 国产热播剧在题材分布与变迁方面的如下特点：

---

① 17 个城市包括：北京、上海、广州、深圳、南京、杭州、天津、成都、重庆、沈阳、哈尔滨、武汉、西安、合肥、郑州、长沙、济南。

表1 《电视剧题材的分类标准》具体类型①

题材一	题材二
当代题材（改革开放以来至今）	当代军旅、当代都市、当代农村、当代青少、当代涉案、当代科幻、当代其他
现代题材（1949年至改革开放前）	现代军旅、现代都市、现代农村、现代青少、现代涉案、现代传记、现代其他
近代题材（辛亥革命至1949年以前）	近代革命、近代都市、近代青少、近代传奇、近代传记、近代其他
古代题材（辛亥革命以前）	古代传奇、古代宫廷、古代传记、古代武打、古代青少、古代神话、古代其他
重大题材	重大革命、重大历史

特点一：年代背景高度集中于近代、当代，近代革命、当代都市剧最主流。

在题材一（年代背景）分布方面，1100部热播剧高度集中于近代、当代两大题材，数量分别为495部、443部，总占比高达85%；古代题材96部，占比9%；现代题材、重大题材各有33部。

在题材二（故事内容）分布方面，所有26小类剧型中，近代革命剧357部、当代都市剧340部，总占比高达63%，是热播剧中最主流的两大类型；近代传奇、近代其他、当代农村、古代传奇、重大革命、当代军旅、当代涉案和现代其他均有超过20部剧进入热播剧行列。

表2 2008—2018年国产热播电视剧各题材数量分布 （单位：部）

近代题材		当代题材		古代题材		现代题材		重大题材	
总计495	443	96	33	33					
近代革命	357	当代都市	340	古代传奇	37	现代其他	20	重大革命	29
近代传奇	65	当代农村	44	古代神话	17	现代军旅	6	重大历史	4
近代其他	56	当代军旅	23	古代宫廷	16	现代传记	3		
近代都市	13	当代涉案	23	古代武打	13	现代都市	2		
近代传记	4	当代其他	8	古代其他	7	现代农村	1		
		当代青少	3	古代传记	6	现代涉案	1		
		当代科幻	2						

特点二：不同平台题材分布差异明显，上星频道当代、古代题材占优，地面频道近、现代题材更受青睐。

由于定位不同，上星频道、地面频道两大播出平台在热播剧的题材分布上呈

① 国家广电总局官网，http://www.sapprft.gov.cn/sapprft/govpublic/10561/334780.shtml。

现较大差异。在题材一（年代背景）分布方面，地面频道的近代题材剧占据较大比例，360 部占总量的 73%，远超上星频道的 135 部和 27%，现代题材 18 部，占比超过一半；而上星频道的当代题材剧数量更占优，288 部占总量的 65%，古代题材剧 79 部，占比更是高达 82%，此外 33 部重大题材剧也全部集中在上星频道。从题材一的分布情况看，上星频道热播剧的年代背景更丰富。

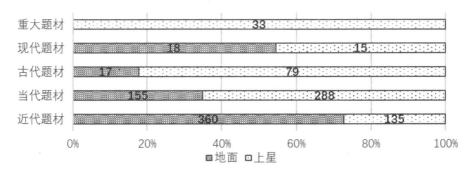

图 1　2008—2018 年地面、上星频道热播剧题材年代背景分布情况（单位：部）

在题材二（故事内容）分布方面，地面频道在近代题材几乎所有细分类型的比例均超过 50%，其中近代革命 73%、近代传奇 65%、近代其它 86%，构成了地面频道热播剧的三大类型；与之相反，上星频道则在当代题材、古代题材所有细分类型的比例均超过 50%，个别类型如古代传奇、当代军旅、当代涉案、古代神话、古代宫廷等，更是超过 80%，甚至高达 100%。出现这样的巨大反差，其实是电视市场多年竞争的结果。回顾近几年市场热播的当代、古代题材剧，大部分是大制作、大 IP 的天价剧，因而主要由购买力更强的上星频道占据，地面频道则更多布局小成本、小制作的近代题材或其他当代题材剧。

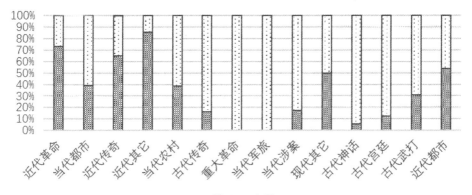

图 2　2008—2018 年地面、上星频道主要热播剧题材类型数量占比

特点三：热播剧题材变迁总体稳定，近代、古代题材降温，当代、现代题材走高。

从数量上看，近代、当代题材一直是2008—2018年国产热播剧的两大题材类型，同时五大题材各自也始终处在动态变化中。近代题材热播剧在经历了2011年31部的低谷后，迎来连续多年的升温，并在2015年达到了58部的最高峰，此后又明显降温，2018年减少至45部；当代题材热播剧2008年曾高达53部，此后经历2009、2012、2015年的三次低谷，在2018年又迎来数量的显著增长，达到46部，超过近代剧成为热播剧第一题材；古代题材热播剧在2011年曾达到15部的最高峰，此后不断下降，2017年虽增至10部，但2018年还是降至只有3部，降温之势已然明显；其他题材中，现代题材2018年增至5部，是2011年以来的最高值，重大题材剧相对稳定。

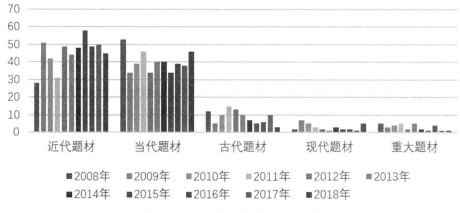

图3　2008—2018年国产热播剧的题材数量变化（单位：部）

具体到题材二（故事内容）来看，地面、上星频道热播剧题材变迁呈现不同走向。以总量较多的类型为例：近代革命剧两大平台均呈降温之势，上星频道从2017年的9部降至2018年的7部，地面频道更从32部降至25部；当代都市剧两大平台均呈升温之势，地面频道从7部增至11部，增幅最大；此外，地面频道的近代传奇、当代农村，上星频道的当代涉案、古代传奇热播剧数量也呈增长态势。

四、影响国产热播剧题材变迁的四大动因

通过对2008—2018国产热播剧题材分布与变迁特点的分析，我们发现某类题材剧之所以一段时期内成为热播剧相对集中的剧型，一段时期内又出现降温之势，除了受剧目、平台等个案因素影响外，还与社会层面及题材本身的变动相关，分析研究这些动因才能更好做出趋势判断。

1. "献礼" 年度重大宣传主题

每逢重大主题宣传年或重要历史事件纪念年，涵盖了多题材剧型的 "献礼剧" 总会集中播出并获得广泛关注。在当下多元文化的语境下，"献礼剧" 无疑肩负着建构我国主流价值观、传达主流意识形态的作用。① 不仅政治意义重大，"献礼剧" 同时也因迎合了观众内心对于重大历史事件的关注和共鸣，更有可能获得良好的市场表现和口碑。2009 年是新中国成立 60 周年，近、现代题材热播剧数量均较前一年大幅增长，出现了如《我的兄弟叫顺溜》《人间正道是沧桑》《潜伏》《在那遥远的地方》等一批热门剧目；2015 年是抗日战争胜利 60 周年，近代革命题材热播剧数量高达 47 部，为近 10 年来的最高值，其中大部分是抗战题材剧，如《王大花的革命生涯》《伪装者》《嫂子嫂子》等。2019 年是新中国成立 70 周年，2020 年中国将全面建成小康社会，2021 年是中国共产党成立 100 周年，因此未来三年，现、当代都市、军旅、农村以及近代革命、重大等 "献礼" 剧还将继续成为热播剧的主要题材类型。

2. 把握政策变动的 "风向标"

政策一直是影响电视剧制播市场变动，进而影响热播剧题材变迁的重要动因。宏观措施在一定程度上对电视荧屏的多样性以及电视剧的题材走向、播出方式和文化生态都产生了明显影响。② 回顾 2008 年以来广电总局颁布的一系列关于电视剧的通知和要求，几乎每一次的调控和管理都对电视剧制播生态带来结构性调整，不断推动热播剧题材的良性分布。如 2013 年 6 月出台的《卫视综合频道电视剧播出调控管理办法》调高了卫视黄金时段现实题材电视剧的播出比例（不低于 50%），严控古装剧比例（不超过 15%），禁播 "抗日雷剧"。通知推出的当年，同比 2012 年，上星频道近代革命题材热播剧数量下降 55%，古代题材下降 20%，而当代都市题材却大幅增长 86%。展望未来，正如习近平总书记2019 年 4 月在文章《一个国家、一个民族不能没有灵魂》中所述，"一切有价值、有意义的文艺创作和学术研究，都应该反映现实、观照现实，都应该有利于解决现实问题、回答现实课题。"③ 因此，与时代同步伐、以人民为中心的现实题材电视剧仍将是未来宏观政策鼓励和倡导的题材大类，而反映当代变迁的重大革命和历史、当代都市、当代农村、当代军旅等也将继续成为热播剧的主流。

---

① 张宗伟：《语境与文本：2009 年国产电视剧热点述评》，《艺术评论》2010 年第 2 期。
② 尹鸿：《进入多屏时代的电视剧——2014 年国产电视剧创作》，《电视研究》2015 年第 3 期。
③ 习近平：《一个国家、一个民族不能没有灵魂》，《求是》2019 年第 8 期。

3. 电视剧题材的内部迁移

在宣传主题、管理政策、受众需求等外部环境因素的共同作用下，电视剧的题材本身也在发生着变化，其中既有播出市场热播剧题材之间的转移，也有制作市场同一题材内部内容主题和创作手法的迁移，由于制作与播出的联动关系，制作的转型最终还是会反映在热播剧题材的变迁上。以"黄金十年"热播剧数量最多的近代革命题材为例，2015年以后，受"抗日雷剧"禁播等因素影响，热播剧数量呈下滑态势，2018年共有32部，较2015年47部的峰值下降32%，与此同时，近代传奇题材的数量却从2部增长到10部。从单一的革命、抗日主题到家国情怀的传奇故事，题材的迁移是制播双方在政策调控和市场需求之间找到的平衡点。最典型的案例当属2018年央视综合频道热播剧《楼外楼》，该剧既有红色革命、抗日战争的时代背景，又有民族大义、个人成长的家国情怀，以及美食、商战、爱情等元素，主题鲜明，看点丰富。未来几年，传奇剧或将成为继家族剧、抗日剧之后近代题材电视剧的又一创作方向。

4. 电视剧题材的融合创新

热播剧的题材变迁除了迁移，还有融合。面对竞争环境和受众需求的变化，不同题材剧型开始打破原有界限，组合运用其他一种甚至多种题材剧型的元素，呈现出题材类型之间的自我革新与跨界融合。具体表现在两个方面：一是跨越不同年代背景的融合，如现当代剧、近现代剧、清末民国剧等；二是不同故事内容的互补融合，如当代都市青春剧、近代革命传奇剧、古代宫廷传记剧等。而在近十年的题材融合中，网络化、年轻化无疑是最重要的趋势之一。伴随互联网的全面崛起和台网联播模式的广泛流行，平衡两端观众、争取年轻人已成为电视剧制播双方的共识，互联网思维、年轻视角和语态也成为电视剧创作的主流。在2008—2018年的热播剧中，这样融合创新的作品比比皆是，以2018年热播剧为例，《最美的青春》《大江大河》是凸显青春励志的主旋律剧，《风筝》《和平饭店》是在台网两端广受好评的新谍战剧，《恋爱先生》《谈判官》则代表着当代都市剧的时尚转型。

结语：突破与使命

2008—2018年的"黄金十年"是中国电视剧市场经历大发展、大变革的重要阶段，也是电视剧题材类型不断经历变迁、融合的关键时期，而热播剧则为我们全景梳理国产电视剧从成熟、繁荣到转型的演变历程提供了全新的视角。

研究过去是为了启示未来。2018年是中国电视剧转型突破的元年，一方面收视下行的压力与日俱增，2018年上星频道收视前50名热播剧的平均收视率是1.09%，相较2008年的2.19%下降50%，且近十年呈现连续下降态势，地面频道前50名热播剧的平均加权得分是117.7分，较2008年的178分下降34%；另一方面电视剧依然是全国电视观众和网络视频用户最喜爱的节目类型,① 一批题材、手法创新的精品好剧依然具有广泛的市场号召力,如近期热播、热议的《知否知否》《都挺好》等。内容为王,创新为先,电视剧制播业者只有在题材、内容、形式、传播等多方面继续融合创新,才能实现新突破。

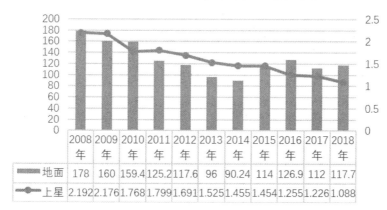

	2008年	2009年	2010年	2011年	2012年	2013年	2014年	2015年	2016年	2017年	2018年
地面	178	160	159.4	125.2	117.6	96	90.24	114	126.9	112	117.7
上星	2.192	2.176	1.768	1.799	1.691	1.525	1.455	1.454	1.255	1.226	1.088

图 4 2008—2018 年上星频道热播剧平均收视率、地面频道热播剧平均加权得分变化

作为文化产品,电视剧要实现突破,而作为文艺作品,电视剧更要坚守使命。正如习近平总书记所述,"文化文艺工作者、哲学社会科学工作者都肩负着启迪思想、陶冶情操、温润心灵的重要职责,承担着以文化人、以文育人、以文培元的使命。"② 电视剧是电视文艺工作者记录新时代、书写新时代、讴歌新时代的重要载体。未来,电视剧制播双方还需继续平衡好职责使命和市场价值,满足观众和引导观众之间的关系,守正创新、融合突围,努力开辟中国电视剧的下一个黄金时代。

(作者李威系江苏省广播电视总台电视传媒综合办公室科长、主任编辑)

---

① 崔燕振、陈洲:《大视频时代电视媒体覆盖发展与融合传播价值探究》,《现代传播》2019 年第 2 期。

② 习近平:《一个国家、一个民族不能没有灵魂》,《求是》2019 年第 8 期。

从宣传对象、受众到用户

——新中国 70 年广播电视目标群体之演变

屠　彪

从 1949 年中华人民共和国成立到 2019 年新中国 70 华诞，风风雨雨，几代人不懈努力，我们的广播电视事业面貌一新，焕发着灼灼生机。阅兵式现场"上天入地"，首次进行多视角、VR、4K 高清直播，首次引入 4K 主观视角回传，首次引入电影院线，彰显着广播电视事业的突破、创新。可回看 70 年走过的道路，我们却惊讶地发现，这并非是一条直道、一条大道，而是蜿蜒曲折、奋勇向前的发展之道。

一、新中国成立 70 年，广播电视事业发展 70 年，广播电视目标群体发生改变，大致可以分为三个阶段：

（一）新中国成立——十一届三中全会

新中国的广播比电视诞生得早，抗日战争时期已具雏形。1940 年 12 月 30 日，延安新华广播电台试播标志着中国共产党领导的人民广播事业的诞生。新中国成立后，国家对私营电台进行了国有化改造，到 1953 年，上海、北京、重庆等地的私营电台已经被国家收购，并由国家统一经营。新中国成立初期，农村广播发展尤其迅猛。到 1976 年底，全国有广播喇叭 11 亿只，97% 的人民公社、93% 的生产大队、86% 的生产队都通了广播，县级广播站就有 2503 座。

新中国成立后，电视事业也蹒跚起步，20 世纪五十年代，筹备、建立了国家电视台，具体事件是 1958 年北京电视台的开播。1960 年 1 月 1 日起，当时的国家电视台更改了固定节目时间表，每周播出八次，设置有十几个固定栏目，包括新闻、知识、娱乐等节目。

新中国广播电视事业发展初期，其主要功能是政治宣传。"党和政府的喉舌和宣传工具"，是它们的定位。1950 年中央政府新闻总署召开会议，明确了"广播电台以发布新闻、传达政令、社会教育、文化娱乐为主"，"发展方向是为广大人民服务，使广播成为人民的讲坛、新闻的播送者、社会的学校、文化娱乐的工具"，开始建立并完善中央广播事业管理机构。后虽经多次改变，但定位基本没变。

这一时期，广播电视的目标群体是"宣传对象"。广播电视节目内容主要集中在思想鼓动、政策宣讲，以及阶级斗争上。以早期电视剧为例，像《火种》《党救活了他》《新的一代》等，都充满了浓浓的宣教味。不可否认的是，这样的做法在动员人民群众，在新中国成立初期恢复国民经济，在改变"一穷二白"的面貌，在带大家走上自给自足、自我发展的道路，具有强大的"催化剂"作用。在抗美援朝战争中，在广播的鼓动下，作为"宣传对象"的人民群众有了支撑的信念与力量，最终取得了胜利。但同样的，作为"宣传对象"的人们是狂热的、狭隘的、被动的，在一定程度上是有悖于媒介规律的，这样的一种目标群体策略和研究，自然也被众多学者，尤其是国外的学者们所诟病。

（二）十一届三中全会——党的十八大

有病就得治。考虑到广播电视目标群体研究的"病"跟政治、经济发展是分不开的，是框于时代大背景之下的，转变需要契机。1978 年 12 月 18 日到 22 日，中国共产党第十一届中央委员会第三次全体会议在北京举行，中心议题是根据邓小平同志的指示，讨论把全党的工作重点转移到经济建设上来。十一届三中全会的召开，不仅是新中国政治、经济、社会生活中的一件大事，也是广播电视事业发展历程中的重要转折点。之后，广播电视开始走自己的路，进入到正常发展轨道，节目内容、形式都有了根本性的转变，广播剧、电视剧大放光彩，声频、荧屏令人耳目一新。

这一阶段出现了许多具有标志性意义的事件，产生了众多具有影响力的栏目，也发掘了一大批广播人、电视人。电视剧方面，80 年代初的《霍元甲》《再向虎山行》等，引发了港剧热潮，TVB 进入大众视线，一部《射雕英雄传》更是引来观剧高峰；内地电视人不甘落后，86 版的《西游记》、87 版的《红楼梦》同样受到追捧，1990 年的一部电视剧《渴望》更是引发万人空巷；两雄相争，第三者插足，随着"六个梦"系列和三部《还珠格格》等琼瑶剧进入荧屏，台湾剧也开始发力。在很长一段时间内，中国的电视剧呈现出三足鼎立之势。专题纪录片方面，从早期的"话说体"代表作《话说长江》与《话说运河》，到后期的《舌尖上的中国》，都具有强大的视觉冲击力，给人以美的享受。主持人方面，体育节目有宋世雄，专栏节目有赵忠祥，综艺节目有倪萍，更有之后出现的四大主持方宏进、敬一丹、白岩松、水均益，稍后的《实话实说》崔永元，以及再后来的"双董"董倩和董卿。

这一时期，广播电视的目标群体是"受众"。作为新闻学、传播学的一个重要概念，"受众"从出现到发展，直至现在仍占有重要地位，被不少人奉为"金科玉律"。当前的概念里，"受众"指的是信息传播的接收者，包括报刊和书籍的读者、广播的听众、电影电视的观众、网民。随着"网民"的加入，"受众"的外延得以扩展，部分适应了当代社会对广播电视目标群体的需求。不过作为受传者的"受众"，概念的局限性也是相当明显的，因为它无法更明确地体现出交互性、主动性和发散性。无论是传播学先驱施拉姆，还是提出"沉默的螺旋"受众模式与理论的德国学者纽曼，都不可避免地受时代与环境所限，无法为当今的"受众"进一步丰富其内涵，因此时至今日，"受众"也正在逐渐被其他概念所取代。

（三）党的十八大以来

在代替"受众"的词汇中，最为人们所认同的一个是"用户"。而"用户"最初是一个工业、商业词汇，指的是所有接受某一项产品服务的客体，不单指某一类人，而是泛指所有享受服务的客观事物。随着信息通信技术的发展，"用户"也被用来指代在计算机里的人、账号、进程等。由于互联网时代的到来，人与计算机、与人工智能的关系越来越密切，深刻影响到媒介的发展，"用户"这个词也被用来代替"受众"，体现出更多的需求度、参与性，乃至核心作用。一些媒介甚至开始围绕"用户"来做文章，量身打造各类节目。其实这样的改变从 20 世纪后期就开始了，到 21 世纪初渐成气候，新闻类节目如《焦点访谈》《新闻 1 + 1》《南京零距离》《1818 黄金眼》等，娱乐类节目如《快乐大本营》《非常 6 + 1》《超级女声》等，都有"用户"的影子在里面。直到 2012 年，彻底出现转折。

2012 年 11 月 8 日，中国共产党第十八次全国代表大会在北京召开。会议召开之际，全球正处于大发展、大变革、大调整时期，维护国家文化安全的任务非常艰巨。新中国进入到全面建设小康社会的关键期，需要深化改革开放、加快转变经济发展方式，进一步提升国家文化软实力、中华文化国际影响力。15 日，党的十八届一中全会结束后，新当选的中共中央总书记习近平首次与中外记者见面时说："人民对美好生活的向往，就是我们的奋斗目标"。人民对美好生活的向往，既有物质层面的，也有精神层面的，其中就包括了广播电视事业的发展。加快转换政府职能，政企分开、政资分开、政事分开迫在眉睫。具体来看，最为重大的改革有两次：第一次，2013 年 3 月，《国务院机构改革和职能转变方案》公布，原国家新闻出版总署和原国家广播电影电视总局职责整合，组建成国家新闻出版广电总局，统筹规划新闻出版广播电影电视事业产业的发展，监管新闻出版广播影视机构和业务，以及出版物、广播影视节目的内容和质量，并负责著作权管理等。第二次，2018 年 3 月，中国中央电视台（中国国际电视台）与中央人民广播电台、中国国际广播电台一起，组建成中央广播电视总台，撤销中央电视台建制。2018 年 4 月，在国家新闻出版广播电影电视总局的基础上，组建国家广播电视总局，归属为国务院直属机构。通过这两次改革，广播电视事业机构的政府职能得以转变，"用户"堂而皇之地出现在目标群体研究序列中。

二、70 年发展、沉淀，广播电视目标群体由被动走向主动，更演化为互动。三个"时代"更强烈地呼吁新中国开展广播电视目标群体研究

（一）习近平新时代中国特色社会主义时代

事业的发展、媒介的发展、个人的发展，都脱不开时代大背景。当前的中国，已经进入到习近平新时代中国特色社会主义时代，正奔着两个百年目标、成就伟大"中国梦"而努力奋斗。广播电视必须切实担负起"举旗帜、聚民心、育新人、兴文化、展形象"的使命任务，推动高质量发展。而广播电视目标群体的主动性、互动性，恰恰是促进高质量发展的最好"助推器"。因为"为什么人"始终是广播电视服务的方向，只有服务好目标群体，才能让广播电视真正发挥作用。通过"点单式""订单式"服务，让目标群体满意，让服务到位，广播电视的到达率才会高，反馈性才会强，互动的可能才会出现，并推动精准发力。

（二）媒体融合时代

媒体融合是当下大势所趋，大到中央媒体的新华社、人民日报、中央广播电视总台等，已在媒体融合上有了较大收获，小到县级媒体的融媒体中心，纷纷建立。像中央广播电视总台，产品线长、模式新颖，国际锐评、V 观、微视频等就各有特色。作为全世界第一个把媒体融合上升为国家战略高度来做的国家，中国的压力是巨大的，成绩也是斐然的。当然，在媒体融合的实践过程中，"日活用户数增加"一直是困扰着广播电视向新媒体倾斜的大问题。日活用户，就是每天的活跃用户，媒体融合的 APP 没有日活用户就没有影响力。但作为传统媒体，广播电视融合起来难免会打上过往的烙印，探头探脑、束手束脚是常态。而新媒体不存在这个问题，反而更容易大手大脚、大刀阔斧往前进。于是当两者相融的时候就会出现水土不服、融而不合的问题，无法达到真正水乳交融的境界。其中，作为重要衡量指标的"日活用户数"，就成了横亘在两者交融之间的拦路虎。已经习惯了收听率、收视率的广播电视，再去折腾日活用户数，难免生涩、生疏，更要命的是，受体制制约，往往还无法发挥应有的能力。开展这方面的研究自在情理之中。

（三）人工智能时代

曾经的广播电视，牛气冲天，收听率、收视率摆在那儿，收益摆在那儿。可

真的是这样吗？随着社会逐步进入人工智能时代，我们发现，很多东西都是假的。广播音频、电视影像传送出去，你并不知道谁在听、谁在看，他们爱听什么、爱看什么，随着收听率、收视率造假被曝光，更是让人坠入云里雾里。人工智能不会，通过大数据，通过云计算，通过脱敏、去重、归纳，形成用户画像，完全可以做到精准传播、定制传播、需求传播。另外，人工智能在舆情监测、机器人写稿、自动剪辑播放等方面，也绽放出绚丽光彩。而这一切的立足点是什么？当然是广播电视目标群体，都是为他们在服务。

三、70 年风雨征程，70 年波澜壮阔，广播电视目标群体研究只是开了个头

再伟大的事业都会有阿喀琉斯之踵，我们要做的是把它找出来，加以保护，进行改革。而任何改革都不可能一蹴而就，从辩证唯物主义角度看，必然是曲折前进的。新中国成立 70 年，广播电视发展了 70 年，从"宣传对象"到"受众"再到"用户"，目标群体一变再变，这不是任意妄为，而是顺势而为，是改革的必然结果。一改、二改、三改……如果改来改去始终"涛声依旧"，那这张"旧船票"是无法登上现代媒体融合"客船"的，只有推陈出新才能破茧成蝶。同样的道理，"用户"是广播电视目标群体的最终形态吗？答案是"否"。毕竟"用户"这个词受其本身定义所限，无法展现出目前广播电视目标群体的全部特性，而现在人人都有"麦克风"、个个都有"千里眼"，信息瞬息便至、消息随时发布。那么，能不能给出一个确切的概念呢？笔者以为，不妨用"民众"。

民众，也就是人民群众。用这个看似宽泛的词来为广播电视目标群体定义，是有一定意义的，一方面，它解决了之前几个概念单向性、局限性、被动性的问题，另外一方面，它也带有现代媒介传播的互动性、广义性、主动性的特征。《淮南子·氾论训》有语："苟利于民不必法古，苟周于事不必循旧。"创新、改革要遵循规律，但也不能因循守旧、故步自封，如果不敢越雷池一步，那又何来变化？因而，"民众"这个词可以作为一个参考。当然究竟适不适合，那就仁者见仁智者见智了。胡正荣教授说，我们的"脚"跨进了互联网，我们的"身子"还在工业时代，"脑子"还停留在农业时代。这是绝对不行的！理念是行动的先导，对行动成败起着关键性的作用，我们不妨先迈出这第一步吧。

（作者系宁波广电集团多媒体新闻中心《看看看》责任编辑）

守正创新：广播剧创作和传播的新时代思维

李浩然

2018 年 9 月，中央政治局委员、中宣部部长黄坤明在同推进文艺创作研修班学员座谈时要求："要坚持以习近平新时代中国特色社会主义思想为指导，深入学习贯彻全国宣传思想工作会议精神，要坚定文化自信，坚持以人民为中心的创作导向，把守正创新融入贯穿到文艺创作实践全过程。"[①] 这是新时代我国文化事业创新发展的新标尺，自然也为广播剧创作提供了具体的最根本的遵循。

广播剧曾以其独有方式参与了历史、记录了历史，同时也创造了历史。遗憾的是，由于创作团队匮乏、制作经费紧张、传播渠道乏力等原因，其光环渐渐暗淡。但作为深受大众喜爱的艺术体裁，步入新时代的广播剧应走出沉沦，守正创新，以精品力作为支撑，做出新的传播力、引导力、影响力和公信力。

守正创新是并列关系也可理解为递进关系。守正是第一要务，是必须。创新是努力方向，是追求，突破思维、出奇制胜。之于广播剧，守正就是要守住积极向上的精神风貌，守住精品广播剧创作主阵地，守住传播效果的引导力和公信力。创新就是要出更精妙的创意，尝试更有效的生产方式，制造更有爆点的传播力和影响力。守正是将传统媒体综合优势最大化，创新是创作和市场的探索及追求。

一、守得住正是坚定文化自信的表现

置身新时代，传媒界正在激情涌动一场影响深远的深刻变革。2014 年，习近平在文艺工作座谈会上指出："文艺不能在市场经济大潮中迷失方向，不能在为什么人的问题上发生偏差，否则文艺就没有生命力。"显然，广播剧人必须强化以人民为中心的创作立场，以打造让人民满意的作品为崇高追求，坚定文化自信，在守正创新中破冰前行。

[①] 黄坤明：《用心用情用功创作精品努力筑就新时代的文艺高峰》，http://www.xinhuanet.com/politics/2018－09/20/c_ 1123462004. htm

（一）守住广播剧昂扬向上的精神风貌

1947 年 8 月 1 日，延安新华广播电台播出了广播剧《红军回来了》，这是中国共产党领导下诞生的我国第一部广播剧。1950 年 2 月 7 日，中央人民广播电台播出了新中国成立后的首部广播剧，以纪念"二七"铁路大罢工为主题的《一万块夹板》。可见，"红色"是中国广播剧与生俱来的基因。在 2018 年中国广播剧研究会年会上，河南广播电视台创作的反映国际商战的广播剧《抢滩帕哈姆》、宁波广电集团创作的寻找英雄精神的广播剧《战地记者方大曾》、烟台广播电视台创作的反映 SOS 儿童村妈妈和孩子真情的广播剧《叫俺一声娘》等均获专家评析一等奖。显然，抒写伟大时代始终是广播剧的不懈追求，也是衡量广播剧作品成败的首要标准，而这些恰恰正是中国广播剧最深沉、最厚重、最珍贵的优秀品质。

广播剧是正剧，是国家声音，是满足、引领受众精神文化生活的教科剧。作为党的文艺工作者，编剧们以"语不生动死不休"的精神挖空心思制造戏曲冲突，在好听感人中唱响主旋律、弘扬真善美、传播正能量。

改革开放以来，人们价值取向多元且复杂，社会呼唤并期待良好风尚的形成。对此，进入新时代的广播剧人应坚守本色、放大优势，时刻警惕西方文化观的侵蚀，以更精妙的手法、更精细的制作、更精准地传播来讲述家国情怀，以昂扬向上的精神风貌激发受众的爱国热情，在纷繁复杂中牢牢掌握意识形态领导权。

（二）守住精品广播剧创作主阵地

1996 年 2 月 6 日，中宣部发出 1 号文件，将广播剧列入精神文明建设"五个一工程"之中，这对提高广播剧在社会上的地位和影响力，促进社会主义的精神文明建设起到了巨大的推动作用。[①] 此后，各地出现了形式不一的广播剧创作中心。据中国广播剧研究会统计，2005 年全国共生产约 2180 部、近万集的广播剧，生产态势呈现出中央、省、市、县多级媒体齐头并进的局面。[②] 2007 年 10 月，黑龙江人民广播电台龙脉影艺公司成立。每年生产广播剧 2000 部（集），迅速成为我国广播剧制作团队中当仁不让的强者。随着各地逐渐加大对广播剧的重视和投入，目前我国各级广播电台的广播剧生产量大大提高，精品产出率也明显提升，阵地建设持续加强。

融媒时代的到来，广播剧创作有了更大的洞见。为迎合市场，畅销小说、言情系列、悬疑系列等被改编成广播剧，由此也出现了广播小说剧、汽车广播剧、

[①] 《剧动广播——中国广播剧发展历程大事记》，http://www.cnr.cn/gbyj/bar/201007/t20100727_506799430.html

[②] 《剧动广播——中国广播剧发展历程大事记》，http://www.cnr.cn/gbyj/bar/201007/t20100727_506799430.html

通俗广播剧、武侠广播剧、侦破广播剧等契合需要、紧跟时尚、搭载创新元素的新样式。但需要警惕的是，在此次变革中由于大量非专业人士的加盟，广播剧主创团队开始变得良莠不齐，作品质量一时也难以保证，严重者甚至在导向上发生偏差。

因此，各级广播电台应坚守精品广播剧创作主阵地，将当今时代最鲜活的题材如脱贫攻坚、一带一路、大气污染防治等纳入广播剧创作视野，以习近平新时代中国特色社会主义思想为指导，围绕社会主义核心价值观，加大生产力度，为无愧于时代的精品广播剧内容输出提供重要的端口。

（三）守住广播剧传播效果的引导力和公信力

习近平指出："随着人民生活水平不断提高，人民对包括文艺作品在内的文化产品的质量、品位、风格等的要求也更高了。"同样，质量、品位、风格也构成了广播剧生命力的重要支撑，"接地气、树正气、有底气、聚人气"无疑是提升其生命力的伟大基石。

语言、音乐、音响构成了广播节目的声音三要素，三种声音各司其职，语言表意、音乐表情、音响表真，通过专业录音剪辑制作，将非常立体又富有感染力的广播作品呈现在听众面前。三种声音要素的灵活运用能激发受众的内心情感，给予其无限的想象力和画面感。① 广播剧更是将广播三要素发挥到极致的典型载体。

由宣传部和广播电台等机构出品的广播剧拥有相对精细的生产方式。仅就剧本而言，经过题材筛选及可行性论证，编剧要深入采访，构思人物小传，勾勒故事情节，设计分镜头，做明线暗线铺设，制造细节和冲突等。初稿形成还要接受制作方和专家的"批评"，然后再修改，几经反复，层层打磨。至此，剧本虽已完成但距离广播剧成品还有很大的距离。可以说，广播剧最大化集合了参与人群的智慧和灵感，作品引导力和公信力自然毋庸置疑。如反映"新疆焦裕禄"阿布列林·阿不列孜的《永不褪色的照片》，为我国核潜艇之父立传的《此生无悔》，记录新中国"青春之歌"的《塞罕坝人》等，无不是讴歌党、讴歌祖国、讴歌人民、讴歌英雄的精品力作。

博大精深的中华文化沃土和奔涌向前的伟大复兴实践是艺术家获得灵感的活水源头，是用之不尽的生动素材，引导力和公信力就扎根在这里。

二、创新是推动新时代广播剧繁荣昌盛的主线。

题材上受困于主旋律，形式上受困于正剧，传播渠道受困于"传播即结束"

---

① 姚雷：《音响蒙太奇在广播节目中的应用》，《中国广播》2016 年第 5 期。

等，创新乏力曾一度使中国广播剧生产纠结难堪、徘徊不前。习近平指出，"文艺创作方法有一百条、一千条，但最根本、最关键、最牢靠的办法是扎根人民、扎根生活。"这是广播剧创新发展的理论引领，更是需要广播剧人大胆实践的方法论。

（一）贴着人物、挤进生活，夯实剧本的思想性、艺术性、可听性，走好创新发展绕不过的第一步

新时代的中国有着太多值得广播剧人挖掘和歌颂的题材，编剧们的创作态度和方法决定了作品的温度和高度。作为一剧之根本，如何避免程式化、模式化、脸谱化，抓住戏剧冲突可感可知的生动细节等考量着他们的功底。

沈从文先生曾教诲汪曾祺先生"要贴到人物来写"，中国作家协会主席铁凝也感慨道，"只有奋力挤进生活深处，才有资格窥见它的丰饶"。这为广播剧从体验生活的角度解开了剧本创作的迷雾。虽是老生常谈，但却最为可靠。"作者的心贴不住人物，笔下就会浮、泛、飘、滑"。[1] 没有贴近就没有细节、没有厚重，没有挤进生活就不会诞生有温度、有花香的佳作。

一部小说描写了西北农村的孩子被希望工程组织带到北京参观，小主人回到家，同村人围着他问北京咋样？他说："北京好，北京什么都好，可就是，就是太偏僻了！"小说到此戛然而止。这是很巧妙的结尾，告诉了我们该如何体验生活，如何像孩子一样以质朴的情感执着关注脚下的土地，如何在体验生活的时候既能保持理性，又能站在被描写对象的角度来看待世界。

多维体验、丰富细节、提炼要义将对剧情构架和情感起伏起到坚韧的支撑作用。在广播剧生产链上，剧本一定居于最上游、最核心的地位，它拥有自己的逻辑，也拥有无限的想象和创造空间。"剧作者应该始终抓住听觉世界的东西，认真研究声音和声音所能唤起的视觉性质的印象。"[2] 然后，再加上导演思想和演员演绎，配以情境音乐及逼真音效，最终呈现将是其他任何声音产品所无法替代的。

（二）"广播剧＋"将成为创新新模式，为广播剧自我解放、转型发展提供了思路

新时代的受众群体需要越来越多反映当今社会深刻变革形式多样的优秀广播剧来慰藉心灵，在此背景下，传统广播剧迅速失宠。同时，新媒体的蓬勃崛起，为"广播剧＋"搭建打通了前所未有的创作平台和传播渠道。各级广播电台抢抓机遇，积极探索，收获了不同版本的"广播剧＋"产品。在实践中，"广播

---

① 汪曾祺：《沈从文先生在西南联大》，载《汪曾祺散文精选》，长江文艺出版社2013年版。
② 浮萍飘香：《广播剧概述》，http：//www.5jia1.com/league/blog/show_comm.php? bid=343660

剧＋"不仅局限于互联网概念，还包括物理性的形式和结构上的重塑。

新闻广播剧：中央人民广播电台中国之声于 2016 年推出了"新闻广播剧"这一音频新体裁。代表作一是七集新闻广播剧《遇见海昏侯》，首创了"历史广播剧＋录音报道"的形式。另一部是十集新闻广播剧《生死关头》，首创了"广播剧＋口述新闻"的形式。两部创新型新闻广播剧迅速燃爆业界，作为一个全新视角引起了关注和思考。2017 年 10 月，上海东方财经·浦东频道与上海东方广播中心东广新闻台联合推出系列新闻广播剧《开放浦东 梦想之城》。新闻广播剧丰富了广播剧的表现形态，同时新闻元素的渗透也强化了剧的真实可听性。

众筹破案广播剧：创作于 2016 年的追案剧《寻找刁爱青》是北京人民广播电台的实验性网络音频产品。"众筹破案"使曹禺先生"听众是广播剧的创作者"成了现实，节目邀请网友根据案件事实证据进行推理，主创人员时刻跟进网友反馈并据此制作续集，网友成了"编剧"。这种模式使网友不仅是消费者，也是节目制作的参与者，最终也是为此买单的人。

网络广播剧：编剧、演播、合成、传播等所有工序均在网上完成，故名网络广播剧。最早出现在 2000 年，剧本以网络小说家原创或改编自网络小说为主，由网络演员在自己所在的城市分别演播后提交音频在网络上制作合成，并在网络上广泛传播。团队成员互不相识，只为一个目标共同努力。最早的中文网络广播剧是由 E 时代论坛创作的《当心看车》，其开创了广播剧生产的网络制作先河。网络广播剧并非电台制作和播放的广播剧，但它创新的生产方式及奇迹般的传播效果值得专业广播剧人细细品读。

微广播剧：没有网络的发达就没有微广播剧的诞生。2015 年，脱胎于传统广播剧并具有共同美学精神的微广播剧开始登上大雅之堂，继而在新媒体上大行其道。微广播剧改变了广播剧的传统形态，因门槛低、时间短、内容精、互动强、易传播而拥有更加游刃有余的发展空间。正如"中国微广播剧"公众号上所说，"微剧总是要有的，力一做大了呢？"微广播剧目前已成为与传统广播剧并驾齐驱，各级广播电台争相上马的重要音频产品。但正因微才不足以取代传统广播剧的存在，它是物理性的形式和结构上的重塑。

众筹制作广播剧：北京人民广播电台提出的新概念，对业内具有极大的启发和参考价值。这是广播剧运作方式上的创新实践，和广播剧的形态变革、内容变革没有关联。他们的做法是充分利用网络的"万能"向网友们众筹制作经费，一改以往由政府财政支持的单薄局面，开辟了广播剧融资新渠道，为最羞于启齿的"钱事"找到了"不太尴尬"的解决方案。

广播剧的创新求索仍在继续，"新物种"肯定会与勤奋执着的广播剧人不期而遇。电台"正"作为，广播剧也一定会以更加丰富的"广播剧＋"新样态挤进入人们的生活。

（二）用户聚集的网络主场就是广播剧内容发布的主场，在全通道矩阵平台上放大新时代的传播力和影响力

广播的线性传播和声音的稍纵即逝特征终结于融媒时代，音频市场和互联网收听使音频不再仅仅以声音的形式存在，而是嫁接了文字、视频甚至动漫等，实现了全通道矩阵式跨领域融合。广播剧也幸在其中。

音频市场：目前，中国的音频市场尚在起步，用户的付费收听行为还需培养。数据显示，数字广播在英国的收听人数占总人口的40%以上。美国广播业也推出一系列播客，"声音媒介"更加发达，18岁以上的美国人移动应用时间的8%属于广播应用类。2016年是我国知识付费产品批量涌现的元年，如今较大的音频市场主要有喜马拉雅FM的"付费精品"、罗辑思维的"得到"、果壳的"分答"、知乎的"知乎Live"以及"懒人听书""蜻蜓FM"等。

2017年初，中国广播剧研究会果断出手，号召全国各会员台将拥有版权的广播剧统一授权给研究会，研究会委托黑龙江广播电视台龙脉影艺影视有限公司与"懒人听书""蜻蜓FM"等新媒体对接。新媒体平台免费展播，进行中国广播剧品牌项目推广，扩大中国广播剧的影响力。此举响应者众，效果良好。

中国微广播剧公众号：这是中国广播剧第一次真正意义上与新媒体的主动合作。目前共发原创文章500多篇，但遗憾的是加上笔者关注人数仅10人。原因可能是上线时国内音频市场尚不成熟，用户还没养成在线收听习惯，加之维护不足，普及推广的初衷没能实现，优质资源荒废闲置实为遗憾，但探索精神值得肯定，阵地特色明显。中国广播剧研究会应果断整合资源，用心用情用功，做大做强微剧公众号，使其在网络上拥有与其身份相符的地位和影响。

同仁传播：广播剧网络传播的主要形态和努力方向。我的理解是基于微信朋友圈，具有共同爱好的人就共同关心的问题在各自同趣的人之间进行的传播。"其传播对象有限定，传播迅猛的基础是志趣相投，具有明显的互联网特质。"[1]这是目前各类社交媒体中大行其道的推广方式，广播剧人尤其是年轻的广播剧人应借力网络聚力，使越来越多的人关注和支持广播剧。

如今的音频APP已具备与主流媒体争夺用户的实力，广播剧人也已失去第一时间打造专属网络平台的机遇。现在只有借力渠道，以绝对的内容优势参与网络的搏杀，让用户聚集的网络主场成为广播剧内容发布的主场，才是新时代放大广播剧传播力和影响力，并反哺扩大再生产的必由之路。

汉斯纳戈·施密特纳曾说，"广播剧只能听不能看，并不是一种缺陷或不

---

① 张立新、武传艺：《融媒体时代关于广播追案剧的探索》，《中国广播》2017年第4期。

足。相反，正是这种限制，使它出奇制胜。它通过语言，在听众'内在的眼睛'面前，塑造了种种形象。"广播剧的魅力就在这里。

结语

新时代需要更加多元和精彩的优秀文化引领风尚，同时也为广播剧提供了崭新的创新空间和独特的创作题材。广播剧人只有守正创新，才能以新时代的标尺创作出更多让人民满意的精品剧目、华丽转身、成功逆袭将指日可待。

（作者单位：河南广播电视台广播广告经营中心）

中国电视节目型态演进的五个层次与深层动因

吴　静

近两年，电视市场风云跌变。其中，主导性电视娱乐节目型态变化之快、新生与迭代周期之短，也不能不使我们瞩目。从《快乐大本营》《奔跑吧兄弟》，再到《向往的生活》《国家宝藏》等，在不同时期的时代与文化背景下，我国主流综艺节目也在遵循着某种自身规律发展变化着。

一、近年来中国电视综艺节目型态的演进

回归节目本身，可对不同层次主导性电视娱乐节目型态予以剖析，梳理出内在演进轨迹，找出内在动因。不过需注意的是，除了某一时期具有较高收视率、社会关注度和参与度的主导性节目外，其他类型的综艺节目也是平行存在的，它们与主导性节目共同构筑电视综艺荧屏。

（一）第一层次：情绪主导型——代表节目《快乐大本营》《奔跑吧兄弟》

情绪主导型节目，指节目诉求以帮助观众情绪释放、获得感官刺激和娱乐快感为主。典型代表节目如明星游戏娱乐类型的《快乐大本营》，节目明确以快乐为宗旨，以明星与观众现场表演、游戏为主要形式，呈现平民化的日常生活趣味。后续节目创新中，虽也涉及知识科普环节，但更多作为单独的环节而存在，整体内核还是以让观众获得由感性游戏所带来的直接的娱乐刺激为需求。

《快乐大本营》为代表的明星综艺娱乐在很长一段时期内成为我国电视综艺娱乐的主流。

（二）第二层次：情感主导型——代表节目：情感故事类节目、相亲类节目

情感主导型节目，指节目诉求以帮助观众，尤其是成年观众情感抒发、获得情感共鸣为主的节目，典型代表如常见的情感故事类、相亲交友类节目，表现方式主要是将现实生活中具有猎奇性的情感矛盾故事搬上舞台，通过争辩、沟通把内心痛苦与困惑全盘托出，使观众产生情感共鸣。

情感型节目至今仍有许多变体，类型也从棚内综艺到真人秀形式等不断创新丰富，但节目内核仍以情感疏导、议题为主。不同于情绪主导型节目，情感主导

型节目不是以简单的情绪释放为直接目的，而是带有一定现实意义的情感疏导和情感满足。

情感主导型节目相比情绪主导型节目，在真实程度上大为提升，相似的地方在于都是局限在特定领域和场景为主。

（三）第三层次：情境主导型——代表节目《向往的生活》《奇遇人生》

情境主导型节目，指节目呈现主要以进行某种情境创设、情境渲染为主，内容上不设置复杂的游戏环节，也没有过多的剧本干预，而是将嘉宾放置在相对宽松的环境下，让其呈现出较自然的状态，节目诉求上往往带有一定的启发性、主导性。典型代表如湖南卫视《向往的生活》《中餐厅》《亲爱的客栈》、腾讯视频的《奇遇人生》等。

情境主导型节目的出现，是缓解人们对做任务、做游戏的审美疲劳，通过创设的接地气的情景或治愈系画风，给观众带来新的视听体验。情境主导型节目相比前面两类型节目，情境主导型节目的发生场景大多为真实的，但其中的人物关系、行为目标大多是另外设定的。

（四）第四层次：情态/情节主导型——代表节目《爸爸去哪儿》《我家那小子》以及众多电视剧

情态/情节主导型节目，指节目不仅呈现某种情境（也可以为虚构情境）状态，还通过设置一系列兼具戏剧性和真实性的情节、事件、游戏等来推动节目节奏，典型代表如多数电视剧、《爸爸去哪儿》《我家那小子》等。

情态/情节主导型节目放大了电视节目的叙事性，人物的性格特征通过一系列的情节、事件而被突显或塑造出来。例如，《爸爸去哪儿》中不同明星父子/女性格通过一系列的任务来突显；《我家那小子》虽然没有明确的情节设定感，但从节目嘉宾行动、观察室中主持人话题讨论，仍带有明显引导性。

情态/情节主导型节目从简单的哈哈镜、聚焦镜、望远镜升级为更丰富的广角镜，不同圈层、不同媒介欣赏与消费素养的人群能从情态/情节主导型节目中获得满足。近年来，市场爆款较多产生在情态/情节主导型节目中。情态/情节主导型节目对内容生产与传播的能力要求更高，从时移收视看、网络卷积上看，这类节目也有些优势。

（五）第五层次：情怀主导型——代表《人民的名义》《我不是药神》

情怀主导型节目，指在兼具情态/情节主导型节目优点的同时，还着重放大和彰显了一定的普世情怀，如对人的歌颂、对生命的赞美、对道德、宗教精神的喟叹等，例如《人民的名义》。

情怀主导型节目面临的挑战一方面是创作周期总体较长，需要考虑和涉及的层面特别多，另一方面是会触碰到行业监管与大众心理认知差异的层面也会特别

283

多，如，2018 年电影市场的爆款作品《我不是药神》。

对于观众而言，无论是情绪，还是情感、情境、情态/情节、情怀，都是需要的；但要达到上述五个层次的要求，从实践操作角度看，难度却是逐一增加的。

二、电视节目型态演进的特点与规律

第一，电视娱乐节目型态更迭的周期在逐步缩短。电视娱乐节目型态更迭的周期越来越短，新生节目型态涌现的速度也越来越快，特别是占据主导性的电视娱乐节目型态，其变更的周期呈逐渐缩短的态势。

第二，电视节目传播方式、互动形式不断创新。电视节目形态演进过程中，传播方式的变化是最显著的特点。相较最初的单一传播，到大众海选、投票再到时下视频网站兴起的"弹幕式""微博热搜式"传播，节目与观众的距离越来越近，节目互动形式也朝着观众喜爱的方向发展。

第三，除娱乐价值外，娱乐节目的文化价值、社会价值、功能价值不断被提高，体现在节目不仅能满足娱乐需求，同时还要求具有更高审美价值、文化价值、功能价值等。

第四，电视节目形态呈螺旋式回归与统合式出新的特点。从上述电视节目型态的演进过程不是单一的替代关系，而是互相融合并在某一阶段呈现出一种螺旋式回归。如在早期明星歌唱类节目是市场主流后，以素人参与为主的《中国好声音》出现，而随后《我是歌手》出现，明星再次成为舞台主角；从节目类型看，在经历棚内综艺之后，真人秀迎来爆发；而目前，棚内观察＋真人秀的融合，有再度成为流行。

三、主导性电视节目型态演进的深层动因

如同文学受经济、政治、文化、技术等因素影响一样，电视节目作为文化的一部分，同样也深受经济、政策、文化氛围、技术出新、受众审美等各方因素影响。

1. 经济因素

20 世纪 80 年代，处于刚刚普及和起步阶段的综艺节目，商品化、市场化程度还比较低，基本上维持"行政买单"的运行模式，使得它不能不定位于弘扬主旋律的社会价值导向。进入 90 年代以后，随着市场经济的出现，人们的行为方式、行动逻辑也从"压抑"到"释放"，《快本》等游戏类娱乐节也迎合了大众审美趣味、生活方式的改变。

21 世纪 10 年代后，随着人们物质生活水平的丰富，《爸爸去哪儿》《向往的生活》等节目，又将人们带入到对自身关系，如人与家庭的关系、人与自我的

关系的内省，一系列具有治愈功能和生活价值导向的节目成为人们追捧的主流。

2. 政治因素

政治因素对节目创作、类型的影响是直接性的，政策导向直接规定了包含电视节目在内的众多文艺作品的创作方向。

3. 文化因素

具体表现在观众媒介素养的提高。伴随着电视行业的不断发展、影视产品的丰富，不少观众的文化欣赏水平不断上升，从追求娱乐、娱乐趣味到逐渐追求审美趣味、个性价值。

四、探索未来电视节目型态演进的几点趋势与方向

近年来，电视业界在综艺节目创新规模上不断提升，节目制作水准也在不断提高，未来电视节目型态发展变化过程中，可能仍有一些问题、趋势不容忽视：

1. 观众将逐渐从"大众"到"分众"

未来电视观众将越来越追求自我、不愿盲从，也越来越排斥简单的大众化和平庸化，开始追求个人化、圈层化；那么，对于电视台生存而言、观众目标在哪个圈层？主流影响力在哪儿？是否还需要做圈层延伸和拓展，是需要注意的问题。

2. 电视节目型态演进轨迹中的"变"与"不变"

尽管电视节目型态在不断发生变化，但节目类型的演化速度却很慢。根据受众需要，从受众生活、实际需求出发，是节目创作和型态演进的根本。如近两年来，湖南卫视推出"慢综艺"《向往的生活》《亲爱的客栈》以及代际观察类节目《我家那小子》，均以综艺、消遣的形式为外壳，对社会性、国民性、生活性进行探索，获得较好市场反响。

3. 未来电视市场需要更多"情态/情节主导型""情怀主导型"节目，进而满足观众日益增长的精神文化需求

对于电视观众而言，仅有情绪主导型的节目是不能满足观众日渐丰富的文化需求，未来还需更多情景主导型、情态/情节主导型节目，这也需要电视行业实践者在品牌转型、节目内容与形式创新方面不断提升。

（作者单位：湖南广播电视台）

地方电视台发展与转型探析

——以湘潭电视台发展历程为例

陈友胜

1958 年 5 月 1 日，我国第一座电视台——北京电视台成立到今天电视台的长足发展，电视媒介已经悄然走过 61 个年头。在这其中，我国的电视事业大体经历了三个发展阶段，艰苦创业时期（1958—1966）；艰苦曲折时期（1966—1978）；蓬勃发展时期（1979—至今）。[①] 1984 年，中央下发 37 号文件，提出了建立"四级覆盖网"的宏伟蓝图。全国除省级以下的地、市级、县级电视台如雨后春笋般建立起来。地方电视台走过了 70 年光辉历程，伴随着祖国的进步而进步，伴随着祖国的强大而强盛。

一、现状：地方电视台已经成长为具有中国特色的电视生力军

新中国建立以来，尤其是随着改革开放步伐加快和科学技术发展，全国实现了电视信号"四级覆盖"，党和政府的声音通过电视媒体传送到千家万户，宣传了社会主义核心价值观，普及了电视文化，较好满足了人民群众对美好生活的向往。《2018 年全国广播电视行业统计公报》显示，截至 2018 年底，全国广播电台、电视台、广播电视台等播出机构 2647 家。国家新闻出版广电总局发布的《中国广播电影电视发展报告（2015）》显示，全国地市级和县级广电从业人员达到 45.3 万，占全国广电行业人员总数的 52.4%。

（一）地方电视台坚持新闻立台，导好向、服好务、创精品。

传媒巨头默多克曾经这样断言："一个没有新闻频道的电视媒体毫无价值。"[②] 电视的发展印证了这句话。作为地方党委、政府"喉舌"的地方电视台，及时客观全面传达党委、政府的声音，担负着以正确的舆论引导人的崇高使命和

[①] 袁军：《新闻媒介通论》，第 127 页，北京广播学院出版社 2000 年版。

[②] 周勇：《新闻频道——电视新闻发展的未来》，载《世界新闻传播 100 年》，第 329 页，中国人民大学出版社 2004 年版。

时代责任。

第一、导好向。在新闻宣传工作中坚持用马克思主义新闻观指导新闻宣传，坚持新闻工作的党性原则，坚定自觉地同党中央保持高度一致，牢牢把握正确舆论导向，做好团结、稳定、鼓劲的工作，正确引导舆论，努力凝聚人心，确保正确思想舆论在我国社会生活中的主导地位。坚持贴近实际、贴近生活、贴近群众，让普通群众成为版面、话筒、镜头、网页的主角。唱响主旋律，弘扬正能量，巩固主阵地，不断做强地方电视台主流新闻媒体，以适应加快改革开放和"一带一路"建设的迫切需要。

第二、服好务。在新闻报道中牢固树立为党和政府工作大局服务、为人民群众生产生活服务的思想，真正使我们的新闻舆论在体现党和人民根本利益一致性的基础上，更好地反映党和政府的声音，更好地满足人民群众的需求。增强"脚力、眼力、脑力、笔力"，深化拓展"走转改"活动，深入基层一线，走到群众身边，挖掘提炼精彩故事，做亮做强主题宣传。地方电视台要做正确引导舆论的建设性媒体，做到"三个到位"：对党和政府出台的重大决策部署，及时宣传到位；对关心人民群众切身利益的政策措施，详尽解释到位；对群众普遍关心的热点难点疑点问题，正确引导到位。

第三、创精品。有精品才有市场，才有观众，才有效益，也才有影响力和竞争力。湘潭电视台近年来成功推出荣获全国道德模范的全国优秀导游文花枝、带父母弟弟上大学的孝子杨怀保、"板凳妈妈"许月华；以及退休义工赵在和、女大学生何平、"数控女王"杨芳等获得全国道德模范提名奖。让我们倍感幸运的是，这些典型人物的报道大多是由湘潭电视台率先播发，然后引发全国各大媒体争相报道，产生强烈反响。电视长消息《我是导游 先救游客》更是获得当年度湖南广播电视奖一等奖和第十六届中国新闻奖三等奖（2005年度），填补了湘潭新闻战线上中国新闻奖的空白。1983年全国广播电视系统开始进行优秀节目评选以来，湘潭台获得省广电奖作品共310件，其中一等奖70件。其中获得中国新闻奖1件，中国广播电视新闻奖三等奖6件，湖南省"五个一工程奖"8件，湖南新闻奖一等奖12件。

湘潭电视台在影视剧生产上立足本土题材，讲好地方故事，坚持内容为王，传承红色基因，不断推出接地气的精品力作。拍摄的电视剧《亲情》1996年9月9日晚分上、下集在中央电视台实现首播，尔后在央视、湖南卫视多次播出，并获得湖南省五个一工程奖、湖南省广播电视奖一等奖。拍摄的21集红色青春励志电视连续剧《东山学堂》2013年12月24日开始在CCTV-8群星剧场首播，每日三集连播。该剧获得湖南省第十二届五个一工程奖。参与拍摄的电视连续剧《彭德怀元帅》荣获第十四届全国五个一工程奖、第31届电视剧"飞天奖"、第十三届湖南省五个一工程奖。

（二）地方电视台以创新为引领，做大做强了电视事业。

地方电视台经历过三个发展阶段以后，尤其是改革开放以来的快速发展，大都从原来国家广电部批复的一个频道向多频道延伸，设立无线频道、有线频道（也称都市频道）、法制、经济、教育、女性、经贸、商务等等专业频道。

第一、打造了一批品牌栏目。新闻名专栏品牌效应强，知名度高，社会影响大，不仅是一个电视频道的亮点，也是新闻媒体的重要支点。一个影响力大的专栏，也往往是在栏目定位、选题策划、新闻采写方面都有鲜明特色的专栏。如邯郸广播电视台名专栏《清晨热线》已成为具有代表性的品牌栏目，荣获"中国新闻名专栏""全国广播电视十强栏目"等国家级荣誉称号，成为全国民生类节目的榜样；《阿六头说新闻》是杭州电视台西湖明珠频道于2004年元旦推出、用杭州话播报的新闻节目，追求品质，追求创新，先后获得了"中国十佳电视民生新闻栏目""全国十大品牌电视民生新闻栏目""全国原创电视栏目二十佳"等国家省市各类奖项近五十项；南京广播电视台的《新闻零距离》等栏目形成全国知名的电视品牌。湘潭电视台创办的《新闻点阵》《社会广角》《法制八点》《都市日记》等栏目先后被评为湖南省优秀电视栏目。

第二、自身造血功能大大增强。

地方电视台是地方党委和政府的喉舌，负责舆论引导和正面宣传，拳头产品是本地新闻以及一些服务类的节目，通过强大的用户黏性打造能够为广告客户提高转化率的产品。地方电视台的广告创收手段无外乎是卖广告、植入性广告、办晚会、开展地面活动、无线增值业务、网络媒体、手机电视、节目版权买卖以及其他延伸项目等等。有些省会城市台还具备较强的电视剧生产创作能力，也是一条重要的创收途径。地方电视台创收超亿元，甚至超5亿、10亿元以上的传媒集团也不少。经济实力的增强，大大改善电视采编播的技术设备，由无线到有线，由电缆到光缆传输；由模拟到数字到5D、航拍拍摄；由无线接收到卫星接收，由录制到直播，由对编到非编，脱胎换骨的华丽转身，为生产高质量的电视节目创造了条件。

1985年7月1日正式播出的湘潭电视台，已经走过了34年发展历程。目前已建成一栋集采、编、播多功能服务为一体的广电中心大楼，占地21亩，总建筑面积21000平方米，主楼15层，总投资7000多万元；拥有800平方米演播厅，可以举行400人的大型活动。投资1000万元的高清转播车于2010年9月投入使用，在湖南省十一届运动会、第八届残运会电视转播上发挥了重要作用。广电网络奋力投身"智慧城市""光网城市"等信息产业建设大潮，已经发展有线电视用户18万户，高清电视用户约3万户，湘潭市区双向网络改造完成27万户。2015 年以来，投入 300 多万元升级改造新媒体，对湘潭传媒网进行了全新改版。媒体打造的"这里是湘潭""都市日记""湘潭电视台湘潭新闻"等一批微博微信公众号正能量充盈、影响力广泛，移动客户端"大美湘潭"上线推广，一批现象级融媒体产品产生"刷屏之效"。

二、经验：地方电视台崛起的根本原因是守正创新

在推进地方电视事业实现历史性跨越发展的实践中，地方电视台积累了十分宝贵的经验和做法。

第一、紧紧围绕党和政府的中心工作，确保正确的发展方向。

新闻工作者必须保持高度的政治敏锐性，牢牢把握正确的舆论导向，做到舆论引导既不"缺位"也不"越位"，既不"失语"也不讲"过头话"，在第一时间、第一现场发出第一声音，掌握话语主动权。只有始终与党的大政方针保持一致，才能正确地发挥媒体的喉舌功能。要毫不放松地加强和改善党对新闻工作的领导，学习习近平总书记关于宣传思想工作的重要思想，树牢"四个意识"，坚定"四个自信"，坚决做到"两个维护"，确保各级新闻机构的领导权掌握在忠于党、忠于人民的人手里。湘潭电视台在"喜迎十九大""创文迎国检""抗洪救灾""打赢蓝天保卫战"等宣传战役中，充分运用广播、电视、网络、新媒体等平台进行主题宣传，整合全媒体优势，创新宣传方式，取得明显成效。

第二、将发展作为第一要务，一心一意谋发展。

中国电视媒介是典型的"事业单位，企业管理"体制，既有行政性的保护成分，也有市场性的竞争成分。[①] 电视媒介一方面要利用自身的政治优势反应、引发、引导舆论，利用舆论造就自身的媒介地位，完成党和政府喉舌的最基本任务；另一方面，在市场经济体制下，企业管理体制的运用使得电视媒介也逃脱不了优胜劣汰的森林法则，市场竞争的矛盾日益凸显。城市电视台在面对市场竞争下，必须审时度势、因地制宜、立足本土，进行本土创新。[②]

面对新媒体冲击、经济下行、政策影响等多重危机，湘潭电视台始终抓住发展这个第一要务不动摇，始终致力于提升湘潭广电综合实力和核心竞争力。湘潭电视台积极探索与新媒体融合经营新渠道，做大活动节会品牌，做好对各部办委局、各单位的宣传服务工作，把触角延伸至各县市区、乡镇，拓展农村市场，弥补硬性广告急剧下滑的空白。2017 年以来，先后完成了第 20 届湘潭房博会、春天的声音暨"书香湘潭"启动仪式、"七一"经典诵读暨百姓微宣讲展示、华银孝悌十佳、湘潭万达广场珠江啤酒节、花石荷花节等 300 多场大型活动及节会。

---

① 黄升民：《黄升民自选集》，第 290 页，复旦大学出版社 2004 年版。
② 牟熊璨：《浅析城市电视台的发展与出路》，人民网 – 传媒频道，2009 年 12 月 01 日。

依靠内容生产优势，为各职能部门打造微信公众号。现在与市委组织部、市委统战部、市政务中心、市环保局、市交通局等 20 多个市直部办委局园区合作，托管运营一系列微信公众号，探索了一条延伸传统媒体触角的新路。通过线上线下相结合的方式开展"最美交通人""最美环保卫士""最美快递小哥"等活动评选，实现了社会效益与经济效益双丰收。

第三、坚持改革创新，认真探索适合自身的发展规律。

习近平总书记明确指出，"宣传思想工作创新，重点要抓好理念创新、手段创新、基层工作创新，努力以思想认识新飞跃打开工作新局面，积极探索有利于破解工作难题的新举措新办法，把创新的重心放在基层一线。"[1] 中国的新闻事业从老旧发报机、手摇马达到全媒体平台、新媒体客户端，从筚路蓝缕、烽火硝烟中走来，如今已迎来蓬勃发展的新时期。出新出彩的重大主题宣传，正是宣传思想文化战线针对舆论环境、媒体格局、传播方式发生的深刻变化，不断锐意进取、开拓创新所取得的成果。中央媒体已经做了很好的示范，坚持移动媒体优先，着力突破采编发流程再造这个关键环节，着力抓好"中央厨房"建设这个龙头工程，努力建设新型主流媒体和媒体集团。一大批网络化、移动化新型媒体开办，立体多样的传播矩阵已成规模。

实践证明，地方电视台的发展必须始终坚持深化改革，紧跟央媒，不断推进观念、管理、体制机制、传播技术等方面的创新。2015 年，湘潭台党委启动了五年改革发展计划：将原有的频道制调整为中心制。全台成立新闻中心、广播中心、新媒体中心、节目中心等四个质量型单位和广告经营公司、日出东山文化传媒公司、韶山红旅公司等三个经营型单位，集中优势打造新闻综合、公共都市两个电视频道和湘潭交通广播电台。通过 4 年多的改革，进一步激发新活力，创造新优势，壮大主流媒体舆论阵地，实现湘潭广电的二次创业。

第四、坚持"以人为本"的理念，狠抓人才队伍建设。

在激烈的新闻竞争中，地方电视台要求生存、求发展、求壮大，首先是要抓好队伍建设，这是地方新闻媒体的固本之策。地方电视台抓人才队伍培养，深入开展马克思主义新闻观教育，广泛开展"不忘初心、牢记使命"主题教育，在围绕中心、服务大局中找准坐标定位，牢记社会责任，不断解决好"为了谁、依靠谁、我是谁"这个根本问题。要提高业务能力，勤学习、多锻炼，努力成为全媒型、专家型人才。要转作风改文风，俯下身、沉下心，察实情、说实话、动真情，努力推出有思想、有温度、有品质的作品。

优秀的队伍和人才是干出来的、磨出来的，甚至是逼出来的。深化新闻单位

---

[1] 《习近平谈治国理政》，外文出版社 2014 年版，第 155 页。

干部人事制度改革，对新闻工作者在政治上充分信任、工作上大胆使用、生活上真诚关心、待遇上及时保障。我们不仅要抓好队伍的思想政治素质和业务素质培训，更要注意加强实践锻炼，平时多交任务、多压担子、多提要求，特殊时期和敏感时期要让他们到第一线去经受风雨、接受考验。

三、出路：地方电视台改革的必由之路是融合转型

无论何时，地方电视台都要牢牢把握正确方向，把主流媒体内容权威优势和新兴媒体传播平台优势结合起来，大力推动融合发展，不断增强地方电视台的传播力引导力影响力公信力。

第一、明确改革发展方向，着力推动传统媒体和新兴媒体融合发展。

2014年中央指路架桥，开启了媒体融合发展之路，三年多来，从"相加"到"相融"，传统媒体和新媒体如何真正实现融为一体、合而为一，是摆在媒体人面前的一道重要命题。面对移动化、社交化等新趋势，必须更加全面深入地认识"媒体融合"战略，有效推进深层次融合发展。媒体融合发展不是当"新闻搬运工"，而是要加强分众化差异化传播，来提高新闻产品供给的精准度和有效性。

传统主流媒体一直奉行"内容为王"的生存法则，这一点当然没错，但随着社会的发展和人们精神文化生活的提升，单纯以图文为主的新闻内容已无法满足受众多样化的阅读需求。新媒体的出现，恰恰填补了这一缺欠，全媒体时代，传播渠道和网络技术的综合运用同样重要。地方电视台在全媒体报道指挥中心统一调度下，拓宽平台和渠道，对稿件实行碎片化处理，做好PC端、微博、微信、移动客户端、广播端、电视端等传播终端的预热、发布、信息反馈等工作，实施全天候的内容生产，使新闻事件在传统媒体和新媒体的融合中产生化学反应。

第二、把握改革大势，走出一条突破重围、转型升级的新路。

地方电视台处于"四级办台"体制中下层，面临着区域覆盖受限、专业人才匮乏、观众流失、广告减少、运营成本过高等困境，传统媒体优势正在丧失。广播电视产业赖以生存和发展的市场环境正变得越来越严峻。怎么办？唯一出路就是深化改革，杀出一条转型升级的新路。

地方电视台长期深耕地方形成的公信力，赋予了在所在区域的影响力和号召力。面对移动化、社交化、分众化、差异化新趋势，湘潭电视台开展新闻产品供给结构性改革，从2016年开始围绕市委市政府的中心工作，推出"社区文明大舞台"原创品牌活动，面向城区134个社区，每月平均举办两期"你我共创建"社区文明大舞台活动，走进社区居民身边。每期通过湘潭电视台主办的《都市日记》微信公众号进行视频直播2小时以上，至今已举办124场，为全台直接创

收达 600 万元以上。2017 年 11 月 14 日，湘潭市成功跻身第五届全国文明城市行列。2018 年湘潭市成功创建国家森林城市，2019 年擂响了创建国家卫生城市的战鼓，湘潭电视台承办的这三项主题活动每个都产生 100 万以上的经济效益。

第三、在攻坚克难中突破改革难点，精准发力，实现转型发展。

地方电视台经过 70 年的发展，目前主要存在八个问题需要解决。一是从提高节目质量和收视率着手，解决社会影响力和广告附着力下降问题；二是从提高一线员工的收入水平着手，解决一心二用、兼职泛滥、形象贬值、职业尊严感和职业荣誉感下降、核心人才流失问题；三是从提高专业人员的地位、建立清晰的职业发展通道着手，解决年轻员工职业发展的前途问题；四是从梳理二级部门和单位存在意义与价值贡献着手，实施分类考核，解决各部门各单位运行的基本目标问题；五是从专业化分工协作的角度，解决一放就乱、一统就死问题；六是以完善考核机制，竞争上岗、360 度考核、末位淘汰，来解决工作动力机制问题；七是把跨部门协作纳入考核指标，来解决以"邻"为壑、各自为政问题；八是夯实核心能力，融合新媒体，大力拓展外包服务市场，鼓励开拓创新，积极寻求新的经济增长点问题。

地方电视台要牢牢把握正确政治方向、舆论导向、价值取向，抓好主业，带动产业，实行制播分离和分类考核；坚持稳中求进、守正创新，聚焦行业发展重点和热点，加强优质内容供给，提高传输覆盖能力，促进事业产业协同发展；以互联网思维实现媒体融合转型，打造区域权威主流的全媒体，推动电视行业向高质量发展目标迈进。

（作者系湖南湘潭市广播电视台新闻中心副总监）

新中国 70 年媒体格局变化及舆论引导策略创新

王灿发　张哲瑜

一、传统媒体主导下的舆论引导

在一个信息相对封闭的社会，舆论引导由传统媒体主导。传统媒体是最主要的信息来源，在"传——受"的单向传播中，由于新闻机构被牢牢掌握在控制主体中国，可以通过控制信息内容、控制公众的意见表达，媒体的议程设置看来有效管理社会舆论。社会公众在舆论格局中处于绝对的弱势地位。

（一）总体性社会中以政治宣传为主的舆论控制：（1949—1978）

从 1949 年新中国的成立，到 1978 年改革开放，新中国的几十年的社会发展道路取得了巨大成就，更不乏艰难的探索。这一阶段的社会，被称为"总体性社会"在这种社会结构中，社会建设以政府为主体，依靠政治动员为力量，服务于政治目标。党和政府与社会高度同构，反映在新闻传播中就是以机关党报报刊为主要载体的，单向灌输式的舆论控制模式。这种模式一方面将全国人民团结围绕在社会主义建设中去，集中力量办大事，防止敌对力量的阶级利用；另一方面，被作为舆论工具使用的新闻媒体，一旦受到错误政治运动的影响，也将产生不好的社会舆论走向。

在新民主主义革命和社会主义建设过程中，新闻媒体被用作一个有效的社会控制手段来动员社会成员，因此形成了一套严整的新闻舆论控制模式。1942 年，中共中央就制定了"全党办报"的方针，并通过对《解放日报》的系统改革确立了报纸舆论引导的模式："改革的目的，就是要使解放日报能够成为真正战斗的党的机关报，使我们整个篇幅贯彻党的路线。"1949 年新中国成立后，新闻工作一方面继承了革命战争时期的传统，秉持"政治家办报"的思想，强调党报是党的事业的一部分，积极开展批评与自我批评，与当时的整党、整风活动宣传结合起来，引起热烈的社会反响；新闻媒体作为"党的耳目喉舌"，在抵御西方敌对势力的意识形态入侵，动员社会力量上产生了巨大的效果。抗美援朝时期，在我国所有新闻机构的一致动员下，举国上下掀起了抗美援朝、保家卫国的运动，群众的爱国热情高涨。

在社会主义建设新时期，受到政治运动的影响，社会主义传播媒介开始变成群众大规模阶级斗争的舆论阵地，失去了其他固有的功能，"报纸是阶级斗争工具"的观点片面地得到发展并愈演愈烈。在"文化大革命"的十年中，部分媒体沦为阴谋家的宣传工具和政治传声筒。此阶段舆论控制有以下特征：1. 单向灌输，当时中国被孤立于国际环境之外，传播技术手段仍较为单一，新闻传播为自上而下上传下达的线性传播，容易造成"千报一面""千台同声"的局面；2. 单面宣传，控制负面新闻的报道，压制不同声音的出现。在党的路线方针政策等正面宣传中忽视新闻规律；3. 控制主体一元性。新闻传播的核心目标在于把最广大人民的力量集中起来，在党的领导下"统一思想""统一舆论"，但"总体性社会"中社会具有高度的联动性，上层的一点变动就有可能引起社会震荡，一旦新闻媒体被片面地作为舆论工具利用，就会直接影响整个社会的舆论走向。

新中国成立到改革开放之前的这一段时间，新闻媒体环境较为封闭，新闻主要被用来进行政治观念的宣传。在这一特定的历史阶段，新闻传播事业过程中出现的错误引导，除了国际国内大环境影响外，还与对媒介功能定位的偏差有关，这种偏差直到1978改革开放发轫时，才出现了历史性的新变化。

（二）社会转型期的舆论调控与引导（1978—2003）

1978年党的十一届三中全会召开后，改革开放的大幕拉开，社会主义中国摆脱高度集中的计划经济体制向市场经济转型。经济改革和政治民主化改革同步进行，"国家与社会开始由高度统一向良性分化转变"，社会群体阶层、产业、地域的分化使中国从单一性社会向多元化社会转变，个人的权力和利益开始受到重视。在深刻的社会转型中，媒介功能以及角色也都随之改变，新的城市大众媒介出现，新闻宣传也由原来的舆论控制向舆论调控、引导转变。这一时期，新闻机构作为"党的耳目喉舌"的性质没有改变；但是另一方面，大众传媒也根据社会的变化不断重构：面对不断增长的社会文化需求，新闻宣传也开始更加重视新闻传播的报道事实、协调关系、信息服务等功能。这一时期的舆论引导主要是围绕坚持典型报道的主导作用、关注民生的热点新闻引导以及政府公共事务信息公开的舆论监督而展开的。

1. 坚持典型报道的领路和示范作用

20世纪80年代，西方传播学进入中国，引发了中国新闻界对于媒介功能及信息传播地位的大讨论，"新闻媒介""大众传播媒介"等词汇随着人们对媒介功能认识的革新开始走进人们的视野，"报纸是阶级斗争工具"的论断被弃用，取而代之的是"社会舆论工具"，有效信息的提供是进行舆论引导和调控必不可缺的前提。市场经济给人带来了自由选择的必要，人们对政策、社会以及市场的信息需求加大，由此产生了"信息热"的浪潮，一大批以提供纯信息尤其是经济信息的报刊出现，《经济日报》《市场报》等经济类报纸成为中央指导各项经济工作，引导人民响应经济政策的重要舆论阵地。改革开放以来，随着经济发展的发展，报纸、电台、电视台数量猛增，都市报和娱乐性报纸受到青睐，软新闻和社会新闻也开始占有较大市场，逐步形成了一党报为核心的多层次、多门类的报业结构，电子媒介形成了多子台、多频道的格局。

但是新的媒体格局的形成也对舆论引导带来了新的挑战，快速的社会转型使得社会公众出现一种迷茫状态，并带有强烈的情绪化倾向和分散化特点，党和政府需要在多种声音中坚持政策宣传与典型报道的主导作用，有利于在意识形态趋于多元的转型社会中的凝聚力量。对于出台的特别重大政策，中央往往会通过组织化的程序调动大量媒体资源，以典型宣传的方式进行大规模的政策动员。十一届三中全会以来，关于安徽农村家庭联产承包责任制、深圳特区建设的典型报道，对于城乡经济体制改革建设的推动作用，对于广大人民的思想启具有巨大的指导作用；1978 年关于真理标准的大讨论，20 世纪 90 年代初的"皇甫平评论"，1992 年邓小平"南巡讲话"新闻媒介对改革开放重大政策的宣传引导起到了巨大的推动作用。除此之外，新闻媒体还推出了一系列针对典型个人、典型群体、国企改革经验等一系列的典型报道，这些人物和经验无不有着强烈的时代精神，他们作为标杆旗帜激励着广大人民群众。典型报道在社会转型中的舆论引导过程发挥了重要作用。

2. 大众化浪潮与热点引导

1992 年，邓小平同志巡视南方和党的十四大的召开，标志着我国改革开放和现代化建设进入了一个新阶段。社会主义市场经济体制的改革目标的确立是中国社会经济发展、体制改革的一个转折点，通过市场这只"看不见的手"，生产建设的主体被"消费主体"悄无声息地取代。新兴的都市报成为影响力较大的报纸，而机关报主流媒体的地位开始受到挑战。新闻媒体大众化的浪潮在 20 世纪 80 年代末期已经初露端倪，为了获得读者的认可和市场的欢迎，报纸开始出版周末增刊或者星期刊，以"社会速写""经济广角"等群众关注的社会热点为主要内容进行报道。随着 1992 年市场经济体制的目标和新闻事业"双重属性"的确立，晚报、都市报得以兴起。其自负盈亏、商业化的性质使报道的主要内容聚焦于地方新闻和社会新闻，以"服务大众、服务市民"为口号。报纸不再只是时事新闻的传声筒，而开始更多地反映普通市民阶层的社会生活需求。

20 世纪 90 年代以来，针对民众关心的如国家经济改革、教育体制改革、医疗卫生改革、三农问题等等一系列涉及民生的社会问题被大量报道，也形成了意见和舆论的强势。片面地宣传国家政策已不能取得很好的效果，社会意见需要得到有效的沟通。党、政府和新闻媒介开始以"引导"的方式对待社会问题和社会舆论，开始着眼于舆论关注的问题，并在此基础上结合政策宣传，打造公众认同的良性循环。针对新闻媒介变革带来的思想变化和舆论多元，1994 年，江泽民同志提出了"舆论引导"的思想："舆论导向正确，人心凝聚，精神振奋；舆论导向失误，后果严重。"对于社会转型带来的大多数热点舆论，新闻媒介摒弃以往压住不报的方式，借用大众传媒采取积极引导。此外，双向互动的传播模式也开始出现，新闻媒体开始刊登读者来信，以群众的声音来引导老百姓。党的十六大之后，中央宣传部门要求新闻宣传战线上贯彻"贴近实际、贴近生活、贴近群众"的"三贴近"原则这正是对于社会舆论重要性的承认，更是对民意的承认。

3. 舆论监督热潮中的民意表达

市场化带来的媒介数量、内容形式的创新只是影响舆论的表层部分。从更深层次来讲，媒介作为社会政治沟通和民意表达的功能——舆论监督也得到了增强。1979 年，《工人日报》率先披露了"渤海 2 号"钻井船翻船事件的内幕，人们意识到新闻媒介不仅是党的宣传机构，也是监督国家权力工具。

随着中国民主化进程的不断发展，党和政府在对待舆论问题上，逐渐地改变以信息控制为核心的理念，更加重视舆论监督的作用。1987 年，舆论监督的理念首次出现在党的第十三次代表大会的政治报告中，之后出台一系列举措，提高现代化新闻宣传工具在舆论监督中的作用，将舆论监督作为一种重要的舆论引导方式。在20 世纪90 年代，各新闻传媒对与进行新闻舆论监督的认识日趋一致，形成"舆论监督热"。以往，电视主要以"新闻联播式"的时政新闻播报以及娱乐导向为主要内容，在新闻舆论监督上的力度并不大。1993 年《东方时空》开播，以及《焦点访谈》《新闻调查》栏目的开播掀起了巨大的舆论监督热潮，新闻传媒围绕中央的工作部署，倾听群众声音，对党内腐败现象，行业不正之风，社会不公现象等等进行了揭露，弘扬了社会正气。虽然《焦点访谈》的舆论监督模式并非自下而上的媒介监督，但是不能忽略其中汇聚的巨大的民意，让媒介来反映民意，并借助民意的力量来促成政策调整和制定，即使是在体制内有选择的运作，也反映了民意地位的提高，党和中央对社会舆论的重视。

二、数字媒体环境下的网络舆论引导（2003—2013）

经过 30 多年的改革开放，中国社会阶层结构发生了根本性变化，市场机制的扩张和渗透促进了社会资源在不同社会群体间的流动。以互联网、手机等为代表的数字媒体的出现重塑了新闻传播，网络传播成为媒介格局的中心，形成了传统媒体与数字媒体多元建构的媒介环境。2003 年，随着文化体制改革的深入，政府"包办一切"的职能彻底转变，政府与媒体之间的关系弹性化，媒体获得了更大的自由，公众在传播生态中的地位不断提升，由此政府、大众传媒、社会公众组成了舆论格局的三方。媒介作为政府和公众之间"缓冲层"的中介作用不断弱化,这对政府的舆论宣传和引导能力构成了巨大的挑战。

（一）互联网推动"信息公开"的共识形成

踏入21世纪,互联网发展、应用和普及的速度与广度式十分惊人,成为人们获取各类信息资讯的重要窗口和平台,一跃成为挑战和冲击报纸、广播和电视的新媒体。在互联网的平台上,人人都可以发声,各种意见和言论在此交锋,社会公众在维护自身权利、监督公权力、参与管理公共事务与构建社会道德秩序一系列问题上形成社会舆论来实现话语权,对知情权的要求日益提高。2002年,"SARS"病例最早出现时,媒体没有及时准确报道反而造成了谣言四起和群体恐慌,甚至进一步加速了疫情扩散。事实证明,企图通过信息屏蔽的控制方式来控制舆论已不合时宜,"集体失语"只会使得政府和媒介失去公信力,这使得传统的舆论控制模式逐渐向注重对话的"传－受"双向互动型模式转变,更促进了政府信息的"信息公开"的机制。

经历了非典的中国政府对公民的知情权更加重视,也更加认识到互联网的建设、运用和管理的重要性。政府开始改进对社会舆论的认知方式,直面公众和媒体。通过设置网络发言人,网络信息发布的方式,及时、准确地发布信息和回应网民诉求,在政府和公众之间搭建畅通的沟通渠道,正确引导公众舆情。在2009年甲流疫情暴发时,政府本着信息公开的原则,在疫情的不同阶段,第一时间通过媒体进行了一系列有针对性的新闻报道,其中包括相关政策及预案的制定、疫情信息的及时发布、开展社会倡议与动员活动等等,防止了谣言滋生蔓延。可见,基于信息公开的舆论引导能够沟通关系、疏导情绪,提高政府的公信力。

（二）设置交互式议题掌握网络舆论引导主动权

由于传播方式的巨大差异,传统媒体和以互联网为代表的新媒体形成了两个不同的舆论场。特别是BBS（网络信息公告栏）的诞生后,网民可以通过发帖和跟帖的方式,将同一个话题用交谈和讨论的形式延续下去。意见传播实现了从"自上而下"向"自下而上"的转变,舆论的主体由主流媒体和精英变为普通公众。社会中发生的重大事件无一不在网上引起热烈讨论,形成全民围观的"景观社会"。

在网络舆论场形成的初期,传统媒体舆论场出现了漠视或者盲目跟风网络舆论场的现象。以2003年的"宝马撞人案"为例,事件发生时首先由当地媒体报道,主流媒体保持失声,但在网络媒体上却引起轩然大波。舆论的关注带来了全国其他媒体的关注,主流媒体才开始跟进。此时,网络媒体与传统媒体明显处于不同步的分离状态,直到2007年两者开始重合,产生形成意见强势的趋势。当时的社会舆论热点的厦门PX事件、华南虎事件等等都体现了这种联动:网民先在网络上发帖爆料,形成热度后,传统媒体随即跟进深入事情真相的发掘,两者共同进行议程设置推动事情的解决，但是在这其中，传统媒体在舆论引导能力上陷入困境。

针对这种多元舆论场的格局中主流媒体的主导权不断下降的问题，党和政府提出了构建舆论引导新格局的战略，把发展主流媒体作为战略重点，进行交互性的议题设置，积极掌握网络舆论引导主导权；建立了一大批主流新闻网站、政务微博微信，客户端，主动利用新媒体平台和公众形成对话。特别是 2011 年之后，政务微博等主流话语大规模进入网络舆论场，传统媒体依托公信力和权威的优势，积极跟进各类新闻热点，进行议程设置，对新媒体热点积极关注和回应。主流网媒逐渐掌握了网络舆论主战场的主动权，有力地扭转了被"围观"的局面。2012 年宁波 PX 事件发生后，人民网第一时间组织了数十篇报道，对事件进行全方面地分析和反思，对公众事件进行了有效的引导。传统媒体开始在营造主流舆论、宣传核心价值观和引导社会舆论中发挥主流作用，同时在和网络舆论场的互动过程中不断吸纳民意，反映社会公众诉求。传统媒体和网络媒体两个舆论场日渐趋同。

（三）提高用网治网水平，打造清朗网络空间

手机等移动终端的普及推动了移动舆论场的形成，以微信、微博和新闻客户端"两微一端"开始成为新信源。2010 年舆情热度靠前的 50 起重大舆情案例中，微博首发的有 11 起，占 22%，网民爆料的首选媒体更多地转向微博。2011 年微信推出一年的时间，用户量就突破一亿。微博微信的用户之间通过社交网络关系或者对共同问题的讨论建立信任关系，信息在分享转发中产生裂变式传播，推动舆情的酝酿发酵。但是在这个跟过程中也出现了舆情异化：网络的匿名性使得造谣诽谤的成本较低，网络又能给不实信息插上翅膀，一旦谣言大范围传播将难以引导；面对海量的信息，网民可能对"大 V"这类意见领袖产生偏听偏信的盲从心理，有时会被利用和左右，舆论极易被引入错误的方向。

新媒体中的网络舆情异化现象证明，对于微信、微博这类社交媒体的舆论传播，除了坚持正面引导，及时将舆情化解外，同时需要法律、制度、技术层面的防范和治理。通过技术手段提高网络舆情监测的能力，及时发现有害的舆论；充分发挥政府权威信息发布、主流媒体联合辟谣的作用，将谣言遏制从源头上遏制；在确保言论自由的前提下，建立微信微博网络实名制与信息信用制；健全新媒体企业的市场准入制度和认证机制，加强对不良信息规治，依法查处违法网站和网络账号，严厉整治网络直播平台等等。特别是 2014 年国家互联网信息办公室发布《即时通信工具公众信息服务发展管理暂行规定》等政策规定以来，网络中的造谣诽谤之风明显得到遏制，大批时政类"大 V"逐步淡出网络舆论舞台，微信微博的网络空间得到净化。

四、媒介融合中的舆论引导（2013 至今）

随着信息网络技术的快速发展，媒体形态从原来的报纸、广播、电视向着互联网、移动智能终端等新兴媒体不断演进，大数据、云计算、人工智能、区块链、卫星互联网、5G 移动通信等互联网最新技术的产生也深刻影响了媒体的发展。无论是媒体技术、传播渠道还是运行平台上都表现出互通融合的态势。当今世界正在从信息互联网、移动互联网走进价值互联网的智能时代。在媒介深度融合的框架中，引导方式也在不断与时俱进。

（一）"中央厨房"式新闻生产模式促进提升传播力

传统的新闻生产模式中，思维方式是线性，文字报道、图片报道等内容各成体系，很少能发生关联产生规模效应。媒介融合促进了各种媒介之间的融合，使得融合新闻诞生。2014 年媒介融合上升为国家战略，而人民日报推出"中央厨房"标志着媒介融合进入了全新阶段。围绕着新闻生产的采、编、发等环节，中央厨房使得新闻生产的流程实现了深度融合。传统媒体通过建立中央厨房，保证一次采集后，实现多元化生产与加工，多渠道发布，更加充分地发挥不同媒介的传播特色，实现个性化新闻生产。在业务、技术、平台、产品的深度融合下，传统媒体的报道也焕发了新的活力。2016 年两会期间，中央厨房的第一次运行，从文字稿件、数据新闻、视频产品、H5 产品……中央厨房加工出来的融合媒体产品不断刷屏。结合历史和实时数据对总理政府报告进行数据可视化解读，一经推出就获得了十万加的阅读量。在整个两会期间，"中央厨房"已推出包括文字、图片、图表、视频、动漫、H5 等在内的多媒体产品 170 多个，覆盖国内外 2000 多家媒体，受众人数超过 6 亿。大大拓展了人民日报的传播空间和舆论阵地。

（二）人工智能技术下的价值挑战

伴随着技术的不断变革，基于人工智能、大数据、和区块链等技术的信息传播融合成为媒体深度融合的新框架和新未来，人类社会正在进入一个万物互联的时代，智媒体必将成为媒体融合转型的新阶段。直播、短视频传播开始融入 AI 特色，让用户体验身处新闻现场的感觉；根据个人兴趣和算法推荐来进行新闻热点推送；机器人新闻播报、机器人新闻写作等开启了人机协同生产等等都表明在 AI 的支撑下，信息传播的移动化、社交化、智能化特征更加明显。但是技术的发展是一把双刃剑，算法新闻对于把关权力的让渡，对技术的过度依赖带来了许多伦理失范问题。算法新闻的个性化推荐，不仅造成了信息茧房出现，而且由于缺乏主流价值的引导，一些虚假信息通过所谓"推荐算法""新闻头条"等在互联网空间大肆传播，成为部分媒体的基本观点，这与主流媒体的设置议程相冲突，对网络舆论引导权带来挑战。面对新的挑战，党和政府随即对"推荐算法"型资讯平台责令整改，要求其必须坚守社会责任，加强对不良信息的人工审查。

但是从长远来看，如何使内嵌于算法推荐的价值观具有正确导向，建立符合智能时代表达形式和用户喜爱的正面宣传体系，是一个需要政府和业界、学界共同协同合作的探索过程。

（三）后真相时代的舆论引领

当技术深度融合发展混淆了真实与虚拟的场景，互联网的海量信息和谣言丛生使人难辨真假，人们其实已经进入了后真相时代，公众只愿意相信他愿意相信的东西，事实与真相在海量、快速迭代的信息环境中被掩盖遗忘。价值传播逻辑开始变化，首先去中心化的社交传播模式使得对核心价值观的认同受到削弱；诉诸情感和个人信念的价值观更能影响舆论走向，价值和事实出现了分离，舆论风险度升级；社会矛盾通过网络空间的发酵容易被激化，成为网民宣泄情绪或者戏谑狂欢的场所，反权威心理浓重。大众传媒的引导有时不一定能起到应有的作用，甚至可能适得其反，产生"群体极化"现象，而且带有明显的情绪化和非理性特征，极易导致网络暴力的出现。2016年的"雷洋事件"就体现了一种对公权力的暴力，公安机关在执法过程中的不规范行为被无限夸大，普通百姓则被先入为主地贴上了"受迫害"的标签。究其深层原因，还是政府和公众尚未达成一种价值共识，政府的公信力有待提高。

因此，如何依据事实真相理性地达成社会价值共识，使社会主义核心价值观的内化为社会大众的精神理想和追求，引领正确的舆论导向，就成为这一时期的重要内容。近几年，党和政府也在不断改进与公众沟通的话语方式，在事实层面还原真相，在价值层面达成对话；对焦点问题不回避而是抢占先机以正视听，合理设置话题，积极将社会主义核心价值观的精髓转化为公众喜闻乐见的议题。良好的公众舆情反馈机制的建立使得党和政府能在多元的舆论格局中不落入被动，有利于社会的稳定发展以及政府公信力的提升。

五、思考与借鉴

（一）社会转型时期的稳步发展离不开正确舆论引导

中国从计划经济向市场经济的转变使中国发生了翻天覆地的变化，正确舆论引导对于社会发展中的稳定起到了非常重要的作用，必须把舆论引导纳入国家整体战略中，它直接关系到国家治理体系和治理能力现代化进程。在1978年以前，我国的新闻体制和工作传统是高度政治化和组织化的，传媒是党指导工作的工具，是进行政策宣传的工具，一方面在动员社会力量抵御西方势力，进行社会主义建设方面发挥了巨大作用，但同时传媒一旦被利用，则会引起巨大的社会动荡；改革开放以后，传媒的功能从单一走向去全面，这一阶段的舆论主导权仍被掌握在党媒手中，有效防止了社会转型过程中群体性迷茫和混乱；进入新世纪，随着改革的不断深化，网络舆论和公众力量崛，传统主流媒体的主导权受到挑战，中国进入舆情频发的风险社会和价值事实分离的后真相时代，这一时期，党和政府始终坚持正面引导和依法治理相结合的方式，不断探索主流媒体的传播力和公信力提升路径，在经验学习中，根据社会发展开展相应的引导工作，构建舆论引导新格局。

（二）舆论引导离不开对新闻规律的遵守

正确的舆论引导方式不是一成不变的，而是需要随着技术的发展、传播方式的变化、人们思维模式的变化及时调整。在改革开放之前，政策宣传的模式虽然能发挥一定的效果，但是对新闻的瞒报不报，新闻内容的单一僵化甚至浮夸造假，只能失去人民群众的信任。遵循新闻规律的传播需要不断跟进时代潮流发展，主动拥抱新的传播方式，发挥媒介在信息告知、社会协调、文化娱乐等多方面的功能，增强舆论引导的实效性。

（三）舆论引导方式的改变反映了政治民主化的日趋发展

新中国成立70年以来，国家层面的舆论引导由以宣传为主的单向式灌输，到尊重舆论、尊重民意、加强与公众对话沟通的转变。从人民日报上开始出现政治批评，到电视上舆论监督类节目掀起热潮，再到主动在网上进行政府信息公开，让网民对政府公权力进行监督，背后反映的其实是政治民主化的进程。而以对话的为主的舆论引导模式也反过来进一步推动了政治民主发展。特别是改革开放之后，舆论监督地位的提高、政府信息的公开进一步提高了党的执政水平，密切了群众联系，促进了社会主义现代化政治文明的发展。

（四）舆论引导的关键在于以人民的利益为根本利益

无论是在过去政策宣传时期的单一媒体声音，还是在多元舆论场众声喧哗的今天，舆论引导都有一个不变的目标和宗旨：把人民对美好生活的向往作为奋斗目标，以人民的利益为根本利益。只有保证共同的利益基础，价值公式的基础才能达成。每一次被推到风口浪尖上的舆论热点，或者说引起巨大社会反响的舆情事件，往往是人民群众最关心的，最需要解决的问题。正确的舆论导向一定是以人民为中心的导向，这也是爱时代变迁中，党和政府进行正确的舆论引导的中心。

纵观舆论引导的70年历程，我们得以窥见舆论引导的嬗变与不变。无论社会结构如何改变，坚持党性原则，坚持联系群众的宗旨没有变；无论政府、媒体、公众三者的关系如何改变，引导社会舆论走向正确的方向，统一人们的思想到社会主义事业建设的轨迹没有变；无论舆论场域如何多元，舆情情况多么复杂，党和政府坚持宣传主旋律的同时，促进依法治网的民主政治进程始终向前。

（作者分别为：中国传媒大学新闻学院教授；清华大学新闻与传播学院硕士研究生）

三等奖

中国综艺节目模式对外传播的现状与问题

张高洁

一、"引进来"到"走出去"：中国综艺节目模式的历史发展脉络

改革开放以来，我国的综艺节目模式经历了从模仿引进，到自主研发，进而实现对外输出的战略转型。

我国的电视节目模式引进历程要追溯到 20 世纪 90 年代，我国电视媒体开启了产业化改革，电视节目的经济属性得到了确立。各大省级电视频道纷纷上星覆盖全国，开启了卫视之间的相互竞争。而综艺节目作为最能吸引观众的节目形态之一，吸引了大量电视人的关注。中央电视台率先模仿海外节目成功制作出了《幸运52》《开心辞典》等综艺节目。进入 21 世纪，在中央电视台的带领下，湖南卫视等也纷纷开启了"模仿"、"借鉴"海外成功节目模式的征程，成功打造出了《舞动奇迹》《超级女声》等节目。但是在此过程中，我国对于海外节目模式的学习仅仅停留在"模仿"阶段，只习得皮毛，而未能得其"精髓"。

随着节目模式贸易逐渐发展成为一项成熟的全球性产业，跨国营销、版权保护呈规模化、规范化发展，越来越多的中国电视人开始重视"节目模式"生产方式。在此背景下，各大电视台竞相从海外引进版权，进行本土化移植，2010 年，中国进入了"节目模式元年"。例如，东方卫视引进《Britain's Got Talent》模式制作了《中国达人秀》，湖南卫视引进英国《Take me out》版权制作了《我们约会吧》。2012 年，浙江卫视基于荷兰综艺节目《The Voice of Holland》的模式所创办的《中国好声音》火遍全国大江南北，引领中国于 2013 年进入了引进节目模式的"井喷之年"。据统计，截至 2013 年底，各大电视台根据引进节目模式而制作播出的综艺高达 30 余档。在此阶段的节目引进过程中，我国不但购买了版权，同时也购买了包含各个节目细节的制作宝典，包含情节设计、舞台设计、流程安排等方方面面。同时，海外版权商也会派专人来节目制作现场进行指导，参与节目的拍摄、剪辑、营销等多个环节。这大大改变了抄袭模仿形式下所形成的粗制滥造的局面，使节目制作回到精细化的轨道上。

自此之后，海外节目模式引进成为综艺节目制作的主流模式。据统计，2016年，卫视综艺 TOP50 榜单中有 29 档节目为引进和模仿海外模式，占总数的 58%；2017 年，引进、模仿海外模式的节目数目虽有所下降，但在卫视综艺收视率前 50 的节目中仍占比 54%，居高不下。①

但与此同时，中国原创综艺也在悄然生长。2013 年 10 月 12 日，国家新闻出版广电总局发布了被称为"加强版限娱令"的《关于做好 2014 年电视上星综合频道节目编排和备案工作的通知》，规定各大卫视每年播出的新引进境外版权模式节目不得超过一个，当年不得安排在黄金档播出。② 2015 年 7 月，国家新闻出版广电总局发出《关于加强真人秀节目管理的通知》，提出对引进节目模式要适度控制数量，避免过度集中在某一地区或国家。③ 2016 年 6 月 22 日，国家新闻出版广电总局下发《关于大力推动广播电视节目自主创新工作的通知》，明确表示要限制广电机构引进节目模式数量，要求大力推进广播电视节目自主创新，研发拥有自主知识产权、体现中华文化特色的优质节目。④ 自此，引进版权节目模式数量有所下降，更多创新节目开始进入观众视线。

同时，随着互联网的发展，用户观看习惯的改变，网络综艺入局中国综艺市场，使综艺市场的竞争达到了白热化。据统计，2018 年，新播国产网络综艺的数量达到 162 部，投资规模 68 亿；2019 年第一季度，播映指数前 50 的榜单中，网络综艺有 20 档，已占据了中国综艺市场的将近半壁江山。越来越多的用户被引流到互联网端，使得传统电视人的危机意识日益强烈，鼓舞着他们进一步创新求变。台网之间的良性竞争与跨界合作使得我国的综艺市场日益爆发出更强大的创新能力。2019 年第一季度，播映指数前 50 的榜单中，国产原创综艺数量达到了 33 档。⑤

二、中国综艺节目模式的对外传播现状

2010 年及之前，我国综艺节目的原创力量尚不成熟，市场上的综艺节目以模仿、借鉴海外为主，只有零星几档节目可以在东南亚等海外地区播出，反响平平。直至 2011 年，江苏卫视的生活服务类节目《非诚勿扰》开启"扬帆出海"

① 前瞻产业研究院：《2018—2023 年中国电视节目创新模式与电视新媒体分析报告》，https://www.qianzhan.com/analyst/detail/220/180830 - c0f53f8e.html. 2018 - 08 - 30

② 郑娜：《被"限娱"的电视会好起来吗》，《人民日报》海外版，2013 - 10 - 25。

③ 国家新闻出版广电总局：《关于加强真人秀节目管理的通知》，http://www.sarft.gov.cn/art/2015/7/22/art_ 113_ 27532.html. 2015 - 07 - 22

④ 国家新闻出版广电总局：《关于大力推动广播电视节目自主创新工作的通知》，http://www.sap-prft.gov.cn/sapprft/contents/6588/299196.shtml. 2016 - 06 - 20

⑤ 数据整理自艺恩数据。

模式，先后推出了澳洲专场、美国专场、英国专场、加拿大专场等 16 个海外专场，成为我国首档在海外成功落户的综艺。经过几年的发展，中国"走出去"的综艺节目模式数量呈指数型增长，海外口碑也日益攀升。

目前，我国成功"走出去"的综艺呈现出垂直细分化、中国特色日益明显、台网走向联合联动的三大特点趋势。

1. 品类垂直细分，以"小而专"策略深耕节目创意

随着综艺市场的繁荣，大量同质化的综艺节目使观众陷入了审美疲劳，竞争力不断下降。由此，我国的综艺节目开始探索创新的发展方向，深耕品类，走"小而专"的垂直细分化发展道路。

"小而专"和"大而全"是两个相对的概念。大而全追求的是区域、行业、领域的最大市场占有，力求做到大数法则下的兼容，满足"大多数"受众的内容得到优先对待。而"小而专"追求的则是对某个细分市场的独占鳌头，它聚焦一点并进行深度拓展，从而凸显个性，以"人无我有，人有我优"的特点满足受众，确立自身的不可替代性。①

我国最初的电视综艺以全年龄层的观众为目标受众，往往采取"大而全"策略，以老少皆宜、合家欢的题材为主，讲究曲艺杂谈、唱跳说奏等面面俱到，例如《春晚》《综艺大观》等节目的大众传播。而随着网络综艺的兴起，用户地位的提升，"大而全"的制作传播策略已不适用。面对更加个性化、更加凸显主体意识的受众，越来越多类型多样且题材垂直细分的节目获得市场的欢迎。

例如《声临其境》开创了声音节目的垂直品类，将"配音"这一幕后工作推向了台前；《中国好歌曲》摒弃了传统音乐节目所推重的流行元素，助推"原创音乐"走出国门；《国家宝藏》赋予了文物具有时代特色的持久生命力……准确的差异化定位、多元化的主题选择以及"小而专"的精准传播策略展现了中国综艺模式特有的魅力。中国"走出去"的综艺节目模式也由此呈多元化、精准化的局面。

2. 立足中国特色，创新本土文化资源的国际化表达

立足我国优秀传统文化理念与中国特色国情所创造出的综艺作品，不仅突破了传统综艺节目发展的瓶颈，还以独特的民族文化气质和时代价值在激荡的国际市场上散发着特有的魅力。

随着时代的发展，在政府、市场与制作方等多方的努力，文化类综艺节目自2016 年崛起，打破了以往我国综艺市场"娱乐至死"的风气。《我在故宫修文物》《中国诗词大会》等节目的持续热播，唤醒了我国观众对优秀传统文化的需

---

① 张立伟：《大而全与小而专——都市类报纸的两种发展战略》，《新闻战线》2001 年第 6 期。

求。2018年，文化综艺加速进入全面转型升级阶段，勾连起文化与商业、娱乐等方面的联系，打造"文化IP"，进一步带动了文博热、文旅热，不但以其深厚的文化积淀、深沉的人文情怀被誉为国内综艺界的清流，收获了高收视率、高口碑，打造了高附加值产业链，还以其鲜明的文化特色吸引了大批海外观众，成为我国综艺节目成功出海的主要模式之一。例如《上新了，故宫》通过将历史性、思想性融入进了艺术性、趣味性与实用性之中，打破了国内国际对故宫的刻板印象，彰显了我国与时俱进的文化自信。《功夫少年》聚焦于中国功夫这一广为外国民众喜爱的民族元素，还未制作开播就已亮相戛纳电视节，将富有永恒魅力的优秀文化赋予了全新的活力。

3. 注入网络基因，台网联动共同打造精品节目模式

随着我国互联网的发展，网络媒体以其个性化、差异化的传播内容，非线性、碎片化、全方位的传播方式，不受时空限制，即时互动反馈的传播渠道等优点在观众的视听消费中快速崛起。数据显示，2014年在宽松的政策环境下，网络平台涌现出《奇葩说》《你正常吗》等现象级节目，开启了"中国网络综艺自制元年"；2015年度，网络综艺作品共上线96档；[1] 2016年，全国各大视频平台推出网络综艺达111档；2017年，这一数字攀登至172档，2018年此数字更是达到了263档。[2] 网络综艺的数量呈稳定增长之势。

除数量上的激增外，网络综艺的质量也在显著提升。在日趋严格的行业管理以及竞争日益激烈的行业背景下，网络综艺摒弃了小成本、低预算、粗制滥造的风格，转而采取了"大投入、精品化"的制作策略。2018年，网络综艺的整体投资规模已达68亿，同比增长超58%，口碑值也达到了比肩电视综艺的水平。[3]

网络综艺的崛起有利于传统电视媒体与新媒体之间通过跨界传播、取长补短来推动综艺节目的发展，实现电视综艺与网络综艺的优生共长。例如，由河南卫视与爱奇艺联合研发、制播、推广营销打造的综艺节目《汉字英雄》，取得了巨大的成功。其也作为中国第一档走向海外的原创文化类综艺节目模式，展现了台网多方联动的优势，实现了传播效果的最大化，为我国节目模式的跨媒介对外传播提供了借鉴。

网络综艺节目已在我国优秀综艺节目模式出海的过程中，扮演着越来越重要

---

① 艺恩：《网综盛世，百舸争流——2017中国网络综艺市场白皮书》，https://www.chinafilm.com/hygc/4155.jhtml. 2018 – 01 – 21

② 艺恩：《竞逐蝶变的新时代——2018年中国网络综艺市场白皮书》，http://www.entgroup.cn/Views/62384.shtml. 2019 – 01 – 28

③ 艺恩：《竞逐蝶变的新时代——2018年中国网络综艺市场白皮书》，http://www.entgroup.cn/Views/62384.shtml. 2019 – 01 – 28

的角色。据统计，2010 至 2018 年间，实现"走出去"的高品质节目中共有 11 档属于"纯网综艺"，另有 5 档是台网联合融动、共同合作打造的节目精品，其余作品也均采取了台网同播或网络跟播的播出方式。电视媒体助网络媒体扩大影响力，网络媒体助电视媒体走出思维窠臼，两者之间的合作联动，已成为新时代中国综艺模式"走出去"的一大特点。

三、中国原创综艺节目模式对外传播目前存在的问题

1. 版权保护缺位，综艺节目模式克隆现象蔚然成风

中国目前缺乏较为完善的适用于创意保护的版权法规体系，人们知识产权意识也尚不清晰，电视机构间经常出现各种版权纷争。例如 2008 年，江苏卫视向广电总局控诉《挑战麦克风》抄袭了其从英国 ITV 全球娱乐公司购买版权的《谁敢来唱歌》；2010 年，湖南卫视向广电总局状告江苏卫视的《非诚勿扰》抄袭、侵权了其从英国购买版权的《我们约会吧》；2014 年 10 月，天津卫视《囍从天降》指责江苏卫视《明星到我家》侵犯其版权。

版权保护的缺位不仅造成了以上的行业乱象，还极不利于形成健康的创新环境，使得创意得不到保护，而模仿、跟风甚至抄袭却能够借势以低成本获得高收益。例如 2004 年《超级女声》火遍大江南北，使我国的综艺市场的"选秀"大风迟迟未散；2013 年《爸爸去哪儿》的爆红使萌娃类综艺持续多年扎堆，直至 2016 年"限娃令"的颁布才有所缓和；2014 年，《奔跑吧兄弟》《极限挑战》等节目使国内综艺市场刮起"户外真人秀"之风；2017 年，"快综艺"增速趋缓，《向往的生活》《亲爱的客栈》的走红使各类"慢综艺"节目频频撞脸；2018 年，观察类综艺持续走红，明星观察素人、爸爸观察女儿、丈夫观察妻子等多种身份设置却难以跳脱同一节目模式；2019 年，在《创造 101》《偶像练习生》等综艺的带动下，偶像养成类节目开始充斥荧幕。

成功的节目模式在缺乏保护的背景下极易被克隆模仿，同质化节目的泛滥不仅造成了观众的审美疲劳，也引起了整个市场的恶劣竞争，损害了我国综艺节目模式创新发展的土壤。

由此，加快完善我国节目版权法律体系建设，为节目模式的创作提供良好的保障体系，成为越来越迫切的时代需求。

2. 传播渠道缺失，综艺节目模式贸易逆差持续存在

由于在中国传统电视业的理念当中，节目模式一直未被摆在重要的位置，因而我国节目模式的对外传播起步较晚，很大程度上依靠借鉴、购买他国的节目模式。虽然近几年来涌现了一批制作精良的节目，其中也有部分节目能够成功出海，但就整个国内的综艺市场来看，我国正处于并可能长期处于节目模式的贸易逆差地位。

尤其对比英国等节目模式发展成熟的国家，中国目前尚未拥有世界知名并且广泛认可的发行渠道，其产业链条缺失了重要的一环。一直以来，我国的综艺节目模式每年只有零星几部能够成功输出海外，最近几年才有所增长。而进一步观察我国"走出去"的综艺节目模式，其往往是通过参与国际电视节这类"借船出海"的方式达成传播效果的，例如2018年4月，中国九档原创节目组队"出海"戛纳春季电视节 MIPFormats 主舞台，开展一场名为"WISDOM in CHINA"的中国原创节目模式推介会。这是中国电视人首次以"原创节目模式"的名义，集体发声于戛纳电视节的主舞台，但这种单一的传播渠道并不足以推动我国更多优秀原创视听创意产品走出国门，走向世界。

3. 可复制性有限，综艺节目模式亟须降低文化折扣

"文化折扣"在文化产品的跨国流通中一直是一个极其重要的问题。文化价值观方面的隔阂，语言交流方面的障碍，意识形态、宗教信仰及社会习俗等方面的差别都有可能使综艺节目模式在对外贸易时遭遇文化折扣。

我国作为东方文化的代表，处于高语境文化尖端，含蓄内敛的特质使得依托我国文化制作出的创意产品往往在国际市场中面临更高的文化折扣。例如电影《战狼2》国内票房大卖却海外惨淡，电影《金陵十三钗》国内口碑极佳冲奥却引来争议。综艺节目模式也是同理。

我国目前的节目模式处于"走出去"的初步阶段，海外普及率不高，很难取得海外观众较高的认可度。要认清这一现象，才能助推我国综艺节目模式由"走出去"过渡为"走进去"，实现更加长远的发展。

四、中国原创综艺节目模式对外传播的未来展望

从模仿借鉴，到购买引进并进行本土化创新，再到组团出海，中国综艺节目模式展现出巨大的发展潜力。但与国际成熟节目模式输出国相比，中国综艺节目模式的创新发展之路还任重而道远。

1. 重视版权保护，为综艺节目模式创新发展提供持久动力

目前，国际社会越来越重视对节目模式进行版权保护。例如美国的电视节目属于其"核心版权产业"，其运用著作权侵权判定标准来处理电视节目侵权案件；[①] 英国政府专门设立了 Intellectual Property Office 知识产权办公室，旨在通过提供知识产权制度，保护并促进节目模式的创新力。而相比之下，我国对节目版权的保护尚存在法律制度方面的空白，因此，健全版权保护的相关法律法规迫在眉睫。

除此之外，我国还可通过成立节目模式行业协会，建立保护原创模式的认证

---

① 路俊卫、吕海文：《从引进改造到创造：电视节目模式的创新发展路径》，《中国广播电视学刊》2014年第5期。

机构，全方位支持我国综艺节目模式的持久发展，例如欧盟国家建立了"欧洲电视节目模式版权协会"来促进对注册节目模式的保护。

2. 构建产业链条，为综艺节目模式传播建设国际化渠道

目前在国外，以英国为代表的西方发达国家已处在一个相对完善的商业电视产业运作环境中，节目模式的生产和输出已形成了一条较为完整的产业链条。例如英国实行制播分离体制，较大的自主权下独立制片公司往往能够生产出更多更好的创意并不遗余力地进行海外推介，由此也逐渐发展形成了 Endemol、Fremantle Media、Talpa 等跨国节目制作公司。

故想要中国综艺节目模式实现更好地对外传播，就要建设国际化的节目传输渠道，不能单单依靠国际电视节来打响自己的名声。给予制作公司更多自主权、建立中外合资的境外电视台等都是很好的选择。尤其近年来，互联网的腾飞也推动了节目模式传播渠道的多元化。类似 Netflix、Youtube 这类的跨国网络视频服务商，不仅降低了节目的传播成本，还减少了跨国节目烦琐的审查手续，最重要的是方便世界各地的国际观众收看，在节目传播效果得到最大化的同时还能够利用网络平台提供的观众反馈作为新型节目模式研发的参考。

3. 降低文化折扣，寻求我国综艺节目模式的普世化表达

遍观各国成功走上国际舞台的综艺节目，都是基于一定的价值元素创造的。这些元素包含是否符合目标市场的文化价值，是否满足受众了解未知文化的好奇欲，是否存有文化崇拜现象抑或是否符合人性共通的喜好等等。如若未满足以上条件之一，就很难成为能够走出国门的文化产品。例如，英美国家的综艺节目模式往往包含冲突、反差、愉悦、有趣等普世价值，能够给予观众心理情感上的满足。同时受其强势文化地位的影响，弱势文化地区的受众往往容易对其存在强烈的好奇心以及文化崇拜心理，从而促使其节目模式有了全球化推行的可能，在海外得到推崇。

如何在全球化语境中讲好中国故事，对于节目创新者而言仍需上下求索。一方面，要保持本国文化特色，探索中国综艺节目的长久生命力，满足本土观众的视听消费需求，实现全民的文化自信；另一方面，也要探索中国声音的国际化表达。这不仅需要差异化的创意，专业化的规则，还需要对人类共同价值的把握，叙述语言通道的打通。只有变被动的"文化输入"为积极的"文化输出"，变"文化折扣"为"文化增值"，才能够赢得世界更加广泛的认同。

（作者系中国传媒大学硕士研究生）

对广电媒体"新中国成立70周年"宣传工作的建议

魏梦雪

2019年4月15日，中央宣传部副部长、国家广播电视总局局长、党组书记聂辰席在全国广播电视创新创优工作座谈会中表示，全国广播电视媒体应当把国庆70周年宣传当作是全行业的重大政治任务、工作主线、聚焦重点来组织并实施，在社会上营造出共庆祖国华诞、共享伟大荣光、共铸复兴伟业的浓厚氛围。①

长期以来，国庆宣传任务都在各大广播电视媒体的工作中占据了重要地位。各大广电媒体不仅会在国庆假期中播出一系列专题节目来回顾新中国成立前后的各大历史事件和歌颂为新中国做出贡献的模范人物，还会在国庆前期就策划并制作出一批质量精良的专题电视剧和专题纪录片来铭记历史，宣扬国威，展望未来。而近年来，随着"智慧广电"概念的提出和高新科技的发展，广播电视媒体也应当在沿袭传统宣传手法的基础上，使传播渠道朝着多样化、宣传产品朝着多元化的方向发展。

一、沿袭传统宣传手法，加强作品质量把控

事实上，对于全国广播电视媒体来说，做好"新中国成立70周年"的宣传庆祝工作也为其提供了一次检验自身能力的宝贵机会。历年来，有不少佳作都诞生于国庆专题节目、国庆献礼电视剧、国庆献礼纪录片中。因此，广播电视媒体应当在学习和运用以往成功经验的基础上，顺应时代潮流，不断发展进步，创作出更多内容丰富多彩、观众认同度高、贴近人民生活的国庆专题节目、国庆献礼电视剧和国庆献礼纪录片。

---

① 《广电总局召开全国广播电视创新创优工作座谈会》，http：//www.gov.cn/xinwen/2019－04/16/content_ 5383218. htm

1. 国庆专题节目：坚持内容为王，拓展传播渠道

为了充分展现祖国的繁荣富强和正确引导人民群众的价值取向，各大广电媒体会根据自身的定位来策划并制作一系列国庆专题节目。这批国庆专题节目通过影像和声音来激发民众的爱国热情，为庆祝祖国诞辰营造出了良好的舆论氛围。如在"新中国成立 60 周年"的宣传庆祝工作中，中央人民广播电台"音乐之声"自六月份开始就特别设置了《国庆 60 周年全国优秀流行歌曲展播》专栏，播出在"五个一"工程、"全国优秀流行歌曲创作大赛"中获奖的优秀作品和"爱国歌曲大家唱"100 首中的歌曲，充分让民众感受到了国庆的热烈气氛。同年，中央人民广播电台"中国之声""经济之声""都市之声"也分别于四月、七月、八月推出了《人民海军向前进》《我与新中国风雨同舟》《红色快车——和歌声一起奔向那美丽的地方》等专题节目来为国庆节到来庆祝。①

然而，在过去很长一段时间中，广播电视媒体主要是通过报纸期刊和广播电视来向观众发布国庆专题节目的相关信息，传播渠道比较单一，信息分类也略显杂乱。观众或眼花缭乱难以抉择，或等知道的时候已经错过了自己感兴趣的节目，国庆专题节目的宣传效果也自然大打折扣。

当前，为了解决"观众获取节目信息困难，信息传达不及时"的难题，湖南卫视特意开发了多条信息传播渠道。观众不单单可以在湖南卫视官方网站的"第一资讯""收视指南""大型活动"这三个板块中查询到节目的播出时间、相关内容和精彩看点，还可以通过湖南卫视的新浪微博、微信号、头条号和网易号来查找节目信息。湖南卫视的这一做法也给其他广电媒体带来了启示：在科技发展日新月异的当下，广播电视媒体在创作国庆专题节目时不仅要坚持内容为王，还要充分利用互联网、新媒体等手段，全面地、及时地向群众推送节目的相关信息，提高国庆宣传的质量和水平。

2. 国庆献礼电视剧：注重题材多样，契合观众审美

在中国电视剧的发展历史上，国庆献礼电视剧一直占据了极为重要的地位。较之其他电视剧，国庆献礼电视剧具有国家政策扶持、制作预算充足、平台大力推广等优势。因此，国庆献礼电视剧的质量一直较为稳定，其中更是出现了诸如《麻雀》《锻刀》《我的兄弟叫顺溜》《闯关东2》《潜伏》等收视率飘红、观众交口称赞的优秀作品。

其中，革命历史战争题材一直以来都牢牢占据着国庆献礼电视剧的半壁江山。根据有关统计，在为庆祝"新中国成立 60 周年"所制作的 200 部国庆献

---

① 《中央电台庆祝新中国成立 60 周年报道面面观》，http://www.cnr.cn/zggbb/jiemu/200909/t20090916_ 505473395. html

礼电视剧中，就有 75% 的剧集是如《东方红》《解放》《人间正道是沧桑》《狼烟北平》《战北平》《保卫延安》《绝密 1950》等革命历史战争题材的电视剧。其他题材国庆献礼电视剧，如农村剧《金色农家》《许茂和他的女儿们》《太阳月亮一条河》《八百里洞庭我的家》等，家庭伦理剧《贤妻良母》《爸妈都是老党员》等，青春励志剧《战火中青春》《我的青春谁做主》等，爱情剧《今生欠你一个拥抱》等，神话剧《吴承恩与西游记》等，仅占了国庆献礼电视剧 25% 的份额。①

国庆献礼电视剧对革命历史战争题材的青睐是极其合理而且有必要的。此类题材的电视剧不仅契合国庆主题，作品基调昂扬向上，还能以符合社会主义核心价值观的作品内容来向观众传播正能量，帮助其树立正确的三观。

但广播电视媒体在创作国庆献礼电视剧的同时，也要考虑到受众的多样性，根据 2017 年的电视剧受众群体的调查数据显示，女性在电视剧受众中占到了 60% 以上，其观影量和对电视剧的喜爱程度都远远超过了男性。② 因此，在国庆献礼电视剧的创作方面，广播电视媒体应该以多样化的题材来满足不同受众群体的观影需求。而在围绕着献礼"新中国成立 70 周年"的电视剧创作工作中，北京市广播电视局的创作模式和宣传工作无疑是值得学习和借鉴的。

为了庆祝新中国成立 70 周年，北京市广播电视局推出了 34 部与新中国发展历史息息相关的精品剧目，其中既有取材自真实历史事件的革命正剧《长河落日》《觉醒年代》《光荣年代》《河山》，有记录了青年人为实现理想而艰苦奋斗的青春励志剧《壮志高飞》《我拿什么奉献给您》《青春须早为》《我爱北京天安门》《青春斗》，有讲述普通民众情感生活的家庭情感剧《芝麻胡同》《新一年又一年》，有讴歌各行各业的模范人物为了祖国和人民无私贡献的主旋律正剧《破冰行动》《了不起的儿科医生》《燃烧》《山海蓝图》等。③ 其多样化的题材不仅丰富了国庆献礼电视剧的种类，还给观众提供了更多选择，无形中拓展了对"新中国成立 70 周年"的宣传范围。

值得一提的是，在筹备这批国庆献礼电视剧时，北京市广播电视局不仅邀请了众多老牌实力派演员来参与制作，还邀请了大量类似于郑爽、黄景瑜、张翰、娄艺潇等自带流量和话题度的新生代青年演员来加盟出演。这"明星演员 + 主

---

① 《纵观国庆 60 周年献礼剧 百花齐放谁为最》，http：//www. china. com. cn/news/60years/2009 – 06/15/content_ 17949294. htm

② 《电视剧受众群体决定大女主剧爆款多》，http：//www. zongyijia. net/News/News _ info？id = 105718

③ 《献礼新中国成立 70 周年 这 34 部剧获重点关注？》，http：//www. sohu. com/a/305459580 _ 757761

旋律元素"的创作模式既丰富了演员类型，又为国庆献礼电视剧增加了关注度，还能满足不同受众群体的审美需求：无论是喜爱新生代青年演员，以女性为主的90后、00后，还是对军事战争题材电视剧感兴趣的男性受众都可以被转化为国庆献礼电视剧的观众。这一创作模式也十分值得各大广电媒体学习和推广。

3. 国庆献礼纪录片：全方位记录新中国成长里程，多角度展现民众生活

作为能够再现历史和记录现实的一面镜子，打造国庆献礼纪录片自然也成为宣传庆祝"新中国成立 70 周年"工作中的重要环节。诸如东方卫视制作的《飞天梦 To The Heavens》、湖南卫视与凤凰卫视联合拍摄的《湘江》、国家汉办制作的《汉字五千年》、北京电视台制作的《我的国》等国庆献礼纪录片都是以宏观的视角来呈现新中国成立后的辉煌成就。

目前，根据相关统计，由央视纪录频道筹划拍摄的《中国封面》、浙江教育科技频道和泰顺县委宣传部携手制作的《挺进师》、中视魔鱼（青岛）文化传媒有限公司筹拍的《向东是大海》等献礼新中国成立 70 周年的纪录片都已经举行完开机仪式，正在紧密地制作之中。总的来看，这批国庆献礼纪录片也跟 60 周年的国庆献礼纪录片一样，主要以宏观视角来展开叙事。

毫无疑问，这种宏观视角的国庆献礼纪录片具有极高的史料性和鉴赏性，十分适合用来彰显国威、激发观众的民族自豪感。但各大广播电视媒体在策划制作国庆献礼纪录片时，在以宏观视角来全方位记录新中国成立历程的同时，也应当使用微观视角来多角度展现民众生活，记录个人奋斗史，多拍摄制作一些百人百集口述类纪录片。如此既能更加全面地向观众展示新中国成立以来的方方面面，又给予了普通民众坦率抒发对祖国真挚感情的机会。

二、顺应"智慧广电"建设理念，抒写新时代祖国颂歌

2015 年，时任国家新闻出版广电总局副局长的聂成席首次提出了"智慧广电"的概念，并将加快构建"智慧广电"定为推动广播影视转型升级的重要引擎。聂成席认为，"智慧广电的本质是新兴信息技术与广播影视既有优势的高度融合，是广播影视数字化、网络化、智能化的新发展。"[1] "智慧广电"的建设不仅能够满足人民对广播电视服务的需求，还能全面提升广播电视媒体的传播力和影响力。

因此，在"新中国成立 70 周年"的宣传工作中，各大广播电视媒体也应当顺应"智慧广电"的建设理念，不但要多加运用新媒体和互联网来拓展传播渠道，还要深入推进传统媒体和新兴媒体的融合发展，为"新中国成立 70 周年"

---

[1] 聂辰席：《打造智慧广电 畅享数字生活》，《中国有线电视》2015 年第 4 期。

打造一批融媒精品，抒写新时代的祖国颂歌。

截止到 2019 年 6 月，已有部分广电媒体公布了为宣传庆祝"新中国成立 70 周年"而筹划制作的融媒作品：北京广播电视台不仅将推出融媒体短视频《光影里的家国 70 年》（暂命名）和《假如 70 年前有 WIFI》，还将推出原创 H5 产品《声音穿越 70 年》，让参与者切实感受到声音穿越时空的震撼力；上海广播电视台也将在看看新闻 KNEWS 等网络平台上定期推送《流动 15 秒》《流动 100 秒》等短视频项目；江苏广电集团更是以短视频为重点突破口，准备打造出一批如《70 年，70 城，70 秒》《寻找我的共和国记忆》《腾飞中国，祝福祖国》，《建国"快闪店"》等的融媒作品来献礼新中国成立 70 周年。[①]

总的来说，随着科学技术的进步和民众审美的变化，广播电视媒体在国庆宣传上也要面面俱到，在制作专题节目、专题电视剧、专题纪录片的同时还应当顺应"智慧广电"的建设理念，充分利用互联网与新媒体"受众广、传播快、参与度高"的优势，以台网联动和推出融媒作品的宣传策略来紧跟时代脉博，全面展开宣传。这样既可以加强对"新中国成立 70 周年"的宣传力度，又能营造出与以往不同的时代氛围。

（作者系浙江大学人文学院博士研究生）

---

① 《总局：庆祝中华人民共和国成立 70 周年活动标识定了 广电有何安排?》，http：//www. guanme-dia. com/news/detail_ 12721. html

融媒体时代央视文化综艺节目的嬗变与创新

齐建东

一、"逆流而上的引领者"：众声喧哗中央视坚守的使命与责任

近年来，技术的发展使得网络媒体与自媒体迅速崛起，融合媒体时代的来临不仅激发受众使用新兴媒体主动参与话语生产与社会互动的过程，而且也满足了受众与日俱增的个性化服务需求，特别是"人人都有一只麦克风"的网络赋权机制，更是催生了众声喧哗的媒介生态环境。习近平总书记在《加快推动媒体融合发展 构建全媒体传播格局》中指出，要全面把握媒体融合发展的趋势和规律，打造一批具有强大影响力、竞争力的新型主流媒体，让主流媒体借助移动传播，牢牢占据舆论引导、思想引领、文化传承、服务人民的传播制高点。央视作为国家主流媒体，积极贯彻响应总书记的号召，不断深入推进媒体融合转型，面对新传播技术带来的挤压以及传统媒体 生存空间变窄等态势，央视以弘扬主流文化，展示大国风采为出发点和落脚点，将文化与综艺跨界融合，发挥大众传媒的娱乐功能同时向受众传递人文情怀与核心价值观。正如央视总编室主任王晓真所强调的，"牢牢把握正确的政治方向、宣传导向、价值取向，充分发挥央视主阵地的作用，以高品质、有温度、接地气的节目矩阵弘扬时代精神。"

正是在这一理念的指导下，央视聚合顶层资源优势，以匠人精神和文化底蕴创造性的制作出了一批底蕴深厚、涵育人心文化类综艺节目。以《朗读者》《中国诗词大会》《国家宝藏》为代表的一系列以中华传统文化为题材的文化类综艺，不仅是快餐式综艺娱乐节目带来审美疲劳中的一股清流，也体现了央视初心不变坚守国家主流媒体文化与公益属性的担当和责任。

二、讲好中国故事：新时代央视秉持中国风格创新综艺模式

随着娱乐产业的发展，我们的表达方式、交往习惯乃至文化话语逐渐变得娱乐化，面对当前分众化的融媒体环境，央视打破传统线性"我播你看"的传播模式，以语态变革为出发点，努力打造青春化、品牌化的综艺节目，以工匠精神打磨节目的文化内涵，"实现传统文化的创造性转化与创新性发展"，不断自主

探索中国风格的文化类综艺模式，自觉承担社会责任与文化担当的基础上树立行业标杆。

1. 语态变革：社交时代的话语创新

新时代意味着新起点，当下的融媒环境给传统媒体带来巨大挑战，"官方权威式"的语态方式在社交媒体的影响下，正在发生着翻天覆地的革新。央视在语态变革的浪潮中，抓住机遇迎接挑战，从叙述方式、内容以及手段等方面主动与融媒勾连，体现社交媒体时代互动分享，个性平等的话语风格。

《国家宝藏》正是央视综艺在语态革新过程中的创新尝试，自从开播以来，迅速成为现象级爆款节目。作为一款文博探索类节目，《国家宝藏》携手九大博物馆将现代性与传统性的融合，采用趣味的视角讲述文物背后的故事。从整体创新策略上，《国家宝藏》无论是从背景音乐的选择还是讲述过程中故事化的演绎，无一不具有融媒体时代年轻人喜爱的话语特质。例如节目中大量使用《秦时明月》《仙剑奇侠传》等游戏动漫的背景音乐，一方面以年轻态的"话语符号"吸引更多年轻群体的关注，另一方面通过"怀旧解决现代人现实情境中的认同危机"①，并"用回望和前瞻性的姿态去设想过去的人如何看待过去的过去，以及将来的人如何看待今天"②，将博大精深的中国文化以具有网感的电视语言呈现出来，激活文化共同体的民族基因，使社会主义核心价值观更加深入人心。

此外，语态更新还表现为综艺节目形态也在不断适应当下的融媒环境，《国家宝藏》创新出文物选秀的模式，将文物作为节目的主角，受众可以通过多种方式进行投票，参与"选秀"过程。文物选秀的模式将文物背后的精神内涵呈现出来，同时通过与受众的良性互动拉近距离，使"高高在上"的官方话语更加贴近实际，贴近生活，贴近群众。

2. 回归文化：立足传统，创新新时代综艺模式

为了提升融媒体时代的传播力和影响力，央视除了创新综艺节目的话语方式之外，在节目内容方面推陈出新，回归传统文化，借助互联网思维，讲好具有中国味道的中国故事。当下媒介融合已上升为国家战略，习近平总书记也提出"推动传统媒体和新兴媒体在内容、渠道、平台、经营、管理等方面的深度融合，着力打造一批形态多样、手段先进、具有竞争力的新型主流媒体"，央视作为国家主流媒体，始终不忘初心，将社会责任与文化担当贯穿综艺节目制作的始终，自主创新出《中国诗词大会》《朗读者》等一大批饱受好评的文化类综艺节目。

① 赵静蓉：《现代人的认同危机与怀旧情结》，《暨南学报（哲学社会科学版）》2009 年第 9 期。
② Fred Davis. Yearning for Yesterday：A Sociology of Nostalgia ［M］. New York：The Free Press, 1979.

尼尔·波兹曼在《娱乐至死》表示担忧："如果一个民族分心与繁杂琐事，如果文化生活被重新定义为娱乐的周而复始，如果严肃的公众对话变成了幼稚的婴儿语言，总而言之，如果人们蜕化为被动的受众，而一切公共事务形同杂耍，那么这个民族就会发现自己危在旦夕，文化灭亡的命运就在劫难逃。"诚然，现代媒介技术为我们的生活提供前所未有的便利，并延伸人体视觉、听觉等感官系统的同时，泛娱乐化现象及其过度娱乐化带来的负面影响也随之相伴而生。综艺节目追求娱乐效果无可厚非，适当的娱乐可以缓解现代人生活工作的焦虑与压力，但是过度消解传统文化，刻意迎合受众的低级趣味，为了搞笑而搞笑的综艺节目并不具有审美体验与精神文化价值。综艺节目不单单只有娱乐休闲的单一功效，更是承载价值传递乃至文化认同的传播载体。

中华文化源远流长博大精深，历经千百年的岁月洗礼，中华传统文化拥有巨大的精神智慧宝库，央视综艺匠心独运回归传统，将现代传播手段与传统民族文化相结合，坚守本土的文化自信，展现中华民族文化特有的魅力与风采[1]，使节目更有传播力，文化更有生命力。《中国诗词大会》自主创新匠心勾连传统文化的传播与全民游戏的形式，借助诗词歌赋的魅力，弘扬传统文化之美。斯蒂芬森"传播游戏理论"强调传播过程的消遣娱乐，自我取悦和彼此之间的互动联系，他认为传播具有信息传递功能的同时，更加强调传播活动本身就是目的。因此《中国诗词大会》并不过多追求文化传递的深度，而是强调受众与传统文化之间的联系与认同，通过设置游戏环节，逐步激活受众对于民族文化的认同感和归属感，从而在潜移默化中提升综艺节目内涵和受众审美品位，体现央视"讲述好中国故事，传播好中国声音，努力成为增信释疑、凝心聚力的桥梁纽带"的时代价值。

三、打造内容矩阵：央视转型升级打造跨屏交互传播

三网融合率先打破电信网、互联网与电视网之间的界限，使广播电视节目的传播渠道不再被传统广电行业所垄断，媒介融合为传播渠道的扩展提供了新的发展路径，虚拟时空的"去中介化空间"和"非序列化时间"改变了传统时空环境下空间和时间的次序与安排，互联网的时空逻辑带来了新的交流与互动的方式，传播渠道更加多元复杂。面对科技日新月异所带来的竞争与压力，央视积极转型，强化互联网思维，以优质内容与多元渠道深度融合为原则，创新出利用现代传播工具，整合相关媒体资源，形成多媒体、大规模、多屏互动的立体传播渠道。

---

[1]　黄会林：《树文化自信发中国声音》，《吉林日报》2016 年 7 月 5 日。

《朗读者》正是央视在融媒体时代贯彻立体化传播的精品佳作。从内容方面来看，《朗读者》一方面凝聚文字的力量，引发与受众的情感共鸣，进而唤起受众对文学乃至人生的深度思考，另一方面创新性的将文学与电视语言相结合，通过嘉宾朗读、对话访谈、舞美灯光等仪式化设计，将中华文化以文学的形式展开具像化传播，可以说，《朗读者》在完成大众媒介提供娱乐功能的同时，也将中华优秀传统文化的有益思想、艺术价值与倡导全民阅读的时代特点相结合。从传播渠道的角度来看，《朗读者》不仅在传统电视频道播出，还同时在爱奇艺，腾讯等视频网站上线，使受众可以与网友进行跨时空交流，尤其是带有即时弹幕的视频网站，不仅为受众提供了陪伴的观看体验，还提供了交流和互动的场景，满足受众在互联网时代社交互动的需求。此外除了打通线上平台之外，《朗读者》还将传播渠道扩展到线下生活当中，通过设置"朗读亭"，受众能在现实生活中实现朗读这一具有仪式化特征的活动，从而将文学与文化的传播落地到受众的日常生活。

习近平总书记指出，"只要有正能量、有感染力，能够温润心灵、启迪心智，传得开、留得下，为人民群众所喜爱，这就是优秀作品"。央视始终秉承主流媒体的社会良知与责任，在融媒体时代回归传统，传承经典，积极创新，将中华文化的无限魅力与主流精神的时代价值呈现出来，展示了泱泱大国的文化自信与文化底蕴。七十年的砥砺前行，央视始终不忘初心，坚持匠人匠心，树立行业标杆，弘扬主旋律，打造新时代文艺，推动人民群众的精神文化与审美追求朝着更高水平发展，不仅满足受众新时代的新需求，也使社会主义核心价值观更深入人心，推动实现中华民族伟大复兴的中国梦。

（作者单位：温州大学人文学院）

宋世雄播音风格探析

岳 军

播音风格的实质是播音创作的多重形态的表现，播音风格，从广义上讲，包括播音创作中所体现出来的时代风格、民族风格节目和稿件风格、播音员解说员的个性风格。也就是说播音员解说员在创作过程中所体现出来的创作个性和艺术特色并以运动的状态贯穿播音创作的全过程，又以相对稳定的状态凝结在了播音作品中，播音风格是播音员主持人在长期艰苦的播音创作实践中逐渐积累形成的。而风格的形成是一个播音员解说员艺术成熟的重要标志。

一、宋世雄播音解说风格特点

人民广播的光辉历史，不仅要求播音员准确及时的传递稿件的精神实质，同时也要发挥教育鼓舞广大人民群众的作用。体育作为某种特定的精神食粮，在某种程度上可以鼓舞和振奋人民精神，而体育解说员正是传递这种精神的桥梁和纽带，所以一位优秀的体育解说员不仅只是一个数据和画面的解读，同样还担负着鼓舞广大人民群众的作用。宋世雄在其工作岗位中，通过自己多年的努力，兢兢业业，苦练业务，不仅可以口齿清晰地描述现场的画面，还可以更好地鼓舞人民群众，同时也形成了自己的解说风格，成为一代体育节目解说员不可磨灭的经典。

1. 节奏"快"

①宋世雄的播音风格形成于 60 年代初期，当时的人民群众在党领导下以意气风发、斗志昂扬的精神面对各种困难高唱战歌前进。体育比赛尤其是乒乓球赛同样表现出慷慨激昂的崇高风格，这对于正在形成自己播音风格的宋世雄来说确实起着一种十分重要的主导作用。所以节奏快，可以说是宋世雄解说最为鲜明的特点。1983 年第三十七届世界乒乓球锦标赛女单决赛，宋世雄在 9s 中，准确清晰的播报 96 个汉字，平均每秒的播报速度达到了惊人的 10.6 字。"比

---

① 张颂：《播音创作基础》（第三版），中国传媒大学出版社 2011 年版。

赛一开始，曹燕华利用发球和发球抢攻打得很顺手，……梁英子也是十九岁也是年轻的后起之秀，这届世界乒乓球锦标赛里打得也不错，刚才也是快速的前线抽杀和打动，现在梁英子发球，梁英子现在发正手球，梁英子发球得分。"通过这样一个简单的案例分析，我们可以看出，当我们都在热议华绍可以在每秒播报 8.1 个字的时候，早在 20 多年前，宋世雄就可以在直播中准确清晰地表达出每秒 10.6 字的速度。由此可见快节奏式的讲解方式是宋世雄鲜明而又独特的解说风格，与此同时这一风格也符合了当时人民斗志昂扬、意气风发的审美追求。

2. 内容"满"

宋世雄的解说除了节奏快以外，还有一个最为鲜明的特点就是"满"且"全"。他的解说不仅包括了运动员赛场的介绍，还介绍了技战术的分析以及运动员背后的故事。这些信息的获取源于宋世雄赛前认真的准备和对工作的努力认真，才能把一场场经典的赛事解说得如此精彩。正如 1981 年第三届女排世界杯的决赛，在这场决赛的较量中，中国女子排球队战胜当时的素有东洋魔女之称的日本女子排球队，第一次获得世界冠军。在这场比赛中从开球到中国女排赢下第二盘的最后一球之前，总共时长达到了 33 分 22 秒，而在这期间宋世雄只有 2 分零 4 秒没有讲话，其余时间都是在为这场比赛精彩解说。期间不仅介绍了赛场的瞬息万变以及具体的分数变化和场上发生的一切信息。更是将每位运动员的心酸付出，通过电波传递给千千万万在收听收看节目的观众和听众。也正是在这场比赛中很好地诠释了宋世雄解说风格"满"的特点。

3. 情感"真"

宋世雄的解说不仅"快"和"满"，更重要的是在如此快速的解说中还有更多的人文关怀。1981 的第三届女排世界杯中苏女排的赛事中，张蓉芳扣球受伤后任坚持带伤上阵，就在这时宋世雄禁不住的落下眼泪，这也是他第一次在转播中流下热泪，在这时，他激动地说道："张蓉芳的坚强毅力和意志，高度的爱国心、责任感，是在平时的严格要求中锤炼出来的。"有人会说，作为一名体育解说员只需要传递赛场的信息，但这样就忽略了广播电视教育和鼓舞人民的作用，宋世雄深知，比赛的讯息是重要的，除此以外传递比赛场的运动员的意志品质更是重要的。就是这样一位情感真切，朴实无华的解说员在那个时代鼓舞了一大批中华儿女，除此以外在 1981 年女排世界杯的决赛中宋世雄关于陈招娣受伤的一段解说更是体现出了他对于工作的真情投入。"现在是陈招娣发球，她的腰疼得更厉害了，但她一声不吭地坚持着，有些人的青春是在花前月下度过的，而我们的青春是在流汗、疲劳、伤痛中度过，但是我们的青春没有白白地流过，她曾为我们的祖国放射过光和热。"

二、宋世雄播音解说风格的形成

1. 时代特征

任何艺术风格的形成，都同时代密切相关。所有艺术家的创作个性，也都带有深刻的社会历史必然性。新闻是时代的产儿，播音是时代的艺术。时代对播音的创作、对播音主持风格的影响，较之对其他艺术的影响更为明显。宋世雄的播音风格形成于 20 世纪 60 年代，正值党带领人民群众在困难之中奋勇向前的时候，体育的鼓舞和振奋作用，激励着人民更加勇敢面对困难的决心，而体育解说作为中间的桥梁和纽带，所需传递的绝不仅仅是赛事的信息的播报和讲解，更重要的是精神品质的传递，发挥广播电视鼓舞教育人民的作用。所以在特定的历史条件下，宋世雄的解说风格，无论是节奏的"快"还是内容的"满"以及情感的"真"都深深地刻上了那个时代的烙印。也正是那个时代的需要塑造了宋世雄风格的基调。

2. 民族特色

①播音创作的风格，不仅受制于时代的风尚，而且还根植于民族土壤，② "镌刻上民族性的烙印"。③ 那些已经形成了风格的我国优秀的播音员主持人的播音创作实践，都体现着中华民族的民族精神和民族性格，显示出了中华民族的气派。中华民族是一个勤劳、智慧、勇敢、顽强、坚定、自信、豪迈的民族，而宋世雄解说所展现的丰厚语言文字功底，以及铿锵有力的播讲状态，都无一不是对中华民族精神最好的诠释。"刚健豪迈的气派，飞动传神的韵致，空灵含蓄的境界"，正是对中华民族优秀品质最好的诠释，宋世雄正是这一优秀品质的传颂者和传递者。

3. 性格气质

宋世雄的播音风格形成于 20 世纪 60 年代，在当时无论是物质水平的发展还是精神状态的丰盈都是不能与当下相提并论的。但在那个年代，各行各业的工作人员，并不缺乏对工作的热情和对生活的热爱。宋世雄也不例外，他与妻子在当时虽然收入微薄，但对工作生活充满热情，并充满斗志，最关键的，在我看来，宋世雄等老一辈的播音员主持人是有决心有信心做好连接党和人民群众之间桥梁纽带的作用的。也因为有着这样积极乐观的进取精神和对党和人民的忠诚之心，以及那个年代昂扬的艰苦奋斗精神和永不放弃的品德，这些都深刻反映在了宋世雄的解说当中，使他成为一位富有诗意并具有人情味的独一无二的优秀解说员。

---

① 姚喜双：《播音主持概论》，高等教育出版社 2012 年版。

② 张颂：《中国播音学》，中国传媒大学出版社，2003 年版。

③ 方天：《我说'急''尖''满'——也评宋世雄体育播音风格》，"东方时空杯"有奖征文。

4. 业务条件

这里所说到的业务条件主要是从声音条件以及基本功的层面论述的。作为一名体育解说员尤其是想做一名优秀的体育解说员，嗓音条件是非常重要的，尤其是在播音刚刚发展起步的那个年代，广播电视发展技术落后，所以更多地需要嗓音来弥补技术的落后。而作为有声语言的传递者，第一要素肯定是要准确清晰地把体育赛事解说清楚。这就要求体育解说员不仅有迅速的信息捕捉能力，还要有深厚的语言功力。宋世雄口齿清晰，语速惊人，他能在迅速捕捉信息后，还能口齿清楚的将其播讲出来，这是需要语言功力的。而语言功力的练成，离不开他艰苦的训练和钻研。语音面貌和吐字清晰的规范，需要长时间的磨练才能实现，而宋世雄在直播中沉着迅速准确的解说方式，一定是源于他孜孜不倦的练习和钻研，才造就了他扎实的业务功底。

三、宋世雄播音解说风格带给我们的启迪

1. 做好体育解说要坚持正确的播音创作道路

站在无产阶级的党性和党的政策的立场上，以新闻工作者特有的敏感，把握国内外形势的发展变化和人民群众的思想实际准确及时、高效率、高质量地完成"理解稿件——具体感受——形之于声——及于受众"的过程，以积极自如的话筒前状态进行有声语言的创造，达到恰切的思想感情与尽可能完美的语言技巧的统一，达到体裁风格与声音形式的统一，准确、鲜明、生动地传达出稿件的精神实质，发挥广播电视教育和鼓舞广大人民群众的作用。宋世雄也常说："一个好的解说员，必须认清自己的定位，要服务现场、服务观众、服务运动员，而不是夸夸其谈、自我表现，为了博取收视率和点击率来搞一些噱头，我们永远都要遵循体育转播的高品位和高素养，坚守新闻工作者底线。"从宋世雄的话语中不难看出，他是一个心中有党有人民的好播音员，而在他工作的数十年中，场场比赛都是认真准备、真情实感地解说，不仅传递赛事内容的具体情况，还鼓舞教育广大人民群众。所以想要做好体育解说工作，首先就是要坚持正确的创作道路，坚守新闻工作者的底线，只有这样才能成为被受众所喜爱的优秀体育解说员。

2. 坚持艰苦的创作过程

宋世雄是我国著名的体育解说员，而在成功的背后是不为人知的艰辛付出。在学习的过程中他勤奋钻研，努力刻苦。他从提高描述能力开始，描述行人、描述车辆的状态到话筒前对赛事的解读，宋世雄就是这样日复一日的艰苦训练，才造就了他过人的应变能力和疾如流星的话语样态。也正是源于他对于专业的坚持不懈努力，才能为奉献出一场场节奏紧凑、内容丰富的经典赛事。除此以外，宋世雄深入基地，常年奔走于运动员训练场去看望运动员，了解运动员。一年四季，无数次往返于国家队和工作单位的途中。一场优秀的体育赛事转播离不开一

个优秀的体育解说，而一个优秀的体育解说，如果脱离运动员，就不会深入地了解赛场内外的故事，更无从谈及教育鼓舞人民。宋世雄深知这一点的重要。从宋世雄的身体力行中可以清晰看到一位优秀体育解说员该具有的素养，内外兼修，激情而不是稳重，就是我们最值得学习的地方。

结束语

通过对宋世雄播音解说风格的研究，可以帮我们更好地了解在特定历史时期的播音风格的建立，也更明白老一辈艺术家对于播音事业的追求和理想，这都是值得我们新一代的体育解说工作者学习的地方，老一辈体育解说员是新一代体育解说员学习的榜样。

（作者系苏州大学传媒学院讲师。本文为国家社科基金项目"中国播音史研究"的阶段性成果，项目编号：17BXW039）

电视新闻仪式传播与国家认同构建

——以央视庆祝新中国成立70周年直播特别报道为例

李 政

一、电视新闻：仪式传播的价值

仪式是人类最古老的集体行为方式，也是一个蕴含丰富象征符号的意义体系。美国著名传播学者詹姆斯·W·凯瑞在其著作《作为文化的传播》中指出，仪式在本质上是一种文化传播活动，是一种共享意义和文化空间的建构。据央视市场研究（CTR）发布的数据显示，在与其他的媒介形态相比较，电视仍然是最具有传播价值的媒体，具有较强的权威性、公信力。电视媒体凭借视听兼备的传播优势，成为影响媒介事件和符号意义呈现的关键载体。在港澳回归、北京奥运会、60周年国庆、纪念中国人民抗日战争胜利70周年等媒介事件中，电视媒体的报道都产生了巨大的仪式传播效果。

在日常生活中，电视媒体每天通过生产和传播各种类型的电视节目，重新构建着我们的时间，不断维系和巩固社会公众对现有政治合法性的认同。而电视新闻作为意识形态强烈的节目类型，不仅为我们的本体安全提供重要支撑，而且对国家政治秩序的确立与维护具有重要的仪式意义和价值。亿万人民在观看央视国庆70周年直播报道中，不仅是获取了信息，更重要的是通过电视新闻与家庭成员及其他社会公众实现精神体验和信仰共享的过程，在这个过程中形成特定的心理感受，并引导着人们的价值理念和行为模式，进而在整合社会意识、构建国家认同以及动员社会政治生活方面发挥重要的仪式传播功能。

电视新闻报道是一种独特的仪式，呈现在观众眼前的并不是对现实环境的"镜子"式再现，也不是对世界的简单摹写，而是经过生产者加工、重构之后的"拟态环境"，并潜移默化地影响着受众。无论世界上哪个国家，电视新闻都占有举足轻重的地位，充分发挥着传递信息、传达政令、引导舆论、传播知识等重要功能。某种意义上讲，电视新闻频道的创办是仪式性生产与制度性认同实践的典范，它将个人、家庭与国家生活有效地连接起来，构筑着我们的精神生活空间，增强国人对国家和民族的认同感和归属感，这种"涵化"效果也正是电视新闻传播的主要功能。

二、电视新闻仪式传播对国家认同的建构

国家认同主要表现为公民对自己祖国的国家主权、政治制度、道德价值观、历史文化传统等方面产生的稳定的情感和认识，是一个国家与民族稳定与发展的前提条件。政府引导和大众媒介宣传是构建国家认同的两大重要途径。作为最具有传播价值的媒体，电视的仪式传播能够跨越传统地域、阶层界限，无限扩大仪式空间，将国家的政治意念转变为人们的日常生活，在特定情境下能够产生情感共鸣和共享意义，实现社会整合，进而塑造人们对国家的心理和情感认同。

（一）仪式规模体现国家最高规格

法国社会学家涂尔干任认为，仪式是对精神信仰的表达和强化。国庆庆典活动作为一种国家行为，通过央视新闻报道的议程设置，构造一种盛大的政治仪式，展示了新中国成立70年来社会经济发展取得的辉煌成就，以更好地传达社会主义核心价值观，实现国家认同与社会整合。

国庆70周年庆祝大会由中共中央政治局常委、国务院总理李克强主持，中共中央总书记、国家主席、中央军委主席习近平发表重要讲话。江泽民、胡锦涛等前国家领导人以及中央各领导机构代表出席此次庆祝大会。此外，国家勋章、国家荣誉获得者代表也参加了庆典活动。阅兵仪式结束后，约10万名群众沿长安街进行游行，把国庆活动推向高潮。10月1日晚上，党和国家领导人登上天安门城楼，同各族各界群众一起联欢并观看文艺演出。我们可以看出此次国庆庆典活动的规模之大，参加范围人员之广，充分彰显着国家意志和民族精神。

（二）仪式直播强化了公众的集体认同

电视仪式是电视媒体和重大仪式活动相结合的产物，本质上是一场电视媒体的传播活动。电视直播是最能体现电视特性的一种传播方式，具有采集、生成、传播和接收四路同步的优势，更丰富更形象的画面与音响，给受众带来强烈视听觉冲击力，进而对仪式建构的认同进行强化。

央视国庆直播报道，充分营造出国家认同的仪式场域。10月1日7时开始，中央广播电视总台投入多频道、多频率、多平台，运用5G+4K高清信号和航拍设备对国庆阅兵式进行现场直播。在正式阅兵典礼之前，央视推出直播特别节目《向伟大复兴前进》，除由白岩松和欧阳夏丹两位主持人在演播室进行报道外，央视记者刚强、王宁、何盈等人还对典礼现场以及观众进行直播采访。庆祝大会及阅兵典礼开始之后，又运用全景直播等方式多角度展示现场盛况，并在电视端、新媒体端以及全国70家影院同步播出，为全球电视观众奉献了一道震撼人心的视觉盛宴。央视新闻微博更是70小时不间断直播，呈现丰富完整的报道。

通过央视直播技术和创作方式创新，使场内外观众能够共同参与到仪式现场中，改变着人们对重大历史事件的参与及体验，强化国人的集体认同和国家归属感。

（三）仪式象征符号承载着国家意义

象征是仪式最重要的特征。象征符号作为创造国家认同的重要文化资源，为国家认同建构提供了最有力的媒介和丰富的内容，承载着国家认同建构的重要功能。从符号学的视角来看，电视传播是一种通过符号分享意义的活动，即通过各种象征符号来维护社会秩序，塑造"共同体"。

电视仪式的传播效果是通过符号的象征意义实现的。在新中国成立70周年庆典活动的整个动员组织以及媒介呈现过程中，都蕴含着意义丰富的象征符号，包括语言符号系统、非语言符号系统、画面符号系统等，共同组成了庆典活动的秩序和结构。

其一，仪式中糅合了诸多民族文化和新中国内部共享的象征符号。如国旗、国徽、天安门城楼、领袖巨幅彩色画像、红飘带、舞狮、华丽的彩车、民族团结柱、灿烂的花束、放飞的和平鸽……都内聚和体现着中华民族的精神气质和内在价值观，也是新中国的象征，强化了国人的民族自豪感。

其二，仪式传播中隐含着的国家意识形态话语，能够塑造文化共性，强化国家认同。在10月1日的国庆典礼中，习近平总书记发表的重要讲话就是象征符号，8分钟800多字，向海内外中华儿女及全世界表达了中国坚持和平发展和共建人类命运共同体的使命追求。此外，央视直播报道中，选用《新闻联播》播音员康辉和海霞担任解说，其庄重、极具感染力的解说风格清晰地表达了主流价值观和意识形态内容。如"70年风雨兼程，天安门广场上的红飘带寓意着红色基因连接历史、现实与未来；今天的天安门广场是世界瞩目的中心，今天的中国正前所未有的靠近世界舞台中心"等话语，成为庆典仪式的重要组成部分，使观众产生强烈的情感共鸣，很好的彰显了国庆庆典凝聚民族力量，塑造国家认同的仪式功能。

其三，仪式音乐的运用，象征着文化意义，增强了电视仪式画面的感染力。电视仪式传播过程中，仪式音乐作为民族文化的综合体，对其的有效运用能够强化国民的情感记忆与心理体验。如央视新中国成立70周年典礼直播过程中，《今天是你的生日》的童声演唱为庆典仪式营造了纯净、神圣的氛围；阅兵仪式过程中的《中国人民解放军进行曲》《检阅进行曲》等，展现了人民军队的威武雄姿，激发了亿万观众的爱国情怀；群众游行仪式中的《歌唱祖国》《东方红》《没有共产党就没有新中国》《春天的故事》等歌曲，事实上已成为国家认同的"仪式语言"，并通过电视媒介的声画传播，为观众融入仪式场景，共享仪式精神发挥了重要作用。

此外，国庆庆典参与者的身份象征也是激发民族情感，强化国家认同的重要途径。领导人是国家形象的主要象征符号，国家勋章获得者、劳动模范、中国女排健将、港澳台同胞、少年儿童、外国友人乃至快递小哥和广场舞大妈等身份都成为象征载体，经过央视的现场直播，展现出中华民族普天同庆的欢乐景象和安定和谐的社会秩序，也表达了中华民族伟大复兴和更强大国际影响力的发展愿景，为国家认同的建构提供了多维途径。

（作者单位：西京学院传媒学院）

改革开放以来我国电视艺术研究述评

石玉莹

1979 年以来，电视逐渐走向了"自己走路"的阶段，广告介入、电视剧繁荣、新闻改革，为电视注入了新鲜的血液。1983 年——1989 年，以四级办电视为起点，随着城市台的兴起、电视纪录片的探索、春节联欢晚会的逐渐发展，电视迈入了全面崛起的历史阶段。进入 90 年代，在高科技占领传播领域的时代，电视迎接着更多的机遇与挑战。

一、电视艺术历史

1. 电视艺术

学界关于电视艺术的研究视角各有侧重，有的学者根据某一概念，对电视艺术片进行分类，以便我们对某一类型的电视艺术片，产生更明确的认知。学者高鑫在《电视艺术片浅论》中，对艺术片的构成、类别、特征、价值进行了阐释：电视这一载体，既可以指电视新闻、电视报道、电视专题、电视纪录片、纪实性节目；又可以指电视文艺片、电视剧、电视歌舞片。提出了广义和狭义的电视艺术片的概念，并且为电视艺术片的类别、审美特征、艺术价值提出了建议。

2. 21 世纪以来的研究成果

进入 21 世纪以来，我国的电视艺术逐渐走入正轨，涌现出了大量研究著作、学术论文。有学者按照时间线进行梳理，对一段时间内的研究著作进行共性和个性的总结。学者胡智锋在《02—03 年中国大陆电视艺术研究新著综论》中，采用定性分析和定量研究相结合的研究方法，描述了 02—03 年度大陆电视艺术研究的概况和特征，结合了电视美学与电视文化学、电视艺术历史与批评、电视实务研究等各方面的最新成果、焦点热点、突出特征，分析电视艺术在学科规范、学术视野、研究方法等方面的局限和不足。胡智锋在《04 年中国电视艺术研究新著综论》中，总结出了在电视美学研究方面，学理框架日益完善；从电视文化学的角度看，引入了多学科视角，国际交流增多，并出现了新领域与相关领域的研究；从电视艺术实务的角度看，电视技术应用、电视创作、电视传播环节，颇显成熟。他在《05 年度中国"电视研究"专著述评》中，探讨电视美的本质，并以此为逻辑起点，把握电视之于现实的各种美与审美的关系，从哲学高度观察电视媒介的快速变革与发展，以抽象表达来完成对于丰厚电视实践的学理总结。这一年度电视文化研究的显著特征：1. 电视文化的关键词：娱乐，批评，审美；2. 对电视文化的宏观与微观把握独特精到；3. 在国际化视野中，国内学者对中外电视文化深入分析，使得中国电视文化研究获得了更为丰富的直接经验。此外，以人类学视角、社会学视角、心理学视角为切入点的研究更加广泛和深入。在电视实务的研究中：1. 电视创作分类更细，研究更加趋向微观化、专业化；2. 数字电视、电视的产业化与经营成为研究的新热点；3. 电视技术应用重点突出，以声音、摄影、动画技术为主。

他在《2007 年中国电视研究新著述评》中，提出了这一年的电视研究新进展：1. 电视史志、报告类著作数量多、分量重；2. 名牌节目、栏目解析类著作涌现，同时由名牌节目、栏目延伸出来的图书及时出版，扩大了其知名度和影响力；3. 注重电视策划和运营，探索中国电视市场与产业。此外，电视基础理论研究稳中有进，从叙事学、心理学、语言学等学科介入电视基础理论研究是值得关注的新路径。他在《2009 年中国电视研究著作述评》中，从报告、年鉴、丛书部分，可以看出电视业界对观众越来越重视，在学界，对受众的研究也越来越多。从个人文集部分，《黄会林 绍武文集》介绍了 1978 年—2008 年大约 30 年间的学术研究论著和文学艺术创作。《高鑫文存》涉及电视文学、电视艺术学、电视文化学、电视艺术美学等多个领域。《张凤铸文集》265 万言的文集涵盖了他在广播、电视、电影研究领域的成果。最近的五年里，胡智锋结合了当下媒介融合的媒介环境特征，在《2015 年中国电视研究论文述评》中对中国电视面临的新局面进行了深入考察和研究。其内容涵盖宏观、中观、微观等多个层面，涉及理论、应用及政策等多个角度，对当下电视生产、传播、接受、产业等诸多领域进行了现象描摹和理论阐释。分别针对不同的电视类型与样态开展了具体研究，例如：电视剧、纪录片、电视与新媒体等。同时关注了媒介融合、视听新媒体、"互联网＋"等前沿话题。

《2015 年中国电视研究著作述评》谈及电视史论研究，涌现出了大量优秀著作：关于电视本体理论研究的《年度对话：中国传媒发展的回顾与展望》、描摹电视艺术的基本形态的《电视艺术哲学》、探讨中国电视艺术叙事方式以及价值观的《中国电视批评》、系统介绍电视剧批评和解读方法的《电视剧名作解读》。此外，涌现出关于电视综艺节目的《解密真人秀：规则、模式与创作技巧》，全面介绍电视采访的基础知识的《电视采访学》，解密纪录片创作与推广过程与方法的《纪录片创作》，以民族化的视角详述各个时期的动画史的《中国动画史》。

上述部分以时间为线索，梳理了 1979 年以来学界对于电视艺术的综合观点与看法。

二、电视艺术美学

1. 关于美学的思考

高鑫《电视艺术美学》用兼容性、多样性、参与性、当代性对电视艺术的总体美学特征进行概括。他对电视艺术美学有这样的观点：电视艺术创作的终极目的就是创造美。并且，他在《多元与重构—电视艺术的哲学思考》中，从黑格尔"艺术解体"论谈起，对电视艺术的本原进行较为深入的哲学思考。高鑫又在《电视艺术美学自由言说自己的时代》中，对电视艺术美学做出了思考，提出了摹仿说、表现说、形式说、意境说、格调说、气韵说，并且引出了若干美学范式。

关于电视美学特征，学者张凤铸在《电视艺术的三个主要审美特性》提出了电视艺术的审美特征，是艺术本体论必须回答的问题。电视艺术的审美特性主要有三点：1. 传播的逼真性和虚幻性的结合；2. 节目的兼容性和选择性的结合；3. 审美的社会化和小家庭的结合。张晶的《电视艺术的审美文化尺度》从审美文化的角度，对电视艺术的价值取向和文化品性进行美学意义的思考。仲呈祥在《电视艺术理论与美学建设随想五题》提出：电视艺术理论批评建设与美学的深化应取决于整个社会改革大潮深化。但是，现成的理论阐释无法概括新鲜的创作经验。传统的文艺理论研究在抽象思维和逻辑演绎方面稍显不足。缺乏高层次抽象思维的"纯理论"建设。然而，都不能脱离国情和它的经济实力及文化传统。

2. 美学的后现代性

陈旭光在《电视艺术的定位与电视文化的"后现代性"》讲电视就是一种相当典型的后现代媒体。电视文化的后现代性表现为如下几个方面：其一，生活化与现实感：现实与超现实的合一；其二，拼凑与狂欢化；其三，时间的消失：流动中夹杂着随意，过去时与现在时的并置；其四，反讽模拟与互文指涉性：对已有内容的再度阐释与借用；其五，现场性和参与感。作者还提到了电视接受的后现代性电视文化的反思：暴露的问题有以下几点，深度的丧失，平面化、单面化的问题；影视媒体的伦理道德问题；媒体的强势话语霸权问题。

三、电视艺术理论与批评

1. 历史上的电视艺术争鸣

纵观电视发展史，学者们围绕电视与电视艺术，开展了激烈的讨论。早在 1981 年，邵牧君在《一场错误的战争》提出：电视作为一种新艺术为时尚早；1987 年，钱海毅在《电视不是艺术》中表示：电视主体上不是艺术；1987 年，王维超在《电视与电视艺术辨析》中阐明：电视与电视艺术是两个不同的概念，电视艺术这一概念是成立的，只是不能说从整体上说电视是艺术；1988年谢文在《问题成堆——电视不是艺术 读后感》提出：电视是艺术，而且是很纯的艺术，电视中有很多艺术，不能否认它们都有一定的艺术性；1989年，壮春雨在《论电视艺术》提出：否认电视是艺术是不科学的，把电视艺术的范围局限于电视剧等文艺节目也是不恰当的；1997年，苗棣的《电视艺术哲学（上编）》定义：电视艺术具有即时性，能够提供观众一种"假定性"，使观众产生真实感，这是电视艺术本质特征；1998年，高鑫在《电视艺术学》为电视艺术下了定义："电视艺术是以电子技术为传播手段，以声画造型为传播方式，运用艺术的审美思维把握和表现客观世界，通过塑造鲜明的屏幕形象，达到以情感人为目的的屏幕艺术形态。"

2. 电视批评

电视批评具有督导匡正、提升艺术审美、文化建构的作用。有学者针对当下的艺术评论、媒介生态，进行了批评研究。周星在《电视艺术评论的时代价值变异分析》明确提出，电视生产的环节不能缺少电视艺术评论。电视艺术评论包括了对作品、作者、电视艺术现象三个层面的影响作用。《电视艺术生态环境的忧思与净化—访中国文联副主席仲呈祥》一文中，仲呈祥从电视艺术生态环境的角度出发，剖析了观赏性、收视率、炒作制胜、娱乐化等导致电视艺术生态环境恶化的关键因素。

3. 学理重构

有学者回归本体论，从本体论的视角，对当下电视艺术出现的一些现象进行分析解释。施旭升《电视作为艺术：创造的悖论》探讨电视艺术的本性及其创造动因。作者认为：电视艺术本质上是技术与艺术的某种程度和某种方式的结合，从而不免受到技术理性、经济效益、意识形态、人们的审美惯性的制约，体现出了广泛的大众的审美之约。电视艺术创造的动因在哪里？现代电子技术的发明与进步，可能是电视艺术的最基本的动因。但是，对创造主体来说，技术积累和修养并非先决条件，最根本动因：电视与广大受众之间的审美之约，具体表现为对收视率的看中。张凤铸、杨乘虎《高科技语境中电视艺术的文化生存》从电视艺术技术本体出发，着重探讨了高科技语境中技术崇拜、技术理性和艺术法则、人文精神的互动关系，进而在形而上的哲学层面对电视艺术的文化生存困境予以精炼的阐释。

欧阳宏生《论电视艺术的学理重构》提出了电视艺术基础理论：本体论、生态论、创作论、文化论、主体论、受众论、批评论、发展论。具体的研究实践上，应辩证地处理好三方面的关系：1. 立论原则：理论性与实践性结合；2. 研究方法：逻辑性与实证性互融；3. 论据选取：经典性与新鲜性兼顾。

亦有学者从全球化、民族化的视角，对电视艺术的现实与未来进行分析。杨伟光在《全球化语境下中国电视艺术生产战略与创新之路》中提出的问题是：中国电视生产和传播所面临的核心问题是什么？电视产业还未开发，电视台的创收单一，没有形成完整的产业链。如何国际上占据一席有利的位置，塑造良好的国家形象？能否从经典文化中，找到一些规律，概括一些原则？杨伟光认为就题材而言，中国电视节目的题材资源无比丰富，有三条原则可供参考：以人带史、名著改编、反映重大历史事件和历史阶段。黄会林《民族化：中国电视艺术的现实与未来》提出了中国电视艺术的最高品格展现在"民族化"之中：首先，民族化的题材资源；其二，民族化的思想、情感特征；其三，民族化的艺术表现特质；其四，民族化的理论与批评的建设。周建新、胡智锋《2014 中国电视艺术节目观察与展望》，提到电视剧要唱响"中国梦"，弘扬主旋律。尹鸿在《为电视艺术发展'正衣冠'》中，评价了《中国电视艺术发展报告（第二卷）》，认为这本蓝皮书延续了第一卷的优点，在内容的全面性、作者的权威性、资料的翔实性、立场的鲜明性方面，成为中国文艺发展现状的一面镜子。

四、电视艺术学科建设

1. 电视艺术学术发展史

隋岩《电视研究的理论坚守与体系创新——评'电视论丛'（胡智锋等著)》，从学术史角度观察，我国电视艺术学的发展大致经历了三个阶段：第一阶段（1978—1992）：理论拼贴；第二阶段（1992—2000）：深入实践，经验梳理；第三阶段（新世纪以来）：体系建设。

2. 学科建设的历程

高鑫《从形而下到形而上——对建构电视艺术学科体系的一种实践与思考》，构建了电视艺术理论由浅入深、由形而下到形而上的学科体系。大学本科是从形而下开始接触电视艺术学——制作论；硕士研究生向形而上攀登，接触电视艺术美学——规律论；博士研究生抵达了形而上端，靠近电视艺术哲学——本体论。

张凤铸《关于广播电视艺术学学科体系建设的思考》提出了在广播电视艺术学科体系中，目前存在的问题：各学科的发展存在着不平衡现象，学科体系建设尚未与新时期传媒业改革问题的研究建立起互动机制。并且为构建我国广播电视艺术学学科体系提出了几大原则：继承性、发展性、现实性、预见性。

五、电视实务研究

高鑫《高科技语境下的现代电视艺术语言（上)》指出，人们面对视觉文化的冲击，摆脱了"传播功能"的局限，发现了"创造潜能"。提出了几个问题：如何理解今天的电视媒体，如何把握高科技语境下现代电视艺术语言的发展，如何实现技术与美学之间的有效联结，促成传统美学概念与命题的重新定义与理解。提出需要思考这三方面：镜头、编辑、电子技术手段背后传达的美学含义。

《高科技语境下的现代电视艺术语言（下）》继续阐述了电子技术手段的创造潜能，多维时空形态的拓展与意义衍生。

综上所述，新时期以来，学界关于电视艺术的发生发展产生了多角度、多元化的思考。以历史为脉络，循着每个时间段特有的环境，从历史、美学、到理论与批评、再到学科建设、实务研究，对电视艺术的本体论、概念界定、传播特点等方面进行了深刻而独到的分析。这一切的目的，旨在把握民族心理、提升电视艺术审美，对文化构建起推动作用。

（作者系上海大学上海电影学院硕士研究生）

成都人民广播电台开播始末 (1950~1952)

李申建

前言

2020 年 1 月 5 日，成都人民广播电台将迎来建台 70 周年。为了尊重历史、记录历史、还原历史，日前笔者采访了成都人民广播电台首任播音员卫群老人，完整记录了其口述成都电台开播的前后经过。本文既是为成都电台七十年生日的贺礼，也是通过当事人口述历史的方式抢救性留存一些最准确的史料。很多关键史料信息和照片是第一次公布，弥补目前学术界对四川人民广播事业启航史料不足或存偏误的尴尬之困。

受访人简介：卫群，女，1933 年生，北京人，原西北人民广播电台播音员，成都人民广播电台首任播音员。

一、人民广播开播前的成都广播环境

在成都市解放之前，蓉城上空存在四家伪电台。分别是：

1. 国民政府国防部"军中之声"广播电台

简称"军中播音总队"，建于 1943 年 6 月，呼号 XMPA。1949 年 11 月，在解放战争中由南京经广州、重庆逃到成都，驻在成都旧皇城坝内，全队尚留有编播、技术、勤杂官兵 45 人，有较好的 1 千瓦短波机 1 部、500 瓦中波机 1 部，及扩大机、小型播音机等设备。

2. "军中之声"广播电台第二队

建于 1943 年 6 月，呼号 XMPA。大西北解放时，1948 年 3 月由西安迁到汉中，1949 年 11 月逃迁到成都，驻在旧皇城坝内，有编播、技术人员 10 多人，200 瓦短波机 1 部及其他零星广播器材。这个队进入成都后，中共地下党组织即向该队队长马培诚做了争取工作，资助黄金 10 两，要他保护好设备，等待接管。

3. 华西广播电台

原为西安广播电台，后改为陕西广播电台，建于 1935 年 8 月，呼号为 XGOB。1949 年 11 月跟随胡宗南部队逃到成都，驻在商业场总府街小学内，有编播、技术人员 15 人及 400 瓦中波机 1 部等设备。临到成都解放前夕，代理台长韩镇华向北京中央广播事业局发了一封电报，表示起义。

4. 成都广播电台

该台于 1936 年 9 月 16 日建成播音。即由国民政府的交通部直接委托该部国际电台成都支台代管。1945 年抗战胜利后，国际电台迁回上海，交通部于是决定于 1946 年 6 月将交通部成都广播电台人员和机构设备全部移交交通部成都电信局接管，对外呼号仍为交通部成都广播电台，"XGOG"，频率 560 千赫，发射功率为 10 千瓦。电台的技术设备，发射功率及覆盖面，仅次于国民政府中央广播电台。西南、西北、东南沿海诸省及香港等地均可收到 XGOG 的声音。在成都解放后，我党接管小组首先接管成都广播电台，并与成都电信局军代表商定，仍用"成都广播电台"呼号继续播音，播送《中国人民解放军向蒋管区进军的命令》《中国人民解放军约法三章》等内容，两天后，奉命停止播送。

二、开播的经过

1949 年 11 月，向成都进军的中国人民解放军第一野战军十八兵团途经西安时，上级传达了中共中央宣传部 1948 年 11 月 20 日发出的《对新解放城市中原有之广播电台及其人员的政策规定》，指出："所有敌方政府、军队及党部管理之电台，必须全部接收。并务须争取入城后迅速开始播音。首先播送我入城法令、布告、城市政策等。"当时，在西安的晋西北临时军政委员会主任贺龙也指示有关部属："进入成都，要早看到报纸，早听到广播。"为此，贺龙主任还与中共中央西北局书记习仲勋商定，从西北人民广播电台抽调 1 名播音员（卫群）随同军队于 1949 年 12 月 12 日南下，又选送《八路军进行曲》等歌曲唱片 20 多张，为成都解放后迅速建台播音作准备。

1949 年 12 月 27 日，成都解放。卫群作为广播人参加了入城仪式。1949 年 12 月 30 日晚，卫群和南下战友组成的电台工作组，落脚于位于当时成都学道街伪教育厅办公大院，向成都市军事管制委员会报到。

接管工作于 1950 年 1 月 2 日开始进行。接管小组先后接管了前面谈到的四座国民政府的伪电台，总计尚留有编播、技术、行政勤杂等人员 80 多人和 10 千瓦德国制中波机、1 千瓦短波机、千瓦中波机、500 瓦中波机、400 瓦中波机、200 瓦短波机各 1 台，以及一部分转播机和扩大机等广播器材；在华西后坝，还有发射机房 1 座铁塔天线 1 对。接管小组接管各电台后，组织原电台人员学习，对他们进行政策教育，然后分别予以留用、调出、资遣。当然，也有特务潜伏其间。

接管同时，着手筹建成都人民广播电台。军事代表几经权衡，以"军中之声"两座广播电台的驻地和设备为基础，加上其他两座电台的设备和力量，开展了筹建工作，仅在五六天内，即完成了抢修机器、安装设备等准备工作。

成都市军事管制委员会于1950年1月4日发布命令，任命沈以为军事代表，负责接管国民党部队和政府在成都的广播电台。成都市军事管制委员会新闻处组成了接管小组，由沈以、武子芳、张勇、鲁秀云、卫群等组成，沈以任组长。

1950年1月5日，星期四，农历十一月十七日，这天下午六点，位于现在成都市锦江区署袜街邮电大楼二楼的一间小房子里。成都人民广播电台第一任播音员——卫群，当时只有十六岁的她，怀着激动的心情慢慢地推开了调音台的按钮，对着麦克风喊出了三声"成都人民广播电台"的名字。宣告了成都人民广播事业的到来。

卫群：当天节目一共是90分钟，开始曲是《雄鸡》。（为什么会选这样一首曲子？）因为我们手上没有更合适的东西。我虽然从西北台带了20多张唱片，但每一张我们都听了以后都觉得做开始曲不太合适。《雄鸡》虽然是个粤曲（即广东乐曲：编者），但是听起来很能够鼓舞人心，所以说我们就选它作为开始曲。当天的节目是播了军管会的政令、文告，还有一开始时播的《告听众书》。《告听众书》是我们自己写的一个，相当于一个宣言，就是说从今天开始成都人有了自己的广播电台，我们现在开始播音了。除了这个以外，就请了六十军的文工团，还有唱山西梆子的七月剧社。还请了四川籍的音乐家羊路由，他就是写《兄妹开荒》的作者，他自编自演了一个花鼓剧，向四川人民庆祝解放。他一边唱一边流泪。当时，我们在场的人大家也都很激动。除了这个以外，就大量地转播了中央台的节目。中央台的新闻转了三次新闻。整个一台节目做下来以后，说实在的我是非常紧张的。因为我一个人独当一面，就是从1月5号开始的。因为在这之前，我都是播音战线的一个新兵，都还需要老同志来帮带，我现在开始能够自己独当一面的独立工作，对我来说是非常重要的一步，也是一个新的起点。

成都人民广播电台的顺利开播，达到了中央"入城后迅速开始播音"的要求，成都市军事管制委员会新闻处特向中共中央宣传部发了电文为"成都人民广播电台已于子微（即1月5日电信代号）开始播音"的告捷电报。

在成都台开播的那段时期，成都百姓家里几乎没有什么收音机，即使有也是目前只能在博物馆看到的矿石收音机，所以城里没有什么听众的信息反馈。可是，让卫群万万没有想到的是，成都人民广播电台九十分钟的首播节目，竟然通过电波引起了海外华侨的极大关注。

卫群：因为在华西坝的发射台功率是很大的，10个千瓦，我们在播出之后，不久收到了马来西亚华侨的来信，这个事情对我们的鼓舞是非常大的。1月5号播音，大概是在10号左右收到信了。但是，我们不知道他这是通过什么途径这么快就把这个信息传回来。（当初有没有看那上面邮戳是由马来西亚?）对。还有邮票。（还记得马来西亚听众给你们反馈的内容大概是什么意思?）大概内容就是说他是四川人，他就说"我听到了家乡的人民电台的广播，非常高兴，不知道我什么时候还能够回到家乡"。就简单这么几句话。看到这样的信，我们非常激动，因为感觉到我们的能够使听众感到欣慰，心里头也是非常高兴的，也觉得自己工作非常伟大，非常神圣。

三、敌对势力困难破坏人民广播事业

刚刚接管伪电台设施设备和工作人员的时候，卫群和战友们也面临着对敌对势力人员甄别划分的艰巨任务。

卫群：接管的时候一共有60多个人，包括了我们5个从老区来的同志。我们接管了以后对人员进行了甄别。有一部分就送到成都革命大学去学习审查，另外一部分就是自愿遣散回家的，他可以自己愿意回家，就给他发路费就回去了。还有一部分就包括了一些技术人员，你比如说像"播音总队"和"播音二队"的一些"技佐"，实际上就是技术兵，这部分人大部分都留用了。

然而，就在留用下来的原国民党电台技术人员里面，有一个叫做王鸿春的东北人（又名李毅林），后来的所作所为引起了我党高度重视。

卫群：我们电台当时潜伏了一个国民党的特务，他就叫王鸿春，这个人是个搞技术的。他又会开车。应该说叫全能特务，（他是在你们接管的时候就潜伏下来了吗?）对，被接管人员之一，是播音总队的。我们只是觉得这个人怪怪的，总是爱说一些怪话。比如说我们建台之初，因为需要一块表，因为播音员在播音室里边没有时间看是不行的。所以说买了一块表。这个人就大肆造谣。就说"军代表带着他们的人，到处为他们私人买东西带回家了。还买得很贵重的表。"那块怀表我现在还有个印象，好像是60个银元的袁大头。

六十个银元买的一块怀表算是成都人民广播电台购置的第一笔数额较大的固定资产了。这个叫做王鸿春的特务，在电台内外除了大肆造谣外，还明着暗着对电台的设备搞破坏。

卫群：他在录音机上也做手脚，故意把钢丝弄乱弄断。因为我们也不懂！（你是看着他弄，还是他背着你弄?）看着，眼看着弄断的。但是他就是说是机器故障。（你们怎么办?）你说这很着急。他来修嘛！慢慢地磨时间！在播音的过程当中，他就故意拖时间。在发射机上，他也经常搞一些动作。一会儿发射机故障了，他就会说"电子管又有问题了。"因为那个时候还是用的电子管。他反正知道，当时老区来的同志既不懂技术，也不具备这方面的知识。所以说他就利

用了这一点钻的空子。然后就把他送到革命大学去审查，审查之后在那里就把他的来龙去脉弄清楚了，最后这个人枪毙了。

国民党特务被抓，成都人民广播电台算是清除了一大工作障碍，人民广播的声音在蓉城上更加嘹亮。

四、三次直播拓展知名度

初心不改的成都广播人，在开播后几个月经历了三次大型直播，也开启了成都人民广播电台节目创新的道路。

卫群：1950 年的我们，最初有了几个尝试。一个是抗美援朝的广播大会，另外一个就是 1951 年的 5 月 1 号，组织了一次五一劳动节的全市人民的广播大会，还有 1951 年 10 月 1 号，这个叫中华人民共和国成立两周年的时候的实况广播大会。

1950 年 10 月，中国人民志愿军赴朝作战，拉开了抗美援朝战争的序幕。在激战正酣之际，成都人民广播电台于 1951 年 4 月 18 日举行了抗美援朝广播大会。

卫群：1951 年 4 月，我们在抗美援朝广播大会开始在街道、机关单位、工厂、学校安装大喇叭组织大家收听。用的是中波 200。一个是揭露了当时美国的跨过三八线罪行，另外一个我们还请了当时的中国人民志愿军归国慰问团来做介绍。当时我们请到了志愿军总后部长洪学智。我们请他来做广播。他就介绍了志愿军在前线艰苦卓绝的战绩，对人民鼓舞是非常大的。抗美援朝广播的时候，居民就敲锣打鼓的送信，有送鞋底、送银元、送金银首饰，那真是"倾巷出动"送到电台啊。我们电台有一个小仓库，地板都压塌了。金元宝、银元、首饰都是用以前结婚用的那种大木盒子抬进来的，因为大家愿意支援抗美援朝，觉得把美国鬼子打走这是人人应该尽的义务。大家通过广播就知道了，所以说人们的激情是非常高，对我们来说真是非常感动。自己下了播音以后就赶紧出来帮着一块收东西，收信什么的。

1951 年 5 月 1 日，成都人民广播电台第一次户外落地直播就是在今天盐市口丁字路口举行的。这次的直播名叫"五一劳动节实况转播"，十万听众观众涌向现场欢度劳动者自己的节日。而卫群就在电台用草席围起来的临时棚子里播音主持。

卫群：劳动节大会应该说也是第一次现场直播。那个时候就陆陆续续地来了一些干部，就做编辑、记者，就把他们派出去，到游行队伍里边采访，回来在现场插播。这样的话也非常鼓舞人，因为对成都的老百姓来说，这是一件非常新鲜的事情，从来没有过的，而且就是说五一劳动节是劳动人民自己的节日，当家作主了，这是从来没有听说过的事情，也非常稀奇，也非常感动。以说反应也很强烈。这也是成都台第一次落地活动，那一次有 10 万人游行。（当初你是播音员？）

我是播音员，就我一个。（那次的广播大会做了多长时间？）那一次广播大会，我们是从上午的十点多钟一直到下午四点才结束。（这样的落地直播，老百姓很欢迎吗？）因为大喇叭全都按在街上，就是说从盐市口开始，一直到顺城街、骡马市、东大街、西大街等到处都是喇叭。老百姓都听到自己的声音了，非常激动，从来没有过的，感觉到非常新鲜的。

盛况空前的劳动节广播大家获得了成都百姓的喜欢，成都人民广播电台的知名度和美誉度大大提升。强化提高新闻采编团队业务技能也是当时电台全体工作人员必须面对主要任务。1951年10月1日，在新中国成立两周年之际。成都人民广播电台的"国庆实况转播"探索围绕同一重大主题，多个点位，动态化立体式的直播报道。

卫群：那一次我们就比较有经验了。因为在五一劳动节的大会实况转播之后做了一次总结，感觉到了不足的地方。就是说对现场听众的一些活动和反映，在我们广播当中没有怎么能够表达出来，所以这一次在这方面做了一些加强。这一次派出的记者就比较多了，一共有10多个人，这10多个人就不停地把消息反馈回来，当然也有分工。分了工，主要就是说反映当时的工农兵主题情况。另外就在一些大学生当中也做了反映。而且我们还请了军区的文工团到转播台来唱了一首《歌唱祖国》。

五、关于台址变迁和广告发布的考证

1950年1月5日，成都人民广播电台开播后，敌对势力继续盘算着如何对新生的人民广播事业进行破坏。为了避免广播电台受到攻击，电台在一个多月的时间里经历了三次搬家。

卫群：我们成都台是一共搬了三次，1950年1月5号开播是在这个叫邮电局，现在署袜街老的邮邮电局的二楼。在那里播了一个礼拜之后，因为这环境太差，条件也不太具备，所以我们自己就在皇城坝也就是现在的四川科技馆那个地方，当时是皇城。皇城坝是国民党旧驻军的营盘，所以说播音总队和播音二队就在那里有一个院子。我们接管以后，人就住在那里的。我们在那里腾出来比较小的房间装修了一间播音室，在那里安装了天线。一个礼拜后，也就是1月12号就搬到那儿去播音了。因为那个地方毕竟不是长久之计。于1950年2月15号就搬到了华西后坝方超的公馆（现九如村1号）。方超是国民党水上警察局的局长，他在那儿有一小别墅，我们就搬到那个地方去了。

1950年12月22日，成都人民广播电台又将台址迁至庆云西街86号（原邓锡侯公馆），现四川省广播电视局办公地（成都市红星中路119号）。

为改善成都电台的办公条件，1961年秋，经中共成都市委常务书记郭实夫的同意，成都人民广播电台迁往东城根南街76号办公（原成都市教育局办公地址）。就此，电台结束了分几处办公的状况，工作秩序逐渐恢复正常，节目质量明显提高。

1990 年年底，成都人民广播电台在今成都双林路 99 号办公。首先入驻节目为《午间特快》栏目组（于 1991 年 2 月 15 日在双林路办公区，并通过调频立体声播音）。

1951 年，在成都人民广播电台成立一周年时，为适应革命形势发展的需要，解决川西地区人民收听广播问题，经当时的中共川西区党委批准，在成都人民广播电台的基础上组建了川西人民广播电台（今四川人民广播电台），于 1951 年 2 月 1 日正式成立并开始播音。成都人民广播电台为筹建川西人民广播电台作了大量准备工作。中共川西区党委指派叶石（时任成都人民广播电台台长）兼任川西人民广播电台台长，沈以为副台长，武子芳为编辑部主任。在此之前于 1951 年 1 月 21 日在《川西日报》（今《四川日报》前身）第二版发布正式发布工商广告启事，正式开启人民广播广告事业。

六、成都台停播的考证

1951 年 2 月 1 日，川西人民广播电台成立后，根据当时中央广播事业局关于川西人民广播电台编制等问题给西南台的复函中"以一个行署台兼市台"的指示精神，成都人民广播电台和川西人民广播电台实行合署办公，一套班子，一支编播队伍，办两套节目。《川西日报》在 2 月 1 日当天三版专辟了庆祝川西人民广播电台成立和成都人民广播电台成立一周年特刊，发表了大家办广播、大家听广播的社论。

1951 年 4 月 9 日，中央广播事业局在关于川西人民广播电台编制等问题给西南电台的复函中指出："川西台编制，我们认为一个行署台兼市台（丙种台），四十五名干部已足够用，目前以不扩充为宜。"根据中央广播事业局指示精神，川西人民广播电台和成都人民广播电台实行"一套领导班子、一支编播队伍、两套广播节目"，人员由 47 人逐步增至 63 人。

1952 年 10 月 1 日，四川人民广播电台在川西人民广播电台原址（红星路 119 号附 1 号）成立，成都人民广播电台由省台兼管，省台兼办市台节目。

1952 年 12 月，第一次全国广播工作会议根据"调节人力、精办节目"方针，提出："省兼市台，除少数省台为都市大台者外，将撤销兼办的市台，以便集中力量办好节目。一部分小城市台在省台加强城市广播之后，也可以取消或合并。"当时，成都市还没有排入全国大都市之列，根据第一次全国广播工作会议精神，成都人民广播电台于 1952 年 12 月底停播。

（作者系成都市广播电视台主任播音员）

我国首次电视新闻改革对当今的启示意义

乔新玉

1979 年是中国电视的转折点。它在此前的 20 年中，被视为"没有角的小电影"，通过事件传播获得间歇性的追捧；此后，成功的新闻改革推动电视迅速成长为重要的新闻机构。今天的电视新闻，虽然所处境遇与 20 世纪 80 年代大相径庭，但由于新媒体对受众注意力的分流，同样处于依靠轰动性事件引发舆论关注的境地。回顾 20 世纪我国首次电视新闻改革的路径，不仅可以审视大众媒体成长为新闻机构的历程，以观照当今网络新媒体的发展趋势；也可以为当下电视新闻的发展提供有益参考。

一、作为"家庭影剧院"的电视陷入危机

电视业在最初的 20 年作为"家庭影剧院"① 存在，社会功能类似于当今的网络视频平台。1958 年 5 月 1 日，我国首家电视机构——北京电视台诞生（中央电视台前身）。1979 年 6、7 月间，中国电影发行放映公司停止向电视台提供新的故事影片②，文艺剧团纷纷停止低价、免费供电视台转播的做法。以前主要依靠播放电影、转播剧场表演维持节目播出的电视台，因为骤然内容匮乏，产生巨大危机。以当时的湖南电视台为例，文艺节目是其重要内容，播出时间在全部节目中占 70% 左右。1978 年，湖南电视台播放电影占文艺节目的 83%，到 1980年只占 4%。③

当时电视机用户由于看不到最新的电影，很快有了一种受到愚弄的感觉。④1979 年 8 月 18 日，第一次全国电视节目会议召开，29 个省、自治区、直辖市的电视台参会，核心议题是如何解决电视台的内容匮乏问题，电视新闻改革和电视

---

① 刘习良：《中国电视史》，第 160～161 页，中国广播电视出版社 2007 年版。
② 仲呈祥、陈友军：《中国电视剧历史教程》，第 5 页，中国传媒大学出版社 2010 年版。
③ 湖南省广播事业局《省志》编写组：《湖南省广播电视历史资料（1930—1980）》，第 57 页，1981 年内部资料。
④ 宋强、郭宏：《电视往事：中国电视剧五十年纪实》，第 14 页，第 17 页，漓江出版社 2009 年版。

剧被寄予厚望。

我国电视的诞生，既是二战后各国兴建电视热潮的一部分，也是"大跃进"运动中依靠大协作、"土法上马""土洋并举"的结果。不具备新闻功能的电视，社会认可度低；当时电视主要是外宣的窗口和社会主义建设成就的象征，而非对内的新闻传播机构。1963 年，北京电视台曾在广州召集数家电视台负责人，参加全国电视新闻对外宣传座谈会，共商电视的对外宣传问题。1964 年 3 月，第八次全国广播会议上发布《宣传业务整改提纲（草案）》，正式确定北京电视台"立足北京，面对世界"的方针。1980 年，时任中央广播事业局党组书记、局长的张香山说："过去有一个不成文的习惯做法，只有党的主席出访才通知我们，除此以外，中央其他领导同志去外地考察，概不通知我们电视台。"①

通过当年的极端案例，可以一窥当时人们对电视价值的判断。1972 年，马王堆汉墓出土栩栩如生的古尸，北京电视台记者戴维宇搭乘飞机急赴现场。无奈，负责的馆长"以极为不满的口气质问道，我是请了中央新闻纪录电影制片厂、八一电影制片厂、新华社来报道，根本没有电视台，你们怎么知道的？是谁让你们来的？"② 数天后，直至受邀单位人马到齐，北京电视台记者才得以参与拍摄。

二、首次电视新闻改革的动力

1963 年、1964 年，各地电视台曾经就拍摄手法方面的新闻真实性进行大讨论。1963 年，全国电视新闻对外宣传座谈会上，与会的八家电视台还重点讨论了电视新闻的真实性问题。当时的电视新闻深受摄影艺术、电影新闻简报的影响，新闻真实性屈从于画面艺术。"有好多弄虚作假"的情况，"就像拍电影一样"。③ 例如，县委书记个子不高，就找高个子来假扮。会上传达了当时文化部副部长夏衍批评电视新闻造假的讲话，与会人员讨论后虽表赞同，但普遍认为限于技术、人力等问题，无从改变。1964 年，北京电视台开展了有关电视新闻真实性的讨论，但因"讨论仅限于影片的拍摄方法，所以电视新闻必须完全真实的问题并未解决"④。电视新闻改革的本质动力来自党和政府对于社会需求的回应和引导。

内容匮乏是电视进行新闻改革的直接动力。早期电视每次播出时间普遍在二

① 中央电视台研究室：《全国电视工作会议资料汇集（一）》，第 56 页、第 107 页。

② 戴维宇：《几则遗憾》，转引自赵华勇《荧屏连接海内外——中央电视台的故事》，第 448 页，中国广播电视出版社 1999 年版。

③ 周济：《静下来，趁年轻的时候打好基础》，转引自上海音像资料馆、上海文广新闻传媒集团节目资料中心《老电视人口述历史》，第 26 页，学林出版社 2009 年版。

④ 《当代中国的广播电视》编辑部：《中国的电视台》，第 14 页，北京广播学院出版社 1987 年版。

到三小时之间，新闻节目往往只有数分钟，而新闻之后的电影或戏剧表演才是吸引观众的重头戏。以地方电视台中的翘楚上海电视台为例，从 1958 年 10 月 1 日开播后，新闻节目每次 5 分钟。1959 年 9 月开播的吉林电视台（辽宁电视台前身）新闻节目每次约 15 分钟。一些地方电视台拍摄的新闻胶片，由于缺乏相关技术，还需要专门到北京电视台洗印，新闻节目的生产十分艰难。1979 年后，面对内容严重不足的问题，组建、扩建新闻报道力量，增加新闻节目时长成为电视界自然的选择。

渴望获得政策支持是电视新闻改革的重要动力。1979 年文化部对电影放映体制的改革导致电视台立即产生了内容匮乏的危机。中央广播事业局代表电视台利益，向多方争取。1979 年 8 月，国务院批转文化部、财政部《关于改革电影发行放映管理体制的请示报告》决定恢复"文革"前的发行放映体制，支持文化部有关电影放映体制的改革。当电视台通过生产电视剧丰富内容的尝试初步成功后，一些人提出电视剧应像电影那样纳入文化部管辖范围之内。中央广播事业局局长张香山因此以"时任"的笔名在《电视周报》发表系列文章，坚决反对把电视看成是"缩型影剧院"。① 电视新闻改革势在必行。

贴近群众、发挥身为舆论工具作用的需要是电视新闻改革的根本动力。"文革"前电视机十分罕见，电视台曾通过"送电视上门"提高节目影响力。例如山东、上海电视台皆曾用自行车载着电视机到一些单位组织群众收看节目。1978年，我国有 35 家电视台，全国电视机的普及率为每千人 3 台，电视观众为 8000万人。② "文革"后期，我国掀起了电视机生产和购买热潮，电视机作为紧俏商品在改革开放之后迅速进入群众生活，普及率不断提高。新闻节目是电视发挥舆论引导功能的关键内容，此前电视"家庭影剧院"时代遗留下的内容生产方式亟待改革。

编辑机、录像机、便携式摄像等设备的应用，为电视新闻改革提供了技术动力。早期电视新闻普遍采用 16 毫米电影摄影机拍摄，设备庞大，移动不便，电影胶片冲印手续烦琐。由于早期摄影机不能录音，而摄影机、录音机配合不易，常常导致新闻节目声画不同步。1975 年以后，电视台纷纷购进录像机等先进设备。20 世纪 80 年代以后，电视新闻采集设备 ENG 的使用，是电视录制技术的一次革命。③ 声画合一、同期声作为电视新闻的常态，与此前的电视新闻形成脱胎换骨式的变化。

① 刘习良：《中国电视史》，第 160～161 页，中国广播电视出版社 2007 年版。

② 王建宏：《对我国电视热的冷思考》，转引自中央电视台总编室研究处《中央电视台优秀论文选》，第 411 页，中国广播电视出版社 2003 年版。

③ 史联文：《辽宁电视台发展史：1959—2009》，第 36 页，中国广播电视出版社 2009 年版。

三、电视作为新闻机构的身份建构

1979 年以后，电视在多种动力的推动下，通过新闻改革的实践，迅速从文艺内容播出机构转变为新闻机构。此前，受到电影新闻简报的示范效应和电视技术落后等影响，电视新闻普遍缺乏时效性。当时的电视新闻宣传有一个指导思想，认为电视新闻片不能拍得太短，一二分钟的新闻片不能说明问题，应以七八分钟为宜。① 电视新闻改革的过程，即是电视将自身建构为新闻机构的路径。

（一）改革内容，提高电视新闻的关注度、鲜活度和社会价值

减少会议新闻，增加经济新闻和社会新闻，自 1980 年第二次全国电视节目会议之后成为电视业的普遍理念。湖南电视台曾报道街头算命、湘江污染等社会新闻，在当地引起轰动，并在 1981 年全国电视新闻工作会议上作为经验受到认可。此后，社会新闻成为引发各地舆论的重要燃点。

（二）改革报道形式，提升新闻的时效性和新闻节目的信息量

第一，通过口播国际和国内新闻，在有限技术条件下提升电视新闻的生产效率。第二，提倡短新闻，减少过去新闻经常重播的做法。此前的电视新闻采用电影、纪录片手法，偏爱长篇大论。将大量电视新闻压缩到一分钟以内，在此次新闻改革中被视为重要进步。四川电视台曾经在 20 世纪 80 年代中期提倡"一分钟新闻"，颇有今时微传播风范，但该概念此后被淹没。第三，提倡系列报道、连续报道，提高新闻报道对时事的反应效率。

（三）通过批评报道、新闻评论迅速提升电视的整体社会影响力和话语权

增强了电视的存在感。1979 年 8 月，中央电视台播出新闻，批评北京部分工厂乱堆乱放，立即引起了广泛关注，所指问题很快得到纠正，这极大地鼓舞了电视业。1979 年 9 月，《新闻联播》播出《王府井停车场见闻》，曝光干部亲属公车私用的问题，引发舆论轰动。1980 年 7 月中央电视台播出批评性内容占比较高的新闻评论栏目《观察与思考》。1980 年 10 月第十次全国广播工作会议明确提出"适当搞一些批评性新闻"②，批评性新闻和栏目不断涌现。电视新闻通过批评与评论被寄予厚望，获得了巨大的话语权。

（四）提升信息量，强化新闻功能，弱化象征意义，为客观报道扩展内外空间

20 世纪 80 年代前，国际新闻报道存在不注重时效性等问题。国内报道受"文革"影响，镜头数量、景别、角度存在被过度解读的现象。电视从国际新闻入手，通过显著增加新闻量、扩展报道视野等方法，摒除外界偏见，并很快将之应用在国内报道中。加强社会新闻、经济新闻的报道是电视提升节目信息量、弱

---

① 山东电视台 50 年编写组：《山东电视台 50 年》，第 19 页，山东人民出版社 2010 年版。

② 中央电视台研究室：《全国电视工作会议资料汇集（一）》，第 56 页、第 107 页。

化象征意义的做法之一。

（五）积极参与重大事件、时政新闻报道，提升电视新闻的权威性和舆论引导价值

1979 年 9 月，党的十一届四中全会召开，电视按照惯例未予报道。当时电视人对电视新闻的认识，可见一斑。1980 年 2 月，十一届五中全会召开，处在新闻改革浪潮下的电视积极报道，广播电视新闻的时效远在通讯社、平面媒体之上。视听兼备的电视新闻，在重大时政新闻报道中的优势很快显现。1981 年的许多重大新闻通过电视直播在第一时间为观众所获知。[1] 审判林彪江青集团的现场直播、宋庆龄病逝报道、中国男排在世界杯亚洲预选赛大逆转、中国第一次国际马拉松比赛等等，通过电视荧屏的传播震撼人心。1982 年 9 月 1 日，距离电视新闻改革不到 3 年，党中央将重大新闻发布时间改至 19 点，以适应电视新闻播出需要。

四、电视新闻改革的指向：提升社会价值

新闻改革后，电视在信息传播、舆论引导方面的价值迅速提升。辅之以文艺娱乐方面巨大的注意力价值，电视在 20 世纪 80 年代获得了上下一致的重视。1984 年，电视的广告营业额超过广播。1985 年，文化部下属的电影局整建制划归广播电视部，组建广播电影电视部。

电视在文艺娱乐方面对群众巨大的吸引力，是其新闻改革成功的市场根基，而成功的新闻改革则提升了电视在党和政府、群众中的实用性。1980 年开始，电视台制作并译制大量动画片、电视剧，《望乡》《排球女将》《霍元甲》《西游记》《三国演义》播放时出现万人空巷的盛景。这使电视得以通过改革，将庞大的受众注意力导入与舆论引导功能密切相关的新闻领域，从而获得足够的政策支持。

20 世纪 90 年代以后，新兴通信技术对电视业形成严峻挑战，受众基础和政策支持是电视维持优势地位的重要支撑。20 世纪 80 年代，大型企业兴办有线电视。1995 年以后低收费有线电视开始向公众普及，电视业和电信业激烈争夺这一领域。电信业的有线电视服务，通过网络电缆入户，信号清晰、频道众多，资费低乃至免费，电视业利益严重受损。1999 年 9 月 17 日，国务院发布《关于加强广播电视有线电视网络建设管理意见》，明确表示电信部门不得从事广播电视业务。电视之于观众重要的新闻价值，以及由此产生的舆论引导价值，是政策支持的重要考量。

---

[1]　宋强、郭宏：《电视往事：中国电视剧五十年纪实》，第 14 页，第 17 页，漓江出版社 2009 年版。

扎实的受众基础和显著的政策支持，使我国电视自 20 世纪 80 年代以后得以高速发展。进入新世纪后，网络新媒体对电视观众的分流，造成电视文艺娱乐节目广告资源分流的现实，电视营利压力剧增。然而回顾 20 世纪 80 年代电视新闻改革不难发现，电视新闻的社会价值才是电视业的核心问题。网络视频平台、社交平台因为受众注意力优势，就像 1980 年的电视那样，已具有快速成长为新闻机构的市场基础。

（作者单位：河南大学新闻与传播学院）

新时代爱国主义的传承与创新

——对央视"快闪"《我和我的祖国》解析

康 杰

"爱国，是人世间最深层、最持久的情感。"习近平总书记在文艺工作座谈会上曾经指出，"爱国主义是常写常新的主题。拥有家国情怀的作品，最能感召中华儿女团结奋斗。"2019 年正值建国七十周年，2 月 3 日至 2 月 10 日，在新春佳节之际中央广播电视总台央视新闻频道连续推出"快闪系列活动——新春唱响《我和我的祖国》"系列节目，同时每天在央视《新闻联播》节目中播出。央视通过策划主办八场"快闪"活动，点燃了亿万观众的爱国热情，在广大人民群众和海外华人华侨中引起强烈共鸣，诠释了爱国主义精神在新时代的传承与创新。

一、央视"快闪"对爱国主义的传承

爱国主义是中华民族的优良传统，无论时代如何变迁，爱国主义一直是中华民族生生不息永立于世界民族之林的强大精神动力。央视系列"快闪"活动以宣传爱国主义精神为主线，通过歌曲《我和我的祖国》的创意表达，在新时代延续和唱响了爱国主义传统。

（一）家与国：中华优秀传统文化的哲思

"在中国历史上，家庭这一富含文化特色的社会基本单元，在社会发展的历史过程中，扮演了复杂而正面的文化角色，它不仅关系到个人的道德养成，还涉及国家的昌明隆盛。"[1] 由己而家，由家而国，是中国人始终不变的精神谱系，随着历史的推移逐步涵养了"修身、齐家、治国、平天下"的家国逻辑和智慧。而国家又是家庭赖以生存和发展的根本保证，"有国才有家"，国家也是每个家庭始终不渝的价值追寻。家与国某种意义上是融为一体、密不可分的，"家是最

---

[1] 解扬：《中华传统文化中的"家国关系"》，《人民论坛》2018 年第 9 期。

小国，国是千万家"，家与国的这种辩证关系，体现了中华优秀传统文化的智慧，也是中华文化延续数千年经久不衰的秘诀所在。

央视"快闪"《我和我的祖国》很好地传承了中华优秀传统文化中的家国理念。首先从"快闪"举办的时间来看，选择了万家团圆的春节假日期间，春节是中华民族最盛大的节日，每当春节到来之际，千家万户都是以团圆的形式来庆祝佳节。通过央视"快闪"的镜头我们捕捉到了"家团聚、国兴旺"的和谐意境。其次，从央视"快闪"的参加人员来看，以家庭形式出现的频率非常高。例如，在深圳北站的"快闪"首先切入镜头的就是准备回家过年的乘客，以及接老家父母来深圳团圆的打拼者；北京首都国际机场回家过年的旅客步履匆匆，让人感受到了人们对家的热切期盼；三沙永兴岛的"快闪"镜头首先聚焦的是军人家属与戍边战士相拥团聚的美好时刻。通过对这些家庭团聚细节的写实，从小家推及国家，从过年家人团聚的温暖与幸福逐步升华到对祖国的热爱与自豪，描绘了家庭和和美美、人民喜气洋洋、国家蒸蒸日上的动人场景，很好地诠释了习近平总书记所说的"千家万户都好，国家才能好，民族才能好"与"国家好，民族好，家庭才能好"的深刻哲理。

（二）聚与合：爱国主义的根与魂

八场"快闪"活动虽然举办的地点横跨天南海北，但基本程序却有很大的相似之处，每场"快闪"都是某位乐手或者歌者首先发声，之后吸引人群慢慢聚集，最终形成万人合唱的震撼场面。在这一"聚"一"合"的过程中生动展示了爱国主义传统的精髓，既围绕中心，凝聚合力。我国是一个拥有十三亿多人口和五十六个民族的大国，每个民族、每个家庭、每个公民都有着不同的个性和特色，正是这些多样性才造就了灿若繁星、多姿多彩的中华文化，爱国主义是中华民族的精神支柱，也是凝聚起不同民族不同人群最有效的方式和动力。爱国主义就是要激发国家中每个民族、每个公民的积极性和创造性，以国家整体利益来引领大局，让每个公民心往一处想，劲往一处使，共同为国家的命运与前途携手奋斗。习近平总书记曾经指出"实现中华民族伟大复兴，就是中华民族近代以来最伟大的梦想。这个梦想，凝聚了几代中国人的夙愿，体现了中华民族和中国人民的整体利益，是每一个中华儿女的共同期盼。"新时代，要实现中华民族的伟大复兴我们需要继续发扬爱国主义传统，以中国共产党为圆心，在党的领导下，画出中华民族的最大同心圆，倡导大团结大联合，能聚能合，善聚善合，长聚长合，把握聚与合的逻辑，守住爱国主义的根与魂，进一步弘扬中国精神、凝聚中国力量，同心共筑"中国梦"。

（三）歌与旗：爱国情感的表达载体

歌声是抒发爱国情感最常见的表达方式，而国旗则是一个国家的标志性象征，央视"快闪"将两者完美地融合在一起，将爱国主义情感通过参与者的歌声和观众手中挥舞的国旗自然地流露了出来，并感染了全场。首先从歌曲的选择来看，央视八场"快闪"的主题曲都选择了《我和我的祖国》这首脍炙人口的歌曲，选择这首歌作为主题曲非常应景，也恰到好处，因为这首歌不仅旋律优美，歌词的爱国情怀十足，而且传唱度非常高，能够直达人心，很容易引发现场的大合唱。从现场的效果来看也印证了这一点，上到白发苍苍的老人，下到咿呀学语的孩童、清洁工、铁路职工、科学家、音乐艺术家、节目主持人、解放军官兵、青年学生等各行各业的人们都能跟着旋律大声歌唱，肆意的表达爱国之情。同时，央视还针对每场"快闪"的主办地将《我和我的祖国》创新编排，融入了许多地方特色元素，例如在成都宽窄巷子站加入了川剧元素，武汉黄鹤楼站邀请了《洪湖水浪打浪》的主要演员参加，在长沙橘子洲的"快闪"中出现了《浏阳河》的旋律，深圳北站更是将《我的中国心》与主题曲穿插演唱，引起广泛共鸣。其次，每场"快闪"所到之处都是一片"红色的海洋"，人们手中挥舞的国旗伴随着歌声不断飞扬，国旗元素是活动主题的最佳载体。舞动国旗是人们抒发爱国情感的传统表达方式，央视"快闪"将国旗融入主题活动，鲜艳的国旗成为每场"快闪"活动的标志，传承了这一经典的爱国举动，引领人们向国旗致敬、向祖国表白。

二、央视"快闪"是爱国主义的新时代解读

央视系列"快闪"活动《我和我的祖国》不仅传承了中华民族爱国主义的精髓，而且还通过表现形式和传播路径的创新进一步挖掘了爱国主义的新时代意蕴，让爱国主义在新时代更加丰富立体，更具有感召力，呈现了爱国主义在新时代的新发展、新面貌。

（一）"快闪"+融媒体：爱国主义传播的新路径

"中国民族精神是在悠久的传统文化熏陶中孕育出来的，影视作品赋予了传统文化新的传播途径，是传统文化传承与发展的载体。"[①] 爱国主义是中华优秀传统文化的精髓，是中华传统美德，不仅需要传承，更需要传播和发展。当今世界传媒行业飞速发展，为爱国主义传播提供了新的路径选择。首先在表现形式上，央视通过策划"快闪"这种潮流活动，将爱国主义主题与时下最新的艺术表现形式进行整合，吸引了广大人民群众特别是年轻群体的广泛关注。"快闪是一种短暂的行为艺术，即许多人在指定时间、指定地点出人意料地做一系列指定的歌舞或其他行动，然后迅速离开。"[②] 央视通过"快闪"这种具有鲜明互动性

---

① 任梦池、张建军：《中国传统文化在当代影视作品中的应用和融合》，《电影评介》2018年第10期。
② 陈振东：《让快闪闪出强劲正能量》，《西藏日报（汉）》2019–3–21。

的传播形式，极富吸引力和感染力，将爱国主义精神深深根植于人民群众的心中，取得了极佳的社会效应。其次，在"快闪"视频的传播上，并不仅仅局限于电视这一传统的播出平台，而且在微博、微信、客户端、移动网等全媒体领域进行发力，形成了良好的媒体合力。习近平总书记强调"要运用信息革命成果，推动媒体融合向纵深发展，做大做强主流舆论，巩固全党全国人民团结奋斗的共同思想基础，为实现'两个一百年'奋斗目标、实现中华民族伟大复兴的中国梦提供强大精神力量和舆论支持。"新时代的传媒发展已步入融媒体时代，央视通过有效整合各种宣传媒体资源，将满满的正能量传递给了全网及全社会，为爱国主义在新时代的创新传播积累了宝贵经验。

（二）传统与现代：新时代爱国主义的自信源泉

习近平总书记指出，"当今世界，要说哪个政党、哪个国家、哪个民族能够自信的话，那中国共产党、中华人民共和国、中华民族是最有理由自信的。"我们的自信源自对自己所坚定的道路、理论、制度及文化的自信。长久以来，悠久的历史与灿烂的文明一直是中华民族引以为傲的缘由，而改革开放以来，中国特色社会主义事业所取得的伟大成就更是为所有中国人增添了自信的底气。祖国越强大，人民越自信，在日常生活中这种自信又逐渐转化成了人们对自己祖国的浓浓热爱之情，人民的自信程度越高，爱国的热情就更加高涨。央视系列"快闪"活动通过镜头的对比与切换，既展示了泱泱中华五千多年的传统文明，又囊括了新时代国家的新变化与新发展。"一个全景镜头可以表现一种恢弘的气势，一个特写镜头可以表达人物内心的世界。"① 央视"快闪"多次通过航拍和特写的方式从不同角度展示主办地的历史文化与现代化进程，例如视频中宽窄巷子、黄鹤楼、编钟、瑶族特色建筑、春联、灯笼、毛笔字等中国代表性的文化符号一一闪现，勾起了人们对祖国历史文化的无限感慨；同时，恢弘大气的北京首都国际机场、深圳北站，代表中国科技前沿的智能机器人"艾娃"、广深港高速铁路及复兴号动车组列车，"超级工程"港珠澳大桥，代表现代生活方式的游轮、空气动力伞等一大批新时代最具代表性的成就轮番展示，将观众的爱国热情推向了顶峰。在这历史与现实的对比之中，给观众以强烈的视觉冲击同时也探寻到了新时代继续弘扬爱国主义的自信源泉。

（三）接续奋斗：新时代爱国主义的践行方法

爱国不仅要体现在思想上，更要落实在行动上。习近平总书记在2019年新年贺词中指出，"我们都在努力奔跑，我们都是追梦人。"新时代是奋斗者的时代，更是追梦人的舞台，在实现中华民族伟大复兴的征程中，每一位中国人都应

① 王玉福、闫艳：《新时代主旋律电影对中国精神的传扬》，《电影文学》2018年第17期。

该成为新时代的追梦人，每一代中国人都应该把最真挚的爱国热情化作接续努力奋斗的信心与毅力。在每场央视"快闪"活动的最后都安排了特别策划的随机采访环节，"开心""激动""高兴""兴奋""幸福""自豪"是采访中出现的高频词，很多观众还不由自主地喊出"祖国万岁"，铮铮爱国豪情溢于言表。正如奥运冠军龙清泉所说："以前都是在竞技场上为祖国争光，今天我用我的歌声献给新中国成立七十周年，所以跟我站在领奖台的感受是一样的，很激动。"更多的受访者表示，将满怀激情投入到本职工作之中，为祖国贡献出自己的一份力量。央视系列"快闪"活动不仅激发了广大人民群众的爱国热情，更重要的是传递了一种践行爱国主义精神的方法，那就是将爱国主义精神转化为实实在在的行动。"空谈误国，实干兴邦"这是新时代对爱国主义的个性化理解与创造性转化、创新性发展。如今新时代的蓝图早已绘就，实现中华民族伟大复兴的"中国梦"并不遥远，它实实在在地扎根于每一个人每一天的努力奋斗当中，只要全体中国人民齐心协力不断接续奋斗，就一定能实现新时代的伟大梦想。

爱国主义精神是中华民族亘古不变的思想支柱。央视系列"快闪"活动《我和我的祖国》不仅传承了爱国主义固有的精神内核，将中华优秀传统文化中家与国的哲思、聚与合的历史追寻融入其中，让全体中华儿女的爱国赤诚在歌声与旗帜中得到畅快表达，而且还以创新的融媒体路径，展示了新时代中华民族的自信与荣光，并赋予了新时代爱国主义崭新的内涵，用国家级媒体的使命与担当向广大人民群众传递了新时代践行爱国主义的新风尚。央视系列"快闪"活动引领了爱国主义表达的时尚潮流，为新时代传承与创新爱国主义精神积累了有益经验。

（作者系广西师范大学马克思主义学院博士研究生、湖南省社会主义学院讲师）

新中国成立初期农村广播网的构建

徐志伟

新中国成立初期，新政权在向农民宣传社会主义现代化时，有一个通俗的标语："耕地不用牛，点灯不用油，听戏坐炕头"。其中，"耕地不用牛"说的是农业现代化，"点灯不用油"说的是能源现代化，而"听戏坐炕头"说的则是文化的现代化。这个标语很好地标示了广播在农民文化生活中的位置，因为就当时的条件而言，要实现"听戏坐炕头"的愿望，只能借助广播这一现代媒介。按照今天的标准，广播已经属于"传统媒介"，但在当时它却是成色十足的"新媒体"。其传播速度之快，传播范围之广，节目形式之灵活，是其他媒介所无法企及的。

正是因为广播所具有的如上优点，新中国成立初期，新政权特别重视广播事业的发展。1949年9月29日中国人民政治协商会议第一届全体会议通过的《中国人民政治协商会议共同纲领》中的第四十九条明确规定要"发展人民广播事业"。按照这一规定，各省、区、直辖市相继建立了广播电台[①]。但是，新中国成立初期，由于工业生产能力有限，收音机尚属稀有之物，价格昂贵，普通群众并没有能力购买。为了创造条件，让广播能够到达普通群众那里，1950年4月，政务院新闻总署发布了《关于建立广播收音网的决定》。《决定》指出："无线电广播事业是群众性宣传教育的最有力的工具之一，在我国目前交通不便、文盲众多、报纸不足的条件下，作用更为重大。"《决定》要求全国各县市人民政府、人民解放军各级政治机关以及其他机关、团体、工厂、学校均应设置或酌情设置专职或兼职收音员。其任务是收听或记录中央和地方人民广播电台广播的新闻、政令或其他重要内容，向群众介绍和预告广播节目，组织群众收听重要节目。所

---

① 截至1950年底，中国大陆除中央人民广播电台外，共有地方电台65座。参见徐光春主编《中华人民共和国广播电视简史》，中国广播电视出版社2003年版，第17页。

有收音员均应向地方或中央广播电台登记，并按月报告工作情况和听众意见。[1]为实施上述决定，中央广播事业局于 4 月 26 日专门给各地方电台发出了有关通知。

各地方电台根据通知精神，纷纷出台条例，制定方案，组织培训收音员，积极推进收音站建设工作。以湖南为例，长沙人民广播电台（后为湖南人民广播电台）接到上级通知后，迅速行动，于 8 月 5 日在长沙市修业小学内举办第一期收音员训练班，为各县市培训收音站干部，历时 15 天，主要学习形势与任务、广播收音知识和技术。长沙、衡阳、常德、益阳 4 个专署所辖县（市）人民政府派出 37 人参加学习；第二期于 8 月 25 日开学，沅陵、邵阳、会同、零陵、郴州、永顺 6 个专署所辖县（市）人民政府派出 35 人参加学习。边远县未派人来学习的，由长沙人民广播电台代为招收 29 名高中以上文化程度的学生，学习后分配到县收音站担任收音员。9 月份，全省先后建立收音站 101 个，由中央广播事业局各配发广播牌四灯、五灯交流电或直流电收音机一部，各县、市收音站相继开展广播收音工作。[2] 不仅在湖南这样的内地省份，在云南、新疆、内蒙古等边疆地区，收音站也都以较快的速度建立起来。据统计，截至 1955 年底，全国已建成 28800 多个收音站。[3]

收音站一般归当地的党委宣传部领导，主要工作内容是：抄收中央和地方人民广播电台广播的新闻、政令或其他重要内容，抄收以后及时送给当地县委领导阅知，并出版油印小报或黑板报，扩大宣传面。在执行这一任务时，各地均取得了颇为显著的成绩。山东省，据 1951 年 1—2 月份统计，全省 81 个县（市）收音站，共收抄新闻、政令 5800 件，曾在 735 个部门的 9782 人中传阅。据 1952 年全省 67 个收音站统计，一年共出版油印小报 2367 期，35 万多份，并为 3 万块农村黑板报提供了宣传材料。[4] 贵州省，到 1954 年，全省除息烽、长顺、遵义县收音站外，其他所有专、县收音站都出版小报或广播材料。据当时 67 个县收音站的统计，印发的资料共达 2708 期 47.6 万份。到 1955 年，出版的电讯和印发的资料上升到 4740 期 94.8 万份。当时，县收音站一般每年印发 50 至 100 期小报纸或宣传资料，最好的站印发的资料平均每天 1 期以上。例如麻江县收音

① 《新闻总署关于建立广播收音网的决定》，国务院法制办公室编《中华人民共和国法规汇编 1949—1952》第 1 卷，中国法制出版社 2005 年版，第 284 页。

② 湖南省地方志编纂委员会编《湖南省志第二十卷·新闻出版、广播电视》，湖南人民出版社 1997 年版，第 225 页。

③ 《当代中国的广播电视》编辑委员会编《当代中国的广播电视》（上），当代中国出版社、香港祖国出版社 2009 年版，第 303 页。

④ 山东省地方史志编纂委员会：《山东省志第七十三卷·广播电视志》，山东人民出版社 1993 年版，第 153 页。

站，从 1950 年到 1955 年总共刻印的"电讯"快报就达 3550 期。^① 新疆，据 1954 年统计，全疆有 60 多个收音站，联系 1200 多块黑板报，出版维吾尔、汉、哈萨克、蒙古四种文字的油印小报 105 种，共发行 52.2 万多份。小报的名称有：《广播新闻》《新闻广播》《新闻简报》《新闻快报》《群众小报》等。^② 云南省，据 1953 年的统计，有 97 个县办了《收音快报》《收音简讯》等油印报，印数总计 155600 份；各地在县城和农村集镇出的黑板报，光是大理地区就有 1056 块。傣族聚居的瑞丽、潞西、景洪等县收音站，还把抄收的政策、法令和重要新闻翻译成傣文，登在油印小报和黑板报上，供傣族干部、群众阅读和学习。^③ 建国初期，边疆、农村地区交通不便，报纸传递缓慢，而收音小报一般 2－3 天出版 1 期，遇到重要的新闻，抄收后就及时印发、传播。记录广播成了广大干部、群众了解中央、省委精神，获取信息的主要渠道。

收音员除抄收政令、新闻外，有时还背着收音机下乡组织农民收听广播。1953 年 1 月，中央广播事业管理局发出《关于春节期间组织对农民广播发动收音员下乡宣传的通知》，要求各地电台"应充分利用春节农闲时间，组织对农民的特别节目，发动收音员下乡，向广大农民群众广泛而深入地进行新形势、新任务的宣传。"^④。全国各地电台根据通知要求，分别组织了送收音机下乡的活动。贵州人民广播电台根据通知要求，编播了《一个村的春节晚会》《一个农协小组关于继续加强抗美援朝工作的座谈会》《一个互助组的总结检查会》三组节目，各站收音员均下乡组织收听。据不完全统计，全省约有 2 万人收听这组广播节目。为了表彰这次收音活动，中央广播事业局颁发"春节下乡纪念"证章，奖励下乡组织收听取得好成绩的收音员。黔西县收音站被评选为春节下乡宣传成绩优良收音站，获得二等奖。^⑤ 云南人民广播电台也举办了春节特别节目，各县收音员用扁担挑着收音机、干电池和行李，走村串寨，巡回组织农民收听。据 50 个县的统计，直接听到这次广播宣传的达 20 万人。云南电台总结这次广播下乡的经验，开办了固定的"农村巡回收听特别节目"，每月办 1 次，连续广播 4

---

① 贵州省地方志编纂委员会：《贵州省志·广播电视志》，贵州人民出版社 1999 年版，第 205 页。

② 新疆维吾尔自治区地方志编纂委员会：《新疆通志第七十九卷·广播电视志》，新疆人民出版社 1995 年版，第 71 页。

③ 云南省地方志编纂委员会：《云南省志卷七十八·广播电视卷》，云南人民出版社 1996 年版，第 152～153 页。

④ 《中央广播事业管理局关于春节期间组织对农民广播发动收音员下乡宣传的通知》，《当代中国的广播电视》编辑部选编《中国的有线广播》，北京广播学院出版社 1988 年版，第 41 页。

⑤ 贵州省地方志编纂委员会：《贵州省志·广播电视志》，贵州人民出版社 1999 年版，第 205 页。

天，便于收音员下乡组织收听。① 五十年代初期，听广播对于农民而言，是一件新奇的事情。因此收音员每到一地，都受到了当地农民的欢迎，踊跃参加收听活动。有收音员曾这样回忆当时的场面："每到一处，农民兄弟都高兴地积极帮助架起天线，有的火急地叫开收音机。黄昏后，收音机一打开，老的、少的、年青的听众团团围住，有的小孩家长叫回去吃饭、洗澡也不愿离开；有的在家吃饭的听说开了收音机，连忙端着饭碗出来听；有的听得发呆。第二天，要起程到别的山村去，许多农民依依不舍，要求多放一天。"② 由此可见，收音机这一新媒体对农民的新引力。

五十年代初期的收音站是根据当时农村的具体条件和客观需要建设起来的，在传达政令、活跃农民的文化生活，调动农民的生产热情以及天气预报、救灾抢等方面都曾发挥过重要的作用，成为党联系群众的重要纽带之一。但需要指出的是，收音站还存在着很多缺点："第一，它需要的费用太大，购买一架普通的能够使用的收音机，差不多要一百五六十元，另外每月电池费还需要二三十元；第二，每一个收音机，还要一个专人来保管，这是十分不经济的；第三，收音机零件太多，构造复杂，一旦发生毛病，在农村不容易找到人修理。"③ 由于这些原因，收音站在农村的发展受到了一定的限制。要想克服这些缺点，最好的办法就是发展农村有线广播站。有线广播站和收音站比起来，具有明显的优点。首先，它的建设费用比收音站低，广播站建成以后，农业合作社和农户安一个广播喇叭，只要二三十元就够了，而且每月不要花电池费，也不要专人管理，收听非常方便。其次，通过它，不仅各乡各社都能收听到中央和地方人民广播电台的广播，而且县里的党、政领导机关也可以直接向群众讲话。在少数民族地区和方言较重的地区，必要时还可以用民族语言或地方语言进行广播。再次，它的传播速度更快，有什么紧急任务，只要通过广播站播出，农民就可以马上听到，有利于实现快速动员。

全国第一座面向农村的有线广播站诞生在吉林省九台县，它的创建来自电话串音的启示。1950 年的一天，吉林省九台县委书记张凤岐在打电话时，听到里面有广播唱戏的声音，经调查，是由于县城内一家国营工厂的有线广播线和电话线靠得太近而相互串音。张凤岐从中得到启发，他联想到九台县有通往各区、村的电话线，如果能利用它对各区、村广播就无须再另外架设广播线。于是，他派

---

① 云南省地方志编纂委员会：《云南省志卷七十八·广播电视卷》，云南人民出版社 1996 年版，第153 页。

② 黄良柱：《翁源县收音站与第一部收音机》，中国人民政治协商会议广东省翁源县委员会文史资料委员会：《翁源文史资料》第 8 辑，内部出版，1990 年，第 128 页。

③ 鹿野编《建立农村广播网》，科学普及出版社 1956 年版，第 2 页。

人拿着广播喇叭到距县城 10 公里的龙家堡和距县城 55 公里的其塔木两个远近不同的区进行实验。结果证明，用电话线传送的广播，基本可行。1951 年初，九台县领导班子正式决定筹建有线广播站，利用电话线传送广播，把广播喇叭引到农村去。县人民政府从地方财政结余中拨出七千多万元（东北币），用于建站开支，并拨给了一些物资。经过筹建、试播，全国第一座面向农村的县广播站，于 1952 年 4 月 1 日在九台县诞生。当时全县共有 330 只广播喇叭，分装在各区、乡、村人民政府和农业生产互助组、供销社、学校和文化站等场所。每到广播时间，男女老少成群结队地到有喇叭的地方去收收听。每个喇叭周围少则二三十人，多则上百人，全县每天听广播的人数，最多时达两万余人。有的农民还把住在外县的亲友请来听。

九台县广播站一诞生，就受到各级领导部门的重视，中共吉林省委、国家广播事业局、东北人民广播电台、吉林人民广播电台，先后对九台县有线广播的情况进行了调查，全面系统地总结了经验，并很快在省内推广开来。1952 年 12 月，第一次全国广播工作会议，肯定了吉林省办有线广播的方向，向全国推广了九台县的经验。中央广播事业局局长梅益称这种面向农村的广播为"九台式"广播站。九台经验很快在东北推广开来，辽宁省的台安县、庄河县、北镇县和吉林省的农安县、黑龙江省的尚志县等较早进行试点，取得了良好效果。南方省份较早借鉴九台经验的是福建省顺昌县和云南省昭通县。此后，全国各地很快掀起了建站高潮，江苏、浙江、山东、广东、山西、四川、陕西等省都纷纷派人学习九台经验，建起了各自的有线广播站。"到 1954 年年底，全国共有县广播站 547 个，中小城镇广播站 705 个，有线广播喇叭 49854 只。"①

当时的农村有线广播站，设备虽然简陋，但在农村思想教育和丰富文化生活等方面，发挥了重要的作用，因此得到了党中央的高度重视。1955 年 10 月 11 日，毛泽东在中共中央召开扩大的七届六中全会的讲话中把"发展农村广播网"作为农村文化教育规划的组成部分提出。② 同年 12 月 21 日，在《征询对农业十七条的意见》中又提出："在七年内，建立有线广播网，使每个乡和每个合作社都能收听有线广播。"③ 毛泽东的指示，对农村广播网的建设和发展起了重要的推动作用。1955 年 12 月 15 日至 22 日中央广播事业局在北京举行第三次全国广播工作会议。会议的主要议题之一便是研究发展农村有线广播的方针、规划。局

---

① 赵玉明主编《中国广播电视通史》，中国广播电视出版社 2014 年版，第 196 页。

② 参见毛泽东《农业合作化的全面规划和加强领导问题》（1955 年 10 月 11 日），中共中央文献研究室编《毛泽东文集》第 6 卷，人民出版社 2004 年版，第 475 页。

③ 《征询对农业十七条的意见》（1955 年 12 月 21 日），中共中央文献研究室编《毛泽东文集》第 6 卷，人民出版社 2004 年版，第 510 页。

长梅益在会上作了《关于发展农村广播网的方针、规划的初步报告》。这次会议在调查研究的基础上，对有线广播网发展中出现的问题逐一提出相应的意见。会议专门制定了农村广播网事业的建设方针：依靠群众的积极性，充分利用现有设备，因陋就简，分期发展，逐步正规，先到村社，后到院户。① 会后，《人民日报》发表了题为《发展农村广播网》的社论。社论指出，随着农业合作化运动高潮的到来，发展农村广播网的工作，已经提到日程上来了。地方各级领导机关应该充分关心和重视这一工作，把它列为地方全面规划的一个重要项目，加强对它的领导，并且在一些重要问题上，如在经费、编制、通讯网以及和党的宣传网密切结合等问题上给予明确的指示和支持。② 全国有 22 个省、自治区、直辖市先后出台了农村有线广播网的发展规划。1956 年 1 月 23 日，中共中央政治局提出了《1956 年到 1967 年全国农业发展纲要（草案）》，其中的第三十条对全国农村有线广播网的发展作了明确规划："从 1956 年开始，按照各地情况，分别在 7 年或者 12 年内基本上普及农村广播网，要求各乡和大型的农业、林业、渔业、牧业、盐业和手工业的生产合作社都装置收听有线广播或者无线广播的工具。"③ 为了给"普及农村广播网"创造条件，1956 年 4 月，广播事业局与邮电部协商，利用县内电话线路（即指农村电话线路）同杆同线、定期定时开放有线广播，并联合颁发了《利用县内电话线路建立农村有线广播网暂行规则》。④

由于党中央的高度重视和相关决策的出台，全国农村有线广播网得以迅速发展。"到 1956 年底，县级广播站增至 1458 座，1957 年底增至 1698 座（1949 年仅 11 座）；广播喇叭增长很快，1956 年底增至 50.67 万只（1949 年仅 900 只），1957 年底增至 94.12 万只。"⑤ 与两年前相比，"普及农村广播网"成效显著。

但需要指出的是，农村有线广播网的发展也不是一帆风顺的，中间也经历了

---

① 徐光春主编《中华人民共和国广播电视简史 1949—2000》，中国广播电视出版社 2003 年版，第 27 页。

② 《发展农村广播网》，《人民日报》1955 年 12 月 30 日。

③ 《1956 年到 1967 年全国农业发展纲要（草案）》，国务院法制办公室编《中华人民共和国法规汇编 1956—1957》第 3 卷，中国法制出版社 2005 年版，第 4 页。

④ 这里需要指出的是，《利用县内电话线路建立农村有线广播网暂行规则》出台后，有线广播网迅速扩大，沿线广播喇叭越装越多，这就给使用电话造成困难。原规定广播馈送电压不得超过 240 伏，但因为喇叭增多，为了保证音量不得不提高信号电压，有时高达 360 伏、480 伏不等，个别的甚至高达 1000 伏，曾造成维护人员伤亡和通信设备损毁的事故。另外，有线广播时间逐渐延长，开始每天播放两小时，以后增到五、六小时，最长达到十小时。这就严重影响了通话，曾多次发生延误重要电话的事故。直到八十年代，广播部门开始自建农村有线广播网，同时采取技术措施将仍利用电话线路传输的广播节目，改用低电平信号输出，上述矛盾才有所缓和。参见《当代中国的邮电事业》编辑委员会编《当代中国的邮电事业》，当代中国出版社、香港祖国出版社 2009 年版，第 267 页。

⑤ 赵玉明主编《中国广播电视通史》，中国广播电视出版社 2014 年版，第 238 页。

很多曲折。比如60年底初期，很多地区的广播站出现了停播的情况。以吉林省为例，据吉林省广播工作会议资料记载："1961年，全省有200多个公社广播放大站停播，占全省公社广播放大站总数的44.7%；全省有线广播喇叭中有近半数的喇叭声音小或者不响，20万用户听不到广播。"① 造成这种局面的主要原因是："大跃进"中有线广播发展速度超越了当时的物质条件，广播网设施质量低劣；国民经济出现困难，经费紧张，物资贫乏，电源不足；有线广播的管理、维护工作没有跟上。由此，全国农村有线广播网进入全面整顿时期。各级广播部门，在党委和政府领导下，采取组织建设、制度建设、技术创新相结合的综合治理方针，展开了整顿工作。经过大约三年的整顿，大部分瘫痪的广播网路和停播的公社广播放大站得到了恢复，农村有线广播事业的重新走上了正轨。

1965年9月，在人民广播事业创建二十周年之际②，党和国家领导人毛泽东、刘少奇、周恩来、朱德、邓小平、陈毅、彭真和陆定一等同志为广播事业作了题词，鼓励广播战线广大同志努力办好广播，为全中国人民和全世界人民服务。1966年3月，第九次全国广播工作会议召开，周恩来出席会议并作了重要讲话。会议提出了"面向农村. 办好广播，更好地为五亿农民服务"的方针。由此，全国农村有线广播又迎来了大发展。据统计，1966年，"全国有县级广播站2181座，放大站和公社广播站8435座，广播喇叭有1100多万只"，"77%的人民公社、54%的生产大队和26%的生产队均普及了有线广播"③，在数据上均达到了农村广播网历史上的最高水平。

农村广播网的建成与发展，改变了中国农村的宣传鼓动工作，分散的村落被无形的电波整合为一个"共时性"的空间，是乡村社会向现代化迈进的一个重要标志。无论是在遥远的边疆，还是在偏僻的山村，农民都能及时、同步知道国家大事。而且广播是声音媒体，其主持人的音质、语气、谈吐经常会对听众产生独特的吸引力并使之在一定程度上产生参与感，因而更接近于面对面的人际交流，具有较强的亲和力，这就大大地加强了党政机关与农民之间联系的成效。

（作者系哈尔滨师范大学文学院教授。本文系国家社科基金项目"中共开展乡村文艺运动的历史经验研究〈1949—1966〉"的成果，项目批准号：11CDJ010）

---

① 吉林省地方志编纂委员会编纂《吉林省志卷四十二·新闻事业志·广播电视》，吉林人民出版社1991年版，第210页。

② 按照早先的历史记载，中国人民广播事业创办于1945年日本宣布投降后的9月5日。因此，直到1980年以前，每年的9月5日都被当作人民广播的诞生日来纪念。1980年12月23日，经中宣部批准，人民广播事业诞生日改为1940年12月30日。

③ 赵玉明、艾红红：《中国广播电视史教程》，中国广播电视出版社2009年版，第117页。

全媒体时代红色文化传播与发展的新思路

张理甫

红色文化是指中国共产党带领中国人民在革命战争年代、社会主义建设时期，以及改革开放以来的社会主义建设过程中所取得的物质文化、精神文化和制度文化的总和。追溯红色文化发展的历史，不难看出红色文化一直沿用的是传统传播方式，而利用流媒体（如音乐、视频等）形式传播的比较少，红色文化在传播过程中"具象化"程度不足。随着网络时代的到来，信息传播的形式和途径愈加多元化，人们接收信息的硬件更加便携，软件设计更加人性化。然而，红色文化的传播方式并没有及时向当代社会信息传播的特点靠拢，这不符合当代社会人们接受信息的方式和习惯，由此而影响了红色文化的传播效果。[1] 此外，面对外来文化的冲击，多种价值观并存，尤其是网络的兴起使信息传播更为便捷，从而加速了各种不同思想意识的交流与互动，促使人们思想意识开始悄然发生变化，对红色文化的认可度开始降低，红色文化的影响力也随之有所下降。因此，如何促进红色文化传播与发展，提升红色文化的影响力，使其充分发挥主旋律文化在思想引领和价值观重塑方面的优势作用，这是当前必须关注的重要课题。

一、"全媒体"能够有效解决红色文化传播与发展面临的困境

"全媒体"是指同时采用文字、声音、影像、动画、网页等多种媒体表现手段，同时利用广播、电视、报刊、网站等不同媒介形态，从而形成的"多网合一""多终端合一"的全方位、立体化的信息传播方式。"全媒体"能够实现任何人、任何时间、任何地点，以任何终端传播和接收信息；并且各类媒体开始了有机的整合，形成了信息传输通道多元化的新模式，衍生出不同形式的信息产品，通过不同的平台加以传播，信息传播的途径更加多样化，效率更高，受众更广。具体而言，"全媒体"具有以下特点：

---

[1] 陈俊：《网络时代红色文化传播面临的挑战与对策研究》，《中学政治教学参考》2014 年第 18 期。

1. 信息以流媒体的形式进行传播

流媒体（视频、音乐、语音等）有其自身的优点：直观、形象、具有视觉上的冲击力；容易被人记住，让人印象深刻；在"具象化"方面，比文字和图片更加占有优势；在人与人交流方面，语言的交流往往比文字交流更加亲切，更容易拉近人与人之间的距离。因此，利用流媒体来传播红色文化必然能够提高效果。

2. 信息传播"碎片化"

这里的"碎片化"，并不是单纯地将信息进行切割处理，而是指通过对文字进行整理、分类，对视频和语音进行组合、剪辑，提炼出各类信息所要表达的中心思想和主要内容，再通过简短、快捷的方式传递给公众，让信息接收者能够一眼就抓住重点，能够迅速从浩瀚的信息海洋中获得自己需要的那部分内容。例如，通过传统的报纸、电视等媒体获取信息时，往往要浏览整个板块或者观看整个栏目以后，再去提取对自己有用的信息，而通过互联网进行信息浏览时，各报纸、电视台在移动端的 APP 首页已经根据新闻内容进行了碎片化处理，进行了详细分类和剪辑，如财经类、军事类、体育类、娱乐类等，而且信息短小精悍、一目了然，信息接收者只需根据自己兴趣爱好和需求点击相应的类别就能获得想要的信息，这样的信息传播方式符合当今社会快节奏的工作和生活方式。由此可见，如果这些信息蕴含了红色文化的相关内容，也必然能够吸引人们的眼球。

3. 当前媒体是"全员媒体"

当今社会的互联网高度发达，信息传播主体也大幅增加，使每一个"个体"都具备了成为媒体的硬件和软件的条件，即"全员媒体"，信息源的数量和范围被无限扩大，并且相较于传统媒体而言，信息传播是双向的，每一个"个体"既是信息的传播者，也是信息的接收者。习近平总书记在中共中央政治局第十二次集体学习时提到，当前的媒体突破了主体尺度，从一对多的传播，变成了多对多的传播，互动性也极大地增强；信息传播的速度、范围以及数据流量都是传统媒体无可比拟的。因此，通过"全员媒体"传播红色文化必然能够扩大受众范围，提升红色文化的影响力。

4. 信息传播"全程化"和"同步化"

"全程化"是指信息传播突破了时空的限制，零时差、"五加二"（无论是工作日还是休息日）、"白加黑"（无论是白天还是黑夜），每一个"个体"可以通过各种渠道和途径，在规则的范围内随时随地传播信息。"同步化"是指信息的传播和接收是同时进行的，信息发送的瞬间就已经被接收，实现了"零延迟"。虽然在传统媒体中，电视直播也能够实现传播和接收同步，但是传播范围、信息量、信息的多样化都无法和互联网媲美。此外，互联网在传播信息过程中还能实现互动与交流。由此可见，在"全媒体"环境下，红色文化能够实现全方位、全天候的传播，其传播效果将会得到有效提升。

综上所述，"全媒体"时代信息传播所呈现出来的特点，是以互联网技术为基础的；随着互联网技术日趋成熟、高度发达，"全媒体"在信息传播方面的优势愈发明显。当前，在我国已经形成了有利于"全媒体"快速发展的社会环境和氛围。例如，智能手机价格大幅度下降，手机系统开源化，软件设计更加便捷和人性化；在李克强总理和国家工信部的督促下，三大运营商开始大幅度降低移动网络资费，提供移动网络无限流量的服务；在硬件、软件和资费等条件的支持下，信息主要是以流媒体的形式进行传播（视频、语音等），并且真正突破了时间和空间的限制，不再像以前那样"移不动"（主要依靠固定地点的 WIFI 网络）、"联不通"（网络速度慢）。由此可见，互联网发展至今，无论是硬件、软件、资费，还是受众基础，各种条件都已经非常成熟，这充分说明"全媒体"时代已经到来。"全媒体"在信息传播方面的优势越来越明显，而这正好为红色文化的传播与发展创造了有利条件，能够有效提升红色文化的影响力，从而为实现中华民族伟大复兴"中国梦"提供强大的精神动力。

二、"全媒体"时代红色文化传播与发展的新思路

红色文化是中华民族的瑰宝，是宝贵的精神财富，红色文化不应该由于时代发展而远离人民群众。当前，我们应当针对红色文化传播与发展的症结，根据"全媒体"时代信息传播的特点来转变红色文化传播与发展的思路，开辟红色文化传播与发展的新路径。

（一）丰富和发展红色文化的内容，拓展红色文化的内涵和外延

2019 年 1 月 25 日，习近平总书记在中共中央政治局第十二次集体学习中指出："无论技术如何发展，媒体的属性并没有改变，优质的内容仍然是稀缺资源，是抓住受众的关键，媒体需要靠优质内容去强信心、聚民心、暖人心、筑同心。"[①]倘若媒体丢掉了追求优质内容的根本，就会在追逐各种新技术的过程中迷失自我。"对新闻媒体来说，内容创新、形式创新、手段创新都重要，但内容创新是根本。"[②] 由于内容与时代的契合度降低是红色文化在当代遭遇传播与发展瓶颈的重要原因之一。因此，我们不能把红色文化存在的时间仅仅限定在革命战争年代和改革开放之前的社会主义建设时期，不能把红色文化的内容局限于革命

---

① 新华网数据新闻部：《习近平关于新媒体的论述》，2016 - 02 - 26，2019 - 04 - 16，http：//www.xinhuanet.com/video/sjxw/2016 - 02/26/c_ 1118162819.htm.

② 新华网数据新闻部：《习近平关于新媒体的论述》，2016 - 02 - 26，2019 - 04 - 16，http：//www.xinhuanet.com/video/sjxw/2016 - 02/26/c_ 1118162819.htm.

精神，而应当把在继往开来的改革开放探索时期，以及在实现中华民族伟大复兴"中国梦"的伟大实践过程中所产生的时代精神、突出事迹、先进人物等都纳入红色文化的范畴，如"两弹一星"精神、"雷锋"精神、"抗震救灾"精神、"黄大发"精神等等；并且随着时代发展、社会进步，需要不断更新红色文化的内容，与时俱进，做好内容的供给侧改革，让红色文化跳出传统观念的"框架"，使之更加贴近人民群众的工作和生活，更加深入人心，从而取得良好的传播与发展效果。

（二）把握"媒体融合"契机，继续发挥传统媒体的作用

互联网的兴起和发展并不意味着传统媒体的没落，传统媒体有着悠久的历史，积累了较为坚实的受众基础，再加上目前正是媒体融合发展的高峰期，传统媒体正在加速与网络媒体融合发展，这让传统媒体也具备了互联网媒体的部分特点。[①]因此，传统媒体在很长一段时间内仍将发挥重要作用。从历史角度来看，红色文化的传播与发展依靠传统媒体打下了坚实的群众基础；因此，我们在利用"全媒体"占领信息传播制高点的同时，也不能放弃传统媒体的固有阵地。但需要注意的是，在依托传统媒体传播红色文化时，要进行适当改进，这样才能充分发挥传统媒体的作用。例如，由于担心电影"叫好不叫座"的情况出现，当下投资拍摄红色文化题材的电影比较少，但是也不乏优秀作品，如由张涵予主演的电影《智取威虎山》，讲述了一个大家都耳熟能详的剿匪故事，这是典型的红色题材电影；由于采用了现代化的表现手法，大量运用电脑特效，给观众以视觉冲击，情节方面改动合理，让经典英雄形象杨子荣既机智勇敢，又有情有义，让观众大呼过瘾，取得了很好的票房成绩。还有《建国大业》《建党伟业》两部电影，将明星效应、偶像效应发挥到了极致，深受观众喜爱。由此可见，可以充分运用时下热门的 VR（虚拟现实）技术，把红色文化遗址的游览过程加入旁白、解说，制作成精美的 VR 视频供人们下载，让人们使用 VR 技术足不出户就能够获得身临其境、印象深刻的游览体验。除了电影、视频之外，音乐也是红色文化传播的重要渠道，很多经典红歌传遍大江南北，传唱至今。但是在当代社会背景下，传统红歌的音乐风格稍显落后，因此传唱度不高，尤其是在青少年群体中很难产生共鸣。因此，可以将经典红歌的歌词，谱以现代音乐的曲风，或者用流行音乐的元素重新编曲填词，颂扬红色文化精神，歌颂英雄人物和事迹。还可以邀请一些受青少年所喜爱的音乐人录制红色主题的专辑，或者通过开办红色主题演唱会等形式，以扩大红色文化在青少年群体中的影响力。各影视、音乐软件 APP

---

① 蒋强先、谢鸿鹤、谢榭：《融媒体时代电视新闻的守正创新》，《中国广播电视学刊》2019 年第 1 期。

应当重视红色题材的电影、视频和音乐,可以将其放在显眼的位置,或开设红色题材的专栏。总之,传统媒体仍然是红色文化传播和发展的重要依托,但必须根据时代特征进行适当改进和调整,只有这样才能充分发挥其传播作用。

（三）抓住主要媒体,以受众为中心提升传播效果

随着社会发展、科技进步,互联网技术日新月异,硬件和软件开发的成本大大降低,周期大大缩短,人们传播和接收信息的硬件更迭、平台转换之快,令人感慨万千,媒体格局、舆论生态也在不断发生变化。新媒体技术的发展也催生了受众传播和接收信息习惯和方式的变化。例如,从文字、图片到视频、语音;从博客、QQ 空间到抖音、今日头条等等。红色文化的传播和发展要密切关注这些变化,紧紧抓住主要媒体,以主要媒体为依托开展传播工作。正如习近平总书记所言,要做到读者在哪里、受众在哪里,红色文化传播的触角就要伸向哪里,红色文化宣传的着力点和落脚点就要放在哪里。① 除此之外,受众喜欢什么形式的信息,就以什么形式的信息提供给受众。例如,视频软件抖音和各个视频直播平台,为人们提供了一个自拍或者转发视频的公共平台,人们可以自己拍摄或者转发视频到平台,以达到信息传播的目的。以抖音为例,抖音平台在国内日活跃用户突破了 1.5 亿,月活跃用户突破了 3 亿,海外版覆盖了 150 多个国家。抖音平台受到人们青睐的原因主要在于:首先是以视频的形式进行传播,直观、一目了然、生动有趣;其次是碎片化,每一个视频少则十几秒,最多一分钟,符合当代人们传播和接收信息的习惯;最后是具有互动功能,视频发布者和观众可以实时互动。面对如此庞大的用户群,政府部门也越来越重视抖音平台,先后有国务院国资委、共青团中央、中央政法委等重要部门注册官方抖音号,通过抖音平台公开政务,突破了传统刻板的、模式化的话语体系,得到了广大人民群众的一致好评。同样,红色文化传播方面也可以在最受欢迎的媒体平台注册专属账号,把红色文化的内容碎片化处理,或者把文字内容进行凝练,配上图片、字幕和旁白,或者把红色电影和歌曲进行剪辑,展示精彩片段、突出主题,用一分钟左右时间讲述一个英雄事迹,用一分钟左右时间介绍一部红色电影或者歌曲,然后发布在当前主要的媒体平台上（如抖音、今日头条等）。要充分利用各直播平台,对一些重大纪念日活动（如"国庆节""国家公祭日""一二九运动纪念日"等）进行全网、全程直播,以扩大其影响力,以取得良好的传播效果。此外,还应当鼓励个人传播红色文化,并对做出贡献者给予适当奖励。因此,红色文化的传播与发展应当打破从前"我说我的""你听你的"陈旧格局,密切关注媒体技术发展

---

① 叶红波:《习近平总书记关于新媒体的重要论述及其行业指导意义》,《新媒体研究》2018 年第 23 期。

的最新动态，充分把握受众接收信息的渠道和习惯，以受众为中心，打下坚实的群众基础，这是红色文化在当代传播与发展的重要条件。

（四）适应分众化和差异化趋势，采用多元化的传播形式

随着互联网技术的发展，为人们提供了多样化的信息接收渠道，不同职业、不同年龄段的受众在信息接收方式的选择上产生了差异化。因此，红色文化不能像从前一样笼统地进行传播，必须在对受众进行仔细分类的基础上，勇于创新、勇于变革、勇于涉足以前没有涉足的领域，让传播形式更加多元化，只有这样才能满足受众的差异化需求。例如，就青少年群体而言，红色文化具有思想政治教育作用，但恰恰红色文化在青少年群体中的传播效果不是很好。面对该情况，可以把红色文化的内容与电子游戏、动漫相结合。"玩"是青少年的天性，在"玩耍"中接受教育的效果往往更好，很多家长、教育领域的专家谈"游戏"色变，认为"游戏"是影响青少年学习和健康成长的"罪魁祸首"，在这种观念的影响下，中国禁止销售与游戏相关的硬件、软件长达 15 年之久，一直到 2015 年 7 月 24 日才全面解禁，但为时已晚，我国电子游戏制作技术和产业化水平已经远远落后于欧美国家。电子游戏实际上是很好的信息传播载体，也是青少年最喜爱的接收信息的方式，从 20 世纪 80 年代至今，日本一直在利用电子游戏制作技术和商业运行模式向全世界输出自己的文化，让日本文化风靡全球，电子游戏产业更是成为其重要的政府收入来源。中国人民在争取民族独立、民族解放的伟大历程中涌现出的英雄人物、重大战役、革命故事数不胜数，这些都是制作电子游戏的良好素材。我们应当充分利用电子游戏平台传播红色文化，相关部门要鼓励游戏制作厂商制作有蕴含红色文化内容的电子游戏产品，委派红色文化研究专家、学者参与到电子游戏制作过程中，制作出具有红色文化背景的高质量电子游戏产品，让青少年"寓教于乐"，从而获得更好的传播效果。此外，"动漫"由于人物形象生动活泼、色彩明亮，也是青少年喜爱的另一种信息接收方式。可以把经典的英雄事迹、革命故事动漫化，用当代的审美观去塑造人物，用当代的语言去讲故事，用当代的手法去展现历史事件，这样可以改变红色文化在青少年心目中严肃、刻板的印象，从而使青少年乐于主动接受红色文化，进而达到传播红色文化的效果和目的。除了青少年群体以外，还应当继续做好受众的细分工作，了解不同群体接收信息的习惯和需求，有针对性地利用各种渠道传播红色文化。

（五）加强监管力度，净化传播环境

"全媒体"为红色文化的传播与发展提供了良好的平台，但是在红色文化传播过程中也难免有不和谐之声。例如，一些影视作品打着红色题材的旗号，将中华民族伟大的革命斗争历程娱乐化，消费观众的爱国主义情怀，歪曲历史、过度夸张、内容低俗。这不仅没有起到传播红色文化的作用，反而让观众心生厌恶。

加上网络技术的发展，拍摄影视作品的成本大大降低，一些粗制滥造的"网剧"更是大行其道，给观众非常不好的体验。此外，还有一些红色遗址遗迹、革命纪念馆乱收费（例如，粟裕将军墓收费祭奠事件）问题、在网络上造谣诋毁革命先烈问题等等，这些不良现象容易混淆视听，造成较为恶劣的社会影响，对此决不能置之不理、放任自流。伴随着"全媒体"时代的到来，信息源数量越来越庞大，在信息传播过程中，对于虚假信息或者负面信息的监控难度也日益加大，从而增加了影响社会和谐稳定的风险。因此，必须做好信息传播的监管和过滤工作，营造良好的舆论氛围，形成良好的舆论导向，从而为"全媒体"时代红色文化的传播与发展营造一个风清气正的环境。

（作者单位：遵义医科大学马克思主义学院）

新中国广播电视媒体党建工作的实践与探索

黄书亭

新中国成立70年来，广播电视媒体发展顺顺逆逆、有破有立，党建工作伴随经济建设、改革开放、科技进步、媒体融合的节律，知重负重，履霜渊冰，奋笔书写奋发之作，奉献奋进答卷，助力马克思主义学习型政党、学习型大国建设，光荣镌刻在祖国大地，足迹遍布传播年轮。作为重要的意识形态阵地，广电媒体运行公司法人治理结构，参照企业化管理，基本适应社会化大生产的需求，但尚未建立健全股东会、董事会、经理层、监事会分权制衡机制，作为"根"与"魂"的党建工作，具有不同于地方政府、机关及企事业单位的特殊性，有别于非公有制经济组织和社会组织，值得关注和研讨。

一、广播电视媒体党建工作的历史沿革

历史是上乘的教科书，记述着畅达和曲折、光荣与梦想，昭示回顾既往、把握当下、开创未来的通衢，阐释没有信仰就没有忠诚，没有纪律就没有权威的真谛。70年来，广电媒体在党的坚强领导下，高度重视政治建设，传承红色基因，弘扬革命文化，示范以党领政的执政创新体制、全心全意为人民服务的舆情吸纳机制、与时偕行的意识形态话语生产规制、从严治党的权力监督建制，是非明晰、义利兼及、旗帜鲜明，业绩鼎铭，坚持新闻立台、人才兴台、技术强台、开放办台、党建管台，不断强固理论武装，保持政治清醒和政治定力，强化政治认同，尊重观念异同，促进行动协同。度过艰难岁月，拂去音障干扰，针砭政治隐患，警示各类风险，破解信任赤字，致力于国有资产保值增值，见证现代化建设，推动改革开放、全面从严治党、民族复兴巨轮，历经不同发展阶段，长明守正创新"华灯"，无愧于党和人民最可信赖的依靠力量，显示明晰健朗的脉络。

（一）初创时期（1949~1966）

创建于延安王皮湾的延安新华广播电台，传承五四精神、井冈山精神、长征精神、延安精神和西柏坡精神，高擎党的"三大法宝""三大作风"火炬，历经石家庄平山、井陉矿区天户村的血雨腥风与辗转颠簸，正名为中央人民广播电

台。根据中央人民政府组织法，1949年10月成立新闻总署，下设广播事业局、新华通讯社等直属机构。靠党建"起家""齐家"的广播电视事业，继续靠党建"持家"和"发家"，勃发革命和现代化建设活力，体现党的意志，表达人民群众心声。以勇立潮头的豪气、勇悍冲浪的锐气、勇决难关的胆气、勇冠三军的士气，天地铺纸、峰峦走笔、实干落墨，忧民爱民，为民惠民，掸去思想灰尘，鞭挞腐败分子，开办少数民族语言广播和对台广播，改造私营广播电台，布局广播收音网、省市级台，发展有线广播，助力国民经济、三大改造和抗美援朝。1956年后，调整建设方针，建立国家电视台，开播黑白电视节目，建成中央广播大楼，开办北京广播学院，改进技术基础设施，讴歌党的建设社会主义总路线，推出王进喜、焦裕禄、雷锋等一大批模范典型。

（二）动乱时期（1966~1976）

"文化大革命"期间，尽管广播电视发射能力显著提升，彩色电视试播成功，但总体而言，广播电视事业蒙受巨创，自办节目稀少，记者队伍七零八落，事业发展偏离正确方向，屡屡产生错误舆论导向，违背正面宣传为主、团结稳定鼓劲方针，游离为人民服务、为社会主义服务的宗旨，"高大全"径行，假大空横行，抹黑党和政府的声誉，有损广电媒体的公信力，党组织战斗力受到影响，露出思想不纯、政治不纯、组织不纯、作风不纯端倪，认知不透、底气不足、能力不济、不会引领、不善于领导等问题抬头。

（三）改革开放初期（1976~1992）

十一届三中全会后，广电体制探索前进、继续完善，调适思想解放的新频谱。1982年5月，中央广播事业局更名广播电视部。1983年春夏之交召开的第十一次全国广播电视工作会议，倡导"四级办广播、四级办电视、四级混合覆盖"。同年10月，中央批转广电部党组《关于广播电视工作的汇报提纲》。1989年8月，中央下发《关于加强党的建设的通知》，要求各级党委遵循基本路线，聚精会神抓党建，解决好党建工作中的迫切问题。1990年3月，十三届六中全会决定，中央和省区市党委可酌情建立巡视组。1990年12月，十三届七中全会强调：发挥党组织的政治核心作用。

（四）深化改革期（1992~2012）

邓小平同志南方谈话后，改革开放和现代化建设步入新阶段。1993年11月，十四届三中全会作出《关于建立社会主义市场经济体制若干问题的决定》，要求"党组织发挥政治核心作用，保证监督党和国家方针政策的贯彻执行"。1996年1月，中纪委十四届六次全会强调加强党的建设，健全党内监督机制，确立"三重一大"集体决策制度。切实提高党组织解决自身问题的能力，推进适应市场经济要求的现代企业制度，优化职能配备、机构设置和力量编成，推动重心下移、力量下沉、保障下倾，党建理论、党建制度复归正轨，固基工程日趋完善。广电发展乘势而上，频率频道倍增，有线及卫星电视崛起，"村村通""西新工程"等重点项目强劲启动，构筑广播电视公共服务体系，信号覆盖率大幅提升，转企改制、制播分离、产业规模、队伍建设同步推进。

（五）纵深发展期（2012至今）

十八大以来，中央在党的领导、党的建设、国企改革、构建新型主流媒体、融合发展等方面作出深刻论述和系统部署，党的政治建设摆上更加突出的位置，坚持党的领导、全面从严治党上升到"根"和"魂"的政治高度，强调"四大考验"的长期性，"四种危险"的尖锐性，明确"四个意识"，严格"三个区分"，建立"三项机制"，践行"四个自我"，倡导"五个必须"，落实"六项任务"，增强"八种力量"，突出"两个维护"，确保"知行合一"，优化廉政氛围。广电媒体发挥自身优势，把准政治方向、舆论导向和价值取向，守牢重点关口和紧要防线，做优党建频率频道，打造节目品牌，坚决同否定、淡化、违背、歪曲党的政治路线的现象作斗争。推行两个"一以贯之"，及时处理巡视巡察、检查审计、来信来访等渠道发现的问题，积极化解人民群众日益增长的美好生活需要和不平衡不充分发展之间的矛盾，达成政治领导、思想领导和组织领导的有机统一，推动党建工作严起来、实起来、强起来。

二、广播电视媒体党建工作的实践经验

伴随广电事业、产业的发展壮大，党在团结带领人民进行伟大斗争、构筑伟大工程、推进伟大事业、实现伟大梦想的宏大历程中，成风化俗，固本培元，光大"支部建在连上"的优良传统，发扬"赶考精神"，加强领导指导，抓好组织覆盖、群团工作和结对共建，重视激励关怀和困难帮扶，融寻根性铸魂、专业化充电、专题性研讨、国际化培训、全媒体统筹为一体，借助总结宣讲、警示教育、先进事迹报告、大型活动、"一把手"政治能力提升计划等方式方法强化效果。聚焦层层抓党建，抓好党建强各层，建强基层利发展。促进党建理论向上攀登，党的组织向下扎根，彰显自身净化、自我审视、自主革新的高度自觉，警惕权力寻租。构体系、建系统、筑平台、畅渠道，塑造正气滂沛、理性平和、亲善友爱的健康心态，维护政治安全、意识形态安全和文化安全，持续提升凝聚力、引领力、影响力和续航力。

（一）日常管理从严，强化党的领导

加强和维护党中央集中统一领导，规范党内政治生活，突出党委（党组）议大事、把方向、定决策、抓落实的核心职能，明朗政治规矩，奉行民主集中制，常态长线联系基层，掌握群众需求和党员期求，发挥服务大局、总揽全局、提升格局、确保胜局的重要作用。配套科学严谨、便捷易行的议事规则、必要事

宜报告条目，规定重大事项决策、重要干部任免、重点项目安排、大额资金调度必须提交党委会议决。党委成员分工不分家、分管不分心，置身工作流程，确诊问题，确当应对，确防反弹，谨防因信息残缺、脱谬和延时错失处置良机。支持机关党委、党总支、党支部、党小组、主动问事、民主议事、分工办事、跟踪督事、考核评事，彰显全域覆盖力、群众动员力、组织锻造力和发展推动力，提高解决诉求、化解矛盾、破障越隘、持续改进的效能。强化问题导向、需求导向和绩效导向，扣紧督查督办环节，严防瞒报、漏报、虚报、晚报、诳报重大事项，严肃追责问责贯彻落实党委决策部署不力者和自行其是者，为党员和群众提供出彩出众的舞台。

（二）干部管理从严，强实思想建党

高处站位，实处落锤，让思想领航，促措施协同。始终把政治方向摆在首位，盯紧日常，抓住平常，剖析反常，养成经常，知禁区，不昏愚，重潜修，无盲音。根据党员干部在急难险重关头的表现，考量其忠诚、担当、能力和自律情况，政治不合格者不用，已经占位的果断撤换，把党管媒体要求落在实处，确保党媒姓党。创新思想政治教育形式，构建学习型党组织，倡导勇于任事、淳朴正直、严于律己、宽以度人的价值观，立心走心，事事用心，大事清楚，小事清爽，辨得清方向，拎得清义利，裁得清是非。加强理性修为和技能修炼，接事想队伍，谋事问队伍，凡事靠队伍，难事炼队伍，成事强队伍，打造听指挥、拉得出、冲得上、打得赢的党务铁军。抵制帮圈文化、哥们儿义气，摒弃以权谋私、权利交换、圈钱猎色，抨击腹空皮厚、宗派山头、和事佬做派，杜绝个人主义、分散主义、自由主义、本位主义、好人主义，防范境外政治渗透、宗教极端思想袭扰，治理打折扣、讲价钱、和稀泥作风，纠正有令不行、有禁不止的行为，让创新创优者永葆锐气，令真抓实干者扬眉吐气，使懒怠懒怯者羞愧服气。

（三）思想教育从严，强韧制度治党

严格党内政治生活准则，经受"四大考验"，克服"四种危险"，抓好党性党风、党规党纪教育，高站位宽视野，在状态有激情，高标准快节奏，重落实严要求，能作为有底线，以科学世界观立身、正确方法论做事，工作谋划在前、创新创业引领在前、急难险重冲锋在前，"平常时候看得出来、关键时刻站得出来、危急关头豁得出来"，增强党内政治生活的时代性、针对性和可行性，警惕不接地气、刚愎霸气和动辄动气，让党的生活成为淬砺理想信念、洗礼党性修养、滋润综合素养的时代熔炉。对担当不够、看摊守旧、点卯应差、闹不团结的党员干部，及时诫勉，适时调整，做到组织落实、干部到位、职责明确、监督严密。开好碰头会、民主生活会和交心通气会，开展批评与自我批评，提防"甜味"冲淡"辣味"。不搞表态式服从，不屑应付型落实，不做注水文章，不置邀宠盆景，不慕轰动效应，扎紧制度篱笆，除僵治困，填补"无人区"，察知"空白点"，杜绝"灯下黑"，用心、用情、用力把党建工作做实做牢、做对做好，促进各项工作良序运行，确保党的肌体健康。

（四）自省自律从严，强正党风政风

砥砺革命斗志，强德自重，烈火真金。修枝剪叶，驱虫防病，剖析反面事例，从思想、制度、流程等方面排查廉政风险，避免信任代替监督，深刻省察自我，提防失误、失德和失范，夯实反腐堤坝。抓早抓小，压茬推进，净化社交圈、生活圈和朋友圈，警惕舒适圈和包围圈，量化、细化问题清单、任务清单和责任清单，找差距，订措施，亮承诺，见行动，旗帜鲜明地反对"四风"，敬畏廉洁自律规定，稳住心辕、管住言行、守住节操，对得起党和人民，无愧天地良心。改革瞅准突破点，发展瞄准增长点，稳定识准落脚点，测评核准新亮点，励志音准闪光点，问责衡准缺失点。将归零思想用于"党性体检"，严格落实"一岗双责"，运用监督执纪"四种形态"，构筑事先预警、事中控制、事后问责体系，在监督和约束下透明地履职，形成一级抓一级、层层重落实、人人敢负责的生动局面。正副书记、各位委员各司其职，始终把纪律挺在前面，做好自己，带好队伍，把好紧要关隘。对典型问题举一反三、及时通报，形成警诫效应，跟进补救方案，确保主旨与路径相聚合、目标与措施相耦合。

（五）活动管理从严，强健系列品牌

站在党和国家全局的高度，结合贯彻执行中央决策部署、新发展理念和全面深化改革，关联"走出去"战略、"一带一路"建设，办好"政风热线""电视问政"等全媒体党建节目。以大党课、活动日、节庆日、"三会一课"等规定、自选、创新动作为载体和缆索，设立品牌创建领导小组，党委书记亲自抓、行政主官一起抓、党委委员分工抓、职能部门协同抓、基层组织直接抓，形成党委、支部、党员齐抓共建网络，趟出媒体党建与新闻宣传、节目生产、产业经营融合共进的新路径，引入成熟且操作性强的建设手段，丰富党组织活动内容，培育更具向心力和辐射力的党风廉政建设、惠民党建、党建文化品牌，使各项活动率真帅气、更有灵气，确保党风廉政建设与日常工作两结合、共促进。树立党员先锋形象、树书编辑记者模范典型、树养德艺双馨良好风尚，学好经典，健全阵地，共建共享，及时测评改进，确保学习效果好、创建形式好、现场氛围好，推进党建工作常态化、规范化、制度化，为壮大主流媒体声势、促进经济社会发展增添亮点，为保障和改善民生出谋划策，为赢得伟大斗争和伟大胜利贡献力量。

三、广播电视媒体党建工作的精进路径

进入全面从严治党的新时代，在"两个一百年"奋斗目标和中华民族伟大复兴"中国梦"的激励下，广电媒体党建工作的螺栓越拧越紧，贯彻党的建设

总要求和党的组织路线，全面提高党建质量，构建全程媒体、全息媒体、全员媒体和全效媒体，成为新的使命。增压提速，立行立改，厚植不敢腐、不能腐、不想腐的基因机制，才能适应高质量发展新需求，不负新型主流媒体的担当。然而，按之新任务和新要求，仍存有待改进之处。诸如思想意识不到位、把全面从严治党看小看虚看偏，党组织发挥功能不足、思想滞后于形势变化，将党建工作与新闻传播、节目制作、经营创收、团队建设割裂开来，个别党员理想信念衰退，组织生活形式机械单一，吐故纳新不及时，以及形式及方法陈旧，政治责任、领导责任、工作责任没有压紧夯实，主场文章做得不深不透不久，等等，值得盘点清查，并及时纠正。

（一）提升政治站位，确保前瞻性

新中国成立以来，广电媒体党建工作几度呈现弱化迹象，极少数党员对党组织的热情有浓有淡或由浓转淡，原因不光是环境影响，也有主观上的缘由，必须提升政治站位，敬畏党章、准则与法令法规，用科学理论武装头脑，牢记宗旨坚持学、带着问题对照学、针对困境跟进学、联系实际及时学，将党建工作列入个体与群体职业规划和议事日程，深刻认知党建机制与社会主义市场运行机制，将党的领导融入集团运行流程，科学界定和明确落实党组织在法人治理结构中的法定地位，明晰党委重在领导、董事会重在决策、经理层重在经营管理、监事会重在监督检查的功能定位。关口前挪，见微察著，避免党务与业务"两张皮"，达成"一体两翼"，共促进、同提升，兼顾长远利益和党的整体利益，方式方法适应客观形势变化，全面落实党组织职责，有效治理理想信念松懈、法治根基松弛、组织纪律松散等现象。深刻剖析，强桩固基，树立"党建＋"理念，以"靶向发力"配合"靶向治疗"，倒逼问题整改到位，清除源头隐患，用高质量发展的力度推动全媒体党建工程的进度。

（二）突出政治建设，注重统领性

弘扬马克思主义学风，静下心来读原著，结合实际悟原理，恒学恒新，深思深信，细察笃行，强固忠诚之忱、感恩之铭和进取之意，学懂弄通做实习近平新时代中国特色社会主义思想，举旗帜、聚民心、育新人、兴文化、展形象，把牢党的政治建设对各项工作的统领作用，把党的领导、党的建设贯穿广电改革发展全过程各方面，以一流党建引领和保障一流全媒体建设。树立抓党建属本职、不抓是失职、抓不好不称职的责任意识，明确党委书记是党建工作第一责任人，重点工作亲自部署，重要问题亲自研究，重大环节亲自把关。班子成员"一岗双责"，事业产业一体化统筹推进，浓厚联治、联动、联播、联创氛围。坚持党对媒体的领导不动摇，服务融合发展、节目制作、栏目生产、经营创收不偏离，党组织对选人、用人、育人的领导和把关作用不改变，建强各级党组织不放松。不为定势所拘，不被成绩拖累，演好"连续剧"，扮妥"剧中人"，以立促破，先立后破，慎立慎破。提升舆论引导能力、政治思想工作能力、防控风险能力、科技应用能力、自我净化能力，打造人人有责、人人尽责的事业共同体。

（三）健全组织机构，确保系统性

抓住主线、突出主题、坚守主流，聚力主攻、落实主责、勇于主导，发挥党委书记"头雁"作用、党务干部表率作用、普通党员骨干作用、积极分子带动作用，把加强党的领导和完善公司治理统一起来，扎实推进中国特色现代国有企业制度建设，建立有机衔接、功能完备的组织体系、制度体系、工作体系，明晰分层职责，强调主体责任和责任边界。把牢廉政提醒、任前谈话、离任审计、巡查巡视等关口，压实领导责任。在统字上下功夫，把大事要务置于党委领导之下。强调聚的功用，在思想建设、组织建设、作风建设、纪律建设、制度建设、反腐倡廉等方面，汇聚爱党忧党兴党护党的正能量，净化政治生态，营建党风清醇、政风清明的政治文化。发挥育的作用，优化培训计划，解决标准不一、要素不全、效果不佳等问题，保证责任落实脉络清晰，压力传导枢纽畅达。突出发展强班子，突出服务固堡垒，突出作为旺队伍，突出奉献炼作风，增强政治功能和组织力，为融合发展腾挪空间、充电贮能，构建体系严谨、身手过硬、制度健全的人才梯队，确保党务见长、干有特长、后劲绵长、尽展其长。

（四）完善考评标准，突出针对性

对标中央关于加强党的政治建设的意见、重大事项请示报告条例、党委（党组）意识形态工作责任制实施办法等重要文件，学习领会《监察法》，看齐"学习强国"学习平台，抓短板树样板，抓强项补弱项，抓巩固图久固，抓深化防退化，优化实施细则和操作附则。以渊为鉴，以案促改，无禁区、全覆盖、零容忍，重遏制、强高压、长震慑，做好警示教育"后半篇文章"。制定党建标准化考核办法，对应妥当数值，合理赋予权重，剔除人情分，减排随意性。考评环节丝丝紧扣，匹配组织生活登记制度，全程监督，及时公示，为论功行赏、选拔任用、追责问责提供依据，确保理论武装出神、人格形象出众、创新创优出苗、融合发展出活、有效对策出炉，完善党务干部选拔使用和考评机制。失责必问、问责必严，突出预防导向，建立风险评估体系，研判党性党风、文风会风、行风家风，尝试纪委垂直领导和常态化派驻监督，加强下沉巡视，提高能动性和有效性。倡导良性监督，正确行使监督权，警惕并惩处捏造事实、传谣滋事、违规违法等病灶。健全完善巡视巡查、专项督察、综治督导、纪律督查等制度体系。

（五）追求"合唱效应"，确保完备性

全面落实新时代党建总要求，问政于民、问需于群、问计于众，选优配强党委书记、纪委书记、机关党委书记、总支书记、支部书记，注重吐故纳新，构建纪检监察、审计、监事多位一体的监督格局，责任担在肩上，员工装在心里，法纪挺在前面，让信息多跑路、员工少跑腿，使精力不跑电、活动不跑题，重视"独唱效果"，追求"合唱效应"。强信心、聚民心、暖人心、筑同心，将促进改革发展作为党建工作的出发点和落脚点，与组织活动深度关联，与融合发展互动匹配，与企业文化共同促进，实现党组织和党的工作精确覆盖。破除经验藩篱，廓清思维迷雾，扎紧制度笼子，制定党务干部发展规划，注重党性、品行和能力，在攻坚前沿、重大项目、新业态打造、创新创业一线锤炼骨干，确保党员甘于担承、善于担待、敢于担险、免于担忧，为担当者担当、为负责者负责、为撑事者撑腰，激发和保护企业家精神，做到管党有法、治党有恒、建党有效、私党有咎，以辛苦指数显示组织温度，赢得群众满意程度，说一件、干一件、成一件，让干部群众安心舒心、安业乐业，以高质量党建推动广电媒体高质量发展。

在做大做强、已强更强的战略机遇期，广电媒体党建工作任重道远，永远在路上，需要守正创新不止步的脚力，俯仰万象不放松的眼力，创意纷呈不枯竭的脑力，淋漓酣畅不板滞的笔力。精研马克思主义政党理论，助力新时代文明实践中心、县级融媒体中心建设，加强联系指导和志愿服务，确保政治信仰不变，政治立场不移，政治方向不偏，政治建设不懈，唱响主旋律，建功新时代。严格奉行党章，鼓励激励，容错纠错，能上能下，强化党风廉政建设的行动自觉，严抓严管，真抓真管，细抓实管，常抓常管，齐抓共管，使作风建设成为党内政治生活常态，成为党员干部的自觉，形成良好党风，巩固优良作风。构建智慧党建系统，将政策法令、党建成果提纯为视听文档、标准规范、接口文件等便捷设计产品，编织包络全业务、全时空的监督、管理与服务网络，实现数据资产可视化呈现，便于统计分析和辅助决策，守住稳定、安全、廉政底线，达成科学化、信息化和智慧化目标。确保形象出新有彩，功能多样有益，系统顺畅有序，环境灵动有韵，学用灵活有便，蔚为学习创造的家园与乐园。

（作者系临沂大学传媒学院特聘教授，江苏省电视艺术家协会副秘书长、高级编辑）

如何增强"新中国成立70周年"系列主题报道的纵深感

——以浙江卫视《浙江新闻联播》为例

杨川源

浙江卫视《浙江新闻联播》连续推出《壮丽70年 奋斗新时代》系列报道。第一个需要解决的问题就是：如何在有限的3到4分钟讲好被采访主体70年的奋进史，并以提炼出的跨越时代的奋斗精神，将历史与现在有机串联在一起。这个过程中需要不断通过电视化的三个典型：典型场景、典型人物、典型故事，来实现对主题报道"纵深感"与"感染力"的有效增强。

一、以细节塑造典型场景

传统的主题报道往往具有：主题大、场景多、细节少的特点。这样入耳、入眼、不入心的主题宣传，显然已经不适应当下对主题、主线不断寻求贴近化表达的需求。主题报道要一改之前的表面文章，更要见人见事见细节，让主题在"润物无声"中打动人心。受众对时代与精神的感受往往来自与其具有贴近性的"细节"，于是将细节"场景化、时代化"便成为构建电视表达内、外部空间纵深感的有效途径。

1. 开发细节的场景化表达

内容的表现力来自对细节的挖掘与表达，主题报道贴近性的实现，更加需要"活"起来的细节。只有紧抓主题主线的表达目标，把个体细节植入场景中表达，才能有效增强细节的生动性和感染力。

细节总是属于有准备的人。主题报道的生动性与深刻性，不仅来源于"主题"本身，更取决于记者的前期准备：梳理报道主线、锁定主要拍摄对象、预判动态场景。找到人物和事物本身正在发生场景中的细节，提炼主题与精神内涵。

细节并不是孤立存在的某个动作和某个场景，如《(壮丽70年 奋斗新时代)龙泉：窑火不灭 青瓷技艺历久弥新》报道中，记者通过前期的了解锁定了正在重点攻坚的传统技艺"釉下刻绘"的"复活"过程，紧紧抓住70年间几代青瓷人代代相传的传统文化传播精神中最为核心的"制瓷"现场，用窑火的不灭作为具象表达主题的载体。技术性细节的场景化表达，使70年间几代人的心路历程具体到一个场景、一群人、一项技艺、一次实践的命运中，不仅直观地让观众看到了什么叫釉下刻绘，更发挥了电视表达中的细节展现优势，人物特性、事件意义在细节的挖掘和展现中被盘活。

《海宁云龙村：发掘桑蚕文化 走出致富新路》开场就聚焦了云龙村里一个1200平方米的蚕室内，75万只就要完成蜕变蚕宝宝，并用当天来访的外国专家对云龙村规模化科学养殖的赞叹，引出了村里从分散养蚕到规模化养殖，打造桑蚕文化的转变。形象生动地说明了科学发展观带给山村的巨变。

细节不仅仅是场景内的具体事物，"人物"也是场景内细节的一部分。在《（壮丽70年 奋进新时代）松阳：从"种茶"到"赏茶"探索茶旅融合新路径》中，记者用早上7点多的浙南茶叶交易市场鲜活的交易市场做切入，在正在进行的典型场景里展现200多家商铺、上万名茶农进行交易的状态，让眼下产销两旺的茶产业现状一目了然。热闹之余，记者通过场景中发现的第一代茶农宋裕，将他自身参与产业发展的收益不断算的几笔账目前后的对比，自然而然地形成带入感，这样的细节性人物，是深入主题的关键一笔。

2. 展现细节背后的时代感

重大纪念年的主题报道，无论是对历史的回顾，还是对当下发展成就的展现，都力求体现层叠、递进的时代感，营造具有"纹理质感"的时代气息，唤起人们对时代精神的传递与思考。选择典型细节是迈向时代感表达的第一步。时代感的获得来自对时代感受的再现。充分激活地方台媒体的贴近性优势，强化协作开发。

具有时代感细节的挖掘，需要深入了解事件主体的发展历程，筛选出具体鲜明时代特征的场景展现细节。在《（壮丽70年 奋斗新时代）诸暨大唐：从模仿到创新"袜业之都"焕发新活力》中，最初选择用智能化生产车间的生产来体现诸暨大唐镇作为"世界袜都"的时代感，但因为"智能性"展示不够鲜明，难以与之前的发展构成鲜明对比。经过对产业技术进步历程的反复梳理，最后确定了以当地袜业企业最新生产的"菠萝袜"作为切入点，直接把菠萝放进袜子里进行现场实验，在这样鲜活细节的展示中，大唐袜业步履不停的创新精神凸显，折射了鲜明、生动的时代感；

在《（壮丽70年 奋进新时代）青田华侨：从出国"追梦"到回国"造梦"》中，记者锁定一本护照的变迁，运用几代华侨经历的一本护照的故事，展现时代变迁中社会与人们理念发生的转变，从而表现祖国的强大、中国人的自信；《临安石门：传承红色基因 深山"秘境"显生机》中石门村村民为正在建设中的新四军纪念馆 捧出的自家压箱底的红色宝贝：食品储藏罐、蓑衣等等。这些带着鲜明时代印记细节的出现，把历史往事与现代人的情感紧密地连接在一起，更容易唤起人们对自己曾经历的时代和正在经历的变化的思考，加深对宣传主题的理解。

二、聚焦典型人物 探究时代感受

典型人物是见证和回溯历史的切口，特别是在集中展示个别地区 70 年发展历程的报道中，被采访人物选取的典型性，直接关系到对历史场景回溯的生动性和真实性。典型人物从哪里来？如何有效地选取典型人物？

1. 选择具有带入感的典型人物

"大时代"总是连着无数的"小人物"，我们将"了解情况、善于表达、具备情怀"作为精选人物的标准，选定人后再挖历史故事，由他们的经历和变化来以小见大，凸显报道的历史纵深感。

如《壮丽 70 年 奋斗新时代 新安江水电站：6151 天安全运行 记录不凡历程》这篇报道，讲述的是我国第一座自行设计和自制设备的大型水电站的故事，如何呈现冰冷的工程几十年来的不凡历程，我们的采编团队就开始找目前健在的建设者，而且重点找的是当时的技术员，对比一般的参建者，他们更能讲出建设时的更多细节。记者多方寻找，锁定了中国水电十二局退休职工马季煌，把他作为第一批前来参建的技术人员给我们讲述了当时缺少大马力吊机，大家就加粗钢丝绳再来吊等细节，在播出时呈现时给大家再现了当时的场景，让人很快能置身其中。

除了精准地找到这样重要历史场景的见证者之外，如何在基层群众中锁定具有真情实感的被采访对象也是此类报道必须解决的问题。在《（壮丽 70 年 奋斗新时代）舟山蚂蚁岛："小蚂蚁"敢啃"硬骨头"》中记者上岛后有选择地采访了相当一批的普通群众，从现在开船的船长到建岛初期搓麻绳搓到手部溃烂的居民，还有 74 岁当时参加过三八海塘队的女队长等等，这些人物讲述的就是几十年间自己的生活，状态放松自然，讲述真实生动，大大增强了感染力。

2. 注重不同时代的典型人物的交替出场，呈现奋进的时代精神

不同的时代有不同的精神内核，在这组《壮丽 70 年 奋斗新时代》报道中很多内容都涉及地方产业的几十年的发展，这就需要梳理产业发展的历程和让不同时代的产业代表人物交替出场，串联起完整的发展脉络，并以此来鲜活呈现时代精神。《（壮丽 70 年 奋斗新时代）云和：三代人的"玩具总动员"》这篇报道，先由第一代木玩人谢蕴出场讲述当时运河人是如何到上海签下第一笔订单，打开产业大门。然后讲到第二代木玩人是如何在广交会上打开新市场，再到第三代木

玩人搞创意拍动画，让木制玩具在新时代有新市场。几代人交替出场，用不同的视角呈现了云和木玩具产业几十年来与时俱进的时代精神

另外在《（壮丽 70 年 奋斗新时代）乐清柳市：从"要票子"到"要牌子"》《壮丽 70 年奋斗新时代 浙江宁波：从"红帮裁缝"到服装名城》《（壮丽 70 年奋斗新时代）永康"制造"走向"智造"以匠心铸就"五金之都"》《（壮丽 70 年 奋斗新时代）湖州：一支湖笔描绘"新画卷"》中都运用了这样以产业发展阶段，寻找典型人物，交替讲述的方法。

三、激活典型资料 构建历史纵深

对于"新中国成立 70 周年"这样的宏大主题报道来说，如何体现历史纵深感，典型资料的运用也十分关键。

1. 用典型资料勾勒历史轮廓

对需要构建历史纵深感的报道来说，起承转结的方式和方法就更为重要。恰到好处地运用典型历史资料，能有效避免生硬嫁接。

跨越时空的"同一性"对比是其中最直接的一种手法。在典型事件中选择典型场景，运用历史资料中的"同一"地点回看，强化今昔对比。挖掘"同一地点、同一人物"的不同之处，就是历史纵深感的构建。

如《壮丽 70 年 奋斗新时代 永康五金：从"制造"走向"智造"》这篇报道中，我们从当下转到 70 年前的永康小五金的情况时，就巧妙运用了当地五金博物馆里永康人在新中国成立初挑担走四方的历史资料进行转接，自然而又有厚重感。而在《壮丽 70 年 奋斗新时代 上羊市街：新中国第一个居委会诞生在这里》中，我们的采访团队就找出了 70 年前上羊市街居民将 27 枚象征旧社会"保甲制度"的印章被当场销毁的新闻报道和新闻漫画等历史资料来进行转接过渡，也起到了很好的视觉效果。

2. 深挖历史资料元素，延伸报道空间

对讲述具有历史跨度主题的电视报道而言，历史资料中蕴含的很多元素都是拓展报道空间与内容的富矿。激活这些沉睡的资源，首先要深入挖掘现场的那些人和事，穿越历史找寻到这些生动元素现在的样子，用资料中的细节延伸和拓展报道空间。

《（壮丽 70 年 奋斗新时代）玉环：一坝一桥 见证海岛之变》中大量使用了玉环"大坝"与"大桥"的在发展变化中不同历史时期的影像资料，湍急的水流、手拉车改装的吊装手推车，玉环人将 52 万方土石投入及流旋涡，背后正是迫切改善路网交通，发展经济的时代印证，正是在这样一幕幕生动地历史资料中得到展现。拿来直接用只是第一步，更重要的是记者以这些历史资料为依托，层层追踪寻访到了当时参与工程的一批建设者，以及当时因"坝"受益的第一批

企业家，在细节化的采访中进一步活化历史资料。同样，在《（壮丽 70 年 奋斗新时代）湖州：南太湖的"蝶变"》中，解决"有岸无堤""污水排放"这样不同发展阶段中遇到的区域性发展难题的解决中，片中大量引用了当时的历史资料，步步深入寻访到了当时一批参与南太湖保护的管理者，在抛出问题引出南太湖发展中每一步改革的必然性与紧迫性的同时，通过延伸再现，展现了南太湖艰难但又坚定的"蝶变"之路。

四、结束语

有方法、有创新地解决好面对"新中国成立 70 周年"这样的宏大主题报道时，出现的困惑和问题，是决定我们的宣传是否能真正具有贴近性、精准性、深刻性传播效果的关键环节，也直接决定了我们的主题宣传是否能真正入耳、入眼、入心。紧紧抓住典型场景、典型人物、典型故事，做实重大历史主题的细节化、场景化、故事化，需要我们打开思路、打破时空的限制，建立更具有历史纵深的观察、讲述格局。不断推动此类主题报道，具有可看性、真实性、思想性，在重大历史纪念时间节点，发挥主流媒体宣传思想、提炼精神、凝聚人心的作用。

（作者单位：浙江卫视）

凸显城市个性　讲好解放故事

赵　兵

2019 年是新中国成立 70 周年，对于各级各地新闻媒体来说都是一项重大主题报道任务，可以说有关"解放 70 周年"的报道会贯穿全年。而对于各地来说了，除了新中国成立 70 周年的报道以外，还有各地各城市的"解放日"纪念活动。"解放日"对每一座城市来说都具有非常特殊的意义。因此，讲好自己城市的"解放"故事就显得格外重要。那么如何使自己的"解放"故事和全国成百上千个城市的"解放"故事有所不同，既能打动人，又能被人记住呢？如果从以下几个方面入手，也许会收到意想不到的效果。

一、尊重历史，以"真史"示人

真实性是新闻的生命和根本。报道中的时间、地点、人物、事件、原因和经过都要经得起核对和历史的考验。尤其是对这种重大历史事件，更要经得起推敲。为此，新闻在策划阶段，主创人员要从当地市委党史办、市档案馆拿到相关的第一手历史资料。确保了事件过程的真实，是我们新闻能立得起来的基础。此类报道一定要杜绝道听途说和杜撰。为了还原解放当天发生的故事，最好要有事件的亲历者。目前这些亲历者大多是耄耋之年，寻找起来不容易。他们中既有当初解放城市的指战员，也有当时的地下工作者，还有迎接大军进城的普通老百姓。因此，最好是由当地政府权威部门来推荐，这样可以保证讲述者身份的真实和讲述内容的真实。亲历者的口述能为我们的新闻报道带来了不可复制的内容和细节，具有极高的史料价值，也可以成为今后的口述历史资料。亲历者的口述能大大增强新闻的可信度和感染力，也奠定了新闻报道的底色和独特性。

二、挖掘资料，唤醒"沉睡"的影像记忆

回顾历史不是电视媒体的特长，主要是因为没有当初事件发生时的影像。各地有关解放的资料，几乎大同小异，大多是几张解放当天的照片和报纸消息，这对我们来说是最大的讲述难题。因此，在回顾那段历史时，最好不采用常规性的电视新闻消息的报道方式。以主持人演播室讲述，加虚拟前景的方式进行会比较

好。近几年，随着高清演播室的普及，演播室虚拟动画的运用已经越来越广泛。这种越来越逼真又新颖的播报方式逐渐受到喜爱。这样做有几个好处，一是可以避免因为缺少当时的画面而造成的视觉单调，二是可以调动仅有的几张图片，通过虚拟前景的制作让老照片动起来，再配上战斗场景声音的模拟，会立刻让单调的老照片焕发生机，呈现出新的音画效果，让人仿佛亲临当时的战斗场景。三是可以让"沉睡"的影像资料"活"起来，增加新闻的厚度和纵深感。

全国各地的电视台大多建于 20 世纪八九十年代，从那时起所积累起来的影像资料是我们不可多得的宝贵财富。但长期以来，这些宝贵的资料大多数时间是"沉睡"在资料库房里，没有得到有效地利用。相信各地有了电视台后，解放 40 周年、50 周年、60 周年都会有相关的报道，里面也一定会有事件当事人的采访，这些当年的采访也可以成为我们今天 70 周年的内容。如果把这些内容巧妙地融入今天的报道中，不仅能丰富我们的画面，也增加了历史纵深感，会使我们的报道更有分量。但在运用这些资料时要标明资料出处的年份，以免引起误会。

史料的运用能让我们的报道更接近于历史的真相。报道的厚度，历史的纵深感立显。同时，在呈现各地新中国成立后 70 年巨变的过程中，也可以大量运用各个时期的历史镜头和资料，这样今昔对比的镜头，具有无法用文字来描述的真实，更能直观地反映当地翻天覆地的变化，让报道更具说服力，也更能显示各自城市独特的发展变迁历程，而不是千篇一律的高楼大厦。

三、巧找"钥匙"，打开 70 年尘封历史的大门

从 1949 年到 2019 年，70 年时间，对历史的长河来说只是转瞬即逝的一刻，但对一个人来说可能就是一生。在这个短暂而又漫长的时空变换过程中，只有找到它们之间的联系点，才能把 70 年前的事件和今世联系在一起。这其中可以是当年参加过解放城市的老兵，可以是当时迎接大军进城的市民，也可是经历风雨至今仍存在的地标性建筑物，或者是串联起 70 年的老物件等等。只要是能让我们联系起 70 年前解放过程中的人和物，都能成为我们打开那道历史大门的"钥匙"。比如，在报道"宁波解放 70 周年"的新闻中，这把"钥匙"有亲历解放宁波的老战士和普通市民，有四明山革命根据地的红色遗址，也有历经 83 年历史，至今依然屹立在奉化江上的灵桥，还有见证了宁波工业经济发展的"三根半烟囱"等等。这一把把"钥匙"巧妙地打开了人们回顾那段历史的通道，并通过今昔对比，让通道两边的人和物，形成了有机整体，既真实地反映了历史，又巧妙地引出了发生在同一个人或物上 70 年的沧桑巨变。这是用任何语言都无法描述的真实，他们的真实模样就是最好的答案。

熟悉的环境，相识的人和事很容易拉近受众与新闻的距离，以今天的视角解读历史题材更易于被年轻受众接受，从而大大提高新闻的影响力和传播力。

四、打开情感"闸门"，抒发爱国爱乡情怀

新闻报道首先是要以事实为依据，但同时也要有情怀，要以情感为纽带。带着温度的新闻，才是最感人的新闻。报道中的人情味可以提高新闻的传播力，增强新闻的感染力。解放70周年，70年前是激动人心的时刻，70年后是日新月异的喜悦和自豪。这个过程中都有着情感因素。因此，我们的"解放"新闻也要带着感情，带着温度，而不能仅仅是只有历史。从"解放了"的高声呐喊；到改天换地、当家做主的喜悦；到艰苦奋斗、开拓创新的自豪；再到接续奋斗、收获满满的幸福，每一个故事里都会有感人的人和事。好作品能依托好故事的温度释放主题报道的高度、广度、深度和力度。

我们纪念70年前解放的那一刻，最终的落脚点还是要落在缅怀先烈，赞美变化，抒发爱国爱乡的情感，弘扬正能量。因此，在"解放"的报道中不要吝惜自己的感情，要把自己的情感、采访对象的情感有机地融入新闻当中。这种情感的宣泄是对70年来我们接续奋斗成果的告白，更是对为了今天幸福生活前赴后继的英烈们的告慰。他们牺牲时的誓言，他们所盼望的一切，在今天由我们来实现：今日中国 如你所愿！

五、突出个性，留下城市独特印记

70年前的解放对于新中国的每一座城市来说，既有相同点，也有不同之处。如何让形形色色的"解放"故事能够在众多同类型报道中脱颖而出，留下深刻印象呢？除了以上几点，还有一点非常重要，那就是你这座城市在解放时的独特经历，最好是独一无二，其他城市没有发生过的故事。如果能找到这样的故事，并加以放大就可以起到四两拨千斤的作用，让你的"解放"故事留下不一样的印记。

还是以宁波为例。溪口是宁波的一个镇，也是蒋介石的老家，在中国近代史中有着独一无二的历史地位和影响。宁波解放时，溪口是广大解放军指战员心心念念希望彻底解放之地。为防止战士们仅凭朴素的阶级感情发泄对蒋介石的仇恨，毛泽东曾发电报明确指示：在占领奉化时，要告诫部队，不要破坏蒋介石的住宅、祠堂及其他建筑物。

在"解放宁波"的报道中，既呈现了毛主席当时的亲笔手书，还加以当时蒋家族人的亲口讲述，真实地再现了在解放溪口时那段独一无二的历史事实，具有非常强大的震撼力。

天一阁是我国最古老的私人藏书楼，距今已有400多年的历史。宁波解放前夜，周恩来专门叮嘱时任解放军第七兵团副政委的姬鹏飞：有座建筑一定要保护好，宁波的天一阁。这一史料，在以前的新闻报道中很少出现。在宁波解放70

周年新闻报道的采访过程中，记者找到了事件的亲历者，当年带队负责保护天一阁的原 22 军 66 师师部特务连连长郑君伦老人，今年已经 94 岁的老人亲口向记者讲述了那段难以忘怀的历史。

在全国解放的过程中，我们党的最高领导人多次对一个城市的解放做出单独指示和要求，这在全国来说还是不多见的。这样的新闻具有很高的历史价值，一经报道就会给人留下深刻的印象，而且会成为城市的符号，相关的故事也更容易被传播。因此，挖掘各自城市在解放过程中这种独特，或者独一无二的故事，是我们有别于其他城市最好的印记，如果运用得当，就会给受众留下深刻印象，也会让报道熠熠生辉。

（作者单位：宁波广播电视集团新闻综合频道要闻部）

媒体迭代期对广播属性的再认识

任嵩屹

广播的传播功能决定了其在社会属性中所承担的公益价值、互动价值生产者的作用，随着广播功能的不断拓展，赋予了广播生产者更多的新"技能"，这些新"技能"所衍生出的效应正逐渐向各领域延伸，广播的经济价值、传播价值、公益价值增添了新的"元素"。

一、"互通"经济价值

沈阳广播电视台 FM98.6（以下简称 FM98.6）通过成立"沈阳经济区城市应急联合广播"，打通城际间应急救援壁垒，秉承服务社会、服务受众宗旨，探讨广播后市场发展理念。针对供给侧改革研发共赢项目，联合沈阳经济区的抚顺市、辽阳市、本溪市、鞍山市、铁岭市、本溪市、阜新市交通广播开发信息共享平台，共同推介当地文化、旅游、饮食、服务、娱乐资源，形成区域经济增长级。

FM98.6 积极倡导城际间互动，成立了沈阳经济区城市高速公路应急信息微信群。在八城市高速公路圈区域内，发生极端天气、突发事件时实现信息共享、应急互动、同步传播；针对车辆肇事、车辆故障、车辆抛锚等，实行互助免费救援、免费送油、紧急维修服务；在危重病人急需转运，有受众求助时，八城市广播媒体将实时接力与高速公路部门联动开辟"绿色通道"。

针对各城市间旅游资源分散、分布不均匀，缺乏统一包装、统一推介、统一设计的弱点，FM98.6 将承担起"二传手"职能，组织八城市广播媒体积极与各地旅游部门部门沟通，开发适合在广播节目线上和线下、高速公路服务站售卖的地方特色产品；对适宜自驾有的线路进行统一规划，实现对旅游产品的再开发、再利用。

在 2019 年"五一"小长假期间，FM98.6 发挥"沈阳应急广播"能动功能，利用节目平台与新媒体形成信息互动矩阵，与沈阳经济区周边城市联动，及时发布高速公路通行信息、高速公路服务区服务信息、各城市主要景区（景点）客

流（车流）信息；同时通过组织自驾游对城市周边文旅资源进行有效推介，激发了当地消费活力，助力辽沈经济发展

FM98.6履行"二传手"职能，积极组织七个"攻手"主动"进攻"，"串联"过程中全面开发广播媒体资源，运用大数据思维分析受众需求，有效、有益、有为。FM98.6通过拓展广播市场外延服务，将对沈阳经济区城市应急广播协作能力的提升夯实基础，为广播资源再开发开辟新途径。

二、"互变"传播价值

在移动互联时代，广播媒体的传播已经实现有声有影、有文有图，广播媒体的音频产品、视频产品在新媒体传播过程中已经做到"声音"的广义传播。

以FM98.6视频产品生产传播为例："加油，快递小哥"活动中，四路主播其中一组体验外卖小哥，三组体验快递小哥。参与人员分别是《沈阳早高峰》主播一帆、《摇摆书含秀》主播书含、《小一耍大刀》主播小一、《快乐朋友圈》主播蓝天。四位主播化身"986快递侠"参与送件、揽件操作，体验快递员的工作流程、派送方式，给用户带来别样惊喜的同时，也体验了快递员的工作特质。

当天制作"986快递侠"视频产品主体创意是蹭影片《复仇者联盟4》热点，把明星主播体验快递流程情节化，按事先策划的分镜头脚本，对四位主播角色化包装成影片中人物。从语言、道具上贴近影片，为在后期制作新媒体做铺垫。把副驾驶位置让给快递小哥，让被动体验变成主动接收互通信息，化解机动车驾驶人与快递车驾驶人之间矛盾。视频产品生成后，通过"两微一端"、抖音、头条号传播，给人以耳目一新、为之一振的感觉。

尽管当下传播的样态，在某些程度上已经超过了内容，有形式大于内容之说，但内容生产仍是传播链条中的首要任务。在内容生产中只有坚持有深度、有品质、有力量，名栏目、名主播强化"需求生成内容"理念，才能在多平台助力立体传播、全媒体传播中，凸显广播融合创新的效果。

"微笑沈阳"活动中FM98.6深化"小屏"传播理念，在广播节目中做好录音报道、现场连线、动态消息发布的同时，采用电视传播手段同步视频直播、抖音推送。

1. 主播化身 全程体验

在沈阳故宫《986收藏艺术馆》主持人小苏，在张氏帅府《986家装热线》主持人张楚都"化身"为讲解员，带领参加体验的领路况报道员参加早会、晨检，接受礼仪培训，并承担部分环节讲解工作。在迎宾、讲解过程中，既向游客推介了沈阳故宫，张氏帅府的文旅资源，也把"微笑沈阳"的理念融入其中，同时引导参与活动的路况报道员在接受礼仪培训后能把学到的技巧融入日常的运营服务中。

在沈阳市交通警察局智能指挥中心《快乐朋友圈》主持蓝天"化身"为120协调员，带领参加体验的领路况报道员参加转运演练，与交警调度长一起诱导车辆、开放通道。参与体验的路况报道员赖志华表示：作为的哥，在有特种车辆通过时一定要及时避让，服从交警的指挥，遇到重大活动在指定的地点停车，做一个文明的驾驶人，以饱满的热情和微笑为每一位乘客提供安全，舒适，快捷的服务。

2. 多维呈现 捕捉亮点

为了达到更好的传播效果，FM98.6 提前对即将推出的融媒体产品进行设计，从切入的视角、接入方式、传播节点做到"有路数""有点题""有悬念"。对主持人"化身"的角色，以及路况报道员参与体验的环节、流程素材进行"分镜头"式采集；在制作过程中做到精准、精致。

通过广播、电视、纸媒的"互变"传播，有效弥补了传统媒体在传播过程中的缺陷，做到声屏并茂、文图声影同现，使受众接受的渠道可选、可用、可转。

三、"互动"公益价值

当下融媒时代中，民生帮扶类节目所体现出的公益价值最能验证广播媒体公信力、传播力、影响力；真正做到打造有温度、有文化、有力量的广播。

河北交通广播的《992 大家帮》节目，自 2011 年开播以来，超过 10 万多人次通过节目活动获得有效帮助，帮助 100 多个家庭走出生活困境，实现了"大家帮助大家"的节目宗旨和公众社会服务职能，探索出"应急帮""围困帮""维权帮""公益帮"等系列帮扶模式。

甘肃交通广播的《1035 帮帮忙》节目，几年中帮助失主寻回失物 4000 多件，找回走失人员近百人，同时成立"甘肃失物招领公益联盟"和"帮忙侠"甘肃失物认领公益平台，切实为求助者提供帮助。

张家口私家车广播《大众寻呼》是一档以反映社情民意、监督职能部门、维护公平正义、促进社会和谐为主要目标的舆论监督类节目。节目开播的几年中共接听听众热线 5000 多个，微信 4000 多条，帮助听众解决实际困难上千起，问题线索涉及百姓生活的方方面面。

温州交通广播《帮帮就灵 1039》是一档大时间多板块的帮扶节目，包括"大家帮""非说不可""马上回复""空中车管所""小灵密密跑""警官在线"等板块，节目涵盖帮忙、维权、服务、曝光，听众互动等内容。2017 年以来成功为听众解决了数以万计的帮忙服务和维权纠纷等问题，节目做到快速处理、积极响应，增强受众情景感，用受众习惯的方式传播新闻内容。

沈阳广播电视台 FM98.6 的《应急帮》节目，在寻人、寻物过程中，充分利用信息传播多元化手段，形成全新的传播生态。从求助信息筛选到信息来源确认，从发现线索进行寻找到实施过程跟进，"碎片化"节目的切入＋微博＋微信＋移动客户端传播，形成公益帮扶接力矩阵，把公益参与主角形象最大化。2016年9月以来，成功寻人近500次，寻找失物总价值超过一千万元。

"爱在后备箱"活动由沈阳广播电视台FM98.6发起，是东北地区唯一由媒体发起、开展的大型品牌公益活动，通过义买义卖的方式，筹集资金全部用于公益项目，活动开展4年以来有30万人参与了现场义买义卖。FM98.6通过开展各项公益活动成为推动精神文明建设发展的倡导者，使社会主义核心价值观渗透到每一项活动中。在2018年活动中首次尝试利用扫码支付，微信捐款方式筹集爱心资金，并利用融媒体宣传活动的目的、意义，以及活动的进展，增强了了爱心人士参与活动的透明度。2019年开展的第五届FM98.6"爱在后备箱"活动，筹集到的爱心资金将全部用于为康平县农村家庭生活困难的学生完成"微心愿"项目，活动中线上、线下同步推出的拍卖爱心拍品的方式，减轻了现场义买义卖筹款的压力。

这些公益帮扶类节目（项目）认真梳理、整合自身频率优势资源，把相对分散的帮忙、维权，进行有效聚合，从而取得一家以大于二的效果，在节目设置和主持人语言方面，将新闻性、服务性、互动性、可听性融为一体，通过民生视角用多元化的呈现形式来分析处理问题。

结语

广播媒体在"声音"传播方式不断变化的过程中，"声音"生产者的思维需要以"＋1"更进一步的方式迭代前行。当受众选择不再被束缚，当接受的方式不被再实体工具局限时，广播媒体属性的"升级"是理所当然，传播手段的创新、思维方式的创新，必然会为广播媒体在突破瓶颈过程中提供更多的"动能"。

广播媒体只有发挥"本土化、服务性、陪伴性、有温度、互动性"的独特属性，融各媒体之长，补己之短，以扎实的心态、接地气的手段，投入对新声音经济的实践，才能在各媒体都在比拼"弯道超车"的竞争中依旧能绽放芳华。

（作者单位：沈阳广播电视台）

以守正创新融合传播打造大型主题专题报道精品

——"壮丽70年·奋斗新时代"大型主题报道解析

李旭亮　苑志强

"壮丽70年·奋斗新时代"大型主题采访活动3月28日从西柏坡启动并出发，成为庆祝新中国成立70周年媒体参与面广、报道规格高、时空跨度大、内容容量丰富的重磅新闻活动。锤炼"四力"、展现成就、守正创新、融合传播，成为这次报道活动的总特点。本文将结合这次报道活动的策划组织环节细节，深入进行报道案例解析，全面总结和分析这次报道的做法与经验。

一、建立高效的全媒体报道机制

这次大型报道活动有明确的报道指针、报道思想要求，3月28日启动仪式发布的采访团成员倡议书发出三原则："锤炼四力，用踏实作风、清新文风讲述70年奋斗征程；凝心聚力，用生动事例、鲜活话语展现70年辉煌成就；守正创新，用融合传播、全媒体表达奏响70年华美乐章。"① 这三原则也是对这次大型主题采访活动的基本定位。

如何把这些要求落到实处，需要精心策划方案，建立完备高效报道机制。以我台"壮丽70年·奋斗新时代"大型主题采访活动操作为例：一是在协调机制上，以全媒体机制，组建报道阵容，发挥与采访单位联合策划优势是重要步骤和关键环节。从台的层面，建立调动广播、电视、新媒体资源的协调机制，台在编委会、总编室成立工作小组，由编委会、总编室、频道（率）等人员组成，统一协调采访人员、设备、车辆、后勤等保障，实现报道资源调配的高效顺畅。报道小组进行了充分的准备工作，收集采访单位文案、撰写并给采访单位发出报道方案、建立微信工作群、设计制作统一的采访证胸卡、进行采访车辆配备等。二是联动机制。这次报道需要按照报道领域划分，必须与行政主管部门密切沟通，

---

① 《"壮丽70年·奋斗新时代"大型主题采访活动采访团倡议书》，新华网2019年3月28日。

协调联动。报道领域涉及 7 个市直和县部门，选题策划采取联合主办策划会的形式，报道团队成员与采访单位共同确定选题。报道组将详细的报道要求形成文案，发给主管部门进行筹备。联合召开专题策划会成为决定报道总选题的重头戏。选题策划会上，双方带队领导率双方主要成员悉数亮相，圆桌面对面沟通，采访单位准备详细，采访点的基本情况、采访线索、背景材料都很丰富。共同策划让庞杂、无序内容很快得到梳理，报道选题和期数顺利出炉，充分的准备和顺畅沟通能让采访提纲很快确定。

全媒体报道机制运作发挥出了效率高的优势。为体现媒体融合特性，报道组团队由新闻综合频道、新闻广播、新媒体中心、总编室等 15 人组成，囊括了摄像、声音、文字、摄影、服务不同门类采编人员，采取共同策划、联合采访、素材共享、同步推出的创新机制。从 4 月 18 日，我台全媒体采访报道组走进正定塔元庄开启首站，随后在 5 月至 6 月中旬一个半月的时间，报道组走进平山、发改委、教育局、卫健委、民政局、交通局等蹲点单位，统一乘车、共同蹲点、一起采访、同步发稿，真正实现采访资源共享，均发挥出了全媒体机制和联合策划机制优势，实现了顺畅高效运作。在蹲点采访中，广播记者的全程录音、文字整理成为电视记者寻找线索、深挖主题的重要参照，人物鲜活的话语成为电视解说词摘引的重要素材，极大提升了话语的鲜活生动性；共同策划、联合采访实现了"头脑风暴"，在表现手法创意创新上发挥了群策群力的智慧。在塔元庄报道中，报道组第一天结束后就即刻进行采访策划会，梳理线索、确定主题、规划构架、合理分工，采编效率大大提升。

从最终生成的新闻产品看，一个正定的蹲点采访生成了 12 篇不同类型的音视频图文作品，4 篇电视专题、4 篇广播专题、4 篇新媒体端图文专题，融合传播力度、报道分量都得到提升。

突出调研性发现源头活水是这次报道的又一突出特性。这次大型采访活动也是增强"四力"的一次实践活动，对全面提升新闻工作者的素质和水平发挥了重要作用。在塔元庄报道中，蹲点调研的特点突出，首先是开座谈会这一传统调研和采访方式仍不过时。报道组与村委会的座谈会信息量大，老支书、老村长发表了语重心长的感言，对话气氛好，能让报道组迅速进入状态，全面了解情况，很快提炼出报道主题、重要线索和关键素材。练脚力体现到走访的细致上，报道组直接走进智慧农业区、旅游园区、养老院的生产和生活一线，走家串户，找典型人物（习近平总书记探访的农家），找感人故事，从更多细节深入细致了解塔元庄村巨大变化的方方面面，体现在深、透、新上挖掘源头活水的报道方针要求。在平山，记者深入农家、地头，镜头里采集到了火热、真实、质朴的一线生活场景，让画面接地气，话语贴民生，发掘了源头活水，让新闻报道避免空泛笼统，极大增强了感染力。

二、小切口新角度体现守正创新

"壮丽70年·奋斗新时代"也属于成就类专题报道，如果实现创新，就要以小切口找新角度，与以往的综述、盘点形成差异。以我台与央视河北记者站联合拍摄并在央视《新闻联播》播出的《奋斗的足迹 红色的传承》《西柏坡：奋斗谋幸福 掀开新篇章》两期报道为例，两期报道都是从选择当地典型人物为切入，从个体、家庭的侧面表现革命老区的变化。《奋斗的足迹 红色的传承》，选取本地籍贯的西柏坡纪念馆讲解员闫文彦和她的父亲闫青海，从女儿的工作延展到父亲儿时得病被董必武救治，鱼水情深、纪念馆建设追忆、多种经营致富设置成为三个内容段落，逻辑衔接顺畅自然。在不到4分钟的片子里，现在与过去融合，人物访谈达到5位，信息量大，有人物故事性，让西柏坡题材看起来不重复和雷同；《西柏坡：奋斗谋幸福 掀开新篇章》，则选择距离西柏坡很近的梁家沟村，从民宿业主齐娜娜的经营谈起，按照时间顺序，分别从2014年、2016年、2018年乡村旅游不断升级，表现整个村的蝶变。片中以历史照片的今昔对比，把修水库移民这段较大历史背景交代出，处理熟悉的历史既手法简洁，又给片子很厚重的依托。整个片子的侧重点放在了红色旅游的不断迈进这点上，主题集中、逻辑清晰、新闻事实有说服力。在报道设计和策划过程中，报道组一直把选择采访人物当为重中之重，寻找并确定合适的采访人物关系报道的成败，人物也是新闻的灵魂所在，大型主题报道需要精心选择人物，不同年龄、不同层面、不同个性的人物决定着新闻事实的说服力、见证者的力度权威、故事的引人入胜。这就是以人为核、写事写人的贯穿原则。

这一主题报道活动也面临着传统题材如何出新的难度。例如西柏坡是新闻报道传统题材、经典题材，每逢重大纪念活动都要涉及，如何实现旧选题的常新，无疑新角度选择、具体生动的切入是基本策略。同样，正定塔元庄也是传统典型，以前也发过该题材的报道。在本次报道如何出新上必须找新角度、新素材。在以前的报道中，智慧农业的还没有现在更有规模，蹲点走进的刚落成的智慧蔬菜大棚无疑更是新的报道点，因此发现事物的新变化、新情况是让报道常新的根本。

大主题，小切口，以小见大，解剖麻雀，点面结合，避免空泛，体现调研报道的例证性、实践性。4月8日《新闻联播》播出的"壮丽70年·奋斗新时代"首期节目是《北京：高精尖产业领跑高质量发展》一片，这是个内容太多、涵盖面很广的大选题。片子从德邦物流快递哥使用助力机器人协助分拣切入，然后访谈北京市市长，接中关村创业孵化园，交代这个助力机器人研发的大背景、大环境，以小见大，化空泛为生动，很有趣味看点。通过主体部分的素材看，记者依然围绕"人工智能"这个代表高质量发展的要素结构全篇，无论创业大赛，还是盘活创业大楼，采访人工智能成就企业，都围绕这一中心点，在报道线索、内容繁多的大主题中，找准点与面的结合、具体事例与宏大背景的契合，以小见大、解剖麻雀，体现调研报道生动性、实践性、例证性等。

三、逻辑好历史与现在两个时空

"壮丽 70 年·奋斗新时代"与以往主题报道不同的是，时空跨越更长更大，用好史料，挖掘见证，逻辑好历史与现在两个时空是确保报道成功与否的另一关键因素。以《新闻联播》4 月 19 日播出的《新疆石河子 戈壁建新城》为例：该片 3 分 25 秒长度，承载了 70 年一座城的沧桑巨变，高度凝练简洁。新疆石河子，是一座从荒漠戈壁中建起的城市。60 多年前，一批军垦战士和建设者挺进荒滩，以无私奉献、艰苦奋斗的精神，在"无人之地"创造绿洲、建设城市。茫茫戈壁，镶嵌起一颗汗水与热血凝成的明珠。从博物馆一张建城前戈壁荒漠的历史照片切入，然后插入王震率兵团垦荒的珍贵历史资料镜头，紧接着采访当年兵团八师原副政委、90 岁高龄陆振欧。在开头段落，就把历史与现实两个时空，用博物馆照片、珍贵历史镜头、采访垦荒见证人三个手段推出来，既有历史背景，也有今昔对比，叙事简洁、衔接顺畅、逻辑清晰。在片子主体部分，采访了两位历史见证人，在遗存现场谈地窝子，一位当年支边包以和的回忆，在繁多的内容中取舍有当，紧紧围绕一代军垦战士艰苦奋斗无私奉献精神这个叙事中心主题使用素材，红线串珠，形散神聚，成为一期感染力强、微故事丰、人物典型、结构行云流水的好片。

珍贵的历史镜头、图片在这类大时间跨度报道中发挥不可或缺的作用。而叙事上的现在与过去的对比，用事实说话，在素材运用上也讲究分寸与技巧。

四、综合运用多种手段体现大气势

"壮丽 70 年·奋斗新时代"时空跨越大，主题大，气势也大。这都不同于一般的新闻专题、综述、评论。增强现场性，体现画面美，用好图表、航拍等综合表现手段，才能体现大型主题报道气势。以《新闻联播》4 月 10 日《北京：坚持生态优先 推动绿色发展》一片为例：该片表现十八大以来，北京市在大气污染治理和水环境治理上下大力气，全力打好蓝天保卫战、碧水攻坚战，不断加强生态文明建设的战略定力，努力探索一条以生态优先、绿色发展为导向的高质量发展新路子。该片有记者跟随环境人员在乱倒建筑垃圾的执法现场镜头，也使用各种数据图表说明治理大气成就，片中大量采用航片镜头，永定河复现历史八景、白鹤栖息的美景尽收眼底。记者的观点也带有评论性，评述结合。大主题的综合性报道要运用好各种综合报道手段，体现大的气质和气势。从已经完成的各类选题报道看，一般采用的都是片尾部分以对比性的数据图表结束，从点回到面，用数据的事实说话，给收尾一个很大的力度。

5月30日播出的《京沪高铁：中国高铁领跑世界》以7分37的长度讲述了一个生动的"高铁故事"，也是一期综合运用各种表现手段的好片。片中运用了历史资料镜头，采用对比手法，见证高铁建设与发展的采访人物很有说服力。拍摄到了很多表现力的细节，比如拍摄铁路档案部门库存的高铁设计档案的规模数量，镜头说服力强。片尾是高铁发展的一组图表数据，还对未来高铁规划有简要阐述。这样一期容量丰富的专题新闻结构清晰、叙事逻辑，可谓信手拈来、行云流水，体现综合运用报道手段的娴熟。

五、全媒体平台全屏推送打造影响力

"壮丽70年·奋斗新时代"是全国性大型主题报道，从《新闻联播》到各省台、地方广电台，各媒体记者可谓是"同台竞技"，展示的是新闻综合业务实力。以精品节目标准下功夫策划、打磨应是一致的着力点。

从融合传播看，这一主题报道也体现3—5分钟新媒体的短视频法则，适合在新媒体端推送点播，也符合"学习强国"的供稿标准，除了传统对上报道渠道外，也要注重在"学习强国 各省分平台"、新华社云平台、今日头条等大平台推送，以打造新媒体端的影响力。也可以尝试在移动电视、城市大屏等公共屏同步播发，打造全屏影响力。

为提高节目媒资利用率，笔者还建议把各分期报道进行再编辑、再包装，诸如重新加上片头、主持人串联，在十一国庆宣传高潮期以特别节目整体推出，不仅发挥了已播节目的媒资价值，还打造成另一种有规模的、内容主题鲜明的庆祝新中国成立70周年特别节目。

（作者单位：石家庄广播电视台）

以走促传 提升"四力"

——以"追寻初心·再走红二十五军长征路"主题采访为例

刘 寅

习近平总书记在 2018 年全国宣传思想工作会议上指出,宣传思想干部要不断增强脚力、眼力、脑力、笔力。① 宣传思想工作是打开人们心灵之门的重要工作,提高宣传思想工作的有效性需要从根本上增强"四力"。围绕政治素质、理论水平、业务能力和工作作风的提升和转变,不断增强"四力",自觉承担好"举旗帜、聚民心、育新人、兴文化、展形象"的使命任务,是习近平总书记对宣传思想工作以及队伍建设提出的总要求,② 是新时代宣传思想工作的理论自觉和实践自觉。

增强"四力",是新闻工作者担当使命的重要法宝。如何提升"四力",包括河南广播电视台在内的各级主流媒体都在新闻传播实践中努力探索。

2019 年是新中国成立 70 周年。6 月 11 日,中宣部组织中央媒体启动了"壮丽 70 年·奋进新时代——记者再走长征路"主题采访活动。8 月,习近平总书记对中宣部组织的"壮丽 70 年·奋进新时代——记者再走长征路"主题采访活动作出重要指示时强调,"记者再走长征路"主题采访活动,生动再现壮怀激烈、惊天动地的革命故事,对阐释用生命和鲜血铸就的伟大长征精神很有意义。③

长征是历史记录上的第一次,长征是宣言书,长征是宣传队,长征是播种机。④ 2019 年 8 月 1 日至 26 日,在全党深入开展"不忘初心、牢记使命"主题

---

① 《习近平:举旗帜聚民心育新人兴文化展形象 更好完成新形势下宣传思想工作使命任务》,www. xinhuanet. com/politics/2018 −08/22/c_ 1123310844. htm

② 蔡名照:《增强脚力眼力脑力笔力 更好完成宣传思想工作使命任务》,《求是》2019 年第 7 期。

③ 《毛泽东选集》第 1 卷,第 149~150 页,第 212 页,人民出版社 1991 年版。

④ 《习近平:牢记党的初心和使命 牢记党的性质和宗旨 走好新时代的长征路》,www. xinhuanet. com/politics/2019 −08/18/c_ 1124890261. htm

教育之际，为了与中央媒体"壮丽70年·奋进新时代——记者再走长征路"主题采访活动相呼应，河南广播电视台独家策划并组织实施了"追寻初心·再走红二十五军长征路"大型主题采访活动。62名广电全媒体记者踏寻当年红二十五军的长征足迹，跨越豫、陕、甘三省11个县区，辗转行进5200余公里，以走促学、以走促传、以走促连、以走促转，把"融传播"与"重实践""破难题"，与"谋创新""强队伍"，以及与"转作风"等紧密结合在一起。一方面，以全媒体手段，多视角、多平台展现当年红二十五军坚定信仰、浴血奋战、突出重围进行远征的英雄壮举，深情讲述党和人民鱼水情深，军爱民、民拥军生死相依的感人故事，以及新时代实施乡村振兴战略取得的新成就；另一方面，通过"再走长征路"这种思维模式创新、实践模式创新、传播方式创新等，探索了新闻工作者"四力"提升路径，增强了"四力"实践成效，使河南广电全媒体采编播队伍的政治素质、理论素养、连接群众能力、全媒体传播能力、工作作风等都得到了锤炼和提升。

一、以走促建，政治建设引领日常化

党的政治建设，是党的根本性建设。宣传思想工作就是政治工作。河南广播电视台在"追寻初心·再走红二十五军长征路"采访报道活动中，把高质量党建特别是高质量政治建设始终贯穿于整个新闻采访报道全流程、各环节，充分发挥政治建设这一"灵魂"在新闻舆论工作中的引领、保证和促进作用。

（一）以政治建设强化宣传管理

党的政治建设体现在党的政治立场、政治方向、政治原则、政治道路、政治纪律等各个方面，是媒体坚持党性原则的基本内涵，决定着新闻宣传的政治方向、舆论导向和价值取向。

2019年8月1日，正值中国人民解放军建军92周年，"追寻初心·再走红二十五军长征路"大型主题采访活动启动仪式在红二十五军长征出发地——河南省罗山县何家冲举行。河南省委宣传部、河南广播电视台负责同志参加启动仪式并带领采访团成员重温入党誓词。采访团成立了临时党支部，任命了支部书记，明确了采访报道活动中党管宣传的政治责任，强调了宣传纪律，强化了临时党支部在"追寻初心·再走红二十五军长征路"采访报道活动中的基层战斗堡垒作用，为高质量完成这一重大主题性报道，提供了政治保证和组织保证。

（二）以政治建设保证宣传成效

采访期间，着眼于提高政治站位，临时党支部坚持以政治建设保证宣传成效，把政治建设融入日常采访报道工作之中，每天晚上召开日结会，讨论、总结当天报道的成效与得失，安排部署第二天的采访报道工作，时刻提醒全体记者始终坚持正确的舆论导向，紧扣报道主题，唱响"奋力走好新时代长征路"的主旋律。

（三）以政治建设夯实本领基础

报道团队以政治建设夯实本领基础，注重加强党性锤炼。临时党支部多次组织记者、主持人等学习党史、军史，开展相关业务讨论，并邀请大别山干部学院、郑州大学马克思主义学院两位教授加入采访团队，担任学术顾问和采访嘉宾，开设专家讲座，提升了报道团队的政治理论水平和业务本领，使采访报道团队最终呈现出一篇篇立场正确、史料准确、视角独特、类型多样的报道作品。

旗帜鲜明讲政治，始终把思想政治建设贯穿于采访报道全过程，把加强思想政治建设作为宣传队伍凝神聚魂、补钙壮骨的根本性建设，[①] 不断提升政治素质，抓好队伍建设与管理，为"追寻初心·再走红二十五军长征路"主题报道指明了方向，理清了思路，注入了活力，也为增强河南广电其他基层党组织建设实践提供了示范。

二、以走促学，理论学习实践化

毛泽东同志指出："我们的眼力不够，应该借助于望远镜和显微镜。马克思主义的方法就是政治上军事上的望远镜和显微镜。"[②] 针对理论学习不够系统深入，理论和实践结合转化能力不够强等问题，"追寻初心·再走红二十五军长征路"采访报道活动临时党支部以走促学，用习近平新时代中国特色社会主义思想这个当代中国马克思主义，指导引领规范采访报道团队，通过增强脚力和眼力，拨开浩瀚的历史云烟，去深入挖掘长征背后的故事，发掘长征精神的内涵，营造新时代攻坚克难、团结奋进的主流舆论氛围。

（一）致敬英雄 讲好故事

实践是理论的源泉和归宿。参与采访报道的记者主持人中，百分之八十以上是"80后"年轻人。他们跋山涉水、风雨兼程，在近一个月的时间里，沿着当年红二十五军从鄂豫皖经鄂豫陕最终到达陕甘苏区进行长征的原路线实地走访知情人，探访战斗遗址，参观革命旧址，以走促学，深刻地认识到伟大的长征精神是全党全国各族人民不断砥砺前行的强大精神动力，是走好新时代长征路的动力源泉和思想基础。在一个个史料翔实的纪念馆内，在一处处撼人心魄的历史遗迹中，在一件件催人泪下的红军遗物前，采访报道团成员从历史的回响中去聆听一个个令人动容、让人感怀的英雄故事，然后通宵达旦撰写稿件、制作节目，向广大受众深情讲述、倾力传播红二十五军长征中蕴含的隽永精神和抗日图存、救国救民的深刻道理，以及那段艰苦卓绝的峥嵘岁月。

---

① 《习近平在党的十八届六中全会第二次全体会议上的讲话（节选）》，http：//www. xinhua-net. com//politics/2017 – 01/01/c_ 1120228200. htm

② 《毛泽东选集》第 1 卷，第 149～150 页，第 212 页，人民出版社 1991 年版。

（二）关注时代 反映巨变

记者一路走来不仅回望历史，还将关注的目光聚焦当下，反映革命老区新中国成立70年来的沧桑巨变，特别是党的十八大以来老区人民在习近平新时代中国特色社会主义思想引领下，在精准脱贫和乡村振兴道路上取得的历史性成就，将红二十五军伟大远征的革命故事与新长征路上党领导人民砥砺奋进、接续奋斗的时代故事，将弘扬伟大的红军精神、长征精神，与当前正在推进的伟大斗争、伟大工程、伟大事业、伟大梦想结合起来，用深入细致的采访和不同视角、不同形式的全媒体报道，让人民群众愿意看，看得进，看得懂，用有高度、有温度、引人入胜的故事，赋予新时代长征精神更新、更具体、更丰富的时代内涵。

这种传播内容的历史性与时代性相得益彰，真实性与故事性交相辉映，带动了广大受众对长征精神的深度认识和进一步感知，也促进了新闻工作者理论学习实践化，在实践中增强了"四力"成效，提升了传播效果。

三、以走促融，多维传播精准化

"追寻初心·再走红二十五军长征路"是一个以走促融、多维传播的创新过程。

（一）融理念 融机制

此次主题采访报道活动，是目前地方主流媒体再走红二十五军长征路宣传报道规模较大、影响较深远的一次活动。河南广播电视台统筹组织了所属的新农村频道、电视新闻部、民生频道、新闻广播、农村广播、交通广播、东方今报（猛犸客户端）、映象网等8家媒体记者、主持人，组成河南广电全媒体采访报道团队，媒介涵盖报、台、网、微、端等全媒体形态，以行进式采访的方式，聚合全媒优势，多维传播精准化，保证了此次主题报道出新出彩。

（二）融平台 融生产

河南广播电视台所属8家广电媒体统一开设"壮丽70年 奋斗新时代·再走红二十五军长征路"专栏，同时通过采编资源整合共享，全要素呈现、全流程打通、大小屏互动，重点在微信、微博和客户端等移动端发力。河南新闻客户端、猛犸新闻客户端、映象网等同步进行网上直播。河南广电知名主持人、记者出镜，实地探访长征遗迹，带着网友重温红军长征那段难忘岁月，通过讲述长征故事，感受老区新貌，解读长征胜利密码，汲取走好新长征、奋进新时代的精神伟力。

（三）融产品 融体系

8家广电媒体在此次主题采访报道活动中，注重融产品、融体系，程度不同地运用了系列短视频、文字＋视频、文字＋音频、文字＋图片等融合报道的方式，记录采访与行程，连接历史与现实，呈现长征路上的旧貌与新颜，为广大受众创造了更为丰富的感官体验，扩大了报道的传播力、影响力。其中，H5 作品"一张图带你再走红二十五军长征路"，通过 H5 技术，交互沉浸式设计，带领受众和记者一起身临长征场景，追忆那段难忘岁月，收到了预期的传播效果。

以走促融，广电全媒体队伍讲故事能力得到了锻炼，媒体平台生产实现了竞合、配合、融合，融合传播技术应用能力得到了显著提升，融思想、融平台、融生产、融产品、融体系等融合传播理念得到了激荡和洗礼。①

四、以走促连，激发受众情感共鸣

"追寻初心·再走红二十五军长征路"采访报道活动，不仅是一次跨越时空、感知历史的精神洗礼，更是一次坚定理想信念与砥砺精神意志的远征，承载着新时代新闻工作者的初心和使命。

（一）连接群众，呈现长征英雄壮举

参加此次采访报道的记者，多视角、多维度深入探寻当年红军长征史诗般的传奇与辉煌，追寻思考共产党人的初心和使命，用镜头、话筒和笔触撷取最精彩、最感人的片段，全媒体呈现给受众，使受众更真实、更全面地了解革命岁月艰难困苦的同时，再度激起军爱民、民拥军，军民鱼水一家亲的情感涟漪。

（二）情感共鸣，增强传播"扩散效应"

河南省罗山县、桐柏县、泌阳县、方城县、卢氏县、淅川县，陕西省丹凤县、志丹县、延川县、西安市长安区，甘肃省泾川县等 11 个县区是红二十五军长征主要经过地。

此次采访报道一开始就得到这些地方党委政府和人民群众的广泛支持。报道团队每走过一处历史遗迹，刊播推送的每一帧图片、每一篇报道，都在包括红二十五军长征经过地干部群众在内的广大受众的心灵与指尖流淌。人们点赞、浏览、评论、转发，款款深情，绵绵悠长。受众的"情感共鸣"往往会带来内容信息传播的"扩散效应"，二者相融相加，对促进长征精神在新传播环境下的广泛传播产生了积极影响，从而达到内容信息传播"质"与"量"的同步提升。

五、以走促传，融合传播创新化

以融合推动创新，带动发展，驱动传播。"追寻初心·再走红二十五军长征路"大型主题采访活动，先后共推出各类报道 1100 余篇，网上阅读量近 2000 万次，引发了社会热烈反响。

（一）坚持效果导向，主打波段传播

河南广电全媒体记者坚持效果导向，密切协同，突出重点，突出实效，力求

---

① 王兆鹏：《推进媒体融合的三个着力点》，《中国新闻出版广电报》2017 年 12 月 29 日。

采、编、制、播各环节各项工作高质量高水平；追求"时度效"，依照移动直播、微博微信、系列报道等顺序，进行波段传播，形成合力和声势。采访活动伊始，即推出了30秒的宣传片在台属各电视频道、广播频率和新媒体端高频次播出推送，为活动预热造势。

（二）坚持移动优先，创新方法手段

报道先后选取河南罗山县何家冲红二十五军军部医院、桐柏县革命纪念馆、方城县鏖战独树镇烈士陵园、陕西丹凤县庾家河战斗遗址、甘肃泾川县吴焕先烈士纪念馆等红军长征路上的重大事件发生地或重要节点，通过微博、微信、移动客户端等进行了7场网络直播，在线观看总人数超过300万人次；推出"飞'阅'长征路"系列短视频8部，其中《世上有朵美丽的花，淮河源头吐芳华》《"三大纪律八项注意"的故事》等产品形成网上"爆款"，引发网友热传。

《前进，何家冲作证》《北上，红旗漫卷穿越桐柏》等电视系列报道，结合航拍、特写、延时等拍摄手法，采用穿越、抠像等技术手段，画面冲击力强，使人身临其境，再现了昔日红军长征的艰苦卓绝。这些融媒体报道通过广电全媒体推送刊播后，迅速被今日头条、百家号、搜狐、腾讯、凤凰等新媒体转载转发，与中央媒体同时期进行的再走长征路活动一起，在全网引发了一股"长征热"，是一次将"不忘初心，牢记使命"主题教育融入喜迎新中国70华诞重大主题宣传，让红色教育和爱国主义教育入耳入脑入心、出新出彩的融合传播，真正实现了"以走促传"。

六、结语

用双脚丈量新时代，用责任传递正能量。"追寻初心·再走红二十五军长征路"采访报道活动，是全媒体时代党的新闻工作者以长征精神宣传长征的责任与担当，是对发扬红色传统、传承红色基因、传播红色文化的探索与创新，是对坚守初心、担当使命和高扬爱国主义、英雄主义旗帜的讴歌与礼赞，不仅是一次采访之旅，更是新闻人感知历史、追寻初心、锤炼品质的精神之旅，既实现了传播效果的入耳入脑入心，更实现了新时代新闻工作者"四力"的锻炼与提升。同时，以走促学、以走促连、以走促融、以走促转，多媒介融合传播联动与创新，也有力地推动了"融合传播"在新的平台和渠道上不断拓展和创新。

（作者单位：河南广播电视台）

媒体时代流变　坚守初心不改

——微观讲述媒体四十年变化

陈宏坤

人的一生，有很多偶然，也有很多必然。必然的道路，是由很多偶然的机缘串联起来。一粒种子，只有合适的土壤和阳光，才能长成参天大树。回想自己近半个世纪的媒体人生，没有大起大落，也没有大富大贵，但也有自己的追求，并一步一步实现自己的价值。守着一份初心，沐浴在党的关怀，与时代共振，与时代同行，与时代共成长。我的故事，从微观个体讲起。

大喇叭时代：一根线连到中南海

我老家在豫南大别山脚下的小乡村。四、五岁的时候，什么事情都已经没了记忆，唯有一个场景深刻地印在脑海里。那是一个午后，太阳已经西晒，大人都去生产队里收割稻子，奶奶领着我们小孩子坐在墙根晒太阳。奶奶纳着鞋底，哼着歌，很专注，我们嬉戏着。突然，生产队的大喇叭响了，大喇叭里传来异样的音乐，奶奶一愣，这是有人去世了啊！其实就是哀乐。奶奶话音刚落，重要消息来了，毛主席逝世！奶奶听到后，丢下鞋底，失声大哭。然后整个村庄都沉浸的悲痛之中。一声大喇叭，把每个人的心与中南海紧紧地联系在一起。

生产队里面的大喇叭，一定是架在村里最高的那棵树上。家国大事，都是从大喇叭里面传出来的，村民都叫那棵树为消息树。

大喇叭一天三响，早上响起床号，就是部队里面那种滴滴哒，哒哒滴的声音；中午会唱歌曲，从大海航行靠舵手，一直唱到年轻的朋友来相会；吃碗饭的时候，就是新闻了。从中央新闻，到省新闻，再到县新闻。大喇叭是我认识世界的窗口，我小时候的耳朵里，就充满了阿尔巴利亚、埃塞俄比亚、罗马尼亚、保加利亚等各种长长的名字。生产队里也没有别的娱乐活动，最热闹的时候，就是大家端着饭碗，聚在大树下，边吃饭边听着大喇叭。遇到自己熟悉的声音，也会鼓起掌来。郭兰英、关牧村、吴雁泽，包括后来的李谷一，都是村民们耳熟能详的名字。《一条大河》只要从大喇叭里面传出，整个村庄都在合唱。

幼儿的时候，我特别好奇，那声音是从哪里来了。有时候会爬到树上用手去摸那大喇叭，喇叭响的时候，那喇叭微微地震动着。触摸着声音的颤动，就好像触摸到世界一样。有时候也会顺着一根电线，一直找到队长家里，爬在队长家窗户底下，看队长吹一个裹着红布的东西，后来知道那叫话筒。队长一有事要招呼大家，都会在家里吹话筒。大人们都会坐在大树下，或者自家院子外面听队长说话。

大喇叭里面不光是队长的事，也有老百姓的事。谁家的羊跑了，也会在大喇叭里喊一喊。谁家淘气的孩子，藏猫猫躲起来，也会在大喇叭里喊一喊。如果说大喇叭算媒体的话，那是距离群众最近的媒体。

"这是革命的春天，这是人民的春天，这是科学的春天，让我们张开双臂，热烈地拥抱这个春天吧！"这声音就像一阵春雷，从人民大会堂传到很小很小的小乡村。后来我才知道，这就是著名的讲话：《科学的春天》。讲话是由播音员代读的。我最喜欢齐越、夏青，还有方明的声音，甚至觉得自己的声音和方明还有几分相像。他们的声音，从大喇叭里面传出，有一种催人奋进的感觉。这种声音，就像种子一样，根植到一个孩子的心里。

播音员成为我心目中最亲切的人，最神圣的人。播音员就是祖国，播音员就是党。播音员的声音，就是党的声音。不管多么艰难困苦，大喇叭一响，播音员的声音就环绕在小村的周围。我感觉到，党在我身边，时时刻刻都在。

收音机时代：打开世界的精神之门

家里有个叔叔在外当兵，探亲的时候带回一个小匣子，整整像一块砖。这个小匣子很神奇，会唱歌，会唱戏，也有大喇叭里面的新闻，叔叔把外面的世界带了回来。后来我知道，这个叫匣子的玩意，大人们叫它收音机。

有了收音机，大家渐渐把树上大喇叭就忘了。收音机打开的时候，我爷爷家聚集的乡亲，比消息树下面的人多得多了。大伙都是来听《岳飞传》《杨家将》。小说联播之前，也会静静地听国家大事，跟农村农业有关的新闻，大伙听得格外专心，队长恨不得把耳朵塞进收音机里去。四川怎么种粮，安徽怎么分地，都是大家津津乐道的新闻。每晚听完广播以后，队长就会清清嗓子，"喂，趁大伙儿都在，我说两件事啊！"

每天傍晚爷爷都会把接待村民的长条凳子摆好，茶水烧开，再准备两盒烟放在客厅里。爷爷把一个砖头大的收音机音量开到最大，放在客厅中堂下面，也就是毛主席像的位置。本来不大的土坯房里，挤得满满当当，水泄不通。听到"张飞，关云长"的时候，站在屋外的村民就会努力把头伸进屋里面，生怕错过了张飞、关云长任何一个动作。

这个时候，我已经长大，很多事情都有了记忆。收音机已经成为农村人生活的一部分，也成为居家必备。村里表叔结婚的时候，收音机还作为嫁妆，用红布包裹着由新娘带到婆家。邻居家来个照相的亲戚，照全家福。老人都坐好的时候，突然有人提醒，应该把收音机照上，邻居乐呵呵地跑回家，怀抱着收音机，绽开自豪的微笑。

收音机打开了乡亲们的世界。这个时候，高加林、刘巧珍两个年轻人闯入小村年轻人的世界里。这是路遥的中篇小说《人生》里面的人物。这时母亲大概30多岁，天天关心这两个年轻人的命运。每天走到哪都要带着收音机，干活的时候会把收音机带到地里去，放羊的时候，会把收音机挂在脖子上。生怕错过了刘巧珍给高加林送了什么东西。干体力活的时候，也会用高加林的通讯激励自己："只要有人在，大灾也不怕"。小说的结局是高加林最终还是回到了农村，可是刘巧珍已经嫁人了。母亲就替高加林操心，会不会跟刘巧珍的妹妹刘巧玲在一起啊！母亲其实不识字，可以看出母亲对文化人有一份敬意。至少他喜欢高加林应该有个好的结局。这就是收音机给母亲带来的精神世界。

我喜欢李野默播讲的声音，直到今天还存着李野默播讲的《人生》。那是一个时代的声音，不是这部作品有多么优秀，而是这个作品通过广播，影响了那个时代的人，甚至成为那个时代的精神寄托。我后来从事媒体工作，与这段启蒙有很大关系。

听孙进修爷爷讲孙悟空大闹天宫，可以说是百听不厌。这是大喇叭里面所没有的。大喇叭不想听了，就听《小喇叭》。"嗒嘀嗒，嗒嗒，小喇叭，开始广播啦！"收音机成了儿时最亲密的陪伴。哥哥大我几岁，就喜欢躲在被窝听邓丽君，他会把收音机塞进耳朵里。这些是母亲所不知道。这个时候收音机出现了"我曾经问个不休，你何时跟我走"的声音。母亲心烦躁的时候，就会吵哥哥把音量关小一点。哥哥就会说，听这歌需要把音量开到最大，要不有些音听不到。

我跟哥哥关注的不一样，我喜欢听一个叫《午间半小时》的节目。熟悉崔永元，是从这个节目开始的。每天中午放学回家，我要第一个冲出教室跑着回家，就是为了能赶上《午间半小时》。《午间半小时》提早把我带到了外面的世界，提早让我的心跟天安门一起跳动。我从喜欢播音员，逐步转化成喜欢播音员，哦，不是，喜欢主持人嘴里说出的内容。《午间半小时》不仅报道新闻，也会分析新闻，算是深度报道吧。从这里我认识了中国，认识了世界，也认识了人生，认识到我自己，包括认识到崔永元。我现在从事的职业，也就是这个时候坚定下来的。

上高中的时候，我有了自己的收音机。巴掌大，可以装在口袋里，藏在书里，靠一线耳机，可以收音机塞进耳朵里。我塞进去的是《报纸和新闻摘要》，每天必听，逢老师拖堂，我也会听。开始老师还训斥，看训斥无效，老师也就不管了。后来老师告诉为啥不管我，因为他知道，我的志向比他更大。

我有幸在 24 岁的时候，成为一名广播记者。初入职的时候，最大的心愿，也就是希望母亲能从收音机里面听到我。随着工作逐步展开，我越来越强烈地感觉到需要的我人更多。我工作的办公室有一部热线电话，本来有接听电话的人。下班的时候，他就会把电话拿起来，别人打进来就是忙音状态。我喜欢下班的时候，把拿起的电话合上，热线就会嘟嘟嘟地响起。我清楚，群众是多么需要媒体啊。我喜欢和热线那边的群众交流。当时台里有一个全国都比较有名的夜话节目《今夜不寂寞》，听众把电台当自己娘家，什么问题都会有。有些时候，新闻热线里面也会有情感投诉，但更多的是民生投诉。水啊，电啊，一些涉及群众利益的小事（其实对于个体都是大事），也有一些跟群众无直接关系的大事。我就跟领导建议，开办一个《百姓有约》的广播谈话节目，就是把政府职能部门负责人，请进直播间，通过热线电话直接回答群众的问题。这个节目至今还在延续着。

一篇《广播谈话节目元素的建构》获得地方论文评奖的一等奖。这个一等奖把我带入媒体思考的高度。其实并不是论文的胜利，更多是这个广播谈话节目实践的胜利。从此一发不可收拾，各种论文写作需求纷至沓来，我看到自己另外的价值，人生境界也打开新的天空。

报纸：文化认同的思想启蒙

我接触报纸并不算早。认字以后，家里唯一的课外书就是《毛主席文选》。接触报纸的机会，就是过年的时候，爷爷会带回来一些过期的报纸，用来糊墙头。也就是说，土坯墙上会糊满报纸，以示装点一新，显示过年的氛围。糊墙的活，自然就会交给哥哥和我。哥哥站在梯子上刷糨糊，我站在下面递报纸。递报纸的时候，我就会快速翻阅一下，把自己想读的报纸翻在外面，甚至留在靠近能阅读到的地方。我最喜欢看人民日报楷体字部分，先有一段新鲜事，然后是大段道理。像《拜金主义要不得》之类楷体文最喜欢读，还有《前事不忘，后事之师》等。我经常跟哥哥开玩笑，如果是哥哥在下面递报纸，后来从事媒体工作的一定不是我，因为哥哥的文字比我更生动。

我第一篇变成铅字的文章，是我人生的转折点。九十年代中后期，我所在的城市，出现一家热得烫手的现代商场（亚细亚商场，涉嫌广告，不提及具体名字），号称是掀起现代企业公关的始作俑者。那家企业有厂报，每一期厂报都会到大学文科宿舍散发。我看了几期之后，就跃跃欲试，于是跑到这家商场去看看。一家电台在商场二楼搭一个玻璃房，把直播间搬到商场里。顾客就像看猴一样，爬在玻璃外面往里望。那也是我第一次见到电台主持人播音的模样。以后再到电台应聘工作，我就丝毫不好奇。观摩商场之后，遂写一文，大体是感受他们的企业文化，这篇文章很自然地发表了。那家企业再来大学宿舍散发厂报的时候，我对发报纸的人说，这上面有我的名字。这句话我说得特别自豪！其实，文章被人家改得四零八落，几乎面目全非，但署名处赫然写着我的名字。

名字变成铅字，自己都觉得自己的分量比铅还重。偶然看一张照片，我就萌生写《人像摄影中手的处理》的文章，其实我并不懂摄影，但是我懂文字。文章很快写成，我就把文章干干净净地誊写在稿纸上。那份认真劲儿，比今天敲击键盘要庄严得多。文章发表在《时代摄影》报上，这次投稿顺利到始料不及的地步。不仅看到名字变成铅字，更现实的是有一份能多吃一碗烩面的收入。由此产生的激励，让我坚定了走媒体之路。

我的生活每天少不了两份报纸。一份都市报，一份中国日报。中国日报是为了学习英语，都市报是城市流行文化，市民也都习惯早上一杯豆浆，一份都市报。我坚持每天一份都市报，除了看稀罕事，我有了更多的爱好。站在篮球边上看同学打球间隙，就能写三五百字楷体小文。时事评论、新闻评论，文艺评论，甚至体育评论，都能找到我的踪影。我感谢那个时代，留给文学爱好者或者文字爱好者一片表达的天空。写的多了就成了都市报的朋友，我经常去报社见编辑，也会接到熟悉的编辑的稿约。每每有社会热点、热门电影、畅销书籍、一场演唱会，哪怕是坐在一场甲B足球比赛的观众席上，我都能写出一段报社喜欢的文字。因为除了宏观的场面，他们更喜欢微观的反应。他们比我更清楚，读者喜欢什么文字，什么内容。这个时候报纸正在悄然发生一种变化，那就是以受众为中心。不再是你写什么别人读什么的时代，而是读者需要什么，你写什么时代。也许，我迎合了他们。

我承认自己是一个投机主义者，尤其在人生选择上，或者说媒体道路选择上。更多的时候，人的成长是一种惯性，人伴随着社会进步而成长。人在社会，善于抓住自己所需要的机缘。一家报社的总编来大学讲座，尽管讲座不是我学习的院系，但是我还是如饥似渴地去倾听了。我强烈感受到，一个长期处于黑暗摸索中人，突然看到了一丝亮光。那份惊喜，那份狂热，那份执着和义无反顾。现在回想，那就是人生前进的力量。讲座之后，我就贸然去这家报社找总编。似乎世界突然为我的勇气敞开了大门。我如意见到这位总编，再次聆听他近距离的教诲。其实，那一天，他是忙碌的。输着液，改着稿，还跟我谈着话。这在小学时候的都是"一边……一边"的病句，但是在总编那里就是现实。我对新闻人有一种油然而生的敬意。

与总编这一次谋面，有一种不解之缘，算是开启了真正的媒体之路。在报社和电台之间，我选择更加适合我的电台。尽管没在报社工作，对报社的文化敬畏之感，丝毫没有懈怠，人民日报依然是前行路上最亮的航塔，中国青年报的冰点时刻让我感知社会的温度，学习时报始终让我聆听到时代最强声音。

电视时代：让百姓看清世界

电视对于农村生活来说就是一种奢望。小时候对城市的向往，就是家家户户都一台电视机。不管多大，不管什么颜色，都能发出"几度风雨，几度春秋？风霜雪雨搏激流 历尽苦难痴心不改 少年壮志不言愁"，同期还有"万里长城永倒""我的中国心"……满大街都在"滚滚长江东逝水"，我们仿佛与世界隔绝。终于抵制不住"渴望"的诱惑，周末赖在城市舅舅家，咽一下口，看一眼贤惠的刘慧芳。

自家还是为了《外来妹》，买了第一台电视机。尽管是黑白的，足以看清了世界。其实也不看不清，每到关键时候，电视屏幕总是雪花一片，任凭你如何摇晃天线，始终摆脱不了纠缠不清的影子。那个时候我就了解到，电视机始终在与清晰度作斗争。从黑白到彩色，从无线到有线，从模拟到数字，从单一媒体到现在多媒体，始终没有摆脱对清晰度的探索。人类在还原影像的时候，清晰度是逼真的重要尺度。

1990 年，中国迎来北京亚运会。我所在是一所农村镇上高中学校，学校要求每个班主任都要把自家的电视机搬到教室里去，让学生看亚运会开幕式。我们老师搬来一台黑白电视，邻班是一台彩色电视。开幕式开始的时候，有同学发现彩色电视比黑白电视更逼真，就纷纷跑到邻班看彩色的开幕式去了。我中途返回自己的教室，发现就班主任一人守着一台黑白电视机。而现在孩子的学校，每个班里都挂着一台很薄很薄的大电视。

在电台工作久了，逐步发现自己的缺点和弱项，我总是发不好 zh ch sh 音，工作上不是闹笑话，就是遭受听众批评。这种情形，距离我理想较为遥远。有了一点文字成就，我就开始仰望电视的星空。

那时候每家电视台只有一套节目，先知先觉者，就开辟了第二套节目。几乎全国同期都成功地开办了以社会新闻为主的第二频道。我就是这个时候，向省台抛出橄榄枝。没有人引荐，也没有资格参加招聘考试，我就给台长修书一封。大体谈了当时电视乱局，九十年代的中国电视，正处于省级卫视蓬勃兴起的时候。中国电视三分天下，央视、省级卫视、城市台各占一席。安徽卫视、浙江卫视、湖南卫视异军突起。浙江卫视《人生 AB 剧》、安徽卫视的电视剧等都让人难忘。那时候，排名第一并不是湖南卫视，而是安徽卫视，但是湖南卫视的《快乐大本营》（不知道现在被取消没有，好像被中央巡视叫停，太影响青少年成长了）已经喷薄欲出，势不可挡。把这个电视媒体的战国时代，跟台长分析一翻。自然又是顺利得到一份电视工作，媒体视野从关注一座城市，转向关注到一个行业。

我所在的城市，是全国交通枢纽。一个春寒料峭季节，火车站突然积压大面积乘客。按照往常春运已经结束，大面积积压，实属罕见。长期媒体实践养成的职业敏感，让我意识到应该有新闻发生。前方记者带回消息，中国西北部的沙尘暴阻挡了开往乌鲁木齐的列车。沙尘暴，现在不是稀罕物，但在二十年前，还是一个冷僻的词汇。我意识到，这绝不仅是一起新闻事件，而是能唤醒现代人生存意识的生态事件，于是就派出一路采访组，沿着中国风沙线，西寻沙尘暴。此举并不恢弘，而是"西寻"主题颇具前瞻性，提交一份风沙之下现代人的生存报告。对人生存状态，提升了整个报道的厚度和灵动性。比如风沙天气给洛阳街头擦皮鞋摊点带来了生意；给灵宝苹果农户制造了新的麻烦；给中国足球队应战马尔代夫队冲击日韩世界杯蒙上阴影。我很得意当时写下的一句话：沙尘暴，你穿越五千年，纵横五千里，你究竟刮醒多少人！

真正熟悉电视运作是民生新闻的横空出世。当时中央提出"群众利益无小事"，以人为本，注重民生。国内也如雨后春笋般出现一大批跟社会新闻有差别的民生新闻。我们就策划《民生大参考》，后来又改为民生频道。栏目开宗明义：百姓无小事，民生大参考。探索无疑是积极而有益。我发挥自己的特长，将探索实践提炼为理论文章《以民为本，探索民生新闻的精神内核》，文章发表在《中国广播电视学刊》。

电视真正的角力，出现在一场选秀以后，一枝独大的局面受到挑战。"想唱就唱"，引发全民狂欢，草根逆袭成为平民偶像，审丑成为荧屏流行。唱歌、跳舞、相亲、表演，各种所谓的达人开始冲刺荧屏。明星、网红、名人开始成为电视节目的主角。人们开始反思这股"三俗"之风。我总爱热闹之时独处，别人都在长跑，我喜欢坐下来等等灵魂。这个时候，我开始研究节目形态。并形成一套认识电视栏目的独特方法。

我观察到文化节目的兴起，让人看到品质的力量。听写、朗诵、诗词、汉字、成语、配音、文物、博物类节目，给观众带来清新之风。中国电视的这种探索，恰恰是中国改革开放四十年，人民心态的变化，价值追求的变化，以及媒体与受众关系的变化。由此写下系列文章，感谢《学习时报》给了热播电视节目形态分析的一片阵地。

任何一场盛事，都必将迎来媒体的一次技术革命。北京奥运会之后，中国电视呈现出高清化、数字化、智能化趋势，这些趋势已经融入世界潮流之中，在全球一体化格局中，中国电视无论是生产能力，发展规模，还是技术水平，都占有一席之地。

互联网时代：把小乡村带到地球村

九十年代末，一个美国老太太在北大讲堂上说，互联网是个好东西，我们要把它推荐给中国。互联网并不是美国发明，它是全世界无数技术群体的共同努力的结果。最早是美国四所大学的四台计算机相连，一个英国人发明了万维网，他的名字叫蒂姆，我们都叫他互联网之父。他是一个无私的人，他把自己的研究成果无偿地奉献给世界，世界从此进入互联时代。

我身边最早知道互联网的是单位一个打字员小姑娘。我们年龄相仿，她对编辑记者也有几分小崇拜，总是喜欢下班的时候召集一群小伙伴到她的文印室，给我们看好东西。那就是电脑屏幕右上角有一个小地球一直在转啊转。半个小时之后，转出来白宫图书馆。我会英文，就会把图片之外他们看不懂的内容翻译给他们。这是我第一次触网。

此后再光顾的就不是录像厅，而是网吧。早期的网吧，基本上游戏吧。甚至就是由游戏厅改装而来。我去网吧，不爱打游戏，就喜欢翻看各种网页。基本上三页一翻，就能找到自己想要看世界。

迅雷不及掩耳，各种狐，各种浪，各种信息港扑面而来。互联网像鸦片一样深深滴吸引着我们这一代人。互联网，火到什么程度呢？一次入职考试，最后一道题由领导亲自出题，领导就出一个字：网。没有说明，没有要求，任由发挥。现在回想，尤为钦佩这位领导的敏锐和高明。我单纯地以为，互联网就是文本的另一种读法，没想到它甚至波及我们精神层面。

面对互联网，我们有点如饥似渴。首先感觉到的便利，是给采访插上腾飞的翅膀。没有新闻选题，就到本地 BBS 看各种留言；需要做的功课，在互联网的帮助下，顷刻之间即可完成；需要补充的新闻资料，也不用再求助前辈；播出后的受众反馈，再也不用问卷调查。对于媒体来说，互联网无疑是给工作提供了极大便利的。

无穷的信息，如浩瀚的大海，一键直达啊！我既陶醉，又惊叹互联网的神奇。新鲜感之后，接踵而来的就是困惑。抵制不住的诱惑，挥之不去的迷恋，互联网的确像鸦片，正在吞噬一个个健康的躯体。

作为媒体人，我们也责任呼吁，理性使用互联网，走出互联网的虚拟世界，拥抱真实的大自然。

融媒时代：一统天下待何时

乔布斯拔掉了网线，带来移动互联时代。移动互联，让电视、手机和电脑，三屏融合成为现实。这是一个划时代变革，也是一个颠覆传统媒体的变革，传播从此进入融媒时代。

融媒时代的到来，让我始料不及。渐渐看不懂很多做法，也不敢贸然断下结论。还好有研究的习惯，就静静地观察各地探索，认真研读各种文件，一个清晰的轮廓逐步显现出来。所谓融媒，概括起来就三大任务：客户端、中央厨房和大数据。这个发现之后，我很欣喜，于是快速成文。《学习时报》无障碍地发表了，也算是对我的认识的一种肯定吧。

各地融媒蓬勃开展，融媒时代，百花齐放。那花结果，还有待观察。热火朝天，总需要有人低头看路。我越发觉得融媒路上的残存些许荆棘，我又写一篇小文，融媒的几大误区。究竟是全媒记者还是全能记者？自媒体是不是自己的媒体？大数据是不是就是数据？甚至大数据是不是媒体之责？问题提出来的，答案也就出来啦。我的追问再次得到《学习时报》的认可。

我还算与时俱进吧，融媒时代，给我个人广阔的天地。自己很快有了自己的博客、微薄、微信、各种账号，各种客户端。我也在自己的世界里对外发声，以寻求互联网世界里属于自己的话语系统。我为小时候生活过的小村庄立传，把小乡村带到了地球村，也算是不忘初心的回馈。不管融媒时代，信息多么繁杂，渠道多么多元，家乡那棵消息树，依然是我不断前进的起点。大喇叭里面传出的声音，永远萦绕在我心头。

感谢这个伟大时代，让我在媒体升级变化之中不断成长。媒体的迭代之变，是时代进步的表现，是国家实力的体现，是民族文化自信的体现。回顾改革开放的四十年，媒体有变与不变的传承和坚守。变得更加便捷、丰富、多元，不变的是对党的忠诚，和为人民服务的信念。我个人也在四十年媒体时代中，实现从小乡村到地球村的人生蝶变。

再回我走出过小乡村，哪里虽然没有了消息树，但是现代媒体所有的一切小村都有了，一个当年高考落榜留乡务农的同龄人，现在做起了三农自媒体，用户规模超过 300 万，在传统媒体时代，也算百万大报了。

（作者单位：河南广播电视台）

中国黄河电视台发展回顾与未来展望

李磊明

一、历史回顾

1991 年 7 月，经国务院新闻办公室和广播电影电视部批准，在原山西电视台成立了中国黄河电视台，受中央对外宣传领导小组和山西省委对外宣传领导小组双重领导。为了打破西方世界对中国声音的封锁，中国黄河电视台从美国最大的外语教学电视台——SCOLA 入手，打开缺口。一个月后，提供汉语电视节目给 SCOLA 播出，供美国及拉美地区的大中小学和研究机构人员学习汉语，每周一期，每期一个小时。节目内容为汉语教学、中国文化和与意识形态关联不大的中国经济和文化新闻。因节目质量优良，美国民众迫切希望通过电视了解发展中的中国，SCOLA 的付费用户数量快速增长。两年以后，中国黄河电视台在 SCOLA 的播出量，由刚开始的每周一个小时，增加到每天一个小时。

1994 年，SCOLA 世界年会在中国召开。来自四十多个国家和地区的 SCOLA 合作伙伴和语言教学专家云集北京和太原，时任中央政治局常委、国务院副总理李岚清接见了与会代表，赞扬"这是一项伟大的事业"。这次会议使中国黄河电视台成为中国电视外宣的一面旗帜。SCOLA 世界年会的主要成果，是达成一个由国新办出资租频，在 SCOLA 开办一个全新频道的协议，这个频道就是中国黄河电视台频道。中国黄河电视台在 SCOLA 总部，建设演播室，设立工作站，租频费、建站费和磁带费、邮寄费合计每年 40 万美元。驻站记者除了在演播室录制新闻节目外，还去附近的小学开办汉语教学班，录制汉语教学节目在频道播出。驻站人员还不时走访中国驻美使领馆、使用汉语教学节目的美国大中小学、科研机构，征求他们对节目的意见，使中国黄河电视台的节目更有针对性和吸引力。

为了解决全频道播出后的节目源问题，1994 年 8 月，经国新办和广电部批准，成立了中国黄河电视台理事会，首任理事长由朱穆之同志担任，继任者为时任国新办副主任的曾建徽、李冰。理事会由全国 20 多家省级理事台和省会城市台、历史文化名城台、市级电视台、县级电视台四大外宣协作网共 160 多家成员台组成，平均每年为中国黄河电视台提供 2000 多部集、800 多小时的电视外宣节目。

为了提高外宣节目质量，从 1996 年开始，在国新办和广电部主导下，中国黄河电视台主持举办了一年一届的全国电视外宣节目"彩桥奖"的评选。该奖后来在全国奖项整合时改成全国电视外宣"彩桥"节目创优评析活动，现在已举办了 20 届，今年是 21 届。"彩桥奖"及"彩桥"节目创优评析活动，是中国开办最早、举办时间最长、影响力最大的电视外宣节目评奖，为中国电视外宣节目质量的提高作出了重要贡献。

2004 年，中国黄河电视台抓住国家广播影视"走出去"的龙头工程——"中国电视长城平台"的建设机遇，以"汉语国际推广，中华文化传播"的独特定位，成为第一批跻身于中国电视长城平台的省级媒体。2004 年 10 月 1 日，长城北美平台正式开播，每天播出 24 小时。之后，随着长城平台在全球范围的大规模集成落地，节目亦覆盖至加拿大、拉丁美洲、东南亚、欧洲、澳大利亚等国家和地区。

2008 年，中国黄河电视台抓住国际汉语热和孔子学院全球开花的大好机遇，经国家广电总局和国家汉办批准，国家民政部注册，成立了全球首家也是唯一一家电视孔子学院——黄河电视孔子学院。SCOLA 全天播出的中国黄河电视台频道，改为黄河电视孔子学院频道。2018 年，黄河电视孔子学院在美国的注册收视用户为 547 万户。

中国黄河电视台成立 28 年来，与中国驻美使领馆、全美外语教学协会、联合国中文培训部等机构，西点军校、耶鲁大学、哈佛大学、普林斯顿大学等著名院校以及 CBS、PBS 等主流媒体，建立了良好的合作关系。中国黄河电视台对美播出节目量，由最初的每周 1 个小时，发展到现在每天在 SCOLA 亚洲频道、远东频道、黄河电视孔子学院频道和中国电视长城平台中国黄河频道播出共计 51 个小时。

二、现实挑战和机遇

中国黄河电视台成立于山西电视的辉煌时期和中国电视外宣的初创阶段，国家重视，各省市依赖，自然备受尊崇。然而，花无百日红，在中国的电视格局和外宣格局发生了根本变化的今天，中国黄河电视台面临着严峻的挑战。

一是山西广播电视台综合实力相对下降。虽然从纵向上看，山西广播电视台在困难中奋进，取得了不少成绩。但是，相对于其他省级台，山西广播电视台从过去的一流变成了现在的三流，无序的竞争中消耗着自己本来就不肥厚的家底，最终形成节目收视率和广告创收的双败结局。现在，山西广播电视台以一个欠发达省份广告创收小台的力量，独自支撑着中国黄河电视台这样一个国家层面的外宣平台，难度可想而知。

二是中国黄河电视台一统天下的电视外宣格局被打破。随着中国电视长城平台的建设，各省级电视台都有了自己的国际频道，成为中国电视长城平台上与中国黄河电视台同等的一员。而且，由于各省市电视台实力强劲，他们的国际频道不仅整合了本台和本省各市县的优秀节目，还购买了海外版权的影视剧播出。中国黄河电视台的频道定位为文化教育，没有购买海外影视剧版权的经济实力，致使长城平台的中国黄河电视台收视率和影响力处于末流。在电视外宣拼经济实力的时代，中国黄河电视台的劣势十分明显。

三是国家支持的弱化导致中国黄河电视台引领全国外宣的号召力丧失。最具象征意义的中国黄河电视台理事会大会，在十多年前开过第三届后就再也没有召开过；给 SCOLA 的租频费和给中国黄河电视台的磁带费也有两年没有拨付。

中国黄河电视台虽然面临日益严峻的挑战，但在中国对外宣传格局中，中国黄河电视台的独特地位和优势是依旧存在的。

首先，到目前为止，中国黄河电视台还是唯一进入西方主流社会的中国媒体。中国黄河电视台的主要合作伙伴 SCOLA 卫星教育电视网是美国颇具影响和权威的语言教育机构，它通过 6 个全天播出的频道播放 90 多个国家、82 种不同语言的新闻资讯和文化节目，受众为全美 400 多所大学、7000 多所中小学以及 55 个城市有线教育电视网内的当地主流人群，所有节目还在国际互联网 intnet2 播出。

其次，由于 SCOLA 主要针对美国学生群体和研究机构，许多年轻人因为看过中国黄河电视台的节目而喜欢上了中国，中国黄河电视台是进入美国上层和主流社会的中文电视台，从一定意义上影响着中美关系的未来。朱穆之同志曾说："如果把中央电视台比作主力军，那么，中国黄河电视台就是一支特种部队。它以民间面貌开展对外交流，更容易实现合作；它以汉语教学为载体，传播中华文化，进行对外宣传，更容易让国外观众接受；它在我国整个外宣事业中，具有非常特殊的、不可替代的作用。"

再次，利用好由西方人主办的、被西方主流社会认可的、能够通过语言教学影响青少年一代的西方媒体平台，对于讲好中国故事、传达好中国声音至关重要。中国现在需要像中国黄河电视台一样，能够真正进入西方主流社会、影响西方主流社会的主流媒体。

三、未来展望

中国黄河电视台独特的品牌和资源，为中国黄河电视台的再创辉煌，创造了条件。只要我们保持为世界人民谋大同、构建人类命运共同体的热情，用足用好这些资源，团结一切可以团结的力量，中国黄河电视台重整旗鼓，不仅是可期的，也是必然的。

（一）在中国黄河电视台旗帜下，实现平台渠道大联合

目前，中国黄河电视台有两个 24 小时播出的完整频道，一个是 SCOLA 的黄河电视孔子学院频道，一个是中国电视长城平台的中国黄河频道，SCOLA 的亚洲频道每天播出一个小时，SCOLA 的远东频道每天播出两个小时，这些频道播出的节目放在国外的任何频道播出都是合适的。中国的强势崛起，激起了世界人民了解中国的渴望，更激起了世界各地华人华侨身份认同的需求。为了满足这些渴望和需求，中国黄河电视台可以和世界上所有国家和地区的媒体合作，把中国黄河电视台各频道播出的节目，分发给这些媒体，让他们帮我们做外宣。

在加强国际媒体合作的同时，我们还应加强国内合作。通过与中国黄河电视台理事会、中国广播电影电视社会组织联合会合作，与国内有外宣需求的媒体、机构如全国各地宣传部门、电视机构、文化团体、大学、博物院、视频制作公司等，结成紧密的电视外宣联合体，由它们为我们提供适合对外宣传的节目。让世界了解中国、让中国走向世界，需要更多的部门和机构协力达成。

（二）建设国际融媒体中心，提升影响力

中国黄河电视台对外播出的节目，都可通过融媒体分发覆盖所有终端。目前，中国电视长城平台上的中国黄河频道，已经通过省网覆盖全省，现在又通过中宣部的学习强国平台，在国内拥有了与央视各频道、省级卫视频道同样的传播途径。中国黄河电视台的节目只能在国外看到、在国内看不到的状况一去不复返了。

（三）通过议题设置和中国故事的国际化表达，提高传播效果

习近平总书记指出："我们所做的一切，都是为人民谋幸福，为民族谋复兴，为世界谋大同。"[1] 作为世界第二大经济体的中国，要积极参与并为全球治理体系的建设提供中国智慧和中国方案。为此，习近平总书记向世界提出了共建"一带一路"、构建人类命运共同体的倡议。中国黄河电视台要围绕上述议题，围绕构建国际传媒话语体系，把中国的声音传到世界各国人民的心中。

设置好了议题，要达到好的传播效果，还要研究海外观众的欣赏习惯和审美取向，还要讲究中国故事的国际化表达。民众总是对自己国家自己族群的媒体有着天生的好感和信任，对于美国民众来说，SCOLA 具有别的华文传媒不具备的亲近感。对于别的国家的民众来说，SCOLA 也具有别的传媒不具备的可信度。所以，我们要花大力气建设好 SCOLA 黄河电视孔子学院频道，选好亚洲频道和远东频道播出的节目，在可能条件下让这三个频道成为各国媒体获取中国黄河电

---

[1] 侯慧勤：《论"不忘初心"》，《人民日报》2019 年 3 月 12 日。

视台节目的信源。

我们要大力开展国际合作拍片。同样的话题，由对方或第三方去说，会产生更高的亲近感和可信度。如果没有条件合作拍片，我们可邀请外国人作为我们的采访人，由他们讲述中国故事；也可选定外国人作为采访对象，让他们讲述他们身在中国亲身经历的故事或他们所看到的听到的中国故事。这样的故事，更能引起世界人民的认同和共鸣，产生更好地对外宣传效果。

不经历风雨，怎能见彩虹？中国黄河电视台28年风雨兼程，经历了脱胎换骨的蜕变。欣逢中国崛起、5G实用、融媒体发展的百年发展之大变局，中国黄河电视台再创辉煌指日可待。

（作者单位：中国黄河电视台）

新闻路上的家国情怀

吴磷锋

岁月流转，物换星移。忽觉一夜之间不惑之年就那么悄无声息的滑过了，一路走来，没有惊天动地的过人业绩，但也绝非虚度时日。想想在时间允许前提下，还真应该留下些许文字，何况并非真的无可纪念。很多同事、朋友都笑称我与"8"这个数字特别有缘。回转一想又何尝不是呢！

98 抗洪；08 抗冰、抗震；18 援疆！

2018 年按照党中央、湖南省委省政府、湘潭市委市政府的统一安排、部署下，我圆满完成了湖南对口援助吐鲁番市高昌区电视台的历史使命，顺利返回原工作单位——湘潭广播电视台已经战斗了 21 年熟悉和钟爱的岗位。从 2017 年 2 月 19 日进入新疆到 2018 年 7 月 20 日的 525 天时间里。在新疆吐鲁番面对艰苦的生活、工作环境和两个"三期叠加"的严峻形势。面对冰天雪地零下十五度到酷热难当的地面温度 88 摄氏度，这些苦在岁月沉淀中悄无声息的滑过，在湘潭市委市政府和吐鲁番市委市政府的关心指导下，紧紧围绕社会稳定和长治久安总目标，以许党许国的责任担当践行自己的援疆使命。按照受援地单位分工，由我担任高昌电视台新闻副台长负责新闻采编播和对上报道工作。在工作中严格秉承"做政治坚定的明白人；维护稳定的排头兵；民族团结的压舱石；将加快发展的助推器"的援疆使命责任。带领报道部全体采编人员凝心聚力、顶烈日、冒酷暑、战严冬，在不断提升新闻质量前提下，圆满完成了我的援疆使命。

新疆地处我国的西部边陲，1998 年中央实施对口援疆战略，2018 年正好 20 周年。20 年来湖南省一直对口援助吐鲁番，我作为湖南省第八批援疆干部人才进疆工作。新疆治理的目的是恢复和平稳定，拔掉极端主义的根源，造福全疆各族民众。这当中最需要的是实事求是和担当精神。回顾一年半的援疆工作，我想用三个词语来概括，坚守、付出、收获。2017 年 2 月，我怀揣着湘潭电视台党委的期盼和嘱托，背负着民族团结一家亲的历史重任，来到了自然条件、软硬件设施建设根本与湘潭电视台没有任何可比性的高昌区电视台。破败的设施设备、采编播人员业务不熟的现状，建制度、立规矩、强筋骨、长肌肉等工作迅速展开，虽然高昌电视台的采编播人员经历了建台以来最艰苦的一次阵痛，但新闻稿件的质量却在这次狱炼中得到了从未有过的提升。

坚守，是政治站位的大提升。人们常说，不到新疆，不知道祖国有多大。我还想说，不到吐鲁番，不知道国家治理有多难。身处吐鲁番，就会切身体会到内政外交的复杂局面，就会深切领会到增强"四个意识"、坚定"四个自信"的重要性，也才会更加理解使命与责任的内涵。中枢调动忙而不乱，全员出动内容丰满。作为专业技术人员援疆的我本人来说，从 2017 年 2 月日入疆到 2018 年 7 月 20 日离开，整整 525 天时间，在受援单位高昌区电视台与一线采编播人员也并肩战斗了整整一年半时间，每天播出的新闻全部由我亲自修改稿件、审定播出内容，工作中着重找出"短腿"，在实践中抓紧补齐"短板"。经过一年半时间的打磨，高昌电视台每天的《高昌新闻》已经跃居吐鲁番市电视媒体最前列。

在坚守中感悟情怀。援疆是国家战略，是民族大义。回望援疆岁月，在日日夜夜的坚守中、在点点滴滴的感悟里，总有坚守在心中激荡。援疆期间，作为政治任务，我们所有援疆干部人才都与当地的干部一样，要我们深入开展群众工作，曾经一度每月个月 15 天在单位上班，15 天下沉住村，与维吾尔族民众同吃同住同劳动同学习同娱乐。我们用脚步丈量民生民情、用灵魂感悟人间烟火、用真情心聆听民众心声、用行动书写援疆答卷。作为军人出身的我，深感这是一次灵魂的再回归，是一次心灵的大洗礼。在创新新闻报道手法上，大胆尝试准直播促练兵，新闻创举亮点频现。二〇一七年七月一日，已经与高昌电视台采编人员磨合近半年时间，从未尝试过直播报道的高昌台，我希望能够给他们带来一种新闻报道的新尝试，我就把七一定位于当日新闻《今天是你的生日》准直播特别报道，从工作安排部署到具体实施，每位记者做到了守土有责，特别是在主题提炼上，为了避免稿件雷同，能够做到思路缜密，主题突出。七一当天 7：30 到 21：50，报道部、制作部、播音部全体同志密切协同、配合作战、各司其职，完成了高昌电视台自成立至今，从没有涉及过当天新闻当天全部播出的创举。节目播出的反应之好、影响之大让每位参与此次报道的同志没有想到。深得吐鲁番市委市政府和高昌区委区政府的高度评价。

坚守，是为民宗旨的大洗礼。吐鲁番地域辽阔、自然环境恶劣，要想在这里把新闻做精、把故事讲实，必须想方设法延展新闻的实效性和真实性。偶发报道渐成习惯，新闻触角不断延伸。吐鲁番全年降雨量仅有 16 毫米，而年蒸发量高达 3600 毫米，二〇一七年七一深夜高昌区胜金乡突遭阵发性降雨，洪水将胜金口两侧山体大量砂岩倾泻而下，通往鄯善县及景区千佛洞的道路瞬间被泥石流掩埋。得知消息后我随即安排记者兰生文，带着设备连夜赶赴灾害现场，顶风、冒雨、踏泥浆抓拍眼前所发生的一切，新闻从业人员一线"抓活鱼"的稿件《军

警民众志成城 聚力鏖战泥石流》分别在 3 号、4 号被吐鲁番台、新疆台、央视 13 套采用，极大提升了其他新闻从业人员对新闻的认同感和参与感。

砥砺奋进这五年、创建文明城市、道路交通整治、访汇聚、发声亮剑等连续性报道各有特点。相较于刚到高昌台第一次看大家稿子和当下在看同一个人、针对同一事件，记者表达的内涵完全不同，提升速度特别快，这也是为什么吐鲁番兄弟电视台对我所受援的高昌电视台有敬畏之心的根本所在。

坚守，是真心实意的大融入。吐鲁番是丝路明珠，这里有壮阔的自然景观，有丰富的丝路遗存，有厚重的历史文化，有独特的西域风情。游览吐鲁番，给人震撼；走进吐鲁番，让人深沉；融入吐鲁番，催人奋发。她吸引着我去品味、去感悟、去用心、去用情。想办法把每个人的聪明才智发挥到极致。个人能力提升迅速，新闻质量形势看好。纵观报道部全体采编人员，从稿件内涵，画面质量较过去提升幅度特别大。我到高昌台后，先后经历了杏花节、桑葚节、第 26 届中国吐鲁番葡萄节等这些集团作战的大型报道，能够得到受众认可乃至喜欢高昌台的新闻，是每位新闻从业人员始终勿忘新闻初心、始终瞄准价值高端、始终了解我们工作的性质的集中体现。维语新闻是新疆媒体与内地媒体不同的地方，在内地新闻国语普通话播报就行，但在新疆为了更好地增进民族团结、增重少数民族的语言文字习惯，《高昌新闻》又多了一档维语新闻，每天在播出国语新闻的同时，还要将国语新闻所有内容迅速翻译成维文进行同步播出。工作量之大、安全播出责任之重不言而喻。手机电视补齐短板，受众反响超出预想。在新疆任何地方，在"社会稳定和长治久安"这个总目标态势下，任何工作都必须紧紧围绕"总目标"开展。作为媒体在反恐慰维稳中的传导作用是任何工具都无法替代的重要平台。面对高昌电视台成立时间不长，软硬件设施建设后劲不足的现状，为更好地稳固和扩大高昌新闻的受众群体，特别是少数民族通报的收视群体，唯一的办法是拓展更多、更方便、更接地气的传播平台。手机微信公众号在新疆特殊的工作环境中不失为一种最方便快捷的平台。为了完成在吐鲁番这一标新立异的创举，经过近两个月的努力，《GCTV 手机微信公众号》2017 年 5 月 12 日正式开通，有效弥补了本辖区没有第一时间看到《高昌新闻》的部分受众后续收看，没想到的是 5 月 12 日正式发布新闻到 2018 年 5 月 10 日，《高昌新闻》GCTV 的"粉丝"就达 11000 多人，远远超出了高昌区已经发布多年的另一个公众微信号，究其快速火爆的原因，不外乎所依托平台的特殊性和独家性，即高昌电视台。为了更好地向少数民众同胞传递党中央的治疆方略，精准传播党的方针、政策、法律、法规，为了尽快弥补《高昌新闻》短腿，经过半个月时间的准备，我又于六月创办一档《高昌法制》电视专题，填补深度报道空缺。这档以普及法律知识、鞭挞社会丑恶现象、维护公平正义的深度新闻栏目为当地民众深度补充了各族民众渴望通过电视对我国现行法律、法规了解的窗口。

援疆期间，正值新疆"三期叠加"维稳攻坚的关键时期，我见证了新疆由乱到治的历史转变，也目睹了吐鲁番干部群众为社会稳定和长治久安作出的巨大奉献与付出。哪有什么岁月静好，不过是有人在负重前行。作为对口执行援助吐鲁番的新闻援疆队员，如何将援疆使命这种情怀最大化，如何真正做到这种赤子之情的大释放。我在高昌电视台带领全体采编播人员从最基础工作做起，以言传身教这种最原始的方式无私向受援单位同行们输血，经过一年半时间的不懈努力，基本完成了受援单位高昌电视台新闻从完全输血到"输血与自身造血"功能的转变。有效规避了过去记者采访中主题提炼意识模糊，新闻糅杂陋习难改的毛病。我曾经在业务学习会上说用新疆"手抓饭"比喻当时的新闻稿件。手抓饭是新疆一道原系了几千年的特色美食，需要传承。但新闻如果做成"手抓饭"，就不叫新闻了。记者作为新闻事件的亲历者和记录者，任何一条新闻都有它的独立性和主题性，出现这种现象除了新疆特殊的政治背景的制约因素，主要原因还是采访不深入、记录不详实，稿子只能用大话、空话和套话来应付。

在一年半的援疆工作中，面对自然环境恶劣，受援地单位高昌区广播电视台基础差、底子薄的特点，始终牢记一名共产党员的道德操守，在增进民族团结、维护新疆社会稳定和长治久安工作中，忠实履行了一名共产党员、一名援疆干部的职责使命。2018年7月援疆届满，我本人荣幸地被分别评为湖南省和吐鲁番市优秀援疆干部。

十年前的08抗冰、抗震，每一次都是众志成城、万众一心，当我们的脚步刚刚踏入2008年，在我们南方人毫无思想准备的情况下，一场罕见的大雪捎带着冰冻，瞬间降临到了我们的头上，一切都是那么突然、那么让人措手不及。道路瘫痪、电力和通讯中断，许多建筑因为无法承受大量积雪的重压而轰然倒塌，灾难、一场无法回避的灾难降临到了我们每个人的头上。人们一次又一次"冲锋"，一次又一次的雪中突围，怎么都无法回到平时的那份勇猛和果敢，步履也从未变得这么艰难，时间也怎么感觉比从前过得更慢。在这个时候，军人，一名骨子里至今都流淌着军人热血的新闻从业人员，早已明白此时我该做什么！在采访现场被冻得没有知觉的双手还能死死地抓住摄像机，是被冰冻把手与摄像机冰冻为一个整体了？似乎没有，似乎又有！我拼命地记录着那些为了让灾区早日恢复通电，为了让被冰雪封闭的道路早日通畅，为了让受阻滞留的旅客早日返乡，为了让救灾物资早日发送到灾民手里，从党和国家领导人，到地方各级政府、每个伸出援助之手的军民，都在尽心尽力，承受考验。我记录着！

在湘潭民众刚刚抚平冰雪灾害创伤的5月12日，以四川汶川为震中的8级大地震，历史将时间永远定格在14：28分，生命，此刻在时空的经纬中慢慢沉淀，5月13日凌晨，我又一次奉命随湖南消防抗震救灾突击队奔赴遭受地震灾害严重的绵阳市平武县南坝镇，现场的一切远比我当初想象的要严重得多，房屋和其他建筑在地震中已被夷为平地，大山崩塌、河流改道、地面震裂、桥梁垮塌，人畜伤亡更是无法具体了解准确数据。在余震不断的救灾现场，参战官兵在未作任何休整的情况下，迅速投入到了搜寻遇险遇难人员的战斗，作为新闻事件的亲历者和记录者，我更知道自己此时该做什么！在四川地震救灾现场所记录的每一个镜头，每一个场景，都会告诉人们一个最为简单、最为真实的关于生命与爱的含义。它会告诉人们，生命可以埋进土地，时光可以随风而逝，但爱的力量会让所有人可以为之觉得永恒。我与湖南消防赴川抗震突击队375名官兵，在余震不断的灾害现场，参战官兵没有因为频繁的余震而放松搜寻遇险遇难人员的步伐，多少次在废墟现场，在摇摇欲坠的大楼底层，为了将遇难者的遗体尽早搬离现场，官兵们与死神擦肩而过。

每天，我们都在被官兵们形象地称之为"天地宾馆"的帐篷中，接受数以百计的余震洗礼，多少次，害怕余震我们忐忑不安，多少次，我们胆战心惊，多少次，我们惧怕夜晚的到来。虽然10过去了，但至今无法忘却5月18日凌晨1：12分那次6.1级的余震，睡梦中的我们在地壳的振动和摇晃中被惊醒，随之而来的是震耳欲聋的山体滚落声，惊恐中的参战官兵在没有任何地方可逃的情况下，纷纷从帐篷中逃到外面，做好了清醒告别这个世界的一切准备。1：37分，又一次高达5.4级的余震，让现场的每位官兵再添了一份对地震灾害的恐怖。人，在大自然面前永远是弱者，人，在地震灾害面前，原来那么渺小，生命原来的那么脆弱。不亲身感受，无法深知那些在5.12地震中幸存者心理至今无法抹去的恐慌；不亲身感受，更无法读懂"活着比什么都好"这句话的真正内涵。在整个地震采访报道现场，真实经历了太多感动、太多震撼、太多真情。那场突如其来的特大地震灾难降临以来，多少人每天都被来自灾区的报道所震撼、所感动。我所拍摄的每一段地震灾难现场画面都令人们震撼，每一个伤者都令人们痛心，每一具遇难者遗体都令我们惋惜。

1998年百年一遇的特大洪水，是我正式脱下军装从湖南电视台武警记者站转业到湘潭广播电视局报到的第二天，在我还没来得及熟系地方台任何情况的前提下，就被派往岳阳市君山区参与武警湘潭市支队跨区增援抗洪抢险的采访报道。在32天难忘的日子里，最惊险、最感人的莫过于与参战官兵开赴华容县团洲大堤查险抢险的日子。时间虽已划过20年时间，但当时的情景至今仍历历在目。洞庭湖仍把心机和残酷藏在逐渐升高的水位上，一次又一次考验着灾区军民抵御洪灾的极限能力。站在岳阳市君山区广兴洲镇建设大垸，武警湘潭市支队守护的12.28km长江干堤上，"生死"就在进退一步之间，脚下浑浊的长江洪水几乎与大堤平齐，刹那间随风而来的巨浪，劈头盖脸地向我们袭来，摄像机寻像器顿时一片朦胧，一位中尉军官告诉我"这是人与水的肉搏战，我们只有防守之力，没有还手之术，这比真正的战争还要残酷，刚才给你（我）的这份见面礼算是最友好的啦！"。

置身此地，前面是翻滚的长江洪水，身后是一望无垠的 68 万亩良田和建兴小镇。此外，还有附近的君山、钱粮湖和华容县部分地区 40 多万民众的生命财产安全受到威胁。齐胸的洪水中官兵手挽手筑起道道人墙，任凭巨浪扑打。要不是肩扛笨重的摄像机，真想跳入洪水中加入他们的战斗序列，用自己瘦小的身躯为他们挡一挡风浪。许多官兵因为过度劳累中暑晕倒在大堤上，他们在向生命极限挑战。一位带队指挥员告诉了一个让我今生震撼的残酷事实。"在他们 100 多位官兵中，有 85% 以上的官兵裆部都用女用卫生巾垫着，这样他们走路才舒服一点……"男人、卫生巾？这两个独立的名词，怎么都无法把它联系起来，原来是在 32 天抗洪抢险战斗中，参战官兵都在洪水中长时间浸泡以及汗水的渗透，加上饮（洗）用水困难，许多官兵的股沟溃烂，疼痛难忍，为防止非战斗减员，只好叫后勤保障部门到岳阳市买来女用卫生巾，让他们垫着……专访《卫生巾走进男人裆部》的长篇通讯，被 1998 年 8 月 2 日的《人民武警报》二版整版刊出，并得到了解放军总政治部通报表扬。我自己除《激战，从转业报到第二天开始》采访随笔在 1999 年《中国转业军官》杂志发表外，还被湖南省人民政府荣记个人二等功。

（作者单位：湖南湘潭广播电视台）

县级融媒体中心建设

——基层广播电视的时代大变革

李国光

新中国成立70周年，无疑是共和国史册一个辉煌壮丽的日子，伟大时代砥砺伟大变革，伟大变革书写伟大历史，作为基层媒体，县级广播电视在加快县级融媒体中心建设的历史关头，如何推本求源、正本清源、回本溯源，厘清七十年来的辉煌成就，总结宣传工作的宝贵经验，探索媒体融合发展的内在规律和现实路径，对巩固壮大主流思想舆论，加快推进建设中国特色社会主义伟大事业，实现中华民族的伟大复兴，具有特殊的地位和作用。

沅陵自古为湘西门户，境内沅酉交汇，雪峰、武陵横亘，面积5852平方公里67万人，是中南五省第一版图大县，汉高祖5年置县，历为郡、州、路、府、道和湘西行署治所，曾是大湘西地区政治、经济、文化、军事中心，广播电视有着艰苦卓绝的发展历史。

一、历史回响，见证波澜壮阔

据《沅陵广播电视志》记载：1933年9月17日，沅陵县政府建立广播收音室，这是沅陵县最早出现的广播电视记录时间，但民国时期战事频繁，广播为官僚、军阀所用，事业得不到有效发展。新中国建立后，党和政府依靠群众办广播电视，办好广播电视为人民。大致经历以下几个时期：

一是有线广播时期。1950年即成立沅陵县收音站，收抄中央、湖南人民广播电台播发的消息，出刊《广播新闻》，1953年建成沅陵县人民政府有线广播站并播音，县城安装12只高音喇叭，转播中央、湖南人民广播电视节目，开创了沅陵人民的有线广播事业。此后，广播经过全新的发展，也走过抗美援朝、文革、移民搬迁等特定的历史时期，最高峰1974年全县有546个大队4450个生产队通有线广播，入户喇叭32150只，高音喇叭682只，能听到有线广播的51280户。

二是差转时期。1983年，根据全国第11次广播电视工作会议提出"四级办广播电视，四级混合覆盖"的方针，沅陵县广播电视局成立，经实地测试和多方征求意见，实行电视、调频广播一起办。1984年5月1日，沅陵县红山界电视转播台竣工，转播湖南电视台节目，1986年7月15日客山卫星电视地面收转站竣工，19点正式转播中央电视台第一套节目，同日，红山界调频广播开机试播。此后，各地小片网和卫星电视地面接收设施如雨后春笋蓬勃发展，89年末全县共有电视转播台、差转台、卫星电视地面收转站34座，总功率935瓦，电视机入户35500余台。

三是县乡联网时期。1988年春，沅陵闭路电视率先在县内岩屋潭电站职工住宿区出现，89年归口广电部门管理，1993年10月28日，湖南省第四家县级电视台——沅陵电视台正式开播成立，开启了红色革命老区本土电视新闻的新篇章，县乡联网随之诞生，1998年网络改造实施光缆传输，由于自然条件限制，沅陵有线始终局限于城区，2009年12月，沅陵网络合资公司成立，2010年5月27日，沅陵诞生首个收看数字电视的合法用户，电视一度迎来鼎盛时期。

广播电视是现代化的强大信息工具，是现代社会人们生产生活不可缺少的重要组成部分。回溯过往，无论时空如何变换，广播电视的政治属性不变，服务职能不变，始终坚持守正创新，在宣传政策、引导舆论、传递信息、教育守望等方面发挥着不可替代的重要作用。

电视出现以前：广播以全县人民为对象，采用消息、通讯、评论、录音文艺等形式，宣传报道发生在全县各地的政治、经济、文化、社会生活诸方面的新情况、新成就、新经验和新人、新事、新风尚。从1956年至1973年，沅陵广播概为口头直播，60年至80年，每年稿件在1000篇左右，1983年广播宣传中还加强了现场直播、录音报道，1988年播出稿件达7000余篇，真正成为党和政府联系群众的桥梁，每年有10篇以上被中央、省台采用。广播诗剧《寡妇链》、通讯《牛百岁》、消息《买土造田》等在全省广播稿评中获一等奖，教育性专题《我爱沅陵》曾出席省广播电视厅举办的首届名牌节目研讨会。

电视诞生以后：图文并茂，有声有色，飞过山川田野，飞入寻常百姓家，在自觉承担"举旗帜、聚民心、育新人、兴文化、展形象"使命任务上发挥了重要作用，产生了巨大影响。1996年，沅陵电视台摄制的专题片《五个孩子的学校》在中央台播出后，被选送推荐到"亚广联"参评和新加坡、菲律宾等国播出。1997年9月，在沅陵县召开的首届"湖南电视研讨会"上，中央电视台研究室副主任池秋萍看完沅陵电视台摄制的节目后，非常激动地对与会专家们们赞叹："沅陵人用中央台20年前曾用过的设备，做出了90年代优秀的节目，真不简单，'沅陵现象'值得研究"。近年来，沅陵电视台创作的《爱河流淌着一支歌》骏马奖一等奖，《他们没有远去》中组部《红星杯》一等奖，《生死抉择》

《故土难离》《隔邻隔壁》《亲情热线》《师说新传》等全省获奖作品文笔干练，语言通俗，情感朴实，紧贴"三农"，在传播县委、县政府声音，特别是应战抗洪抢险等重大突发情况，奋勇当先。2004年6月，沅陵发生特大洪灾，广电记者在第一时间赶赴一线，真实地记载了洪水滔天的罪行，并及时向上级汇报，受到党中央和国务院的高度重视，国务院副总理回良玉亲自到沅陵指挥抢险救灾，当年全省一等奖作品《为了两千移民的生命》就是党与人民群众同呼吸、共命运、心连心，同仇敌忾鏖战洪魔的生动见证。

二、时代风云，再掀广电变革

沅陵广播电视事业经过几代人艰苦不懈的努力，从无到有、从小到大，铢积寸累、不断发展，在没有硝烟的战场上，新闻宣传始终坚持以人民为中心，为社会主义现代化建设服务，把优秀的精神食粮奉献给全县人民，在特定的历史时期，留下了事业建设和舆论引导的壮丽诗篇。

一是微波传输的战天斗地。1995年，为了解决农村边远山区山高林密，电视信号覆盖难的问题，让县委、县政府的声音在第一时间传递到农村千家万户，沅陵县广电局筹措专项资金90万元，用"五铁"（铁台长、铁班子、铁队伍、铁纪律、铁后盾）精神开通县城至齐眉界等7个微波站信号，建立了五强溪等3个分台，冒严寒、战酷暑，冒着生命危险，爬冰卧雪抢修线路，全力以赴保畅通，成为那个年代特殊的记忆。

二是县乡联网的负重前行。沅陵是一个山区移民大县，自然环境恶劣，1998年沅陵借助国家村村通的有利契机，相继建起农村小片网络186个，农村边远山区一度掀起政策致富、信息致富的热潮，但由于质量低劣，后期管理维护难，10年后除官庄、五强溪集镇以外基本消亡，2004年沅陵县乡联网正式提上日程，经专家论证，要在全县20户以上的自然村架通几千公里光纤线路至少亿元以上，对于一个贫困县来说，几乎不可能实现，利用卫星直播设备收听收看广播电视节目成为扩大农村地区覆盖的主要手段，直到2014年，沅陵网络公司向集团公司贷款2000万元，实现23个乡镇集镇联网和沅陵新闻全覆盖，有线用户最高载册用户接近6万户。

三是生存发展的艰苦探索。从1994年以来，沅陵广电经历了"五分五合"的历练和变革，成为深化改革的练兵场，2009年12月，沅陵网络公司成立以前，县委政府两办、编办、人社、财政组成联合小组，对广电进行综合调研，从业217人中，差额27人，自收自支达120多人，仅工资一项全年就需300多万，如今更是达到1000多万，台、网分家之前，广播电视基本上维持在以网养台的层面，2012年以后，电视台收断奶，近5年来，在新媒体的冲击下，有线电视和电视台影响力均严重下滑，台网双双陷入找米下锅的尴尬局面，深化机构、人事、财政、薪酬等方面改革，从根本上解决身份和体制困扰，成为广电事业发展的时代呼声。

四是信息时代的浴火重生。互联网诞生之前，广播电视新闻宣传、事业发展和广告业务占尽先机，坐拥绝对优势，94 年以后，互联网的强势崛起，一方面，电视不再是信息传播、大众文化生活的唯一途径，加上传播方式先天不足，在政策劣势、价格劣势、服务劣势的对冲下，电视用户呈现断崖式下滑。另一方面，由于体制禁锢和思想认识不够，广播电视缺乏主动介入和敢于抢占的胆识，逐渐丧失了舆论引导的主动权和主导权，在以移动客户端用户点击率为基础的传播力、引导力、影响力和公信力面前，网络一跃成为意识形态的主阵地，网络反腐和舆论监督更体现出前所未有的威力，广播电视正一步步被受众遗忘，一场媒体融合的自我革命正火速崛起，席卷全球。

三、永葆初心，铸就融媒旗舰

70 年汗水挥洒，一路风雨阳光，广播电视始终走在自我变革的道路上。矗立在新的历史节点，如何重塑舆论引导的王者之风，2018 年习近平总书记在全国宣传思想工作会议上提出"扎实抓好县级融媒体中心建设，更好引导群众、服务群众"，为困境中的县级广播电视起死回生提供了千载难逢的机遇，如何把握大势，应势而动，不仅是媒体生存发展转型升级的时代方略，更是关系到党和国家事业发展全局的重大改革任务。

一是破困局，找准融合之道。县级媒体是党的新闻舆论工作的重要阵地，是地方党委和政府的重要执政资源。必须坚持高位推动、整体联动、改革驱动，对标对表，因地制宜，在"建"好县级融媒体中心建设上下功夫。一要融思想。统一思想，形成合力，坚持以习近平总书重要讲话精神为指导，认真学习全国、全省宣传思想工作会议精神，充分认识加强县级融媒体中心建设的重要性、紧迫性，把思想和行动统一到中央的决策部署上来。二要融机制。按照"突出核心职能、聚集关键职能、合并重复职能"的思路对机构进行优化设置，按照全能复合、高效运行的目标，进一步完善激励机制，提升媒体造血功能，解决从业人员后顾之忧，提高干事创业的积极性。三要融资源。按照应融尽融的原则，将广播电视视、新闻网站、手机报、两微一端、户外大屏、农村大喇叭、城区广告牌等资源进行有机整合，打造新的媒体传播矩阵，及时再造生产流程，建立"策、采、编、审、校、发"一体化全媒体传播流程管理制度，实现"一次采集、多种生成、全媒传播"的新生态。四要融技术。按照中宣部等 8 部委《关于加强县级融媒体中心建设的意见》和国家广电总局《县级融媒体中心建设规范》要求，按照省、市统一部署，依托省级技术平台进行设计、研发、建设和运行维护，构建集中统一的县域新闻政务服务平台。

二是践初心，再造广电辉煌。"不忘初心，方得始终"，谨记出发目标，不忘光辉历程，坚持"正能量是总要求、管得住是硬道理、用得好是真本事"，在围绕中心、服务大局中找准坐标定位，在脱贫攻坚舆论引导中彰显新闻力量、体现媒体担当，让党的声音传得更开、传得更广、传得更深入。一要坚持移动优先，做好活动直播。2019 年 6 月 15—16 日，沅陵传统龙舟赛成功举行，沅陵融媒微信公众号首次同步实况直播，短短两天网络点击量达 200 余万，观众遍布美国、日本等世界各地，在扩大沅陵融媒自身影响的同时，收获了媒体造血的第一桶金。以此为契机，沅陵县融媒体中心坚持活动常态化，先后直播了卫健系统抓党建促脱贫七一知识抢答赛、楠木铺乡最美扶贫人物颁奖晚会、小小好声音大赛、欢乐潇湘·幸福怀化·美丽沅陵大型群众汇演，其中小小好声音也达到了66 万多点击率，可以预见，活动将是县级融媒体重塑王者归来的重要支撑。二要坚持内容为王，做好精品报道。对新闻媒体来说，内容永远是根本，是硬指标。打造手机 APP，其目的就是实现新闻报道"快、准、新、微"，把宣传触角延伸到全县每个角落，切实打通媒体宣传"最后一公里"，但是无论传播形式怎么创新、媒体形态如何变化，内容为王、内容制胜的铁律不会改变。资料显示，10 年前我国网民仅 3 亿，现已达 8.29 亿，其中手机网民达 8.17 亿，互联网已成为第一信息源。无论是以前"人找信息"，还是现在的"信息找人"，县级广播电视之所以地位出现弱化，内容生产不足无疑是最大的硬伤，往往在群众最关心的热点、焦点、难点问题上缺位失语，缺少互动。三要坚持导向为魂，筑牢防火壁垒。尽管新形势下广播电视地位有所弱化，但其作为传统主流媒体公信力仍然是网络媒体无法逾越的高峰。由于网络媒体存在随意性和不确定性，在涉及公民自身权益时容易产生道德绑架和暴力倾向，权威性、准确性永远是广播电视的看家本领。在重大突发情况和敏感话题上，以公正客观的态度及时化解负面效应，有力引导社会预期，不仅是对受众知情权、参与权、表达权、监督权的尊重，更是党委、政府主动作为的有力见证，在以往的石盐风波、非洲猪瘟等突发事件，广播电视第一时间权威发声，及时稳定社会和公众情绪。事践证明，"越是众声喧哗，就越要有主流价值作中流砥柱，越要靠事实真相来一锤定音"①。当然，作为党媒，坚持团结稳定鼓劲、正面宣传为主，是宣传思想工作必须遵循的重要方针，只有拥抱变革、应势而动，正能量才更强劲，主旋律才更高昂，传播力才更深入，引导力才更持久，影响力才更宽泛。四要坚持创新为要，激活内生动力。县级融媒体建设，"技术已不是难题、体制创新、机构改革、工作流程再造

---

① 《把方向 定大局 信心更足了——网友热议总书记在中央政治局第十二次集体学习时的讲话》，人民网，2019－01－26。

才是真正需要突破的问题"①，从相加到相融，县级融媒体中心要实现高效运行，就必须建立一整套适应媒体生存发展的运行机制。2018 年 11 月 14 日，中央深改委员会第五次会议指出，组建县级融媒体中心，必须深化机构、人事、财政、薪酬等方面改革，调整优化媒体布局，推进融合发展，不断提高县级媒体传播力、引导力、影响力，为县级融媒体深化改革提供了法理依据。各级党委、政府应从媒体融合发展的实际出发，遵循客观规律，整合优势资源，聚合要素保障，因地制宜创新建设模式。通过改革，彻底改变县级广播电视一边打鸣一边下蛋、饿着肚子唱戏的局面。

三是担使命，更好服务群众。服务群众、引导群众是建设县级融媒体中心的终极目标，也是以人民为中心的时代所需。中宣部明确要求"2018 年起，全面推进县级融媒体中心建设，到 2020 年年底基本实现在全国的全覆盖"，融合发展成为媒体最紧迫的事业。湖南省进一步明确"今年 12 月底完成县级融媒体中心挂牌工作，明年 6 月底基本完成客户端上线和采编中心建设工作"，按照这一要求，各地结合实际，提升政治站位，倒排工作任务，坚持"媒体 +"理念，在聚集媒体主业、建强主流舆论阵地的同时，不断探索"新闻 + 政务 + 服务"新模式。就沅陵而言，具体分 2 个阶段实施：第一阶段：2019 年底，完成技术平台、物理空间的硬件、软件建设，建成主流舆论阵地，确保新闻要闻全媒上线。第二阶段：明年 6 月前，建成综合服务平台和社区信息枢纽，实现政务公开、民生互动、网络问政、社会服务及电子商务等多重功能，将融媒体平台建成群众"掌上政务服务中心"，推动新闻信息与政务、服务紧密结合，在倾听百姓呼声、回应百姓关切中宣传引导服务群众，巩固基层宣传文化阵地，壮大主流思想舆论。

壮丽 70 年，奋斗新时代。70 年前广播电视和共和国一起诞生，在经历无数风雨见证沧桑巨变的今天，广播电视将再一次扬起媒体创新守正的责任大旗，走上自我革命的战略转变，这不仅是媒体的生存发展所需，更是党的制度优越性的体现，形如当代媒体的长征转兵，县级融媒体中心建设将从新中国 70 华诞的峰峦踏上融合发展的时空高速，迎来一个光辉的明天。

（作者单位：湖南沅陵县广播电视台）

---

① 《县级融媒体中心建设研讨会在人民日报社举行》，人民网，2018 – 10 – 11。

一台电视演绎的美好生活

伍时华

曾几何时，电视已经成为现代人们生活的必需品，电视节目也成为人们休闲娱乐与学习的一个途径。回想起第一次看到电视还是在我上初中后，我家邻居买了一台14英寸黑白电视，由于是第一家买电视机的，每到晚上，大家一窝蜂去邻居家看电视节目，那场景实在太挤了。再看看自己正在从事的广播电视工作，不禁感慨"一台小小的电视机却成为演绎人民美好生活的重要载体"。作为一名广播电视从业人员，心里感觉到的是一份融融的暖意和更大的责任。

20世纪八十年代的农村，以当时的经济状况而言，几乎是买不起电视机的，记得当时一台14英寸的黑白电视机的价格大约300多元左右。在当时，电视机对于普通百姓来说是新鲜的，也有着很强的诱惑，坐在家里看电视，超过古代"秀才不出门方能知天下事"的境地，那种吸引力也确实有着磁铁般的强烈。一台小小的电视机给缺少文化娱乐的乡村带来一种特殊的趣味，也是我们这一代人童年里特殊的记忆。据当时的印象，我们看着枪战的电视画面还担心子弹飞出来，但我们却从中看出了乐趣，原来电视里面有很多我们感兴趣又没有见过的东西。诚然，那个年代生活还很艰苦，甚至只能勉强吃饱，虽然没有很丰富的电视节目，只能看两三个台，虽然电视很小而且是黑白的，但就是这小小的电视和现在看来并不吸引人的节目，把价值引领、情操陶冶、知识教育，放进故事中，寄于榜样上，融入体验里。却给了我们一个美好的童年，给当时人民并不太好的生活平添了许多幸福。

新中国成立70周年的今天，我也成为一名40多岁的电视工作者。回想起以往，伴随电视走过的日子，沉淀的是淡淡的却又回味无穷的幸福感觉，留下的是对电视影响人生的感悟，是对做好广播电视工作的思考。

尤其是随着互联网的发展，社会已经进入真正意义的信息时代，可以说除了广播电视外，通过全媒体融合发展，互联网、微博、微信、客户端等媒介，人们源源不断地获取大量的信息以及享受各种娱乐文化。电视作为普及最广的传媒方式，更是极大地影响着人们的生活习惯和思维方式。我认为，这不仅仅是电视声画艺术的魅力，更重要的是电视媒体在潜移默化中改变了人们的许多生活，留给人们很多美好的回忆和许多美好的憧憬、期待。

一、电视在人们生活各方面的作用不容忽视

作为广播电视人，我们可以自豪地说，新中国成立和改革开放的春风通过广播电视吹遍了祖国山川大地，吹进了千家万户。新中国巨大成就的取得，一代代广播电视人有不可磨灭的功劳。广播电视在寓教于乐中推动了社会经济的发展，改变了人民群众的生活。

那个年代，信息闭塞的人们是通过广播知道了新中国成立，通过电视知道了中国有邓小平这名伟人，知道了他作为中国发展掌舵人提出了改革开放的伟大创举。广播电视忠实的报道党和政府的政策，当好党委、政府和人民的喉舌，记录时代风云、推动社会进步、守望公平正义。用主流的价值发声，既及时把党的声音以正确恰当、喜闻乐见的形式讲述给百姓，又关心百姓疾苦，将群众的呼声和正能量的精神传递给中国。引导着一代又一代人看清祖国的发展方向，靠自己的辛勤劳动首先富裕了起来。充分发挥了广播电视的舆论导向功能。

在经济发展的低谷中、在经济危机即将爆发的时刻、在中美贸易摩擦中，广播电视肩负起"团结人民、鼓舞士气"的职责，广泛报道党和政府应对危机的决策，宣传社会正能量，为人民加油鼓劲，凝聚一切社会力量，齐心合作促发展，一次次渡过了难关：在 98 特大洪水、5.12 汶川特大地震等大灾大难来临的时刻，广播电视迅速反应，公布事实、引导舆情，迅速把全国人民团结在一起，共同抵御灾难，在全国上下唱响了一曲曲激仰的抗灾救灾赞歌。充分发挥了广播电视宣传动员功能。

曾经的人们看着电视赶潮流的行为留下了浓浓的回忆。一个电视节目一经播出，一夜之间电视中人物的穿着、发型会变成全社会的潮流，电视中人物的行为和追求甚至影响一代人的行为和追求。电视始终站在时代发展潮流的最前沿，始终做先进文化的积极传播者。充分培育和践行社会主义核心价值观，发挥对社会价值取向和人们观念主流的引导、推动作用。

在经济社会发展的过程中，广播电视始终坚持党性和人民性相统一，坚持以人民为中心的工作导向，把实现好、维护好、发展好最广大人民的根本利益作为工作的出发点和落脚点，坚持以人为本。围绕中心，围绕改革发展和经济发展的战略目标大做文章，全面服务中华民族伟大复兴战略，提高经济创新力和竞争力营造良好氛围，提供舆论支撑！讲好中国故事，传播好中国声音，是我们广电人义不容辞的担当和使命！

在脱贫攻坚中，电视媒体传导党政声音、引导致富路径、参与攻坚行动，潜移默化转变群众的观念，把广大群众的思想统一到党中央的决策和部署上来，把全国人民的力量凝聚到中央的决策和部署上来，通过电视把脱贫攻坚新风貌、新

变化，呈现和传递到全国各地，为打赢脱贫攻坚战鼓劲加油。同时，群众通过电视了解脱贫政策，掌握了脱贫技术，并实现了发家致富的梦想，广播电视引导服务群众的作用不容忽视。

同时，社会的黑暗面、丑恶现象屡屡在电视媒体被曝光，接受日光的炙烤和消毒。这些不文明、不和谐行为一经媒体曝光就会得到全社会的唾弃和鄙视。广播电视为营造文明、和谐发展环境明辨了是非、分清了真善美与假恶丑，充分发挥了舆论监督的作用，净了环境，正了风气。

二、电视正引领人们奔向更加美好的生活

如今人们再不用盯着小小的黑白电视机看的眼睛发涩，大彩电、液晶电视、数字电视、网络电视已经走进每个人的家中，轻轻一按遥控器，几十个台、成百上千的电视节目供您选择。同时，人们看电视的习惯发生了变化，通过 APP 移动客户端，在手机上实现了看电视。电视为人民过上美好生活提供了丰富的精神食粮，并引领人们奔向更加美好的生活。

从只有几套电视节目到现在电视节目丰富的看都看不过来，广播电视工作发生了翻天覆地的变化，群众生活也走上了前所未有的幸福和富裕，反倒是我们看电视的习惯发生了变化。电视剧、晚会节目少的时候怎么也看不够，现在多了反而更加喜欢新闻和科技类的节目了。作为电视人的我从自身看电视的习惯想到了很多。现在的电视就好比一本百科全书，融入新闻、电视剧、动画片、纪录片、文艺节目等各方面，做到潜移默化、春风化雨、润物无声。只要我们愿意看、有时间看，里面永远有了解不完的信息和学习不尽的知识。让这本大百科全书内容更丰富，制作播出更多有思想深度、精神高度、文化厚度、形式更让观众喜闻乐见的节目和作品，展现出永久魅力和时代风采，是我们电视人永远追求。

随着新媒体的出现及迅猛发展，传统电视媒体面临着前所未有的冲击和挑战，电视台亦未能独善其身，受到了一定的冲击，电视工作也会发生变化，或许形式更加多样，但是当好党和政府、人民的喉舌的职能，反映人们美好生活、推动社会发展，引领人们过上更加美好的生活的要求不能变。这让我们感到责任重大、工作也更加有意义。

新中国成立以来，中国在发展，中国在变化，人们过上了以往想都不敢想的美好生活，如何让这种美好生活不断放大和延续下去，广播电视人有不可推卸的责任。

广播电视是党的喉舌、是重要的宣传思想文化阵地。党的十八大以来，各级广播电视台始终坚持以习近平新时代中国特色社会主义思想、特别是习近平总书记关于宣传思想文化工作的重要思想为指导，牢记"48 字"职责使命，努力在新闻宣传和文艺创作的理念、内容、样式、渠道上开拓创新，不断推出思想精

深、艺术精湛、制作精良的好新闻、好节目、好作品，为人民群众提供了有力的精神指引和丰富的文化享受。我们更加牢记自己的宗旨，紧紧围绕市委、市政府的中心工作、重大决策，大力宣传永州"开放兴市、产业强市"战略和六大战役、四个提升、十大突破等重点工作，用群众更加喜闻乐见的形式，把党的声音传到千家万户，把市委的决策变成全市人民的行动，教育、团结、动员全市人民，不断加快永州经济发展，为"构筑创新开放新高地，建设品质活力永州"营造浓厚氛围。

广播电视新闻宣传在信息时代的大背景下，要用更加贴近来赢得受众，获取更大的宣传效应，也树立广播电视工作的良好形象和公信力。要坚持以人民为中心，以"普通人"为主角，将民族精神和时代精神寓于其中，讲好中国人的故事、讲好中国特色社会主义的故事、讲好中国梦的故事。因为人们接收信息都有趋近的心理，贴近自己和自己有关的信息往往比哪些看似更重要、更重大的信息更容易被接受，贴近就是基础电视工作者的优势，全国任何媒体的新闻都不会有永州新闻更加贴近永州实际和永州人民的生活。因此，如何让永州的电视更好地引导群众、服务群众过上美好的生活，关键看我们广播电视人如何做、如何讲好永州故事、传播好永州声音。

美好是会传染的，一个人的美好感觉加以合理的表达和表述，也会让别人获得美好的感觉，永州人如全国人民一样，生活的环境不断改善、生活水平、家庭收入不断提高，本就是件美好的事情，每个人都应该沉浸在美好的日子里不亦乐乎，如果我们电视节目依旧是单纯的报道会议和领导活动就不可能切合群众的思想和实际。我们的电视节目应该让群众把美好生活的实现与党政活动的目的联系起来，多设计融思想性、艺术性于一体的好栏目、好品牌，多创作脍炙人口、寓教于乐的好节目、好作品。让群众看到，党政的每一次活动目的都是为了实现群众更加美好的生活，让人们从党政活动中看到社会的主流、看到当前中心、看到未来的美好，并积极投入到建设美好生活的实践中去，那么我们的电视节目就起到了宣传的效应，到达了宣传的目的。电视的舆论导向、宣传动员、教育组织、团结鼓劲等作用也得到淋漓尽致的发挥。

实现社会更加和谐，让全国人民的生活更加美好，是广播电视人的追求，也是我们工作的目标。新中国成立70周年，一台电视演绎着人民的美好生活。再过10年，20年，也许广播电视的形式会变、也许工作重点会变，但是广播电视传播信息、传递美好不会变，让我们继续伴随着电视度过美好的生活，通过电视和社会各项事业的发展实现自己更加美好的生活。

（作者单位：湖南省永州市广播电视台）

大型直播《贵州恋歌》的融合传播

何吟迪

在新中国成立70周年之际，为打造一档精品节目向祖国献礼，展现贵州发展的巨大变化，折射祖国建设的辉煌成就，在贵州省委宣传部的指导下，贵州广播电视台牵头联合贵州9个市（州）和一个国家级新区的广播电视台，从今年下半年开始共同策划了《贵州恋歌——庆祝新中国成立70周年融媒体联合大直播》（以下简称《贵州恋歌》），并将此直播节目作为今年策划工作的重中之重和主题宣传的"重头戏"，整合全省广电优质资源进行推进。经过几个月的认真筹备，国庆前夕，《贵州恋歌》于9月28日在贵州卫视直播。全省市州电视台综合频道全程并机直播，并在贵州综合广播、"动静"新闻客户端和"快手"直播平台同步直播。5小时40分钟的大直播，磅礴开启、亮丽刷屏，全面展现了贵州"团结奋进、拼搏创新、苦干实干、后发赶超"的精神风貌，彰显了贵州各族人民2020年同步实现全面小康的信心和决心。节目是对习近平总书记在党的十九大贵州代表团重要讲话"贵州取得的成绩，是党的十八大以来党和国家事业大踏步前进的一个缩影"[①] 的生动诠释，也是贵州新闻工作者献给新中国70周年的一份厚重礼物。

一、以创新展形象刷新观众的"贵州印象"

直播策划之始，贵州广播电视台就将总书记对贵州提出的要求——"守住发展和生态两条底线"[②] 作为报道的出发点与落脚点，通过流程设计、题材选取、报道形式等一系列创新，向观众展现和谐美丽的贵州形象。

1. 主线鲜明，历史与情感交融推进

《贵州恋歌》共十个篇章，其推进顺序，是沿着当年红军在贵州战斗的足

---

① 《习近平在参加党的十九大贵州省代表团讨论时强调 万众一心开拓进取把新时代中国特色社会主义推向前进》，《人民日报》2017年10月20日。

② 《习近平在贵州调研时强调看清形势适应趋势发挥优势 善于运用辩证思维谋划发展》，《人民日报》2015年6月19日。

迹，依次由黔东南苗族侗族自治州、铜仁市、黔南布依族苗族自治州、遵义市、毕节市、贵阳市、安顺市、贵安新区、黔西南布依族苗族自治州、六盘水市展开，以历史作为串联各篇章的暗线。同时，各篇章时长 30 分钟，以 3 组记者现场连线报道、景观镜头配乐短片、市州委书记专访及一首"我和我的祖国"主题 MV 构成。整场直播紧扣"恋""情"二字，展现 70 年来贵州各地巨大的发展变化，尤其突出党的十八大以来贵州深入学习贯彻习近平新时代中国特色社会主义思想大踏步前进取得的成就，既体现贵州儿女对家乡对祖国的"恋"，也彰显了贵州干部群众激情奋斗新时代、豪情实现中国梦之"情"。

2. 选点鲜灵，新视角展现新变化

相较常规报道，"直播"对于现场的趣味性、表现力有着更高的要求。在本次直播点的选取上，《贵州恋歌》排除了一系列颇具声名的"老典型"，力求新奇、个性、独具魅力，同时又要能充分贴近时代、凝聚情怀。

《铜仁篇》中，梵净山脚下的野生动物救护站里，铜仁独有的黔金丝猴正获得妥善的救治，其野生种群的繁衍情况更是直观呈现着贵州绿色发展的理念。《遵义篇》，"红色旅游 + 乡村旅游"正为花茂村村民带来兴旺富足的生活，游客们合影时不喊"茄子"，而是"党的政策好不好？""好！"在《黔南篇》中，大窝凼里的"天眼"FAST，带给了观众一场距离宇宙"最近"的直播。令人印象深刻的还有《黔西南篇》的阿妹戚托小镇，整乡搬迁的家园新貌、男女老少的歌唱与笑容，家家户户堂屋里搬迁前后房屋的对比照片，展现出的是贵州这个全国脱贫攻坚的主战场，在易地扶贫搬迁上投入的空前力度和贫困群众生活翻天覆地的变化。

以生动的现场将观众引入故事，再通过"以小见大""边述边评"，实现"讲好故事"。《贵州恋歌》的十个篇章里，都能找到这样的新事例、新视角、新细节。通过一个个充满人情味、新鲜感的故事，直观呈现贵州人的获得感、喜悦感、骄傲感，让观众在产生强烈认同感的同时，更加获得振奋与鼓舞。

3. 手法鲜活，以可视化与故事化凸显电视优势

《贵州恋歌》的每一个篇章，都是一个市州亮丽名片的呈现。整场直播调动了大量先进的技术器材，以技术促进表达方式的革新，让新闻画面的表现力得到加持。

在作为开篇的《黔东南篇》，第一站直播设置在雷公山腹地的中国大陆最大规模千年秃杉古树群落中，通过镜头对记者与树木"身高"巨大反差的呈现、对巨大秃杉群落的航拍镜头，展现了贵州对良好生态环境的不懈守护。《六盘水篇》，记者乘直升机上天、穿潜水服下水，从空中俯瞰盘州市普古乡娘娘山把荒山变成致富的花果山，在水底查看水城河从黑水横流到鱼虾重现的治理成果，贵

州严守"两条底线","绿水青山就是金山银山"的理念已经深入人心。《贵阳篇》中，记者站在贵州最高地标建筑的顶层塔吊上向观众问好，这段来自401米高空的直播，让观众既触摸到了贵州强劲的发展脉搏，也折射着新时代勇攀高峰的贵州精神。

《贵州恋歌》的场景叙事和镜头语言，都经过了精心选取和组合。大场景气势磅礴、震撼力强；小场景以情感人、细致入微。整场直播实现水陆空全景式拍摄，给观众带来了前所未有的视觉体验和"共同亲历"的即时感受，再通过记者故事化的表达，实现了新闻内涵与表现形式的高度融合，充分体现了电视不可替代的传播优势，展现了新闻直播节目的艺术感染力。

二、以融合促传播 影响力实现新突破

《贵州恋歌》的直播筹备，一个"融"字贯穿始终，也正是因为对"融合"的积极探索和尝试，让大直播实现了呈现效果与传播效果的双提升。

1. 力量融合，贵州广电"大阅兵"

《贵州恋歌》长达6个小时的直播，在贵州广播电视史上是第一次，也是第一次由贵州广播电视台携手十个市州电视台共同策划制作的大型直播。来自全省十一家广电媒体的精锐报道力量，集结汇聚、密切配合。通过一个月的奋战，实现了30个直播点的精彩呈现，也实现了一次贵州广电媒体的业务能力同台较量与学习，更为今后制作省级大型主题新闻直播类节目，探索了新路径，拓展了新空间。成为一次对全省广电新闻工作者践行"四力"的精彩检阅。

2. 传播融合，以互联网思维推动传统节目生产

在网络传播上，赢得流量，是赢得人心的基础。《贵州恋歌》是一档反映成就的新闻节目，如何让宏大的主题获得观众兴趣与关注，让整场直播对用户拥有号召力？策划团队经历了多次策划论证，以严肃眼光选取报道题材，以互联网思维优化报道方式。对每条直播的切入点、延展度、呈现手法、剪辑技巧等都进行了充分讨论。在文稿设计上，积极适应互联网时代传播语态；在视觉制作上，尤其注重是否符合短视频平台传播特点；总之，在节目制作之初，就将"易于实现即时性、碎片化、交互强的产品改造"作为生产的重要标准。为单条产品在直播当天迅速完成各平台分发，节目组为在最短时间内形成了符合抖音、快手、朋友圈等不同平台特点的网络传播产品做了充分准备。

同时，在直播前期，《贵州恋歌》就已通过在互联网上推出短片、话题、海报、微信定位推送等方式，在全省十一家广电媒体的大小屏同步启动预热，吸引了充足的热度；在直播后，又持续推进网络端话题发酵，让直播中的热点、亮点延宕影响力，形成了"大屏带小屏、小屏回大屏、多屏联受众"的传播合力。

三、以矩阵带共振 重大主题传播效果倍增

本次联合直播，除在贵州卫视直播外，贵州广播电视台和各市州电视台的网站、客户端、微博、微信、IPTV 等形成"七位一体"传播平台，也以直播、回看和点播等方式进行二次传播。依托广泛覆盖的传播矩阵，带动了强大的人际传播，带来了内容产品"蔓延式"的传播效果。多条内容产品迅速在朋友圈"霸屏"，达到了百万级的阅读量和播放量，实现了传播效果的最大化。

据贵州广播电视台公布的数据，《贵州恋歌》直播期间，贵州卫视的收视率、收视份额为同时段专题类节目第一，在贵阳市网的平均收视率为全网第三，收视千人数达到 21.06，超过了绝大多数卫视同步播放的电视剧的收视率。并机直播的各市州台综合频道收视率也都名列前茅。通过贵州广电 IPTV 网络电视点播、回看的家庭用户数达到 23.6 万户，累计收视时长 18.2 万小时。

在网络传播上，《贵州恋歌》的传播效果同样突出。当天通过贵州广播电视台官方新闻客户端"动静"收看直播的，累计有 100 多万人次。通过客户端拆条视频和回看的收看量达到 600 多万次。直播当天，在网络平台"快手"进行的直播累计观看人数达到 660 万，累计点赞 212 万次，收到 20 多万条留言。这些数据也让该直播节目获得平台推荐，挤入了北京、上海等中心城市的"热门"主页面，进一步扩大了传播效果。

数据整合后，《贵州恋歌》在电视端和网络端的总收看人数突破 1500 万人次，形成了重大主题媒体融合传播的良好效果，也为进一步发挥广电优势，围绕重大主题宣传提供正能量内容直播产品，提供了"融合化""产品化"的新思路。

（作者单位：贵州广播电视台）

内蒙古主流媒体的生存现状与发展建议

杨俊平　　王学敏

随着新媒体的井喷式发展，媒介生态发生了极大的变化。信息的传播方式和传播渠道更加多元化，受众接收信息的渠道不再局限于报纸、广播和电视，而是可以选择更加便捷、贴近性强的网络特别是移动新媒体，新闻舆论工作面临新的挑战。内蒙古的主流媒体也不例外，同样面对受众流失、经营困难的问题。加之内蒙古地处边疆民族地区的特殊性和历史欠账等原因，其传播力、影响力、引导力有限。主要表现为媒体生产能力不充分，资金投入不充分，政策支持不充分，激励机制不充分，最终造成人才匮乏与节目创新的不平衡，事业与产业发展不平衡，传统媒体与新媒体发展不平衡，不能满足受众对高品质节目的需求，有效传播大打折扣。

面对内外交困的传播环境和格局，内蒙古的主流媒体要提高传播力、影响力、引导力、公信力，需要从更高层面做好顶层设计，正如习近平总书记所言，"各级党委和政府要从政策、资金、人才等方面加大对媒体融合发展的支持力度"，[①] 破除体制机制障碍，深化媒体改革，激活人才创新能力，生产出更好更多的节目，在满足受众日益增长的美好生活需求的同时筑牢意识形态安全屏障。

一、内蒙古主流媒体的生存现状

（一）发行和收视（听）率：呈下行趋势

在内蒙古地区日报的发行主要由当地的财政统一购买，纯粹的市场发行只是零星点缀。如内蒙古日报的党报发行量在缩减，2019 年自治区财政以公共财政支持公共文化产品的形式拨款 7600 万元购买《内蒙古日报》（蒙汉文版），与2018 年相比，汉文版发行量减少 1.3 万份，蒙文版减少 7000 份。收视（听）率方面，除了省台和包头台、鄂尔多斯台外，其他台还没有经济能力购买收视

---

① 《习近平：推动媒体融合向纵深发展 巩固全党全国人民共同思想基础》，http://www.xinhua-net.com/politics/leaders/2019 - 01/25/c_ 1124044208.htm。

（听）率数据。单就现有几家购买了收视（听）率的媒体来看，收视（听）率比较稳定，偶有"挺进"的表现，如内蒙古台2018年度整个NMTV频道组的综合收视率在呼和浩特、包头和内蒙古三地网的收视数据，呼和浩特市网下降了0.197个百分点至0.886，全区网下降了0.034个百分点至0.594，包头网则实现了0.1个百分点的增长至0.526，但总体呈下滑趋势，与新媒体的分流不无关系。

（二）媒体融合情况：尚不成形

目前，内蒙古各大主流媒体把融合的重点放在推出报纸电子版、开通网站、广播电视小屏化，以及推出官方微博、微信和移动客户端上，为传统媒体的新闻报道增加了新的传播渠道和平台，其实质是对原有新闻进行重复发布，没有实现各种媒介资源、生产要素的有效整合，实际上是把各个媒体拼凑在一起，这是一个物理现象，无法产生化学反应，没有形成一体化发展的组织结构、传播体系和工作机制，没有生产出更多适应不同受众的新闻产品。无论是报纸还是广播电视，都建立了融媒体平台，但只处在展示阶段，不具备实操能力。硬件和软件都不能满足大平台端口打通、平台融通的需要，没有形成一个统筹集中平台。

内蒙古主流媒体虽然开设运营了多种新媒体平台，既有用户量超过20万的公众号，也有处于成长阶段的抖音号等平台，形成了一定规模的新媒体矩阵，但各媒体之间基本属于单打独斗的状态，在报道内容和形式上还没有很好地联动起来，没有发挥出集群化的刊播优势，更没有形成从单个宣传阵地到平台再到产业集群的发展形势。与商业平台相比，存在覆盖用户群体少、影响力小的问题。

媒体融合意识还未普及，媒体融合不够深入。各地新闻和新闻类节目普遍较重视新媒体工作，在日常报道中能够合理利用新媒体，及时分发、多样呈现新闻内容。但与此同时，文艺、社教、服务等非新闻类节目利用新媒体普遍较弱，意识不够强，热情不够高。各地主流媒体仍未达到以新闻节目为突破口，带动其他类型节目全面开花的全面融合、深度融合的局面。

（三）运营收支：收支不平衡

内蒙古主流媒体的收入主要靠财政支持和广告创收，支出包括机器维护、人员工资、出差经费、办公经费等，总体来看收支不平衡，支出大于收入。如巴彦淖尔广播电视台的主要创收来源是广告经营收入，创收全部上缴财政，财政再通过非税收入返还巴彦淖尔广播电视台。由于经济整体形势不景气，创收乏力等因素，目前巴彦淖尔广播电视台不能按时足额上缴非税款，导致与非税挂钩的支出项目，不能按时支付。再如乌海日报社和乌海广播电视台广告收入从2016年至2018年，呈递减趋势。乌海日报社2016年广告收入350万，政府补助收入500万；2018年广告收入260万元，政府补助收入500万，年度总支出1960万元，资金缺口 1200 万元。乌海广播电视台 2016 年广告收入 250.7 万元，政府补助收入 3996.81 万元；2018 年广告收入 189.5 万元，政府补助收入 4090.9 万元，年度总支出 4333.27 万元，资金缺口 52.87 万元。再如体量最大的内蒙古广播电视台，2016 年总收入 56115 万元，总支出 57775 万元，经费有缺口；2017 年和 2018 年总支出大于总收入，也是入不敷出，捉襟见肘，事业发展举步维艰。相比内蒙古广播电视台而言，内蒙古日报社整体运营情况更不乐观，如 2018 年总收入 24852.92 万元，总成本 28890.22 万元，经费缺口 4037.3 万元。

（四）媒体队伍：势单力薄

内蒙古主流媒体从业人员的身份类型有在编、台（社）聘用、部聘和临时工。在编人员大多年龄大，从事一线采编工作少，且缺乏活力，而奋战在一线工作的大多是台（社）聘、部聘和临时工，充满朝气。同工不同酬，台（社）聘、部聘和临时工，工资待遇低，不利于激发他们的工作积极性和创造力，而体制外有才能的人却因为体制机制不能进入台社工作，台社培养 3—5 年的优秀人才孔雀东南飞。

全区广电行业"四级办"格局内的 117 家播出机构中，大量地市、县级广电媒体处于"不死不活"状态，且呈高度"分散型竞争"状态。其中最关键的广电人力资源，至今未形成与社会各相关行业接轨和由市场供求关系决定的有效劳动力市场，原有的"劳动力红利"减少。伴随着我区广电高速增长黄金期成长起来的广电精英们已廉颇老矣，85 后、90 后等新生代精英团队青黄不接。如巴彦淖尔台在职人数 332 人，其中人员编制为 218 人、控制数人员 52 人、招聘人员 73 人，离职 13 人。由于 2011 年两台合并时核减 54 个编制，导致 6 年多来由于超编而没有编制内进人，新闻采编播、节目创作策划人员、关键岗位人才奇缺，特别是蒙汉语新闻采编播和技术重要岗位的人才断档，面临着节目停播风险。再如乌海广播电视台在编人员 92 人，占全台职工人数比例 36%，部分重要工作岗位由聘用职工担任，因为没有编制，职称和待遇难以兑现，队伍存在很大的不稳定因素；人员年龄普遍偏大，部分环节干部职数空缺，能从本单位提拔到领导岗位的人数十分有限；受新人引进等体制机制问题限制，名主持人、名播音员、名记者、名编辑缺乏；受资金、报销制度因素等影响，现有人员外出培训机会极少，业务能力提升受限；人员不足导致自办节目不能满足本地受众需求，不能适应主流媒体改革发展的迫切需要。

二、内蒙古主流媒体的发展瓶颈

（一）人才队伍：匮乏、薄弱

内蒙古主流媒体在人才和队伍方面总体上人才匮乏、队伍薄弱。一是人员学历、能力结构不合理。一方面老同志多，理论功底有限、专业水准老化；另一方面，新进人员缺乏实际锻炼、上手能力差。既有理论水平又有较高专业水平的高中端人才出现断档，难以胜任全媒体模式下的工作任务。二是缺乏领军创新型人才。虽然在多年的发展过程中，积累了丰厚的采编人才资源，但从业人员中博士研究生寥寥无几，硕士研究生也只占少数。高层次人才占比很小，人才短缺特别是高端人才匮乏问题突出。

在媒体融合的进程中，专业人才严重缺乏。由于体制机制的限制，除少数人员向社会招聘外，大部分新媒体人员是从传统媒体抽调而来。抽调人员到新媒体工作后，传统媒体人员就相应地减少。加之近年陆续有职工退休、外调，目前媒体人才短缺状况已经从单一新媒体人才紧缺发展到所有媒体人才都紧缺的状态。如乌海日报因业务工作量大幅增加，现有人员超负荷工作。党中央和习近平总书记的重要稿件，乌海日报均次日见报。新华社通稿必须从新华社下载，新华社播发时间很晚，有些稿件需凌晨之后才能组版印刷，职工长期高强度超负荷工作，给党报意识形态安全带来很大隐患。乌海广播电视台同样存在这样的问题，一是融媒体新中心发展迅速，现有工作人员超负荷工作；二是全年为市委、市政府等部门和单位制作汇报专题片、宣传片等60多个，工作量较以往大幅增加；三是因创城等工作需要，公益广告制作数量大量增加，现有人员和设备难以满足业务量大幅增长的需求。

（二）发展资金：短缺

内蒙古主流媒体在推进改革和发展的进程中，资金短缺是一个严重的软肋。如建设融媒体中心需要大量资金，乌海日报和广播电视台两家新闻单位设备设施投入就达到近1000万，财政资金压力大。由于新媒体大多依托传统媒体发展而来，而传统媒体近几年在经营方面又形势严峻，新媒体建设方面资金投入不足，阻碍了新媒体人员引进、软硬件更新升级、对外推广、扩大影响力，最终阻碍了媒体融合发展的广度和深度。另外，采编系统和采访设备老化、陈旧严重，尤其是报社的部分设备处于报废边缘，也因资金短缺而无法适应当前新闻宣传工作的需求。

（三）传输覆盖：盲区仍在

内蒙古地区的广播电视节目虽基本实现全覆盖，但在偏远地区、人口分散居住地、流通量较低的交通线路上普遍存在覆盖不全面、收听广播收看电视节目仍有盲区的问题。

国家实施"村村通工程"和"西新工程"以来，内蒙古少数民族聚居地区收听收看难的状况得到了很大的改善，边境地区广播电视的覆盖率大幅度提高，为边境地区经济社会发展、民族团结、边疆稳定及构建富强民主文明和谐社会发展了起到了积极作用。但是，边境少数民族地区广播电视覆盖仍存在一定的

"盲区"和"返盲"现象。如巴彦淖尔台目前全市能正常收听收看到本地及市台节目的"户户通"用户只有 3 万户左右，占总安装户的 10%，另有 80 多万农牧民收听收看不到市台的广播电视节目，严重影响了党的惠民政策和先进生产技术、科技文化知识的传播，也不能很好地满足广大人民群众的文化需求。

(四) 体制机制：死板僵硬

受制于传统思维和管理手段的约束，死板僵硬的体制机制不能适应媒体改革发展的需要，用人机制和激励机制参照事业单位行政管理体系标准，考核评价体系不够健全。例如乌海日报社实施多年的绩效工资改革极大地调动了职工工作积极性，使得在人员严重紧缺的情况下能够圆满完成各项新闻宣传任务，绩效工资改革也受到自治区党委宣传部和乌海市委改革办的充分肯定，被作为优秀创新案例，分别入选自治区党委宣传部出版的《创新案例百例》和市委改革办出版的《将改革进行到底》。但在 2017 年市委巡察中，按照要求对绩效工资进行了"总量控制"，大幅下调了绩效工资水平。施行"总量控制"后，由于人员严重紧缺原因，职工工作任务量没有相应核减，但职工收入水平与劳动付出严重不相符，极大挫伤了职工工作积极性。

薪酬发放难，多项文化体制改革激励措施不能落地。近年来，内蒙古在不断探索深化文化体制改革的办法措施，如鄂尔多斯市文化体制改革领导小组先后印发《鄂尔多斯市广播电视台深化内部体制机制改革实施方案》《鄂尔多斯市广播电视台深化内部体制机制改革和创新的实施意见》，支持鼓励鄂尔多斯台先行先试，出台优化绩效考核、推行台长特别奖、实施产业经营目标责任制、实行重大活动项目制管理等激励措施，但地方监管部门却一直不予认可，2018 年多项奖励因政策所限不能支出，制约了改革措施落地实施，严重影响了广播电视工作者的积极性、主动性和创造性，阻碍了广播电视事业的发展。

广电与报纸都存在不增编反而缩编的问题。广电与报纸相比，聘用人员更多，需要支出的人头费也较多。地方政府不增编，反而缩编，进一步加大了媒体发展的压力。

三、内蒙古主流媒体的发展建议

(一) 放宽政策全员编制化

社会化大生产带来的是专业化。媒体同样也是这样，虽然媒体发展的趋势是大融合，但在融合中仍然存在社会分工。有的地方不仅仅缺乏人才，连人都缺乏，所以为了适应媒体融合，他们以"一专多能"的思路使用现有人员。如一个记者在同一个新闻场既要摄像、录音、拍照，又要做现场直播，回到单位又要把这一新闻事件写成适合播出端口的新闻产品，这可能吗？只能说做好一个，或两个，全部做好不可能。这种做法有悖于社会发展专业化的规律，也不利于媒体融合提升传播力引导力的目的。所以，必须增加人员，引进人才。

有的媒体在编办不同意增加人员的情况下，采用了政府购买服务方式解决缺人问题。但这些人员评了职称也不能兑现职称，因为他们不在编制里，也不能晋级，这不利于提高他们的工作积极性，也不能为党媒储备人才。所以，还需要中央和地方在媒体人员编制上加大支持力度，为内蒙古媒体进人选人提供宽松灵活的政策保障。

此外，还应该加大人才引进力度，制定多种形式的人才激励政策，吸引人才，留住人才。要强化人力培训力度，对现有媒体从业人员分层分类开展系统培训，既要培训一线采编人员，又要培训媒体负责人。各媒体之间还应该加强交流学习，多去先进地区考察取经，多请业界专家讲授指导，推进主流媒体改革发展。

（二）财政支持与产业创收并轨运行

财政支持是内蒙古媒体生存发展的最基本条件，可以满足人员的基本开支，即人头费，但不能满足扩大再生产的需求。所以，媒体在完成事业即宣传的同时可以发挥媒体产业的功能，加大广告等产业的创收力度，以经营创收解决发展问题，同时反哺新闻宣传主业。

南方的媒体以公司化运作经营媒体，保留原事业编制的人事关系及职级，封存档案工资，薪酬待遇等按照现代企业制度执行，即脱离财政支持，完全自收自支。但对于整个内蒙古来说，这一方法不服水土，其结果是自己把自己打垮，这不是我们媒体改革的目的，也不是媒体融合的初衷。因为，内蒙古虽然面积大，但自然环境不如南方好，宜居面积小，所以习近平总书记在 2019 年的全国两会上再次叮嘱内蒙古要"保持加强生态文明建设的战略定力……守护好祖国北疆这道亮丽风景线。"① 内蒙古人口只有两千五百多万，且居住分散，而南方的广东有一亿一千多万，江苏有八千多万，山东一亿多，浙江五千六百多万，河南将近一亿，四川八千多万。内蒙古经济也相对落后，2018 年内蒙古 GDP 为17289.2 亿元，与全国排靠前的广东、江苏、山东、浙江、河南、四川、湖北、湖南、河北和福建差距很大，如广东和江苏的 GDP 均破 9 万亿，前者为97277.77 亿，后者为 92595.4 亿。从经济结构看，内蒙古的高端产业和新型行业也不如南方省市，多为初级的能源型产业。所以，无论从人口基数，还是从经济发展程度，都不能形成聚集型消费效应，这直接影响当地媒体的广告和产业收入，致使当地的主流媒体不能脱离财政支持的轨道光靠主流媒体经营实现日常运行。地方主流媒体的改革应该因地制宜，不能一刀切。对于内蒙古而言，不仅是

① 《习近平：保持加强生态文明建设的战略定力 守护好祖国北疆这道亮丽风景线》，http：//cpc. people. com. cn/n1/2019/0306/c64094 - 30959592. html。

祖国北方的生态安全屏障，也是政治安全屏障，其战略性地位不可动摇。习近平总书记2014年初到内蒙古考察指导工作时明确提出了"守望相助，把祖国北部边疆这道风景线打造得更加亮丽"的时代要求，实现总书记的殷切期望，民族团结、社会稳定是基础。另外，内蒙古地处边疆，其地理位置使其先天性与周边国家接壤，也使其在国家安全战略上不可忽视，只能重视。特殊的地缘优势、文化优势，决定了内蒙古在周边外宣中的特殊地位和作用。因此，内蒙古主流媒体的发展，需要中央及地方允许其财政支持与产业创收并轨运行，不搞脱离财政支持单靠产业创收的单轨运作模式。

大数据时代，主流媒体更需要为受众画像，准确了解受众的媒介接触行为，以达到精准传播，但受资金限制，一些市级台没有能力购买收视数据。仅就广电媒体而言，其发展趋势是频率频道系列化、窄播化、融合化，相应地其受众也呈现出类型化、细分化、碎片化特点。因此，受众研究要也随之精细化。而内蒙古主流媒体为提升传播精度，需要购买数据，需要资金，需要中央和地方给予资金方面政策上的支持。

（三）加强覆盖有效传播

传输覆盖是广播电视节目达到有效传播的必要条件。在偏远地区、人口分散居住地、流通量低的交通线路上普遍存在覆盖不全面、有盲区的问题。所以，要把我区广播电视事业由一般的公共文化服务建设，提升到维护国家政治安全和意识形态安全战略的高度，建立有线、无线、卫星多种形式相结合的有效传输覆盖网络，通过固边工程、拉光缆、建微波站，把信号传下去；要进一步加强少数民族地区"村村通"和"西新工程"的资金投入，确保少数民族群众都能收听到广播看到电视，把党和政府的温暖送到群众心里；要加大对"村村通"和"西新工程"维护专项资金的投入，增加"村村通"和"西新工程"维护工作人员编制，做到资金到位、人员到位，边建边管，达到长期管理和维护的目的，同时加快MMDS布点、延伸工作，以此解决"返盲"问题，从而实现"村村通""户户通""长期通"的目标。

（四）放活体制机制激发活力

内蒙古主流媒体一直在探索新形势下科学有效的绩效考核办法，不仅让员工感受到工作有价值、有成就感，付出还有回报，同时让广大干部职工从内心深处乐意付出，工作有干劲、有激情。但由于近年来各级各部门出台的一些监察、财务等方面的政策，导致职工原有的一些津贴补贴被取消，加之产业经营日益艰难，缺乏经济支撑，绩效改革难以推进，在一定程度上存在"干多干少一个样、干好干坏一个样"的问题。由此导致员工工作动力不足，严重影响了工作的高质量推进和业务创新，急需进行改革。需要中央或内蒙古以党委的名义发文，推出内蒙古主流媒体改革配套的绩效考核、发放机制，得到地方审计及监察部门的认可，允许地方主流媒体根据经营发展现状，拿出部分经营创收收入用于全员绩效考核，实现同工同酬、优稿优酬、爆款多酬。

在全员纳入社保体系的前提下，人员退休后的工资由社保发放，而且按在岗时交得多发得多，交得少发得少。但由于职称评聘分开，而且每个单位的高级职称指数太少，不能把评上高级职称的人聘在相应的职级上，就意味着不能多交社保，退休后的养老金相应地得的少。不像2014年之前，事业单位高级职称人员即使在退休后兑现职称，收入上也可以享受到高级职称的待遇。所以，建议为配合事业单位全员纳入社保这一政策，媒体事业单位的职称指数应该相应作出调整，加大职级指数，把已评上高级职称的人员聘到相应的职级上，以提高在岗和退休后的待遇。

（五）以发文方式要求窗口单位入驻融媒平台

中央早在2014年就通过了《关于推动传统媒体和新兴媒体融合发展的指导意见》，这标志着传统媒体和新兴媒体的融合发展成为国家战略。习近平总书记在2018年的全国宣传思想工作会议上强调要"要扎实抓好县级融媒体中心建设，更好引导群众、服务群众。"中宣部部长黄坤明也就融媒体中心建设调，"要深入推进融媒体中心建设，聚焦宣传群众、凝聚群众、服务群众，着力打造基层宣传工作和精神文明建设的重要平台，打造为民排忧解难、做群众思想政治工作的重要平台。"融媒体中心是主流舆论阵地、综合服务平台和社区信息枢纽。三者的有机融合，是把党的政令、服务直接送到百姓身边的最有效方法，也是掌控第一手舆情的最直接最有效的手段。但这需要我们有一个综合服务平台来聚集用户、粘住用户。鉴于此，中央和地方要以发文的方式要求服务窗口单位入驻各地的融媒体中心和平台，以便把广大人民群众聚合在我们主流媒体自主可控的平台上。有的地方媒体尝试与服务窗口单位就此沟通过，请他们入驻当地的融媒体中心和平台，但遭到对方的拒绝。所以，这要靠顶层设计来完成。

（六）以集约式发展做好媒体融合

内蒙古主流媒体都在积极推进媒体融合构建融媒平台，这样会形成报纸、广播电视各自为政的态势，形成资源浪费。习近平总书记要求在推进媒体融合的过程中要因势而谋、应势而动、顺势而为，使主流媒体具有强大传播力、引导力、影响力、公信力，形成网上网下同心圆，使全体人民在理想信念、价值理念、道德观念上紧紧团结在一起，让正能量更强劲、主旋律更高昂。同时，要统筹处理好传统媒体和新兴媒体、中央媒体和地方媒体、主流媒体和商业平台、大众化媒体和专业性媒体的关系，形成资源集约、结构合理、差异发展、协同高效的全媒体传播体系。因此，推动媒体融合发展，要坚持一体化发展方向，通过流程优化、平台再造，实现各种媒介资源、生产要素有效整合，实现信息内容、技术应用、平台终端、管理手段共融互通，催化融合质变，放大一体效能，打造一批具有强大影响力、竞争力的新型主流媒体。

因此，内蒙古要建设全区统一的云平台。在云平台的支撑下，横向实现日报、广播、电视、网站的融合，纵向实现中央、省级、盟市、旗县级媒体的融合。整合全区新媒体渠道，通过矩阵化运营拓展传播出口。以客户端为旗舰，加大投入力度，不断改善用户体验。同时，开通蒙语端口，方便内蒙古主体民族生产、接受新闻。

融媒体只是一个概念，没有实体与之相对应。融媒体是一个平台，集文字、图片、音频、视频于一体的平台，大致相当于集成了报纸、广播、电视，可以在PC机和手机上呈现。但不能因此而否决党报、党刊、党台、党网等主流媒体的单体存在。不同的场景，需要不同的媒体，比如一个人不可能背上一个发电机手里持一个电视机在行进中看电视，也不可能倚在沙发上抱着手机长期看电视。所以，在媒体融合的过程中，不能放弃传统媒体建设，相反中央和地方应加强支持力度。商业新媒体的影响力大，不是因为传播手段先进，而是因为内容符合大众口味。不是传统主流媒体的人员在能力和技术上不如商业新媒体，只是他们的机体制灵活。所以，中央和地方在顶层设计上要做出明确要求，传统媒体要放下姿态，摒弃现存的刻板的模式、冷峻的语言，用群众的语言说群众的事，用群众的语言解读国家大政方针。

总之，"笔杆子"的作用和重要性不弱于"枪杆子"，这已被中国革命和建设的历史实践所证明。习近平总书记指出，党的新闻舆论工作是党的一项重要工作，是治国理政、定国安邦的大事。做好党的新闻舆论工作，事关旗帜和道路，事关贯彻落实党的理论和路线方针政策，事关顺利推进党和国家各项事业，事关全党全国各族人民凝聚力和向心力，事关党和国家前途命运。所以，中央和地方要充分认识到作为新闻舆论工作主要承担者的内蒙古主流媒体的生存现状和他们的期望，从党的工作全局出发，适应国内外形势发展，把握党的新闻舆论工作的规律，为他们深化改革切实提高传播力、引导力、影响力、公信力提供政策和资金支持，从而发挥媒体引导舆论、统一思想、凝聚力量的作用，维护党的意识形态的合法性和安全性和长久性。

（作者单位分别为：内蒙古广播电视台；内蒙古广播电视科研所）

回答好融合创新环境下广播媒体的时代命题

——以内蒙古兴安盟广播为例

李秀华

大自然把集壮美与富饶于一体的荣耀给了内蒙古兴安盟。这个位于内蒙古自治区东北部、地处大兴安岭山脉中段我国向东北部开放的前沿和窗口重镇，其在打造祖国北疆亮 丽风景线中重要的战略地位决定了当地媒体的重要组成部分兴安广播，一方面要从富有风情与特色的民族文化中获得启示，通过无线电波成为内蒙古地区具有高辨识度特征的民族声音传播品牌；另一方面则要在讲述兴安故事、内蒙古故事过程中按照时代发展步伐不断赋予自身与其他媒体融合与创新，从而完成从民族特色走向更为广阔的新时代传媒的使命。兴安广播在 39 年的发展历程中，秉承广播媒体内涵、结合民族地区传播理念所进行的有效传播，既浓缩着共和国 70 年发展历程的辉煌成就，也是与国家主流媒体同频共振的成功实践。从建台至今，兴安广播在实践中所形成的基于对民族文化差异性和草原文明多样性尊重的传播特色及传播效果，无论对推动自身发展还是对促进我国整体传媒事业都具有积极的现实意义。

一、兴安广播的发展历程

（一）兴安广播的筹建

1980 年 7 月，几经规划调整的兴安盟获得国务院批准恢复建制。此时的内蒙古自治区各地与我国其他地区发展一样，都处在"实践是检验真理的唯一标准"这一思想大解放中开启了改革开放帷幕的时代。

地处内蒙古自治区东北部的兴安盟（"兴安"系满语，汉语为"丘陵"之意），位于大兴安岭向松嫩平原过渡带，东北、东南分别与黑龙江、吉林毗邻；南部、西部、北部分别与通辽市、锡林郭勒盟和呼伦贝尔市相连；西北部与蒙古国接壤，边境线长 126 公里。设有中国阿尔山——蒙古国松贝尔国际季节性开放口岸，是东北地区乃至东北亚地区连接俄蒙的重要经济通道，也是扼守内蒙古东北部的要塞。兴安盟是中国文化、中原文化、内蒙古文化和以革命老区为代表的红色文化四大文化交汇地，也是蒙古族人口占44%，少数民族人口占49%的多民族集聚地。我国的改革开放刚刚开始，复建后的兴安盟百业待兴，老百姓更需要听到党和政府的声音。鉴于此，也是为确保党和国家及内蒙古自治区各项方针政策及时传递，牢牢掌握舆论宣传主动权和话语权，在兴安盟复建后的两年时间，内蒙古自治区党委政府、兴安盟委行署就着手兴建兴安人民广播电台，并于1982年6月1日正式开始以蒙汉两种语言播音。节目内容以转播中央台"新闻和报纸摘要""内蒙古新闻"为主，以"兴安盟新闻""当地天气预报""蒙古语新闻"等自办节目为辅。从此，"兴安广播"的声音在起伏延绵的大兴安岭中、在富饶辽阔的大草原上，随着电波传向了内蒙古自治区的上空，不仅开启了兴安盟百姓文化生活的新领域，更以党、国家和内蒙古自治区声音传递者的身份，在兴安广播传播史上写下了闪光的一笔。兴安广播也凭借着独特的地理优势平台，本着语言所具有的交流、思想、文化本质，在筑牢兴安与内蒙古、内蒙古与祖国、内蒙古与国际的关系构架中开启了不忘初心、砥砺前行的传播历程。

（二）兴安广播的改革、调整、现状

从初期筹建到扩大发展再到目前的新媒体融合，兴安广播跋涉的脚步既经历了兴安盟经济发展的风云沉浮，也积累了内蒙古特色的文化厚重，更为重要的是与"祖国同频共振"传播理念在日积月累中逐渐根深蒂固。

随着国家改革开放力度加大，兴安盟经济社会不断发展，为满足听众对广播节目形式变化的需求，1995年5月1日，兴安人民广播电台对蒙汉语节目进行改革。除新闻节目外，其他节目由原来的录播改为直播，同时陆续开播的专题、热线、文艺、少儿等自办节目使兴安广播的节目内容、形式更为丰富，特别是在直播过程中听众打电话参与到节目中，进一步拉近了广播与听众的距离。1997年6月2日，又开办了99兆赫《调频文艺》广播，每天播音14个小时。自此，一系列既讲求传播整体效果又强调民族文化神韵的节目为兴安广播的发展奠定了坚实基础。

2012年1月1日，按照国家广播电视资源共享的发展战略，兴安广播在历史进程中迎来了新机遇，兴安人民广播电台与兴安电视台合并组建兴安广播电视台，实现队伍专业、节目创新的新媒体时代的新传播格局。新媒体时代的传播机构既需要激情，更需要新思路，"台容台貌新、工作作风新、传播内容新"成为新时代兴安广电人新的思维空间，以"新的、活的、社会状况的写真"，向盟内展示兴安盟发展的新气象成为兴安广播传播的重要内容。中波891千赫汉语新闻综合广播《兴安之声》、1152千赫蒙语新闻综合广播《阿拉腾兴安》、99兆赫《交通之声》广播、106.8兆赫《旅游之声》等四套广播在全天72.05小时的播音时段全面开花，频率覆盖全盟六个旗（县、市）及周边省市毗邻地区。其中，紧扣区域特点的蒙古语广播，以民生为视点，多方位展现兴安形象，形成的独特传播影响力犹如旋律优美、气息宽阔、感情深沉的蒙古音乐，深受蒙古族听众特别是牧区群众的欢迎。"以坚守舆论高地为己任，以弘扬民族文化而兴业"，兴安广播在"春风劲吹千树发，旭日尽染九州新"中尽显风采，为后续发展提供了能量。

2019 年 7 月，按照国家广电总局优化结构、加快推进新媒体时代融合发展战略布局，兴安广播电视台进行全频率频道改革，实行频率频道总监、制片人制。在对广播的汉语综合广播、蒙古语综合广播、《交通之声》广播、《旅游之声》广播四个频率和电视的新闻综合频道等四个频道进一步整合的基础上，通过移动终端创办了兴安手机台，每个频率都有自己的微信公众号、抖音号，实现了音频、视频、图片、文字一体播出。此举标志着兴安广播更方便快捷的传播平台初步打造成功，兴安广播迈进了新媒体融合发展的新历史时期。

（三）兴安广播传播策略

1. 讲好"兴安故事"

习近平总书记强调："我们有本事做好中国的事情，还没有本事讲好中国的故事？我们应该有这个信心"。中国故事讲的是中国文化、中华立场、中华风范，是基于中国国情的道路自信和五千多年没有断流的文化自信；兴安故事讲的是基于中国故事的底色和底气而延展开来的中华民族大家庭成员之一的内蒙古兴安盟自新中国成立 70 年来所取得的辉煌成就。从上述兴安广播的发展历程中不难看出，传播作为国家和民族的信息载体，决定了要以所蕴涵着的大量社会信息直接影响着他人对本国、本民族的社会意识形态、社会经济发展结构以及民族文化、风土人情的了解与理解。少数民族地区越注重加强与主流社会的交往，就越需要重视本地区形象在社会上的广泛传播。在全球化时代，如何既保留民族文化的高度智慧和精髓，又能以其所蕴含的内蒙古与祖国各地手足相亲、守望相助、协调发展思维进行传播，对于阐释国家需要内蒙古声音、内蒙古声音需要走向全国乃至全世界以寻求内蒙古与世界话语系统密切接轨等都具有重要意义。

2. 凸显地域特征

习近平总书记曾说："介绍中国，既要介绍特色的中国，也要介绍全面的中国；既要介绍古老的中国，也要介绍当代的中国；既要介绍中国的经济社会发展，也要介绍中国的人和文化。"兴安广播是为本地区群众提供信息的主流媒体，在传播过程中，很好地履行着以传播为媒介来进行事件解释与报道职责。既满足了老百姓对国家方针政策、内蒙古及兴安盟经济发展、本地区文化、生活信息的需要，又保证了老百姓信息渠道的畅通。通过生动鲜活的故事、丰富多彩的形式，讲述兴安盟及内蒙古发展变化，推动内蒙古地区各民族共有精神家园是兴安广播始终遵循的。兴安广播本着讲好兴安故事主旨，凸显兴安视角，创新话语表达方式，体现报道体裁的多样性和报道方式的民族性，把本地区的发展优势和综合实力转化为话语优势，把媒体传播价值理念与中国特色传播语系相融合，与以融草原文化、中原文化、中外文化为一体的内蒙古文化体系相协调，以鲜明的观点把兴安声音传递出去，扩大兴安广播在内蒙古自治区内外尤其是周边省市的影响力，以兴安盟70年来所取得的成就折射新中国成立70年的辉煌，为树立地区形象、传播地区声音营造了良好的舆论环境。

二、立足兴安，以融合与创新推动兴安广播向纵深发展

兴安广播在传播中讲好"兴安故事"，首先要有明确的战略定位，围绕兴安广播现有传播平台，立足兴安，以融合与创新推动兴安广播向纵深发展，回答好融合、创新视野下广播媒体的时代命题。

（一）准确把握战略定位

战略定位作为决定事物能够抵达理想目标的核心要素，是推动事物发展的指导和准则。兴安广播作为具有民族特色的媒体，无论其节目内容如何变化，始终保持与祖国同频共振。把习近平总书记2019年7月15日至16日考察内蒙古时强调指出的："要引导人们树立正确的历史观、国家观、民族观、文化观，不断巩固各族人民对伟大祖国的认同、对中华民族的认同、对中国特色社会主义道路的认同"的精神，运用到目前已具备的光缆传送、固态发射、数字编播、节目上网等软硬件设施，在兴安盟大力播撒"中华民族一家亲"的种子，不断增进各族群众对伟大祖国的认同、对中华民族的认同，必须是兴安广播所执守的战略定位。兴安广播要全盘解读党和国家一系列全面建成小康社会、实现中华民族伟大复兴的执政纲领，按照内蒙古自治区扎实推动经济高质量发展，继续保持加强生态文明建设，实现各项事业高质量跨越式发展新局面的发展目标，把每一个声波都打造成密密匝匝、紧紧实实地簇拥在一起的珍珠玛瑙样般的石榴籽，凝聚起全盟人民的向心力，共同奔向中华民族伟大复兴的美好明天。

（二）增强兴安广播的影响力

1. 增强对共同文化背景群体辐射力

从语言的社会属性来看，国家与国家、地区与地区之间文化的亲缘、熟悉和共识程度越大，就越容易吸引相关的学习者。美国学者沃纳·J赛佛林在《传播理论：起源、方法与应用》中指出"由于具有共同的利益、观念和目标，群体内部成员之间往往会互相影响和制约"。兴安盟总人口164万中，有72万蒙古族人，蒙古族居民已与当地汉族和其他少数民族相互融合，形成了民风相近，民俗相似，生活习惯相同的氛围。因此，兴安广播要按照激发具有共同文化背景群体辐射力的传播理念，利用主流媒体阵地主动发声，让群众第一时间了解国家政

策、盟内动态，并引导兴安人民对所发生的事情进行理性的客观判断。

2. 发挥广播线长、点多、覆盖面广的特点

兴安盟以农牧区为主的地理环境和农牧业生产方式决定了老百姓获得信息的渠道比较窄。2012 年被整体列入大兴安岭南麓集中连片特困地区，全盟所辖 6 个旗（县、市）中，有 5 个旗（县、市）为国贫县，地区发展不平衡，目前网络的信息传递效果在兴安盟不少地方并不彰显。以兴安盟科右中旗牧区为例，只有不到 25% 的牧区群众把互联网作为信息接收工具，但每天平均使用时间只有 2 小时左右。相比之下，半导体价钱便宜、携带方便、信号覆盖广泛、对受众的文化水平没有要求在牧区一直备受青睐。牧区群众收音机拥有量为 41.3%，有 70% 以上的牧民群众收听广播节目，这一良好的受众基础，给兴安广播提供有利发展空间、促使兴安广播在积极传播国家和内蒙古自治区等主流媒体声音的同时，又要立足兴安实际，吸收现代传播设计理念和科技含量，创作出精品力作。同时，兴安广播更要把传播注意力放在受众群体上，要提高兴安广播在本地区、内蒙古自治区乃至全国的影响力，就要在兴安独特地理环境所形成的地缘传播上下功夫。例如：对周边省市的受众而言，他们喜爱本地媒体的同时，也会关注兴安盟的媒体。为此，兴安广播要从传播区域、传播对象上入手，以反映今日兴安发展变化为切入点，辅以丰富多彩的节目，在潜移默化中获得较好的传播效果。

（三）研究解决兴安广播融合发展面临的问题

兴安广播与新媒体融合创新发展之路才刚刚起步，还没有找到适合的融合模式，在平台、内容、机制等方面还有许多工作要做。例如：还处在以微信平台为主、自有平台与广播业务线脱离的状态，没有实现通过自有平台与用户进行深度互动，还没有建立推进融合的内部机制等。要加强对广播业务人员新媒体知识的学习培训，建立完善的新媒体内容开发激励机制。在自有 APP 在平台运营方面有所突破，与广播业务紧密衔接，要作为核心传播平台纳入广播内容生产、分发和运营链条中。提升互联网传播影响力的基础是开发有影响力的音频内容，特别是为移动互联网生产内容的能力，需要提升广播人进行多平台统一策采编发的融媒体生产能力，持续创新音频故事讲述方式。实现一支队伍多个平台、一份素材多种产品、一体化生产多平台分发的融合生产流程。

如果把融广播、电视、网络等为一体的新传媒比作丰沃广袤的大草原，那么，兴安广播则是流淌在大草原上的一个支流，它始终沿着既定的河道滚滚向前，平缓、舒展、稳重，丰富多彩，一波一折、层次分明的层层推进。每一代人都能够在前人创造的基础上结合时代特色创造出更为鲜活和厚重的文化，这种对传统的尊重和继承，对传统继承的创新，正是兴安广播向世人展示它永恒魅力，焕发出迷人风采的价值之所在。

　　习近平总书记在党的新闻舆论工作座谈会上明确指出"党的新闻舆论工作坚持党性原则，最根本的是坚持党对新闻舆论工作的领导"。兴安广播作为党的新闻舆论工作重要阵地，要切实发挥主流媒体的舆论影响力，保持与上级主流媒体协调一致。同时，与时代发展相融合，以适应全媒体浪潮集传播力、引导力、影响力以及公信力不断提升为核心的主流媒体改革这一时代发展的客观要求和必然趋势，面对舆论生态、媒体格局、传播方式发生的深刻变化，立足传播视角，结合时代主题，把脉定向、善谋善为；守正创新、以融为强；积极探索新媒体时代广播媒体的突破、创新与发展，以解答新时代融合、创新视野下的广播媒体这一时代命题。

（作者单位：内蒙古兴安广播电视台）